玄武年鉴 2012

XUANWU ALMANAC

南京市玄武区地方志编纂委员会办公室

方志出版社

图书在版编目(CIP)数据

玄武年鉴．2012/南京市玄武区地方志编纂委员会办公室编．—北京：方志出版社，2012.9
ISBN 978-7-5144-0576-7

Ⅰ．①玄… Ⅱ．①南… Ⅲ．①区(城市)—南京市—2012—年鉴 Ⅳ．①Z525.31

中国版本图书馆CIP数据核字(2012)第218675号

玄武年鉴(2012)

编　　者：南京市玄武区地方志编纂委员会办公室
责任编辑：徐　宏

出 版 者：方志出版社
(北京市东城区夕照寺14号院富瑞苑公寓6层)
邮编　100061
网址　http://www.fzph.org
发　　行：方志出版社发行部
(010)67120966-6008
经　　销：新华书店总店北京发行所
法律顾问：北京市大禹律师事务所
印　　刷：南京四彩印刷有限公司

开　　本：889×1194　1/16
印　　张：22.25
字　　数：960千
版　　次：2012年9月第1版　2012年9月第1次印刷
印　　数：0001~1000册

ISBN 978-7-5144-0576-7/K·469　　定价：200.00元

玄武区地方志编纂委员会

顾　　问：储永宏
主　　任：徐曙海
副 主 任：杨乐华　周　雯　李　辉　戴　航　蒋　健
委　　员：陈　静　刘　康　李大海　吕　俊　张　杰　夏桂萍
吴开芬　吴士建　李玉鹏　袁　芳　王冬梅　马千山
魏　超　鲁　中　庄佳峰　王　莉

《玄武年鉴(2012)》编辑部

主　　编：王　莉
副 主 编：苏　成　黄红权
编　　辑：顾　坚　张宁芳　袁茵茵
摄　　影：袁勤丰　汪顺培
彩页设计：许　慧　张南海
翻　　译：李新庄

《玄武年鉴(2012)》审稿人

(按篇目先后排列)

滕　涛　王　荣　李正云　陈秀芝　宋洪兵　胡为祥
薛惠艳　王　莉　林　朗　蒋　俊　陈竞赛　尹　征
孙　芸　方志秀　梁　静　杨玉林　郭　镰　胡士宁
沈　明　陆宁平　周　迅　周晓波　宗在卿　陈宁伟
窦礼念　王敬玲　张建国　林　斌　王培军　林　宁
张金贵　杨发宝　钟文舟　郭建军　王礼铭　汤　浩
戴修成　曹承桂　陈若谷　张仲金　汤　政　李军宁
徐劲松　李　莹　张义斌　徐力跃　卢卫东　甄再跃
奚建彬　黄栋林　刘　云　刘艳军　胡建军　石　磊
王玉兰　王彦兴　王昌荣

1月18日，全国人大常委会副委员长华建敏（后排中）到洪武北路小学视察

6月14日，中共山西省委书记、省人大常委会主任袁纯清（左一）率山西省党政代表团到徐庄软件园参观考察，江苏省委书记罗志军（左二）陪同考察

5月30日，中组部副部长李智勇（左一）视察徐庄软件园，江苏省委常委、南京市委书记杨卫泽（左二）陪同视察

4月29日，江苏省委常委、南京市委书记杨卫泽（右二）到锁金村街道考察

6 月 12 日，江苏省副省长史和平（右三）观摩区安全生产宣传展板

1 月 13 日，南京市市长季建业（右二）视察小区出新

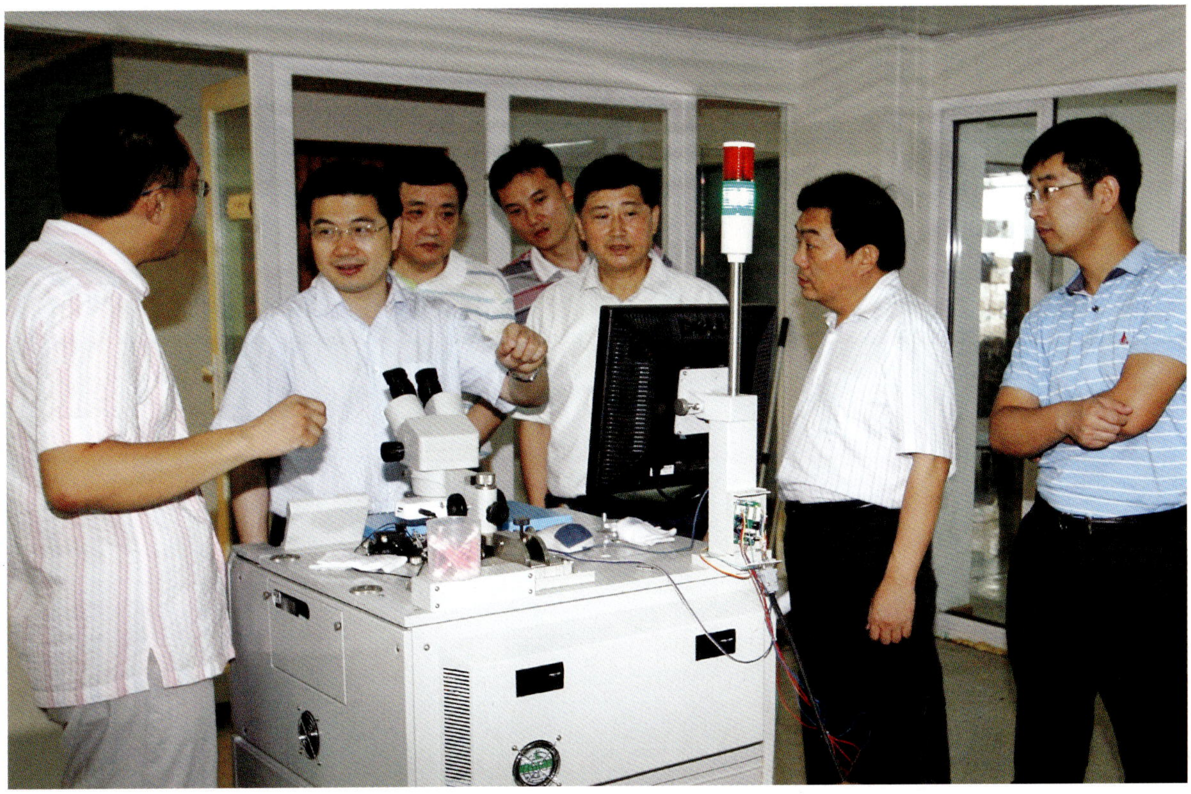

7月6日，区委书记储永宏（左二）专题调研徐庄软件园企业及产业发展情况

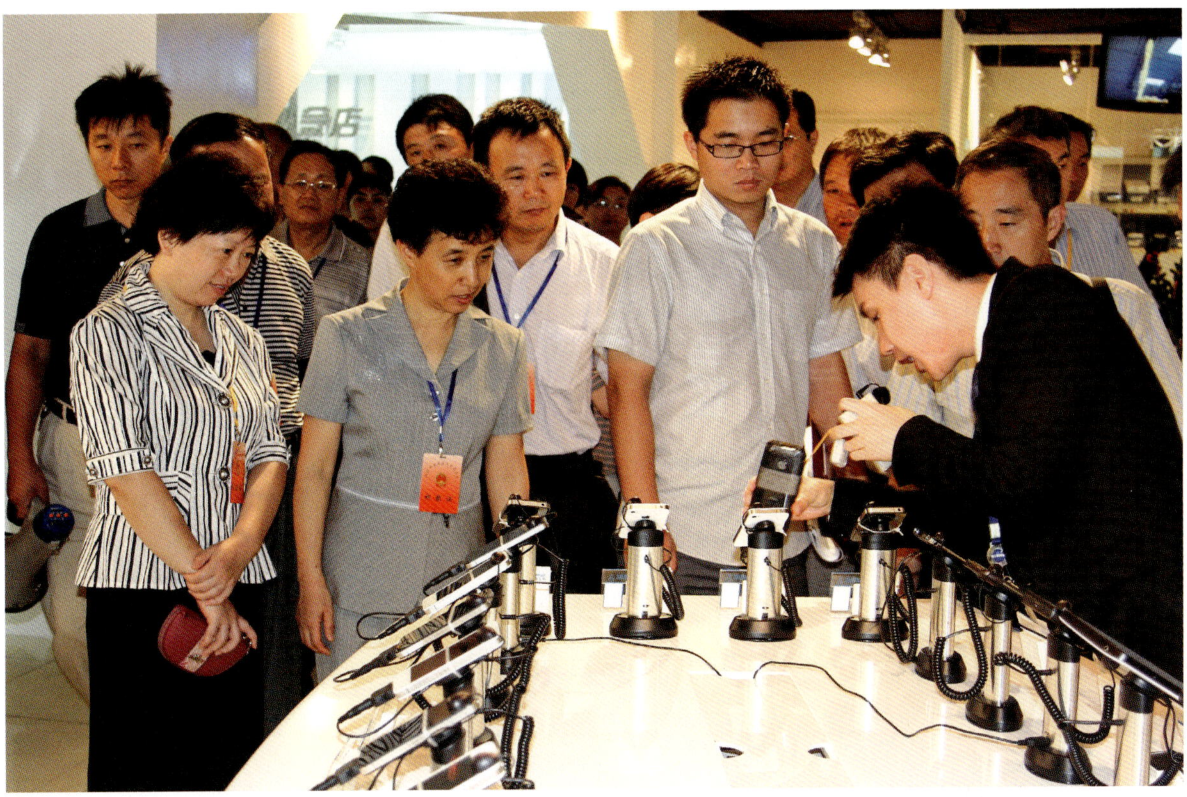

7月28日，区人大常委会主任张萍（前排左二）及区人大代表视察徐庄软件园苏宁总部未来城

10 月 28 日，代区长徐曙海(中)到区人社局调研人力资源和社会保障工作

6 月 17 日，区政协主席梁广宏(右二)视察区法院工作

6月14日，江苏省高院院长公丕祥（左一）调研锁金村街道基层纠纷诉外调解和社会矛盾化解工作

9月23日，江苏省物价局局长周卫国（右二）考察玄武区平价店

11月29日，玄武区党政代表团参观考察广州市政建设特色项目——东濠涌

11月30日，玄武区党政代表团参观考察深圳市华强文化科技集团

7 月 16 日，玄武区党政代表团到苏州高新区考察学习

4 月 22 日，广州市副市长贡儿珍（前排中）率团考察徐庄软件园产业发展情况

6月28日，鼓楼区区委书记陆平贵(左一)、区长杨学鹏(左三)率领党政代表团在区委书记储永宏(左二)、代区长徐曙海(左四)等领导的陪同下，到徐庄软件园进行实地考察

8月10日，高淳县县委书记吴卫国(前排左二)率党政代表团在区委书记储永宏(前排左一)等领导的陪同下到徐庄软件园进行实地考察

8月10日，玄武区和高淳县共建毕业企业产业园签约仪式在徐庄软件园举行，右为玄武区代区长徐曙海，左为高淳县县长沈剑荣

11月10日，以色列代表团到徐庄软件园内南京集成电路设计产业园参观

编辑说明 BIAN JI SHOU MING

一、《玄武年鉴(2012)》是在玄武区委、区政府领导下，由玄武区地方志编纂委员会主办，区地方志办公室、区档案局编辑出版的综合性信息资料文献。旨在系统、科学、准确地记述2011年玄武区域内自然、政治、经济、文化、社会发展等方面的年度情况，为社会各界了解和研究玄武提供权威、翔实的信息，为领导决策提供参考依据，为区志的续修积累史料。《玄武年鉴》创刊于1985年，逐年编辑出版一卷，本卷为第27卷。

二、本刊文稿按区政府办公室批准的《玄武年鉴(2012)》组稿工作的通知要求，由区相关部门、单位专人负责撰写，并经主要领导审查签发。《玄武年鉴(2012)》收录的统计资料，均由区统计局和相关主管部门提供。凡全区性的统计数字，均以区统计局和相关主管部门的统计数字为准。年鉴引用的工作报告、文件、讲话和新闻报道中所涉及的观点、数据、称谓等，均按原件记载。所有统计数据，各级表彰的先进集体和先进个人及其相关情况，不包括驻区部队。

三、《玄武年鉴(2012)》记载资料的时限为2011年1月至12月。为了提高年鉴的时效性，有些事件主体虽然发生在2011年，但其相关内容延伸至2012年，如劳动模范、科技成果的评选结果公布和颁奖均在2012年初，部分条目涉及到2011年以前的情况，为了保持事件的连续性和完整性，也简略记载。文中名称“区、全区、区内、区域、域内”均指玄武区。

四、《玄武年鉴(2012)》卷框架结构分为类目、分目、副分目、条目等层次。本卷设特载、专记、概览、大事记、党政、民主党派·工商联·人民团体、法制、国防建设、财政·税务、经济管理与监督、商贸·旅游、软件产业和信息化建设·工业·农业、城市建设与管理、科学技术、教育、文化·卫生·体育、社会生活、街道与社区建设、人物·光荣榜、统计资料、附录、索引22个类目。各类目层级标题，在目录和正文中用不同字体字号标识，条目用黑体字加【 】表示。

五、《玄武年鉴(2012)》部分类目和分目架构作相应调整。一是在类目“概览”中，增设分目“实施五大战略构建特色街区”；二是在类目“党政”中，分目“中共玄武区委员会”内，副分目增加“社会建设”，撤销“纪检监察”；单设分目“中共玄武区纪委”；三是类目“地方武装”改为“国防建设”；四是类目“现代服务业”改为“商贸·旅游”，分目增加“景区景点”；五是类目“工业·信息化建设·农业”改为“软件产业和信息化建设·工业·农业”；六是类目“街道”改为“街道与社区建设”，在各街道分目中增设副分目“街道工作”、“社区建设”。

《玄武年鉴(2012)》的编辑出版，得到全区各部门、街道、单位和驻区有关单位的支持和帮助，在此深表谢忱。

目　录

特　载

专　记

概　览

大　事　记

党　政

法　制

国防建设

财政·税务

经济管理与监督

商贸·旅游

软件产业和信息化建设·工业·农业

城市建设与管理

科学技术

教　育

文化·卫生·体育

社会生活

街道与社区建设

人物·光荣榜

统计资料

附　录

索　引

Contents

特　　载

Special Records

率先发展　科学发展　和谐发展
为建设现代化国际性人文绿都标志区而努力奋斗

在中国共产党南京市玄武区第十次代表大会上的报告

区委书记　储永宏

2011年7月24日

同志们：

中国共产党南京市玄武区第十次代表大会，是在玄武发展处于新的历史起点、现代化建设进入关键阶段召开的一次重要会议，具有继往开来的深远意义。

这次大会的主要任务是：以邓小平理论和"三个代表"重要思想为指导，深入贯彻落实科学发展观，回顾总结区第九次党代会以来的工作，审议确定今后五年的主要任务，选举产生中国共产党南京市玄武区第十届委员会和中国共产党南京市玄武区纪律检查委员会，动员全区各级党组织、全体共产党员和广大干部群众，坚定不移地走创新驱动、内生增长、绿色发展之路，自觉肩负起"三个第一"[1]先行军的历史使命，万众一心建设现代化国际性人文绿都标志区。

现在，我代表中国共产党南京市玄武区第九届委员会向大会作报告，请予审议。

九次党代会以来的工作回顾

区第九次党代会以来，我们在市委的正确领导下，坚持以科学发展观总揽全局，全面推进经济、政治、文化、社会和党的建设以及生态文明建设，胜利完成了各项目标任务，创造了玄武历史上综合实力更强、发展更科学、社会更和谐、群众更富足的新时期！

这七年，是经济发展又好又快、质量效益大幅提升的七年。新街口高端商贸商务业快速集聚，徐庄基地生态型科技园区的品牌效应日益凸显，孝陵卫第三增长极的框架逐步拉开。七年来，累计建成89个投资千万元以上产业项目，新增产业载体400余万平方米，引进投资亿元以上项目52个、注册资金千万元以上规模企业477个，聚集了苏宁电器、毕马威等一批总部型企业和国际一流的商务服务企业，德基广场购物中心成为江苏高端商贸的标志，南京1912被命名为中国著名商业街，创意中央、高信环保等高品质产业园竞相涌现。2010年，全区实现地区生产总值281.54亿元，比2004年翻一番；完成地方一般预算收入26.57亿元，是2004年的2.74倍；第三产业占地区生产总值的比重提高到91.06%，现代服务业比重达41%。

这七年，是人才科技引领转型、创新活力显著增强的七年。徐庄基地建成研发载体90万平方米，入驻软件科技企业120家，被认定为省级软件产业基地。全区新增8家经认定的科技园区，集成电路设计产业园被科技部授牌为国际科技合作基地。联合中科院共建南京物联网研究与产业化中心，建立"东南大学—

玄武区"产学研合作机制，建成徐庄国家级博士后工作站和6家企业院士工作站，新建23个省级以上科技公共技术服务平台，达成产学研合作项目105个、重大成果转化项目5个。大力实施"432人才计划"，成立三大产业人才协会，与4所高校签订人才战略合作协议，积极引进海内外高端人才，3名企业人才列入国家"千人计划"，4人获省科技创新创业人才奖，1个人才团队被评为省"科技创新团队"，13人入选省"高层次创新创业人才引进计划"，先声药业集团被命名为省"高层次人才创新创业基地"，我区被评为全省人才工作先进区。2010年，全区完成高新技术产业销售收入360亿元，其中，软件和信息服务业销售收入102.2亿元。

这七年，是人民生活明显改善、群众得到实惠最多的七年。 2010年，城镇居民人均可支配收入达3.05万元，年均增长12.8%。七年来，累计援助困难人员就业1.31万人次，实现再就业6.86万人次，扶持成功创业5057人次，创业带动就业2.75万人次，工资集体协商与和谐劳动关系等工作走在全省前列。基本建成覆盖广、实惠多的社会保障和帮扶救助体系，"五大保险"[2]覆盖率均保持在99%以上。建成经济适用住房64万平方米，有效解决失地农民和低收入群体的住房问题，居民人均住房面积达31.55平方米，比2004年增加27.6%。

这七年，是城市环境持续优化、功能品质快速跃升的七年。 主城区道路通行功能提档升级，红山和玄武湖地区交通网络得到优化，孝陵卫地区路网整体框架基本成型。七年来，累计新建道路28.41万平方米，改造出新45.24万平方米。完成中山陵风景区、明城墙风光带和梅园新村历史片区综合整治工程，完成沪宁城际铁路(玄武段)等73个项目拆迁和红山"城中村"改造，拆迁和改造面积达269万平方米。实施城市环境"三个提升"[3]工程，完成243条街巷综合整治、65条街巷雨污分流改造工程，清疏整治河道28.7公里，出新改造老旧小区49个、房屋985幢。创新实施公益性物业管理，接管老旧小区物管354.5万平方米。新增绿地239.07万平方米、公共绿地122.21万平方米。深入推进城市环境精细化、网格式管理，建成数字城管平台和新型智能化垃圾收运系统，加强水质管理、工地扬尘防治和噪音、油烟控制，关停和搬迁11家重污染工业企业，环境质量稳步提升，城市常态长效管理水平保持全市前列。

这七年，是各项事业全面进步、和谐氛围更加浓厚的七年。 区人大、政协在全区政治、经济、文化和社会建设中发挥了重要作用，各民主党派、工商联为玄武经济社会发展作出了积极贡献。民族、宗教、侨台工作进一步加强，社区统战形成品牌，工、青、妇等工作走在全省前列。国防后备力量建设水平不断提升，基层武装部规范化建设成效显著，我区连续六次被评为全省双拥模范区。教育工作全省领先，被教育部确定为全国社区教育示范区，获得省教育现代化建设先进区等10项省级以上荣誉。科技、卫生、文化、体育、老龄、助残、档案等各项事业蓬勃发展，获得全国科技进步示范区、全国社区卫生服务示范区、全国老龄工作先进区、全国人口早期教育暨独生子女培养示范区、全国社区残疾人工作示范区等荣誉。大力弘扬"三创"精神，涌现出全国先进工作者宋红斌等先进典型。学习型城区建设、文明城市创建扎实推进，社会文明程度普遍提高，被表彰为创建全国文明城市立功区。率先制定和谐社区建设与幸福指数评价标准，建立"一口受理、一网协同"的网格化管理服务机制，推行民生导向型和谐社区建设"四全模式"[4]，我区被评为全国和谐社区建设示范城区。平安玄武、法治玄武建设深入推进，社会稳定风险评估、领导包案等维稳机制不断健全，一批影响稳定的不和谐因素得到有效化解，"社区六进"[5]、网格化巡防等工作得到上级的充分肯定，人民群众对社会治安满意率达98.7%，我区连续五年被省委、省政府命名为社会治安安全区，被评为省社会治安综合治理先进区、首批全国法治县(市、区)创建活动先进单位。

这七年，是党的建设不断加强、执政能力有效提高的七年。 始终把党的建设放在工作大局中谋划部署，切实加强党的建设。定期开展区委中心组学习，建立党员远程教育平台，加强学习型党组织建设，圆满完成保持共产党员先进性教育、学习贯彻党章、深入学习实践科学发展观等主题教育活动。完成新一轮政府机构改革，开展区管领导班子和领导干部实绩考评与"五好班子"[6]创建，增强了各级班子的整体功能与工作合力。运用"两推一述"[7]产生区管党政正职，开展区管副职公开选拔和处级、科级岗位跨单位竞争上岗，全面落实培养选拔党外领导干部规划，选派大批干部到重点项目和基层一线锻炼、赴境外和先进地区培训，各级干部推动发展的能力明显增强。深入开展以"满意先锋行动"为抓手的创先争优活动，建立基层党建标准化工作流程，非公企业"五型"党组织[8]创建和"菜单式"活动扎实推进，符合条件的规模以上非公企业党组织单独组建率达100%。实行党代表任期制，"公推直选"产生社区、村党组织领导班子，流动党员动态管理系统进一步完善。建立责任、督察、考核"三位一体"的落实机制，实施"1+4+8"常态督察[9]、"一把手"信任投票等制度，有效调动了各级干部的积极性。深入推进"五服务"[10]、"双结对、双促进"[11]、党员义工服务等活动，严格执行党风廉政建设责任制，建立"六位一体"惩防体系[12]和权力阳光运行机制，创新设立基层党风廉政建设网络监督平台，实施领导班子和领导干部日常监督管理、重大事项报告、岗位廉政风险点教育等制度，党风、政风和社会风气进一步好转。我区党风廉政建设等各项工作得到省委巡视组的充分肯定。

同志们，七年来，我们负重前行、奋勇拼搏，打牢了转型创新跨越发展的坚实基础；七年来，我们积极探索、敢为人先，走出了具有玄武特色的发展道路；七年来，我们克难奋进、务实为民，开创了又好又快发展的崭新局面。七年的拼搏难以忘怀，非凡的业绩来之不易，巨大的变化有目共睹！这些成绩和进步，归功于市委的正确领导，归功于全体党员干部群众的团结奋斗，归功于历届区委打下的良好基础、老同志的关心帮助和全社会的支持配合。在此，我代表中共南京市玄武区第九届委员会，向全区广大党员、干部、群众，向老领导、老同志，向各民主党派、人民团体和社会各界人士，向驻区单位和部队，向所有关心、支持、帮助玄武建设发展的朋友们，表示衷心的感谢并致以崇高的敬意！

前进的道路充满坎坷，发展的经验值得总结。回顾七年来走过的不平凡历程，我们深深体会到“五个必须坚持”：

（一）*必须坚持解放思想，开拓思维创新实践*。我们从发展实际出发，从转变观念入手，相继开展三次解放思想大讨论活动，推动先进理念战胜落后观念、开放思维冲破封闭束缚、现代模式取代传统定式。区委每半年紧扣一个事关全区发展的重点，进行系统阐释，相继提出超常规发展、项目运作、大局思维、创新驱动、特色发展、竞争力等重要论述，针对性推进思想解放，加快经济社会建设向发展型、民生型、生态型转变。人才、科技、产业、生态互动的徐庄基地，名商云集、名品汇聚的新街口商贸商务区，历史文化与现代时尚相融的长江路历史文化街区，居民满意、生活幸福的和谐社区，等等，这些成就，无一不是解放思想的结果。实践告诉我们，观念高度决定了视野宽度，思想深度决定了发展程度。唯有不断解放思想，才能使观念更加超前，认识更加全面，战略更加科学，举措更加有力！

（二）*必须坚持居安思危，勇担责任克难奋进*。这七年，我们遭遇了国际金融危机等各种压力考验和困难挑战，区委始终强调“发展形势依然严峻”，不断强化如履薄冰的忧患意识、寝食难安的责任意识、危中寻机的机遇意识。我们抢抓产业转移、结构转型等重大契机，制定实施产业发展总体规划、“1+4”产业扶持[13]、人才工作4个文件[14]等政策措施。我们建立决战机制，强化“三包责任”[15]、“三方同责”[16]机制，高密度、快节奏、大强度抓好工作。全区地区生产总值、一般预算收入、服务业增加值、社会消费品零售总额、高新技术产业销售收入年均增长14.2%、18.8%、14.9%、16.5%、10%，保持了良好的发展势头。实践告诉我们，危机感和责任感是不畏艰难推动发展的关键动力，是不惧风险成就事业的重要保证。只有牢固树立忧患意识、责任意识、机遇意识，才能始终保持锐意进取、奋发有为的精神状态，勇于担当、敢闯敢拼的昂扬斗志，抢抓机遇、加快发展的创业激情！

（三）*必须坚持科学发展，拓宽路径加快转型*。我们整体把握玄武发展的阶段特征、禀赋特色与结构特点，自觉推进战略路径的适应调整和发展模式的适时转型，目标定位从“富裕文明的现代化玄武”提升为“现代化国际性人文绿都标志区”，发展战略从“科技强区、文化兴区、环境立区”丰富为“特色发展、创新驱动、项目支撑”，空间布局从“统筹三大区域、打造两个增长极”调整为“三极两环协调发展”，主导产业从“三大产业”细化为“四核四新”[17]。发展的目标越来越高远，方向越来越明确，路数越来越清晰。实践告诉我们，没有一成不变的发展道路和发展模式。只有牢牢把握科学发展的主题，坚持因地制宜、因时而变，不断拓宽路径、创新模式，才能最大限度地释放潜能，始终走在新一轮发展的前列！

（四）*必须坚持执政为民，关爱群众造福百姓*。我们坚持把群众满意作为工作出发点，把发展的目的落脚到满足民需、改善民生、促进民富上。我们无论是制定发展政策还是改革机制制度，无论是城市建设改造还是文明城市创建，无论是建设和谐社区还是促进平安稳定，都把群众参与、群众评判、群众受益作为前提，以亲民爱民的行动赢得了群众的信任支持。我们高标准落实“五有”[18]要求，高起点建设和谐社区，高品质打造宜居环境，着力解决就学就医就业等群众反映强烈的问题，办好行不便、居不易等群众身边的急事难事，以富民惠民的实效赢得了群众的真心拥护。实践告诉我们，关爱民生、致富百姓是以人为本、执政为民的具体体现。只有充分保障群众利益，充分尊重群众意愿，充分发挥群众积极性，各项决策才能转化为广大群众的自觉行动，各项事业才能不断推向前进！

（五）*必须坚持总揽全局，团结拼搏力促跨越*。我们充分发挥区委的领导核心作用，加强和改善对人大、政府、政协和人民团体的领导，成立人大、政协街道工委，出台加强人大工作的意见和政治协商规程，四套班子同心同德抓发展，干部群众同甘共苦干事业，社会各界同舟共济促跨越。我们完善议事决策程序，建立区专家咨询委员会和顾问委员会，有力促进了科学民主决策。我们把基层基础作为全区发展的战略支点，建立区委常委分管街道机制，实行常委会集体调研和现场办公制度，工作重心全面下移。我们建立了一套行之有效的目标导向机制、压力传递机制和激励考评机制，有效提升了执行能力和运作能力，形成了争先进位、你追我赶的生动局面。实践告诉我们，党的领导是关键，同心实干是根本。只有充分激发广大干部群众的创新创业创优热情，才能汇集强劲的发展合力，谱写新篇章，创造新辉煌！

在肯定成绩的同时，我们也清醒地认识到存在的问题和不足，主要是：全区发展还不够平衡；转型升级尚处于攻坚阶段，创新型经济的比重还不够高；民生工作与群众日益增长的新期待还有差距，发展成果的惠及面还需要进一步扩大；少数干部的思想观念、工作水平和创新能力还不能适应新形势新任务的要求。对此，我们将高度重视，采取切实有效措施，认真加以解决。

发展机遇和目标战略

当前，玄武已经站在新的历史起点上，面临的环境更为复杂，影响因素更趋多元，工作任务更加艰巨。我们要强化战略思维、创新思维、辩证思维和竞争思维，抢抓战略机遇期，再创黄金发展期。

我们要敏锐把握全面开放与深度融合的新趋势，用战略思维抢抓和用好新的发展机遇。当前，经济全球化在新的广度和深度上不断拓展，国际分工和产业转移在更广范围、更深层次上展开，玄武与世界的联系也更加直接、更加密切。南京作为长三角的“两基地、两中心、一门户”[19]，具备承接国际转移、集结发展要素的优越条件，加之正进入“青奥效应”的持续释放期，现代化、国际化、信息化进程全面提速。作为中心城区，玄武发展高端服务业和新兴产业面临难得的历史性机遇。我们必须强化战略思维，着眼发展全局，树立全球视野，充分发挥科教、人才、文化、生态、区位等方面的集合优势，全方位汲取国内外优质要素，争得更多优质资源，开拓更大发展空间。

我们要敏锐把握科技革命与产业革命的新趋势，用创新思维抢抓和用好新的发展机遇。随着全球进入一个创新密集和新兴产业快速发展的时代，科技、产业、市场等领域发生了深刻变化，正孕育着新的革命性突破。国家及时提出将战略性新兴产

业培育发展成为先导性、支柱性产业，江苏大力推进以创新驱动为核心的第三次战略转型，南京重点推进国家科技体制综合改革试点城市、国家服务业综合改革试点城市建设，努力打造中国人才与科技创新名城。这些前所未有的战略机遇和政策导向，有利于我们广泛吸纳、沉淀和转化智力成果。今年，市委又作出聚焦"四个第一"[20]的科学决策，提出了创新驱动、内生增长、绿色发展的新战略新路径，推出了力度空前的"八大计划"，先行先试的政策更加系统全面。市委强调指出，玄武这样科教人才和创新资源较多的地区要做好表率，在高起点上进一步发挥优势。这一殷切期望，为今后五年工作指明了方向。我们必须强化创新思维，抢抓以创新为决定因素和主题特征的"第三次机遇"，走具有玄武特色的创新驱动、内生增长、绿色发展之路，奋力抢占新一轮发展的制高点。

*我们要敏锐把握发展转型与模式转变的新趋势，用辩证思维抢抓和用好新的发展机遇。*经济发展方式的加快转变，不仅意味着经济社会领域的深刻变革，也必将产生发展理念、发展模式、发展路径的系统性、根本性、战略性转变。当前，玄武进入了经济实力的稳定上升期、创新驱动的关键突破期、城区品质的优化提升期、社会发展的高位跨越期，但空间资源硬性约束更趋刚性，传统生产要素的经济贡献率逐步递减，优势资源向优质生产力转化不足，居民收入增长滞后于经济增速，解决发展遗留问题与社会新生矛盾的紧迫性更加突出，已经到了以更大的力度创新发展模式增强内生动力、创新社会管理促进和谐稳定的紧要关口。我们必须强化辩证思维，处理好现实挑战与战略机遇、速度规模与质量效益、有形资源与无形资源、局部提升与全面协调的关系，着力推动科技创新、产业升级、环境优化、民生普惠、和谐稳定的一体化发展，从根本上提升科学发展水平。

*我们要敏锐把握多维竞争与抢先率先的新趋势，用竞争思维抢抓和用好新的发展机遇。*进入科学发展的新阶段，发展格局正在发生深刻变化，竞争的深度和广度也发生了重大变化，已经从基本生产要素的低成本竞争，转向技术、人才等高级创新要素的高层次竞争；从注重速度总量的单一性竞争，转向质量效益、服务环境、协调水平的综合性竞争；从同城竞争转向更广范围的区域竞争和国际竞争。随着南京城市框架轮廓和辐射范围的不断扩张，基于空间、区位、资源和政策等差异性，城区功能逐渐分化，位次正在变化，创一流、争第一的新热潮已然掀起。我们必须强化竞争思维，面向全省全国提升竞争标杆，聚焦"四个第一"创新竞争路径，立足"带好头、当标兵、争第一"塑造竞争文化，努力赢得主动、赢得优势、赢得未来。

新使命催生新动力，新时期呼唤新作为。今后五年，全区工作的指导思想是：坚持以邓小平理论和"三个代表"重要思想为指导，深入贯彻落实科学发展观，以科学发展为主题，以加快转变经济发展方式为主线，坚定不移地走创新驱动、内生增长、绿色发展之路，大力实施创新玄武、文化玄武、品质玄武、绿色玄武、幸福玄武战略，在推进率先发展、实现"两个率先"中带好头，在推进科学发展、实现转型升级中当标兵，在推进和谐发展、建设人民幸福城市中争第一，努力把玄武建成现代化国际性人文绿都标志区。

今后五年，玄武要保持经济社会又好又快发展，促进经济现代化、民生现代化、社会现代化、城市现代化、生态现代化的全面进步，确保2015年在全市首批迈入基本实现现代化的行列。一是地区生产总值突破500亿元，地方一般预算收入突破50亿元，实际利用外资累计突破6亿美元，服务业增加值年均增长14.5%，第三产业占地区生产总值的比重达98%以上，现代服务业增加值占全区服务业比重达65%以上。二是全社会研发投入占地区生产总值比重达6%，全区高层次人才比重、高新技术产业总产值、上市科技企业数翻一番，发明专利授权总量、在孵科技企业数、科技服务业总收入翻两番。三是就业保持相对充分水平，"五大保险"实现动态全覆盖，各类社会群体得到多层次保障，居民人均可支配收入年均增长12%以上。四是全区绿化覆盖率达62%，人均拥有道路面积达10平方米，环境质量综合指数稳定在88分以上。

根据以上指导思想和目标任务，必须大力实施"五大战略"：

——*创新玄武*。突出创新驱动这一引领支撑未来发展的主导战略和核心战略，聚焦"四个第一"，牢固树立全新的发展观、资源观、机遇观和竞争观；以人才为引领、科技为支撑、制度为先导、园区为龙头，珍惜稀缺的有形资源，放大丰富的无形资源，充分激发高校科研院所的创新活力；建立职能清晰、运转顺畅、力量整合的管理机制，实施超常规、大力度、易操作的政策体系，全方位破除制约优势资源向优质生产力转化的障碍，实现创新型经济和服务经济的竞争力全市领先，建设人才与科技创新名城示范区。

——*文化玄武*。凸显文化对提升竞争力、促进内涵发展的重要作用，以丰厚的文化禀赋为本底，精心保护历史风貌和传统空间肌理，高水平建设体现古都风韵、引领未来风尚的历史文化街区，彰显以民国文化为核心的都城文化，发展文化底蕴深厚、科技支撑有力的创意产业，传承优秀历史文化，营造健康向上的社会氛围，形成文化产业发达、文化服务健全、文化市场繁荣、文化产品丰富的格局，实现文化影响力和文化软实力全省领先，建设历史文化名城形象区。

——*品质玄武*。坚持精心规划、精致建设、精细管理、精品城区的导向，优化区域生产力布局和资源配置，推动高新技术产业、高端服务业、高层次人才和高品质环境"四高联动"；加强基础设施和公共设施建设，大力增强现代化、国际化、高端化的生活服务功能，打造南京的国际性窗口；将山水古韵、文化积淀融入建筑文化、社区文化、休闲文化，提升中心城区的内涵特色和个性品位；深化城市智能化网格化管理，注重老旧小区的改造提升，力促东部城郊结合地区和红山"北部新城"跨越发展，实现经济发展品质、人文生态品质、管理服务品质、宜居生活品质全市领先，建设揽山亲湖、充满活力、独具魅力的最佳生态宜居城区。

——*绿色玄武*。加快由传统发展模式向绿色发展模式转变，着力破解自然资源稀缺、环境容量受限的约束，重点扶持和培育充分依托人才引领、科技支撑、创新驱动的绿色新兴产业和现代服务业，使经济转“绿”；强化资源的循环和高效集约利用，控制投资强度低、产出效益低的一般性项目，以最小的资源代价谋求最大限度的发展，使空间变“绿”；加强生态保护和环境治理，大力推进环境基础设施建设，引导公众自觉选择节约环保、低碳排放的消费模式，使生活增“绿”；构建以湖山为心、点线面相结合的城市生态网络，率先建成生态园林城区，使环境更“绿”，促进经济社会和资源环境良性循环，实现绿色发展指数全省领先，建设资源节约型和环境友好型示范城区。

——幸福玄武。坚持以人为本、民生优先，以生活富裕、服务优质、功能完善、环境提升、规范有序、和谐稳定为目标，从偏重GDP向更重绿色GDP、GNH[21]转变，强化群众创造幸福、享受幸福、评价幸福的主体地位，健全民生工作的普惠机制和长效机制，促进居民收入和家庭财产普遍增加，推动基本公共服务优质均衡发展，深化和谐社区、平安法治建设，提升居民对就业、保障、住房、教育、环境、健康、安全的满意度，营造生活和美、人际和睦、社会和谐的良好氛围，实现居民满意度、社会和谐度和幸福指数全市全省领先，真正让不同群体享有与发展水平相适应的幸福生活，建设人民幸福城区。

“五个玄武”是率先发展的目标方向，是科学发展的集中体现，是和谐发展的内在统一。创新玄武是发展动力的全面更新，是推动我区在“第三次机遇”中脱颖而出的根本方略，是玄武面向未来实现超越的最优选择。文化玄武和品质玄武是发展内涵的优化拓展，是增强集聚辐射能力、提升中心城区首位度的最适抓手。绿色玄武是发展模式的根本转变，是摆脱外部约束、增强可持续发展能力的最佳路径。幸福玄武是又好又快发展的根本目标，也是我们各项工作的最终落脚点。

落实五大战略，事关全区人民的福祉，事关玄武的现代化事业，事关我区在发展大格局中的地位。我们相信，有科学发展观的指引和市委的正确领导，有充满活力的全区各级党组织和广大党员干部，有勤劳智慧的玄武人民，我们一定能实现新的目标，创造更加美好的未来！

坚持创新驱动、内生增长、绿色发展实现玄武发展的争先超越

坚定不移地走创新驱动、内生增长、绿色发展之路，是破解难题、科学发展的根本之策，是争当第一、超越发展的根本道路。要进一步增强率先发展、科学发展、和谐发展的责任感和紧迫感，抢抓和用好“第三次机遇”，建设创新创业活力迸发、发展质态又好又快的新玄武。

一、聚焦四个第一，狠抓关键环节，大幅提升创新创业能力

立足玄武的无形资源优势，紧紧把握人才引领、科技创业和制度先试、园区先行两大关键，大力实施“六个一百”计划[22]，充分释放创新能量，真正使“四个第一”成为推动玄武率先转型、全面超越的核心驱动力。

突出人才引领。把高层次人才作为实施创新驱动战略的引领力量，坚持挖掘本地人才资源潜力、培育创新创业人才和引进海内外领军人才“三位一体”，形成人才引领创新、创新推动产业、产业集聚人才的良性互动态势。启动实施高层次人才引进培育计划。坚持招才引智比招商引资更重要的理念，鼓励以企业为主体，采取“人才+项目”的方式，集聚和培养人才，发掘和壮大智力资源这个永不枯竭的“富矿”，确保全区高层次创新人才、领军型科技创业人才和科技创业家占全市比重达20%以上。全力打造人才“特区”。坚持人才投入优先保证、人才结构优先调整、人才环境优先创造，大幅度提高人才专项资金的规模，建立多元化多渠道人才投入机制，优化人才队伍专业结构、层次结构、年龄结构和职业分布结构，营造更加适宜人才发展的创业环境、社会环境和制度环境。

助力科技创业。把科技创业作为实施创新驱动战略的核心环节，推动科教和人才资源加速向现实生产力转化。激活创业主体。鼎力支持各类人才开展科技创业，大力招引拥有自主创新成果的人才与团队到玄武兴业发展，使更多的科技工作者变成科技创业者，更多的专利拥有人变成创业带头人。优化创业平台。组建高层次人才创业服务中心和科技成果转化服务平台，构建政务服务、技术转移、成果转化、创业投资、上市辅导等一体化科技创业服务体系，提供专业化、个性化的服务，营造要素完备、支撑有力、开放包容的创新发展环境。完善金融服务。以科技金融政策创新为突破口，壮大科技创业专项基金规模，建立以天使投资、创业投资、科技小额贷款、融资担保、股权投资等为主体的科技金融服务平台，联合金融机构和有实力的企业开展科技金融服务，引导海内外资本进入玄武创新创业领域，辅导一批科技企业在境内外多层次证券市场上市融资，推动各类创新成果与各类市场、各种资本加速对接。

坚持制度先试。把机制制度作为实施创新驱动战略的前提和保障，强化政策聚焦，全力破除制约科技成果向现实生产力转化的机制瓶颈。建立更有力的组织领导机制。成立条块结合、整体联动、实体运作的科技创新工作组织领导机构，全面构建“一把手”抓“四个第一”的责任管理与推进体系。建立更精准的要素配置机制。对接南京“八大计划”，制定初创企业、孵化项目扶持政策，舍得投入人力物力财力促进科技创业，舍得挤出稀缺资源拓展创新创业空间，推动科技政策向创新前端聚集。制定民营企业创新激励政策，引导传统行业企业通过技术创新和模式创新创造新价值，推动社会资本向创新领域聚集。制定重点科技产业专项政策，支持核心技术的攻关突破，培育一批拥有自主知识产权的示范企业，引导科技资源向关键环节聚集。建立更严密的考核评价机制。每年排出一批创新指标与重点科技项目，建立创新工作专项考评机制，明确各服务环节的责任部门，实行刚性考核，把全区各级干部的思想和行动统一到推进科技创新创业上来。

推动园区先行。把高水平建设科技园区作为实施创新驱动战略的关键抓手，构筑孵化器、加速器、产业园区紧密衔接的科技成果转化和产业化体系，搭建从实验室迈向市场的技术转移“高速公路”。壮大科技企业孵化器。制定科技企业孵化器专项管理办法，做优东大科技园等现有孵化园，再建一批定位清晰、功能完备、运转高效的科技孵化器，全力支持高校人才本地创业、海归人才本土创业。建设环高校创新创业平台。深化与高校院所等智力源、创新源的战略合作，联合开发改造高校周边载体和校内闲置资源，承接大学的技术与人才，就地转化国际先

进、国内领先的自主知识产权成果。打造科技创业特别社区。突出徐庄基地的创新龙头作用和创业带动效应，采取“核心园+专业园”模式，在玄武大道周边建设2平方公里科技创业特别社区，给予最优惠的政策、实行最特殊的管理、营造最适宜的创新创业环境。

二、优化空间布局，激活优质资源，全力推进集约集聚发展

以空间集中、资源集约、产业集聚为导向，着力增强中心城区的集聚辐射力，使全区发展更加全面、更为协调、更可持续。

全力构筑“一园四极”发展格局。精心打造“紫金山—玄武湖”城市中央公园休闲旅游区，统筹推进新街口核心经济区、徐庄软件产业基地、孝陵卫生态科技绿谷、红山北部新城核心区四个增长极，形成核心支撑、东部先行、北部崛起、全区超越的格局。中央公园休闲旅游区是南京“山水城林”资源最集中的区域，要突出服务、文化、休闲三大主题，引入高水平、有实力的投资主体和运作团队，整体提高滨湖、沿墙、环山的资源效能、项目档次和产业水平，推动传统旅游业态向高端文化休闲业态升级，大幅提升城区品质和生活品质，打造南京市民的“城市客厅”。新街口核心经济区要突出高端生活性服务业与生产性服务业两大重点，加快建设中央商务区、中央文化区、中央创新区，与中央公园休闲旅游区“4C联动”，打造国内一流的高端服务业集聚区。要借鉴发达国家商业中心区发展模式，大力推进产业更新和消费升级，建设企业总部化、产业高端化、生活国际化的中央商务区。要彰显厚重的民国文化，挖掘1700多年的都城历史，建设底蕴深厚、产业领先、生活时尚的环“总统府”中央文化区。要依托丰富的科教资源和浓厚的创业氛围，大力推进功能置换和资源挖潜，建设创意企业云集、创业氛围浓厚的环东南大学中央创新区。徐庄软件产业基地要突出高端人才和重点产业，积极拓展发展空间，着力扩大领军企业规模，集聚国内外一流企业的高端研发机构，加快在重点领域形成集群效应，在关键环节取得先发优势，提升创新能力和产业特色，打造创新型经济发展的集团军。孝陵卫生态科技绿谷要抓住麒麟生态科技城开发建设、发展通道全面打开的机遇，加快城市现代化进程，建设和规划一批特色园区、总部楼宇，突出发展生物技术、文化创意等绿色经济，把清新美景植入产业发展，把科教资源转化为发展实力，尽快成为名副其实的第三增长极。红山北部新城核心区要抓住大型制造业企业外迁的契机，加大资源整合和挖潜力度，科学规划、准确定位、加强统筹，积极发展商贸商务、研发创意、休闲体验等特色产业，加大环境改造与基本公共服务投入，创新区域协调管理体制机制，及早拉出第四增长极框架，努力打造南京城北现代化新中心。

突出打造“四纵四横”特色街区。以产业为支撑，以项目为抓手，精心运作、倾力打造“四纵四横”特色街区，实现高端资源高效利用、优质空间精致开发、特色区域特色发展。“四纵”：中山路（玄武片）突出高端商业、顶级品牌的特色，打造国际名品街区。洪武北路—丹凤街发挥金融机构、科技创业企业、通信产业相对集中的优势，打造科技金融街区。台城路（解放门—神策门段）依托得天独厚的环境，打造创意休闲商业街区。红山路充分利用居民密集、潜在资源相对丰富的优势，打造北部新城商业大街。“四横”：中山东路—中山门大街突出交通、载体、人文、科教等集合优势，打造科技商务产业带。长江路突出文化遗存丰厚的优势，打造民国历史文化街区。珠江路突出科技品牌和电子商务企业相对集中的优势，打造电子商务集聚区。玄武大道以徐庄基地为龙头向两侧拓展，打造创新大道。要把“四纵四横”的发展落实到具体项目上，加大沿线载体和企业的“双提档、双升级”力度，加快建设雨花巷地块、王家湾总部园等一批在手项目，大力推进汇文里地块、原中电熊猫地块等待建项目，策划规划香铺营、居安里、朝阳山等开发项目，有效扩大发展容量，带动特色区域从点到线、由线及面梯次发展。

三、突出主攻方向，提升产业层次，充分彰显高新高端特色

以高新技术为先导、优势产业为支撑，提升产业竞争力和贡献率，形成一批体现玄武发展质量、水平和实力的高新技术产业和高端服务业企业集群。

突出发展创新型产业。坚持培育孵化和引进生根并举，推动战略性新兴产业规模化、品牌化、国际化发展。以集成电路设计、电子商务和物联网产业为主攻领域，突出发展软件信息服务业。充分发挥集成电路设计的先发优势和领军人才优势，加强与高校和知名专家的合作，积极与欧美、台湾等芯片制造设计厂商建立技术和人才合作关系，壮大集成电路专业园区，孵化集成电路企业和项目，建设高水准、国际化的“芯园”。依托苏宁易购、途牛网、猎宝网等一批重点企业，做强优势领域，扩大电子商务业的规模，力争电子商务业销售总收入全国领先。加快南京物联网研究与产业化中心的规模运作，落地转化中科院RFID核心芯片国产化设计等一批重大研发成果，集聚物联网规模企业20家，提升核心研发实力。以研发与销售为重点方向，积极发展生物医药产业。聚焦生物技术和新医药产业链的“微笑曲线”两端，依托先声药业、柯菲平等一批重点医药企业，发挥高校院所的生物科技优势，培育一批突破核心技术、拥有自主知识产权的生物医药企业，大力引进生物制药、医疗电子设备等领域的研发和销售类企业，壮大生物医药产业规模。

大力发展高端服务业。加快构建以高端商贸商务业和文化创意产业为主干、以科技服务业为补充的现代服务业体系，促进发展提速、品质提档、效益提升。加快发展高端商贸业。突出发展商业综合体、品牌旗舰店、高档餐饮、高星级酒店等高端业态，提升生活性服务业的国际化水平，使玄武成为国际一线消费品牌的集聚地。借助北部地区功能提升、消费升级之势，加快建设红山商贸等辐射性、规模型项目，布局一批连锁商业和时尚休闲、文化娱乐等服务业，打造工作、居住、消费一体化的新热点。重点发展现代商务业。主动开展全球招商，主攻辐射带动作用强的生产性服务业，吸引国内外知名企业的地区总部、营销中心入驻，力争到2015年全区总部型企业超过150家。推进德基二期、凯润金城等高品质楼宇加快投入运营，提速建设德基三期、长江路九号三期等重点项目，全力抓好南京科技金融园建设，大力发展科技服务、金融证券、专业中介、咨询信息等商务服务业，打造一批亿元级楼宇。积极发展新兴文化产业。开放江宁织造府，延伸开发曼度嘉年华文化广场，加快建设圣和文化广场等重点项目，推进板仓街改造和国展中心功能转型，保

护性开发梅园新村历史建筑群和百子亭民国文化风貌区，大力发展文化休闲、数字创意、广告会展、动漫游戏等文化产业，形成一批具有较强市场竞争力的骨干文化企业。

坚持以人为本、民生优先建设人民幸福城区

让人民群众过上更加幸福美好的生活，是率先发展、科学发展、和谐发展的根本目标。要把以人为本、民生优先作为出发点和落脚点，把加强和创新社会管理作为重中之重，把增进人民幸福贯穿于率先基本实现现代化的全过程，实现经济发展、社会进步与改善民生、增进福祉的统一。

一、建设人民生活更加富裕的城区

建立健全促进居民收入持续快速增长的政策支撑体系和长效机制，突出企业职工、中低收入者和困难家庭的增收，确保居民可支配收入六年翻番。把支持创业作为富民的优先策略，制定更具导向性的创业扶持政策措施，完善区、街、社区三级创业服务平台，聘请创业成功人士担任“创业导师”，提高初始创业成功率和稳定运营率，不断增加居民经营性收入和财产性收入。把充分就业作为富民的首要渠道，坚持市场调节就业、政府促进就业、劳动者自主择业相结合的就业方针，发挥产业政策对就业的拉动作用，健全就业援助长效机制，动态消除“零就业家庭”，完善平等协商和工资专项集体合同制度，保障工资性收入稳步增长。把全民社保作为富民的重要基础，深入贯彻《社会保险法》，健全广覆盖、保基本、多层次、可持续的社会保障体系，维护公民参加社会保险和享受社会保障待遇的合法权益。加强社会保障、社会救助、社会福利的衔接与协调，探索慈善公益事业规模化、产业化发展。

二、建设公共服务优质均衡的城区

进一步提升建设标准和发展目标，加快推进基本公共服务均等化全覆盖，促进社会事业优质均衡发展。提升教育现代化的内涵和品质，扩大优质教育资源，探索义务教育“两头延伸”，逐步实行中等职业教育免费制度，建设全国全面实施素质教育标志区、教育现代化建设先进区、义务教育均衡发展示范区。完善卫生健康服务，全面深化基层医药卫生体制改革，进一步完善社区卫生服务体系建设，加快区属二级医院向社区卫生服务中心转型，为社区居民提供均等的基本公共卫生和基本医疗服务，建设全国社区中医药工作先进单位。加强流动人口计划生育管理，普及全民健身意识，进一步健全残疾人社会保障体系和服务体系。提高居家养老服务水平，健全政府购买服务、社区互助服务、市场有偿服务和义工志愿服务“四位一体”运行模式，鼓励社会力量发展多层次的养老服务事业，实现社区居家养老服务全面覆盖，50%以上的社区建成老年宜居社区。改善中低收入家庭住房条件，稳步扩大“三房”供应规模与保障力度，人均居住面积15平方米以下的低收入家庭实现“应保尽保”。倍加重视经济适用住房小区和老旧小区的居民需求，加大公共投入，优先改善管理服务的薄弱环节。

三、建设环境友好生态宜居的城区

充分利用自然山水优势，构建以生态网络为支撑、以低碳环保为重点的绿色生态系统，实现生态文明与经济文明高度统一，人与自然和谐相处。促进一体发展。把握南京向国际化都市转型提升的机遇，分步改造老旧片区和道路街巷，加快城郊结合地区城市现代化进程，提高基础设施建设水平，形成“老城新区”商圈、文化圈、创新圈、生态圈多重推进的格局。优化绿色环境。完成玄武湖等景区环境综合整治和麒麟生态科技城中央公园(玄武片)等重点项目建设，再打造一批绿色社区，确保绿化覆盖率、人均公园绿地面积在全国同类城区保持领先水平。改善水体质量。精心实施雨污分流工程，综合整治河道水体，建成余粮河滨河公园，营造“人水相亲”的环境。加强节能减排。倡导绿色低碳生活方式，推进集约发展、清洁生产，加强各类废弃物的分类回收和循环利用，综合整治噪音、油烟、工地扬尘等问题，全面完成各项节能减排指标。实施精细管理。完善“大城管”体系，成立街道城市环境管理服务中心和社区工作站，建立区、街两级巡防网络，健全区街联动、线面结合、职责清晰的常态长效机制。加强对停车设施的规划、建设和管理，积极有序地抓好道路、社区等停车泊位建设、切实解决群众反映强烈的“停车难”问题。实施市容基础设施提升、责任区星级达标管理等工程，建设城郊结合部和农村生活垃圾收运系统，数字化、智能化管理实现全覆盖。

四、建设基层坚实管理有序的城区

把社区平台作为主要突破口，以管理创新为抓手，以服务群众为重点，以居民自治为方向，努力让不同需求的人有满足感，让不同层次的人有归属感，让所有居民都有幸福感。健全社区组织体系。深化“一委一居一站一办”的管理服务模式，探索社区党委、社区居委会、公共服务站、社区综治办和社会组织之间的横向互动机制，区、街、社区之间的纵向权责分离机制，建设环玄武湖社区建设示范带，实现社区党组织、社区自治组织、社区服务机构和社区民间组织“四社联动”。丰富社区建设内涵。健全居家养老、扶贫济困、就业安保、综治平安、便民利民的社区服务体系，完善社区“扁平化”、网格化服务管理，增强居民自我管理、自我教育、自我服务、自我监督的意识和能力，塑造丰富多彩、各具特色的社区文化，打造一批全国知名的内涵式社区。发展社区社会组织。把发展服务性、公益性、志愿性社会组织放在更加突出的位置，进一步放宽准入、规范管理、整合资源，完善政策平台、公益创投等支持体系，积极向社会组织开放公共资源、转移服务职能，为社会组织规模化、品牌化发展创造更加有利的环境。提升社工队伍活力。深入推进社工队伍职业化、专业化建设，优化年龄结构、学历结构与素质结构，构建年轻社工职业发展的上升通道。把社区社会组织作为社工成长发展和发挥作用的重要平台，建立区、街两级管理协调机制，形成社区社工、社团社工、志愿义工多元服务格局。

五、建设文化繁荣文明进步的城区

充分发挥历史文化、革命文化和当代科教文化资源丰富的优势，大力加强文化建设，更有力地推动文化繁荣发展，更好地满足人民群众的精神文化需求，创建全国文化先进区。增强思想文化的凝聚力和引领力。以社会主义核心价值体系为引领，大力弘扬以爱国主义为核心的民族精神和以改革创新为核心的时代精神，建设和谐文化，锻造更加昂扬向上的新时期玄武

精神。建设更高水平的文明城区。启动新一轮文明城市建设行动计划，持续开展市民学礼仪、邻里互助、志愿服务等文明素质提升系列活动，使创建成为提升城市形象、增进人民幸福的民心工程、德政工程。提升文化影响力和软实力。深入实施文化惠民工程，扩大文化服务和精神产品的有效供给，基本建成覆盖全面、功能完备的三级公共文化服务体系。深入挖掘区域内六朝文化、明文化、民国文化的内涵，加大文化遗产保护与合理利用的力度，加快建设六朝建康都城遗址博物馆等文化项目，原汁原味展现玄武的历史风貌与人文气质，推动文化与经济、科技、现代传播方式融合发展，进一步提升文化竞争力。

六、建设社会稳定平安祥和的城区

深化平安玄武建设，提升社会管理的科学化水平。充分发挥综合治理优势，整合各方力量资源，着力解决社会管理重点难点问题，公众安全感和政法综治工作绩效继续走在全市前列。进一步拓宽社情民意的表达渠道，搭建全面准确、及时有效的沟通平台，提高"12345"政府服务呼叫中心的投诉办成率与群众满意率。加强和改进对流动人口、特殊人群、虚拟社会、两新组织的服务管理，加大社会治安重点地区综合治理力度，完善社会治安防控体系，依法严厉打击严重刑事犯罪以及敌对势力破坏活动，不断增强人民群众的安全感。坚持以群众得益受惠为工作原则和根本底线，完善人本关怀、权益保障、社会稳控相结合的工作机制，严格落实信访包案责任制和领导干部接访约访下访制度，建立信访工作绩效考核体系，深入开展重点领域、重点区域、重大矛盾化解攻坚行动，使社会问题不积累、不激化、不蔓延。加强重大决策、重点工程的社会稳定风险评估，完善危机"预防、应急、善后"管理机制和实战指挥体系，提高应对各种风险和突发公共事件的能力。加强安全生产和食品药品管理，加强重点领域、重点行业和重大危险源的动态监管与应急处置，保障人民群众生命财产安全。

七、建设民主法治政通人和的城区

注重发挥人大代表、政协委员以及各民主党派、各界别人士精英荟萃、团结各方的优势，积极支持人大、政协依法履行职能，巩固和发展爱国统一战线，充分调动各方面的积极性、主动性和创造性。不断创新群众参与重大决策、经济管理和社会事务的有效形式，在互动互信中凝聚共识、巩固和谐。进一步发挥工、青、妇等人民团体的桥梁纽带作用，做好民族宗教、侨台事务、工商联等各项工作。坚持党管武装，加强民兵预备役和国防动员建设，做好新形势下国防教育工作，把双拥模范区建设提高到新水平。深化法治玄武建设，坚持依法决策、依法行政、依法办事，优化行政权力运行机制，固化事前教育、事中监督、事后反馈、刚性问责的行政执法责任链，切实提高运用法治思维和法律手段解决经济社会发展中的突出矛盾和问题的能力，建设全国法治先进城区。深入开展"六五"普法，稳步推进司法体制改革，维护社会公平正义，切实提高人民群众对法治玄武建设的满意度。

坚持解放思想、改革创新不断提高党的建设科学化水平

率先基本实现现代化，建设人民幸福城区，是历史赋予我们的神圣使命。必须按照科学发展观的要求，全面推进党的建设新的伟大工程，在新的历史条件下提高党的建设科学化水平，为率先发展、科学发展、和谐发展提供坚强的政治和组织保证。

一、着力推进新的思想解放，充分释放争先超越的激情活力

新的事业需要先进思想的引领。我们要坚持不懈地抓好理论武装，组织广大党员干部深入学习中国特色社会主义理论，把学习实践科学发展观贯穿始终，真正做到学以立德、学以增智、学以创业。要突出眼界宽、思路宽、胸襟宽的"三宽"要求解放思想，善于看大势、谋大局、做大事，以全球视野、国际眼光、现代理念、科学态度抢抓和用好"第三次机遇"；要突出创新、创业、创优的"三创"精神解放思想，坚决不走因循守旧的老路，坚定地走创新发展的新路，靠观念创新、科技创新、制度创新、环境创新赢得新发展；要突出全市领先、全省率先、全国争先的"三先"目标解放思想，牢固确立创一流争第一、大跨越大超越的志向，自加压力、传导压力，在全区形成你追我赶、攀高争先、竞相发展的生动局面。

二、着力完善党建运行机制，全面提升领导水平和执政能力

充分发挥区委总揽全局、协调各方的作用，集中精力把方向、议大事、谋全局，从思想上、政治上、组织上加强对全区工作的领导，引导全区上下各司其职、各尽其责、相互配合、形成合力。强化党代表大会和全委会对全局性、战略性问题的决策职能，积极发挥党代表的作用，加强全委会对常委会及其成员的监督。加强新形势下常委会的自身建设，增强政治意识、全局意识、责任意识、创新意识和服务意识，健全充分反映民意、集中各方智慧的科学民主决策机制，把常委会建设成为推动科学发展、促进社会和谐、服务人民群众的坚强有力的领导核心。尊重党员主体地位和作用，落实党员的民主权利，积极稳妥推进党务公开，不断提高党内民主建设的质量。

三、着力建设高素质干部队伍，切实增强执行力和创新力

培养造就一支政治坚定、奋发有为、创新实干、团结协调的领导班子和干部队伍，是推动玄武科学发展的重要组织保证。要不断优化领导班子结构，提高考察考评的全面性、科学性和导向性，选好"一把手"，配强"一班人"，提升各级领导班子的整体功能和工作合力。积极选拔优秀年轻干部、女干部、党外干部，加强后备干部梯队建设，认真做好老干部工作。认真落实干部人事制度改革规划纲要，加大竞争性选拔干部的力度，为优秀人才脱颖而出创造条件。注重多岗位锻炼干部，扩大干部交流，根据能力专长科学调配职责岗位，使干部的潜能得到充分发挥。创新干部培训的机制、内容和方式方法，建立知识全面、专长突出、注重实践的常态化素质提升机制，切实解决一定程度上存在的知识恐慌和本领危机问题。

四、着力深化创先争优活动，扩大基层组织的影响力和号召力

党的基层组织扎根在群众之中，是党的全部工作和战斗力的基础。要以创先争优活动为统揽，以满意先锋行动为主题，积极发挥基层党组织作用，增强广大党员先进性意识，努力把基层党组织建设成为推动率先发展、科学发展、和谐发展的坚强

堡垒。建立开放性区域化大党建模式，深化非公企业党组织“菜单式”活动和“五型”党组织创建。增强社区党员议事会、在职党员联席会等载体的生机和活力，不断提高基层党组织和党员干部服务群众的本领，精心塑造创新创优品牌，巩固党执政的群众基础。健全党员教育、管理和服务的长效机制，构建开放式、多层次学习体系，实行发展党员“一推荐两测评”和党员承诺制，规范流动党员三级管理，推进“党员轮训计划”和社区、非公企业党务干部 “双百培训计划”，积极培养基层党建工作带头人。深化拓展“牵手行动”，健全各级党员干部联系市民、服务百姓长效机制，完善党员义工项目基地申报评比和资金扶持制度，引入社会力量运作“玄武党员爱心基金”，加强对老党员和生活困难党员的关怀帮扶。

五、着力加强党风廉政建设，永葆为民务实清廉的本色

党的作风，关系党的形象，关系人心向背。全体党员干部要自觉实践以人为本、执政为民的理念，以优良的党风政风凝聚党心民心。要大力发扬党的优良传统和作风，牢记“两个务必”，主动深入基层开展“四解四促”活动[23]，营造克难奋进、真情为民、鼓励创新、崇尚实干的良好氛围。要建立科学的工作机制、考评机制、激励机制，促进全区党员干部干事有激情、做事高标准、遇事敢负责、处事能坚韧，全面提高“三个服务”水平[24]，肩负起“带好头、当标兵、争第一”的重任，完成好“十二五”奋斗目标。

端正党风、反对腐败，是民心所向、事业所需，决不能有丝毫懈怠。要以反腐倡廉制度建设与创新为抓手，不断完善惩治和预防腐败体系，建立区委常委惩防体系建设联系点制度，充分发挥基层党风廉政建设网络监督平台的作用，加强反腐倡廉宣传阵地和廉政文化示范点建设。严格落实党风廉政建设责任制，认真执行廉政准则，加强廉政风险点教育和重点岗位风险防控，严肃查处损害群众利益的突出问题，严肃查处损害发展环境的行为，坚决严惩腐败分子，以反腐实效取信于民。

同志们，我们正处在一个大发展的时代。玄武的发展，事关全区人民的幸福；发展的玄武，必将创造更加美好的未来。让我们高举中国特色社会主义伟大旗帜，以邓小平理论和“三个代表”重要思想为指导，深入贯彻落实科学发展观，在市委的正确领导下，动员全区人民，凝聚各方力量，为建设现代化国际性人文绿都标志区而努力奋斗！

名词解释：

[1]三个第一：南京市提出在全省争当科学发展第一、改革创新第一、和谐稳定第一。

[2]五大保险：城镇职工基本养老、医疗、失业、工伤、生育保险。

[3]三个提升：在城市环境综合整治提升工程中，努力实现市容环境、城市品质、人居质量“三个提升”。

[4]四全模式：我区提出的全面知情、全程参与、全体受益、全域满意的和谐社区建设模式。

[5]社区六进：消防进社区、车管进社区、危管进社区、外管进社区、网管进社区、物管进社区。

[6]五好班子：区管领导班子思想政治好，精神状态好，工作实绩好，团结协调好，自身形象好。

[7]两推一述：全区负责干部大会署名推荐，所在单位群众民主推荐，候选人向全委会述职承诺。

[8]“五型”党组织：我区在非公企业中开展的创建助推发展型、和谐稳定型、吸才引智型、文化指引型、爱心助困型的党工组织活动。

[9]“1+4+8”常态督察：在区级设立督察工作办公室、4个专项组，在8个街道设立驻点督察组，实行常态化督察。

[10]五服务：服务企业、服务群众、服务基层、服务项目、服务人才。

[11]双结对、双促进：机关党支部与社区党组织结对共建、机关党员干部与社区困难群众结对帮扶，促进社区建设的深入发展、促进机关作风的切实转变。

[12]“六位一体”惩防体系：集教育引导、权力制约、纠风治乱、督办问责、治腐惩戒、协调保障于一体的惩防体系。

[13]“1+4”产业扶持：玄武区关于进一步加快重点产业发展的意见，以及发展总部经济及三大产业的4个实施意见。

[14]人才工作4个文件：关于加强人才工作的意见、关于做好主导产业高层次人才引进与服务工作的意见等4个文件。

[15]三包责任：区领导包项目、包街道、包企业。

[16]三方同责：区四套班子领导、机关部门和街道三方同责。

[17]三大产业：科技信息业、文化旅游业、商贸商务业。四核四新：高端商贸业、现代商务业、金融服务、文化创意4个现代服务业和软件与信息服务、生物医药、物联网、环保节能4个新兴产业。

[18]高标准“五有”：学有优教、劳有多得、病有良医、老有怡养、住有宜居。

[19]两基地、两中心、一门户：国家长江三角洲地区区域规划把南京定位为：建设先进制造业基地、现代服务业基地和长江航运物流中心、科技创新中心。加快南京都市圈建设，促进皖江城市带发展，成为长三角辐射带动中西部地区发展的重要门户。

[20]四个第一：人才第一资源，教育第一基础，科技第一生产力，创新第一驱动力。

[21]GDP：国内（地区）生产总值；绿色GDP：在通常的GDP指标中，扣除生态成本之后形成的真实的国民财富；GNH：国民幸福指数。

[22]“六个一百”计划：五年内，集聚100名国家“千人计划”和省“双创”人才，重点培育100家科技创业企业，推出100个产学研合作项目，转化100个科研成果，全区孵化器总面积达100万平方米，全区按新标准认定的高新技术企业、技术先进型服务企业、创新型企业达100家以上。

[23]“四解四促”活动：了解社情民意、破解发展难题、化解社会矛盾、力解机制束缚，促进干群关系融洽、促进基层发展稳定、促进机关作风转变、促进机关执行力提升。

[24]三个服务：为改善人民生活服务、为科技教育发展服务、为党政军领导机关工作服务。

坚持创新驱动　加快转型提升
奋力建设现代化国际性人文绿都标志区

——在区委十届二次全委(扩大)会上的报告

区委书记　储永宏

2011年12月22日

同志们：

这次会议的主要任务是，深入贯彻党的十七届六中全会和省、市党代会以及中央、省经济工作会议精神，按照区第十次党代会的部署，回顾总结今年工作，深入分析当前形势，全面部署明年任务，动员全区各级党组织和广大干部群众，紧紧围绕“争第一、创特色、做标兵”的目标，创新驱动增优势，转型提升促跨越，加快建设现代化国际性人文绿都标志区。

下面，我代表区委常委会，向大会报告工作。

一、咬定目标拼搏，圆满实现“十二五”良好开局

今年是“十二五”的开局之年，是省、市、区三级党委集中换届之年，是玄武开启科学发展新篇章、迈向争先超越新征程的起步之年。一年来，在市委的正确领导下，区委团结带领全区人民，紧紧咬定各项目标任务，深入实施“五个玄武”战略，全力推动又好又快发展，实现了“十二五”良好开局。

*主导产业特色更加鲜明。*确定了科技服务、休闲旅游、文化创意和高端商务商贸四大主导产业，坚持不懈地推动产业向“微笑曲线”两端攀升，发展重点更加突出，产业层次不断提高，综合实力进一步增强。抓项目促进特色集聚，启动实施“1+8”重点产业项目，全力打造“四纵四横”特色街区，完成全社会固定资产投资85亿元。德基二期引进国际一线品牌58家、知名企业118家，凯润金城城市综合体建成并部分开业，赛格数码广场实现开业，中山路(玄武片)呈现高端服务业组团发展态势。君临紫金商业街区全面开业，金陵生物医药产业园二期主体封顶，十朝文化园正式开园，中山门大街轴向发展步伐加快。珠江路通过商务部电子商务集聚区验收，长江路曼度嘉年华休闲街区全部开业，红山路常发广场启动建设，台城路园区楼宇连线成片。抓选商加快产业升级，拓展海内外招商渠道，开展招商选资活动60余场次，苏宁集团总部正式入驻，鱼跃科技、巴黎贝甜等知名企业总部落户玄武。全年共引进注册资金千万元以上企业68户，其中亿元以上企业7户，预计完成实际到帐注册外资1亿美元。抓服务引导企业转型，建立玄武区企业服务平台，实施“百企升级计划”，推动30家企业进入上市辅导期或后备库，帮助企业争取信贷额度150亿元、发行债券融资25亿元，打造了德基广场和新世界中心两幢亿元级楼宇。全年预计实现地区生产总值336亿元，同比增长13%；地方一般预算收入31.18亿元，同比增长17%。

*创业创新活力加速释放。*聚焦“四个第一”，落实人才引领、

科技创业和制度先试、园区先行“两大关键”，发展活力不断增强。实施高层次人才引进培育计划，新申报中央“千人计划”5名，进入省“双创”人才公示6名，入选市“紫金人才计划”9名，人才规模进一步扩大。地豪科技大楼、福中高科技产业园三期封顶，创成市级数字文化产业园，徐庄基地被命名为全国版权示范基地，紫金(玄武)科技创业特别社区完成规划初步设计，一期聚宝山地块已启动运作，创新载体进一步扩容。重组玄武投资公司，建立创新型企业融资互助资金，联合交通银行发行“玄武一号”中小企业集合票据，建成南京科技金融服务园，建设江苏市场化技术产权交易所，为驻区企业争取各级科技经费4200万元，途牛网成功完成红杉资本等5000万美元风投，金融服务科技的能力进一步增强。与东南大学、南京工业大学等9家高校院所签署科技创新合作协议，成立科技成果转化工作站，南京紫金常春藤大学生科技创业园揭牌，企业化运作南京绿色城市技术创新中心，成功举办“新街口智造—玄武‘321’人才创业大赛”，推动高校院所与驻区企业达成产学研合作项目40个，区校合作进一步深化。预计完成高新技术产业销售收入360亿元，其中，软件和信息服务业销售收入127亿元。

人民生活品质持续提升。坚持民生为先、造福百姓，加大民生公共投入，加强民生需求保障，群众满意度和幸福感进一步提高。开展百企校园招聘行、创业讲堂“三进”等活动，新增就业2.1万人，培育自主创业1500人，预计全区城镇居民人均可支配收入达34155元。全面完成1983年以来被征地农民社保补缴，发放最低生活保障金1844.1万元，老年生活困难补助费、特困残疾人补贴、困难群众物价上涨补贴等各类生活补贴3831万元，困难学生助学金、幼儿助学券2338.3万元，住房困难家庭租赁补贴662万元，落实经济适用住房2426套，实现居家养老服务全覆盖。深入推进“一委一居一站一办”和网格化、扁平化社区管理服务模式，探索街道“五个中心”建设，实施社区服务公益创投试点，打造了“新南京人服务中心”等特色品牌。优化配置教育资源，组建玄武高级中学，创新学校集团“孵化”模式，成立玄武区教师发展中心，高考成绩和初中教育质量水平均位列全市第一。完成基层医疗卫生机构综合改革试点阶段性目标，重组世代服务中心，积极开展“迎青奥”群众性体育活动，我区被评为全国科普示范区。建成墨香南路、马高路等5条道路，打造了锁金北路等86条特色街巷，整治出新7个老旧小区和95幢房屋，完成26个小区和39条街巷雨污分流工程，开展居民生活垃圾分类试点，完成“三高两低”企业整治，环境质量综合指数达82分。

政治文化建设深入推进。区人大、区政协围绕全区经济、政治、文化、社会建设以及生态文明建设，积极开展调查研究、建言献策，为全区科学发展作出了重要贡献。爱国统一战线进一步巩固壮大，协办“金陵礼佛月”，成功举办台湾新北市先啬宫少年国乐团交流活动，完成侨台联、红十字会、青联换届。举办扬子创业大讲堂女性创业专场活动，《社区工会联合会建设评价总则》荣获全国总工会基层组织建设创新成果二等奖。举办国防教育成果汇报暨阳光体育展演，战备训练、双带双扶、双拥共建取得显著成绩，区人防地下指挥所完成主体工程。举办纪念辛亥革命100周年系列活动，制作开播四集广播剧《共和之父》，开展“月满台城”等群众性文化活动，创意中央、金陵竹刻博物馆被命名为市级文化产业基地。深化法治玄武建设，巩固全国、省法治区创建工作先进单位成果，实施法治绩效评估，启动“六五”普法，依法执政、依法行政、公正司法、依法办事的能力和水平得到全面提高。深入开展政法综治“基层基础建设年”、“大调解机制建设提升年”、“信访积案化解攻坚年”活动，积极推进社会管理创新，深化平安街道、社区及系列平安创建活动，实施全覆盖网格化巡防管理，加强社区治安防范监测评估和特殊人群管理服务，稳步推进无邪教地区创建，强化安全生产和食品药品监管，被评为省社会治安综合治理先进集体。

党的自身建设不断加强。胜利召开区第十次党代会，描绘了未来五年发展的宏伟蓝图，选举产生了新一届区委、区纪委。出台区委常委会议事决策规则，大力加强新形势下区委常委会自身建设。隆重纪念中国共产党成立90周年，广泛开展十七届六中全会和省市区党代会精神宣教活动，举办玄武区改革开放和社会主义建设新时期成就展。实行重要岗位领导干部差额选拔，创新激励约束相结合的干部教育管理机制，精心举办8期主体培训班。深入开展“满意先锋行动”、“双树双比”等创先争优系列活动，开展非公企业党组织组建“百日行动”，党员义工服务被推荐为全市党建理论创新和实践案例。实行机构编制实名制和区管干部个人事项申报制，规范干部出国(境)管理，强化专项督察，加强党员干部保密教育，完成公务用车和庆典论坛清理规范工作，认真开展地方政府性债务审计。采取公开述职、同场评议、现场亮分的模式，开展行政执法部门述职评议和基层站所行风评议，探索园区、社区和“两新组织”党的纪律监督工作，徐庄基地成为全省首家“非公有制企业党的纪律监督组织工作试点园区”。

一年来，全区各项建设取得了新的成绩，为顺利完成区第十次党代会确定的目标任务和“十二五”规划奠定了坚实基础。我们深切体会到，成绩的取得，关键在于定位准确、思路清晰、战略科学。我们始终坚持建设现代化国际性人文绿都标志区的定位，深入贯彻“四为”方针，大力实施“五个玄武”战略，全力打造人才与创业创新名城和软件与新兴产业名城的核心区、人文都市的形象区、绿色都市的样板区、幸福都市的示范区，推动了工作提标、增长提速、发展提质。成绩的取得，核心在于紧贴大势、突出重点、统筹兼顾。我们抢抓“第三次机遇”，制定实施“1+5”政策体系，坚定不移地走创新驱动、内生增长、绿色发展之路，丰裕的无形资源加速向优质生产力转化。我们坚持协调东西、平衡南北、全区统筹、整体提升，全力构筑“一园四极”发展格局，突出打造“四纵四横”特色街区，中心城区的集聚辐射能力不断增强。我们部署幸福玄武建设七大任务，努力促进经济、民生、社会、城市、生态“五个现代化”的全面进步，综合竞争力、可持续发展能力、社会文明和谐程度不断提升。成绩的取得，根本在于导向鲜明、动力强劲、氛围浓厚。我们强化干就干最好、比就比领先、争就争第一的工作导向，弘扬创业创新、博爱博雅、争先率先的新时期玄武精神，营造激情干事、坚韧处事、用心做事的良好氛围，引导广大党员干部始终保持奋发有为的精神状态、和谐包容的宽广胸襟、力争上游的竞争意识，为争第

一、创特色、做标兵提供了有力保障。

在肯定成绩的同时，我们也清醒地认识到，玄武的发展还存在一些困难和不足，主要是：经济转型升级还不够快，地均集约度还不够高；科教和人才优势尚未得到充分发挥，科技创业创新步伐需要进一步提速；推进社会建设、创新社会管理的思路办法有待进一步拓宽；干部能力水平和工作作风还不能很好地适应新形势新使命。对此，必须高度重视，切实加以解决。

二、突出主攻方向，强势推进全方位转型提升

当前，玄武正处在蓄势腾飞、争先率先的关键时期。审视大势，宏观经济环境不确定不稳定因素增多，全国各地加快转变经济发展方式，大力推进产业结构调整，人才引领未来、创新驱动发展的潮流方兴未艾。环视周边，全市上下掀起"三争一创"热潮，各兄弟区县纷纷调整航向，抢抓机遇，新一轮争先进位的帷幕已然开启；上海、广州、深圳等先进地区的中心城区，在更高平台上，以超前的理念、超凡的魄力、超强的举措加快转型超越，抢占新一轮发展制高点。正视自我，土地资源紧张，发展容量受限，传统生产要素经济贡献逐步递减，原有增长模式拉动作用不断弱化，无形资源加速转化迫在眉睫。与此同时，经过近年来尤其是今年的思想冲击和创新实践，全区上下争先率先的热情高涨，创业创新的发展框架已经拉开。我们必须因势利导、因地制宜，强化优势、强攻难点，最大限度地释放创新活力，最大程度地增添发展动力。

基于以上分析，区委确定明年为转型提升年。全区工作的指导思想是：以邓小平理论和"三个代表"重要思想为指导，深入贯彻落实科学发展观，以"三争一创"为统揽，以转型提升为主题，突出破除发展瓶颈、加快创新驱动、打造特色品牌三大任务，实施创业创新腾飞、主导产业跨越、城市品质优化、民生质量跃升、能力素质提升五大行动，全力打造"五个玄武"，加快建设现代化国际性人文绿都标志区。

——以"三争一创"为统揽，就是要将"三争一创"作为统揽发展全局、完成历史使命的有力抓手，作为突破薄弱环节、赢得竞争优势的实践平台，作为激发拼搏斗志、实现争先超越的重要途径，学习广州越秀，学习深圳福田，全力争当全市科学发展首位区、改革创新率先区、和谐稳定示范区，创建南京党的建设先进区。

——以转型提升为主题，就是要从认识和实践上全方位转入科学发展、创新驱动的轨道。要坚持创业创新"知本化"、产业层次高端化、经济发展集约化，推动经济结构、主导产业、园区楼宇的全面转型。要坚持精细、精致、精品的工作理念，推动社会管理、城市环境、生态人文的全面提升。要弘扬创业创新、博爱博雅、争先率先的新时期玄武精神，培养眼界宽、思路宽、胸襟宽和想干、苦干、善干的"三宽三干型"队伍，推动思想领域的更大解放、体制机制的更深变革、能力水平的更快提升、各项事业的更好发展。

——突出三大任务，这是推动转型提升的主要突破口。破除发展瓶颈，重点是强化"空间有限、发展无限"的理念，打破资源稀缺、运作不够、体制受限"三大瓶颈"，提升集约发展水平，强化执行落实能力，争取各方共同参与。加快创新驱动，重点是强化"高层次人才引领高品质发展"的理念，落实创新发展、人才支撑、环境优化"三大路径"，打造一体化创业创新支持体系，营造鼓励创业、崇尚创新、善于创优、勇于创造的浓厚氛围，把潜优势加速转化为显实力。打造特色品牌，重点是强化"特色促转型、特色增优势、特色赢超越"的理念，塑造独具特色的宜商、宜业、宜居"三大品牌"，使玄武成为南京商业要素的集聚中心、人才就业创业的理想之地、群众满意幸福的温馨家园。

——实施五大行动，这是推动转型提升的主要着力点。要突出"人才"和"园区"两大支点，实施创业创新腾飞行动，更加精准地聚焦"四个第一"，完善"1+5"政策，形成覆盖人才创业、科技创新、成果转化、产业链条的政策体系，推动发展模式加快转型、高端人才加快集聚、载体建设加快提升，走出一条符合玄武禀赋、体现创业规律、富有生机活力的创业创新之路，打造玄武发展的"第一特色"。要坚持"高端"和"高新"两大方向，实施主导产业跨越行动，以"一园四极"、"四纵四横"为框架，向现代服务业要发展力，向新兴产业要竞争力，采取"总部经济+亿元楼宇"、"新兴产业+科技园区"、"专业特色+重点项目" 等模式，多方联动、高标准打造高端服务业和战略性新兴产业集聚区，实现高产出低消耗、高效益低成本发展，打造高端化、国际化这一最鲜明的产业特色。要彰显"人文"和"绿色"两大元素，实施城市品质优化行动，坚持凸显历史文化特色和增强现代都市魅力协同推进，文物保护、文化建设和城市建设协同推进，生态环境改造与社会风尚转变协同推进，探索以人为本、科学高效的城市综合建管新模式，打造人文绿都的闪亮名片。要强化"满意"和"幸福"两大标准，实施民生质量跃升行动，坚持民生为先，强化公众参与，推进管理创新，提高服务和保障能力，破解具有普遍性、根本性的民生问题，促进家庭生活和美、人际关系和睦、社会稳定和谐，努力让不同群体享有与发展水平相适应的幸福生活，打造最有人情味、最具幸福感的城区。要抓住"干部"和"干事"两大关键，实施能力素质提升行动，切实增强推动科学发展的运作能力、做好群众工作的动员能力、塑造特色品牌的创新能力，充分激发"争第一敢想、遇风险敢闯、破难题敢上、动真格敢当"的胆略魄力，打造有志向有志气、有思路有办法、有决心有恒心的干事创业团队。

综合以上要求，明年全区经济和社会发展的主要预期调控目标建议是：地区生产总值增长12%；地方一般预算收入增长14%，力争17%；社会消费品零售总额增长15%；全社会固定资产投资、"321"人才引进数、发明专利申请量和授权量等各项指标完成市下达数，软件和信息服务业收入140亿元；城镇居民人均可支配收入增长12%。政治建设、文化建设和党建工作按有关目标和意见实施。

三、把握转型关键，奋力抢占新一轮发展先机

抓住科技创业创新、服务经济提档、特色街区打造三个关键，多点突破，全面推进，努力在新时期新阶段抢占先机、赢得主动。

（一）强力推进科技创业创新

坚持创新驱动、内生增长、绿色发展的道路，围绕全区重点发展的软件与信息服务、集成电路设计与物联网、数字文化、电子商务、生物技术五大战略性新兴产业，构建高端人才、科教资源、创新载体和高新企业集聚融合的格局。

加速建设人才高地。坚持内生培育与外源引进并举，完善人才投入优先保证、人才知本优先积累、人才结构优先调整、人才环境优先创造的机制制度，以丰厚的人才资源引领产业整体转型升级。深入实施高层次人才引进培育计划，面向海内外引进拥有自主知识产权、带技术、带项目、带资金创业的高层次人才和团队。加强徐庄基地博士后工作站的服务与管理，探索区域优质企业与高校院所博士后工作站的交流，加强对高层次创业创新人才的融资服务，定期组织校企人才项目对接活动，扶持高校院所高层次人才到玄武科技创业。充分发挥人才协会的作用，建立人才实训联盟，组建"新街口智造"博士俱乐部，开展珠江路"十佳HR经理人"评选，加强与海内外各类人才团体和人才机构的联系交流。全年新引进领军型科技创业人才43名，培育科技创业家2名，集聚中央"千人计划"创业人才1名。

加速建设创业基地。坚持集约化、规模化、特色化发展，打造以徐庄基地为龙头，聚宝山科技创业特区为品牌，一批特色园区为主干的创业创新集群。完成徐庄控制性详规修编，建设研发六区孵化器，南京集成电路设计产业园建成市级专利技术产业化示范基地，RFID等三个物联网孵化项目实现投产。高水准建设聚宝山1号地块，同步推进选资引智，构建公共技术平台、金融服务平台和公共服务平台，加快打造聚人才之宝、科技之宝、财富之宝的创业特区。深化与知名高校院所的合作，发挥东大科技园核心孵化器作用，建设环东大科技创新园区；推动金陵医疗科技产业园通过市级科技企业孵化器认定，深化南京紫金常春藤大学生科技创业园建设，建成现代农业科技创新大楼等科技园区，打造集自然环境绿色、发展方式绿色、产业载体绿色、生产要素绿色于一体的孝陵卫生态科技绿谷。确保新增孵化器孵化面积和新增高新技术企业、创新型企业达超市下达数。

加速建设创新源地。进一步完善科技创业创新政策体系，营造一流的创业创新环境，最大限度地吸引高端人才创业，最大限度地激发企业主体的创新活力。全面梳理区内区外、条块之间创业创新的政策规定，找准实施"1+5"政策中发现的薄弱环节，制定扶持力度更大、评价标准更优、操作程序更简便的专项科技创业扶持政策。优化科技金融服务功能，构建金融服务和技术交易"一站式"平台，完成创新型中小企业融资互助试点，以股权合作方式建立创投基金、种子基金，探索科技支行与中小科技企业银企合作等新模式，积极推动科技企业上市融资，争创省科技金融创新发展试验区。按照科技创业的特点和规律，完善政务服务流程，创新专项考评督察机制，打造专业高效的服务团队。全面挖掘社会创业创新服务资源，建设公共开发、数据共享等公共服务平台，完善创业创新社会化服务网络，推进40项重点产学研项目，促进创新资源向创业成果转化。发挥徐庄全国版权示范基地的品牌效应，加大知识产权保护力度，创建国家知识产权强区。

（二）强力提升服务经济能级

把握现代城市经济发展规律，大力推动服务业由传统向现代转型、低端向高端提升，打造一批产业发达、要素完备、企业云集的现代服务业集聚区。

推动商务商贸业品质提档、效益提升。发挥高端产业先行、优质要素集聚、服务功能完善的叠加优势，大力发展楼宇经济、总部经济，推动商务商贸等传统业态高位提档升级。确保德基广场二期裙楼、凯润金城城市综合体等高端商贸设施开业，启动德基广场三期、长江路九号三期建设，精心运作香铺营项目，建设一批高水平商业综合体、高星级商务写字楼，把新街口核心区打造成为世界时尚信息港、国际品牌集聚区、跨国总部首选地。推进中电熊猫地块商业运作，加快建设南京常发广场、仙鹤门商业广场等项目，促进全区商务商贸业整体攀升，打造南京乃至全省高端商务商贸业的核心展示区。

推动新兴服务业比重提高、层次提升。在全面提升商务商贸业的同时，大力发展休闲旅游、文化创意和科技服务三大新兴服务业。紧紧抓住城市中央公园建设的机遇，启动中央公园休闲旅游区周边项目建设，建成紫金联合立方广场、中央路288号综合楼，加快建设碧莲苑、钟鼎山庄商业配套等项目，推进板仓休闲特色街区(一期)改造，以休闲旅游载体品质的大提升推动新兴服务业的大扩容。协助推进江苏大剧院建设，全面建设圣和文化广场和六朝博物馆，提档升级南京1912街区、江苏文化产业园等专业园区，做强徐庄数字文化产业园，实现明城汇二期开业，引进一批文化名企，打造文化创意产业集群。建设紫金名园总部基地等项目，推进小营村南侧等地块挂牌，实施服务外包产业提升工程，推动技术、市场、资本、项目融合，形成开放协作、功能完备、高效运行的科技服务体系，实现科技服务业总收入26亿元。

（三）强力提速特色街区建设

把"四纵四横"特色街区作为经济转型的关键落脚点、产业升级的主要承载地，努力以最快的速度出形象，以最优的运作促达效。

坚持规划引领。按照产业特色鲜明、集约集聚程度高、带动效应大的目标，分别制定、尽快出台八个特色街区的发展规划。注重产业规划的前瞻性，既体现主导产业特色，又代表未来发展方向；注重设计规划的实用性，既满足高端业态需求，又代表南京街区建设最高品质；注重街区规划的关联性，既有利于提升单个街区的吸引力，又有利于提升"四纵四横"的整体品牌影响力，打造玄武产业发展的新标志、南京城市经济的新高地。

强化项目运作。把项目作为街区发展的关键支撑，紧扣各个街区的功能定位和发展规划，进一步明确项目建设时序和阶段工作重点，创新项目运作办法，提升项目工作水准，带动产业、企业、楼宇和园区转型。强力推进前期排出的80余个子项目，明确抓项目的方向标、路线图、时间表和责任制，狠抓近期项目开工、中期项目论证、远期项目策划，加快推进八个特色街区实质化运作。重点实施玄武大道沿线业态调整和环境综合整治，加快珠江路沿线企业创新转型，开展长江路沿线文化旅游资源整合，优化中山门大街沿线项目联动运作模式，打造丹凤街—洪武北路科技金融“新干线”。

注重选优育强。坚持政府引导与市场运作相结合，引入水平高、实力强、经验足的运作主体，高起点打造特色街区。坚持引进生根与培育孵化相结合，高度重视传统业态提档升级，高度聚焦总部、研发、营销等高增值部位，既精选质量优、效益好的骨干企业安家落户，又注重优选成长性好、业态领先的企业培育壮大，加快提升产业集聚优势，形成经济发展新引擎。

四、贯彻“四为”方针，大力提升各项事业发展品质

把增进民生幸福作为出发点和落脚点，把提升发展品质作为战略抓手，坚持民生为先、统筹为要、生态为基、文化为魂的方针，共建共享，普惠普益，巩固提升各项事业发展的特色优势。

大力提升居民生活品质。把增加居民收入作为最大的民生实事，逐年分解目标，科学调控进度，力争五年翻番，大幅提升富民实效。完善人力资源市场建设，建立重点项目就业评估机制，积极推广职业技能培训，多渠道扩大就业，让有就业愿望和就业能力的人实现充分就业、体面就业、素质就业，新增就业2.2万人，确保零就业家庭“动态清零”。鼓励自主创业，完善更具导向性、操作性的政策措施，健全培训、服务、政策扶持“三位一体”的创业机制，培育自主创业1千人，新增个私企业3千家，创业带动就业1万人。稳慎推进事业单位绩效工资改革，大力推进企业工资集体协商扩面提质，开展平价菜进市场工程。实施低保边缘人群救助“3+X”工程，建立综合帮扶托底机制，巩固应保尽保，推进分类施保，发展慈善事业，企业职工“五大保险”覆盖率达99%以上。加强区、街、社区三级医保平台建设，城镇居民基本医疗保险覆盖率保持在97%以上。加快建设余粮、红山经济适用房，积极探索公租房、产权调换房、小区配建房和自建经适房等建设使用新模式，多渠道解决低收入住房困难家庭的保障房源，新增保障性住房21万平方米。

大力提升公共服务品质。围绕“两高三区”教育发展目标，分解落实教育改革和发展规划纲要，加强对经济适用房小区、被征地农民子女的教育援助，实施教育现代化提升工程，完成校安工程三年目标，创建省义务教育均衡发展示范区。巩固基层卫生体制改革成果，推进公卫进中心、团队进社区、医生进家庭的服务模式，建设区公共卫生事件应急处置中心，创建全国社区中医药工作先进单位。开工建设仙鹤门地区失地农民居家养老服务中心，探索建立居家养老为基础、社区服务为依托、机构养老为支撑、信息服务为辅助的养老服务体系，满足多样化、个性化需求。开展“科技青奥”、“全民健身与青奥同行”等迎青奥主题活动，建成省级防震减灾社区科普工作站示范点，全面提升国民体质监测水平，加强人口计生公共服务体系建设，积极发展残疾人事业，推进“红十字生命工程”。

大力提升社会管理品质。以减少管理层级、提高服务效能、整合各方资源、促进重心下移为目标，平稳有序推进锁金村“五个中心”试点，鼓励各街道的创新实践，探索更加科学、更有效率、更具特色的社区管理体制。打破行政地域限制，以点带面，优势互补，联动发展，打造环玄武湖社区建设示范带，促进全区基层社会管理创新优化升级。实施政府购买专业化社工岗位计划，建立公益招投标和项目运作效益评价机制，推动社区服务项目精细化管理、专业化运作。探索政社互动的社会协同运作机制，推行“公益伙伴”行动计划，积极引导、加强管理、规范发展社团组织、行业组织和志愿者组织。加强网络舆情引导，及时受理网络问政，增强应对网络媒体、管理虚拟社会的能力。深入开展“五有五无”社区创建和系列平安创建活动，加强实有人口管理、特殊人群帮教、“两新组织”管理等工作，深入开展社会矛盾纠纷大排查，深化“社区六进”，人民群众对社会治安满意度达90%。做好社会稳定风险评估，加强信访接处平台和综治基层基础规范化建设，从源头上预防和减少社会矛盾。建设“1+3”安全监控体系，建立药品安全数字化远程监管网络，建设农贸市场肉、菜追溯系统，提升突发事件应急处置能力。完善城市环境管理服务中心运行机制，建设城市管理网格化巡防五大中心，扩大垃圾分类试点，提升城市管理的精细化、网格化、信息化水平。

大力提升人文生态品质。发挥历史文化底蕴深厚、山水城林特色鲜明的优势，整体打造人文生态品牌。坚持先进文化引领，积极开展各类学习型组织创建活动，深入实施文化惠民工程，加大“身边好人”、“道德楷模”培育推荐力度，加强和改进未成年人思想道德建设，把社会主义核心价值体系建设全面融入文化教育、精神文明建设和舆论宣传的全过程。精心保护、合理利用文化遗产，调查摸底区域历史文化遗存，积极推进百子亭历史风貌区、明城墙(玄武段)、明故宫遗址保护工程，提升文化遗产的存在感和价值度。加强长江路历史文化资源、现代文化设施和文化休闲街区的整合与互动，全力打造以休闲旅游、文化展示、文化服务和文化产业创新孵化于一体的环总统府中央文化区。实施明城墙(玄武门—神策门段)环境综合整治，开工建设明外郭—秦淮新河百里风光带(玄武段)，建设内秦淮河流域玄武门片区街巷污水收集系统，完成北极西村、台城路等40条街巷雨污分流和整治出新工程，新增龙蟠路红山路口等绿地12万平方米。开工建设马高路西延、鹤鸣路东进、红山支路等一批城郊结合地区道路，提高基础设施建设水平。实施最严格的环境准入、保护和管理制度，强化再生资源体系建设，确保群众环境满意率达80%以上。

大力提升政治生活品质。充分发挥党委总揽全局、协调各方的领导核心作用，支持人大、政协依法履行职能，精心组织好区人大和区政协换届工作。加强人大、政协基层组织建设，不断提高街道人大、政协工委的履职能力。支持民主党派、无党派人士积极履行参政议政、民主监督职能，加强工商联、社区统战、民族宗教、对台侨务工作，打造科技统战、新经济组织统战和归国留学人员统战品牌。推动党管武装向基层延伸，积极推进非公有制经济民兵组织建设，加强双拥人防工作。加大工会组织的组建力度，推动工资平等协商机制建设，完成团区委换届，精心打造1~2个四星级“家庭驿站”。以提升法治建设满意度为重点，全面实施法治玄武绩效评估，推进法治工作项目化，组织政法资源积极开展知识产权保护、法律风险提示、职务犯罪预防、

和谐劳资关系创建四项服务活动。加强司法队伍和基层基础建设,深入推进“六五”普法,积极引导公民依法表达利益诉求。成立区反邪教协会,扩大法律援助覆盖面,提升社区矫正管理教育服务中心的规范化运作水平。

五、加强党的建设,凝聚实现新追求的核心力量

适应新形势新任务,深入实施党建工作创新工程,不断提高党的建设科学化水平,为创成率先大业、建设人文绿都标志区提供有力的政治和组织保证。

深入开展“三争一创”实践活动。认真实施玄武区“创创业创新特色”、“创高端产业特色”、“创生态人文特色”、“创社会和谐特色”、“创党建工作特色”五个行动计划,切实抓好任务分解和责任落实,确保高水平、高质量完成既定目标。进一步加强实践活动的组织领导,每月排出一批重点项目和亮点工作,典型引路,以点带面,把各方力量组织和引导到“三争一创”实践中来。通过“三争一创”进一步提振精气神,大力弘扬创业创新、博爱博雅、争先率先的新时期玄武精神,确立解放思想、开拓创新、勇攀高峰、创先争优的共同价值取向,营造出人人学习先进、人人争当先进、人人赶超先进的生动局面。

进一步加强干部队伍建设。围绕“三宽三干”要求,加强学习型党组织建设,推进干部教育培训运行机制改革,深化领导干部在线学习、进高校自主选学等多样化学习方式,举办区委中心工作专题培训班等主体班次,引导干部更好地掌握新思想、新知识、新技能,切实提高学习力、判断力、创新力,不断增强破解新问题、新矛盾的能力。稳步推行署名推荐和“两推一述”的经验做法,健全重要岗位领导干部差额选拔制度,探索多样化的干部激励机制,加大交流轮岗力度。合理优化班子结构,加强年轻干部培养选拔,增强区管领导班子队伍的整体活力,构建年龄、专业、性别结构更加合理的后备干部队伍梯队。重视培养女干部、党外干部,认真做好老干部工作。

进一步加强基层组织建设。健全基层党建工作的领导体制和运行机制,探索街道“大工委制”和社区“大党委制”,发挥街道党建工作联席会和社区党员议事会的作用。依托商务楼宇产权单位和管理机构的“孵化器”功能,推进商务楼宇社区党委建设,努力实现“两新组织”党的工作全覆盖。加强基层党组织带头人队伍建设,提高基层党建工作信息化水平。推行党员义工项目标准化运作,打造开放式服务品牌。健全党员教育、管理、服务的长效机制,加强流动党员的教育管理,提高新发展党员的质量。扎实推进党代表任期制,建立“党代表社区工作站”等多种特色载体,建立健全新一届党代表专项活动组,发挥代表作用,增强党的活力。尊重党员的主体地位,组织党员评议基层组织党务公开情况,落实党员的各项权利。

进一步加强党风廉政建设。坚持区委常委分管街道、挂钩社区、联系群众制度,建立健全领导干部下基层“四解四促”长效机制,深入推进区委区政府班子、街道部门“一把手”民主测评和群众评议机关活动,以优良的党风政风凝聚党心民心。切实加强党政机关和干部队伍执行力建设,强化责任意识、使命意识,完善督促决策执行的机制体系,确保不折不扣地完成既定目标和发展任务。严格落实党风廉政建设责任制,加强以完善惩治和预防腐败体系为重点的反腐倡廉建设,初步建成惩防体系基本框架。完善基层党风廉政建设网络监督平台功能,实施“纪律监督组织进百企”工程。全面推行国库集中支付和公务消费卡改革。坚持区管干部任前重大事项报告制度,推进区管党政正职选人用人责任审查、机构编制责任审核和任期经济责任审计,加大案件查办和专项治理工作力度,完善权力运行制约和监督机制。

同志们,新的使命催人奋进,新的发展时不我待。让我们以争第一、创特色、做标兵的激情干劲,心无旁骛干事业,凝心聚力谋发展,加快建设现代化国际性人文绿都标志区,以优异成绩迎接党的十八大胜利召开!

南京市玄武区人民政府工作报告

区　长　徐曙海

2012年3月27日

各位代表：

现在，我代表南京市玄武区人民政府，向大会作工作报告，请予审议，并请区政协各位委员和大会列席人员提出意见。

一、过去四年工作回顾

过去的四年，是承前启后、充满机遇和挑战的四年。全区上下在市委、市政府和区委的正确领导下，坚持以邓小平理论和“三个代表”重要思想为指导，深入贯彻落实科学发展观，全力以赴保增长、促转型、惠民生，顺利完成区十六届人大确定的各项任务，全面完成“十一五”规划目标，“十二五”发展实现良好开局。

*（一）产业转型成效显现，全区经济快速增长。*紧紧围绕经济平稳较快发展目标，以企业和项目为支撑，坚定不移稳增长、提质量、增后劲。一是经济总量大幅提升。2011年全区实现地区生产总值336.82亿元，按可比价比2007年增长59.32%。地方一般预算收入31.23亿元，同口径比2007年增长80.21%。三产增加值309.75亿元，按可比价比2007年增长62.61%。社会消费品零售总额308.39亿元，比2007年增长86.58%。四年累计实现全社会固定资产投资337.69亿元，实际利用外资3.30亿美元，完成服务外包执行额12.59亿美元、地方外贸出口48.63亿美元。二是产业项目扩容升级。着力打造高端商贸商务集聚区，德基广场一期全面开业、二期工程封顶，珠江壹号开业，凯润金城城市综合体建成，常发广场、雨花巷商务楼、圣和文化广场等开工建设。培育壮大总部经济，苏宁、先声药业等龙头项目运营良好，苏宁易购、好享购被评为全国电子商务示范企业。加快建设特色专业园区，创意中央、明城汇、北京东路都市经济园等建成开业。徐庄软件产业基地2011年实现税收7.14亿元，比2008年增长410%。四年累计实施重点产业项目120个，新增产业载体190余万平方米。三是经济质量稳步提升。优质企业增多，引进注册资金1000万元以上企业253家，新认定高新技术企业51家，税收规模100万元以上企业542家，德基、依维柯、苏宁、先声药业年税收超亿元。创成省著名商标12个、市以上名牌产品52个。产学研合作取得实质进展，新增专利6983件，达成重点产学研合作项目160个。我区顺利通过全国科技进步示范区复查。产业结构进一步优化，三次产业比例为0:8.2:91.8，现代服务业增加值占地区生产总值比重为48%。

*（二）民生保障全面覆盖，社会事业持续发展。*紧紧围绕人民群众得实惠、增幸福的目标，扎实推进民生实事工程。一是社会保障全面落实。“五大保险”覆盖率、城镇居民基本医疗保险参保率等指标均达到或接近100%。最低生活保障“应保尽保”，建成“三位一体、盖边沉底”的综合救助平台[1]，临时救助面扩大到低保标准2倍以内的边缘困难群体，区财政累计发放低保金、失业保险金、老年被征地农民生活补贴等政策性补助2亿元。建成经济适用住房50.40万平方米，1805户居民已入住经济适用住房、中低价商品房和廉租房。将1983年以来8966名被征地农民纳入城保体系，从根本上解决了这部分群众的后顾之忧。二是

社区建设不断深化。实施社区硬件提升计划,社区办公服务用房面积平均达831平方米。提高社区服务专业化社会化水平,31%的社工通过全国社会工作者职业水平考试,培育公益社会组织236个,运作社区服务公益创投项目4个、专业社工督导项目8个,形成特色社区服务项目65个,和谐社区建设第三方测评机制全面实行。我区获得全国和谐社区建设示范城区、全国和谐社区自主创新先进城区称号。三是社会事业保持领先。坚持教育优先,区财政投入教育经费17.25亿元,提高教师待遇,新建学校(幼儿园)4所、教学楼8幢,加固校舍1万平方米,全面免除义务教育阶段课本费,落实幼儿助学券政策,深化素质教育,义务教育入学率稳定在100%,在全市各区(县)中唯一囊括江苏省评选的教育方面所有先进区(县)称号。区财政投入卫生经费3.70亿元,新增、改造社区医疗卫生服务用房2.83万平方米,社区卫生服务中心形象焕然一新,群众就医环境极大改善。基本药物制度全面实施,医疗卫生改革取得阶段性成效。建成老年宜居社区32个,每千名老人拥有养老机构床位27张,我区被评为全国养老服务示范区、全国老龄工作先进区。全面推进世代服务等工程,我区被评为省"十一五"人口协调发展先进区,流动人口计划生育工作被评为全国先进。新建社区图书馆4个,出新全民健身点90个,我区在第十七届省运会中金牌数位列全省区(县)第一。司法、残疾人、档案等工作达到全国先进水平。四是居民收入稳步提升。动态消除零就业家庭,增加就业岗位11.26万个。严格落实最低工资标准,加大工资集体协商推进力度,稳步实施事业单位绩效工资改革。2011年城镇居民人均可支配收入34155元,比2007年增长52.10%。应对通胀形势,建成平价直销店9家,累计为困难群众发放价格补贴594万元,进香河、后宰门、香铺营、东箭道4个农贸市场被评为国家级绿色市场。尽管采取了这些稳物价、保供应措施,居民生活质量还是不同程度受到成本上升的影响,需要我们进一步做好工作。

(三)城区品质逐步提升,人居环境显著改善。紧紧围绕打造生态宜居环境的目标,统筹推进各项建设整治工程。一是基础设施提档升级。建成墨香南路、南林东路等道路,新增道路面积2.24万平方米。建成富贵巷、蒋王庙等片区绿地,新增绿地面积70.71万平方米,创成省级绿色社区2个、市级绿色社区7个。完成玄武湖、锁金村、红山、玄武门等片区雨污分流工程,以及厚载巷等98条街巷雨污分流管道铺设。二是环境整治深入推进。坚持生态、人文、宜居相融合,出新花园路15号等小区39个,整治街巷193条,碑亭巷(南段)、锁金北路等成为各具特色的精品街巷。坚持依法拆迁,保障了京沪高铁(玄武段)、地铁三号线、余粮经济适用住房等重大公共和民生项目的顺利实施。强化污染治理,完成1家"三高两低[2]"企业整治,创成5条市级餐饮污染控制示范街,全区环境质量综合指数稳定在80分以上。三是长效管理得到强化。深入推进城市管理创新,实行"大城管"体制,实施覆盖全区的网格化巡防管理、市容环卫责任区管理制度,成立了区综合执法队伍、各街道环境管理服务中心,驻区单位垃圾清运等实现市场化运作,在锁金村街道试点垃圾分类。城管设备平台全面升级,建成数字城管,智能化垃圾收运覆盖面、干道机扫率达100%。拆除违法建设51.23万平方米。144个无物管老旧小区纳入有序管理。城市管理长效综合考评持续位列全市第一。当前正处于环境提升的攻坚时期,持续的施工给居民带来了不便,我们将进一步提升统筹规划、精细管理水平,务求把好事做得更好。

(四)依法行政深入推进,社会环境安定有序。紧紧围绕建设法治玄武、平安玄武的目标,全力维护社会良好秩序。着力夯实基础平台,建成区级政务服务中心、区司法行政服务中心,成立8个街道综治工作中心,组建区综合应急救援大队、校园保安大队,设立社区安全工作站7家,创成省级优秀司法所3家。不断完善体制机制,完成新一轮政府机构改革,建成权力阳光运行机制,制定突发事件应急管理预案,健全社会矛盾纠纷大调解机制。全面排查整改安全生产隐患、信访热点难点问题、基层基础薄弱环节,强化食品添加剂、地沟油等专项治理。解决重点信访个案97件、集体案38件,劳动争议调解仲裁结案率保持在95%以上,医患、交通事故等专业调解成功率均保持在98%以上,平安社区达标率超过90%,辖区内未发生重特大安全生产、食品安全责任事故,我区持续被评为市"安全生产先进单位",获得全国安全生产月活动优秀单位、全国首批法治县(市、区)创建活动先进单位等荣誉。民族、宗教、对台、侨务等工作扎实推进。深化国防教育,科学拓展民兵组织,征集优质兵员,统筹加强非战争军事行动能力。认真办理人大代表建议、政协提案,办成率分别保持在76%和80%以上,满意(含基本满意)率均保持100%。

各位代表,四年来,经过全区人民的共同努力,玄武发展进入了经济结构更加注重调高调优、社会民生更加注重优质均衡、城区环境更加注重品质提升的新阶段,新街口核心经济区、徐庄软件产业基地两大增长极强劲崛起,高端商贸商务支撑作用日益凸显,新兴产业蓬勃发展,公共设施完成新一轮提档升级,基本公共服务实现全覆盖,圆满完成了"双迎双创"等重大任务,一大批工作获得全国性荣誉,这四年是玄武干群不断攻坚克难、奋进攀升的四年,是发展更好更快、综合实力显著提升的四年,是群众得到实惠越来越多、生活越来越好的四年。回顾过去,展望未来,我们深刻体会到:必须坚持解放思想,紧跟国际化现代化步伐,不断创造创新创优,牢牢把握工作的主动权;必须坚持民生为先,确保经济社会发展兼顾各方、惠及全民,不断提高人民群众的幸福感、满意度和对玄武的认同感、自豪感;必须坚持创新战略,加快由投资驱动向创新驱动转变,奋力在日益紧迫的资源倒逼、竞争倒逼中破茧而出、勇立潮头;必须坚持强化落实,以精细追求精品,以深入成就深度,以跬步达至千里,咬定青山,百折不挠推进率先大业。

本届政府所取得的成绩,得益于历届政府打下的良好基础,是全区上下共同拼搏的结果。在此,我代表区人民政府,向各位区人大代表、政协委员,向在各行各业辛勤劳动的全区广大人民群众,向所有关心、支持玄武建设发展的朋友们,致以崇高的敬意和衷心的感谢!

在看到成绩的同时,我们也清醒地认识到,我区经济社会发展还有不少困难和问题,主要是:按照加快经济转型升级要求,新兴产业尚未形成规模,现代服务业比重需进一步提升;与经济发达城区相比，我区龙头项目、总部型企业不够多，经济总量不够大；与人民群众需求比，优质公共服务资源覆盖面需进一步扩大，人民群众关心的热点难点问题亟待解决；与先进地区比，我们的发展理念、机制以及行政服务水平都还有不小提升空间。对此，我们将保持清醒头脑，采取有效措施，认真加以解决。

二、未来五年工作展望

今后五年，是我区创成率先大业、建设现代化国际性人文绿都标志区的五年。实现这一历史使命，必须立足区情实际，充分利用有利因素，破解瓶颈制约，牢牢把握以创新为特征的第三次发展机遇[3]。

抢抓新的发展机遇，玄武具有突出的有利条件。一是中心区位集聚高端要素。作为区域行政、交通、商业、信息中心，对支撑转型升级的高端优质要素具有强大集聚集成效应。二是科教大区适逢创新战略。辖区内科教资源丰富，省级以上重点实验室、两院院士、“千人计划”人才分别占全市64%、36%、31%，为实施创新驱动、人才引领战略奠定了坚实基础。三是宜居环境抬升宜业指数。作为南京历史文化核心区、自然景观标志区、社会事业领先区，为人才创业、企业发展提供了得天独厚的环境。四是产业升级形成良好基础。产业载体陆续建成，高端商贸、生物医药、集成电路设计等业态形成一定先发优势。

与此同时，我们更加清醒地认识到存在的制约和挑战。一是载体空间日趋局限。可用土地资源较为匮乏，符合优质企业需求的高品质载体不够多。二是创新资源远未转化。高校院所人才主要集中在学术研究领域，直接参与地方经济发展的程度不够，驻区高校院所科研成果区内转化率不足4%，驻区高校院所参控股科技企业区内年产值不足10亿元。三是高位攀升难度更大。经济长期保持快速增长的压力越来越大，社会事业也面临着继续保持领先的考验。

面对机遇和挑战，我们必须解放思想，创新方式，扬长避短，努力创造发展新优势。要按照区第十次党代会的要求部署，坚持以邓小平理论和“三个代表”重要思想为指导，深入贯彻落实科学发展观，坚定不移地走创新驱动、内生增长、绿色发展之路，大力实施创新玄武、文化玄武、品质玄武、绿色玄武、幸福玄武战略，弘扬新时期玄武精神，加快转型提升步伐，全力把玄武建设成为综合实力强，智慧含量、环境质量、文明程度和幸福指数高的城区，在同类城区现代化实践中带好头、当标兵、争第一。到2016年，实现地区生产总值550亿元，比2011年增长63.29%；地方一般预算收入55亿元，比2011年增长76.11%；城镇居民人均可支配收入61000元，比2011年增长78.60%。实现以上目标，从现在开始，要重点在以下五个关键环节实现较大突破：

*一是努力在创新资源转化上实现新突破。*实行人才主体、运作实体、产业载体“三体融合”模式，加速科教资源向现实生产力转化。连续五年每年安排1亿元用于培育和引进高级创业人才，计划引进领军型科技创业人才260人，培养科技创业家20人，集聚“千人计划”创业人才10人，府校(院所)共建产业园区8个。以财政资金为引导，以政府投融资平台为杠杆，建立涵盖创投、风投等在内的多元化科技金融体系，为本区企业服务的信贷规模、基金规模分别达200亿元、30亿元。集聚省级以上公共技术服务平台5个，建设与国际接轨的孵化器和加速器，研发经费支出、发明专利授权量、科研成果区内转化率等指标翻番，实现由科教大区向科教强区的跨越性转变。

*二是努力在产业载体扩容提质上实现新突破。*按照“一园四极[4]”、“四纵四横[5]”布局，高标准实施“1+8”重点产业项目[6]80余个子项目。将发展战略、企业需求、先进经验、专业机构智慧集成起来，加快建设高品质产业项目，完善符合国际标准的企业服务体系，推动玄武成为区域高端商贸商务首选之地、企业结算中心、跨国公司及国内百强企业区域性总部集聚区，新增产业载体400万平方米，亿元楼宇达18幢，建成辐射功能强大的现代服务经济引领区。

*三是努力在统筹片区发展上实现新突破。*坚持产业、环境、民生相促进，推动薄弱片区和成熟片区之间缩小差距、整体提升。推进主城现代服务业由干道向内街里巷延伸，带动老旧片区环境面貌与高端产业相协调，由线到面纵深发展。抓住火车站北扩、麒麟生态科技园建设等机遇，充分发挥苏宁总部、常发广场等重大项目带动效应，大力推进红山、孝陵卫、玄武大道沿线片区总计约5000亩的地块资源开发，将蓄势待发的东部片区打造成焕然一新的城市商业副中心、新兴产业集聚地和现代化新城区。

*四是努力在公共服务优质均衡上实现新突破。*坚持以标准化推进均衡化，以社区面积和居民数为依据，制订实施全区公共服务配套标准体系，建设覆盖全区的“十分钟全功能公共服务圈”。整体提升教育水平，以集团校、校际交流等方式推动优质教育资源共享，以硬件、制度、文化、特色等建设推动薄弱学校内生发展，力争五星级高中占比50%、现代化中小学占比100%、省优质幼儿园占比80%，打造惠及全区百姓的全国教育现代化建设先进区。

*五是努力在打造绿色宜居城区上实现新突破。*突出民国文化特色，以环总统府中央文化区等“两区四馆[7]”为重点，实施历史文化保护利用工程，整体彰显人文底蕴，把玄武建成十朝都会的“博物馆”。抓住紫金山—玄武湖城市中央公园建设的重大契机，以玄武大道等“六线八园[8]”为重点，提升绿化景观水平，把玄武建成南京的“氧吧”和“城市客厅”。全面完成“三个提升”工程，有效解决停车难、淹水、噪声、扬尘等问题，污水集中处理率、生活垃圾分类收集覆盖率接近或达到100%，单位工业增加值能耗降至0.06吨标煤/万元，公众环境满意率显著提升。通过五年左右的努力，将玄武建成南京首屈一指的绿色宜居城区，让人民群众在蓝天白云、青山绿水、十朝余韵中享受现代化美好幸福生活。

三、2012年工作安排

2012年是全面落实党代会精神的推进之年，也是新一届政府开局之年，做好今年工作，具有十分重要的意义。当前，世界经济复苏放缓，国内经济增长下行压力和物价上涨压力并存，稳增长与促转型的困难相互叠加，财税减收因素增加与刚性支出增多的矛盾突出。为此，我们要把握"稳中求进、进中求新、新中求好、好中求快"的总基调，经济上坚持保增长、做大量、促转型，民生上坚持加投入、办实事、促和谐，环境上坚持扩功能、提品质、精管理，确保完成全年各项目标任务。

综合各方面因素，建议2012年全区经济社会发展的预期目标是：地区生产总值增长12%；地方一般预算收入同口径增长11%；社会消费品零售总额增长15%；全社会固定资产投资、实际利用外资等指标完成市下达数。

围绕上述目标，重点抓好以下六个方面工作：

（一）全力强化科技引领

认真落实创新驱动、内生增长、绿色发展战略，着力把突出的科教资源优势转化成产业发展优势。

*以科技促进产业升级。*依靠科学技术进步，大力发展新兴产业，加快提升传统服务业。依托东南大学、省农科院等高校院所，以先声药业、柯菲平、中科集团等企业为龙头，进一步丰富和提升生物产业，实现生物医药销售收入32亿元。依托徐庄软件产业基地等重点园区，扩大集成电路设计产业规模，大力发展以物联网、云计算为代表的新一代信息技术，实现集成电路设计销售收入3.80亿元、软件和信息服务业销售收入113亿元。推进环东大创意设计产业带建设，着力发展城市规划、工业、环保、园林领域的设计产业。发挥苏宁易购、好享购品牌示范和集聚效应，以电子商务促进传统商贸转型，实现电子商务销售收入100亿元，积极创建全国电子商务示范区。培育3个工业化信息化融合重点项目。推动科技与文化、旅游相融合，支持猎宝、途牛等企业做大做强。

*以人才引领产业升级。*重点引进带项目的人才，对入选扶持项目的人才给予50万元~100万元启动资金，提供不少于100平方米的办公场所和不少于100平方米的人才公寓。全年引进领军型科技创业人才43名，培养科技创业家3名，新增"千人计划"创业人才1名。充分考虑人才需求建设孵化器，新增孵化面积2万平方米，培育高新技术企业、创新型企业8家。积极组织校企人才项目对接活动，促进企业与高校院所博士后工作站开展合作，建成企业工程技术中心3家。深化府校合作，支持东大科技园改造升级，推进南京绿色城市设计园、南京林业大学科技园、紫金常春藤大学生创业园建设，重点引进拥有自主知识产权的师生入园创业。

*以金融助推产业升级。*加快建立符合科技创业规律和地区发展需要的投融资体系。加大财政投入，安排科技创业创新资金7000万元。增加区国资平台资本金，撬动社会资本支持科技企业发展。建设南京金融服务和技术交易平台，为企业提供融资、成果转化、技术交易一站式服务。加大银企对接力度，提高企业融资成功率。试点创新型中小企业融资互助，筹集资金2亿元。适时发行中小企业集合债券"玄武二号"。大力实施企业上市计划，推动1~2家上市、5~6家进入辅导期，支持德讯科技等企业创业板上市。

（二）全力推进产业项目

坚持以项目带动产业发展，着力抓项目的储备率、开工率和竣工投产率。

*进一步优化产业布局。*围绕科技项目转化、创新型企业集聚的目标，高标准建设紫金（玄武）科技创业特别社区。严把招商档次，精心打造中山路国际名品街区。坚持文化与旅游休闲相结合，努力将长江路打造成海内外知名的民国文化第一街。推动珠江路"一体两翼"发展，西段重点发展高端商贸，东段重点发展科技金融，中段通过发展电子商务建设"网上珠江路"。发挥徐庄软件产业基地增长极效应，全面启动玄武创新大道建设。加快红山路沿线产业发展，按照商业副中心与科技特区中期的定位，打造红山新城中心街。积极推进中山东路—中山门大街、洪武北路—丹凤街、台城路沿线项目，推动产业集聚特色发展。

*进一步提速载体建设。*确保全区新开工商业楼宇70万平方米、竣工30万平方米。科技创业特别社区开工3万平方米。推进德基广场二期全面竣工，打造新街口商圈体量最大的顶级全租写字楼。推进常发广场建设，打造城北地区最大城市综合体。建成苏盐软件研发中心、现代农业科技创新大楼（主体工程）、紫金联合立方广场，快速实施圣和文化广场、雨花巷商务楼、紫金名园等项目，开工建设长九三期、苏宁全球零售业研发与实验基地、瑞华金融创新中心等项目，挂牌出让农科院、小营村南侧、土城头路西侧等地块，加快推进环总统府中央文化区、中山东路301号等项目。

*进一步加快项目投产。*推进凯润金城、长发羲和、明城汇二期等全面开业，完成汉府商务综合楼、金陵生物医药产业园、凯南创业园、中央路70号综合楼等招商。德基广场集聚50家以上世界一线品牌。建立健全云计算等配套平台，完善网络运行、售后服务产业链，引进电子商务销售收入5000万元以上企业14家。以港台、日韩、欧美为重点强化外资引进，以北京、上海、广州为重点强化内资引进，精心组织重洽会、金洽会专场活动，力争引进世界500强企业（分支机构）2家、国内百强企业（区域总部）5家、注册资金1000万元以上企业70家。

（三）全力改善人民生活

把提高人民群众的满意度和幸福感作为政府一切工作的出发点和落脚点，尽心竭力为全区人民办实事、谋福祉。

*心系百姓解民忧。*完善"12345"政府服务呼叫中心办理机制，规范领导信箱办理流程，着力帮助群众解决实际问题。加强区、街信访接待中心建设，坚持接访、约访、走访相结合，着力解决历史遗留问题。扩大法律援助覆盖面，经济适用住房小区法律援助服务站覆盖率达100%。落实保障性住房政策，推进红山、余粮经济适用住房建设和选房交付工作。保障好百姓的"菜篮子"，通过"玄武e价窗"实时公布价格比对信息，推进社区农副产品平价直销店建设，严厉打击食品领域违法行为，让居民买上放心的食品。

*千方百计促民富。*落实更加积极的就业政策，拓宽就业渠道，新增城镇就业1.60万人，实现再就业8000人。以产业转型促升就业质量，开展重点项目就业评估，培养高技能人才280名。健全培训、服务、政策扶持相结合的创业机制，培育自主创业1200人，新增个私企业3000家，创业带动就业1万人。以新就业人员、灵活就业人员等为重点扩大社会保险覆盖面。推进企业

工资集体协商扩面提质。积极探索技术、管理等生产要素参与分配的新形式。

优质均衡增民惠。认真落实教育中长期规划纲要，进一步推动全区教育从学有所教向学有优教发展。深化全区课堂教学改革，建设省语文学习体验等课程基地，不断提升教学质量。着力打造品牌中小学，省优质幼儿园比例达70%，努力让更多的孩子上更好的学校。推进公卫进中心、团队进社区、医生进家庭，居民健康建档率达60%。重视0~3岁婴幼儿健康发展，建立10家早期教育示范基地。建成区儿童福利指导中心。构建"四位一体[9]"养老服务模式，养老机构新增床位390张，60%的社区建成老年宜居社区，创造更好的条件让居民颐养晚年。

（四）全力打造宜居环境

把环境优化作为重要的民生幸福工程，建管并重，不断提升宜居指数。

完善设施便民。加强公共服务设施建设，新建樱驼花园社区综合服务中心、仙鹤门地区被征地农民居家养老服务中心，完成十三中教学楼抗震加固和特殊学校改造工程，建成区公共卫生应急处置中心（主体工程），改造升级区妇保所和新街口、仙鹤门等社区卫生服务中心。改善居民出行条件，建设柳营路、马高路西延、红山支路等薄弱片区道路。为缓解停车难这一热点问题，我们将有序推进地下和地上停车空间开发，今年重点建设樱驼花园小区、十三中锁金分校地下停车场。

强化整治利民。以玄武湖、金川河、内秦淮河流域为重点推进雨污分流改造。通过安装隔音设施、加强执法检查、调整经营业态等方式，强化治理交通噪音、经营场所噪音扰民问题，区域噪声控制在55分贝以内。努力净化空气环境，倡导低碳出行，加大扬尘、机动车尾气污染治理力度，创建餐饮油烟污染控制示范街。完成2家"三高两低"企业整治。城区生活垃圾分类收集覆盖率达40%。针对长期存在的雨季部分地段内涝问题，今年我们将更加系统深入地实施荷包套、北安门街、樱铁村等片区防汛排涝工程，努力让居民不再受淹水之困。

美化环境宜民。以城市中央公园建设为契机，重点推进玄武大道、中山门大街、明外郭—秦淮新河百里风光带等环境综合整治，实施拆违拆破、立面出新、绿化建设工程，全力改变脏乱差现象，实现环境整体提升。完成龙蟠路红山路路口绿地等小游园建设，改造九华山公园，争创省、市级绿色学校、绿色社区。出新营苑新寓、月苑四村、佛心桥等小区，完成高楼门片区老旧房屋整治。全年拆除违法建设8万平方米，新建绿地10万平方米，新增老旧小区封闭管理面积80万平方米，主城区内街巷整治今年全面完成。

（五）全力推动文化建设

依托丰富的文化资源，坚持以社会主义核心价值观为引领，更好地发挥文化引领风尚、服务社会、推动发展的作用。

坚持规划引领，加强文化保护利用。对辖区内文化资源进行梳理，制订近期、中长期保护利用规划。建立健全传承机制，推动非物质文化遗产保护、开发和利用。突出创意含量，推动创意中央、江苏文化产业园、十朝文化园改造升级，着力发展数字动漫、影视制作、网络出版等业态，徐庄数字文化产业园争创省级文化产业示范基地，全区文化产业增加值占GDP比重达8.90%。

坚持品牌引领，丰富群众文化生活。着力建设精品文化载体，推进五星级文化站、金陵图书馆分馆等建设，改扩建区少儿图书馆，每万人拥有公共文化设施达372平方米。围绕迎青奥主题，鼓励群众文艺团队开展活动，举办第七届区运动会。建成省级防震减灾社区科普工作站示范点，争创省"三新[10]"科技社区，增强市民崇尚科学的意识。加强道德建设，倡导守望相助、诚信友爱的社会风尚。全面开展"六五"普法，增强市民知法守法、依法维护自身权益的意识。

坚持发展引领，弘扬创业创新文化。大力开展珠江路电脑节、珠江路十佳人力资源管理者评选等活动，结合新的时代内涵，重温"风云珠江路"创业史，弘扬敢为人先、敢于冒险、敢于创造、宽容失败的创业文化。建设与国际接轨的创业创新公共服务体系，坚持鼓励、放活、多予、少取原则推动群众创业。开展"321"人才大赛、创业宣讲、创业大赛活动，举行第二届区杰出人才及突出贡献专家评选表彰活动，对创业先进事迹进行广泛深入宣传。尊重首创精神，开展知识产权专项联合执法行动，鼓励专利发明、自主品牌申报，争创国家知识产权强区。

（六）全力促进社会和谐

推动社会管理服务重心下移、效能提升，建设更加安定和谐的社会环境，城市和谐社区建设达标率达85%。

优化社区治理结构。试点街道"中心化"模式，继续推进"一委一居一站一办"管理体制，整合职能和资源更好地为居民服务。推动环玄武湖各街道突破区域限制，探索建立"三社联动[11]"机制，打造环湖社区建设示范带。积极发挥社区居民会议、社区代表会议、业主委员会功能，强化居民有序自治。完善社区工作者、中介组织成员、志愿者联动互补的社区工作队伍结构。

全面推行网格管理。完善数字城管平台，提高城市管理网格化巡防效率。筹建区食药监电子地图，覆盖辖区内所有食品药品关联企业。建设社区卫生服务机构药品安全远程监管网络。建立健全农贸市场蔬菜食品追溯系统，实施"餐饮服务食品安全百千万示范工程"，对餐饮企业实行量化分级管理。启动安全社区创建试点工作，扩大社区安全工作站覆盖面。全面开展"社区六进[12]"工作，着力提升公众安全感。加大统筹力度，建立健全跨领域、多功能、全覆盖的区、街、社区三级网络，促进社会管理服务资源整合、效率提高。

三、加强政府自身建设

适应转型发展要求，切实转变政府职能，努力打造人民满意的服务型政府。

牢记为民宗旨。牢固树立全心全意为人民服务的观念，把为人民群众谋福祉贯穿政府工作的始终。深入群众，扎实开展"三解三促"、"联系市民、服务百姓"、"机关干部进社区"活动。认真办理人大代表建议、政协提案，虚心接受社会各界意见，严格实施公示听证制度，努力使目标制定实施更加符合人民群众的意愿。健全群众有序参与、监督、评价政府工作的机制，依靠群众提升工作水平，更好地解决群众所急、实现群众所盼、满足群众所需。

坚持依法行政。牢固树立法治观念，按照法定权限履行职责、行使权力，积极主动运用法律手段解决矛盾和问题，优化经济社会发展环境。严格依法决策，充分发挥区政府法律顾问室、区专家咨询委员会、区投资决策委员会作用，对重要政策、重点项目严格执行合法性审查、风险评估。以财政预算、公共资源配置、重大建设项目等领域为重点，及时准确公开政府信息。认真落实民族政策和宗教事务条例，继续加大人武工作力度。进一步完善权力阳光运行机制，严格遵守行政审批、行政处罚、工程招投标相关法律法规，严禁执法不作为、乱作为，营造公正公平的社会环境，切实增强政府公信力。

践行廉洁从政。坚持标本兼治、综合治理、惩防并举、注重预防的方针，推进惩治和预防腐败体系建设。深入开展廉洁价值理念教育，引导每一位政府工作人员树立正确的世界观、权力观、事业观，筑牢拒腐防变的思想防线。以制度建设为抓手，严格执行廉政准则等纪律规定，强化部门内控机制，探索实行政府绩效管理，切实加大源头防治腐败力度。扎实推进工程建设、行政事业性收费等重点领域专项治理工作。进一步深化国库集中支付改革，将绩效评价贯穿预算编制、执行和监督，将有限的财力更多地投入创新发展和民生改善。

加强作风建设。大力开展"三争一创[13]"实践活动，以过硬的作风保障发展任务的落实。强化目标管理，量化标准和进度，将主要指标、重点项目层层分解到位，按时保质完成。推进新一轮行政审批事项清理，完善投资项目审批代办服务制度，打造政务服务绿色通道。规范窗口服务，加强网上政务大厅、政务服务中心的建设与衔接，努力在服务态度、岗位纪律、办事效率方面提高满意度。精心组织"民主评议政风行风走进玄武"直播活动，促进部门和行业作风转变，及时解决反映的问题。建立专项督察、联合督察和巡回督察机制，及时纠正执行不力、工作失职行为，并严肃追究责任。区政府班子要发挥表率作用，深入一线抓落实，主动向下领任务，带头攻坚创局面，凝心聚力完成各项目标任务，向全区人民交上满意的答卷。

各位代表，创成率先大业，建设现代化国际性人文绿都标志区，是全区人民共同的奋斗目标。让我们在市委、市政府和区委的正确领导下，紧紧依靠全区人民，进一步解放思想，开拓创新，团结拼搏，锐意进取，创造玄武更加灿烂美好的明天！

名词解释：

[1]"三位一体、盖边沉底"综合救助：政府救助，社会捐助，社区互助。

[2]"三高两低"企业：高污染、高能耗、高排放、低效益、低产出企业。

[3]第三次发展机遇：市委十二届二十二次全体会议提出，从江苏发展进程看，先后经历了"农转工"、"内转外"两次重大机遇，当前正迎来以创新为决定因素和主题特征的第三次历史性机遇。

[4]一园四极："一园"指紫金山—玄武湖城市中央公园；"四极"指新街口核心经济区、徐庄软件产业基地、孝陵卫生态科技绿谷、红山北部新城核心区四个增长极。

[5]四纵四横："四纵"指区内4条纵向干道沿线街区，包括中山路（玄武片）、洪武北路—丹凤街、台城路、红山路；"四横"指区内4条横向干道沿线街区，包括中山东路—中山门大街、长江路、珠江路、玄武大道。

[6]"1+8"重点产业项目："1"指紫金（玄武）科技创业特别社区；"8"指区内8条干道沿线产业带，包括中山东路—中山门大街、长江路、中山路、珠江路、洪武北路—丹凤街、玄武大道、红山路、台城路。

[7]两区四馆："两区"指环总统府中央文化区、百子亭近代历史风貌区；"四馆"指江宁织造府、六朝文化博物馆、明皇宫、孙权展示馆。

[8]六线八园："六线"指玄武大道、中山门大街、明外郭—秦淮新河百里风光带、明城墙（玄武门—神策门段）、珠江路、宁栖路；"八园"指九华山公园、梅庵游园、梅园新村游园、北安门街游园、富贵山游园、月苑五村游园、樱驼花园小区游园、营苑南路游园。

[9]"四位一体"养老服务模式：政府购买，社区互助，市场有偿，义工志愿。

[10]三新：新知识普及，新技术推广，新产品应用。

[11]三社联动：社委会、社区工作者和社会组织联动开展服务。

[12]社区六进：消防、车管、危管、外管、网管、物管六项服务进社区。

[13]三争一创：市委提出，南京要争当江苏科学发展、改革创新、和谐稳定的"首位市"，创建江苏党的建设"先进市"；区委提出，玄武要争当南京科学发展首位区、改革创新率先区、和谐稳定示范区，创建党的建设先进区。

玄武区2011年政治建设和党的建设工作目标

中共南京市玄武区委员会

2011年2月9日

2011年全区政治建设和党的建设工作的指导思想是：以邓小平理论、"三个代表"重要思想和科学发展观为指导，认真贯彻落实党的十七大和十七届五中全会精神，坚持和改善党的领导，深化民主政治建设，加快依法治区进程，全面加强干部、人才、党员三支队伍建设，为走玄武特色的转型发展、创新发展、跨越发展之路，开启"十二五"新征程，营造民主团结、生动活泼、安定和谐的政治局面，提供坚强有力的组织保障和人才支持。

一、认真贯彻全区人大、政协工作会议精神，保证人民当家作主

1.充分发挥区人民代表大会及其常委会作用。认真贯彻全区人大工作会议精神，全面落实区委加强和改进人大工作的意见，加强区人大常委会机关和街道人大工委的组织建设。支持区人大及其常委会依法行使监督、重大事项决定和人事任免等法定职权，通过视察调研、听取专项工作报告、执法检查等，支持和督促"一府两院"依法行政、公正司法。组织人大代表检查有关法律法规的实施情况，加强规范性文件的审查、备案工作。深化代表向选民述职和接待选民工作，全面完成代表在届内每人向选民述职一次的目标。优化代表建议办理督办机制，确保建议办结率达100%、满意和基本满意率超过98%、办成率超过75%，认真办理代表接待选民所形成的意见建议。

2.支持政协围绕团结和民主两大主题履行职能。认真贯彻市、区政协工作会议精神，全面落实区委出台的政治协商规程，推动政协工作的制度化、规范化、程序化。发挥政协组织整体优势，充分调动政协委员参政议政的积极性，加强政协街道工作委员会建设。围绕群众关心、关注的热点、难点问题，组织委员做好调查研究、反映民意和维护稳定的工作，举办"玄武区政协委员论坛"。加强政协提案办理工作，提升提案办理质量与水平，确保办结率达100%，力争满意率和基本满意率达100%。

二、积极发展基层民主，让人民享有更多民主权利

3.着力加强基层民主。落实中央《关于加强和改进城市社区居民委员会建设工作的意见》，建立和谐社区建设咨询委员会，完善社区公益金制度，畅通社区民意收集渠道，完善民主决策平台，推进社区民主自治。依法推动企业普遍建立工会组织、普遍开展工资集体协商，确保独立基层工会组织净增10%以上，独立建会企业和谐劳动关系创建率达80%。支持工会组织开展维权、维稳服务，保护职工的合法权益。加强团的基层组织建设，新建8家非公企业团组织、2家外来务工青年团组织，充分发挥团代表在团代会闭会期间的作用。加强妇联基层组织建设，全面完成"家庭驿站"创建任务，争创省级"妇女之家"建设项目示范点。

4.有效保障公民的各项权利。加强党委、政府与群众的密切联系，完善维护群众权益机制，把公共财政、公共服务更多地向困难群体延伸，认真解决群众反映强烈的教育医疗、环境卫生、食品药品安全、征地拆迁等方面的突出问题。完善矛盾纠纷排查化解机制，引导群众依法表达合理诉求，加大对信访积案的

攻坚力度，坚持和完善区领导接访制和包案制，做好信访老户终结工作。继续加强新闻发言人和网络发言人队伍建设，做好网络舆论引导和舆情分析。加强社会主义民主政治建设宣传，营造良好的民主政治氛围。

三、巩固壮大爱国统一战线，团结一切可以团结的力量

5.做好新时期统战工作。落实政情通报制度，坚持民主党派、党外领导干部、党外知识分子联谊会制度，引导各界人士积极建言献策、参政议政。召开社区统战工作现场会，举办区人大、政协党外常委研讨会，加大党外干部培养力度。成立民族团结进步社团组织，做好少数民族流动人员服务和管理工作，促进民族和谐。依法加强宗教管理，继续推进"平安宗教活动场所"创建。做好台胞台商在我区经贸考察、交流交往的组织接待工作，推动我区工商、科教、文化等行业组团入岛招商考察，举办第九届"月是故乡明"侨台胞属联谊活动，加强新生代华人华侨工作，大力帮扶困难侨台眷属，为促进宁台关系发展多做贡献。学习贯彻《中共中央国务院关于加强和改进新形势下工商联工作的意见》，完成区工商联(商会)换届，加大基层商会组织建设力度，新发展会员企业100家。

四、坚持依法治区，完善制约和监督机制

6.全面提升"法治玄武"和"平安玄武"建设水平。深化依法治区工作，巩固"省法治县(市、区)创建工作先进单位"创建成果，启用法治玄武绩效评价体系，提升法治玄武建设水平。着力规范行政行为，确保区政府行政复议无错案，政府规范性文件审查和备案率达100%。用信息化手段规范行政执法程序、流程、标准和期限，推动行政执法责任制的落实。扩大法律援助覆盖面，实现应援尽援，应援优援。推进"六五"普法，加强法制宣传教育工作，坚持区管干部任前法律知识考试制度。巩固平安玄武建设成果，争创省"平安区"。争创省"无邪教地区合格区"，加强机要保密和国家安全工作，落实安全生产责任制，做好重大活动、敏感时期的维稳工作，实现全区社会持续稳定。

7.进一步改进机关作风。实行"五服务"实事项目公开承诺制，定期实施区党政班子和机关部门"一把手"信任度投票。加快工作落实，认真办理领导督办件和批示件。大力改进机关文风会风，坚持讲短话、讲实话，创造鼓励讲真话、提倡讲新话的宽松环境。开展重点科室、重要窗口机关作风评议活动，完善群众评议人联系点机制，提高评议工作的科学性。开展行风评议工作，坚决纠正行业不正之风。坚持公务回执制度，对区属行政执法部门执法情况开展监督检查。

8.有效制约和监督权力运行。加大反腐倡廉教育和廉政文化建设力度，初步建成玄武区惩防体系基本框架，不断提高制度执行力，维护制度权威性。严肃查处各类违纪违法行为，全年纪检监察案件结案率达100%。围绕重点目标任务，开展全程监督检查。选择1~2个行政执法部门进行执法检查。稳步推进区管党政正职选人用人责任审查、机构编制责任审核、任期经济责任审计，追究违规责任。推进行政权力网上公开透明运行，深化街道政务公开。加强事业单位岗位设置管理，实施事业单位绩效工资，积极稳妥推进事业单位人事制度改革。

五、全面贯彻《规划纲要》，加强领导班子和干部队伍建设

9.形成科学的干部选用机制。全面贯彻《2010-2020年深化干部人事制度改革规划纲要》，总结署名推荐和"两推一述"工作的成功经验，加大竞争性选拔干部工作力度。健全重要岗位领导干部差额选拔制度，努力形成好中选优、优中选强的干部选用机制。立足区情实际，探索具有科学性、协调性、可行性的区管党政正职差额推荐、差额考察、差额酝酿、差额表决办法。

10.改善区管干部队伍结构。深化年轻干部导师制培养，跟踪指导新到街道任职的科级干部，成立区青年党政人才协会，为年轻干部搭建学习交流平台。加强后备干部动态管理，为党政领导班子提供充足的干部储备。在重视培养年轻干部的同时，合理使用其他年龄段干部。探索加强转员干部管理的新途径，安排转员干部在其擅长领域从事力所能及的工作。想方设法为不同年龄段的干部提供平等参与竞争的平台和机会，让老中青干部同台竞技、各展所长。按照老中青梯次配备的要求，统筹协调、通盘考虑，推进全区干部队伍形成合理的年龄结构和专业知识结构，切实配优配强区管领导班子。

11.坚持从严管理干部。严格落实干部监督四项制度，抓好《玄武区进一步加强和改进区管领导班子和领导干部日常监督管理的意见(试行)》的执行，坚持做好干部谈心谈话、离任交接、考察对象有关情况报告等工作。认真落实《关于实行党政领导干部问责的暂行规定》，加大治懒治庸治散力度，对存在苗头性、倾向性问题的，进行批评教育、督促整改；对群众意见较大、不适宜担任现职岗位的，坚决采取组织措施进行调整。加大试用期干部考核力度，对试用期考核不称职或不胜任现任岗位的干部，坚决予以免职。探索多员化的干部激励机制，教育引导干部想干事、能干事、干成事。

12.提升干部培训质量。推进干部教育培训改革，努力形成以需求为导向，组织调训为主、自主选学为辅，激励与约束相结合，规范有序、健全高效的运行机制。认真落实《关于开展领导干部菜单式选学试点工作的通知》、《"南京市干部在线学习中心"网站管理办法(试行)》等文件，充分发挥互联网和驻宁高校等培训资源优势，推进领导干部自主选学，满足干部多样化、个性化、差异化学习需求。优化班次设置，创新教学方法和培训形式，精心举办新任职一把手思想政治建设研讨班、中青年干部培训班，以及人才工作和社区党建专题研讨班等主体班次，增强培训的层次性、针对性和实效性。

六、打造区域人才高地，推进人才强区战略

13.优化人才工作机制。认真贯彻全国和省市人才工作会议精神，坚持党管人才，发挥区人才工作领导小组的指导、协调、服务职能，加大组织部门牵头抓总力度，充分调动各部门、街道、园区、企业的积极性，努力形成各司其职、密切配合的工作机制。发挥园区、企业作为用人单位的主体作用，以市场为导向，大力引进和培育人才。积极探索产权激励机制，建立人才资

本有偿转移制度，激发人才创造活力和创业精神，推动人才资源向人才资本转化。

14.大力引进紧缺人才。加强与海外人才协会、留学生联谊会等机构的合作，选聘一批招才引智联络员，为玄武与海外人才建立起更为畅通、直接的联系。配合上级实施好国家“千人计划”、省“双创”人才引进计划、市“紫金人才计划”等。制定更加优惠的引才政策，吸引一批高层次人才来我区创新创业。围绕区域经济发展、产业转型，以较低成本引进一批中高层次、富有潜力的人才。

15.创新人才工作载体。依托德基二期、金融服务示范园等重点项目，做好经营管理人才的引进和服务工作。规范徐庄软件园区企业人力资源部长联席会、珠江路IT人才沙龙运作，调整充实“玄武区经济和社会发展专家咨询委员会”和三大产业人才协会成员。成立全区企业人力资源部长联谊沙龙、高级专业技术人才联谊会，建立徐庄软件园“博士后之家”信息交流平台，完善徐庄软件园国家级博士后工作站运行机制。

七、扩大党内民主，推进基层党组织和党员创先争优

16.认真做好区委换届。召开区第十次党代会，完成区委和区纪委换届，选举出席市第十三次党代会代表。改进和完善党内选举办法，提高区党代表选举中的差额比例，扩大选举环节的民主。深化党代表任期制，充分发挥党代会闭会期间党代表的作用。积极发展党内民主，持续推进党务公开，尊重党员的主体地位，着力落实党员的知情权、参与权、选择权、监督权，提高党员对党内事务的参与度。总结“公推直选”社区、农村党组织班子成员的成功经验，择机继续推广。

17.深化创先争优活动。继续组织全区各级党组织和广大党员扎实开展创建先进基层党组织、争做优秀共产党员活动，教育党员深刻认识活动的重要意义，及时发现、培育、宣传活动中涌现出的好经验、好做法，确保全区各级党组织创先争优活动有计划、有步骤地推进，切实用创先争优活动的深入开展推动基层党建工作的创新发展。活动中注意倾听民声，集中民意，把群众的愿望和需求内化为推动创先争优活动的外在动力，以“满意先锋行动”为统领，突出为民服务、改善民生，力争到2012年7月前，全区集中解决100个群众关注的重点难点问题，让基层群众得到实惠，使创先争优活动成为党员和群众认可的“满意工程”。适时评选表彰在“满意先锋行动”主题活动中表现突出的基层党组织和党员。

18.开展纪念中国共产党成立90周年系列活动。围绕纪念中国共产党成立90周年，本着庄重、简朴、实效的原则，通过各种活动，回顾党的光辉历程，弘扬党的丰功伟绩。以各党(工)委为单位，评选产生先进基层党组织、优秀党务工作者、优秀共产党员和星级党员义工，利用网上图文展、事迹报告会等形式，大力宣传先进典型。举行新党员入党宣誓仪式，开展“佩戴党徽、重温誓词”活动。走访慰问建国前老党员和困难党员，积极帮助困难党员解决就业、医疗、子女就学等问题。

19.积极推进基层党建创新创优。夯实党建工作的基层基础，充分发挥基层党组织凝聚人心、推动发展、促进和谐的作用。科学合理界定社区党组织的责权利，提高其整合资源、为民办事、自我运转的能力。提高社区党员的群众意识，鼓励党员走向社会、走进群众，带动群众积极参与社区建设和社区事务，努力营造共同参与的社区氛围和民主有序的社区管理体制。深化“菜单式”活动计划和“五型”党工组织创建活动，探索非公企业党组织和党员发挥作用的有效途径，选树一批非公党建工作典型，更好地发挥示范带动作用。巩固扩大机关、事业单位党建工作成效。加强对流动党员的教育管理，办好玄武党建网站，用活用好党员远程教育平台和服务平台，推进党建工作信息化，提高党建工作效率。创新党组织和党员联系、服务群众的载体，组织党员义工深入社区、楼幢、院落开展服务，真正把服务群众的工作做实。

玄武区2011年国民经济和社会发展计划

中共南京市玄武区委员会
南京市玄武区人民政府

2011年1月19日

一、经济建设计划

（一）综合指标

1.地区生产总值增长12%，其中三产增加值增长12%

2.地方一般预算收入同口径增长13%

3.社会消费品零售总额增长15%

4.全社会固定资产投资完成市下达数

5.实际利用外资完成市下达数

6.引进注册资金1000万元以上规模企业20家，引进世界500强企业(分支机构)2~3家；举办"重洽会"等各类招商活动30次

7.新增个体私营企业完成市下达数

8.服务外包执行额完成市下达数

9.软件产业销售收入完成市下达数

（二）重点项目

10.建成徐庄软件产业基地苏宁信息中心、培训中心

11.建设徐庄软件产业基地苏宁研发中心

12.建设苏盐连锁公司软件研发中心

13.地豪科技有限公司总部大楼投入使用

14.建成江苏软件园孵化研发中心

15.建成福中高科技产业园（三期）主体工程

16.建设徐庄软件产业基地独立研发区

17.建成徐庄软件产业基地诺富特酒店

18. 建设集成电路设计公共设备服务平台和集成电路设计知识产权数据库

19.建成德基广场二期，裙楼开业，推进三期地块建设

20.建成凯润金城城市综合体，完成招商

21.建成羲和高端品牌旗舰店

22.建设雨花巷总部经济商务楼

23.建成碑亭巷地块商务楼宇，并完成招商

24.曼度嘉年华休闲街区开业

25.完成化建大厦招商

26.建成北京东路都市经济园,并完成招商

27.建成华山饭店商务综合楼，并完成招商

28.建成东泉经济产业园，并完成招商

29.建设圣和文化广场

30.建成"创意中央"都市产业园（二期）

31.建成中央路70号商务综合楼

32.建成中铁二十四局江苏分公司总部大楼主体工程

33.建设新庄汽配地块主体工程

34.完成国展中心转型,建设都市商业综合体

35.建设新隆基大酒店

36.建成南京商厦影视中心

37.完成东林商务楼招商

38.完成后宰门街679号商务楼宇招商

39.建设王家湾特色总部园区

40.建成钟山云蝶旅游配套设施

41.建设红山商贸地块主体工程

42.金银房地产商务综合楼开业

43.完成兴贤佳园配套商业设施招商

44.建成晏公庙社区商业配套设施并完成招商

45.建成小卫街旅游商业配套设施并完成招商

46.建成省农科院紫金时代商业设施

47.建设双拜岗147号综合楼

48.推进徐庄研发六区、农科院C地块等一批地块挂牌

49.规划建设724所产业园区、百子亭等地块

(三)主要工作

50.规模以上工业企业万元增加值综合能耗降低率达市要求

51.开展工业化、信息化融合试点(示范)企业培育和千企创新升级,培育企业上市

52.完成《玄武区控制性详规》、《玄武区重点区域近中期用地实施规划》修编工作

53.建成金融服务示范园

54.全面推行国库集中支付和公务卡结算改革

55.建设徐庄国家级博士后工作站,完善园区人才流动与培训模式

56.实施玄武区企业技术创新和企业知识产权战略推进工程

57.全区专利申请量完成市下达数

58.完成第六次全国人口普查后期工作

59.开展玄武区房地产、总部经济专项统计工作

60.进一步落实安全生产责任制,争创省级安全工作先进单位

61.实施价格调控和治乱减负目标责任制

62.实施名牌和标准化战略,开展"质量兴区"活动

63.创建2家市级文化产业示范基地

64.完成玄武区商贸流通业、现代服务业、旅游业等专项规划

65.举办第十三届珠江路电脑节

66.建设全区信息化平台(三期)

二、社会建设计划

(一)综合指标

67.城镇居民人均可支配收入增长12%

68.计划生育率达99.5%;流动人口管理服务率达85%以上

69.企业职工基本养老、医疗、失业、工伤、生育保险覆盖率均达99%以上,完成社会保险扩面征缴9000人,征缴金额1500万元

70.城镇居民基本医疗保险覆盖率达97%以上

71.义务教育巩固率达100%

72.社区教育覆盖率达100%

73.市容卫生长效管理责任制签约率达100%,履约率达95%

74.社会治安满意率达标

75.环境质量综合指数80分以上

(二)重点项目

76.完成50条街巷整治出新工程

77.完成一批街巷和小区雨污分流工程

78.完成内秦淮河北段、孝陵卫东沟清淤工程

79.完成墨香南路、柳营路等新建道路工程

80.实施麒麟科技创新园等一批项目拆迁

81.完成一批旧住宅区综合整治工程

82.建设余粮地区经济适用住房主体工程

83.建设红山地区经济适用住房主体工程

84.完成旧钢窗节能改造目标任务

85.实施楼道亮化工程,完成一批住宅楼楼道亮化

86.提升康定里、仙鹤门地区硬件基础建设及服务水平

87.新建长江路、廖家巷、月苑社区邻里中心,打造墨香山庄、锁金四村等精品社区

88.建设朝阳山老年公寓配套设施

89.建设玄武门街道社区文化活动中心

90.建设区地下人防指挥所

91.建设月苑小学教学楼,完成锁金二小教学楼抗震加固工程

92.提档升级社区卫生服务硬件建设

93.完成藤子村、红山村道路建设工程

94.完成仙鹤门排洪沟护坡工程

(三)主要工作

95.实施低收入家庭住房保障工程

96.新增100万平方米老旧小区物业管理

97.完成全区市容环卫责任区星级化管理

98.提升社区服务品质,推进一批专业化服务项目

99.新增老年福利机构床位170张

100.实施低保边缘人群补充医疗援助工程

101.开展老年宜居社区创建工作

102.打造街道居家养老服务站8个

103.加强社区卫生服务,提高社区医疗服务能力

104.多渠道扩大就业,开展创建创业型城市工作

105.完成各类技能培训、职业鉴定2万人次

106.举办"文博之夏"、"玄武之春"等文化艺术活动,开展百场文化惠民活动和文化产业展示活动

107.创建市级绿色农贸市场4家、市级社区商业示范区或达标区1个

108.举办梅花节等系列旅游节庆活动

109.创建1–2所市级优质幼儿园

110.深化人口计生综合改革,实施幸福家庭"五好"工程

111.举办玄武区第六届(社区)运动会,承办一项(次)省级以上比赛项目

112.开展迎青奥活动,出新30个全民健身工程点

113.创省、市绿色学校各1所、创市级绿色社区1个

114.创建餐饮业污染控制示范街1条

115.区档案馆创建国家三级综合档案馆

116.创建省级优秀司法所3个

117.创建省级餐饮服务安全示范区,建立药品零售企业远程监管数字化网络

118.深化"平安玄武"建设,开展系列平安创建活动,平安社区创成率达到90%以上

119.巩固法治区创建成果,深化"法治玄武"建设

120.筹建南京市"12345"政府服务呼叫中心二级平台

玄武区2011年文化建设工作目标

中共南京市玄武区委员会

2011年1月25日

2011年全区文化建设工作的指导思想是：以邓小平理论、"三个代表"重要思想和科学发展观为指导，认真贯彻落实党的十七大和十七届五中全会精神；以"迎青奥"为主线，大力普及社会主义核心价值体系，巩固文明城市创建成果；以引导社会、教育人民、推动发展为重点，强化舆论宣传和社会氛围营造，完善公共文化服务体系，增强全区文化软实力，为具有玄武特色的转型发展、创新发展、跨越发展，提供强大的思想保证、智力支撑和精神动力。

1.着实开展理论武装工作。坚持区委中心组学习制度、领导干部理论学习考核制度，开展领导干部深入基层学习调研、做形势报告等活动。通过开展"玄武讲坛"、领导干部"走上讲台、宣讲理论"及专题研讨、专家辅导和基层宣讲等活动，深入学习贯彻党的十七届五中全会精神。开展以"回顾'十一五'、展望'十二五'"为主题的形势政策教育宣讲活动，回答党员干部群众关心的热点难点问题。抓好基层党校建设，把学习贯彻科学发展观列入基层党校培训内容，分层次、分主题开展各类轮训、培训。举办"玄武区政协委员论坛"，加强政协理论研究。认真贯彻落实中央《建立健全惩治和预防腐败体系2008~2012年工作规划》，扎实推进惩治和预防腐败体系建设，深入推进廉政文化建设，积极开展廉政风险教育试点工作。

2.强化社会舆论舆情引导。突出我区发展建设的重大举措和重要成效的宣传，围绕"重治会"、"金洽会"、"软博会"等经济活动开展主题宣传，大力宣传徐庄、新街口、孝陵卫等三大增长极及优势产业的发展新态势。每季度组织南京电视台、《南京日报》等重点媒体，集中宣传玄武创新发展的特色成果。建立和完善媒体舆论监督处置通报机制，调整充实新闻发言人和网络发言人队伍，分层次组织大规模轮训，切实提升各级领导班子和领导干部的新闻舆论意识。加强网络舆情工作，切实加强舆论引导能力建设，及时处置媒体网络新闻事件。强化对外宣传和网络宣传，筹备建设区新闻发布中心。做好年度"好新闻、好舆情、优秀信息员"评选工作。

3.发展文化事业产业。加快文化基础设施建设，创建一个五星级文化站，2个文化示范社区。利用清明、端午、七夕、中秋、重阳、春节等传统节日，以"我们的节日"为主题，组织系列文化活动，积极弘扬传统文化。"五一"前夕组织开展大型职工文艺汇演，促进企业文化建设，丰富职工业余文化生活。举办以"低碳生活、绿色家庭、健康万里行"为主题的第八届邻里文化节，增进邻里互助和团结友爱。举办第十五届"玄武之春"、第八届"长江路文化艺术节"、第十届"社区文化艺术节"等群众性系列文化活动，做好文化进社区百场文化惠民、文化拥军活动，开展第五届"金陵五月风"文学艺术节系列展演活动。完成基层文联协会的改选工作。做好南京市第六届文化产业交易会参展工作。举办玄武区文化企业联席会，促进徐庄软件产业基地、创意中央科技文化园、工艺美术大楼等文化产业基地挖潜招商、提档升级。启动徐庄软件产业基地争创省级文化产业示范基地、金陵竹刻博物馆争创市级文化产业示范基地工作。积极争取省市非物质文化遗产保护资金，加强对区级非物质文化遗产项目、传承人的扶持。落实文化市场长效管理实施意见，落实区县文化管理体制改革总体方案，组建区文化综合执法队伍，启动文化事业单位内部改革。

4.巩固文明城市创建成果。深化文明创建，完善机制、强化责任，做好迎接文明城市复查的各项工作。按照创建文明城市工作长效性、常态化管理要求，做好《玄武区文明城市建设2009~2011年行动计划》推进落实和收尾工作。加强对全区贯彻落实《南京市城市环境综合提升三年行动计划》情况的监督。加强景观道路建设和管理，加大公益宣传力度，做好迎青奥等公益性宣传活动。推行市容环境责任区星级化管理。接管100万平方米老旧小区物业管理，进一步加大对辖区内所有物管小区的监管力度。在现数字城管平台的基础上，构建玄武信息采集中心、指挥中心、应急事件处置中心、监督中心、新闻发布中心。加强经营性公共场所的长效管理，卫生许可证持有率达100%以上，从业人员健康证达98%以上。深化依法治区工作，巩固“省法治县（市、区）创建工作先进单位”创建成果，启动法治玄武绩效评价体系，促进提升法治玄武建设水平。巩固平安玄武建设成果，争创省“平安区”。扎实做好2010~2011年度区机关文明科室创建评选和表彰工作。强化驻点督查工作机制，建立健全区域性共建平台和社会动员机制，整合地区省市区三级文明单位创建资源，在各街道做深做实“文明单位文明社区牵手促和谐”活动。

5.持续开展信用城区建设。积极推进政务诚信、商务诚信和社会诚信建设，加强诚信实践活动和诚信制度建设。围绕加快建设服务型政府的目标任务，构建科学、完善、高效的全区政务公开监管体系。办好全省首份《依法行政》电子杂志。推动政府信息公开和窗口行业行风建设，深化权力阳光运行机制建设，促进权力规范、高效运行。塑造诚信品牌，打造珠江路科技街诚信文化。以“迎接青奥、放心消费在南京”活动为载体，深化放心消费城区、星级文明诚信市场创建工作。开展以“规范管理、诚信服务、依法经营”为主题的各类活动，抓好行业区域创建达标工作和百城万店无假货打假维权工作。强化打假治劣，确保无区域性制假售假行为。加强流通领域食品安全监管。加强证照管理，及时清理无照经营。规范明码标价，推进明码实价，加强市场价格监测，加大调控目标监管力度。深化和推进价格公共服务，着力解决民生价格问题，开展价格争议调解，健全和完善民生价格信息公示。继续做好“12315”投诉举报工作，推进消费者维权组织进基层、进社区、进商家活动，针对消费热点投诉，及时向社会和政府提供准确的信息。

6.深化公民道德建设。以“做文明有礼玄武人”为主题，组织开展“迎青奥、讲文明、树新风”系列活动，宣传青奥知识、倡导文明风尚、培养公民意识。持续提升公共文明指数，组织开展丰富多彩的市民参与活动，以“三不两主动”（不闯红灯、不随地吐痰、不乱丢垃圾、主动排队、主动让座）为主题引导市民自觉纠正和克服不文明习惯，推进“交通文明我先行”、“小区清洁月”等活动不断深化。利用新闻媒体、短信平台、网站、社区宣传栏等多种渠道展开宣传，普及礼仪知识，倡导文明行为。深化“可爱玄武人”选树制度，继续做好全国、省、市“道德模范”、“我评议、我推荐身边好人”及第十届“南京好市民”评选推荐宣传工作。深入开展“道德模范进社区、进机关、进学校”系列宣讲活动及道德模范走访、慰问活动。加大对见义勇为的宣传力度，营造崇尚见义勇为的良好氛围。打造玄武志愿服务品牌和优秀民间志愿服务团体，以玄武区志愿者协会为依托，动员市民参与迎青奥、敬老爱老、传播文明新风等志愿服务活动，全年志愿服务不少于15000人次。加强党员义工服务的宣传力度，扩大党员义工社会参与程度，提升党员义工服务技能，推进党员义工品牌项目建设。

7.放大学习型组织影响力。深入开展学习型党组织建设，加强学习型机关、学习型企业、学习型社区等创建活动持续开展，形成学习型党组织与学习型城区建设相促进的良好局面。结合基层党组织“创先争优”活动，以“满意先锋行动”为统领，抓好惠民实事项目的建设。组织区机关党务干部理论培训班，大力推进区机关学习型党组织建设。开展好“社科知识进社区”、“社科知识普及周”等活动，提升居民社科水平。继续办好社区学堂，举办“第十届社区学习节”，提高社区居民的学习能力。进一步培育全区及各街道的特色课程，深入开展“一街一品”、“一居一特”的创建活动，促进社区教育内涵发展。加强“18法制广场”、“法律夜校”、“月月送法进社区”等宣传教育主阵地建设，针对领导干部、农民、青少年、企业经营管理者、执法人员五类人员做好法制宣传工作。深入开展学习创新大讲堂活动，办好第八届珠江路学习创新节。实施职工素质提升工程，推进职工书屋和女职工周末学校建设。广泛开展群众性经济技术创新活动，继续开展创建“工人先锋号”活动，举办劳模、班组长“创新创造学”培训。深入开展以爱国主义为核心的全民国防教育和双拥宣传教育，实现国防教育工作制度化、教育对象全民化、教育活动经常化，强化军地联席会议制度，全面落实优抚安置政策，坚持玄武特色拥军。

8.加强未成年人思想道德建设。加强未成年人教育的载体和平台建设，大力培养“四好少年”。以“七彩假日”、“未成年人思想道德建设宣传周”等活动为载体，不断深化“做一个有道德的人”主题活动。积极培育“未成年人思想道德建设创新案例”，倡导富有吸引力的思想教育和文体活动。开展未成年人中华传统文化经典诵读活动，弘扬民族精神。继续发挥“陶老师”热线玄武分站的服务功能，开展对学生心理疏导及面询工作。积极参加“南京市学校示范心理咨询室”的创建。围绕中国共产党成立90周年开展主题教育，组织各中小学校和街道、社区关工委开展“五老”宣讲活动。加强社区未成年人校外活动场所建设，每个街道年内至少创建1个有特色的优秀校外辅导站、1~2个示范“六好”社区关工委。发挥品牌效应，依托江苏广电互动平台对“南京小蜜蜂周末乐园”网站进行改版。继续开展“雏鹰助学”行动，帮助困难青少年不少于3000人次。持续净化社会文化环境，开展“文明上网”和校园周边环境整治工作，大力整治违法违规经营的网吧、游艺经营场所，提高监督质量，营造教育、引导、影响青少年成长的良好环境。

9.提升社区文明和谐水平。围绕基础型、提升型、创新型“三型”发展的要求，打造各具特色的和谐社区建设模式，形成“全面知情、全程参与、全体受益、全域满意”的和谐社区建设氛围。增设有专业社工督导介入、有特色的社区服务新项目，组织实施社区服务公益创投试点项目，进一步建立完善社工管理体系，不断强化社工实务培训与技能提升。深入开展政府资助居家养老服务工作，规范与提高为老服务的质量，依托区老年精神关爱中心平台，引导、扶持街道、社区开展各具特色的老年精神关爱活动。深化社区卫生服务内涵，打造3个社区卫生服务精品团队。深入开展“婚育新风进万家”活动、“关爱女孩”行动。落实贫困残疾人康复救助工作，为全区0~6岁残疾儿童实施抢救性康复训练。全面启动残疾人护理补贴发放工作，为四类重点困难残疾人家庭发放临时救助，全面完成8个街道残疾人托养服务中心建设任务。加大对街道劳动争议调解中心的指导和服务，发展和谐劳动关系。加大困难人员就业帮扶力度，稳定全区就业形势。深入开展“四创”和创业工作“个十百千万”工程，完善区、街、社区三级创业服务体系，鼓励创业带动就业。做好法律援助民生工程，做到应援尽援、应援优援，不断提升法律援助办案质量。

10.倡导市民健康科学生活方式。举办第六届（社区）运动会，出新30处区全民健身工程点。推进青春健康教育工程，在区域高校开展同伴教育艺术展演和主持人大赛活动。建设台城花园等10个社区人口文化园，开展社区人口文化百场讲坛活动。继续深入开展“电脑服务社区行”活动。重视职工心理咨询室建设，举办职工心理辅导讲座，对全区职工进行人文关怀和心理疏导，提升职工心理健康素质。积极宣传普及专业科学知识和大众科学知识，组织开展“玄武区第十一届科技活动周暨第二十三届科普宣传周”和2011年“全国科普日”系列活动。加强青少年特色科技活动阵地建设，确保每个街道有1个以上青少年科普活动基地，组织青少年开展各类科技竞赛、科普活动不少于6次。加强全区12所社区科普大学建设，开设实用型课程，宣传和普及低碳生活和环保节能方面的知识，提高群众的生活质量。新建1–2座电子科普画廊。加大对公务员科学素质的提升工作，开展高端科普报告会和前沿科学知识竞赛。结合“防震减灾日”，做好防震减灾知识的宣传和普及，督促各街道完善防震减灾应急预案。发挥地区学（协）会、科普场馆、教育基地、老科技工作者和科普志愿者作用，开展综合性广场活动和专题科普活动不少于20次。坚持以无邪教地区创建为主线，深入推进社会化警示宣传教育，力争实现无邪教地区三年创建活动绩效领先。举办“6·5”世界环境日环境宣传周活动，开展环保进社区活动，促进绿色家园建设，开展市级绿色学校、环境教育基地的创建活动。

杨廷宝设计的植物园办公大楼

专　记

Major Events

●创业创新　富民惠民　增强转型发展活力

●突出创新　全力打造中国人才和科技创业创新名城示范区

●全面推进素质教育　提升教育现代化水平

●服务民生　幸福玄武　加快基层医药卫生体制改革

创业创新 富民惠民 增强转型发展活力

玄武区委、区政府历来高度重视就业创业工作，始终将就业再就业摆在经济和社会发展更加突出的位置，2007 年在全市率先创建成“充分就业区”。2011 年，全区新增城镇就业 24335 人，实现再就业 7939 人，援助就业困难人员 1998 人。

打造就业良性市场，激发创业热情

完善机制，强化落实三结合的就业方针。玄武区委、区政府贯彻落实劳动者自主择业、市场调节就业、政府促进就业三者相结合的就业方针，始终将促进市民就业、推动市民创业作为贯彻落实科学发展观、实现富民强区、构建和谐玄武的重要工作来抓，明确就业创业工作“一把手负责制”，每年定期召开就业创业工作联席会议，专题研究全区就业工作、创业工作开展情况，交流就业创业工作思路、方法、措施，确保全区就业创业工作稳步推进。建立并完善了政府投资和重大项目建设就业评估机制，注重在推进战略性新兴产业发展中开拓就业新领域，在经济结构调整中拓展就业新空间。

搭建平台，为劳动者就业创业提供有效服务。玄武区按照机构、人员、经费、场地、制度和工作“六到位”的要求，在全区各街道建立劳动和社会保障所，社区建立劳动保障服务站，形成区、街道、社区三级就业创业服务网络，并以此为平台，全区开展了失业人员普查活动，掌握失业人员就业和社会保障状况，针对各类人员的不同情况，做好针对性就业服务。如对就业困难人员组织实施“再就业援助月”，通过“五援助”对其进行重点帮扶；启动“个十百千万”工程，加大大中专毕业生就业和见习力度，促进岗位对接；注重加强对被征地农民的技能培训，提高就业能力；对外来务工人员实施“春风行动”，提供平等就业保障服务。同时，玄武区人社局还对全区公益性职介资源进行了整合，逐步形成区人力资源市场与街道社区差别定位、各有侧重、互为补充、共同发展的新格局，为劳动关系双方提供更加便捷有效的服务。

强化培训，增强劳动者就业创业意识和能力。长期以来，玄武区委、区政府始终把引导广大劳动者增强创业就业意识和能力作为推动就业创业的首要任务，广泛开展择业观念教育，引导广大劳动者，特别是失业人员和大中专毕业生转变就业观和择业观，帮助他们树立积极的就业态度、正确的创业取向和诚实守信的就业创业观念。加强宣传，引导劳动者参加专业技能培训，针对不同人群和学员的特点要求，围绕“提升技能，促进创业，稳定就业”的宗旨，因材施教、对症下药，加强培训的针对性、实用性、有效性。按照市场需求，开展各种专业技能培训，提升劳动者就业竞争能力；加强定向定岗培训，积极开展与企业联合招生，提高就业率，为企业和劳动者提供满意的服务；加强自主创业培训力度，实施创业带动就业的方针，举办创业意识培训班，耐心引导、转变观念，帮助学员树立创业理念，不断完善创业培训的各项政策，提高培训后的创业成功率。2011 年，全区组织开展各类职业技能培训 3.3 万人次。

营造跨越发展氛围，激活创业精神

提升创业技能，开展创业培训。近年来，玄武区从培训标准、师资队伍、培训模式等方面入手，全面提高创业培训的质量和成效。全面实施“创业帮扶全程化”，开展进社区、进校园、进园区、进军营“四进”创业宣讲活动，引入国际先进的“产生你的创业想法”(GYB培训)、“创办你的企业”(SYB培训)和“改善你的企业”(IYB培训)系列培训课程，把所有有创业愿望的人员全部纳入免费培训范围，并建立创业者跟踪档案，将创业培训与实训相结合、与小额担保贷款帮扶相结合、与入驻创业园(街)相结合、与专家指导服务相结合，定期举办妇女、失地农民、大学生、退役士兵创业讲堂，在激发创业意愿、营造创业氛围等方面取得了很好的效果。2011年，全区为1100人开展了创业培训，有效提高了广大学员的创业能力。

完善载体建设，深化创业服务。为解决创业者缺乏创业场所的困难，玄武区在街道层面开展“四创”(即创建创业园、创业街、创业社区、创业家庭)活动，要求街道紧扣经济发展的中心，把项目建设作为创业带动就业的主体，充分整合市场、门面房等各类资源，将商务大厦与创业载体相结合，初步形成珠江路都市经济园、顾家营创业基地、佳汇大厦创业园等市级创业园，为创业者提供创业指导、办照办证等一条龙服务；对持《就业失业登记证》人员入驻创业园(街)的，一定期限内减免租赁费；根据创业者性格、爱好、专业技术的差别，分层面、分类别设立指导方案；当创业者遇到困难、徘徊不前时，帮助其拓展思维，更新观念。目前，全区已有创业园5个、创业街6条、创业社区3个、创业家庭1000多户，有效破解了城区创业场地相对缺乏的难题。

落实优惠政策，帮助创业融资。近年来，玄武区按照中央和省、市有关要求，实行就业工作“一把手责任制”，积极落实财政扶持、税费减免、社保补贴、小额担保贷款等优惠政策，帮助创业者享受相应的政策扶持。对刚创业急需流动资金的创业者，按照“两扩大、两简化”的工作法，发挥小额担保贷款促进创业的作用。“两扩大”，指扩大扶持范围，即由原来的下岗失业人员扩大到所有创业人员；扩大贷款额度，个人贷款由最初的2万元扩大到5万元，规模较大的扩大到10万元。“两简化”，即简化贷款资料，简化贷款程序，实行申请、审核、复核、发放直通车服务，做到及时发放、应贷尽贷，同时认真落实审核制度，严格审核程序，确保还款率。2011年全区审核发放创业小额担保贷款450万元，到期贷款回收率达99.50%。

树立创业典型，营造创业氛围。为进一步营造“全民创业、全面创新、全力创优”的社会氛围，激发全区干部群众创业的勇气、创新的锐气和创优的志气，玄武区组织开展“创业先锋社区行”巡讲活动，通过典型宣传、示范带动作用，推出一批创业为荣、创业争先、创业有成的典型。

铸造人才创新理念，提升创业水平

完善人才工作组织机构，加强人才工作队伍建设。2011年，南京市提出了“321人才计划”，即五年内引进3000名领军型科技创业人才，培养200名科技创业家，集聚列入中央“千人计划”创业人才100人。玄武区委区政府对引进“321人才”工作高度重视，专门成立玄武区人才工作办公室和领军型科技创业人才专项办公室，统筹推进全区人才工作。同时在全区从上到下，建立起一支有着较强责任心的人才工作队伍。强化人才工作知识学习，完善人才工作目标考核，形成全区人才工作的合力。区人才办、人社局等职能部门根据工作进展，适时组织各街道园区主要领导、分管领导和具体工作人员，分层次、有重点地进行培训，提高人才工作队伍的专业素质，让他们不仅有能够熟悉掌握人才政策，而且了解玄武区的产业发展要求，提高引才的适用性。2011年，全区引进领军型科技创业人才16名，培育科技创业家4人，培养和引进千人计划2人。

完善政策措施，加大人才政策扶持力度。为集聚科技创业人才来宁创新创业，南京市先后出台了“1+8”人才政策和“科技九条”。在此基础上，玄武区进一步加大人才政策扶持力度，制定出台《玄武区高层次人才引进培育计划》等具有玄武特色的人才政策体系，每年安排2000万元人才专项资金，其中1000万元作为区科技创业种子(天使)投资基金，1000万元作为人才扶持资金，以更宏大的气魄、更优惠的力度、更包容的心态扶持高层次人才来玄武创新创业。

加强载体建设，提升人才承载能力。玄武区在积极引才的同时，还注意不断整合、盘活资源，挖掘潜力，加强载体建设。如新街口街道打造5000平米的“智汇大厦”和500平米的“321咖啡俱乐部”，梅园街道联合区科技局盘下7000平米的化建大厦，玄武门街道以垠坤中央科技园为依托，拿出600平米用于承载人才创业，后宰门街道依托金融科技园近6000平米载体，徐庄软件园打造6000平米“玄武区321人才大厦”，全区新提供人才创业载体达32700平米，大大提升了全区人才承载能力。

完善工作举措，提高人才服务水平。根据产业发展的实际情况和未来需求，区人社局帮助高层次创新创业人才精心设计企业发展空间，特别是做好创业初期服务，让高层次科技创业人才尽快融入玄武环境和氛围。为海外留学人员申领《南京市海外留学人才居住证》，协调解决资金申报、企业创办、住房租购、子女就学、社会保险缴纳、各类资格评定等问题，提供“保姆式”、“一站式”服务。开辟绿色通道，为入选人才落地注册提供全过程的加急代办服务，2011年在我区入选的“321人才”完成企业注册登记14人。

创业，提高富民惠民水平；创新，增强转型发展活力。玄武区将抢抓和用好“第三次机遇”，营造更加适宜创新创业人才发展的环境，提升创新创业能力，使“四个第一”(人才第一资源，教育第一基础，科技第一生产力，创新第一驱动力)成为推动玄武率先转型、全面超越的核心驱动力。 (苏 勤)

突出创新 全力打造中国人才和科技创业创新名城示范区

2011 年，玄武区委第十次代表大会明确了“聚焦‘四个第一’（人才第一资源，教育第一基础，科技第一生产力，创新第一驱动力），实施创新驱动战略，打造中国人才与科技创业创新名城示范区”的总体要求，提出以机制创新、资源整合、体系构建、人才集聚和引领发展作为创新发展的基本路径，推动全区科技创新水平再上新台阶。

创新机制，科技工作再上台阶

建立全区科技创新组织领导机制。2011 年 8 月，成立由区主要领导牵头的区科技创新工作组织协调领导小组。建立与省、市科技创新相关部门重大创新项目会商制度，争取上级支持。建立与相关高校、科研院所产学研联席会议机制，定期研究产学研合作重大事项。建立区科技创新专家咨询评估制度，对全区创新工作开展成效、重大创新项目推进情况和创新扶持资金使用绩效等把好关。健全全区科技创新体系，从组织领导、创新投入、产业发展、创新载体、企业水平、知识产权、产学研合作、国际合作、社会创新氛围等多个方面构建区域创新评估指标，完善创新考核奖惩办法，提高全区上下创新工作积极性，充分释放全区上下科技创新活力。

健全全区科技创新扶持政策体系。2011 年 7 月，科技局牵头拟定区“1+5”科技创新专项扶持政策并编写其中 3 个专项工作计划（创业创新园区建设计划、科技创新企业培养计划和自主知识产权开发计划），着重对创新载体建设、企业创新能力提升和自主知识产权开发给予倾斜性扶持，全年投入科技政策引导资金超过 3000 万元。这是玄武区历史上覆盖面最广、扶持手段最多、扶持力度最大的综合性科技创新扶持政策体系。

推进特色科技产业“先行”机制。找准定位，结合玄武区电子信息产业优势和驻区高校院所科教资源优势，突出抓好集成电路设计产业发展。在徐庄软件产业基地规划建设南京国际集成电路设计产业园，扶持服务高层次人才创业和高水平企业创新，已培育出以两名国家“千人计划”创业人才（南京赛特斯网络科技有限公司总经理逯利军和南京博兰德电子科技有限公司总经理徐明）为代表的高层次创业人才队伍、以承担国家重点国际合作新产品研制项目的南京埃森环境技术有限公司和承担江苏省重点科技成果转化项目的南京通华芯科技有限公司、南京微盟电子有限公司等为代表的高水平创新型企业队伍，集聚全市 80%以上的民营集成电路设计企业，年集成电路设计销售收入突破 3.5 亿元，实现纳税突破 3000 万元。2010 年，南京国际集成电路设计产业园被国家科技部授予“国际科技合作基地”荣誉；2011 年 4 月，市委书记杨卫泽到园区视察，对园区孵化器建设和创新企业扶持培育工作给予高度评价。

创新服务，科技企业发展再提速

创新服务企业模式。利用网络化、信息化手段，结合企业发展实际需求，着力加大领军企业培育力度，服务人才创业、企业创新。实施《玄武区十二五 321 双十双百培育计划》（“双十”即培育 20 家科技创业家，10 家科技上市后备企业；“双百” 即培育

100家高新技术企业和220名领军型科技创业人才)。建立区"321"科技企业培育工作体系,探索"科技主管部门主导、公共服务平台引导、专业咨询公司辅导"的合作培育机制。重点完善企业基本信息数据库,2011年相继建成玄武区科技成果转化服务平台、"321人才"企业在线服务平台和科技创新专家工作站,提供管理支撑服务、技术支撑服务、人才支撑服务、金融支撑服务。

创新载体建设运营模式。按照"利益共享、风险共担"的产学研合作原则,2011年11月,区政府与东南大学签署科技创新合作协议,以公司制方式开展合作,建立以"资本为纽带"的科技创新利益共享机制,推进共建南京绿色城市技术创意园,预计园区一期将于2012年开园。目前,园区一期选址已确定在珠江路化建大厦,合作公司实体——南京玄东科技发展有限公司已注册成立,正在推进各项准备工作。加大东部孝陵卫地区"钟山生命科学园"建设规划工作,走访高校院所寻找合作项目,鼓励驻地单位共建孵化载体,协调省市科技部门解决载体资质和扶持政策,推进区域科技成果转化。大力支持紫金玄武科技创业特区建设,聘请东南大学专家拟定园区产业规划,推进重大项目招商工作,鼓励园区与高校院所共建战略性新兴产业创新中心。截至2011年底,全区已建有市级以上科技孵化器8个,工程技术中心58家,战略性新兴产业创新中心1家。

创新科技金融对接模式。综合利用金融措施,扶持科技创业创新。认真贯彻执行南京市科技银行中小科技企业信贷政策。已推荐53家企业的56个项目申报科技银行政策性贷款,全部通过市科委核准,其中21个项目获得科技银行贷款1.02亿元,最高单笔贷款数额达2900万元。服务优质企业开展上市筹备工作,扶持赛特斯进入上市辅导期;大力引进意向上市企业,与杭州硒力杰科技有限公司达成落户玄武发展的协议。预计两家公司均将于2013年实现上市(赛特斯在国内创业板,硒力杰母公司在台北创业板)。积极推进"新三板"(代办股份报价转让系统)工作,遴选第一批"新三板"上市企业。推荐8家企业进入市科委、市金融办资质审查,南京中科水治理股份有限公司、江苏亚奥科技有限公司等6家企业,完成或正在推进股份制改造,等待国家证监会最后审批。

创新环境,区域科技创新创业氛围再优化

创新知识产权工作。强化知识产权创造方式,2011年全区专利申请量,授权量分别达5143件和2830件,同比增长44.14%和73.30%。均位列南京市第二名。开展国家知识产权强区创建,研究制定玄武创建国家知识产权强区总体发展规划、建立健全知识产权强区目标指标体系、服务管理体系、维权保护体系,提升全区知识产权整体水平。实施企业知识产权四大工程(创造运用能力提升工程、人才培养工程、保护推进工程和服务能力提升工程),建成集成电路设计产业知识产权数据库,为企业提供专业化的知识产权信息分析服务。与6家专利代理服务机构签订《玄武区2011年知识产权服务公约》,印发了《2011年度玄武区知识产权服务手册》,为企业提供专业指导服务。继续实施珠江路"正版正货"承诺推进计划,4月26日,区知识产权局联合相关部门开展打击知识产权违法系列行动,共查处6家销售假冒伪劣产品的商家,暂扣涉及侵权光盘330片,耳机150件,净化了市场环境。

创新科技惠民工作。围绕群众关注的热点民生问题,提高科技创新对惠民工程的支撑和引领作用。2011年6月,在玄武门街道台城社区启动"三新科技社区"建设试点工作,利用物联网技术手段整合社区全方位的资源,针对社区管理需求和居民生活实际需求,重点建设社区科技广场,建成社区老人居家健康安全远程监测系统和社区管理信息化统计管理统计系统,构建社区管理服务新模式,让科技创新成果惠及广大社区居民。

链接

玄武科技创新发展"数字历程"

五年"翻一番"——

2011年,玄武区实现高新技术产业销售总收入380亿元,税收10.51亿元,同步实现五年"翻一番",超过GDP增长速度;

30倍——

集成电路设计产业从无到有,销售收入从2008年的不到1000万元增长到2011年的约3亿元,增长了30倍,是南京市发展最迅速的科技产业;

33万平方米——

截至2011年底,玄武区已拥有经过认定的科技企业孵化器8家,孵化面积33万平方米,位居南京市各区县之首;

51家——

玄武区已拥有经过国家正式重新认定(2008~2011年)的高新技术企业51家,平均每年新增12家;

5270.9万元——

2011年,玄武区遴选和推荐企业获上级科技立项总数达58项,争取上级科技创新无偿资助5270.9万元,位居全市城区第一位;

5143件——

2011年,玄武区年专利申请总量达到5143件,位居全市主城区第一位;

1.02亿元——

2011年,经玄武区遴选和推荐,累计已有18家科技型企业的21个项目,获得科技银行政策性贷款1.02亿元,最高单笔贷款数额达2900万元;

1300米——

截至2011年底,玄武区已建成科普画廊67座,总长度1300米。其中包括电子科普画廊7座;

20余万册——

截至2011年底,玄武区建有社区科普图书室30个,拥有科普图书20余万册。

23年——

玄武区连续23年举办"全国科普宣传周"系列科普宣传活动,全区青少年先后荣获各类科技竞赛全国奖500余项,省、市奖1000余项,培养中国少年科学院小院士6名。　(姬　智)

全面推进素质教育　提升教育现代化水平

玄武区委、区政府始终把握教育发展的内在规律和时代特征，坚持教育思想的现代化，突出教育发展的优先地位，树立正确的教育观和人才观。“九五”提出“办好每所中小学，推进教育现代化”的目标；“十五”确立“高质量办好每所学校，高水平建设教育强区”的目标；“十一五”提出要“全面推进素质教育，建设教育现代化强区”的目标；“十二五”提出“高质量实施素质教育，高水平实现教育现代化”的目标，为实施教育优先发展的战略指明了方向。

优先教育发展，提升教育现代化水平

建立健全经费投入机制。长期以来，区政府将义务教育经费全额纳入区财政预算，经费单列，且每年向区人大专题报告教育经费预决算情况。教育财政拨款的增长高于财政经常性收入的增长，生均公用经费按省定标准及时足额划拨到位。近三年教育总投入逐年增长。“十一五”期间区级财政教育预算内拨款从2006年的19248万元增长至2010年的49890万元，年均增长26.88%，2010年是2006年的2.59倍，占全区一般预算支出总量的31.61%，教育支出已成为公共财政的第一大支出，有力地保障了玄武教育高位可持续发展的需要。

建立健全教育装备先行机制。改善办学条件。“十五”以来，全区新建40余幢教学楼，学生平均占有建筑面积全部达到教育现代化的标准。校校都已建成塑胶运动场所，现代化标准的计算机室、网络学习室、多功能教室和音乐、美术、舞蹈等专用教室以及学科实验室、图书室、阅览室。推进校舍安全工程。投入300多万元全面完成校舍安全鉴定工作，认真完善校舍安全信息档案，校舍安全工程计划制订及实施工作。提高教育信息化水平。“十五”以来，先后投入2个亿，全面建成玄武教育信息区域网，区域学科网站19个，全区中小学于2004年全部建成校园网，并实现校校通、室室通和百兆交互到桌面。计算机生机比达到5:1。全区中小学所有教室都安装固定的多媒体教学设备，做到班班、室室都能用多媒体教学；每校配备1~2块电子白板，方便师生互动式教学；在每个中学装备2~4个计算机网络教室，小学装备1~3个计算机网络教室，满足信息技术与学科课程整合教学的需要。

建立健全教育公平机制。玄武区2006年在义务教育阶段免收杂费，2008年开始在义务教育阶段免收课本费。2011年，义务教育杂费减免61748人次，共计749.3万元。完善对经济困难家庭学生的救助制度。制定《玄武区社会城乡困难家庭教育救助制度的实施办法》，建成8个社会援助中心和70个社区互助社，为困难家庭子女就学开辟“绿色通道”。建立健全从幼儿园到大学的教育助学全覆盖体系。开设“爱心班”，招收品学兼优的特困生，免去一切费用。2011年，发放家庭困难子女“助学券”961人次，共计45.6万元；发放职高、中专困难学生助学金3924人次，共计294.3万元；发放大学生生源地助学贷款31人次，共计15.9万元；审核区内符合兑现幼儿助学券条件的幼儿9992名，共拨付助学券款1998.4万元。高度重视外来工子弟入学。全区外来务工农民子弟义务教育入学率达100%。外来务工农民子弟初中阶段学生全部就读公办学校。2011年，全区外来务工子女在公办小学就读接纳率为97.1%。同时，为保证外来务工人员子女就学，玄武区每年拿出专项资金，对接纳外来务工人员子女就学的公办学校，按照小学120元/生·年、初中180元/生·年的标准给予经费补贴。确保残疾儿童入学。辖区内有1所市培智学校，1所区特殊教育学校。多年来，玄武区通过普通学校随班就读和特教学校培智两个途径，对残疾儿童入学实施“零拒绝”政策，确保残疾儿童100%入学。

优化教育体系，推进教育优质均衡发展

统筹协调各类教育，促进优质均衡发展。实施“学校结对共建”战略。东部九年一贯制的孝陵卫中学与九中、九中弘光分校、长江路小学分校等3所学校以玄武东部建设开发为契机结对共建；九年一贯制的紫东实验学校与十三中、十三中科利华分校、北京东路小学结对共建；科利华分校小学部与南师附小结对共建。2011年，先后在十三中启动江苏省语文学习实验课程基地、在九中启动玄武区语数外学科基地。职业教育优势明显。玄武中等专业学校结合区域经济发展，重点建设现代服务类、科技信息类和文体艺术类专业，构建了以中等职业教育为主体，教育和培训相结合，学历教育与非学历教育相结合，相互衔接、相互贯通、多层次、多元化的职教体系；2011年，该学校被教育部认定为数字媒体技能教学示范项目试点校。民办教育稳步发展。目前，全区共有民办教育机构68所。玄武外国语学校、汇文文化信息培训学校、“二十一世纪围棋学校”、普雷信息培训学校等一批培训机构被评为省级先进单位。社区教育持续领跑。按照“社会学习化，学习社会化”的总体思路，努力将全区建成一所没有围墙的学校，让社区居民学会学习，学会生存，提升素质，健康生活。不断完善区、街道、社区三级社区学习网络，健全区社区学院，增设了一所区社区学院分院，建立了8个街道社区学校、60个社区学习中心和100多个社区教育基地，社区教育覆盖率100%。

深化教育改革，促进教育内涵发展。加强文化建设，引导学校不断提升办学理念，不断凝炼核心价值观，不断充实教育现代化内涵。深化课程改革，落实新课程实施的主导思想，即“一个宗旨、四个目标”。一个宗旨即张扬个性，创建特色。四个目标是：延伸国家课程、完善个性品质、转变学习方式、促进师生发展。重视课程设计，积极开展教育教学方法、手段和内容的创新，在教学活动中给学生提供越来越多的思维发展和创造空间，形成体现学校办学思想和特色的校本化课程体系。持续开展课堂教学研究实践，在广泛调研、全体教师共同参与的基础上，准确把握课堂教学中存在的主要问题，明确阶段性研究的主题、目标、任务，制定积极推进的规划、方案，及时了解实际工作情况并不断改进完善。先后开展了“一研、二抓、三优化”、“三学双动”、“四边”、“三全五优化”等课堂教学研究活动。北京东路小学和长江路小学分别以营造“情智”课堂和构建“和谐”课堂为主题承办国家级研讨会，在探寻课堂教学改革实践和探究课堂教学有效性方面形成的理论和经验已辐射江苏、影响全国。加强青少年思想道德教育体系建设，建立健全学校、家庭、社会三结合的学校德育运行机制。加强德育队伍建设，努力做到全员育人；加强德育课程建设，努力为学生成长提供更好的载体；建设陶老师工作站玄武分站，加强学生心理健康教育；完善德育专题系列，充分运用地方德育资源，创新德育内容和形式，形成具有玄武区特色的生活化主体育德、诗化育德和运用地方资源开发校本德育课程等区域德育特色。积极推进阳光体育运动，确保“每天体育锻炼一小时”。全区中小学以本校的体育传统和优势项目为依托，积极开发课程资源，开展传统体育项目、新兴体育项目和民族民间体育艺术项目等校本教材研究，并延伸到学生艺术特色操、校代表队训练和课外活动等领域。2011年，成功举办玄武区中小学国防教育成果汇报暨阳光体育展演活动，集中展示了全区中小学国防教育和阳光体育特色运动所取得的显著成果。积极开展艺术科技活动，丰富校园文化生活，提高全体学生的审美能力和艺术修养。

坚持依法治教，规范办学行为。认真学习、贯彻《中华人民共和国义务教育法》、《江苏省中小学管理规范》、《南京市常规管理十项基本要求》，大力推进依法治教工作。尤其是省教育厅召开“规范中小学办学行为，深入实施素质教育”会议后，玄武区及时传达会议精神，转发省教育厅、省委组织部、省委宣传部、省监察厅联合制定的“规范中小学办学行为，深入实施素质教育”文件，召开专题工作会议，提出了认真学习贯彻落实省会议精神，严格执行“五严”的要求。根据“五严”的要求，学校“三表”（总课程表、各班课程表、作息时间表）上网上墙公示，接受社会监督。各校都能做到不随意增减课时，不随意提高教学难度，不组织学生参加各种违背教育规律的竞赛，不占用法定休息时间加班加点集体补课，不挤占体育课、艺术课、综合社会实践等教学时间。各校都制定了相应的规章制度，确保开齐开足开好各类课程。严格执行“五严”规定。严格执行课程计划，保证学生休息时间，无校中校、重点校、校中班、“一校两制”现象。

坚持人才强区，推进教育持续高位发展

深化人事制度改革，强化师德建设。认真做好校级领导任期制考核、评估工作。切实加强和推进年轻干部培养选拔工作，积极实行校长助理公推公选和后备干部“一推双考”相结合的培养选拔制度。严格执行教师岗位编制，坚持新聘教师凡进必考、择优录用；全体教师实行持证上岗，以更加高效合理的人员进出和管理机制激发教师工作热情，提高教师职业成就感。持续开展“教师学斯霞，校长学袁浩，党员学北小（支部）”的三学活动，严格执行市教育局的“三要八不准”师德规范。定期评选“师德标兵”、“师德先进集体”。成立“玄武区师德宣讲团”，选树宣讲典型，在全区中小学巡回宣讲先进事迹。2009年，十三中校长王军在首届全国教育改革创新奖评选活动中获优秀校长奖；2010年，长江路小学校长宋红斌当选“全国劳动模范”，北京东路小学附属幼儿园吴绍萍当选全国十大“教书育人楷模”；2011年，全区共34名教师被评为“南京市优秀青年教师”，171名教师被评为“区优秀教育工作者”，长江路小学宋红斌当选为第九届“南京好市民”，北京东路小学孙双金被评为首届“玄武区突出贡献人才”。

优化专业素质，提升科研素养。以“名师工程”为龙头，以培养骨干教师为重点，以提高全体教师专业素质为基础，狠抓教师教育。区财政每年都能按照教师工资总额的2.5%拨付教师培训专项费，保障教师培训经费。对校级领导，实施“请进来，走出去”的策略，选派有发展潜力的校长到国家、省的校长培训中心接受高层次培训；与中央教科所合作举办校长研修班，请国内外的专家到区开讲座。对教师队伍，按照“典型示范、梯队发展”的思路，抓好特级教师、市学科带头人和市优秀青年教师等后备人选的培养工作，实施“骨干教师签约培养制”；采取“外派委培，适当调入，青优结队，分片教研”等措施，帮助薄弱学校教师成长。截至2011年底，全区小学教师大专率已达93.6%，初中教师本科率已达80.5%，高中教师研究生率已达13.1%。中等职业学校“双师型”教师比例达55%。全区小学、初中教师学历达标率超教育现代化标准20个百分点，高中教师研究生学历达教育现代化标准两倍以上。全区有南京基础教育专家4人(全市16人)，在岗特级教师18人，在岗教授级高级教师6名，市名校长、名教师、学科带头人72名，市优秀青年教师166人。大力倡导并认真落实“教科研的过程就是教育教学的过程，教育教学的过程就是教科研过程”的理念，全面提升教师的科研素养，促进教师的专业成长。全区申报立项国家教育科学“十一五”规划课题有5项；江苏省教育科学“十一五”规划课题有54项，其中28项重点课题。在江苏省“十二五”课题申报中，全区共有58项科研课题申报为省级课题，在全省区县中首次名列第一。南师附小的1项研究课题成功立项为全国小学唯一国家级一般课题。

放大优质教育资源，促进师资均衡发展。充分放大优质教育资源效益，迅速提升“新、弱、小”校的办学质量，减轻择校压力，达到更高层次的教育优质均衡，满足广大人民群众的对优质教育的需求。采取“结对学校”方式，骨干教师重点帮扶相对薄弱学校，每年区内校际交流教师几十人。特别重视帮扶城郊结合部学校，区教育局对紫东实验学校和孝陵卫中学两校青年教师进行与名校强校的教师一对一结对签约培养。三年共签约青年教师53人，占两校教师总数的44%。2011年，继续以调配交流作杠杆，充分调动教师的工作积极性，对13名中小学、幼儿园教职员工实施区内岗位流动。组建集团学校，先后成立了2个中学、3个小学的办学集团。即九中集团(含弘光分校、北校区、震旦分校)，十三中集团(含科利华分校、锁金分校、红山分校)，北京东路小学集团(含阳光分校)，长江路小学集团(含长江路小学分校)，成贤街小学集团(含成贤街小学分校)。2011年，在现有集团校发展基础上，理清教育集团发展思路，创新集团校“孵化”运作模式，对区内已经发展得很好的集团校分校进行独立分设与更名。原长小分校独立设置并更名为南京理工大学实验小学，原十三中科利华分校小学部独立设置并更名为南京市科利华小学，原九中初中部独立设置并更名为南京市第九初级中学，原九中弘光分校独立设置并更名为南京市弘光中学，原十三中科利华分校更名为南京市科利华中学，为进一步发挥成熟名校阶梯式辐射作用创造了条件。　　(张　皞)

10月14日，中小学国防教育成果汇报暨阳光体育展演活动在南京理工大学体育场举行

服务民生　幸福玄武　加快基层医药卫生体制改革

玄武区卫生工作以"人文、智慧、务实、创新"四个系统建设为抓手，以服务兴卫、健康立卫、人才强卫、形象塑卫为目标，深化医药卫生体制改革，做优社区卫生服务，实现玄武卫生事业的科学发展、快速发展，为提升幸福玄武品质做出了积极的贡献。

基层医药卫生体制改革成效显著

玄武区作为南京市基层医疗卫生机构综合改革的试点区，在机构整编、岗位设置、绩效工资改革等方面做了大量卓有成效的工作。2011 年 10 月，市委书记杨卫泽视察玄武卫生工作，对玄武区推进医改、服务民生的举措给予了肯定。

制订"一拖四"系列改革方案，推进社区卫生管理体制改革。2011 年 5 月，先后出台了《玄武区基层医疗卫生机构综合改革(试点)实施意见》及《玄武区社区卫生服务中心机构设置和编制配备方案》、《玄武区深化医药卫生体制改革经费保障方案》、《玄武区社区卫生服务机构绩效考核办法（试行)》、《玄武医院转型为社区卫生服务中心的实施方案》4 个配套文件，经市医改领导小组批准施行。6 月，区编办正式行文确定，玄武区卫生系统各基层医疗卫生机构全部定性为公益性全民事业单位，核定为财政补助事业编制，社区卫生机构人员编制按区域常住人口每万人配备 11 人。社区卫生服务机构实行全额预算、收支两条线管理。自 2010 年 7 月 15 日起，各社区卫生服务机构全面启动国家基本药物制度，对基本药物和规定范围内的补充药品全部实行"零差率"销售，"以药养医"现象成为历史。区卫生局加强岗位绩效管理，坚持每季度对各机构进行考核；基层单位每月对职工个人进行考核，考核结果作为奖励性绩效工资的发放依据。同时实行人员、标识、药品、财务、服务、信息、制度、考核标准的"八统一"。玄武医院后勤管理服务外包试点取得成功，并在全系统推广。全系统 13 家单位正式签订物业管理"捆绑式"服务外包协议，实现了后勤管理项目化、规范化和常态化的运作，打造了基层卫生后勤服务改革的新模式。

整合区域卫生资源，探索二级医院转型。在机构改革中，将区口腔病防治所、消毒杀虫中心两家机构撤销，完成人员分流。2011 年 3 月，孝陵卫社区卫生服务中心与市中西医结合医院提前一年终止合作协议，4 月起恢复独立运作。撤销了新庄花园、小卫街社区卫生服务站。红山、仙鹤门社区卫生服务中心成为独立法人机构。2011 年 5 月，玄武医院转型为社区卫生服务中心，在"一室三部"(综合办公室、预防保健部、医疗康复部、后勤保障部)的基础上，增设"两部三中心"，即应急保障部、社区康复部；区体检中心、区医学检验中心、区消毒供应中心，并将玄武医院建设成为全区社区卫生服务的指导中心。

加快基础设施建设，不断完善社区卫生服务体系。加快基础设施建设。近年来，玄武区卫生系统克服困难，自加压力，采取向空中发展、资源整合、房屋置换、收回出租房、租赁等多种形式，全面推进硬件设施建设。共投入 3680 万元，其中政府投入 1290 万元，争取和自筹资金 2390 万元，建设面积 2.1 万平方米，新增面积 6561 平方米，极大地改善了社区群众的就医环境和医务人员的工作环境。区卫生系统各基层单位均设置了专用信息化机房，累计投入 500 余万元，更新了信息网络及硬件设施，组建了区域卫生专网，实现了专网支撑国家疫情直报系统、计划免疫系统、区政府OA系统的运行，升级了社区卫生服务管理系统，在全市率先实现了市民卡在社区卫生服务中的应用。

高度重视并积极推进社区卫生服务与三级医院的合作，推进公共卫生进中心、全科团队进社区、责任医生进家庭的服务模式，促进居民“小病在社区、大病进医院、康复回社区”。与中大医院联手，打破院、社界限，让大医院成为社区卫生中心的诊疗部、专家库，使社区卫生中心成为大医院的门诊部、康复部。形成院社合作、上下联动的一体化“医院·社区·家庭”卫生服务新模式。全区现共有全科团29个，其中市级示范团队2个。

在新一轮社区卫生服务体系建设中，大力弘扬中医文化，充分发挥中医药在防病与治病上的特色和优势，更好地服务社区居民。2010年，确立了打造中医特色的发展思路，制定了《玄武区中医三年发展规划》，开展名中医评选、名师带徒等工作，在每个社区卫生服务中心设立中医馆，中医馆装修设计充分体现以人为本的人文特色，同时注重以古色古香的环境氛围彰显中医传统的文化底蕴。目前全区各社区卫生服务机构全部设置了中医科和中药房，并开设推拿、针灸、刮痧、熏蒸等中医特色服务项目，深受社区居民欢迎。

公共卫生服务能力全面提升

*全面落实10大类41项基本公共卫生服务。*全区60岁以上居民建档率达99.6%，档案动态管理率达100%。对全区767名精神病患者建立档案，开展随访管理，并对180名重性精神病患者在全市率先尝试个案管理。

*加强卫生应急工作，增强传染病防控能力。*在新一轮机构改革中增设了卫生应急科，每年组织开展应急培训2~3次，培训覆盖率达95%，组织应急演练2次。为做好战时防御应急，新成立由14人组成的防疫防化队和由20人组成的医疗救护队。重新组建了44人的系统女子民兵连，加之原有的30人的医疗应急小分队，4支队伍总人数达108人。在区人武部的支持下，常年坚持开展卫生应急等系列培训演练活动，2011年7月，《人民前线》、省市电视台均进行了专题报道。增强传染病防控能力，传染病发病率控制在156.03/10万以下，无重大传染病疫情发生。联合计生、民政开展“一站式”婚检服务。孕产妇保健管理率达100%，婴儿及5岁以下儿童死亡率分别控制在1.08‰和1.8‰以内。区疾控中心曾获“江苏省中盖艾滋病项目先进集体”称号。

*加大行政执法力度，严格履行卫生监管职能。*进一步加大行政执法力度，重点做好经营性公共场所、二次供水、医疗机构、职业病防治、放射诊疗单位、学校卫生、消毒及涉水产品卫生的日常监管。2011年7月13日，顺利完成区食品安全监管职能调整和移交工作，并对区卫生监督所的工作职能和科室设置以及人员进行了全面调整。工作重点放在了公共场所卫生、学校卫生、生活饮用水卫生和医疗机构监管上。学校卫生以及医疗卫生服务机构监管覆盖率达100%。在全区开展了公共场所卫生监督量化分级管理，量化分级管理率达到了70%以上。

*开展宣传咨询活动，创新健康教育模式。*教宣结合，积极开展各个主题日街头宣传咨询活动；编辑艾滋病、重症精神病、碘缺乏与控烟、中医药宣传折页5期近3万份发放到社区；编印健康生活方式书籍一本，印制2000份；制作健康教育户外橱窗3期18块展板；利用区卫生局专网，开辟玄武区健康教育网络专栏宣传，通过“企信通”平台向机关干部发布健康宝典信息20条。卫生局牵头成立玄武区“社区健康教育科普讲师团”，建立玄武区健康学校网络。目前全区居民建档468848份，建档率71.91%；高血压建档28752人，建档率50.4%，糖尿病建档9492人，建档率66.6%。

人才培养工程多措并举

*制定中长期规划，细化人才培养工作项目。*制定卫生人才培养工作中长期规划。确立“三名八优”人才培养工程，“三名”：即名中心、名科室、名学科带头人；“八优”：即管理、监督执法、医疗、医技、护理、传染病预防、慢性病管理、妇幼保健8类优秀人才。每年制定年度人才工作目标，将目标分解成若干个项目，实行项目化管理。2011年将人才培养工作细化成18个子项目，具体内容为：(1)引进中级以上职称的卫生技术人才5名；(2)选派有培养前途的基层单位后备干部到局机关工作锻炼，选送局机关公务员到系统内单位挂职锻炼，实行基层单位办公室主任到局机关办公室轮训制度；(3)举办卫生系统管理干部专题培训班；(4)组织社区卫技人员到上级医院和预防保健机构进修学习，每个社区卫生服务中心每年不少于2人、服务站不少于1人，全年全系统不少于30人；积极选派优秀青年医生参加江苏省全科医生规范化培训；(5)每年组织开展省级继续教育项目至少1次；(6)每季度组织1次中医类别人员进行中医学术交流，组织中医师承人员进行考核1次；(7)组织系统各社区卫生服务机构院感人员进行院感培训1次；(8)每年完成专业技术人员培训2000人次；(9)选派业务骨干参加省、市妇幼保健系统举办的各项业务培训，业务骨干回单位后对本单位人员进行再培训；(10)选派业务骨干参加省、市疾控中心和卫生监督所举办的各项业务培训，业务骨干回单位后对本单位人员进行再培训；(11)对全系统财务人员培训1次，组织各单位财务人员开展专业知识、管理理论考核1次；(12)召开系统人才工作推进会，深化“三名八优”人才培养工程，评选表彰玄武区卫生系统名学科带头人、优秀全科医师、优秀公共卫生人才；(13)组织区名学科带头人、名中医等卫生人才外出健康疗养；(14)举办信息网络业务专题培训2次，邀请专业技术人员讲授信息网络专业知识，加强系统内信息网络管理人员的专业知识水平；(15)组织系统内网络管理人员参加大型IT企业举办的技术推广或技术研讨会1~2次，开阔眼界，增长见识；(16)设立人才发展基金；(17)制定鼓励论文发表、信息发布的有关规定；(18)开展卫生应急演练1~2次，对相关人员开展卫生应急知识及有关法律、法规培训1~2次。同时明确责任领导、责任科室、责任人和完成项目的时间节点。

拓展培训渠道，坚持多元化培养人才。一是与市中医院、中大医院、454医院和东大医学院分别签订玄武区卫生人才实践基地和培训基地协议。聘请中大医院8位科主任担当8家社区卫生服务中心的业务副主任，直接参与社区卫生服务中心的业务管理。二是委托东大医学院对系统45岁以下的319名全科医生、159名社区护士分期分批进行临床技能脱产培训，组织开展了10多期省、市级医学继续教育培训，选派了9批，70多名业务骨干参加省、市卫生监督、疾病控制、妇幼保健业务培训，培训后再组织系统内业务骨干培训。三是招聘了20多名中高级卫生专业技术人才。四是建立名中医"师带徒"制度，13对师承双方通过了年度考核。五是实行局机关干部到基层、到社区挂职锻炼，系统内年轻干部进机关的干部使用双向交流制度。

加强队伍建设，确立人才工作目标。玄武区卫生系统截至2011年底有在职职工682人，其中专业技术人员581人，占总人数的85.2%，专业技术人员是卫生业务工作的中坚力量。一直以来，坚持把选树优秀人才列入年度人才工作目标，人才队伍建设取得一定成效。通过院长助理制，加强了卫生管理干部队伍的后备力量；通过建立与三级医院的双向合作机制，提高了医护人员的业务技能，同时提升了全系统的医疗护理质量；通过实施定向引进和集中带教制度，改善了中医人才不足的状况；通过规范化培训，为全系统人才队伍建设提供了保障。朱晨、章士美、邵东平、陈慧玲、万太保等5位中医师当选"玄武区名中医"，魏红、吕国萍、徐家庆、王兆麟、夏维、沈康等6位中医师当选"玄武区优秀中医人才"。2011年，区疾病预防控制中心副主任医师唐弘当选为首批"南京地区十佳医生"、锁金村社区卫生服务中心护士长郭建玲当选为首批"南京地区人民满意卫生工作者"，并被评为第十届"南京好市民"。（王筱菊）

链接

玄武区基本药物制度简介

主要做法。建立和实施国家基本药物制度是深化医药卫生体制改革的重点任务，是评价医改成效的重要指标。根据省、市统一部署，玄武区2010年7月15日全面实施国家基本药物制度，并作为区深化医药卫生体制改革的一项主要工作。精心组织，狠抓落实，规范执行，基本实现"组织保障到位，政策执行规范，顺利平稳过渡，群众实际受益"的预期目标。自2006年9月开始，根据南京市二级以下医疗机构药房托管工作要求和统一部署，全区积极探索药品集中采购管理办法，借助海虹医药电子交易信息技术，建成南京市首个区级药品采购、销售、监管信息平台。按照"一品两规"要求，采取低价中标、顺加作价、低进低出的采购运行模式，建立一整套规范、统一的药品购销管理机制，在全市率先实现网上集中采购、销售、结算。并专门成立卫生系统药品集中结算中心，由专人负责网上采购的核对、审查和结算工作，统一完成药品货款支付，提前实现网上"统一采购、统一目录、统一价格、统一配送、统一定价、统一结算"的管理模式，为国家基本药物政策的实施奠定了坚实的基础。区成立以常务副区长为组长，相关部门为成员的区深化医药卫生体制改革工作领导小组。领导小组各成员部门各负其责，社区卫生服务中心为第一责任人，确保各项改革目标任务得以顺利实施。全区政府办基层医疗卫生机构按照《玄武区实施基本药物制度方案》要求，全部配备使用省基本药物集中采购中标目录中的药品，统一通过省药品（耗材）采购与监管平台上进行采购，按照省药品集中采购中心公布的中标价格进行零差率销售。明确要求各社区卫生机构严格执行各项党风廉政和纠风治理工作制度。卫生局每季度对各社区卫生服务中心进行考核，考核结果与补偿经费挂钩。国家基本药物制度从根本上改变"以药养医"的机制，为保障各社区卫生服务机构正常运转，加大财政投入，到2011年底全区共采购药品9200万元，区财政补助2060万元。自2012年1月1日起，政府办社区卫生服务机构全面实行"收支两条线"管理。

实施基本药物制度，是解决以药养医的主要途径，不仅人民群众关注度高、期望值高，医务人员同样密切关注。切实做好政策宣传引导工作，改变传统的用药习惯，让医患双方尽快适应，是基本药物政策顺利实施不可缺少的手段。一是加强对医务人员基本药物制度政策和基本药物知识的培训，使一线医务人员充分了解制度内容，明确任务要求，增强执行基本药物制度的自觉性。截至2012年6月底，两年来选派253名医疗骨干参加省、市基本药物知识培训，共对558医技人员2371人次进行基本药物制度相关培训，基药培训率达到95%以上；二是充分运用海报、公示栏、社区健康教育等各种宣传工具，加强对国家基本药物制度相关政策的宣传解读，提高全民对基本药物的认知度和信赖度。

为确保基本药物政策全覆盖，让辖区内居民能均等享受到国家基本药物政策，一是进一步完善社区卫生服务网络，投入约200万元，提前将由市中西医结合医院托管的孝陵卫社区卫生服务中心实行独立设置。主动将具有50多年历史的区属二级医院——玄武医院转型为社区卫生服务中心，确保新街口地区居民能够享受到基本药物政策。由原玄武医院统一管理的红山、仙鹤门两个社区卫生服务中心，从玄武医院剥离出来成为独立法人单位，实施基本药物制度。二是提档升级，为社区居民提供优美的就诊环境。近年来，投入约4千余万元，采取向空中发展、资源整合、房屋置换、收回出租屋、承租房屋等多种形式，建设面积2.1万平方米，新增面积6561平方米，极大地改善了社区群众的就医环境和医务人员的工作环境。通过资金运作和多方协调，购置近千万元的医疗设备，基本满足基层医疗单位的设备需求。

实施基本药物制度初期，因为有一些居民有自己的用药习惯，有的一味要求配进口药，基本药物目录范围难以满足病人需求，一度出现了病人流失的现象。为更好地为社区百姓提供更便捷的医疗服务，着力打造特色医疗：一方面大力发展中医药，服务社区百姓。近年来，通过加强基础建设，引进中医人才，各社区卫生服务中心都已建立各具特色的中医馆，通过推广中医药社区行活动，增加中医诊疗设备，扩大中医药服务内容，鼓励病人多用中医中药，形成"优势互补，脉络相连，相得益彰”的中医药格局，开辟一条服务百姓的新路子，弥补了由于基本药物目录品种有限带来的不足。另一方面推行“院社一体化”管理。与中大医院、市中医院、解放军八一医院、454医院等三级医院广泛联动，签订对口支援合作协议，通过双向转诊，分级诊疗、分级管理的有力探索，基本实现“社区有专家，院院有特色”的新格局。通过三级医院专家的定期坐诊，定期开展健康教育，逐步引导社区百姓合理用药，使得社区百姓在社区卫生服务机构就诊比例渐渐回升，门急诊人次逐月增加。

监管措施。实行领导责任追究制。定期组织基层领导学习省市有关基本药物集中采购政策，人人知晓“六个统一”、“五个严禁”（严禁网下采购、严禁标外采购、严禁违价采购、严禁非规定渠道采购、严禁任何形式的“二次议价”），时刻保持清醒头脑，不得另行其事，不得上有政策、下有对策，另搞一套。执行政策不走样。严格依据省级政府规定的“招采合一、量价挂钩、双信封评审、最低价中标、集中支付、全程监管”等基本药物集中采购政策。新一轮的省基本药物采购目录于2012年1月15日执行，各社区卫生服务机构每月20日前完成盘点工作，根据药品库存量、年度申报量、质量层次等方面合理制定次月采购计划，经负责人审批后，于每月21日至25日报区药品采购中心备案，区卫生局对各单位每个月的采购使用情况进行监管，及时纠正不规范采购行为，以保证合理采购合理使用。建立健全长效机制。一是制定配套文件。制定并下发《玄武区加强基本药物采购配送使用管理的暂行规定》，对药品采购、配送、验收、使用、结算等细节作出详细规定。二是坚持季度通报制度。区药品集中采购中心每季度对药品采购情况进行通报，重点关注药品配送率、验收率。动态监测抗菌药物、中成药注射剂、低价药品采购情况，将药品采购金额前十位、采购数量前十位进行公示。全年应用《玄武区医疗卫生机构药品购用超常预警干预暂行办法》，停用头孢唑肟注射剂0.5g,1.0g两个品规半年。

9月27日，区人大代表调研同仁街社区卫生服务中心

概　　览

Overview

- ●综述
- ●实施五大战略　构建特色街区
- ●组织机构及负责人名录

综述

【自然地理】 玄武区位于南京市区东北部，是南京市的中心城区之一，也是南京市市委、市人大常委会、市政府、市政协机关所在地。东、北与栖霞区相接，南与白下区为邻，西与鼓楼区接壤，西北、东南分别与下关区、江宁区交界。域内面积75.46平方公里，户籍人口51.25万人。

地势 山峦起伏丘陵环抱，山川形胜，气势恢宏。多种多样的地貌形成“十山八河十二湖”，与蜿蜒而过的明城墙交相辉映，构成山、水、城、林于一体的园林风光。

地貌 低山、丘陵、岗地、平原交错分布。林木葱郁，植被良好。大部分岗地、平原用于城市建设开发，其余大多辟为菜地和果园。

气候 属北亚热带湿润气候，冬寒、夏热、春温、秋暖，四季分明。年平均气温为15.4℃~16.6℃。冬季以东北风为主，1月份平均最低温度为-1.6℃；夏季以东南风为主，7月份平均最高温度为30.6℃。年平均降雨1106.5毫米，相对湿度76%，无霜期237天。6月下旬到7月上旬为梅雨季节。

自然资源 铁矿分布在红山森林动物园；煤矿分布在灵谷景区；硫磺矿分布在钟山北麓岔路口；黄铜矿分布在钟山西北蒋王庙，至今留有20世纪50年代开掘的矿井。钟山植被，陆地面积2930.7公顷，水域面积78.1公顷。现有维管植物157科506属1217种，特、稀、危植物50余种；鸟类生物14目42科140种；昆虫1200多种；蝶类9科73属120种，其中“虎凤蝶”缘起紫金山，是比“猿人”更为古老的生物，有“活化石之称；真菌类生物246种。

【人口状况】 2011年常住人口总数为635386人，其中户籍人口512515人，男性263394人，女性249121人，性别比为105.73，流动人口总数122871人。与2010年相比，人口总量增长约1.8万人，增长率为2.87%。

结构 2011年新出生人口3618人，出生率7.06‰，其中男性1895人，女性1723人，性别比109:98；死亡人数2065人，死亡率4.03‰，人口自然增长率3.03‰，计划生育率99.63%。

年龄 2011年户籍人口中0~14岁人口52414人，占总人口比重10.23%；15~64岁人口401849人，占总人口比重78.44%；65岁及以上人口58057人，占总人口比重11.33%。

生育 2011年育龄妇女180061人，比上年同期增加32230人，占总人口28.3%；已婚育龄妇女人数129761人，比上年同期增加23225人，占育龄妇女总数的72.07%。落实避孕节育措施人数108299人，达100%。

【古迹名胜】 六朝宫阙、明初紫禁城、太平天国天王府、孙中山临时大总统府和国民政府总统府均坐落区内。钟山风景区以雄伟壮丽的钟山与碧波千顷的玄武湖为核心，山水相依，雄秀兼具，在新评比的“金陵四十八景”中，这里就占有10席。境内拥有5座城门、总长9.37公里的明城墙，是南京市幸存明城墙的主要部分，其两侧聚集甚多名山、名水、名胜。丰富厚重的历史人文资源和钟灵毓秀山水生态风光，描就玄武精美而又独特的都市画卷。

【文化遗产保护】 区内有南京市唯一一处世界文化遗产——明孝陵，有国家、省、市、区各级各类文物保护单位100处，在2007年第三次全国文物普查工作中新发现文物点167处。建立区非物质文化遗产保护名录，其中国家级1项、省级2项、市级5项、区级3项。区内南京工艺美术总公司，现为世界和国家级“非遗”南京剪纸、省“非遗”金陵竹刻、仿古牙雕，市“非遗”仿古木雕、瓷刻5个项目的责任保护单位，有国家、省、市“非遗”传承人12位。2009年，成贤街设置非物质文化遗产地名标志。

【区政沿革】 6000多年前，玄武湖畔有原始村落。战国时，为金陵邑辖地。秦、汉时，南部属秣陵县，北部属江乘县，后又隶属会稽郡、鄣郡、丹阳郡。东汉建安十七年(212)改秣陵为建业县，区境南部属之，区境北部改设典农都尉。

西晋太康元年(280)，复改建业为秣陵县。太康二年，以淮水为界北置建业(次年改称建邺)，南为秣陵县，恢复江乘县建置。建兴元年(313)，愍帝司马邺即位，为避帝讳，改建邺为建康，直至陈朝末年。

隋朝统一南北后，建康、江乘、秣陵县并为江宁县，区境隶属蒋州。唐上元二年(761)，改江宁为上元县，至清末，区境均属上元县。

民国元年(1912)，临时政府废上元、江宁两县，建置南京府，区境属南京府。民国2年(1913)，撤南京府，以旧上元、江宁两县复置江宁县。民国16年(1927)，改江宁县城区为南京市，区境城内部分属南京市。

民国22年(1933)3月，建区之始。中山路以东，中山门以西，九华山以南，中山东路以北属区范围，为南京第一区。

民国23年(1934)9月，今孝陵卫街道地区和玄武湖街道的仙鹤门行政村(仙鹤乡)属孝陵区；中山陵园区域属国民政府直接管辖；今锁金村街道、玄武湖街道(仙鹤门除外)和红山街道地区属燕子矶区。

民国27年(1938)1月，原一区改属第三区。民国34年(1945)9月，恢复抗日战争前第一区建置，辖区则向中山东路以南、逸仙桥以东一带扩展。

1949年6月，沿用第一区建置称第一区人民政府。1950年6月，以一区为基础，中山东路以南地区划出，建为新一区。今红山、锁金村街道地区和玄武湖街道部分地区改属新八区；今孝陵卫街道地区和玄武湖街道部分地区，改属中山陵园区。

1955年6月，第一区人民政府改称第一区人民委员会。同年8月，第一区改称玄武区。今境内分属玄武区、燕子矶区和中山陵园区管辖。1960年5月，成立玄武人民公社。1962年8月，玄武人民公社名称撤销，恢复玄武区人民委员会。

1967年3月，玄武区改称要武区，实行军管，设南京市军事管制委员会要武分会。1968年3月，成立要武区革命委员会；1973年11月，改称玄武区革命委员会。

1980年9月，玄武区革命委员会复称玄武区人民政府，至今。

【区划调整】 1951年5月，建立居民委员会。1955年9月，设立新街口、大行宫、香铺营、四牌楼、丹凤街、玄武门、太平门、太平桥8个街道办事处。1957年10月，香铺营街道办事处撤销。1960年4月，街道办事处合并并改建为新街口、丹凤街、梅园新村3个人民公社分社。5月，市级机关及周围单位成立北极阁分社。65个居民委员会合并为19个街道委员会。1961年，新街口、丹凤街、梅园新村3个分社改为3个街道办事处，19个街道委员会调整为54个居委会。1962年8月，人民公社、分社撤销，恢复新街口、香铺营、梅园新村(原大行宫)、太平门、丹凤街、四牌楼、玄武门7个街道办事处。

1967年1月，各街道实行军管。1968年3月，街道成立革命委员会。同年8月，7个街道革委会合并为长江路、梅园新村、丹凤街、太平门、要武门5个街道革委会。1978年9月至10月，撤销街道革委会，恢复7个街道办事处。

1980年12月，因后宰门住宅小区人口增加，原太平门街道办事处撤销，改为后宰门和兰园2个街道办事处。1984年2月，锁金村地区划归玄武区管辖，增设锁金村街道办事处，全区街道办事处增加至9个。

1987年12月，新街口与香铺营办事处合并为新街口街道办事处，丹凤街与四牌楼街道办事处合并为丹凤街街道办事处。

1995年4月，全市区划调整，栖霞区的孝陵卫、玄武湖镇及小营、藤子、红山等3个行政村和原属鼓楼区管辖的玄武门路以北、中央路以东、沿城墙以西地带划归玄武区。1996年3月，设立红山街道办事处，管辖小营、藤子、红山3个行政村。同年12月，撤销孝陵卫镇、玄武湖镇建置，改设孝陵卫办事处和玄武湖办事处。

2000年，社区管理体制改革，原有的居民委员会和家属委员会调整组合为86个社区居民委员会。2001年，在孝陵卫街道办事处辖区内增设卫岗街道。全区共有11个街道、84个社区、12个行政村。2005年，丹凤街街道、兰园街道、卫岗街道分别与新街口街道、梅园新村街道、孝陵卫街道合并，全区调整为8个街道、75个社区、11个行政村。2007年调整为8个街道、64个社区、6个行政村。2009年底调整为8个街道、63个社区、4个行政村。2011年调整为8个街道、62个社区、4个行政村。因城市建设发展，2011年由市民政局地名办对区内13处地名进行了命名、更名和调整。

【国民经济和社会事业发展】 2011年是“十二五”规划开局之年，全区深入贯彻落实科学发展观，进一步加快转变经济发展方式，进一步推进以改善民生为重点的社会建设，认真推进2011年的各项重点任务，经济社会各项事业健康、有序发展。

调整优化结构，保持经济平稳较快发展。2011年全区地区生产总值完成336.82亿元，同比增长13.20%；其中三产增加值完成309.75亿元，同比增长14.10%。地方一般预算收入完成31.23亿元，同口径增长17.18%。社会消费品零售总额完成308.39亿元，同比增长17.60%。全社会固定资产投资完成85.51亿元。实际利用外资1.01亿美元，同比增长15.30%。服务外包执行额5.87亿美元。外贸出口总额25.30亿美元，同比增长36.50%。

狠抓项目建设，围绕定位特色发展。德基广场二期裙楼、凯润金城城市综合体、羲和高端品牌旗舰店已建成；徐庄软件产业基地苏宁信息中心、培训中心、诺富特酒店已投入使用，地豪科技公司总部大楼、福中高科技产业园三期已封顶；孝陵卫生态科技绿谷十朝文化园、金陵生物医药产业园开园；曼度嘉年华休闲街区已开业，圣和文化广场、雨花巷商务楼、红山商贸地块等项目已开工建设。

加快科技创新，特别社区建设全面启动。2011年制定了《关于加快推进“1+8”重点产业项目的实施意见》、《关于加快打造人才与科技创新名城示范区的实施意见》、《玄武区2011年科技创新行动计划》等科技创业创新工作的政策和文件。启动科技创业特别社区的选址工作，最终确定聚宝山公园01、02地块和华飞、东华厂区地块分别作为紫金（玄武）科技创业特别社区的近期和中远期选址地块。目前，正在与市城建集团、华飞、东华等业主单位沟通协调，明确合作细节，各项筹建工作已全面开展。

培育骨干企业，优势产业提档升级。一是强化企业服务体系建设。全年申报各类专项扶持资金项目167项，帮助企业获得资金约8000万元。完成新增规模以上企业5家（其中亿元企业1家）、新增高技术企业7家、企业参与制定国家标准1项、新增两化融合重点项目7个、申报创建名牌产品企业16家、申报质量奖企业10家。二是加快形成科技创新企业集群。精选出以先声药业、柯菲平医药、中科集团等为龙头的生物医药企业集群，以东能环保、东大智能和埃森环境为主体的节能环保企业集群，以鸿信集成、途牛网、猎宝网、智达康和新创光电等为主干的软件和服务外包企业集群，以徐庄物联网发展研究中心、国图信息、未来星等为支撑的物联网企业集群，进行重点培育。同时着力做好鱼跃科技、矽力杰、五维科技、智慧电子商务、东大岩土等科技创新企业的引进或落户工作。全年软件和信息服务业收入完成86.68亿元。

大力宣传玄武，招商引资取得突破。一是充分利用中介机构信息广泛、知识专业的优势，做好投资促进工作。区政府继与国际知名中介机构毕马威实施战略合作之后，与戴德梁行签署了战略合作协议。由毕马威发布《玄武区投资环境报告》，从第三方视角全面介绍玄武投资环境，推介玄武优秀的“山水城林”资源和独特的区位优势。借助国际知名第三方服务机构、律师事务所的力量，积极构建外资招商平台。依托达林建设、大韩贸易振兴公社、威信投资、春天河谷等外资企业，先后建立对韩国、加拿大、日本的海外招商平台，有效地拓展了外资招商渠道，巴黎贝甜等一批外资企业落户玄武。二是紧盯知名企业，主动走出去招商，招纳企业总部、研发机构入驻玄武。召开“走进增长极、实现新跨越”为主题的重洽会玄武区专场活动和以“资本撬动创新、创新推动发展”为主题的金洽会玄武专场活动，以科技、金融、创新为核心元素，围绕重点打造“四纵四横”特色街区，集中推出了德基二期、凯润金城、熊猫301地块、科技金融园等楼宇、园区项目，常发广场等多个项目落户玄武。2011年全区共开展各类招商活动60次，完成实际利用外资1.01亿美元，全年引进注册资金1000万元以上企业68家。

开展金融创新，突破企业融资难题。一是努力构建创新型金融服务体系。启动玄武区中小企业集合票据（“玄武一号”）发行工作，直接为企业融资0.85亿元。二是拓宽直接融资渠道。2011年，全区企业上报债券融资22亿元，实际发行9亿元，在债券存续期内预计每年节约融资成本约4000万元。启动上市倍增计划，动态建立上市企业后备资源库，排出拟上市企业梯队。三是创新服务企业融资工具。率先推出创新型中小企业融资互助资金，解决了企业无担保、无应急资金等难题。四是建设江苏首个科技金融园，打造一体化的科技、金融平台。五是在区县中率先召开了资本市场推进会，助推企业上市。同时还针对不同的企业需要，举办了涵盖银行、担保、风险投资等多层次金融对接会。

积极改善民生，社会事业项目进展顺利。进一步加强社区硬件建设，新建长江路等社区邻里中心，墨香山庄精品社区已建成。提档升级社区卫生服务硬件建设，完成同仁街社区卫生服务中心附属楼、银城东苑站、孝陵卫站改造工程、锁金村社区卫生服务中心加固改造工程、玄武医院门诊楼改造出新工程，开工建设公共卫生事件应急处置中心大楼。强化保障房建设，余粮、红山经济适用住房项目进展顺利，完成墨香南路等新建道路工程、旧住宅区综合整治、街巷小区雨污分流改造等项目。不断改善教学硬件条件，完成锁金二小、长江路小学教学楼抗震加固工程，九中学生食堂、宿舍楼工程主体竣工，开工建设月苑小学新教学楼。

富民惠民取得实效，努力打造幸福玄武。全年城镇居民人均可支配收入34155元，同比增长12%。新增就业岗位2.43万个，实现再就业1.2万人。培育自主创业1500人。创业带动就业1.2万人。企业职工养老、失业、工伤、生育、医疗保险覆盖率均达到97%；新增老年福利机构床位数175张。发放各类政策性保障资金5124万元。全面推进素质教育，积极建设教育现代化强区，义务教育巩固率达100%，社区教育覆盖率达100%。全年义务教育杂费减免61748人次、749万元；发放困难家庭子女助学券961人次、46万元；发放职高、中专困难学生助学金3924人次、294万元。对1.2万余名幼儿拨付助学券款1998.4万元（其中区财政承担1400余万元）。

实施五大战略 构建特色街区

·“五大玄武”战略布局·

【概况】 2011年7月，中国共产党玄武区第十次代表大会提出，今后五年，玄武要保持经济社会又好又快发展，促进经济现代化、民生现代化、社会现代化、城市现代化、生态现代化的全面进步，确保2015年在全市首批迈入基本实现现代化的行列，必须大力实施创新玄武、文化玄武、品质玄武、特色玄武、幸福玄武“五大战略”。“五个玄武”是率先发展的目标方向，是科学发展的集中体现，是和谐发展的内在统一。创新玄武是发展动力的全面更新，是推动玄武区在“第三次机遇”中脱颖而出的根本方略，是玄武面向未来实现超越的最优选择。文化玄武和品质玄武是发展内涵的优化拓展，是增强集聚辐射能力、提升中心城区首位度的最适抓手。绿色玄武是发展模式的根本转变，是摆脱外部约束、增强可持续发展能力的最佳路径。幸福玄武是又好又快发展的根本目标，也是全区各项工作的最终落脚点。

【创新玄武】 突出创新驱动这一引领支撑未来发展的主导战略和核心战略，聚焦“四个第一”，牢固树立全新的发展观、资源观、机遇观和竞争观；以人才为引领、科技为支撑、制度为先导、园区为龙头，珍惜稀缺的有形资源，放大丰富的无形资源，充分激发高校科研院所的创新活力；建立职能清晰、运转顺畅、力量整合的管理机制，实施超常规、大力度、易操作的政策体系，全方位破除制约优势资源向优质生产力转化的障碍，实现创新型经济和服务经济的竞争力全市领先，建设人才与科技创新名城示范区。

【文化玄武】 凸显文化对提升竞争力、促进内涵发展的重要作用，以丰厚的文化禀赋为本底，精心保护历史风貌和传统空间肌理，高水平建设体现古都风韵、引领未来风尚的历史文化街区，彰显以民国文化为核心的都城文化，发展文化底蕴深厚、科技支撑有力的创意产业，传承优秀历史文化，营造健康向上的社会氛围，形成文化产业发达、文化服务健全、文化市场繁荣、文化产品丰富的格局，实现文化影响力和文化软实力全省领先，建设历史文化名城形象区。

【品质玄武】 坚持精心规划、精致建设、精细管理、精品城区的导向，优化区域生产力布局和资源配置，推动高新技术产业、高端服务业、高层次人才和高品质环境"四高联动"；加强基础设施和公共设施建设，大力增强现代化、国际化、高端化的生活服务功能，打造南京的国际性窗口；将山水古韵、文化积淀融入建筑文化、社区文化、休闲文化，提升中心城区的内涵特色和个性品位；深化城市智能化网格化管理，注重老旧小区的改造提升，力促东部城郊结合地区和红山"北部新城"跨越发展，实现经济发展品质、人文生态品质、管理服务品质、宜居生活品质全市领先，建设揽山亲湖、充满活力、独具魅力的最佳生态宜居城区。

【绿色玄武】 加快由传统发展模式向绿色发展模式转变，着力破解自然资源稀缺、环境容量受限的约束，重点扶持和培育充分依托人才引领、科技支撑、创新驱动的绿色新兴产业和现代服务业，使经济转"绿"；强化资源的循环和高效集约利用，控制投资强度低、产出效益低的一般性项目，以最小的资源代价谋求最大限度的发展，使空间变"绿"；加强生态保护和环境治理，大力推进环境基础设施建设，引导公众自觉选择节约环保、低碳排放的消费模式，使生活增"绿"；构建以湖山为心、点线面相结合的城市生态网络，率先建成生态园林城区，使环境更"绿"，促进经济社会和资源环境良性循环，实现绿色发展指数全省领先，建设资源节约型和环境友好型示范城区。

【幸福玄武】 坚持以人为本、民生优先，以生活富裕、服务优质、功能完善、环境提升、规范有序、和谐稳定为目标，从偏重GDP向更重绿色GDP、GNH转变，强化群众创造幸福、享受幸福、评价幸福的主体地位，健全民生工作的普惠机制和长效机制，促进居民收入和家庭财产普遍增加，推动基本公共服务优质均衡发展，深化和谐社区、平安法治建设，提升居民对就业、保障、住房、教育、环境、健康、安全的满意度，营造生活和美、人际和睦、社会和谐的良好氛围，实现居民满意度、社会和谐度和幸福指数全市全省领先，真正让不同群体享有与发展水平相适应的幸福生活，建设人民幸福城区。

·"四纵四横"特色街区·

【概况】 中共玄武区第十次代表大会提出，进一步增强率先发展、科学发展、和谐发展的责任感和紧迫感，抢抓和用好"第三次机遇"，建设创新创业活力迸发、发展质态又好又快的新玄武。突出打造"四纵四横"特色街区。以产业为支撑，以项目为抓手，精心运作、倾力打造"四纵四横" 特色街区，实现高端资源高效利用、优质空间精致开发、特色区域特色发展。"四纵"：中山路(玄武片)突出高端商业、顶级品牌的特色，打造国际名品街区。洪武北路—丹凤街发挥金融机构、科技创业企业、通信产业相对集中的优势，打造科技金融街区。台城路(解放门—神策门段)依托得天独厚的环境，打造创意休闲商业街区。红山路充分利用居民密集、潜在资源相对丰富的优势，打造北部新城商业大街。"四横"：中山东路—中山门大街突出交通、载体、人文、科教等集合优势，打造科技商务产业带。长江路突出文化遗存丰厚的优势，打造民国历史文化街区。珠江路突出科技品牌和电子商务企业相对集中的优势，打造电子商务集聚区。玄武大道以徐庄基地为龙头向两侧拓展，打造创新大道。实现高端资源高效利用、优质空间精致开发、特色区域特色发展。

【中山路(玄武片)国际名品街区】 强化德基广场二期、凯润金城等项目招商引资，集聚一批世界顶级品牌和知名品牌。目前德基广场二期裙楼、凯润金城城市综合体、羲和高端品牌旗舰店已建成。德基二期引进了215家企业，其中知名企业118家，世界一线品牌58家。吉兆营、汇文里、大石桥、居安里等项目正在前期的规划设计和策划开发中。

【洪武北路—丹凤街科技金融街区】 加大招商引资力度，集聚一批金融机构。启动环东大中央创新区建设，目前园区大楼(化建大厦)建设已经基本完工，对园区的产业定位、规划工作已经完成，东南大学与玄武区政府也已经举行合作签约仪式，将全方位加强科技创新合作，目前正在选商。积极推进居安里、大石桥等地块的规划和包装策划等工作。

【台城路(解放门—神策门段)创意休闲商业街区】 明城汇二期目前已建成主体工程，预计元旦前竣工验收。创意中央产业园规划了"科技研发区"、"文化创意区"与"时尚休闲区"三大功能区域，目前已引进企业约110家，实际入驻企业85家，招商已完成96%。百子亭历史文化街区目前第二轮方案已出台，计划将整个地块按街区打造。

【红山路北部新城商业大街】 红山商贸地块成功挂牌出让，总投资15亿元，目前已开工建设，正在引进乐购、金鹰等知名企业，项目定位为南京主城东北部体量最大、档次最高的商业综合体，计划2013年年中建成开业。

【中山东路—中山门大街科技商务产业带】 金陵医药生物产业园，已进驻企业26家，二期商业配套已完成主体工程建设，正进行外墙装修。卫岗奶业东区园区，已招商进驻30家企业，一楼1800平方的招商正在洽谈中。中船724所园区项目申报立项工作已完成，目前正在与中山陵园管理局、市规划部门协调对接进一步细化完善建设规划方案，预计年底前完成专家评审。农科院B地块项目业态策划中，规划方案制作中。农科院C地块已完成地块环境评估测评。

【长江路民国历史文化街区】 长江路民国历史文化街区。按照"民国历史文化街区"的发展定位，完成中央文化区(CCD)规划和钟岚里－逸仙村项目策划，圣和文化广场已开工建设，加快推进香铺营地块、麦哲理地块等项目的包装策划、拆迁收储等工作。

【珠江路科技街园区】 按照"一体两翼"功能区划，推动珠江路再次飞跃。11月3日，区政府与东南大学签署科技创新合作协议，共建南京绿色城市技术创意园(即南京绿色城市技术创新中心)，目前园区大楼(化建大厦)建设已经基本完工，对园区的产业定位、规划工作已经完成。

【玄武大道环境综合整治】 按照南京市"百日行动计划"的要求，从12月开始启动玄武大道环境综合整治专项行动，通过道路清理、拆违拆破、绿化美化和业态调整，全面提升玄武大道品质，积极推动沿线王家湾地块、南林大、长途汽车东站等地块资源开发，为玄武大道打造成创新大道奠定基础。

·"一园四极"发展格局·

【概况】 坚定不移地走创新驱动、内生增长、绿色发展之路，全力构筑"一园四极"发展格局。精心打造"紫金山—玄武湖"城市中央公园休闲旅游区，统筹推进新街口核心经济区、徐庄软件产业基地、孝陵卫生态科技绿谷、红山北部新城核心区四个增长极，形成核心支撑、东部先行、北部崛起、全区超越的格局。

【紫金山——玄武湖城市中央公园休闲旅游区】 中央公园休闲旅游区是南京"山水城林"资源最集中的区域，要突出服务、文化、休闲三大主题，引入高水平、有实力的投资主体和运作团队，整体提高滨湖、沿墙、环山的资源效能、项目档次和产业水平，推动传统旅游业态向高端文化休闲业态升级，大幅提升城区品质和生活品质，打造南京市民的"城市客厅"。

【新街口核心经济区】 新街口核心经济区，借鉴发达国家商业中心区发展模式，大力推进产业更新和消费升级，建设企业总部化、产业高端化、生活国际化的中央商务区。突出高端生活性服务业与生产性服务业两大重点，加快建设中央商务区、中央文化区、中央创新区，与中央公园休闲旅游区"4C联动"，打造国内一流的高端服务业集聚区。目前德基广场二期裙楼、凯润金城城市综合体、羲和高端品牌旗舰店已建成，一批国际知名品牌、高档餐饮、五星级酒店等高端业态即将入住。曼度嘉年华休闲街区已开业；圣和文化广场已开工。

【徐庄软件产业基地】 徐庄软件产业基地，强化人才集聚、科技孵化和产业集聚、辐射周边的功能，打造具有较强影响力和知名度的生态型科技研发社区、创新型企业培育中心、国际型服务外包基地和开放型公共服务平台。目前苏宁信息中心、培训中心、诺富特酒店已投入使用；地豪科技公司总部大楼、福中高科技产业园三期已封顶。徐庄软件产业基地突出高端人才和重点产业，积极拓展发展空间，着力扩大领军企业规模，集聚国内外一流企业的高端研发机构，加快在重点领域形成集群效应，在关键环节取得先发优势，提升创新能力和产业特色，打造创新型经济发展的集团军。

【孝陵卫生态科技绿谷】 孝陵卫生态科技绿谷，以文化旅游、高端商务、生物医药、商贸产业定位为主导，打造一批高端绿色园区。突出发展生物技术、文化创意等绿色经济，把清新美景植入产业发展，把科教资源转化为发展实力，尽快成为名副其实的第三增长极。十朝文化园、金陵生物医药产业园开园，江苏国电等一批知名企业入驻；省农科院紫金时代商业设施项目和双拜岗147号综合楼已建成。

【红山北部新城核心区】 红山北部新城核心区，抓住大型制造业企业外迁的契机，加大资源整合和挖潜力度，科学规划、准确定位、加强统筹，积极发展商贸商务、研发创意、休闲体验等特色产业，加大环境改造与基本公共服务投入，创新区域协调管理体制机制，努力打造南京城北现代化新中心。红山商贸地块成功挂牌出让，总投资15亿元，目前已开工建设，正在引进乐购、金鹰等知名企业，拟打造成为城北地区高档城市综合体。

组织机构及负责人名录

【中共南京市玄武区委员会】

书　记：单景南(6月以前)
　　　　储永宏(6月以后)
副书记：王海宏(6月以前)
　　　　徐曙海(6月以后)
　　　　杨晓阳(援疆)
　　　　邱小凡(6月以后)
常　委：汤　政(5月以前)　易　兵
　　　　杨乐华　曹　曙
　　　　苏　郑(6月以后)
　　　　王　静(6月以后)　许　恺(援藏)
　　　　宗在卿(5月以后)
　　　　刘显平(6月以前)
　　　　周　雯(6月以后)
　　　　滕　涛(6月以后)

【南京市玄武区人民代表大会常务委员会】

主　任：陆必坤(1月以前)
　　　　张　萍(1月以后)
副主任：李永革　吴为民(8月以前)
　　　　杨冬梅

【南京市玄武区人民政府】

区　长：王海宏(6月以前)
　　　　徐曙海(6月以后)
副区长：曹　曙　苏　郑(7月以后)
　　　　张　蓬　苏宇红(7月以前)
　　　　王　静(7月以前)　胡士宁

张连春　王　东
副巡视员:傅根辉　顾建华
助　理:李建军(挂职,3月以后,12月以前)

【中国人民政治协商会议南京市玄武区委员会】
主　席:梁广宏
副主席:刘显平　张　发
何建敏(不驻会)
王连安(不驻会)
冯小仙(不驻会)
秘书长:罗　军(12月以前)
吕　俊(12月以后)

【中共南京市玄武区纪律检查委员会】
书　记:邱小凡(6月以前)
王　静(6月以后)
副书记:丁　璇　丁晓祥
常　委:林　朗　刘　康(12月以前)
黄燕明(7月以后)
王　茜(7月以后)

【南京市玄武区人民武装部】
政　委:汤　政(3月以前)
郭永强(3月以后)
部　长:宗在卿

【南京市玄武区人民法院】
院　长:姚正陆
党组副书记:郭　强(8月以后)
副院长:李　明(12月以前)　郭　强
张　赟　李静勤
高　伟(12月以后)
张泽想(兼职聘用)
政治处主任:高　伟(12月以前)
吴小晗(12月以后)
纪检组长:李静勤(8月以前)
齐　玥(8月以后)
专职审委会委员:孙郁中
吴小晗(12月以前)
副处级审判员:王海城
杨　荣(12月以后)
调研员:李　明(12月以后)

【南京市玄武区人民检察院】
检察长:王少华
党组副书记:卜云国
彭庆安(12月以后)
副检察长:卜云国　樊　凌　陈玲伟
乔明达
政治处主任:涂　彪
纪检组长:宋　晖
专职检委会委员:张　前　蔡　宁
副处级检察员:朱家明(12月以后)
副调研员:刘锦华

反贪局
局　长:卜云国(兼)

【区委工作机构】

区委办公室
主　任:滕　涛
副主任:刘　云(12月以前)
张　晖(8月以前)
陈　静(8月以后)
徐　强(8月以后)
副调研员:郭振国

区委、区政府政策研究室
主　任:刘　云(12月以前)

信访局
局　长:杨　杰
副局长:陈玉荣　高　炜　陈　东
周　彪
调研员:蔡保国　马晓玲

组织部
部　长:杨乐华
副部长:黄栋林(10月以前)
张　杰(10月以后)

直属工委
副书记:刘　青(8月以后)

组织员办公室
主　任:张　杰
副主任:丁　锴(8月以后)

党史工作办公室
主　任:宋洪兵
副主任:乙维清
调研员:栾　震

老干部局
局　长:陈秀芝
副局长:周　励　李正才
调研员:赵锡榕
副调研员:陈雅夏

关工委
副秘书长:周　励

宣传部
部　长:周　雯(6月以后)
副部长:胡圆圆　杨雯懿(兼)
汤　浩(12月以前)　朱海峰

精神文明办公室
主　任:胡圆圆(兼)
副主任:杜宏亮(8月以后)

统战部
部　长:刘显平(6月以前)
滕　涛(6月以后)
副部长:甄再跃　蒋　俊
陈　俊(12月以前)
张　晖(8月以后)
调研员:徐　婕(9月以前)
陈　俊(12月以后)
副调研员:何青新

台湾工作办公室(侨务办公室)
主　任:陈　俊(兼,12月以前)
张　晖(12月以后)
副主任:唐希忠

政法委
书　记:易　兵
副书记:梁　静　刘立青
顾一兵(挂职)

综合治理委员会办公室
主　任:梁　静
副主任:赵杉春

依法治区办公室
副主任:席　晨　曹　静

防范和处理邪教问题领导小组办公室
主　任:杨玉林
副主任:杨长伦
副调研员:刘秀泽

机构编制委员会办公室

主 任:王 莉

副主任:张训宝

机关工作委员会

书 记:夏桂萍

副书记:孙良青(12月以前) 钱钦民
周 辉(12月以后)

调研员:徐翠茹

副调研员:周 辉(12月以前) 余汉文
孙良青(12月以后)

社会建设工作委员会

书 记:刘显平(3月以后,7月以前)
邱小凡(7月以后)

常务副书记:胡圆圆(3月以后,8月以前)
王 荣(8月以后)

副书记:王 荣(3月以后,8月以前)
陈 放(8月以后)

督察工作办公室

常务主任:顾建华

正处级督察员:问海燕(8月以后)

副处级督察员:李晓青 俞 杰
张 坤
储荣根(8月以后)

党 校

校 长:杨乐华

常务副校长:李正云

副校长:杨承龙 曾 艳

调研员:刘金代(10月以前) 李福松

副调研员:王和鸣 窦唐进

【区人大工作机构】

人大办公室

主 任:石 磊(8月以前)
刘 康(12月以后)

副主任:刘必军(12月以前)

副调研员:徐国新 刘 虹 钱铁军

【区人大各专门委员会及工作部门】

内务司法工作委员会

主 任:彭庆安(12月以前)
刘必军(12月以后)

副主任:曹 刚(8月以后)

财政经济工作委员会

主 任:杨春宝(12月以前)
陈小玲(12月以后)

副主任:李 宇

人事代表工作委员会

主 任:徐龙海

环资城建工作委员会

主 任:张志荣(12月以前)
杨承龙(12月以后)

副主任:王 强 顾 冰(12月以后)

教科文卫工作委员会

主 任:肖 红

【区政府工作机构】

办公室

主 任:李大海

副主任:杨 杰(兼)
张 军(12月以前) 杨耀灿
杨宇峰(8月以后)

副调研员:孙祥希 吕 明

发展和改革局

局 长:张仲金(12月以前)
吴开芬(12月以后)

副局长:陈 瑞(兼) 陈若谷 陈如祥
田文明 杜景南
徐力行(5月以后)

调研员:冯兰英 赵武林

副调研员:王建国 孙西沛(5月以后)
李成忠 张宏娜

经济和信息化建设办公室

主 任:陈若谷

住房和建设局

局 长:刘宁旗(12月以前)
吴士建(12月以后)

副局长:吴士建(12月以前)
刘 高(8月以前) 于永斌
常本华 张地宝 史庆锋

总工程师:王继宁

工委书记:吴士建

副书记:刘宁旗(11月以前)

调研员:于永斌 黄才俊 潘全明
刘宁旗(11月以后) 赵深泉
沈 豪

副调研员:胡国清 林光亮 乐 伟
周柏贤 张建春

科技局

局 长:徐劲松

副局长:张玲玲 卢 洪 戚 军
何 勇(挂职,4月以前)
彭文峰(挂职,4月以前)
周山明(挂职,5月以后)
余 刚(挂职,5月以后)

副调研员:张瑞宏

教育局

局 长:张利明(8月以前)
李玉鹏(8月以后)

副局长:李玉鹏(8月以前) 高前进
陈发山 黄子亮 冯小仙(兼)

工委书记:陈 燕

副书记:张利明(8月以前)
李玉鹏(8月以后)

副调研员:章芳华 石美芳

民政局

局 长:袁 芳

工委书记:李 安

工委副书记:袁 芳(兼)

副局长:王 荣(8月以前) 张家华
吴成林 汪拥政(5月以后)

调研员:马静波 王素梅(7月去世)
刘晓天 王生清(6月以前)
朱克民

副调研员:曾爱玲 唐德敏

老龄委办公室

主 任:李 安

副主任:马静波 刘盘铭(8月以后)

副调研员:侯 军 成丽坚

司法局

局 长:周晓波

副局长:汪传东(12月以前) 濮素晖
戴 健

调研员:曹克俊

副调研员:汪传东(12月以后) 张鉴富

财政局

局 长:王敬玲

副局长：陈小玲（12月以前） 张兴保
余莉萍
调研员：陈小玲（12月以前）
郝晓京（8月以后）

国有资产监督管理办公室
主 任：王敬玲（兼）
副主任：黄跃峰（10月以前）
刘全庆（10月以后）

人力资源和社会保障局
局 长：马千山
副局长：张 栩 李晓娟
苏 勤（12月以后）
欧运祥（挂职）
谢义忠（挂职，4月以前）
调研员：王广义
副调研员：成年喜

审计局
局 长：杨发宝
副局长：龚庆亚 梅 雪
调研员：朱保和
副调研员：冯 旭

统计局
局 长：陈 瑞
副局长：钟文舟
副调研员：刘成斌

物价局
局 长：林 宁
副局长：李运湘 问海燕
琚琦瑾（12月以后）
调研员：杨卫国
副调研员：苏立军 董新宁

安全生产监督管理局
局 长：王彦兴
副局长：沈 原 杨艳婷
调研员：华树平
副调研员：李联民

投资促进局
局 长：魏 超（12月以前）
戴修成（12月以后）
副局长：汤 浩（12月以后）
曾丽萍 薛剑春

贸促会
常务副会长：张丽娜（8月以前）
汤 浩（12月以后）

环境保护局
局 长：刘 勤（8月以前）
副局长：汤 政（5月以后） 钱厚宁
钱丽明
调研员：顾建华 钱厚宁
副调研员：周 强 李勇宁 任井义

城市管理局
局 长：王宜湧（8月以前）
庄佳峰（8月以后）
副局长：庄佳峰（8月以前） 周光银
周朝俊（8月以前）
刘 密（8月以前） 陈锦国（兼）
章 凯
工委书记：庄佳峰（8月以前）
刘 密（8月以后）
副书记：王宜湧（8月以前）
庄佳峰（8月以后）
工委委员：周建国 赵 宁（8月以后）
调研员：魏亚非 王宜湧（8月以后）
杨鸿新
副调研员：赵仁斌 颜秉珍
石志余（10月以前） 韦继红
高学宏 周朝俊（8月以后）

城市管理行政执法局
局 长：王宜湧（8月以前）
庄佳峰（8月以后）

商务局
局 长：周长俊
副局长：曹承桂 张丽娜（8月以前）
袁胜宁 林生华
张 巍（8月以前） 单伯平
赵 俊（12月以后）
韩晓梅（挂职，5月以后）
工委书记：周长俊
副书记：曹承桂
调研员：郑佩琴 张丽娜（8月以后）
副调研员：李业明 杨慧娟 刘建明
江 洁（8月以后）
万荣华 王明林

旅游局
局 长：曹承桂

文化局
局 长：杨雯懿
副局长：樊姝玉 张朝学
周彩霞（挂职，5月以后）
调研员：孙 光 肖海林
副调研员：花小青

卫生局
局 长：蒋 健
副局长：黄云霞 奚建彬（兼）
叶冬梅（8月以后）
工委书记：蒋 健（兼）
调研员：徐秀兰
副调研员：张建国 王筱菊

食品药品监督管理局
局 长：李 力（8月以前）
王礼铭（8月以后）
副局长：魏德华 张秀红（8月以后）
调研员：李 力（8月以后）
副调研员：张秀红（8月以前）

人口和计划生育局
局 长：徐力跃
副局长：孙丽萍 冯会章
调研员：薛丽娟
副调研员：周晓光 张 宁（10月以前）
姜凤梅 吴 鹏

人民防空办公室
主 任：陈宁伟
副主任：沈金华 陶瑞和
调研员：王延照 朱传华
副调研员：李建新 李正坤

法制办公室
主 任：郭 镰
副主任：陈 静（8月以前）
王 坚（12月以后）
顾大松（挂职）
副调研员：梁宏起（5月以后）

监察局
局 长：丁 璇
副局长：吕秀兰（8月以前） 刘 康

民族宗教事务局
局　长:甄再跃(兼)

档案局
局　长:王　莉
副局长:袁茵茵
调研员:杨丽江　刘苏宁
副调研员:苏　成　吴丽萍　王　亚

地方志编纂委员会办公室
主　任:王　莉(兼)

体育局
局　长:张义斌
副局长:黄大志　叶　丽(8月以前)
　　　　顾云超(3月以后)
调研员:王　强(2月以前)　蒋金平

徐庄软件产业基地管理委员会
主　任:王　旭(11月以前)
　　　　张仲金(11月以后)
副主任:丁　诚(兼)　李　莹(兼)
　　　　罗　军(12月以后)　吴义杰
　　　　程伟明(挂职)　胡建军
　　　　潘毓洁
　　　　刘冬梅(挂职,4月以前)
　　　　王兆仁(挂职,9月以后)
工委书记:丁　诚
纪工委书记:刘天树
人武部部长:刘天树
组织员:高　洁
调研员:王　旭(11月以后)
副处职:厉　宁
副处级:张培友
副调研员:连　钢(6月以后)

紫金(玄武)科技创业特别社区建设办公室(11月以后)
主　任:张铁波(11月以后)
副主任:潘毓洁(11月以后)

珠江路科技街管理委员会办公室
主　任:王　旭(11月以前)
　　　　张仲金(11月以后)
常务副主任:李　莹
副主任:汪小文
工委书记:姚　雁
组织员:吴苡静
副调研员:刘言田

【区政协工作机构】

政协办公室
主　任:罗　军(12月以前)
　　　　吕　俊(12月以后)
副主任:付传年(8月以前)
　　　　吕　俊(12月以前)
　　　　吴锦友(12月以后)
　　　　李后方(8月以后)
调研员:陈世群　夏洁城(8月以后)
副调研员:胡学芳(8月以前)　杨发国

【区政协各专门委员会及工作部门】

学习文史委
主　任:夏洁城(8月以前)
　　　　付传年(8月以后)
副主任:胡学芳(8月以后)

提案法制委
主　任:黄大志(兼)

经济科技委
主　任:程永才(12月以前)
　　　　张　军(12月以后)

社会事业委
主　任:陶巧明

祖国统一委
主　任:蒋　俊(兼)

人口资源环境委
主　任:黄云霞(兼)
副主任:吴雄雄

【区纪委工作机构】

办公室
主　任:叶　丽(8月以后)

信访室
主　任:吴桂红(12月以后)

纪检监察室
主　任:黄爱华

案件审理室
主　任:王育民

执法监察室
主　任:刘　康(12月以前)

党风廉政室
主　任:黄燕明

效能监察室
主　任:王　茜
调研员:于唯唯
副调研员:钟　悦　吕秀兰(8月以后)

【南京市玄武区各群众团体】

总工会
主　席:杨冬梅(兼)
副主席:尹　征　杨　超　胡　静
副调研员:颜焕琪

团区委
书　记:孙　荟
副书记:张丽霞　吴　丹(8月以后)

妇　联
主　席:方志秀
副主席:潘丽云
调研员:丁小禾
副调研员:刘永玲

工商联
主　席:张　蓬(兼)
党组书记:甄再跃(兼)
常务副主席:陈竞赛
副主席:甄再跃(兼)　张海宁
副调研员:白俊禄

残疾人联合会执行理事会
理事长:卢卫东
副理事长:王向东　汤晓滨
　　　　　吴　敏(12月以后)
调研员:徐毓兰
副调研员:刘有禄

红十字会
常务副会长:奚建彬
副会长:颜晓民

【南京市玄武区各街道】

新街口街道

工委书记：蓝　军
工委副书记：吴开芬(12月以前)
刘　云(12月以后)
王礼铭(8月以前)
邱　健(8月以后)
组织员：叶海阳
人大工委主任：郭　民(8月以前)
蓝　军(8月以后,12月以前)
杨春宝(12月以后)
办事处主任：吴开芬(12月以前)
刘　云(12月以后)
办事处副主任：邱　健(8月以前)
盛　莉　郑宏伟
李坚明(8月以后)
唐　谧
政协工委主任：王礼铭(8月以前)
邱　健(8月以后)
人武部长：李坚明(8月以前)
陈吉亮(8月以后)
调研员：史爱进　张金柱
郭　民(8月以后)
副调研员：吴瑞堂　陈金玉　潘　翔
杨晓文(5月以后)
储玲仪(3月以前)　路家才
戴洪宁　汪宗寿　赵厚富

梅园街道

工委书记：黄栋林
工委副书记：张铁波(12月以前)
魏　超(12月以后)
鲁　中
组织员：陆　中
统战员：王　丽
工委委员：马义兵
人大工委主任：徐宝富
办事处主任：张铁波(12月以前)
魏　超(12月以后)
办事处副主任：马绪彪　李希平
吴　恒　韩春云
陈　明
杨爱军(挂职,4月以前)
政协工委主任：鲁　中
人武部长：吴锦友(12月以前)
调研员：杨意中(12月以前)　陈光辉
副调研员：严小平　陆红霞
张敦凤(12月以前)　唐意珍
官秀芬　邓　霞　濮伟华

玄武门街道

工委书记：徐晓洁
工委副书记：姚晓晖　粟　红
统战员：吴　民
人大工委主任：刘鲁卫
人大工委副主任：彭家全(8月以后)
办事处主任：姚晓晖
办事处副主任：刘思承(12月以前)
刘艳军　左　斌
邵　伟
政协工委主任：徐晓洁(8月以前)
粟　红(8月以后)
人武部长：彭家全(8月以前)
靳祥运(8月以后)
调研员：张纯如　唐凯举
副调研员：张玉增　韩　峰　吴　萍
聂德俊　万巧姣
刘思承(12月以后)
马圣明(4月以前)

后宰门街道

工委书记：汪风华
工委副书记：郭建军　卢　惠
组织员：秦丽华
统战员：姚长青
人大工委主任：邓志林
办事处主任：郭建军
办事处副主任：梁兴贵　王鲁威
郑　宁(8月以前)
李　军
政协工委主任：汪风华(8月以前)
卢　惠(8月以后)
人武部长：臧中平
调研员：郝昌喜　司马杰
副调研员：张忠义　杨珍梅
何全庆(5月以后)
邵连友(3月以前)　倪建国
宋依海(2月以前)

锁金村街道

工委书记：刘汉明(8月以前)
石　磊(8月以后)
工委副书记：刘秀娟　王颖川
组织员：陶　勇
统战员：宋兴平
人大工委主任：吴天荣(8月以前)
朱明勇(8月以后)
人大工委副主任：倪学金(8月以前)
张志荣(12月以后)
朱国宾(8月以后)
办事处主任：刘秀娟
办事处副主任：朱明勇　邹德勇
朱　骏　郑宁兵
政协工委主任：刘汉明(8月以前)
石　磊(8月以后)
人武部长：朱国宾(8月以前)
王宝麟(8月以后)
调研员：孙玉华　吴天荣
副调研员：唐德明　赵　辉　杨永平
张国祥　章福财
赵元敬(3月以前)　邢国兰
曾裔萍　韩以海　张玉军
倪学金(8月以后)

孝陵卫街道

工委书记：戴康顺
工委副书记：王玉兰
戴修成(12月以前)
解　军(12月以后)
组织员：郝洛元
统战员：陈晓君
人大工委主任：卢爱民
人大工委副主任：王守祥
办事处主任：王玉兰
办事处副主任：郭志芹
解　军(12月以前)
陈建志
戴修成(12月以前)
李建华
但加成(12月以后)
潘　苏(挂职)
政协工委主任：戴康顺
人武部长：汤永锦
调研员：胡纯刚　刘德林
程永才(12月以后)
副调研员：戴伟华　顾汇英
阙道富(5月以后)
杨苏燕(9月以前)　赖龙英
梁耀顺

玄武湖街道

工委书记：张可道
工委副书记：杨　宁　任　钰
组织员：方明城(12月以前)

申留昌(12月以后)
统战员:赵良华
人大工委主任:张 瑜
办事处主任:杨 宁
办事处副主任:池宝平
赵 宁(8月以前)
陶志龙 方明城
徐国平
政协工委主任:任 钰
人武部长:陆丛林
调研员:池宝平 杨伟俊
副调研员:陆建新 谢福明 宗岳奇
穆顺明 江东云
邹国兴(10月以前) 卢道华
孙宝银 丁正富

红山街道

工委书记:王冬梅
工委副书记:王昌荣 胡全康
组织员:刘盘铭(8月以前)
卞雨华(12月以后)
统战员:陈红飞
人大工委主任:梁建东
人大工委副主任:徐其和(8月以前)
办事处主任:王昌荣
办事处副主任:施时萍 章 川
雷修强 鲍 瑞
人武部长:贺国华
政协工委主任:王冬梅(兼)
调研员:李宗明 张洪南
副调研员:包进堂 陶保玖(3月以前)
陆重阳(10月以前) 苏国保
徐其和(8月以后)

【区直属企事业单位】

玄武区国有资产投资管理控股(集团)有限责任公司

董事长:王 旭(11月以前)
张仲金(11月以后)
董 事:郝晓京(1月以前)
刘 高(3月以前)
周秋云(1月以后)
胡建军(1月以后)
独立董事:李 东(1月以后)
总经理:王 旭
副总经理:连 钢
监事会主席:郝晓京(8月以前)
黄跃峰(8月以后)
监事会副主席:黄跃峰(8月以前)
财务总监:刘全庆

玄武区房屋拆迁安置办公室

主 任:周秋云
支部书记:周秋云
副主任:陈建明

玄武区房地产开发总公司

经 理:李 明
副经理:张玉兰 商明明

南京宁武房地产开发总公司(玄武区商业网点建设办公室)

经 理:刘 高(3月以前)
陈爱平(3月以后)
支部书记:刘 高(3月以前)
王平权(3月以后)
副经理:黄建宁 黄立新 曹 静
胡佳平

玄武区劳动就业管理中心

主 任:李 艳(12月以前)
副处级调研员:李 艳(12月以后)

玄武医院

院 长:徐正海
总支书记:杨龙海

火车站综合管理办公室

主 任:王宜湧(8月以前)
陈锦国(8月以后)
副主任:陈锦国(8月以前) 周建国
赵 宁(8月以后) 黄寿鹤
张洁光

【垂直管理部门】

公安分局

局 长:胡士宁
政 委:蒋虹芒
副局长:梅中亚 吴晓马
纪检主任:解冠华
维稳办副主任:王光明

工商分局

局 长:周 晖(1月以后)
副局长:韩建国(调研员) 郝志坚
刘革新 孔祥盛
纪检组长:陆 辉(调研员)
调研员:房新中(5月以前)
副调研员:谈伏初 陈晋勇 杜 梅
张 虹

国税局

局 长:刘许鹰
副局长:曹雨晴 张建国 曲 霞
助理调研员:许义新 夏广余 华 晶

地税局

局 长:王冬明(6月以前)
马学民(6月以后)
副局长:林 斌 虞 华
钱宏根(6月以前)
钟智宏(6月以后)
调研员:钱宏根(6月以后)
助理调研员:戴敬瑞(11月以前) 鲍 平
王 玲 来振春 王小洪
魏 玮(12月以后)

质量技术监督分局

局 长:薛华珍
党组书记:孔祥建
副局长:聂 猛(兼任党组副书记)
毛建新
调研员:陈 贵
副调研员:朱龙明 赵长春(3月以前)
谷杭习

大 事 记

Chronicles

1 月

1 日，市长季建业现场调研南京火车站北广场拆迁工作，区长王海宏、副区长王东参加。

4~7 日，区十六届人民代表大会召开第四次会议。会议听取审议了区十六届人大常委会、区政府、区法院、区检察院等工作报告，批准了区国民经济和社会发展第十二个五年规划。会议期间代表共提出批评、意见和建议 93 件。

△ 区政协召开第十届四次会议。区四套班子全体领导，全体政协委员、列席人员，区政协历届原正职领导和区机关有关部门负责人近 300 人出席大会。听取并讨论区政府王海宏区长所作的政府工作报告，区 2010 年国民经济和社会发展计划目标执行情况及 2011 年国民经济和社会发展计划（草案）报告、区 2010 年财政预算执行情况和 2011 年财政预算（草案），以及区人民法院、区人民检察院工作报告等。

6 日，市长季建业到麒麟科技园（玄武区）拆迁现场视察指导工作，副区长王东参加。

10 日，2011 博学梅园社区教育发展论坛暨梅园地区社区教育工作年会在南京图书馆举行。

13 日，市长季建业视察玄武区“三个提升”工作，区长王海宏等参加。

△ 玄武区召开全区安全生产专题会议。

14 日，玄武区举行 2010 年全区“四个建设”总结表彰大会暨 2011 年奋斗目标签字仪式。

15 日，国务院打击侵犯知识产权和假冒伪劣商品专项行动督查组第六组一行在副市长李琦陪同下，考察徐庄软件园知识产权保护情况。

16 日，区委书记单景南出席徐庄管委会与苏宁电器集团战略合作签约仪式并讲话。

24 日，区委书记单景南参加区委“一报告两评议”大会并讲话。

25 日，2011 年玄武区——东南大学府校联席会在珠江壹号金鹰酒店举行。副区长王东汇报了玄武区科技创新工作情况、“十二五”科技创新工作规划及深化合作的建议。东南大学常务副校长胡敏强介绍了东南大学科技创新、府校合作等情况。东南大学校长易红和区委书记单景南分别讲话。

31 日，区四套班子领导带队组成安全生产督查组，对区域内重点部位、重点企业和烟花爆竹销售点开展春节前安全生产督查。

2 月

2 日，省委书记罗志军、代省长李学勇、市长季建业到韶山路派出所看望公安民警，副区长胡士宁陪同。

8 日，玄武区人力资源和社会保障局在南京火车站广场举办 2011 “春风行动”南京火车站现场政策咨询、宣传活动。

10 日，玄武区召开机关思想作风大会暨重点项目推进会。

15~21 日，区长王海宏赴台进行经贸交流活动。

16 日，全区政法工作会议召开。

17 日，全区党建工作会议召开。

△ 玄武区举行党风廉政建设责任书签订仪式，区委书记单景南与 12 个部门系统、8 个街道负责人签订廉政责任书。

18 日，全区综合治理工作会议召开。

21 日，玄武区召开 2011 年度安全生产暨消防工作会议。

22 日，中央政法委信息网络处调研员李海腾率领国家信息中心专家一行 4 人，在省、市、区政法委领导陪同下，到玄武门街道考察调研基层综治数字化、信息化平台建设工作。

28 日，玄武区举办 2011 徐庄—中科院院企对接会。市政府副秘书长、中科院南京高新技术研发与产业化中心主任石荣，市科委成果处及区科技局、徐庄管委会领导参加。

3 月

6 日，全区 8 个街道城市环境管理中心正式成立。

△ 玄武区人力资源和社会保障局携带操作工、接线员、食品加工等 300 多个就业岗位，赴绵竹参加 2011 年“春风行动”江苏——绵竹专场招聘会。

8 日，玄武区“我运动·我靓丽·我快乐与青奥同行”——玄武区女干部庆“三八”环湖健步行活动在玄武门晨曦广场启动，全区机关女干部、女职工约 500 人参加。

△ 国家文化部全国文化信息共享工程督导组组长谢林、省文化厅文化处处长谷峰一行，对后宰门街道文化信息资源共享工程富贵山社区基层点建设情况进行检查。

10 日，玄武区经济工作会召开。

△ 省教育厅副厅长杨湘宁，职教处处长尹伟民，市教育局局长吴晓茅，副局长陈舒泛调研玄武中等专业学校，区教育局局长张利民等领导陪同。

11 日，区委书记单景南在政法委书记易兵和区信访局局长陪同下，到玄武湖街道接待来访群众。

13 日，玄武区工商分局联合珠江路管委会、区质量技术监督局、物价局、食药监督局等 11 家区放心消费创建成员单位，在雄狮国际 e 总汇广场举办现场维权服务活动。

14 日，市长季建业一行视察玄武门街道台城花园社区城市环境管理工作站。

15 日，区委常委会集体调研后宰门街道 2011 年工作并现场办公，街道党工委书记作工作汇报，区长王海宏讲话，区委书记单景南提要求。

△ 区委、区人大、区政府、区政协联合召开人大建议、政协提案办理工作总结表彰暨交办会议。区环保局、孝陵卫街道等单位交流发言。

17 日，玄武区委统战部、区工商联组织全区近百家企业开展“百企联百户感恩惠民”结对帮扶活动。

20 日，玄武区人民政府、南京市旅

游园林局主办，玄武区商务局（旅游局）、中国近代史遗址博物馆（总统府景区）共同承办，2011 南京·玄武文化旅游节（民国篇）开幕。省、市、区领导，区内各大景区、旅行社、星级酒店负责人和省市新闻媒体代表 200 多人参加开幕式。

△ 玄武区首次召开资本市场推进会，江苏省证监局局长助理凌峰、南京市金融办常务副主任胡昇荣、深圳证券交易所上海中心主任吴永和博士、国金证券投行部董事副总经理蒋生元、副区长王东等领导和嘉宾，及现代快报股份公司等 45 家拟上市企业代表参会。

22 日，市政府在玄武区召开全市城市网格化巡防管理工作现场会，区长王海宏、副区长曹曙参加。

△ 江苏省首批特级教师王兰语文教育思想研究中心成立大会在长江路小学召开，江苏省首批特级教师、著名基础教育专家王兰为研究中心导师。

23 日，区政协举办"从十七届五中全会看中国发展走向"学习报告会，邀请江苏省委党校经济学教研部副主任吴正林教授作报告。近 200 人参加报告会。

24 日，区委书记单景南、区长王海宏等一行 20 多人，到锁金村街道调研和现场办公。

△ 下午，区委常委一行到孝陵卫街道集体调研并现场办公。区委书记单景南、区长王海宏、区人大主任张萍等领导参加。

25 日，区委、区人大联合举办"玄武讲坛"，特邀全国人大代表、南京林业大学原校长余世袁做十一届全国人大四次会议精神学习报告。报告会由区委副书记、区人大常委会主任张萍主持。区四套班子有关领导出席报告会。部分省、市、区人大代表，区人大常委会全体组成人员，全区各街道、系统、机关各部门负责人，各街道人大代表组组长、人大工委主任、副主任、办公室主任、联络员及区人大机关全体同志参加学习。

26 日，阿尔巴尼亚妇女代表团在省、市、区妇联领导陪同下，参观访问后宰门街道富贵山社区。

30 日，玄武区第六届社区运动会开幕式在区体育活动中心举行。

31 日，区委书记单景南率区委常委及有关职能部门主要负责人一行 30 余人到玄武湖街道调研和现场办公。

4 月

1 日上午，玄武区新街口街道与市社科院"社会管理创新研究基地"合作协议签署、揭牌仪式在金鹰珠江一号举行。

7 日，区委常委集体调研徐庄软件园，区委书记单景南参加并讲话。

10 日上午，江苏省军区司令员孙心良一行在警备区司令员戴华、政委潘秀成、玄武区委书记单景南、区武装部领导陪同下，视察红山街道基层武装部正规化建设情况。

12 日，玄武区和谐社区建设工作推进会召开，省、市民政部门领导，区四套班子领导，各街道、各系统、区机关各部门主要领导，各社区党组织书记、主任 200 多人参加。会议宣读 2010 年和谐社区建设"品牌创新奖"和首届"十佳社区居委会主任"及"十佳社区工作者"表彰决定，启动"社区服务公益创投项目"，区委书记单景南、省民政厅副厅长侯学元为"玄武区社会工作服务中心"、"中共玄武区委社会建设工作委员会"揭牌。

19 日，"为幸福喝彩"——南京市文化惠民百场公益演出广场行暨玄武区第十五届"玄武之春"大型文艺演出在玄武湖公园莲花广场开幕。

23 日下午，玄武区庆"五一"职工文艺汇演举行。近千名工会会员观看了汇演。会上表彰一批工会系统创先争优先进个人，区级"职工之家"、"工人先锋号"和"职工书屋"示范点。

25 日，"走进增长极，实现新跨越"——2011 南京重大项目投资洽谈会玄武专场活动暨重大项目签约仪式举行，全区 18 个重点项目在活动现场集中签约，总投资约 32 亿元。

26 日下午，玄武区召开社区综治工作规范化建设现场会。

△ 上午，中宣部宣教局局长荆惠民、省委宣传部副部长周琪、市委宣传部副部长王嵬、市文明办副主任庄践欧一行，在区委副书记张萍陪同下，到锁金村街道锁三社区视察社区党建、和谐社区建设工作。

27 日上午，玄武区召开全区深化文明城市创建动员大会，区四套班子全体领导，各街道、系统、区机关各部门，部分驻区单位代表、部分市民观察员 600 多人参加。区街道、机关 16 家单位递交了责任状，5 家单位发言。区委书记单景南提要求。

29 日，市委书记杨卫泽在区委书记单景南、区长王海宏等陪同下，实地调研徐庄软件园建设与发展，重点考察园区科技创新型企业孵化及高层次人才创业、创新情况。视察迪比信可、赛特斯、集成电路产业园、集群研究院以及埃森等入园企业，并听取区科技局局长关于产业园及江苏（南京）集成电路设计公共技术服务平台建设和发展情况汇报。

△ 上午，2011 年玄武区知识产权工作推进会召开。市知识产权局局长刘小斌、区政府四套班子领导出席会议并讲话。区知识产权联席会成员单位、街道、驻区部分企业、院校、科研院所、专利代理机构、专利工作先进单位（个人）、专利代理工作先进单位知识产权分管领导 100 多人参加。

5 月

6 日，在锁金村街道，省艺术人才教育基地暨金陵竹刻传承基地揭牌。

△ 区妇联、区环保局主办，玄武湖街道承办的"低炭生活绿色家园共促文明"——玄武区第八届邻里文化节在玄武湖钟麓花园小区广场正式启动。

9 日，国家司法部部长吴爱英视察玄武区社区矫正管理中心，副区长曹曙参加。

10 日，在进香河农贸市场，全国人大常委会执法检查组检查玄武区食品安全工作，副区长王静参加。

16 日，市长季建业、副市长罗群视察麒麟科技园拆迁现场，副区长王东陪同。

17 日，玄武区 2011 年环境保护委员会全体会议暨区长环保目标签字仪式举行。

18日，市长季建业在区委书记单景南、区长王海宏等陪同下，视察徐庄国际集成电路设计产业园。

22日，江苏省计生协、南京市计生协、南京市计生委与玄武区人民政府联合在白马公园广场举行“青春健康与青奥同行”工程启动仪式。省人口计生委主任孙燕丽等省、市、区领导，以及驻宁部分大专院校学生代表和社区居民1000多人参加活动。

24日，区委组织部、区人力资源和社会保障局召开“机关干部进社区工作”总结表彰暨动员会。

25日，南京市“我为青奥献首歌”两岸四地青少年音乐欢乐营系列活动启动仪式在南京市小营小学举行。

6 月

1日，省委常委、副省长黄莉新，省政府副秘书长、省政府妇儿工委副主任于利中，省妇联主席、省政府妇儿工委副主任张京霞，省人大内务司法委副主任、省儿童基金会常务副理事长柏志英，省教育厅教育工委副书记、副厅长胡金波，市委常委、副市长郑泽光，市政府副秘书长刁仁昌，市妇联主席霍慧萍等领导慰问红山月苑第一小学全体少先队员，区政府副区长王静等领导陪同。

9日，区委书记储永宏陪同中央文明办关爱农民工志愿服务现场会的代表考察红山街道“农民工之家”。

10日，区委宣传部、锁金村街道主办，玄武区第十届社区学习节在锁金村街道社区服务中心开幕，区人大常委会主任张萍等领导出席开幕式。

12日，在白马公园广场，省、市、区政府联合举办“安全生产宣传咨询周启动仪式”，副区长曹曙参加。

△ 国家人社部副部长信长星、中残联副理事长程凯视察南京理工出版信息技术有限公司，副区长王静参加。

△ 玄武区安监局、教育局、消防大队联合进行的突发事件应急疏散演练，在南京第十三中学锁金分校举办，副省长史和平亲临现场进行指导和观摩。

13日，省食品安全委员会主办、市食品安全委员会承办、玄武区食品安全委员会协办的“2011年江苏省暨南京市食品安全宣传周启动仪式”在鼓楼市民广场举行。

△ 下午，玄武区庆祝中国共产党成立90周年大会召开，区委书记储永宏出席讲话。

△ 省高级人民法院院长公丕祥，市中级人民法院党组书记胡道才一行到锁金村街道，调研基层纠纷诉外调解和社会矛盾化解工作。区委常委政法委书记易兵、区法院院长姚正陆等陪同调研。

14日上午，山西省党政代表团参观考察徐庄软件园、苏宁电器总部，区委书记储永宏等陪同。

△ 中央政法委副秘书长、综治办主任陈冀平，省政法委书记李小敏，市政法委书记刘志传视察玄武区社区矫正中心，区委书记储永宏，代区长徐曙海等陪同。

21日，区委书记储永宏走访东南大学、南京理工大学，并与东南大学校长易红、南京理工大学校长王晓锋座谈。

22日下午，区委书记储永宏考察区创新创业特区——聚宝山郊野公园，并在徐庄软件园会见中国工程院院士、中星微电子有限公司董事局主席邓中翰博士。

△ 区政协邀请省委党校党史党建教研部主任助理、副教授、政治学博士张加华作关于“中国共产党90年的奋斗历程和基本经验”的报告。

23日，玄武区政府牵线搭桥，珠江路管委会办公室组织举办“2011年珠江路中小企业融资洽谈会”，旨在促进银行、担保公司和企业互惠合作、共赢发展。到会代表70多人。

28日，玄武区教育系统1024名中共党员在北京东路小学、十三中举行“我的岗位是模范·教育教学做贡献”主题党日活动。

29日，市长季建业“七一”前走访慰问党员劳动模范顾唯贤、生活困难党员王孝萍，区委书记储永宏等陪同。

7 月

1日，玄武区委组织部、玄武区区级机关工委、新街口街道党工委联合主办庆祝中国共产党成立90周年暨玄武区党员义工庆“七一”主题活动在新街口街道举行。

9日，市领导杨卫泽、陈绍泽、沈健、刘以安、徐金万等到玄武视察毕马威会计师事务所和戴德梁行，并听取区委书记储永宏关于玄武区党代会报告有关内容的汇报，代区长徐曙海陪同视察并出席汇报会。

13~16日，区委书记储永宏率玄武区党政代表团赴无锡、上海、苏州参观考察，参观访问“中国物联网研究中心”、“中微凌云公司”、“无锡中科物联网基础软件研发中心”、“杨浦规划馆”、“同济大学国家大学科技园”、“创智天地”、“陆家嘴金融中心”、“震旦大厦”、“张江高科技产业园”、“展讯通信馆”、“老码头文化街区”、“昆山花桥经济开发区”、“苏州高新区”等科技创新和文化产业示范园区、企业。

14日，玄武区卫生局、食药监局在区政府507会议室举行食品安全监管有关职能交接仪式。

19日，玄武区街道维稳办集中授牌仪式在新街口街道举行。市公安局党委副书记、副局长、市维稳办主任黄亚玲，区维稳领导小组组长易兵等参加授牌仪式。

24~26日，玄武区第十次代表大会召开，区委书记储永宏代表中共南京市玄武区第九届委员会向大会作题为“率先发展科学发展和谐发展，为建设现代化国际性人文绿都标志区而努力奋斗”的工作报告，大会选举产生了中共南京市玄武区第十届委员会和纪律检查委员会，储永宏当选为新一届区委书记，徐曙海、邱小凡当选为副书记。

28~30日，区委书记储永宏赴香港参加“苏港现代服务业合作推介会”、“南京建设CEPA示范城市现代服务业香港推介会”等省、市重要招商推介活动。

8 月

2日，科技部专家组到徐庄软件园（先声药业研究院）调研，省长助理、省科技厅厅长徐南平、副市长罗群、省科技厅副厅长曹苏民、区委书记储永宏、市政府副秘书长张新年等陪同调研。

4日，区委书记储永宏出席江苏省科技创新协会“企业家沙龙”——徐庄高层经营管理人才联席会成立大会暨“资本”与“知本”对接研讨会并讲话。

8日，玄武区召开深化文明城市创建再动员大会，区四套班子全体领导，各街道、系统、区机关各部门，部分驻区单位代表600余人参加会议。代区长徐曙海部署工作，区委书记储永宏提要求。

12~16日，区委书记储永宏、代区长徐曙海赴苏州、无锡、镇江、扬州参加全市领导干部学习班。

△ 玄武区举办防震减灾工作培训活动，各街道分管领导、科协秘书长、社区主任80多人参加。

16日，玄武区在长江路520广场举行“军民共建共创长江路文明街区”活动。

18日，玄武区“反腐倡廉我参与·文明城市大家建——清风颂和谐”主题文艺演出在北极阁广场举办，市、区纪委和监察局领导及机关、学校、社会群众共400多人观看演出。

22日，区委书记储永宏专题调研徐庄软件园企业上市工作，视察南京东大智能化系统有限公司、南京物泰信息科技有限公司、南京圣灵鱼动漫科技有限公司、江苏加成数字科技有限公司、南京埃森环境技术有限公司等5家重点扶持上市企业，并与企业负责人进行座谈。

△ 中共中央办公厅督察组领导在副区长曹曙陪同下，到兰园社区低保边缘户张勇家中进行走访慰问。

9 月

1日，区纪委、区机关工委和区监察局共同举办“公务员行为规范暨礼仪”专题讲座，区各街道、系统、机关各部门和市垂直部门近600人参加。

2日，市长季建业到锁金村街道锁二社区调研，代区长徐曙海陪同。季建业走访了社区5户居民。

6日，上午，区委书记储永宏出席在苏宁电器集团总部举行的2011年中国（南京）国际电子商务发展论坛并致辞。代区长徐曙海等参加。

8日，玄武区召开教育工作会议，市教育局局长吴晓茅，区委书记储永宏，代区长徐曙海等出席并讲话。

△ 晚，“月满台城”诗书、茶道、舞乐金秋品鉴文艺演出在玄武门街道明城汇广场举行。晚会由玄武区委、区政府主办，区委宣传部、区文化局、玄武门街道、江苏一德商业置业承办。区委书记储永宏，区政协主席梁广宏等领导参加。

△ 市教育局局长吴晓茅、区委书记储永宏、代区长徐曙海为玄武区“教育发展中心”成立揭牌。

13日下午，区委书记储永宏出席2011金洽会玄武专场活动暨科技金融项目签约仪式并讲话。区人大常委会主任张萍等参加。

14日，上午，区委书记储永宏会见戴德梁行华东区总经理刘小华一行，并签署战略合作协议。

19日，省委书记罗志军，省长李学勇，市委书记杨卫泽、市长季建业等省市有关领导陪同福建省党政代表团到苏宁电器集团总部参观考察，区委书记储永宏、代区长徐曙海陪同。

22日，江苏省环保厅会同玄武区人民政府、环保民间组织江苏绿色之友、锁金村街道等单位，在锁金村科技广场举行江苏省“青年环境友好使者”表彰暨2011年世界无车日纪念大会。

23日，市纪委书记龙翔、省监察厅副厅长雷根娣、区委书记储永宏等领导出席“徐庄软件园非公企业纪律监督组织成立大会暨授牌仪式”并讲话。

△ 下午，区委书记储永宏出席“玄武区创新型中小企业融资互助资金启动仪式暨新闻发布会”并讲话。会后率有关部门、街道负责人到锁金村街道、红山街道专题调研中铁二十四局集团江苏分公司总部大楼、省检察官培训中心项目进展情况。

25~26日，成贤街小学张可为同学被国家大剧院选中，由著名京剧表演艺术家梅葆玖先生做艺术顾问，著名京剧导演石宏图执导，在国家大剧院公演2场。

28日，区委书记储永宏出席南京赛格数码广场开业典礼。

10 月

9日下午，市委书记杨卫泽、副书记陈绍泽、副市长陆冰等领导视察江宁织造府项目，区委书记储永宏、代区长徐曙海等陪同视察。

12日下午，徐庄—江苏鱼跃科技发展有限公司合作签约仪式举行，区委书记储永宏、代区长徐曙海、区人大常委会主任张萍等出席仪式，储永宏致辞，

13日下午，区委书记储永宏、代区长徐曙海会见来自英国的全球知名品牌——环球嘉年华创始人及CEO William Stevens先生一行。

14日上午，市委书记杨卫泽调研玄武区同仁社区卫生服务中心工作，区委书记储永宏、代区长徐曙海等陪同。

△ 下午，玄武区2011年中小学生国防教育成果汇报暨阳光体育展演活动在南京理工大学体育场举行，区委书记储永宏出席并讲话。

19日，区政协企业家联谊会举办以“中小企业融资与科技创新”为主题的政策解析专题会，与会30多名企业家委员进行了现场交流。

20日，区委书记储永宏、代区长徐曙海会见了微软全球副总裁沈向洋博士一行。

20~21日，全国中小学和谐教育发展论坛暨教学创新研讨会在长江路小学举行。

24日下午，市委书记杨卫泽到玄武区调研贯彻落实市党代会精神有关情况，区委书记储永宏作题为《深入贯彻市第十三次党代会精神奋力建设现代化国际性人文绿都标志区》的汇报，代区长徐

曙海汇报了全区2011年经济工作和科技创业特别社区的具体情况。杨卫泽一行实地考察徐庄软件园和即将开园的南京科技金融园。

△ 省人大常委会党组副书记、常务副主任林祥国率省人大及常委会相关工作机构负责人、部分省人大代表到玄武区徐庄软件园视察，对知识产权审判工作给予充分肯定。

△ 省司法厅副厅长万力、省法院党组成员、审判委员会专职委员刘亚平等一行到孝陵卫法庭及铁匠营社区调研“庭所共建”工作。

28日，国际奥委会委员、南京青奥会协调委员会主席亚历山大·波波夫先生访问弘光中学，市委常委、秘书长、南京青奥会组委会常务副秘书长刘以安陪同。

29日下午，江苏省政法委副书记、综治办主任张新民带领省委组织部、省公安厅、省检察院、省司法厅、省民政厅等领导和参加“全省社会治安重点地区排查整治工作推进会”的市、县领导80多人视察玄武湖街道樱铁村社区，并参观老旧小区的治理和“六进社区”工作成效，玄武区政法委书记易兵，区政府副区长、公安玄武分局局长胡士宁、玄武湖街道书记陪同。

11 月

9日，市委社建工委书记许宏率社会建设工作目标督查组到玄武区督查社会建设工作目标完成情况，区委副书记、社建工委书记邱小凡陪同。

11日下午，区委召开玄武区“三争一创”实践活动动员大会，市委书记杨卫泽出席并讲话，区委书记储永宏作动员。600多人参会。

12日上午，玄武区青年联合会第三届委员会第一次全体会议开幕，团市委书记、市青联主席单晓峰、区委书记储永宏出席开幕式并讲话。

15~24日，代区长徐曙海一行赴加拿大、美国开展系列招商引智活动。

16日上午，区委书记储永宏出席玄武区红十字会第八次会员代表大会并讲话。

17日，市委社建工委书记许宏率办公室、综合指导二处和社区建设处、社会组织处人员调研玄武区锁金村街道社会建设管理创新工作，区委副书记、社建工委书记邱小凡陪同。

17~18日，区人大工作第四届理论研究会2011年年会在江苏常州市武进区举行。

21日下午，全国人大代表、南京军区原政委雷鸣球，全国人大代表、南京军区联勤部原部长顾守成，全国人大代表、南京军区政治部原副主任嵇绍莹到玄武区视察军休七所，省委常委、省军区政委李笃信，区委书记储永宏陪同视察。

23日下午，无锡市党政代表团到玄武区参观考察苏宁集团总部，市委书记杨卫泽，区委书记储永宏陪同考察。

△ 江苏省公安厅厅长孙文德，副市长、公安局局长徐珠宝到北门桥社区指导消防工作，并参观社区消防之友俱乐部，区常务副区长曹曙、新街口街道书记、主任等陪同。

24日下午，玄武区召开首届杰出人才表彰暨第二次人才工作会议，区委书记储永宏出席会议并讲话。

28日上午，由玄武区委、区政府主办，区委宣传部、区文化局等承办的金陵竹刻保护与发展推进会在玄武区政府409会议室隆重召开。

11月29日至12月1日，区委书记储永宏、代区长徐曙海率玄武区党政代表团一行120人赴广州市越秀区、海珠区、深圳市高新产业园、深圳市福田区参观考察，储永宏先后会见广州市越秀区区委书记武延军、海珠区区委书记姚奕生、福田区区委副书记王强。

12 月

7日，南京工业大学与徐庄软件产业基地产学研合作签约仪式在南京工业大学科技创新大楼举行，区委书记储永宏、南京工业大学党委副书记王雪峰出席，并为南京工业大学—南京徐庄软件产业基地管委会科技管理创新与教学实践基地揭牌。

8日下午，玄武区第一家高校外国人服务站在东南大学举行揭牌仪式。

9日下午，玄武区召开“五五”普法总结表彰暨“六五”普法启动大会，区街道、机关各部门和驻区单位200多人参加，区委书记储永宏到会并讲话。

13日，玄武区举行悼念侵华日军南京大屠杀30万同胞遇难74周年悼念仪式，区有关领导和社会各界人士100多人参加。

14日上午，市委书记杨卫泽一行到玄武区调研“南京中央文化区”整体规划情况并参观梅园新村纪念馆。区委书记储永宏，代区长徐曙海陪同。

15日上午，玄武区委、区政府与南京理工大学、南京体育学院、江苏省农科院、农业部南京机械化研究所、江苏省中科院植物研究所6所大学(院所)领导共同为玄武区一府六校(院所)科技创业合作大会暨南京紫金常春藤大学生科技创业园揭牌。区委书记储永宏，代区长徐曙海等区领导及6校(院所)分管领导、区相关职能部门领导，以及大学生、风投公司和有创业愿望的科技团队200人参加揭牌仪式

16日上午，副市长陈刚，市政府副秘书长穆耕林、市旅游园林局局长汪振和等市领导调研玄武区旅游工作，代区长徐曙海、副区长张连春陪同。

23日上午，省委书记罗志军视察东南大学尤肖虎实验室，市委书记杨卫泽，市长季建业、区委书记储永宏、代区长徐曙海陪同视察。

24日上午，市长季建业一行率市有关部门负责人到玄武区视察垃圾回收体系建设，区委书记储永宏、代区长徐曙海陪同视察。

28日上午，陈焕友等30余名原江苏省副省级以上老领导视察徐庄软件园，区委书记储永宏陪同。

30日下午，“新街口智造”玄武“321”人才创业大赛颁奖及签约仪式在南京电视台演播中心举行，市委书记杨卫泽，市委秘书长刘以安，区委书记储永宏、区人大常委会主任张萍、代区长徐曙海等出席。

31日下午，市长季建业，市政法委书记刘志伟，副市长陆冰、华静等市领导慰问玄武公安分局干警，区委书记储永宏参加。

党　　政

Party and Government

- ●中共玄武区委员会
- ●玄武区人民代表大会
- ●玄武区人民政府
- ●玄武区政协
- ●中共玄武区纪委

中共玄武区委员会

【全区机关作风建设暨重点项目推进大会】 2月10日，区委召开全区机关作风建设暨重点项目推进大会，总结2010年机关作风建设情况，部署2011年机关作风建设任务。会议要求全区各部门深入贯彻市委、市政府关于"群众工作年"和"执行力提升年"的部署要求，狠抓作风重实干，强化执行求实效，拼搏进取创实绩，在奋进赶超、攻坚克难、富民安民中诠释玄武精神、彰显党员本色，具体做到提升"四个能力"，即：不断围绕推进"一点两轴"提升执行落实能力，围绕巩固"基层基础"提升执政为民能力，围绕强化"常态长效"提升优质服务能力，围绕深化"两个统一"提升科学发展能力。同时，把作风建设落实到工作实践之中，全面推进各项工作，重点实施四大攻坚战，即：注重提质增效，用心打好产业升级攻坚战；突出快稳并重，用心打好项目拆迁攻坚战；加快联势聚力，用心打好资源整合攻坚战；坚持统筹兼顾，用心打好协调发展攻坚战。同时要求全区各级各部门务必谋划在先、运筹在前、调度科学、组织有力，确保拿下各项工作开门红。会议号召全区广大党员干部迅速把思想和精力集中到重点项目上，以崭新的精神风貌，全新的作风形象，创新的思路举措，把握每一天，奋战每一天，激情每一天，为率先基本实现现代化、建设现代化国际性人文绿都标志区做出新的更大的贡献。区四套班子全体领导，各街道、系统、区机关各部门科以上干部，各社区居民委员会、行政村党支部书记、主任以及区机关干部代表620人参加会议。

【区委党建工作会议】 2月17日，区委召开全区党建工作会议，总结2010年全区党建工作情况，部署2011年党建任务，动员和组织全区干部群众进一步解放思想、开拓进取、真抓实干，努力开创全区党建工作新局面，为率先基本实现现代化、建设现代化国际性人文绿都标志区提供坚强保证。会议要求全体党员干部牢牢把握新时期的使命责任，高点站位，强化共识；牢牢把握新阶段的重点任务，与时俱进，开拓创新；牢牢把握新征程的内在要求，昂扬奋发，主动作为。会议号召全区各级党组织和广大党员干部以更加强烈的使命感、更加旺盛的创造力、更加积极的进取心，奋力拼搏，真抓实干，努力开创党建工作新局面，以优异成绩迎接区第十次党代会胜利召开。

【区第十次党代会】 7月24日，区委召开区第十次党代会，回顾总结区第九次党代会以来的工作，审议确定今后五年主要任务，选举产生中国共产党南京市玄武区第十届委员会和中国共产党南京市玄武区纪律检查委员会，动员全区各级党组织、全体共产党员和广大干部群众，坚定不移地走创新驱动、内生增长、绿色发展之路，自觉肩负起"三个第一"先行军的历史使命，万众一心建设现代化国际性人文绿都标志区。会上，区委书记储永宏代表第九届委员会，作了题为《率先发展、科学发展、和谐发展，为建设现代化国际性人文绿都标志区而努力奋斗》的工作报告，会议提出今后五年全区工作的指导思想是：坚持以邓小平理论和"三个代表"重要思想为指导，深入贯彻落实科学发展观，以科学发展为主题，以加快转变经济发展方式为主线，坚定不移地走创新驱动、内生增长、绿色发展之路，大力实施创新玄武、文化玄武、品质玄武、绿色玄武、幸福玄武战略，在推进率先发展、实现"两个率先"中带好头，在推进科学发展、实现转型升级中当标兵，在推进和谐发展、建设人民幸福城市中争第一，努力把玄武建成现代化国际性人文绿都标志区。会议号召全区上下高举中国特色社会主义伟大旗帜，以邓小平理论和"三个代表"重要思想为指导，深入贯彻落实科学发展观，在市委的正确领导下，动员全区人民，凝聚各方力量，为建设现代化国际性人文绿都标志区而努力奋斗。区四套班子全体领导;区委委员、候补委员,区纪委委员;各街道党工委、人大工委、办事处负责人,各系统党政主要负责人,机关各部门及人大各工委、政协各专委会主要负责人;全体党代表220人参加会议。

【区委工作(务虚)会】 12月2日,区委召开区委工作(务虚)会议,深入贯彻省市党代会精神,紧紧围绕"争第一、创特色、做标兵"的目标,研判明年的发展形势,谋划来年工作思路,明确主攻方向。会议深入讨论了明年面临的宏观环境和发展形势,对2011年的各项重点工作等方面进行深入研讨,客观深入地分析存在问题,研究提出一系列具有很强针对性的对策措施,将2012年确定为转型提升年,明确"一主题、三任务、五行动"总体思路,即:围绕转型提升的主题,突出破除发展瓶颈、加快创新驱动、打造特色品牌三大任务,实施创业创新腾飞、主导产业跨越、城市品质优化、民生质量跃升、能力素质提升五大行动。其中,转型提升是核心,是2012年各项工作的总体要求;三大任务是着力点,是加快全面转型提升的关键所在;五大行动是抓手,是推动全面转型提升的具体举措。区四套班子领导以及各街道、区机关各部门和各系统主要负责人135人参加会议。

【区委十届二次全委(扩大)会议】 12月22日,区委召开十届二次全委(扩大)会议,深入贯彻党的十七届六中全会和省、市党代会以及中央、省经济工作会议精神,回顾总结2011年工作,深入分析当前形势,全面部署2012年任务。区委书记储永宏代表区委常委会,作题为《坚持创新驱动、加快转型提升,奋力建设现代化国际性人文绿都标志区》的工作报告。会议确定2012年为转型提升年。明确全区工作的指导思想是:以邓小平理论和"三个代表"重要思想为指导,深入贯彻落实科学发展观,以"三争一创"为统揽,以转型提升为主题,突出破除发展瓶颈、加快创新驱动、打造特色品牌三大任务,实施创业创新腾飞、主导产业跨越、城市品质优化、民生质量跃升、能力素质提升五大行动,全力打造"五个玄武",加快建设现代化国际性人文绿都标志区。会议动员全区各级党组织和广大干部群众以争第一、创特色、做标兵的激情干劲,心无旁骛干事业,凝心聚力谋发展,加快建设现代化国际性人文绿都标志区,以优异成绩迎接党的十八大胜利召开。区四套班子领导;区委委员、候补委员,区纪委委员;各街道党工委、人大工委、办事处负责人,各系统党政主要负责人,机关各部门及人大各工委、政协各专委会主要负责人;全体党代表共249人参加了会议。

(刘心林)

12月2日,召开中共玄武区委工作(务虚)会

·组　织·

【概况】 截至2011年12月31日,中共玄武区委派出工委19个,区委所属党组9个。全区共有基层党委44个,党总支63个。全区8个街道工委,下属党委35个,总支33个,支部702个,党员14450名。全区共有党员23625名,较上年增加1414名,增长6%,其中正式党员23329名,预备党员296名。其中,男党员13808名,占党员总数的58.4%;女党员9817名,占总数的41.6%。汉族党员23274名,占党员总数的98.5%,少数民族党员351名,占党员总数的1.5%。35岁以下的党员6227名,占党员总数的26.4%。大专以上文化的13417名,占党员总数的56.8%。2011年,全区共发展党员192名,其中女党员105名,占发展党员总数的54.7%;少数民族党员4名。35岁以下的新党员143名,占发展党员总数的73%;高中以上文化的新党员182名,占发展党员总数的94.8%。

【圆满完成区委换届工作】 7月24~26日,中国共产党南京市玄武区第十次代表大会召开,大会按照《中国共产党章程》和《中国共产党地方组织选举工作条例》的有关精神,经过全体代表的酝酿讨论,采用无记名投票的方式差额选举产生了中国共产党南京市玄武区第十届委员会委员25名,候补委员5名,纪律检查委员会委员15名。并于7月26日分别召开中国共产党南京市玄武区第十届委员会第一次全体会议和区纪律检查委员会第一次全体会议,25名区委委员、5名区委候补委员和15名区纪委委员参加了会议。区委、区纪委全体会议按照规定的方式分别选举产生了常委、书记、副书记。经十届区委第一次全体会议通过了区纪委常委、书记、副书记。

【开展纪念中国共产党成立90周年庆典活动】 开展纪念建党90周年系列庆祝活动,回顾党的光荣历史,讴歌党的丰功伟绩。4月,广泛开展以"树创先标杆、比发展业绩,树争优典型、比奉献精神"为主题的系列评比活动,18个党工委、74家基层党组织和1500多名党员参加。5月,开展“知党史、学党章、强党性”党史党建知识竞赛活动，举办玄武区改革开放和社会主义建设新时期成就展。6月，在南京文化艺术中心，区委、区政府召开庆祝中国共产党成立90周年大会，会议分为庆祝表彰和文艺演出两部分。表彰10个“五好班子”、30个“先进基层党组织”、60名“优秀党务工作者”和28名“勤廉好党员”并进行了颁奖。7月，全区各基层党组织和党员普遍开展了学习杨善洲精神、“创先典范”武家嘴村、“争先标兵”嵇艳霞等先进典型的事迹，并对照先进标杆，进行了深入的学习和探讨。各级党组织组织慰问老党员8名、老干部220名、生活困难党员420名，发放慰问金332000元。

5月10日，玄武区召开第二期挂职教师工作成果汇报会暨第三期挂职教师到任仪式

【深入开展创先争优实践活动】 2011年是创先争优实践活动的关键之年，玄武区各级党组织和广大党员紧紧围绕“组织创先进、党员争优秀、群众得实惠”的目标要求，以“满意先锋行动”为主题，紧扣“创先争优促发展，服务群众解难题”这一主线，坚持领导带头、统筹谋划、整体推进，取得了显著成效。开展创先争优点评活动，区、街、社区、企业等共举办86场点评会，共有1240人次的书记参与点评，被点评的党组织1032家，占全区党组织的100%，被点评的党员累计达到17535人，占全区党员的86%；共召开96场评议会，参与评议的群众达5200人，群众满意率普遍达到95%以上。开展“机关社区牵手行”活动，机关党组织和党员牵手337户低保边缘户，送去物质上的资助和精神上的温暖。开展“满意先锋行动”，全年为基层办成116件惠民实事，受到群众的普遍欢迎。

【党员义工服务品牌创建年系列活动】 更高标准、更高要求、更高层次地谋划党员义工服务工作。开展形式多样，丰富多彩的广场便民服务活动，“3·5”学雷锋日，在1912浦发广场举办“建群众满意工程，创义工服务品牌”启动仪式，全区新申报文明使者、邻里关爱、儿童托管等党员义工服务项目10大类30个。“七一”中国共产党成立90周年之际，在凯润金城广场举办“党员义工争先锋，同庆华诞谱和谐”主题活动，全区60支党员义工服务队伍参加广场服务，服务群众达200人次。《南京日报》、南京电视台等新闻媒体予以报道。开展星级党员义工评选与集中展示活动，分初评和集中展示与评选两场进行，21个项目通过音乐剧表演、朗诵、三句半、PPT介绍等形式展示党员义工服务项目实施情况，最终夕阳天使行动、“朝夕相助”行动、“同在玄武、共享蓝天”爱心助学计划、党员校外护导队和“手牵手”行动走进放学来吧公益班被评为四星级党员义工服务项目，民援法制中心、梅园先锋楼道清洁工程、喜迎青奥、笑脸同盟、五四青年课堂和珠江路党员义工服务行被评为三星级党员义工服务项目，获得一定的奖励资金扶持。

【加强组织工作创新创优项目建设】 2011年，玄武区继续在全区组织系统全面进行组织工作创新创优项目建设。项目建设中，注重借鉴经济社会工作中的有益经验，坚持论证立项、过程管理和评审总结三个环节一起抓，确保了工作实效。年初，通过各工委初定方向、组织部门指导，确立了17个选题，内容涉及干部、人才、社区党建、非公党建和党员教育管理等多个方面。项目推进过程中，各党工委均能高度重视创建工作，按照项目建设计划扎实推进，区委组织部有关科室经常对各项目的实施给予指导。6月底，通过《组工信息》择要介绍了一些进展较快并取得初步成效的项目。在12月15日的评审会上，新街口街道党工委《党委引领·四委试行·推动社区组织管理架构创新》等5个项目授予创新创优优秀成果奖；对后宰门街道党工委《“4+1”培养法塑造全能型社区人才队伍》等5个项目授予创新创优成果奖。通过连续4年建设创新创优项目，在组织系统形成了浓厚的创新创优的氛围，推出了一批创新创优的成果，提升了玄武区党的建设和组织工作科学化水平。

【年轻干部导师制培养工作】 2011年，玄武区进一步加大年轻干部培养选拔工作力度，深入推进年轻干部导师制培养工作，用导师制的培养方法，对年轻干部实行有计划、有步骤、有重点的“一对一”结对培养。11月，专门召开了年轻干部培养选拔暨年轻干部导师制培养推进会。区委组织部、区人社局、区级机关工委等相关单位领导，以及近两年聘任的导师和新进玄武工作的年轻干部参加了会议。会上，相关领导为新聘任的导师颁发了聘书；结对代表签订了《结对培养责任状》；年轻干部代表和导师代表做了交流发言；区法院就初任法官导师制培养进行了经验交流；区委常委、组织部部长杨乐华对年轻干部培养选拔工作和导师制的贯彻落实提出要求。在全区范围内推行年轻干部导师制培养举措，为每位年轻干部配备“职业导师”，有助于年轻干部尽快适应工作岗位，尽早实现成长成才。

【连续3年选聘高校优秀人才挂职】 2009年以来，先后从驻区东南大学、南京理工大学、省农科院等高校(院所)选聘了17名优秀青年教师及科研人员，担任科技、发改、民政、街道等单位副职。其中，具有博士学位的12名，具有副高以上职称10名，挂职到任时平均年龄37岁。2011年4月，召开第二期挂职教师工作成果汇报会暨第三期挂职教师到任仪式，择优留用2名优秀挂职教师，分别担任发改局副局长和民政局副局长。新选聘7名优秀青年教师及科研人员，分别担任商务局、科技局、孝陵卫街道等单位的副职。

【高层次人才引进工作】 2011年，玄武区高度重视引进高层次人才工作，入选中央“千人计划”在企人才1人，入选省“双创计划”7人，列全市区县、园区第一。入选省“企业博士集聚计划”3人，入选市“紫金人才计划”10人，在全市处于前列。

【蝉联江苏省“人才工作先进区”】 连续第二次获全省“人才工作先进区”称号。2011年制定出台《玄武区高层次人才引进培育计划》，人才政策制定实现新突破。当年安排2000万元人才专项资金，其中1000万元作为区科技创业种子(天使)投资基金，1000万元作为人才扶持资金。召开了第二次全区人才工作会议，为入选“紫金计划”的人才发放创业创新启动资金，对玄武区首届突出贡献人才及杰出人才，2009~2010年度玄武区人才工作先进单位、优秀单位分别给予奖励，共发放奖金近600万元。依托东南大学科教资源，打造以创新设计和研发产业为主要特征的环东大知识创新区。区校正式签订科技创新合作协议。与组织、人社、科技等部门相互配合，为已落地人才办成了户口落户、子女入学等一批实事，协调解决涉及工商、税务等事宜。帮助一批驻区重点人才项目争取各级科技经费5000余万元，位居主城区第一。与7家科技银行和3家科技保险机构紧密合作，推荐和扶持34家中小型科技企业获得南京市政策性科技信用贷款6400余万元，位列主城区第一。加大人才宣传工作力度。2011年下半年通过《南京日报》进行宣传有14篇次，其中整版重点报道1篇，“千人计划”、“省双创”人才深度报道5篇次。

（曹 阳 陈 夏 王 球）

·宣　传·

【概况】 2011年，玄武区委宣传部紧紧围绕学习宣传党的十七届五中、六中全会和省市区党代会精神，深入落实科学发展观，结合纪念中国共产党成立90周年、“十二五”开局之年，按照“高举旗帜、围绕大局、服务人民、改革创新”的总要求，以学习型党组织建设为龙头，进一步强化理论学习和宣传工作，以把握正确舆论导向为重点，进一步营造科学发展、率先发展、和谐发展的浓厚氛围，以迎接全国文明城市复查为主线，进一步提升地区文明水平和市民素质，以融入中心、转型升级为驱动，进一步加快文化产业发展力度。坚持贴近实际、贴近生活、贴近群众，不断加强理论武装、舆论宣传、精神文明、文化建设等工作，为玄武区推进现代化国际性人文绿都标志区建设提供强大的思想保证、精神动力、舆论支持和文化条件。

【公民道德实践活动成效显著】 2011年，结合迎青奥、纪念中国共产党成立90周年等重大事件，在全区深入开展“迎青奥、讲文明、树新风”为主题的道德宣传和实践活动。在“全市群众性精神文明建设工作创新案例征集评选活动”中，推荐了15例特色工作，其中“新家园·新生活——以参与式方法帮助失地农民融入城市文明社区”入选南京市精神文明建设十大创新案例。大力开展可爱玄武人、中国好人、道德模范等道德典型的选树。积极开展“我推荐、我评议身边好人”活动，集中向中央文明网推荐4人，中北巴士司机邵广田获2月份“中国好人”。积极开展第三届道德模范选树活动。全区共推荐了25名候选人员，3人入围市级评选，玄武区市民成息红当选为南京市道德模范。邵从海等7人被评为南京市第十届好市民。

【开展新时期玄武精神讨论】 2011年，以贯彻落实新时期“江苏精神”和南京“四创”精神为主要内容，开展新时期玄武精神讨论、征集、实践活动。通过区内动员和面向社会征集确定候选题目，并在此基础上举行多层次的“新玄武精神”讨论，从中提炼出具有时代特色的精神内涵，在区内掀起了解玄武、热爱玄武、发展玄武的新高潮。

【开展各类志愿服务活动】 2011年，区委宣传部积极组织开展各类志愿服务活动。组织“服务青奥·清洁社区·文明你我他”志愿服务活动。组织志愿者参与“江苏澳门周暨活力澳门推广周”活动。承办南京市关爱农民工志愿服务活动的参观活动。做好中国文明网南京站网络信息志愿者和博客志愿者工作，积极参与全国、省、市优秀志愿者和优秀志愿服务组织评选的活动。区志愿总会会长中科集团副总裁冯鹏被推荐为候选人、韩先林工作室被推荐为优秀志愿服务组织，并入围省级候选。

【新闻宣传工作】 2011年，全区新闻宣传工作紧紧围绕区委、区政府的中心工作，服务“三个发展”，抓住重点、整体推进，在舆论引导、对外宣传、网络舆情等方面，做了大量卓有成效的工作。重大活动舆论宣传力度加大。围绕“党代会”、“软博会”、“金洽会”、“电脑节”等重大活动开展正面宣传，突出主题，宣传亮点，精心造势，在《南京日报》、龙虎网、《金陵瞭望》、《新华日报》、南京电视台等主流媒体上开辟专版专题，大力营造良好的舆论氛围。全年共发布新闻4200余篇，其中中央和省市媒体重点报道50余篇，覆盖电视、报纸、广播、网络、微博等各类媒体。重大主题社会宣传组织有序。

【社会宣传活动富有特色】 加强社会宣传活动的组织策划，积极运用户外广告、电子屏、社区宣传栏等宣传工具对重大主题活动进行全方位、立体式的社会宣传。围绕“迎青奥”主题，精心组织开展“奥林匹克会旗在玄武区传递”活动，全面展示玄武形象；围绕“党代会”主题，发放宣传画4000张，广泛开展党代会图片巡展活动；围绕“中国共产党成立90周年”，精心组织参与省“红歌会”和“今日江苏”摄影展览观展活动，组织街道、系统、部门20000余名党员干部群众参与活动，并在全区开展50余场群众性宣传活动。

【加强舆论引导能力建设】 2011年，制定出台《关于进一步加强舆论引导能力建设的意见》、《玄武区媒体网络突发事件应急处置预案》、《关于建立玄武区政府网络发言人制度的意见》，主动做好基层宣传员培训工作，共培训基层宣传员360人次。坚持新闻舆情值班制度，每天关注与玄武区有关的动态新闻，重大事件及时上报，每周一期新闻专报。全年采集各类网络舆情信息1160余篇，分析报送382篇；编发《舆情动态》75期，为区域内舆论舆情预警预报提供有效依据。受理网络问政、龙虎民生、天涯论坛和西祠胡同等网站上涉及玄武的各类问题1300余条，办结答复380余条。成功处置网络新闻突发事件35起，有效化解网络舆论引发的负面影响。

【推进学习型城区建设】 2011年，区委宣传部以学习贯彻党的十七届五中、六中全会和省市区委全委会精神为主要内容，认真制定学习意见，广泛开展主题宣讲，组织“美好江苏”创新成就展参观活动，并以“玄武讲坛”为载体，聘请专家学者大力传播新知识、新理念，全年安排中心组各类学习12次；《南京玄武区领导班子自觉带头抓学习强素质谋发展》一文被省委宣传部“建设学习型党组织、学习型领导班子”工作简报刊发。举办玄武区第十届“社区学习节”、第八届“珠江路学习创新节”。组织参加“全国党建知识竞赛”和全省竞赛活动。整合社区教育和市民学习资源，创建一大批学习型机关、学习型社区、学习型家庭、学习型企业等学习型组织。

【提升文化产业竞争力】 2011年，围绕区委区政府加快“三极两环”发展，提升产业竞争力的指导精神，进一步加大推进文化产业发展力度，制定实施骨干企业扶持计划，落实企业自主创新扶持政策，重点培育一批龙头型、骨干型、成长型企业，建立企业上市后备资源库，创建市级文化产业示范基地，促进各类文化园区和项目加快建设。南京钟山文化发展有限公司申报的南京十朝历史文化展览馆项目补贴、江苏盛世宝玉有限公司申报的玉文化创意产品推广项目补贴等15家企业，获得南京市2011年文化产业发展专项资金资助。“中央创意产业园”、“金陵竹刻”被评为2011年度市级文化产业基地。 （李天安）

10月13日，区委常委、宣传部部长周雯调研曼度嘉年华文化产业园发展情况

·统　战·

【概况】 2011年，玄武区统战工作在区委、区政府领导下，团结带领全区统一战线成员牢牢把握科学发展主题和加快转变经济发展方式主线，围绕“十二五”规划的全面实施和全区中心工作、重点工作，凝心聚力、开拓创新、促进和谐，为“五个玄武”的顺利推进作出积极贡献。广泛动员统一战线成员开展调研宣传活动，配合上级部门完成了民主党派、党外干部、民宗工作、侨台工作的专题调研。同时从宣传政策、集中调研、走访慰问、汇聚民智、联系帮扶五个方面着手，以统战特有的服务方式促进玄武又好又快发展。

【开展同心同行主题教育活动】 2011年，区委统战部认真学习贯彻市委《关于充分发挥统一战线在推进社会建设创新社会管理中作用的意见》精神，充分发挥自身优势，更好地为经济发展和社会和谐作贡献。扎实开展同心同行主题教育活动。以纪念中国共产党成立90周年为契机，组织全区各界人士通过唱红歌、看红色经典电影、举办报告会、摄影展等各种形式纪念中国共产党成立90周年，6月24日组织民主党派、无党派、知识分子联谊会、工商联、少数民族、宗教界、侨台界、新的社会阶层等各界人士召开座谈会。加强统战干部学习培训。每月组织街道统战员、机关干部开展学习交流。举办6期培训班。选送26名统战干部和统战成员参加了省、市统战系统、社会主义学院举办的培训班。

【推进多党合作和政治协商制度】 不断推进多党合作和政治协商制度。专题召开区人大、政协党外常委研讨会。突出“交流履职经验、坚定信念与党同心同行”主题，29名人大、政协党外常委结合自己的工作交流了履职体会。引导民主党派人士参与社会建设创新社会管理。组织各民主党派开展以“建科学发展之言、献共建和谐之策、着力推进社会管理创新”为主题建言献策活动。23个结对党派支部和社区组织30余次共建活动。召开2次政情通报会，向党派组织负责人通报全区经济、文化、政治、社会建设情况，听取他们的意见和建议；组织党外知识分子开展践行社会主义核心价值体系主题活动，充分发挥他们在不同领域联系广泛、知识密集的作用，组织“十二五”规划解读、重点项目考察等4次主题活动。

【加大党外干部培养力度】 2011年，按照党外干部工作规划，在政府应配部门14个局、法检两院、3个街道配备党外领导干部，其中正处级5人。同时，对全区党政机关的党外人才进行全面梳理，建立党外人才队伍库，加大教育、培养、使用力度。在玄武区第11期中青年干部培训班，专门设置统战知识课程，4名党外干部参加培训。

【创新民族宗教工作】 开展“民族工作示范社区”创建，推荐大行宫社区为省示范社区，并在全省创建工作会议上作典型发言。以“生活服务体系化、政策待遇同城化、教育培训阵地化、创业就业平台化、邻里相居亲情化”为标准，建立了红山片区“新南京人少数民族5分钟服务圈”平台，使服务更加快捷规范；2011年，荣获“市少数民族文艺汇演”活动组织奖；为辖区内117名少数民族学生办理了民族成分审核；两次为“新疆大巴扎农副产品巡回展”服务，与区工商局、商务局对区域内23家清真饮食网点进行了联合执法检查；春节和“六一”儿童节慰问红山外来工子弟学校少数民族学生33名，全年帮扶困难少数民族群众30余人，送去慰问金近2万元；接待来访少数民族群众80余人次；协调解决4名少数民族学生就学。

【依法管理宗教事务】 2011年，协助举办“金陵礼佛月”和海峡两岸佛教界纪念辛亥革命100周年大型水陆法会；落实对玄奘寺等汉传佛教名教职人员基本情况录入工作；在“玄奘顶骨舍利供奉大典”、“2011金陵礼佛文化月妙相琉璃展”以及各寺庙“撞钟祈福”等活动中坚持值班值守，做到管理与服务并重，保障活动有序开展；选举产生“区三自”新一届领导班子，优化宗教团体的组织领导结构，推进了民主办教进程；依法开展对私设聚会场所的劝散和取缔，全年取缔私设聚会场所3处。

【开展“爱心助学”活动】 组织辖区内9个宗教活动场所和1个宗教团体捐资4万元，对46名困难家庭学生助学，帮扶的对象主要是特困家庭、困难少数民族家庭、困难外来务工家庭的学生，宗教界人士“扶贫济困、乐善好施”的善举，受到社会广泛赞誉。

【妥善处置矛盾纠纷】 2011年，进一步做好民族宗教领域的预警预测、应急处置和救援、宣传教育，完善培训体系，深化安全专项治理，落实宗教活动场所安全主体责任，严格安全目标考核与责任追究，与创建“和谐寺观”活动结合起来，每逢重大节日和重大活动前，都要对辖区内所有宗教活动场所进行安全检查，从加强宣传教育入手，提高安全防范意识，全面排查事故隐患和薄弱环节。先后妥善地协调和处置了九华山山体南北坡塌滑险情、玄奘寺与绿涛公司、毗卢寺与周边群众的矛盾纠纷。

【深化侨台联谊工作】 2011年7月，接待台湾新北市先啬宫少年国乐团100余人到玄武参观访问。协调先啬宫国乐团和南京第九中学民乐团，联合举办了“恋上民乐——两岸情深”演出，增进两岸同胞、特别是青少年之间的友谊。发挥侨台优势服务经济建设。帮助海外华人与本地企业做好项目技术合作对接，邀请华商参加玄武区重洽会、金秋经贸洽谈会，全力推介玄武、招商引资、纳贤引才。2011年，先后3次组团到台湾宣传，扩大了南京玄武在台湾岛内的影响，与新竹县签订了合作协议，与新北市三重区达成了友好共识；并协助台湾中天电视台到1912街区参观采访，加强两岸经贸关系。深入开展侨台工作。对16个社区754位归侨、侨眷、华侨和海外华人情况进行了登记；召开了侨情普查工作推进会。5月份，联系在宁台湾大学生，在区老年公寓开展了“传承中华文化携手共献爱心”义诊活动，南京医科大学10名医学专家及20名在宁学习的台湾大学生，利用他们的医学专长免费为老年公寓的老人们义诊，为周边地区的社区居民传授养生健身、防病治病知识，受到欢迎。

【广泛开展社会调研工作】 一是加强制度建设。修订和完善机关工作制度，认真落实党风廉政建设责任制，严格落实机关二级考核方案。二是改进工作作风。广泛动员统一战线成员开展调研宣传活动，把媒体宣传与实践活动相结合，理论探索与工作创新相结合，一般宣传与突出玄武区统战工作亮点相结合。三是深化“五服务”活动。统战部机关分组与8个街道挂钩，开展“倾听民声，汇聚力量，服

7月20日，玄武区与新北市三重区联合举办海峡两岸青少年民乐交流演出

务基层”活动，与结对社区开展共建活动20余次，配合上级部门完成了民主党派、党外干部、民宗工作、侨台工作的专题调研。同时从宣传政策、集中调研、走访慰问、汇聚民智、联系帮扶五个方面着手，以统战特有的服务方式促进玄武又好又快发展。 （卓旭红）

·社会建设·

【概况】 2011年3月，玄武区委常委会研究决定，成立中共南京市玄武区委社会建设工作委员会。区委常委、统战部部长刘显平任书记，区委宣传部副部长、文明办主任胡圆圆任常务副书记，区民政局副局长王荣任副书记。4月12日，区委、区政府召开全区和谐社区建设工作推进大会，会上，区委书记单景南、省民政厅副厅长侯学元为区委社建工委揭牌。7月，区委换届，7月19日区委明确由区委副书记邱小凡任书记。8月29日，王荣任常务副书记、陈放任副书记。社建工委自组建以来，坚持以科学发展观为统揽，深入贯彻市第十三次党代会、区第十次党代会精神，围绕“加强社会管理、巩固社会和谐、促进社会幸福”的总思路，落实“巩固基础、放大特色、创新思路、全市领先”的总要求，认真履行宏观指导、统筹协调、综合研究等职责，全力服务于玄武经济社会又好又快发展，各项工作取得新成效。

【社会管理创新研究基地在新街口街道挂牌】 4月1日，新街口街道与市社科院签订合作协议并举行揭牌仪式，双方联手在街道设立“社会管理创新研究基地”，共同探索科学的社会建设和管理模式。新街口“社会管理创新研究基地”的成立，充分发挥街道干部的“实战经验”和社科院专家团的“智囊智库”双重优势，优化政务服务和为民办事的流程，逐步实现干部网络化分工、资源科学化整合、工作项目化推进的社会管理机制。

【“生态式社区教育在玄武”特约访谈】 5月，玄武区委社建工委与区社教办、龙虎网共同策划“生态式社区教育在玄武”的特约访谈，玄武是全国首批教育示范

11月17日，南京市委社建工委书记许宏（前排中）到锁金村街道调研社会建设管理创新工作

区之一，社区教育处于全国、全市领先地位。生态式教育是以爱环境、爱生活、爱生命为主要学习内容，以学习者达到自然、和谐、可持续发展为目的的教育形态，它对平稳社会心态、促进社会和谐起到积极的作用。南京市教育局处长梁晓峰、玄武区委社建工委常务副书记胡圆圆参加访谈。

【市委社建工委督查玄武区社会建设工作目标完成情况】 11月9日，市委社建工委书记许宏率市社会建设工作目标督查组，在区委副书记、社建工委书记邱小凡的陪同下，督查玄武区社会建设工作目标完成情况。许宏一行现场察看了樱铁村社区社会管理综合治理、“六进”社区以及明心儿童自闭症康复中心运转情况、板仓社区文化活动中心社会化服务和基层社会民主自治情况、同仁街卫生服务中心卫生体制改革情况，并听取了玄武区社会建设工作专题汇报。许宏对玄武区社会建设工作充分肯定，对领导体系、机构编制及工作组织情况给予高度评价。同时，希望玄武区积极探索不断创新，把社建工委建设好、发展好。

【市委社建工委调研玄武区锁金村街道社会建设管理创新工作】 11月17日，市委社建工委书记许宏率办公室、综合指导二处和社区建设处、社会组织处同志，在玄武区委副书记、社建工委书记邱小凡的陪同下，调研玄武区锁金村街道社会建设管理创新工作。许宏一行现场察看了锁二社区大学社工法律服务社、沙盘心理保健室等社会组织工作运作情况，街道民生服务和文化中心、城市环境管理服务中心、综合治理和矛盾调解中心三大中心运转情况。在座谈会上，区委副书记邱小凡介绍了全区基层社会管理创新工作推进情况和下一步工作思路；街道工委书记石磊汇报了街道“中心化”建设的有关情况。许宏充分肯定玄武区积极探索基层社会建设和管理创新工作，主动培育和引导社会组织参与社区管理服务。许宏希望玄武区进一步深化街道“中心化”改革，积极在架构社会建设目标体系、完善社会管理创新规划、畅通民意诉求平台、推进信息化工作等方面做好探索和实践。

【区委社建工委调研指导街道社会建设工作】 11月中旬到12月下旬，区委副书记、社建工委书记邱小凡带领区委社建工委全体人员先后到锁金村、新街口、红山、玄武湖、后宰门等街道调研指导街道社会建设工作。邱书记就街道做好服务群众工作，提高社会建设和社会管理工作水平提出具体要求：一是要进一步提

高认识，统一思想，高度重视社会建设工作的必要性和紧迫性；二是要进一步巩固基层基础、工作重心下移，围绕群众所需，提高公共服务、社会保障等各项工作力度；三是要进一步创新工作思路，适应形势、围绕需求、立足实际，积极探索机制体制创新；四是要充分借助社会组织力量，积极培育、引进公益类、慈善类、枢纽型社会组织参与社会建设；五是要打造品牌，形成特色，加强宣传，进一步扩大影响力。

【社会建设工作领导小组成员第一次会议】 12月30日，玄武区召开社会建设领导小组成员第一次会议。区委副书记、社建工委书记邱小凡，区委常委、政法委书记易兵、社会建设领导小组各成员单位负责人出席会议。会议回顾总结2011年全区社会建设工作，研究部署2012年重点任务。会上，锁金村街道、新街口街道、玄武门街道和区综治办对2012年社会建设总体思路及主要工作打算进行了交流。易兵对2012年全区社会管理工作提出三点要求：要坚持“党委领导、政府负责、社会协同、公众参与”和“以人为本，服务优先”的理念；要深化社区体制和街道社会管理机制创新；要突出社会管理创新项目引领。区委副书记邱小凡对2012年全区社会建设工作做了全面部署：一是准确把握内涵，坚定不移地走玄武特色的社会建设之路；二是加快转型提升，努力推动社会建设开创新局面、赢得新突破；三是紧扣目标任务，确保明年社会建设工作起步扎实、开局有力。各成员单位要牢固树立“社会建设也出生产力”的理念，进一步增强推进社会建设的责任感、创新社会建设的紧迫感、投身社会建设的荣誉感，高点谋划、精心组织、全力以赴抓好各项工作，奋力开创玄武社会建设引领创新、突破跨越的新局面。

（杨　菁）

·党　　校·

【概况】 2011年，玄武区委党校以党员干部教育培训为中心，以学习宣讲党史、党代会精神为主线，服从大局，求实创新，主要工作取得新的进展：校址调整工作有了新的突破，目前已经进入校舍加固阶段；为机关部门、街道社区及有关培训班开设了34场党史及市、区党代会精神的专题宣讲，听众超过3000人次；举办了8期培训班，参训干部772人次；顺利完成了41名最后一届党校函授学员的毕业工作，并为3173名历届函授学员建立了个人信息电子档案；编印了《玄武区第11期中青班调研报告集》和8期《玄武党校调研》；捐献善款共计11400元；被评为“南京市党校系统函授教育突出贡献单位”和玄武区“五五”普法先进集体，获得玄武区部门决算编制工作先进奖；另有16人次获得市、区表彰或奖励。

【纪念中国共产党成立90周年系列活动】 为了隆重纪念中国共产党成立90周年，区委党校全体同志认真研读了党史第一卷、第二卷等重要著作，参与了全市党校系统党史学习教育师资培训以及全区“庆祝中国共产党成立90周年党史党建知识竞答”网络答题活动。在认真学习党史著作和胡锦涛总书记“七一讲话”的基础上，党校每位同志结合个人研究专长撰写了主题鲜明、富有特色的党史讲稿，在校内开展了8场研讨会和试讲活动，并以“流动党校”为主要载体，先后在各类培训班、有关部门以及街道社区进行了13场党史专题宣讲，听众人数超过1200人次，受到了广大党员群众的热烈欢迎。

【开展市、区两级党代会精神的学习宣讲活动】 7月下旬，玄武区第十次党代会召开后，区委党校及时组织全体同志认真学习区委书记储永宏的报告，并精心起草了区第十次党代会精神的宣讲稿，组成宣讲团先后为玄武湖、锁金村、红山、玄武门和孝陵卫等街道以及区委老干部局、军休系统的广大党员干部和群众解读区党代会精神。10月中旬，南京市第十三次党代会结束后，党校再次组成宣讲团赴各街道和有关部门进行宣讲，把市党代会的“四为方针（即民生为先、统筹为要、生态为基、文化为魂）”、“三争一创（即科学发展争第一、改革创新争第一、和谐稳定争第一和争创党的建设先进市）”等最新精神传达到基层。党代会精神宣讲活动举行21场，听众2000多人次。

【举办8期干部培训班】 2011年，区委党校紧紧围绕全区中心工作和发展大局，以能力建设为核心，以满足需求为导向，积极探索新形势下提高干部培训针对性的新思路。全年共举办各类培训班8期，参训干部772人次。培训工作的主要特点：一是紧密围绕中心工作，突出了课程的政治性。结合纪念中国共产党成立90周年活动，把党史、党性教育融入到中青班、积极分子班和党组织书记班等培训班的教学内容；结合学习贯彻区党代会

4月12日，玄武区科长培训班开班

精神，把解读党代会报告列为主体班的主要培训内容。二是以人为本、按需施教，强调了内容的针对性。科长培训班运用了“三化一自主(即专题化、小班化、短期化和自主选学)”的培训模式，设置了贴近科长任职特点的课程，并专门安排到省委党校昆山分校培训考察；中青班则大量设置了体现创新思维特点的课程，并安排到西柏坡等地学习考察。三是强化多方互动，提升了模式的创新性。例如，中青班采用了情景模拟、角色扮演、案例点评等互动教学形式；科长班开展户外拓展培训等活动；在有关主体班上建立QQ学习群提高互动频率和交流效果；在考核方式上坚持学考结合，寓考于学，给学员以学习的压力和动力。

【课题调研注重实践性和规范性】 区委党校结合区“十二五”规划，筛选“文化建设”和“社区建设”两个专题开展针对性研究。区第十次党代会召开后，党校又及时丰富课题调研的内涵，结合“五大战略(即创新玄武、文化玄武、绿色玄武、品质玄武、幸福玄武)”开展关于“创新驱动、内生增长、绿色发展”路径等方面的研究，先后组织全体同志到新街口、孝陵卫等街道进行集体调研。一些同志还利用到基层宣讲的机会深入街道、社区进行实地走访，取得了丰富的资料，有效提升了调研的质量。2011年，党校还组织第11期中青班学员开展了近两个月的调研活动，并采取“双向匿名”的形式，对39篇调研报告进行“盲审”，所有调研报告汇编成集。

【完成党校函授学历教育历史使命】 2011年，2008级(下)经管专业大专班41名学员顺利毕业。至此，党校完成了函授学历教育的历史使命。本着对函授事业高度负责的态度，党校认真做好函授教育的各项收尾工作。在精心组织和多方配合下，1985年党校函授办学以来的所有学籍档案(共28卷)整理归档工作也已圆满完成，为3173名函授学员建立了个人信息电子档案，做到了数据准确无误，查找方便快捷，将“死档案”变成了“活档案”；党校还对往届函授学员资格进行认真清查，妥善解决办学过程中的历史遗留问题，充分保障了学员的合法权益。

【启动党校校址调整工作】 根据区委办公会的决定，区委党校校址将调整到原47中校址。自4月以来，党校积极配合区有关部门做好校址调整工作。为把该项工作落到实处，党校成立工作小组，并专门委派一名副校长负责此项工作。在经过实地察看和充分论证后，党校与有关部门共同决定对原47中校舍采取先加固后装修的办法。在校址调整中，党校加强了工作的严密性和规范性，每一步都依照有关程序和法律进行。为了保证工程改造的安全与质量，党校动员全体同志一起参与全过程监督。校舍改造已经进入了施工阶段。 (陈英武)

·老干部工作·

【概况】 2011年，玄武区委老干部局认真贯彻中央、省老干部工作会议精神，以“让党放心、让老干部满意”为标准，以开展“创先争优”活动为载体，进一步落实老干部政治待遇和生活待遇，圆满地完成了区里下达的目标和专项工作任务，整体推进了老干部工作创新。区委老干部局撰写的《玄武区“五个坚持”做好易地安置老干部服务工作》被“江苏省老干部工作者协会评为调研论文三等奖”，老干部局档案工作通过了江苏省三星级测评验收。2011年，区委老干部局获南京市老干部工作先进集体荣誉称号，老干部局党支部被评为玄武区“先进基层党组织”，玄武区机关离退休干部党支部获得南京市“五好”离退休干部党支部。离休干部胡为祥荣获全省“四好”离退休干部党员称号。在“七一”前夕，有4个离退休干部党支部和10名党员受到省、市、区的表彰。至12月31日，全区共有老干部232人(其中市管退休干部25人)，年内有10名老干部因病去世。

【落实待遇做好服务保障】 区委老干部局坚持和完善通报情况、走访慰问和参观考察制度。1月，召开全区老干部情况通报会，玄武区政府常务副区长曹曙通报2010年全区经济、社会发展情况及2011年工作目标，近200名离退休老干部参加会议。7月，召开原四套班子领导情况通报会，区政府代区长徐曙海通报了玄武区上半年的经济和社会发展情况及下半年重点工作任务，区委书记储永宏对玄武区五年规划、发展思路和工作重点作了详细的阐述，对做好老干部工作提出要求。春节前夕和国庆节前夕，区主要领导分别在老干部局工作人员的陪同下，走访慰问原四套班子老领导。全年区机关各部门、街道和系统对所属单位的老干部走访慰问900余人次。5月中旬，组织区机关离退休干部开展党课主题教育，并赴南昌、井冈山等地参观学习。7月份组织全区老干部开展“创先争优”和争做“四好”老干部活动，区委老干部局组织了一千多名离退休干部党员参加了由省委组织部、省委老干部局和省委创先争优活动领导小组开展的争做“四好”离退休干部党员网上自愿签名承诺活动。全年共举办主题专题讲座和报告会5次，组织外出参观考察4次；为老干部订阅《南京日报》、《中国老年报》和《银潮》杂志712份。

【生活上关心老干部】 按照中组部〔2011〕29号文件精神，完成全区的离休干部提高生活补贴标准和扩大发放范围工作；根据宁委老干〔2011〕35号文件精神，调整了全区离休干部护理费标准；完成老干部房贴发放工作和一年两次的目标奖发放工作。针对建设系统等改制企业离休干部提留经费不足的情况，重点解决企业老干部因患大病、重病等造成的家庭生活困难，切实做好帮扶工作。建立党政领导联系老干部制度，将独居空巢和患病老干部列为重点帮扶对象，经常与老干部的子女保持联系，安排好他们的晚年生活；妥善处理10名老干部去世的后事，安抚遗属，帮助解决老干部身后的实际困难。做好全区老干部的健康体检工作，9月下旬，为全区120名老干部进行了健康体检，建立和完善老干部的健康档案。积极做好易地安置老干部管理工作，加强与原单位的沟通和管理。

【组织纪念中国共产党成立90周年活动】 在全区离退休党支部和老干部中开展

5 月 10~13 日，离退休支部组织井冈山红色之旅

纪念中国共产党成立90周年系列活动，丰富老干部精神文化生活。组织全区老干部参加中组部老干部局主办的“与党同呼吸、共命运、心连心”征文活动，老干部们踊跃投稿，收到征文30余篇；组织参加了由南京市老干部局举办的老干部纪念中国共产党成立90周年文艺汇演和书画摄影展，荣获优秀奖和组织奖；举办玄武区老干部纪念中国共产党成立90周年光辉历程报告会和市区党代会精神报告会；组织区机关离退休干部党员赴南昌、井冈山和枣庄等红色革命基地参观学习，开展革命传统教育；服务于老干部各协会活动，先后举办玄武区老干部庆祝中国共产党成立90周年书画展、玄武—白下老干部棋牌赛、“玄武杯”老干部门球赛、钓鱼比赛等，丰富离退休老干部文化生活。

【开通玄武老干部局网站】 1月，区委老干部局正式开通了老干部局网站。该网站设有工作动态、政策文件、学习园地、老干部乐园、老干部风采、为您服务等栏目，为老干部居家学习、生活、养生、娱乐，安度晚年生活提供了很好的平台。发挥了网站信息量大、及时直观的优势，及时宣传报道玄武区离退休干部先进典型和老干部工作。

【举办六城区老干部工作研讨会】 7月29日，南京市六城区老干部工作研讨会在玄武区召开。市委老干部局局长杨学忠、副局长严建华、调研处处长孔令宁，玄武区委常委、组织部部长杨乐华，鼓楼、白下、秦淮、建邺、下关、玄武等六城区区委老干部局局长参加了会议并分别汇报了老干部“四就近”（即：就近学习，就近活动，就近得到关心照顾，就近发挥作用）试点工作推进情况，市委老干部局局长杨学忠到会讲话。　　（金晓静）

·党史研究·

【概况】 2011年，区委党史办以迎庆、宣传党史为主旋律，认真学习胡锦涛在纪念中国共产党成立90周年大会上的讲话、习近平在中央党校开学典礼上讲话和区委十次党代会精神，掀起宣传学习党史的新热潮；举办“辉煌历程——玄武区改革开放和社会主义建设新时期成就展”；编印出版《中国共产党南京市玄武区历次代表大会文献汇编》；启动《玄武瑰宝系列丛书——民国建筑集萃》编纂工作，在征、编、研、宣等各方面取得显著成绩，助推了文化大区建设。

【开展党史学习教育活动】 3月，区委党史办联合区委组织部、宣传部、教育局和团区委下发《关于开展中共党史学习教育的通知》，在全区广大党员、干部、群众和青少年中开展中共党史学习教育活动，发送《中国共产党历史》第二卷（上、下册）和《玄武区委执政实录（1996~2008）》等书籍。5月，参与机关工委组织的开展区机关党史党建知识竞赛活动，增强学习教育的趣味性和提高学习教育的有效性。6月，党史办向区四套班子主要领导发送《中共江苏省地方史》、《南京党史九十年——中共南京地方简史》和《南京人民革命史党员干部读本》；向区退休老干部发放《中共南京市玄武地方史》、《玄武区委执政实录（1996~2008）》；向各部门、街道、社区发放《南京人民革命史党员干部读本》，把党史宣传学习活动推向深入。

71

【举办玄武区新时期成就展】 6月30日，由区委党史办策划、组织和制作的“辉煌历程——玄武区改革开放和社会主义建设新时期成就展”在区委办公大楼大厅展出。该展览是在街道、部门、系统和驻

6 月 30 日，区委书记储永宏观看《辉煌历程—玄武区改革开放和社会主义建设新时期成就展》

区单位的支持下，党史办经过半年多的努力，精心制作完成的。展览分前言、政治建设、经济建设、文化建设、社会建设和后记6个部分，共28块展板，精选415幅照片、绘制了8幅图表，12000多文字反映了33年来的辉煌历史成就。为扩大展览效果，根据区委要求，各街道、部门、系统分批分时组织参观。展出持续一个月，多家媒体予以报道，受到广大党员干部和群众的好评。

【出版《玄武区历次党代会文献汇编》】

1~6月，区委党史办集中半年时间，编辑出版了《中国共产党南京市玄武区历次代表大会文献汇编》。内容反映玄武区自成立以来至2011年十次党代会文献。为更好地保护利用历次党代会文献资料，党史办充分发挥专业部门的责任，用半年的时间，到区档案馆、区有关部门查阅资料，咨询有关当事人，比对查证，保持文献的历史原貌。汇编包括第一次至第十次代表大会的开幕词、区委工作报告及其决议、纪委工作报告及其决议、闭幕词以及历次党代会新当选的区委、区纪委组成人员名单等，共40余万字，有较高的资料保存价值和实用价值。

（乙维清）

·机关党建·

【概况】 2011年，区机关工委紧紧围绕区委、区政府的中心和大局，以构建“五型机关（即：学习型、创新型、服务型、效能型、廉洁型）”为目标，以“创先争优”活动为载体，坚持一手抓规范、一手抓创新，扎实推进机关党的各项建设，积极引领机关党组织和党员在推动玄武三个发展新的伟大实践中创先进、争优秀，机关党组织的凝聚力、战斗力、创造力明显增强，党员的先锋模范作用有效发挥，圆满完成了区委交给的各项工作，为推进玄武区经济社会发展和机关部门各项工作提供了强有力的思想政治保证。机关工委在2011年7月被区委评为先进党工委，在区四个建设考核中被评为一等奖，荣获文明创建工作先进集体，统战工作先进集体，人口与计划生育工作先进集体。

【开展主题教育活动】 2011年，以中国共产党成立90周年为契机，大力开展区机关党组织和党员创先争优活动，充分发挥“两个作用”，夯实机关党建工作基础。发挥党史资政育人的作用，开展“知党史、学党章、强党性”主题教育活动，通过组织广泛参与的党史学习和竞赛活动，一方面宣传和讴歌党的丰功伟绩，一方面使广大党员在生动而深刻的党性、党风和党的优良传统教育中，不断增强责任感和使命感，充分激发做好各项工作的积极性和创造性。5月中下旬，与组织部、党史办联合举办了党史党建知识网络答题和以8个机关党建片区组队参与的现场知识竞赛，展示了区机关党员干部的优良素质和精神风貌。9月，举办区机关党务干部理论培训班。

【加强基层党组织建设】 按照新的《基层组织工作条例》要求，规范党内生活。2011年，对11个任期满的党支部进行按时、按程序换届选举，新成立编办、投促局、法制办、督察办四个党支部。配强支部班子力量，加强业务指导，严格机关党员发展程序，使基层组织建设制度化、经常化；开展党建工作创新创优项目评比，确定了结对共建工作、党员义工志愿服务活动、加强作风建设、工会建设、学习型机关建设等选题方向，指导支部立项推进，促进机关党建工作的规范和创新；开展机关党建工作半年督察；选举出席区第十次党代会代表。

【组织中国共产党成立90周年系列活动】

2011年，围绕中国共产党成立90周年，深化创先争优活动，以点评激效、以评议促效、以评比增效，推动创先争优活动不断深入，取得实效。开展以“歌颂党、歌颂祖国”为主题的征文活动；举办“党在我心中”书画摄影作品展；举行以“缅怀先烈、牢记使命、永葆先进”为主题的重温入党誓词活动；开展“红色经典影片”展播活动。开展“七一”评比表彰暨创先争优主题党日活动，推选出一批群众公认、可信度高的先进典型，进行评比表彰、事迹推广。同时，在数字玄武网站设立专刊，选取部分先进集体和个人抒发工作感悟、创争感言，邀请支部书记作寄语，为机关党组织和广大党员干部提供交流学习的平台，通过对他们的风采风貌和精神境界的宣传展示，以身边事教育身边人，以身边人影响所有人，使广大党员干部从中汲取力量，增强责任感和荣誉感，以奋发有为的精神状态和求真务实的工作作风投身玄武区经济和社会各项事业的建设。

【深化“五服务”工作】 围绕“深化五个服务、争做满意先锋”这一创先争优主题，在区机关党组织和党员干部中大力开展“满意服务进社区”党员义工服务系列活动，推动机关作风转变。3月5日，在1912街区浦发广场启动该活动，成立以区司法局、区人社局、区食药监局分别担任牵头部门，10个相关职能部门积极参与的玄武区机关党员义工“法律维权”、“创业指导”、“群众生活”三个党员义工特色服务队，对与市民群众生产生活紧密相关的劳动就业维权、人民调解、食品药品安全、安全生产、计划生育、纳税、价格、环保等方面的法律法规及政策常识展开宣传咨询服务，以及电脑家电维修和家庭花卉种植指导服务。2011年机关各个支部立足自身实际，认真开展法律援助、政策咨询、文化教育、文明创建、助学助教等各类活动，涌现出一些典型事例：区科技局着力打造片区党建工作的爱心站、示范站，帮助结对的锁金村街道紫鑫城社区建设“小霞康复驿站”，并发起“一元捐”认领储蓄罐活动，倡导全体党员干部奉献点点爱心，汇聚暖流造福困难群体；区发改局提出“亮身份、强素质、当先锋、促发展”的口号，每名党员干部缔结1~2户助困、助学“连心户”，力所能及帮助解决生活困难；区计生局以“幸福家庭五好工程”为载体，每月开展一次进社区进家庭牵手服务活动，为全区不同层面的服务对象提供早教、婚育、青春健康等全程、全方位的人口计生专业服务；区投促局以“呵护梦想、立志成才”为主旨，牵线毕马威会计事务所等区内知名企业志愿者，共同走进社区，为困难家庭学生制定成长计划、提供课业辅导等。

【巩固“双结对、双促进”成果】 巩固机关支部与社区党组织“双结对、双促进”的成果，充分发挥机关“五服务”议事会及片区议事分会的桥梁纽带作用，建立和完善党员服务、联系群众长效机制，各单位认真研究服务群众、服务企业、服务基层、服务项目和服务人才的举措，在创新服务方式、拓宽服务领域上下功夫，积极与街道、社区协调沟通，梳理群众需求，商议制定菜单化的年度工作计划，确立实事项目，实行公开承诺。区科技局整合区内科技资源，搭建以“4+3”服务平台为主要内容的“玄武科技企业之家”，为科技企业创新提供全方位服务；区安监局突出服务中心、服务项目，开展安监局长破难题、安监干部进企业的“联片挂企”安全服务专项活动，指导、帮助企业实现安全发展，开展安全文化建设向企业全员、向校园、向社区“三延伸”活动，营造全民安全促和谐的氛围；区委统战部积极参与社区硬件建设，整合党派资源开展社区共建，为居民送智力、送法律、送健康、送岗位、送欢乐，协助红山街道墨香山庄社区打造精品社区；区档案局积极为企业提供建档服务支持，留住企业成长的记忆，为企业决策和发展引路。

【完善机关作风评议体系】 2011年，区机关工委与区纪委（监察局）、区督察工作办公室、区人社局等联合开展机关作风专项检查，采取实时监控上网、回访服务对象、模拟办事咨询、重点部门上门检查等多种形式进行了明查暗访，重点治理和解决机关在服务态度和工作纪律方面存在的顽症，进一步严肃工作纪律、规范工作秩序、提高工作效能。继续开展机关作风评议和“一把手”信任度投票工作，深入总结既往群众评议机关活动的经验，调整完善评议方案，更加突出群众满意、群众评判、群众受益的评议理念。年底组织了对55个区级机关部门的评议和对75名区级机关部门的“一把手”信任度投票工作。将评议结果与“四个建设”考核、部门二级考核相衔接，建立科学的责任、监督、考评机制，形成常态化的作风建设管理体系，促进机关作风建设整体水平提升。

【机关文明科室创建活动】 深化区级机关“文明科室”创建活动，提高争先进位、促进工作的动力。7月，区作风办联合文明办和督察办对15个2010~2011年度预备文明科室进行检查，现场点评，提出整改意见；11月，考核验收并授牌表彰；9月，举办玄武区公务员行为规范暨礼仪专题讲座，邀请了中国著名公关专家、南京师范大学公共关系学王恩宁教授作题为“人际沟通与社会礼仪”的专题报告，引导全区广大干部进一步以国家公务员行为规范约束自己的日常言行举止。

【加强机关廉政文化建设】 落实党风廉政建设责任制，签订《玄武区机关2011年度党风廉政建设责任制责任书》；认真做好党务公开工作；继续推进廉政文化进机关活动，完善廉政建设各类载体平台建设，深入学习贯彻《廉政准则》，开展《廉政准则》宣传月活动，在机关党建网设立作风建设和纪检工作专栏及监督举报电话，开通手机信息平台定期发送廉政教育短信，开辟图书阅览室纪检工作专角，播放《远山的红叶》等反腐倡廉专题教育片；组织机关部门领导80余人参观全国检察机关惩治与预防渎职侵权犯罪展览。

【丰富群团文化活动】 建立健全工会组织，完善工会联合会的各项制度，成立工会联合会分会，组织开展活动，丰富干部职工业余生活。3月初，与妇联联合举办玄武区女干部庆“三八”“我运动、我靓丽、我快乐，与青奥同行”环湖健步行活动；以片区为单位组队参加区第六届社区运动会；机关阅览室创建区“职工书屋”示范点，并设立“南京图书馆流动服务点”，有效提升和拓展了机关图书借阅室功能；动员和组织机关干部职工积极参与文明城市创建和志愿服务活动。

【成立青年党政人才协会】 根据2011年度区人才目标的总体部署和要求，机关工委在区人才工作办公室的指导下，牵头成立玄武区青年党政人才协会，吸纳区机关各部门政治素质好、业务能力强、本科以上学历、35周岁以内、有发展潜力的优秀青年党政干部作为会员，通过组织开展各类形式的长效常态活动，关注、指导和扶持机关青年干部学习交流，服务机关青年干部的能力培养和个人发展，引领和帮助机关青年干部健康成长，为机关建设、为玄武特色的创新转型跨越发展注入生机和活力。区“五四”表彰大会上协会正式成立，首批会员58名。按照工作性质相近的原则将会员划分为党群、经济、社建、执法四个小组，先后开展了下列活动：“书香玄武”读书活动、“献计献策”调研活动、“活力青春”文体活动、“义工服务”志愿活动等。（蒋　庆）

9月9日上午，玄武区机关举行“南京图书馆流通服务点”揭牌暨“书香玄武”读书活动启动仪式

·关心下一代工作·

【概况】 2011年，玄武区各级关工委组织202个。其中，区关工委1个、街道8个、社区62个、机关系统7个、教育34个、民政7个、政法4个、民企单位79个。在区委、区政府的领导和市关工委的指导下，各级关工委组织和广大“五老”(老干部、老战士、老教师、老专家、老模范)认真学习贯彻党的十七届六中全会精神，以社会主义核心价值体系教育为中心，深入落实科学发展观，“急党政所急、想青少年所需、尽关工委所能”，结合本区实际，积极开展青少年思想道德教育、科技教育、法制教育活动，为青少年的健康成长做出了积极的贡献，涌现出一大批“五老”关爱青少年成长的先进集体和先进工作者。区关工委、锁金村街道关工委荣获省关工委系统先进集体称号，“五老”志愿者于耘农、陈惠玉、朱云芳荣获省关工委系统先进工作者称号，张应举荣获省“五老”网吧义务监督标兵；区教育系统关工委、锁金村街道党工委荣获市校外教育辅导站工作先进单位，新街口街道北门桥社区等10个单位荣获市优秀校外教育辅导站、市中小学生科技活动先进集体称号，周玮等27名同志荣获市校外教育辅导站先进工作者、市中小学生科技活动先进个人；新街口街道关工委等41个单位荣获区关心下一代工作先进集体称号、王琰等124名获区关心下一代工作先进工作者称号。

【围绕中国共产党成立90周年开展主题教育】 2011年，区关工委围绕纪念中国共产党成立90周年，结合南京申办青奥会、创建全国文明城市等重大活动，深入开展系列主题教育活动：一是开展“没有中国共产党就没有新中国”百场万人主题教育活动。5月，全区200余名“五老”宣讲员，围绕“热烈庆祝中国共产党成立90周年”，组织和编写“学党史、忆党恩、跟党走”、“周总理在梅园新村的故事”等为主要内容的宣讲专题报告200余篇，深入学校、社区宣讲194场次，参与人数达2.8万人次。二是举办“在党的阳光下”中小学生演讲比赛。7月中旬，全区各中小学、街道、社区组织预赛、选拔赛43场次，1500余名中小学生参加，61名选手参加了全区决赛。选手们围绕主题，从不同角度，以自己的切身感受，生动具体地表达了在党的阳光下、新时代好少年的思想追求和心灵境界，收到良好的教育效果。三是开展各种读书、座谈、征文和知识竞赛活动。全区各级关工委围绕纪念中国共产党成立90周年，开展“读红书，唱红歌，颂党恩，跟党走”活动，全区共组织孩子们读书活动103场次，收到征文5000篇，参与人数达9000人次。

征集“爱祖国，颂党恩”少儿诗歌、举办书画展等形式多样的教育活动，组织全区3447名中小学生参加了南京市关工委举办的少儿诗歌征集和书画展，57名获奖。在市少儿诗歌征集中，玄武区小学组和中学组获一等奖的比例分别占全市的40%和60%；在少儿书画展中，获一、二等奖的比例均占全市的25%；区关工委分别获市少儿诗歌征集和书画展优秀组织奖。

国庆期间，区关工委、文明办、少年宫共同举办了玄武区“爱祖国，颂党恩”少儿书画展，展出了160幅获奖作品和部分优秀作品，受到中小学生及其家长、老师及社区群众的一致好评。全年全区各级关工委共举办书画展、摄影展等各类活动113场次；观看红色电影、“五老”讲革命故事、组织参观爱国主义教育基地等活动288场次。

【建立校外教育三级辅导站网络】 玄武区高度重视中小学生校外教育，由区文明办牵头，区关工委具体负责，区教育、财政、民政、科技、文化、体育、总工会、团委、妇联、科协等部门参加的联席会议制度，探索建立中小学生校外教育辅导站(点)网络。目前，全区已逐步形成街道有中心辅导站、社区有特色辅导站、居民点和小区有家庭辅导点的三级辅导站网络。每个辅导站都要建设科技小阵地，并坚持“六有”标准(即有工作班子，有辅导员队伍，有活动阵地，有固定活动项目，有活动计划和制度，有必要的活动设备)，打造科技活动小阵地品牌。社区辅导站主动与相关部门联手、与辖区学校联办，开展科普实践活动。如香铺营社区与玄武区110巡警联合，开展了社区小巡警夏令营，樱驼花园社区与江枫画院联合，组织孩子们进行科幻画创作和比赛，还有的社区联办车模、航模、电子积木、机器人、十字绣、动漫培训等活动和比赛，不同特点的科技教育小阵地、“假日学校”、“爱心小屋”、“放学来吧”、“家庭辅导译站”和文艺培训班等丰富了小学生假期校外生活。2011年暑期，各街道社区组织青少年开展活动1047场次、21600余人次。玄武区加强特色化、常态化校外辅导站建设的做法受到了省、市好评，并在江苏省关工委召开的“加强城市校外

8月4日，区关工委领导到玄武门街道天山路社区指导少儿电子百拼活动

教育辅导站建设”的镇江会议上作经验介绍。

【举办首届中小学生电子积木比赛】 8月12日，玄武区首届电子百拼比赛，在后宰门街道佛心桥社区举行。全区8个街道64名小选手参加了决赛，后宰门街道和玄武门街道分别获区中学组和小学组一等奖。新街口街道荣获区中、小学组两个一等奖，市关工委副主任、青少年科技活动基金会理事长刘国华、区政协副主席刘显平等领导向获奖者颁奖。

【发挥“五老”关爱工作团作用】 2011年，区关工委以创建未成年人零犯罪社区为重点，“五老”关爱工作团积极开展对特殊、弱势群体中未成年人的帮教、帮扶工作，取得了比较显著的成效。一是深入学校社区开展法制宣传教育。以《未成年人保护法》、《预防未成年人犯罪法》等为重点，开展法制讲座、专题法制教育、报告会、法制夏令营、模拟法庭、法制图片展、法律咨询等多种形式教育活动，在全区8个街道建立了相对固定的8个法制教育阵地，做到一社区一学校。近年来，向法制教育阵地赠送各类法制宣传资料、书籍万余册（份），举办法制报告、讲座130场次，受教育面达15000人次。二是认真做好结对帮教、帮扶工作。关爱工作团以结对“帮思想、帮学习、帮生活、帮失足青年”为重点，每年资助15名特困的大中学生升学，并对梅园中学“爱心班”和红山外来工子弟学校的特困生关爱助学，全区3300余名“五老”与“三困生”（学习、生活、管教困难）开展“手拉手、交朋友”活动，为家境贫困学生和孤残弃儿童捐资、送书包、买文具，激励他们勤奋学习，积极上进。区政法系统关工委安排16名“老政法”结对帮教16名失足青少年，转化率达100%。

【79家民营企业成立关工委】 2011年，经过8个街道和工商局、商务局、住建局和珠江路一条街管委会等关工委的共同努力，帮助23家民营企业成立了关工委，受到了省、市关工委领导多次表扬。玄武区已有79家民企成立关工委。

（刘金代　周　玮）

玄武区人民代表大会

【区十六届人民代表大会第四次会议】 2011年1月4日下午至7日，区十六届人民代表大会第四次会议召开，会期三天半。会议主要听取审议了区人大常委会、区政府、区法院、区检察院等工作报告，并通过了相应的决议。会议期间代表共提出批评、意见和建议94件。（赵　晖）

【区人大常委会会议】 2011年，区十六届人大常委会共举行会议7次（即第24次至第30次），听取和审议区人民政府和区人民法院、区人民检察院（以下简称“一府两院”）专项工作汇报20项，开展执法检查1项，作出决议决定20项，发出审议意见书10份，依法任免国家机关工作人员47人次，较好地发挥了地方国家权力机关的作用。

1月24日，区十六届人大常委会举行第24次会议，会议主要议题：（1）听取区十六届人大常委会2011年工作要点和主要议题安排（草案）；（2）听取区十六届人大四次会议代表建议情况的汇报。

4月22日，区十六届人大常委会举行第25次会议，会议主要议题：（1）听取和审议区政府关于社会救助工作情况的报告；（2）听取和审议区政府关于进一步整合区域科技资源，推进科技创新工作情况的报告；（3）听取和审议区政府关于物价工作情况的报告并作专题询问。

6月13日，区十六届人大常委会举行第26次会议，会议主要议题：审议通过有关人事任免事项。

7月5日，区十六届人大常委会举行第27次会议，会议主要议题：（1）审议通过有关人事任免事项；（2）审查和批准区政府2010年财政决算及对同级财政审计情况的报告；（3）听取和审议区人大常委会执法检查组关于《南京市市容管理条例》实施情况的执法检查报告并开展工作评议；（4）听取和审议区政府关于法律援助工作情况的报告。

8月30日，区十六届人大常委会举行第28次会议，会议主要议题：（1）听取和审议区政府关于2011年上半年国民经济和社会发展计划及重点项目建设、财政预算执行情况的报告；（2）听取和审议区政府关于实施城市环境综合整治，实现“三个提升”工作情况的报告。

10月31日，区十六届人大常委会举行第29次会议，会议主要议题：（1）有关人事任免事项；（2）听取和审议区政府关于“五五”普法检查验收及“六五”普法规划制定情况的报告，并通过相应决议；（3）听取和审议区政府关于余粮村一期和红山地块经济适用房建设情况的报告并开展满意度测评。

12月22日，区十六届人大常委会举行第30次会议，会议的主要议题：（1）补选市十四届人大代表两名；（2）有关人事任免；（3）审查和批准2010年区国民经济和社会发展计划、财政预算调整方案。

（曹晓莉）

【区人大常委会主任会议】 2011年，区十六届人大常委会共召开主任会议12次（即第46次至第57次），除研究和处理人大日常工作中的重要事务之外，还听取区政府和区法、检两院专题汇报10项。内容主要包括区政府关于宗教工作情况，关于餐饮业油烟专项治理工作情况，关于人口和计划生育工作情况，关于国库集中支付改革工作情况，关于贯彻实施《江苏省全民健身条例》工作情况，关于南京火车站综合管理工作情况，关于社会保险法实施情况，实地视察区政府为民办12件实事项目进展情况，听取区十六届人大第四次会议代表建议办理情况，听取区法院、区检察院关于参与社会管理创新工作情况。（姚宇军）

【各工作委员会工作】 2011年，区人大常委会内务司法、财政经济、人事代表、环资城建、教科文卫五个工作委员会，根据区人大常委会年度工作要点及议题安排，认真履行宪法和法律赋予的职权，围绕发展中心，突出民生重点，全年组织人大代表开展50余项视察、评议和调研活动。各工委除了对常委会、主任会会议议题进行调研外，内务司法工委还对区法、检两院参加社会管理创新工作，当前涉法涉诉信访的成因、特点及对策研究；财政经济工委对民营经济发展现状；人事代表工委对如何进一步加强人大代表与人民群众联系；环资城建工委对区低收入住房困难家庭住房保障情况；教科文卫工委对区幼儿教育现状及下一步发展，区社区卫生服务机构绩效管理开展情况等进行专题调研，为常委会审议议题和科学决策提供有效的支持。

（赵　晖）

【街道人大工委工作】 2011年，各街道人大工委在协助区人大常委会履行职责的同时，努力融入发展，通过协助招商引资、促进经济转型，开展调研视察、推动项目进度，举办代表论坛、谋划产业布局等多种方式，促进区、街经济的内生增长，助推街道目标任务的顺利实现，为街道经济发展、财税增长和产业转型做出了积极努力。积极巩固“家、室”载体建设，充分发挥代表人才荟萃的优势，普遍建立整合了以人大代表为主渠道、畅通有序的民意表达机制，形成了代表社区点评议事、代表分专业组活动、多级代表联动等有声有色的亮点工作。本届代表向选民的述职活动全部完成，代表建议得到了有效办理。贯彻2010年年底召开的全区人大工作会议精神，通过加强业务学习、开展“三争一创”和深化“创先争优”等活动，普遍加强了自身的组织建设、作风建设和制度建设。设立街道人大工委办公室科级岗位，通过竞争上岗，一批优秀科级干部走上岗位，进一步充实了街道人大工委力量，形成工委主任、办公室、联络员“三位一体”的工作体系。

（沈　阳）

【人大代表工作】 2011年，区人大常委会围绕年度议题和主要工作安排，组织代表开展视察调研、专题询问、执法检查、行风评议、旁听庭审等活动，共组织代表活动120余次，参加的代表达1400余人次。整合区域内全国、省、市、区四级人大代表资源，探索建立多级代表联动机制，共同走进社区参加接待选民活动，听取选民意见，参与一些影响比较大、群众普遍关注问题的专题调研。结合代表业务专长，通过各街道人大工委将代表分成经济发展、理论研究、评议监督、社会事务等多个专业组，突出发挥人大代表资源荟萃、联系广泛的优势，举办人大代表“经济发展论坛”，积极建言献策，有效助推区域重点项目有序实施，促进区域经济持续健康发展。组织代表有计划地走进全区8个街道“人大代表之家”和63个社区“人大代表工作室”，扎实开展代表联系选民和向选民述职活动，把群众反映的问题转化为代表闭会期间的建议加以办理，推动了一批就业创业、教育卫生、社会保障、住房安置、生态环境等方面问题的解决。先后对“一府两院”及相关部门和街道的代表建议办理情况进行了专题调研，督促各主办承办部门紧紧围绕“十二五”发展开好局，围绕劳动就业、社会保障、医疗卫生、教育、住房、物价等直接关系民生的重点问题，在破解经济社会发展难题和解决群众实际困难上求实效，努力提高问题解决率。在全区共同努力下，建议办成率达81.9%，实现本届以来代表建议办成率的“四连增”。

（姚宇军）

【人大工作理论研究会】 区第四届人大工作理论研究会2011年年会于2011年11月17日至18日在常州市武进区召开，区人大常委会主任张萍、副主任李永革，副主任、研究会会长吴为民以及区人大工作理论研究会理事、常务理事、团体会员单位成员共48人出席会议。会议围绕如何贯彻“五个玄武”战略，进一步提高区人大依法履职、推动科学发展的能力与水平；如何在依法保障和改善民生中发挥人大的作用，推进建设人民幸福城区；人大换届选举中亟需解决的有关重点和难点问题等方面进行了研讨。本次年会共收到论文86篇，评出特别奖5篇、优秀奖38篇和鼓励奖43篇。

（李和华）

【宣传信息工作】 2011年，区人大办公室重视宣传信息工作，适时更新“数字玄武”人大网页、定期编写《玄武人大》，从区人大主要工作、常委会依法履职、代表活动开展情况、机关自身建设等四个方面加强宣传，《多措并举做好专题询问》、《做有心人，尽代表责》等一批新闻稿件在《人民与权力》、《南京人大》、《人民代表报》和省、市党报党刊发表，全面宣传和展示玄武区人大的亮点和特色工作，扩大了玄武人大的知名度和影响力。信息采用，在全省人大网站信息积分排名全省第三，在市人大《调研与动态》信息排名中获得二等奖。

（沈　阳）

【信访工作】 区人大常委会把信访工作作为密切联系人民群众、了解社情民意的重要渠道，作为人大开展监督工作、接受人民群众监督的重要方式，作为维护人民群众合法权益、推动解决合理诉求的重要手段，坚持常委会领导批办、各工委跟踪督办的办理机制，做到每一次信访都有记录，每一件信访都有登记，件件有答复，事事有回音，努力保障人民群众

11月17日，玄武区人大召开工作理论研究会2011年年会

的合法权益、化解社会矛盾、维护社会稳定。2011年，办理来信和接待人民群众来访共46件次，有效促进了一批涉及紫金山茶业公司拆迁、老上访户工伤医疗费用解决、侵占房屋民事纠纷等信访案件的解决。（吴九林）

【沪宁汉渝四市八区人大工作联席会第二十四次会议】 沪宁汉渝四市八区人大工作联席会第二十四次会议于2011年4月12日至14日在上海市闵行区举行。南京市玄武区、鼓楼区，武汉市江岸区、武昌区，重庆市北碚区、渝中区，上海市闵行区、宝山区人大常委会50余人参加了会议。会议围绕提高地方人大工作水平，推进社会主义民主政治建设、加强财政预算监督、充分发挥代表作用和常委会特色工作进行研究和探讨。玄武区人大常委会主任张萍、副主任李永革应邀参加会议。（曹晓莉）

【沿海五城区人大工作联席会第十四次会议】 沿海五城区人大工作联席会第十四次会议于2011年5月9~10日在上海市闵行区召开。南京市玄武区、大连市甘井子区、深圳市龙岗区、威海市环翠区、上海市闵行区人大常委会共30余人参加了会议。会议围绕加强财政预算监督、本届人大常委会特色工作等议题进行了研究和探讨。玄武区人大常委会副主任吴为民、杨冬梅出席了会议，并在会上做了《以发挥代表主体作用为核心，不断提高代表工作水平》的交流发言。

（吴九林）

【加强自身建设履职能力得到提升】 2011年，区人大常委会紧密结合人大工作实际，加强自身建设，履职能力得到显著提高。主动适应形势发展新变化，加强学习，认真研究总结人大工作实践的新经验，围绕行使职权、提高效能，进一步完善工作制度，规范工作方式，不断提高人大工作成效。注重调查研究，深入实际，深入基层，自觉地接受人大代表和人民群众监督，常委会工作透明度显著提高。贯彻落实区党代会精神，常委会主任带队，成立调研组，就如何更好地开展人大工作深入基层，广泛征询人民群众意见，进一步改进和完善人大工作。加强干部队伍建设，每个工委配设正、副两位主任，解决"一人委"问题，各街道人大工委配设正科级办公室主任，有效充实工委力量，努力增强人大机关服务"三会"，以及综合协调、参谋服务、促进发展能力。

（赵　晖）

【人大换届选举工作】 根据中央要求和省委决定，以及全国人大常委会和省、市人大常委会有关规定，2011年下半年至2012年一季度，进行区人大换届选举工作。区人大常委会高度重视，及时调整年度工作计划，做好换届选举前期调研，针对换届选举中面临的新情况以及可能出现的问题，提前做好谋划。依法作出《关于本区人民代表大会换届选举问题的决定》，并成立区选举委员会和办公室，制定换届选举实施方案和具体工作日程。12月5日，区委召开人大换届选举工作会议，传达省、市委召开的换届选举动员部署会议和有关文件精神，部署玄武区人大换届选举工作，同时对全区16个选举单位200多名人员进行了培训。玄武区人大换届选举首次应用选民登记信息化管理，区选举委员会依托南京市选民登记系统，专门抽调业务人员组成选民信息化登记工作组，对选民登记系统操作使用进行多次培训，使全体换届选举工作人员进一步熟悉换届选举的有关政策规定，掌握换届选举选民登记信息化管理的程序、方法和步骤，为下一步选民登记工作打下良好的基础。（姚宇军）

玄武区人民政府

【区长办公会】 2011年6月30日，在区政府905会议室，召开第一次区长办公会，研究污染企业整治等工作。

7月19日，在区政府905会议室，召开第二次区长办公会，研究2011年上半年国民经济和社会发展计划执行情况和现代服务业规划与发展情况。

8月3日，在区政府905会议室，召开第三次区长办公会，研究2011年计划目标责任分工调整、软博会筹备情况和融资平台建设等工作。

8月9日，在区政府905会议室，召开第四次区长办公会，研究2011年上半年国民经济和社会发展计划及重点项目建设情况和2011年上半年财政预算执行情况等工作。

8月18日，在区政府905会议室，召开第五次区长办公会，研究"三个提升"、淹水片区改造、文明创建有关经费和投融资平台建设等工作。

9月15日，在区政府905会议室，召开第六次区长办公会，研究有关经费问题。

9月26日，在区政府905会议室，召开第七次区长办公会，研究有关经费问题。

10月14日，在区政府905会议室，召开第八次区长办公会，研究《关于政府投资小型建设项目发包管理办法》(试行)和2012年区级部门预算编制等工作。

11月3日，在区政府905会议室，召开第九次区长办公会，传达市重大产业发展推进会精神，并研究南京林业大学与玄武区科技创新和人才开发全面合作协议等工作。

12月6日，在区政府905会议室，召开第十次区长办公会，研究2012年国民经济和社会发展计划目标编制和玄武区控制性详规修编等工作。

12月14日，在区政府905会议室，召开第十一次区长办公会，研究事业单位绩效工资改革和2011年预算调整等工作。

12月26日，在区政府905会议室，召开第十二次区长办公会，研究《加强社会管理深化平安玄武建设的意见》及玄武区、南京证券和南京工业大学三方战略合作等工作。

【区政府常务会议】 2011年1月10日，在区政府905会议室，召开第一次区政府常务会议，研究部署当前工作。

4月20日，在区政府905会议室，召开第二次区政府常务会议，研究教育和科技创新工作。

5月24日，在区政府905会议室，召开第三次区政府常务会议，研究医疗卫生体制综合改革、地质灾害防治和科技创新等工作。

7月19日，在区政府905会议室，召开

第四次区政府常务会议，研究产业带发展工作。

11月3日，在区政府905会议室，召开第五次区政府常务会议，研究有关工作。

【信息化建设】 2011年全区信息化建设按照玄武区电子政务发展三步走的规划，基本完成了玄武区信息共享体系的构建，取得阶段性成果。在全市各区县中，继续保持领先势头。一是扎实推进网络基础建设。重点解决"二个瓶颈"即外网访问带宽瓶颈和驻外单位带宽瓶颈。在原有100M带宽的基础上，再次提速至250M带宽，使全区的外网访问速度提高了2.5倍。同时，将驻外单位接入的百兆设备更换为千兆设备并提速至200M。将机关大楼楼层交换机由二层设备更新为三层可管理设备，在提高了大楼用户网络访问稳定性的同时，把网络管理推移至楼层实施区域性管理，有效缓解核心交换机的管理压力，使外网访问速度明显加快。二是积极应用数据共享平台。区四库一平台共享结构已经成形，完成以人口库、经济库、法人库、地理信息库为基础，以数据交换平台为核心，以内网portal平台、政府门户网站、地理信息系统为展示平台的数据传输和共享架构体系。完成数据采集平台与地理信息系统，加强与相关部门联系，把全区信息化建设逐步引入到数据分析、挖掘等深层次应用上。三是稳步推进电子公文流转。完成OA系统改造工作，更新OA系统界面，精简OA系统栏目，完成了与安全支持平台对接。有序推进电子公文网上传输，建立机要员制度，专门负责收发文件与通知，并在部门内部流转。

【行政服务中心建设】 2011年，玄武区行政服务中心，在坚持"便民、高效、廉洁、规范"的基础上，继续推行标准化、特色化建设，在实践中不断谋求创新和发展，努力打造成南京市一流的综合性政府服务平台。一是加强日常监管，不断提高服务能力。严格落实考勤、抽查等工作制度，定期检查、通报。通过开展公务礼仪知识讲座、集中学习、例会点评等形式进一步强化为民服务理念。通过评选"模范窗口"和"先进个人"等争先创优活动，不断提高服务能力，树立窗口良好形象。开展行风评议，自觉接受群众监督，采取邀请群众评议和社会问卷调查、设立投诉(举报)电话、意见簿等形式，认真梳理群众反映的问题、意见和建议，及时整改并反馈解决方案。二是加强窗口管理，不断完善服务功能。开展"树形象，创品牌"活动，进一步提升管理水平。不断引进与企业和群众有密切联系的业务部门进驻中心。新引入公安玄武分局印章备案业务。优化窗口设置，合并区体育局和文化局为综合服务窗口。同时，各窗口全面实行办理业务全天制。在2011年南京市政风行风评议中，荣获"群众满意站所"称号。三是强化便民服务，不断提升规范化水平。将进驻中心的行政职能部门审批事项和社会团体非行政事项统一纳入服务事项指南，规范审批依据、办事程序、申报材料、承诺时限等内容，制定群众和企业办事的规范性流程和文本。主动开展延时服务，最大限度方便群众和企业。组建窗口业务志愿者服务队，对有需求的企业和群众提供上门服务。积极组织窗口工作人员参加"权力阳光"计算机培训，不断提高网络操作水平。 (刘 楠)

玄武区政务服务大厅

·机构编制·

【概况】 2011年，玄武区机构编制工作在区委、区政府的正确领导和市编办的帮助指导下，以科学发展为主题，着眼为全区经济社会又好又快发展提供有力的体制机制保障，积极探索和推动深化行政管理体制改革，加强机构编制规范化管理，较好促进政府工作效能的提升，取得显著成效。

【机构编制实名制管理】 10月13日，区编委会召开全体会议专题研究机构编制实名制管理工作。10月18日，玄武区召开了机构编制实名制信息采集工作大会，标志着机构编制实名制管理工作正式启动。截至2011年底，全区178家机关事业单位机构编制实名制信息已采集完毕，将逐步建立机构编制、组织、人社、财政部门密切配合、各负其责、相互衔接、互为制约的工作机制，切实形成机构编制实名制管理的合力，为玄武区现代化国际性人文绿都标志区建设提供体制机制保障。

【机构编制管理工作】 2011年，党政群机关和事业单位机构编制的日常管理工作主要有：(1)批准机关事业单位使用科级领导干部职数59名。(2)核定新街口、同仁街等10个社区卫生服务中心人员编制717名。(3)区总工会增设综合科，生产劳保科更名为生产保障科。(4)南京市玄武区软件产业发展中心更名为南京市玄武区软件与物联网产业发展中心。(5)成立玄武区密码管理局，在区委机要局挂牌，实行一个机构两块牌子。(6)区法院

10月18日，召开全区机构编制实名制信息采集工作会

执行局设置综合协调科、执行裁决科、执行实施科。

【事业单位登记管理】 2011年，在事业单位登记管理过程中，主要做好三个方面的工作。一是严把登记、年检质量关。登记工作做到依法严把受理关、审核关、核准关，年检工作则坚持把“是否还具备法人条件”作为年检的重点。二是规范事业单位登记档案管理。落实事业单位登记档案管理、借阅和移交等一系列制度，实行专柜、专盒存放和专人负责，促进登记档案管理规范化、制度化建设。三是加强事业单位法人监管。发挥事业单位法人证书的“身份证”作用，落实多部门联合监管机制，增强了事业单位参加年检的自觉性，保证了事业单位的年检率。

（周　师）

·信　　访·

【概况】 2011年，区信访局紧紧围绕全区中心工作，以创先争优和“三争一创”活动为契机，集中力量排查化解矛盾纠纷，着力解决信访突出问题，有效地处理一大批群众来信来访反映的实际问题，积极维护了全国、省、市“两会”、“春节”、“五一”、“七一”、“国庆”以及十七届六中全会、市、区党代会等重要敏感时期的信访稳定。全区信访形势总体平稳可控、态势良好，为创建现代化国际性人文绿都标志区做出了积极贡献。全年共办理各类来信520件，其中“书记信箱”和“市长信箱”的网上办信357件，其他来信163件；接待到区上访666批2102人次，同比分别下降29.3%和6.7%；劝返进京上访77批89人次，其中85人为上访老户，被省市通报38人，非正常访3人；解决中央下交的信访积案1件，化解或终结省下交的信访积案23件；落实事发地非玄武区，但居住在玄武区的稳控对象20人。全年无进京集体访，无重复进京非正常访，无重大有影响的信访事件，在省、市信访工作年度绩效考核中均被评为优秀等次，受到省、市通报表彰，被区委、区政府评为年度信访工作先进单位。

【信访积案化解攻坚年活动】 2011年，区信访局对全区信访问题进行再梳理、再分析，明确重点，研究对策，落实责任，严格领导包案制度，做到有案必包，以包促解。成立包案攻坚小组，由区包案领导牵头，分管局长主抓，建立以事发单位、相关街道为主体的“案件攻坚小组”，对积案开展攻坚，并把攻坚成果纳入绩效考核内容。合力推进矛盾化解，综合运用政策、法律、经济、行政、教育等手段，整合法院、司法、公安、街道、事发单位等各方力量，依靠区委、区政府和相关部门，对时间跨度长、涉及面广、情况复杂的信访疑难积案，集中攻坚，全力推进疑难案件有效化解。对于无理上访、闹访、缠访、进京非正常上访等不同情况，分别采取不同的方法予以化解。

【开展一助一牵手行动】 4月15日，市信访局要求全市信访系统开展“信访干部与信访群众一助一牵手行动”，以进一步推动和深化“创先争优·能力建设”活动的开展。区信访局在区委、区政府的正确领导下，按照全市的统一部署和要求，结合自身工作实际，认真组织，做到底子清、情况明。共牵手重点信访人17人，有效增强信访部门的整体合力，提升信访干部的能力素质，推动信访工作取得了阶段性成果。通过信访部门党员干部每人联系挂钩一名信访群众，与信访群众“结亲戚”、“交朋友”活动，架起了党和政府联系群众的“连心桥”。每名信访干部在牵手行动中，都自觉当好方针政策和法律法规的宣传者，当好党委、政府与群众联系的沟通者，当好解决信访事项的协调者，当好化解疑难矛盾的促进者，当好帮扶解困的实施者，当好和谐稳定的维护者。在信访群众生病住院时必访，在信访群众家庭出现变故时必访，在信访群众个人有联系需求时必访，在重大活动及敏感时节前必访，在重要节日前必访。活动中，共慰问困难信访群众17人次，接待谈心100多人次，协调解决问题100多人次，协助稳控17人次。自牵手行动开展以来，被牵手的17人，无一例进京到省上访，增进与信访群众的感情，拉近与群众的距离，为有效推进信访问题解决打下感情基础。

【开展百日集中整治活动】 3月2日上午，区委召开常委扩大会，专题进行工作部署，区四套班子所有领导及各街道、系统及拆迁办一把手领导全部到会。区委书记单景南强调积案化解和百日整治活动是全年信访工作的重中之重，全区上下要高度重视，要坚持两手抓，标本兼治。区联席办制订下发了玄信联字[2011]10号《关于成立进京非正常上访百日集中整治活动领导小组的通知》、玄信联字[2011]13号《关于依法规范信访秩序、开展进京非正常上访百日集中整治活动的实施方案》等一系列文件。成立了由区委常委、区政法委书记易兵为组长,区政府副区长、市公安局玄武分局局长胡士宁为副组长的区“信访老户息诉停访暨集中整治进京非正常上访工作领导小组”。领导小组办公室设在区联席办,区信访局局长、区政府办公室副主任杨杰兼任办公室主任,公安玄武分局副局长梅中亚、区维稳办主任王光明、区信访局副局长陈东、周彪任办公室副主任。工作人员从区委政法委、维稳办、玄武公安分局、法院等部门抽调,统一集中办公,立足“事要解决”、息诉停访。逐案梳理。对上级交办的8件案子逐一分析、梳理,逐一登记建档。逐案明确责任主体、承办人员、化解措施、办结时限,逐案落实领导包案处理,把责任落实到具体单位和责任人。依法处置。对重点人员严格落实“五包一”责任和“五包”措施(包掌握情况、包解决困难,包教育转化、包稳控管理、包依法处置)。全力压降群众进京非正常上访,并开展必要的教育疏导工作。全程跟踪,强化督察。区督察工作办公室对全区百日整治活动开展情况,特别是责任制落实、领导包案、事要解决进展、重点人员稳控、非正常上访处置等情况全程进行跟踪督察,及时发出督察通报,有效促进了各相关单位的工作。

【建立“四合一”信访维稳机制】 2011年,本着资源共享,维稳联动的原则,对区联席办、依法治区办、综治办、维稳办的维稳功能进行整合,统一参与维稳工作,统一参与接待,统一参与会办,统一参与调解,聚集合力,形成统一的维稳联动机制。

【落实领导干部“三访”要求】 5月11日,省委办公厅下发苏办发〔2011〕18号文《关于进一步加强领导干部定期接待群众来访深入基层下访工作的实施意见》,6月6日市委办公厅下发宁委办发[2011]34号文《关于建立领导干部接访下访约访的实施意见》,为落实好上级要求,7月12日区书记办公会研究决定:从7月18日起,每天安排一名区领导到信访局接待群众来访,参加接访的领导有区委、区政府领导,区人大、政协主要领导。接待地点设在区信访局,区联席办每周五前以书面通知形式安排下一周接待领导。通过区领导接访下访约访,有效化解一大批疑难信访积案和绝大多数初信初访,取得良好的效果。

4月13日,区委常委、政法委书记易兵接待上访群众

【首次进行信访工作绩效考核】 2011年,参照省市对区县的信访工作绩效考核做法,制定下发《玄武区信访工作绩效考核办法》和《玄武区信访工作专项考核办法》,主要从信访总量、积案化解、信访稳控、事项办理、责任落实等几个方面,对街道及相关系统部门进行严格的量化考核评分,对优秀等次给予表彰,对不合格等次给予通报批评,不合格且排名为最后一名的单位列入区信访重点管理单位,单位党、政主要领导要向区信访工作领导小组做出书面检查,并限期整改。信访工作绩效考核,列为全区6个专项考核之一,年底随同全区“四个建设”考核一起检查考核。　(张泽洪　陈盛健)

玄武区政协

【区政协十届四次会议】 2011年1月4日至7日,中国人民政治协商会议南京市玄武区第十届委员会第四次会议在玄武中心大厦举行。区四套班子领导,全体政协委员、列席人员,区政协历届正职领导和区机关有关部门负责同志近300人出席本次大会。中共玄武区委书记单景南在开幕式上作重要讲话,区政协主席梁广宏代表区政协常委会作工作报告,区政协副主席张发作提案工作报告。全体政协委员列席区人大十六届四次会议开幕式,听取并讨论区政府王海宏区长所作的政府工作报告,区2010年国民经济和社会发展计划目标执行情况及2011年国民经济和社会发展计划(草案)的报告、区2010年财政预算执行情况和2011年财政预算(草案),以及区人民法院、区人民检察院工作报告等。会议期间举行献计献策大会,邀请区委、区人大、区政府领导和有关部门及街道负责人出席会议,听取区政协一年来的重点调研成果;区委还专门召开了民主党派、界别人士部分委员座谈会,广泛听取和征求民主党派、无党派人士、界别委员对区委、区政府工作的意见和建议;审议并通过了政协玄武区第十届委员会第四次会议决议;会议选举增补3名区政协常委。

【区政协常委会议】 2011年,区十届政协共召开5次常委会议。

2月18日,召开十届二十四次常委会

议。会议内容：协商通过区政协常委会2011年工作要点、协商议题、调研课题及主要活动安排等；协商通过区政协十届四次会议提案审查立案工作情况的报告。区政协主席梁广宏，区委常委、区政协副主席刘显平，区政协副主席张发、冯小仙，秘书长罗军和19名常委出席了会议。区人大副主任吴为民，区政府副区长张蓬应邀列席了会议。列席会议的还有区政协副秘书长、办公室及专委会负责同志。会议由区政协梁广宏主席主持。

5月25日，召开十届二十五次常委会议。会议内容：协商讨论玄武区重点项目推进与落实情况和保障性住房建设情况。会议先后听取了区发改局副局长陈若谷《2011年区重点项目推进与落实情况》通报和区住建局工委书记、副局长吴士建《关于我区保障性住房建设工作情况》的通报。区政协主席梁广宏，区委常委、区政协副主席刘显平，区政协副主席张发、何建敏、王连安、冯小仙，秘书长罗军和19名常委出席了会议，区人大副主任吴为民，区政府副区长王东应邀列席会议，列席会议的还有区政协副秘书长、办公室和各专委会负责同志、各政协街道工委主任等。会议由区政协主席梁广宏主持。

7月22日，召开十届二十六次常委会议。会议内容：协商讨论区政府关于2011年上半年国民经济和社会发展计划执行情况和玄武区新一轮和谐社区建设情况。区政协主席梁广宏，区政协副主席刘显平、张发、何建敏、王连安、冯小仙，秘书长罗军和20名常委出席会议。区政府副区长张连春，区长助理李建军应邀列席会议，列席会议的还有各政协街道工委、专委会和区政协办公室领导等。会议由区政协主席梁广宏主持。

10月21日，召开十届二十七次常委会议。会议内容：协商讨论区政府关于提案办理和玄武区新一轮和谐社区建设情况。先后听取区政府办副主任、外事办主任张军《关于区政协十届四次会议提案办理情况》的通报和区民政局局长、区和谐社区建设指导委员会办公室副主任袁芳《全力推行“四全模式”，加强基层管理服务，玄武区开启新一轮民生导向型和谐社区建设新探索》的通报，并进行了协商讨论。区政协主席梁广宏，区政协副主席刘显平、张发、何建敏、王连安、冯小仙，秘书长罗军及23名常委参加会议，区委常委、区政府副区长苏郑、区人大副主任吴为民应邀列席会议。列席会议的还有区政协副秘书长、办公室和专委会领导、政协街道工委主任等。会议由区政协主席梁广宏主持。

12月27日，召开十届二十八次常委会议。会议内容：协商通过关于区政协换届工作决定、区政协常委会工作报告（送审稿）、提案工作报告（送审稿）；协商确定区政协常委会工作报告、提案工作报告的报告人和区政协民主评议区城市管理局活动工作报告，同意授予区城市管理局“区政协民主评议满意单位”称号，决定在区政协十一届一次会议上进行表彰授牌。会议还通报了区政协换届领导小组名单。区政协主席梁广宏，区政协副主席刘显平、张发、何建敏、王连安、冯小仙，秘书长罗军和18名常委出席会议，区政协办公室、专委会领导和政协街道工委主任列席会议。会议由区政协主席梁广宏主持。

【区政协主席会议】 2011年，区十届政协共召开6次主席会议。

1月19日，召开十届二十七次主席会议。协商通过2011年区政协常委会工作要点、协商议题、调研课题及主要活动安排等（草案）；区政协十届四次会议提案立案工作情况的报告（草案）；2010年区政协委组活动、政协街道工委工作计划、调研课题安排等。

3月24日，召开十届二十八次主席会议。协商讨论2011年我区财税目标安排与落实情况。分别听取区财政局、国税分局和地税分局工作情况通报，并进行协商讨论。

4月15日，召开十届二十九次主席会议。视察玄武区在控制通胀中物价工作开展情况。与会人员先后视察了长江路小学附属幼儿园新园和家乐福超市。

6月21日，召开十届三十次主席会议。视察玄武区关于知识产权司法保护工作情况，实地视察了区法院孝陵卫法庭和孝陵卫街道铁匠营社区“庭所共建”活动室工作开展情况。

8月19日，召开十届三十一次主席会议。视察玄武区科技创新工作开展情况。与会人员实地视察徐庄软件园内南京集成电路设计产业园及埃森环境、东大智能等企业。

9月9日，召开十届三十二次主席会议。视察玄武区侨台工作开展情况。与会人员实地视察了孝陵卫街道银城东苑社区和南京智达康无线通信科技有限公司。

【高层协商会议】 1月11日，区政协召开高层协商会议。就2011年区政协常委会工作要点、协商议题、调研课题及活动安排等与区委、区人大、区政府和“法检”两院领导进行协商讨论。区四套班子领导和区“法检两院”全体领导参加会议。会议由区委副书记、区人大主任张萍主持会议。

【民主监督】 3月15日，区委、区人大、区政府、区政协联合召开人大建议、政协提案交办会。会上，区政府副巡视员傅根辉总结了2010年建议提案办理工作，部署了2011年建议提案办理任务。区政协副主席张发宣读2010年建议提案办理工作表彰决定，区环保局、孝陵卫街道等单位作交流发言，区委副书记、区人大主任张萍同志提出要求。会议由区人大副主任杨冬梅主持。

5月5日，区政协召开提案工作培训座谈会。全区43家提案承办单位的经办人员参加会议。区政协副主席张发出席会议，并就做好提案办理工作提出要求。

5月26日，区政协召开民主评议区城市管理局工作动员大会。区委常委、区政协副主席刘显平作民主评议动员部署；区城市管理局通报了近年来工作情况；部分民主评议监督员代表作发言。区委常委、区政府常务副区长曹曙就城管系统支持、配合开展民主评议工作提出要求。区政协主席梁广宏，区委常委、区政府常务副区长曹曙，区委常委、区政协副主席刘显平，区政协秘书长罗军，区城市管理局领导班子成员以及城管系统负责人，区政协各专委会、委组长、政协街道工委主任及民主评议监督员，共80余人参加会议。会议由区政协秘书长罗军主持。

5月27日，区政协召开全区社情民意信息员培训交流大会。会议邀请市政协副秘书长缪端作辅导培训，来自相关委组、政协街道工委和机关部门的信息员介绍了工作体会，会议通报了近两年来在信息收集、上报和采用方面的情况，并对工作表现突出的信息员进行了表彰奖励。区政协主席梁广宏、市政协信息宣传处处长单景舟，区政协秘书长、办公室主任罗军、各委组、政协街道工委和机关部门特约信息员、区政协各专委会及政协机关同志等50余人参加会议。会议由区政协秘书长罗军主持。

6月28日，区政协组织委组长、民主评议监督员对区城市管理局开展了民主评议集中视察活动。重点视察了街巷整治、立面及店招改造、垃圾收运系统、窗口地区管理、摊点管理、老旧小区管理、片区网格化巡防、责任区管理、环卫机扫保洁、区二级网格化巡防、工地管理、西瓜摊点管理、队伍建设、网上办案、文明执法等工作情况，并听取区城管局行政执法大队工作情况通报。区政协主席梁广宏，副主席张发、冯小仙，区政协委组长，民主评议监督员和区政协机关人员50余人参加视察活动。

8月5日，区政协召开民主评议区城市管理局工作专题座谈会。听取民主评议监督员、专委会、委组和政协街道工委对区城市管理局工作的意见建议。区政协主席梁广宏，副主席刘显平、张发，秘书长罗军，区城市管理局全体领导，区政协街道工委、各专委会、委组长和民主评议监督员参加会议。会议由区政协副主席刘显平主持。

6月至8月，区政协组织部分委员围绕全区街道城市环境管理中心建设、市场价格监测与监管、食品药品安全专项整治、食品和特种设备安全监管系统工程、低收入家庭住房保障工程、被征地人员进社会保障工作、雏鹰助学行动、社区卫生服务机构建设等8个项目，开展“政协委员察效能”活动。委员们通过听取汇报、察看现场、查阅资料、座谈讨论等形式了解全区社会公共服务建设重点项目和年度12件为民办实事项目的落实情况，并针对发现的问题及不足提出意见建议。

9月8日，区政协召开提案联系点工作座谈会。听取了区发改局副局长徐力行关于玄武区国民经济发展基本情况及发展目标和举措的介绍。区政协提案法制委主任黄大志和学习文史委副主任胡学芳分别介绍了政协提案和社情民意信息基本特点和撰写要求。梅园街道、锁金村街道、孝陵卫街道提案联系点联络员，围绕如何发挥联络员作用，扎实推进联系点工作开展了座谈交流。区政协副主席张发参加会议并提出要求。

10月27日，区政协开展民主评议区城市管理局整改情况视察活动。听取区城市管理局庄佳峰局长关于区政协民主评议反馈意见整改情况的通报，现场视察区城市管理局落实整改情况。区政协主席梁广宏，副主席张发，秘书长罗军，区政协各专委会、政协街道工委及民主监督员参加了活动。

【调研视察】 2011年，区政协充分发挥“人才库、智囊团”的重要作用，成立2个重点课题调研组和3个政协街道工委、6个委组专题调研组。重点调研组着重围绕关于红山地区经济转型升级发展、两岸经济合作框架协议（ECFA）对玄武的机遇分析及可行性项目建设的课题开展调研；3个政协街道工委专题组分别围绕街道“两站一中心”开展老旧小区管理的困难与对策、切实解决老旧小区停车难、关于加强政产学研工作的课题开展调研；6个委组分别围绕关于社会管理创新、关于加快玄武区软件产业发展、关于徐庄、珠江路园街一体化建设、关于打造玄武特色街巷、玄武区社区教育建设和加强区人才队伍建设的课题开展调研。区政协副主席刘显平、张发分别领衔一个重点调研课题开展调研活动。

【企业家联谊会】 4月28日，为纪念辛亥革命100周年，区政协组织政协企业家联谊会暨学习文史、科技组一行50余名委员，赴武汉参观辛亥革命武昌起义纪念馆和南京中科集团武汉分公司。区政协副主席张发、王连安，秘书长罗军参加了活动。10月19日，区政协企业家联谊会举办以“中小企业融资与科技创新”为主题的政策解析专题活动。邀请南京市投促委民营经济处处长刘洪文、区发改局副局长杜景南、徐力行，分别就南京市民间投资、玄武区企业投融资、科技创新等方面政策进行了解读，与会企业家委员进行了现场交流。区政协副主席张发，秘书长罗军参加会议。会议由区政协副主席、企业家联谊会会长王连安主持。

【联欢联谊】 1月25日，玄武区举行各界人士迎新春电影招待会。区人大主任张萍致词。区四套班子领导及离退休老领导、区政协委员和各界人士170余人出席

6月28日，区政协对区城市管理工作集中视察

了电影招待会，电影招待会由区委常委、区政协副主席刘显平主持。

9月14日，区政协举办政协委员论坛

【学习培训】 3月23日，区政协举办"从十七届五中全会看中国发展走向"学习报告会。邀请江苏省委党校经济学教研部副主任吴正林教授作报告。区四套班子部分领导，区政协委员、列席人员，各政协街道工委委员，区机关科以上干部近200人参加报告会。6月22日，区政协举办"中国共产党90年的奋斗历程和基本经验"学习报告会。全体政协委员、列席人员，各民主党派基层负责人，侨台联全体成员，区机关科以上干部参加了学习报告会。9月23日，区政协举办"养生防病中医谈"专题学习报告会。全体政协委员、列席人员及区机关干部参加了学习报告会。11月11日，为纪念辛亥革命100周年，区政协组织政协委员、列席人员、政协街道工委人员，在中国近代史遗址博物馆，参观"孙中山与南京临时政府"摄影图片展。

【政协街道工委工作】 2月17日，区政协召开政协街道工作座谈会。秘书长罗军通报2011年区政协工作要点、协商议题、调研课题和主要活动(草案)等，各政协街道工委相互交流了年度工作计划，并对如何做好2011年工作提出意见建议。区政协主席梁广宏，区委常委、区政协副主席刘显平，区政协副主席张发，区政协秘书长罗军，区政协办公室、专委会领导和政协街道工委主任参加会议，会议由区政协主席梁广宏主持。

2月24日，市政协委员工作委员会主任李克勤率调研组一行4人到玄武区调研政协街道工委工作。调研组听取区政协办公室和政协梅园街道、锁金村街道工委关于政协街道工委工作开展情况的汇报。区政协主席梁广宏，区委常委、区政协副主席刘显平陪同调研。

5月18日，市政协委员工作委员会主任李克勤率调研组一行，视察新街口街道政协工作委员会建设及街道政协委员之家的筹备运作情况。区政协主席梁广宏陪同调研。

5月31日，市委常委、市政协副主席、统战部部长钱继红率部分市政协委员，到玄武区视察街道政协工作。视察组参观了新街口街道政协委员之家，区委常委、区政协副主席、统战部部长刘显平和政协玄武门街道工委主任徐晓洁分别汇报了玄武区政协街道工委工作开展情况。区委常委、区政协副主席、统战部部长刘显平，区政协秘书长罗军陪同视察。会议由市政协委工委主任李克勤主持。

11月9日，区政协召开全区政协街道工作会议。区政协副主席刘显平总结一年来街道政协工作情况，区政协主席梁广宏、区委副书记邱小凡分别讲话，充分肯定了各政协街道工委工作，对2012年街道政协工作提出要求。会议由区政协副主席张发主持。各政协街道工委主任、办公室主任及工委成员，区政协常委、委组长，区政协各专委会主任(副主任)及机关人员近90人参加会议。

【交流研讨】 3月27~28日，区政协主席梁广宏带队赴山东济南市平阴县政协开展调研活动，与平阴县政协围绕政协履行职能、提升政协工作科学化水平和加强自身建设等方面，特别是在发挥人民政协民主监督职能，开展"民主评议政府职能部门活动"进行了座谈研讨、学习交流。4月18日，区委常委、区政协副主席刘显平等一行7人赴四川省西昌市参加全国十二城区(市)政协工作第二十次研讨会。本次会议围绕"交流人民政协履职经验，汇商助推社会发展新招"为主题进行了深入的研讨交流。5月10日，区政协秘书长罗军等一行10人赴宁波市江东区参加全国副省级城市城区政协工作研讨会第十三次会议。

【政协委员论坛】 9月14日，区政协举办以"加强自身建设，发挥职能作用"为主题的"政协委员论坛"。论坛紧紧围绕人民政协履行职能和自身建设问题，通过理论性、实践性、基础性交流研讨，增强对人民政协自身科学发展规律的认识把握，探索新形势下做好政协工作的新方法、新途径，着力提高政协工作科学化水平。区委副书记邱小凡代表区委在论坛上致辞，区政协主席梁广宏作重要讲话。区政协学习文史委、社会事业委、政协梅园街道工委、政协锁金村街道工委和政协委员代表分别作交流发言。区政协主席梁广宏，区委副书记邱小凡，区人大副主任吴为民，区政府副区长张蓬，区政协副主席刘显平、张发、冯小仙，秘书长罗军出席了论坛，全体政协委员、列席人员、各政协街道工委成员和区政协提案联系点联络员参加了论坛，论坛由区政协副主席刘显平主持。

【知情明政】 7月28日，区政协召开政情通报会并开展"委员活动日"活动，全体政协委员、列席人员听取了区政府代区长徐曙海同志关于上半年政府工作情况的通报。会后，开展了"政协委员活动日"

活动，组织全体政协委员、列席人员参观雨花台烈士陵园纪念馆新馆。通报会由区政协主席梁广宏主持。12月28日，区政协召开区政府工作情况通报会。区政府代区长徐曙海同志向区政协委员、列席人员通报2011年区政府工作情况。区政协主席梁广宏，副主席刘显平、张发、王连安、冯小仙，秘书长罗军参加会议。通报会由区政协主席梁广宏主持。

（姜海军）

中共玄武区纪委

【概况】 2011年，玄武区纪委、监察局紧紧围绕全区经济社会发展大局，加强以保持党同人民群众血肉联系为重点的作风建设，加强以完善惩治和预防腐败体系为重点的反腐倡廉建设，着力解决反腐倡廉建设中人民群众反映强烈的突出问题。建立和完善与发包方式改革相配套的有关实施细则和监督管理办法，通过对全区56个限额以下工程监管，节约资金1174.63万元；开展廉政公益广告创意征集等活动，组队参加市纪委组织的《廉政准则》及党纪条规知识竞赛；组织党员干部参观金陵廉政教育馆，召开玄武区建设、拆迁领域全体干部警示教育大会，以发生在区拆迁领域的典型案例以案说法、以案说纪；制定《玄武区行政效能监测点暨行政效能特邀联络员管理办法（试行）》，对机关作风、重点项目推进、全国文明城市指数测评迎查和"五服务"活动落实情况等开展效能监察；对全区8个街道领导班子、132名领导干部的勤政廉政情况实施网上群众测评，共有5238人（次）参与测评活动，测评人数逐年扩大，效果明显。纪检监察组织向"两新"（即新社会组织、新经济组织）、"两区"（即社区、园区）延伸，岗位廉政风险教育等工作形成了特色，得到省、市纪委肯定；全年完成中央、省市级新闻报道50篇，其中中央级14篇，同比上升400%，完成网评66篇，其中被中纪委采用2篇；2011年玄武区纪委、监察局在全市纪检监察工作绩效考核中获先进集体称号。

2011年，区督察办根据全区重点项目建设目标和经济指标任务，建立和完善了与区主管职能部门的定期联系制度，梳理、分析推进中的存在问题，并及时组织协调服务、督察督办，全程保障项目建设的有序推进。围绕"统筹拆迁、组织拆迁、服务拆迁"三个关键层面，突出对拆迁工作衔接和目标任务落实的督察，全力推进拆迁工作高效运作。针对全区维稳、安全、公共文明指数测评等阶段性重点工作，紧扣工作要求，按提前介入、充分谋划、协调服务、督促督办的工作部署，促进工作责任的落实和存在问题的解决，确保各项工作任务圆满完成。紧扣机关作风建设大会要求，深入机关部门，强化对"机关部门服务质量"和"上班时间上网炒股、玩游戏"整改情况的督察，扎实推进机关作风建设再上新台阶。全年共编发《督察通报》19期，参加相关会议435次、现场检查2196人次、提出督察建议227条、下发督办通知单68份、协调解决问题219个、约谈责任人123人次，督促落实工作菜单816项，有力地促进各项工作的落实。

【召开玄武区纪检监察工作会议】 2月22日上午，玄武区纪委、监察局召开全区纪检监察工作会议。会议传达了中央、省、市纪委全会精神，区委常委、区纪委书记邱小凡总结2010年全区纪检监察工作，并对2011年的工作进行了部署。全区纪检监察干部、纪委委员、政风行风监督员等90余人参加会议。

【圆满完成区纪委换届选举工作】 2011年7月25日，王静同志代表区纪律检查委员会向区第十次党代表大会作了题为《全面提高反腐倡廉建设科学化水平，为建设现代化国际性人文绿都标志区提供有力保障》的工作报告，全面总结过去七年全区党风廉政建设和反腐败工作，提出今后五年工作建议。7月26日召开区纪委第一次全体会议，会议选举产生了新一届纪委常委班子、书记、副书记。王静同志当选为新一届纪委书记，丁璇、丁晓祥当选为新一届纪委副书记，王静、丁璇、丁晓祥、林朗、刘康、黄燕明、王茜7位同志当选为新一届纪委常委。

【加强领导干部廉洁自律工作】 玄武区纪委、监察局始终把领导干部廉洁自律当成一项重要工作来抓。2011年，元旦、春节期间下发《关于重申节日期间严禁违规收受现金、有价证券、购物卡和支付凭证的通知》，设立24小时举报电话，首次设立玄武区廉政账户，收到上交款物折合人民币130多万元。对20个单位开展《廉政准则》执行情况专项检查。对干部任用制度落实情况和28家单位科级干部竞争上岗工作进行监督。会同政府办、组织部对22批次干部因公出国（境）申请进行审核。严格执行领导干部述职述廉、诫勉谈话、函询、质询等制度。

【认真履行职责维护群众利益】 在继续加大对教育乱收费、医药购销和医疗服务等领域不正之风治理力度的同时，重点对全区1185万元救助救济资金、低保户物价补贴、春节慰问金的管理使用情况进行专项检查，对检查中发现的问题及时下发《监察建议书》，跟踪监督，限期整改。建立完善行政效能监测点制度，对企业和群众的各类投诉，做到有诉必接，有接必果。全年受理和办结行政效能投诉36件，按时办结率100%。首次采取同场述职、同场评议、同场亮分的模式，对8个行政执法部门和16个基层站所进行现场述职民主评议政风行风。认真做好涉及群众利益的信访举报工作，收到群众来信来访122件次，全部按时办结，督促有关部门和街道整改197个问题。督促区人社局追发劳动者工资24.8万元，处罚6家违规企业，维护劳动者合法权益，促进社会和谐稳定。

【案件查办工作始终保持强劲势头】 2011年，玄武区纪委坚持依法依纪查处各类违法违纪案件，切实提高查办案件工作质量和水平。全年立案查处各类违纪违法案件20件20人，其中，贪污贿赂案件6件6人、失职渎职案件2件2人。违纪人员中公务员7人，县处级领导干部3人；立案后移送司法机关依法处理的4件4人。通过办案为国家集体挽回经济损失近千万元，实现了案件审理结案率、质量检查合格率、处分执行率"三个100%”和被处分人要求复查复议、不服处分决定的申诉“两个零”。

【建立党的纪律监督工作新模式】 为贯彻中央纪委“党的组织设置到哪里,党的纪律监督工作就延伸到哪里”的要求,2011年以来,玄武区纪委先行先试,以园区化、属地化管理模式为抓手,分别在徐庄软件园27家非公企业、5个社区、3家新社会组织试点建立了党的纪律监督组织,受到社会各方好评。市纪委龙翔书记在南京首家“非公有制企业党的纪律监督工作试点园区”徐庄软件产业基地揭牌时表示,玄武区以园区化管理模式为抓手,率先在徐庄27家非公企业建立党的纪律监督组织,在南京乃至全省都是首创。各试点单位成立党的纪律监督组织以来,在推进企业和社区廉洁文化建设、内控机制建设、维护企业和群众合法权益等方面都发挥了较好的促进作用。这项工作获得2010~2011年度南京市纪检监察系统创新奖。《中国纪检监察报》、《新华日报》、《南京日报》等中央省市媒体报道这一做法。

【探索开展岗位廉政风险防控工作】 2011年,玄武区纪委、监察局在玄武区教育局、住建局和孝陵卫街道3家单位试点开展岗位廉政风险防控工作。试点中注重实效与创新,组织各项专题培训班11个,开展专题宣传活动3场,教育动员近3000人,查出廉政风险点255个,建立完善相关制度59项。截至12月,在试点单位初步建立了岗位廉政风险防控机制,有效强化了内部控权和外部监督,廉政风险防控意识显著增强,权力运行更为规范,工作效能和服务水平明显提升。试点工作积累的经验为全面推开奠定坚实基础,《中国监察》、《南京日报》、《扬子晚报》和南京电视台等多家媒体对玄武区试点工作进行深入报道,在社会上产生较好反响。

【对政府投资的14个拆迁项目实施专项监察】 为规范征地和拆迁行为,维护被征地群众合法利益,2011年以来,玄武区纪委、监察局联合玄武区住建局和拆迁公司等相关单位,对政府投资的14个拆迁项目实施专项监察,抽查122份会议纪要,调阅340份拆迁户档案资料,涉及拆迁总面积185万多平方米,拆迁总资金601350万元。检查显示,14个拆迁项目在实施过程中,认真落实拆迁公示制度,强化拆迁管理,切实维护了群众拆迁补偿利益。同时,对检查中发现的问题,提出监察建议,跟踪督查整改。

【召开廉政文化示范点建设推进会】 3月11日下午,玄武区廉政文化示范点建设推进会在玄武区国税局召开。市纪委常委、市监察局副局长郑建宁、市纪委宣教室主任楼江华、玄武区区委常委、纪委书记邱小凡、市国税局纪检组长杨洁、监察室主任范道林等领导及玄武区55家廉政文化示范点负责人参加了会议。参会代表参观了玄武区国税局廉政教育基地,玄武区国税局等4家单位作廉政文化建设经验交流。玄武区纪委书记邱小凡和市纪委常委、市监察局副局长郑建宁先后对玄武区廉政文化建设提出了工作要求。

【举办反腐倡廉主题文艺演出】 8月18日,玄武区纪委、监察局在北极阁广场举办玄武区“反腐倡廉我参与、文明城市大家建”主题文艺演出——清风颂和谐,全体纪检监察和督察干部登台合唱《光荣啊,党的忠诚卫士》等歌曲。南京市纪委领导、玄武区机关干部、学校学生、社会群众400多人观看演出,市纪委领导对整场文艺演出给予充分肯定。

(沈　雷)

【提升督察工作效能】 2011年,区督察办根据区委区政府重大决策和全区重点工作安排,不断规范工作流程、强化工作效能、优化工作机制,全力保证各项工作任务的落实。一是制定督察工作要点,指导全年工作。围绕全区中心工作和重点工作,制定并下发《2011年全区督察工作要点》,明确全年各阶段督察内容和要求,保证了全年各项督察工作任务的有序开展;二是规范督察工作流程,完善督察责任体系。根据“1+4+8”(即:1个综合组,4个专项督察组,8个驻街道督察组)督察模式,完善和丰富了重点项目、重大事项、部门工作、拆迁工作督察组督察工作的流程和内容,制定了《重点项目督察工作流程》、《重点项目督察工作思维图》、《2011年拆迁项目督察工作方案》、《2011年“三个提升”工程督察工作方案》等,为督察工作的顺利开展提供了必要保障;三是加强业

8月18日,玄武区纪委监察局、督察办全体工作人员合唱纪检监察之歌《光荣啊,党的忠诚卫士》

务培训，提升督察工作水平。坚持周例会、定期组织组长座谈会等制度，通过各专项组、驻街道督察组之间交流工作开展情况、分析存在问题、研讨解决办法，为督察人员能力的提升、督察工作成效的提高奠定良好基础。

【强化驻街道督察】 2011年，驻街道督察工作始终以区委、区政府的重大决策和重点工作为主线，紧扣责任单位承担的目标任务和工作举措，及时了解、掌握街道工作动态，针对存在问题以会议点评、催办督办、协调服务等方式，强力推进各项工作的落实。一是服务经济保增长。始终将街道经济工作作为督察重点，紧盯责任单位组织程度和责任落实情况，及时发现问题、点评问题、协调解决问题，保障目标任务达超进度；二是保障发展促稳定。维稳工作要求高、压力大，督察工作始终坚持全程参与、全程跟踪、全程督察，有效防范重大信访稳定事件及恶性个访事件的发生；三是巩固成果迎“国查”。围绕文明城市创建工作，突出对全区创建文明城市的长效、常态机制建设和迎查工作的责任落实、问题整改情况等进行督察督办，有效推动文明城市建设三年行动计划的贯彻和落实；四是主动协调促合力。驻街道督察组，在对街道各项目标任务落实情况进行跟踪督察的同时，充分发挥督察职能作用，协调、服务于街道工作，为街道的全面发展起到了推进作用。

【深化专项督察】 根据新目标、新任务，及时调整督察工作思路、整合督察力量，不断强化重要目标、重点项目、重大任务的督察力度，全力保障区委区政府重大决策、中心工作的顺利进行。一是在总结历年项目督察经验教训的基础上，制定了分类跟踪、分级督察、分时推进的“三分式”督察方法，对不同项目、不同阶段和不同要求，强化环节、细节督察，进一步增强了督察工作的针对性和实效性，保障了重点项目的按序推进。该做法也得到市督察办的充分肯定，并在全市作了介绍；二是按照全程跟踪，分层督察原则，通过“点、线、面”的现场督察，发现拆迁项目推进中存在的问题；通过工作任务菜单式运作，协调督办需相关部门服务解决的具体事项；通过区拆迁例会工作平台，点评区领导明确事项的落实情况，有力促进全区拆迁工作稳步、有序推进。

【突出领导批办件的督察督办】 2011年，针对一些突发性事件以及领导交办的重要工作，督察办全力做好督察督办。一是对落实社工待遇督察。督察办根据区主要领导的要求，对各街道落实社工待遇问题进行了专项督察，确保领导交办事项落实到位；二是对“书记与市民网上互动”投诉件的办理工作的督察。8月上旬，督察办根据区委办《关于龙虎网“我有话对书记说”在线互动问题》的回复要求，对11个涉及我区互动话题，紧扣问题症结，督察办快速介入，较短时间内收集整理和上报了14个单位对存在的问题的答复材料，及时完成区委交办的临时性督察任务；三是对“3·19”绿丝带行动稳控工作督察。根据全市的统一部署和要求，按照区主要领导的意图，积极介入，围绕稳控预案的部署、落实情况，深入现场督察人员到岗到位和履职情况，为确保现场局面得到有效控制，遏制事态进一步扩大发挥作用。

【强化“12345”工作督察】 2011年，督察办明确专人负责区“12345”工单办理的督察督办工作，从街道、部门抽调素质较高、责任心强的人员组建平台工作队伍，定期开展业务培训、组织轮岗交流，严格按照工单“接、办、转、回”的时间节点，准确、高效地处理工单。对疑难工单，积极采取联办、会办、督办的方式进行处置，对重要工单，由区领导牵头协调、督察办跟进督办，有效推进了“电子工单”的落实。全年共受理群众投诉7141件，回复办结6700件，为解决群众关注的热点问题、营造良好的经济社会发展环境起到较好推进作用。（俞 杰）

链接

玄武反腐倡廉深入产业园区

南京市玄武区举行“徐庄软件园非公有制企业纪律监督组织成立大会暨授牌仪式”，徐庄软件园从而成为省第一家实现非公企业反腐倡廉园区化管理的产业园。

徐庄软件园是一家以高科技产业为核心的园区，也是南京首家“非公有制企业党的纪律监督工作试点园区”。该基地引进的200余家企业融合国资、民资、台资和外资。在园区约2万名员工中，中共党员占到将近一半。该基地非公企业纪律监督工作由园区管委会党工委牵头，以园区化管理为抓手，积极开展党的纪律监督工作。园区已建立党组织的企业按照工作需要和企业规模，分别设立纪律监督委员会、纪律监督小组和纪律监督员，向联合党支部派出纪律监督工作指导员，实现党的纪律监督组织在内资、外资包括台资企业等不同性质企业的全兼容。

民主党派·工商联·人民团体

Democratic Parties
Association of Industry and Commerce
Mass Organizations

●民主党派·工商联

●人民团体

民主党派·工商联

·民主党派·

【概况】 截至2011年12月底，全区有民主党派7个总支，44个支部，1个小组，共有成员911人，比2010年同期增加109人。

分布情况：

1.民革总支1个，支部6个，121人。

2.民盟总支1个，支部9个，197人。

3.民建总支1个，支部3个，85人。

4.民进总支2个，支部16个，247人。

5.农工民主党总支1个，支部6个，151人。

6.致公党总支1个，支部3个，52人。

7.九三小组1个，33人。

8.台盟支部1个，25人。

【组织党外人士参观地质博物馆】 玄武区委统战部组织党外领导干部、各民主党派总支主委及知联会理事参观南京地质博物馆。在讲解员的引导下，党外人士分别参观了地学摇篮、中国石文化、矿产资源、地质环境及恐龙世界球、行星地球、生命的演化等展厅。博物馆里栩栩如生的恐龙模型、珍惜罕见的生物化石、形态各异的矿物标本让所有参观者叹为惊奇。大家纷纷表示要加强科学知识的学习和运用，全面提高科学参政的能力，提高服务社会、服务群众水平，为建设现代化国际化人文绿都标志区做出新的更大贡献。

【召开党外领导干部座谈会】 10月10日，区委统战部召开党外领导干部座谈会，参加会议的有区委常委、统战部部长滕涛；区政府副区长张蓬；区政协副主席冯小仙以及区属党外领导干部。座谈会上，来自区机关各部门、各街道、各系统的党外领导干部交流了多年来履职参政的经历，并结合自己的本职工作谈了履行职能、发挥作用和下步打算。副区长张蓬就如何加强党外干部队伍建设提了三点意见：一是要继续加大对党外干部的提拔使用；二是要组织好各类活动，关心党外干部的生活；三是要加强党外干部培训工作。区委常委、统战部部长滕涛充分肯定了党外领导干部为玄武区改革开放和社会主义现代化建设作出的积极贡献，并就进一步推进我区多党合作和政治协商制度建设，不断提升党外领导干部的政治把握能力、参政议政能力、组织领导能力、合作共事能力提了四点要求：一是要加大教育培训力度；二是要关心党外干部的工作和生活；三是要更加注重培养党外干部后备力量梯队建设；四是要加大培养选拔使用力度。另就党外干部如何发挥作用提了四点希望：一是要拥护中国共产党领导，坚持走社会主义道路；二是要胸怀责任意识，尽最大努力发挥好作用；三是把握好参政议政方式，善于把中国共产党意图和人民意愿充分结合起来；四是把握好党派自身建设，做到有序培养，扩大影响。

【纪念辛亥革命100周年老区行活动】

纪念辛亥革命100周年，公教一村社区与共建单位南京市台盟组织社区党员和群众积极分子100多人赴高淳，开展“纪念辛亥革命100周年革命老区行”活动。党员和社区居民参观爱国主义教育基地，踏上百年前的老街，感慨辛亥革命的艰辛与伟大。

【民主党派人士与院士共话爱党情】 中国共产党成立90周年前夕，东南大学社区院士专家服务站携手东南大学退协，隆重举办庆祝中国共产党成立90周年座谈会，东南大学社区民主党派人士、社区院士专家服务站站长龚乐年教授牵头召集本次座谈会。社区服务站专家学者、东大退协老同志、梅园街道和社区工作人员、党员代表围绕中国共产党成立90周年，由遵义会议说开去，畅谈祖国变迁，抒发爱党情怀。大家纷纷结合自己工作领域的特点，回顾中国共产党和伟大祖国的发展历程。老同志们从

5月20日，召开区人大、区政协党外常委研讨会

追忆过去，到感叹今天，道出对当今国家日益强盛的自豪感。

【召开区人大、区政协党外常委研讨会】 5月20日下午，玄武区委统战部召开“以交流履职经验、坚定信念与党同心同行”为主题的区人大、政协党外常委研讨会，区四套班子有关领导，区人大办公室主任，区政协秘书长，区人大、政协党外常委参加了会议。会上，来自各民主党派的六名党外常委围绕主题，谈了履职经验与体会，并结合中国共产党成立90周年就如何加强和改进多党合作和政治协商做了会议发言和经验交流，大家表示在常委的位置上要敢于直言，勤于做事，善于思考，积极参政议政，民主监督，反映社情民意，勇于担当社会责任，撰写好有一定质量的议案和提案，为努力实现玄武特色的转型创新跨越发展贡献力量。区委常委、区政协副主席、统战部部长刘显平结合当前工作谈了三点意见：一是要发扬成绩，促进多党合作事业再上新台阶；二是要提高素质，切实增强工作的责任感和使命感；三是要增强活力，充分发挥党外常委的职能作用。同时，对人大办、政协办和统战部提出要求：一要着力于转变作风，提高服务质量；二要着力于办事效率，提升服务水平；三要着力于照顾同盟者利益，切实解决实际问题；四要着力于推荐人才，促进多党合作事业可持续发展。

【举办区“十二五”规划纲要讲座】 4月8日，玄武区委统战部邀请东南大学经济管理学院博士、区发改局副局长徐力行就《玄武区“十二五”规划纲要》作了专题讲座。区属党外领导干部及党外知识分子联谊会理事30余人参加了学习。讲座通过大量详实、丰富的数据和例证，深入浅出地分析了制定“十二五”规划的指导思想和“十二五”时期经济社会发展目标，从总体上帮助大家把握了“十二五”规划纲要的精髓。会上，党外领导干部结合自身工作做了表态性、建议性的发言，对玄武区今后五年经济社会发展有更进一步了解、认识。有效地提升党外人士履职能力和水平，为玄武区“十二五”良好开局献计出力。

【统战成员参观同仁街社区卫生服务中心】 3月4日下午，玄武区委统战部以“围绕发展、关注民生、履行社会责任”为主题，组织区党外领导干部、知联会理事、各民主党派总支主委参观同仁街社区卫生服务中心基础项目建设。同仁街社区卫生服务中心梅德贤主任向各民主党派、党外代表人士详细介绍中心基本情况。大家对医疗改革这一重大民生问题进行了深入讨论，有的从宏观层面看问题，有的从操作角度提建议，发表了许多好的意见。希望政府进一步确立主导地位，强化各有关部门的职责，加大经费投入，加强公共卫生专业队伍建设，推动玄武经济社会更好的发展。区委常委、统战部部长刘显平参加活动。

【党外知识分子常务理事联谊会】 2月22日下午，玄武区召开党外知识分子常务理事联谊会。党外知识分子联谊会会长、区政府张蓬副区长参加了会议。知联会秘书长、区委统战部蒋俊副部长总结了2010年党外知识分子联谊会开展活动情况，提出了2011年知联会工作的打算。常务理事一致认为，要充分利用知联会成员人才优势和专业优势，充分发挥联谊会的作用，积极开展各项有益的活动，扩大影响。为玄武区转型发展、创新发展、跨越发展积极参政议政，履行监督职能，为玄武走在新一轮科学发展前列作出新的更大的贡献。张蓬对搞好知联会活动提出要求。 （闵　捷）

·工商联·

【概况】 玄武区工商业联合会（以下简称区工商联）、玄武区商会（以下简称区商会），截至2011年12月，有街道商会8家、行业商会6家、异地商会2家、社区商会8家，共有会员1372名，全部建立健全了商会台账和会员资料库。区工商联是党和政府联系非公有制经济人士的桥梁和纽带，是政府管理非公有制经济的助手。主要职责是围绕区委、区政府的中心工作及经济发展目标，调查研究、参政议政。代表并维护会员的合法权益，反映会员的意见、要求和建议。按照国家有关规定为会员提供法律、会计、融资、技术、咨询等服务。

【参加南京民营企业就业专场招聘会】 6月2日，区工商联组织钢加公司、维纳斯婚纱摄影店、万事达公司、年发168酒店等企业参加了南京市工商联、南京市人力资源和社会保障局等部门在水西门大街人力资源市场联合举办的“2011年民营企业招聘会”活动。招聘现场除了向失业人员提供近千个工作岗位，还为有培训意愿的就业困难人员提供多项免费的培训项目及各项优惠政策咨询宣传服务。到场的招聘单位100多家，提供岗位近千个。玄武区工商联组织5家民营企业提供近60个就业岗位。

【非公企业代表赴浙江慈溪考察学习】6月15~17日，由玄武区政府副区长、区工商联主席张蓬带队，区工商联会员企业代表和部分商会负责人参加的非公企业代表团一行15人，赴非公经济发达、商会工作较为活跃的浙江省慈溪市考察学习。代表团一行在慈溪市常委、统战部部长华红及南京慈溪商会会长胡家如等陪同下，参观了方太厨具有限公司和慈星股份有限公司。通过考察学习，大家一致认为上述企业都有较强的经营管理理念和独特管理模式，特别是对中国传统文化和现代企业文化的融会贯通、对企业员工的培养教育、对党支部工作的高度重视值得玄武区民营企业学习和借鉴。

【南京协济通饮食文化商会成立】11月11日下午，来自红山美食街近30位商户代表集聚南京山水大酒店会堂，庆祝成立南京协济通饮食文化商会，玄武区委、区政府领导邱小凡、曹曙、滕涛、张蓬，市工商联领导纪建军、于扬以及区有关部门领导应邀到会祝贺。市工商联纪建军副主席和区政府副区长、区工商联主席张蓬共同为协济通饮食文化商会揭牌。南京协济通饮食文化管理有限公司总经理单晓燕当选首届商会会长。区委常委、统战部长滕涛到会讲话。

【市工商联领导到玄武调研】7月28日，南京市工商联副主席纪建军及有关处室负责同志一行4人到玄武区工商联开展调研工作。玄武区政府副区长、区工商联主席张蓬出席调研会。会上，区委统战部副部长、区工商联党组书记甄再跃汇报了科技创新型民营企业发展情况。区工商联副主席陈竞赛汇报了区工商联的工作情况。调研会上三位企业家代表介绍了企业发展情况。张蓬副区长着重谈了当前区工商联和基层商会的主要任务：一是要支持中小企业特别是对创业、创新、创优型企业加大扶持力度，对企业家要通过各种方式进行培训，有条件的可以组织到经济发达地区考察学习，开拓眼界。二是提升服务内涵，要帮助企业和高校对接，为企业增强后劲做好服务。三是要积极加强与银行、担保公司沟通与联系，为区街、商会、企业之间三方对接，为企业融资担保服务。四是提高市场的公开程度，让中小企业公平参与政府采购。五是要支持帮助有条件的企业作好上市准备，请有关专家进行培训。

【区工商联召开换届大会】12月29日，玄武区工商业联合会(商会)第七次代表大会在玄武区政府大楼会议中心召开。南京市工商联副主席李冰、市委统战部经济处处长郑德巍和玄武区委书记储永宏、副书记邱小凡、统战部部长滕涛、区人大副主任杨冬梅、区政府副区长张蓬、区政协副主席刘显平及135名代表出席会议。区总工会、徐管办等部门到会祝贺，各街道党工委书记、统战员应邀参加会议。会议听取和审议了玄武区工商联第六届执行委员会的工作报告；选举产生了玄武区工商联第七届执行委员会。区政府副区长张蓬任区工商联主席、商会会长，统战部副部长甄再跃任区工商联党组书记兼副主席，陈竞赛、张海宁及10位企业家代表任区工商联副主席，张晨任秘书长，新一届执委共67名。会上，区委常委、统战部长滕涛就做好工商联的工作提出希望和要求。区委书记储永宏讲话，他强调工商联要围绕党委政府所制定的目标，全力以赴地开展工作，发挥自身优势，为玄武区的发展做出新的贡献。要围绕玄武区的稳定和群众的富裕开展工作，为当地社会的和谐发展做出应做的贡献。要围绕广泛地利用各方面的优势，广交朋友，为玄武区的经济社会发展，做出应有的贡献。工商联机关要围绕企业发展做好服务工作，真正把工商联办成会员之家。

11月11日，召开成立南京协济通饮食文化商会会议

【为小微企业融资搭建服务平台】区工商联针对后金融危机的影响，上半年为中小民营企业解决“融资难”问题，帮助多家民营企业同银行、担保公司签定了贷款和授信协议，开展了融资担保活动。在依托街道开展工作的同时，也积极为街道经济发展服务，多次将客商与街道的资源、项目、产业进行对口衔接和交流。重洽会期间，主动与市工商联经济、联络处就部分招商项目进行对接，积极组织企业家参加了市校企科技成果对接会、全省经贸洽谈会等。在为企业融资担保服务上强化区、商会、企业三方对接，“玄武区融资公共服务平台”优先为小微企业转型发展服务，“融资信息员”主动加强与银行担保公司的沟通与联系。将融资服务平台向产业园区延伸，通过银行与企业对接，2011年，为15家中小企业融资贷款3500万元。

【开展社会公益事业活动】3月17日，区

委统战部、区工商联组织玄武区近百家企业开展"百企联百户感恩惠民"结对帮扶活动。68位企业家和68位困难居民进行了现场结对帮扶，新华海集团代表民营企业倡议社会各界人士积极参与活动，以诚挚的爱心回报社会，以奉献的精神造福人民。活动不仅为非公经济人士与困难群众接对帮扶提供了平台，也为非公经济人士展现新形象搭建了舞台。

【区工商联表彰先进商会】 为表彰先进，树立典型，2011年区工商联分别授予后宰门街道商会、锁金村街道商会为先进基层商会；南京新伊汽配商城商会、南京丹凤街通信商会、南京慈溪商会为先进行业商会；梅园新村街道商会为先进文化商会。另2011年南京市工商联授予新伊汽配商城商会为企业文化创新商会、后宰门街道商会为五星级商会、1912商会为四星级商会。

【梅园新村街道商会举办"非公企业沙龙"】 11月17日，梅园新村街道商会组织珠江路都市产业园的10多家企业，举办"非公企业沙龙"。街道党工委负责人与非公企业代表欢聚一堂，共话企业经营，共谋发展蓝图，力求全力实现珠江路都市经济产业园提档升级。街道商会为园区内中小企业提供便捷有效的资源共享平台，通过沙龙与园区内其他企业交流，已达成两项协议。商会创造的良好的商圈环境，使园区内建立和谐的竞争关系，大家互帮互助、互让互利、实现双赢。

（张　晨）

人民团体

·区总工会·

【概况】 2011年，玄武区共有独立基层工会628家，工会基层组织5335家，工会会员78109人，比2010年分别增长9.9%、6%、11.4%，全面超额完成市总下达的年度组建目标任务。辖区内都市产业园等各类园区工会全部建会。继续推进在街道、系统中的劳务派遣公司建会工作，非公企业法人数据库中全区共有22家劳务派遣公司，建会21家，建会率达95%，超出市总下达目标的10个点。《社区工会联合会建设评价总则》荣获全总工会基层组织建设创新成果二等奖、女职工权益保护专项集体合同工作荣获全国先进单位称号。玄武门街道工会联合会荣获全国百家示范乡镇（街道）工会称号。玄武门街道台城花园社区工会获全国职工书屋示范点称号。

10月28日，区总工会举办了"创先市优、工会在我身边"为主题的工会知识竞赛。

10月28日，区总工会举办"创先争优，工会在我身边知识竞赛"

【开展普遍建会"百日攻坚"行动】 7月，广泛开展工会组织建设"百日攻坚"行动，根据全总非公企业法人数据库中的企业数，玄武区非公企业6240家企业建会，至9月底，建会率达95%。加强劳务派遣工会组织建设，新建劳务派遣组织工会21家，建会率达95%，在全市率先探索创新了劳务派遣工6种入会新模式。在全市启动工会组建推进暨普遍建会"百日攻坚"动员大会上作题为《提升素质，规范管理，精心打造专职工会工作者队伍》的交流发言。

【推进工资集体协商工作】 开展工资协商要约集中行动，积极构筑工资协商"五全模式"，推进工资集体协商职工全面知情、工会全程参与、人社部门全程指导、职工全体受益、三方全部满意。在重点抓好25人以上独立建会企业开展工资集体协商的基础上，积极推进区域、行业、园区开展平等协商工作，探索事业单位绩效分配集体协商，努力营造职工、企业、工会共同关心、共同行动、共同参与、共同受益的良好局面。全区25人以上独立建会企业建立协商制度252家，签订工资专项集体合同225份，区域性、行业性和园区开展平等协商签订区域性、行业性工资专项集体合同66份，覆盖1894家中小企业，其中签订二级补充合同1628份。11月，市人社局、市总工会在玄武区召开现场推进会，推广玄武的做法。

【创建劳动关系和谐企业和园区】 扎实推动企事业单位和社区全面建立健全以职代会为基本形式的民主管理制度，积极推进厂务公开工作的深入开展，切实维护职工的知情权、参与权和监督权。95%的基层工会规范建立了职代会制度。全区63个社区全部建立了会员代表大会和职工代表大会制度。25人以上企业普遍开展劳动关系和谐企业创建活动，8家企业获市和谐企业称号，获表彰企业数量名列全市13个区县之首。徐庄软件园3年创建目标2年完成，4月，作为全市唯一的和谐园区接受了省劳动关系三方和谐园区的验收，受到省评审组的一致好评，12月，被评为江苏省模范劳动关系示范工业园区。为了表彰先进，区总工会和区人社局拿出2万元，对获市和谐企业称号的8家企业和徐庄软件园进行表彰奖励。

【加强工会法治建设】 以维护好职工的合法权益为己任，大力加强街道、企事业维权机构和队伍建设，积极参与劳动争议仲裁，重视调解工作，主动为企业和职工提供及时、优质的劳动法律服务。区总工会参与劳动争议仲裁案件比上年递增30%。大力推进区、街二级工会法律援助联动机制建设，坚持"上代下"援助方式，区总代理法律援助案件比上年递增40%。建立了职工援助团律师、法律工作者定期街头宣传、咨询和下企业进社区制度。举办金鹰国际广场"庆三八"、庆"五一"社区行、1912广场法律咨询和"12·4"工会法律人在行动等街头劳动法律宣传、咨询活动，扩大工会法律援助影响。

【夯实基层工会组织制度建设】 坚持开门办会，加快工会组织群众化、民主化、制度化进程。推进非公企业工会主席直选工作，坚持会员代表大会对街道、系统工会工作和领导班子进行民主测评制度。基层工会开展会员"评家"活动面达85%以上，把职工群众的评价和是否得到实惠作为衡量工会工作成效的重要标准，使工会工作建立在深厚的群众基础之上，密切联系职工，得到职工群众的广泛认可，努力把工会组织建设成为职工信赖的职工之家。推进工会干部职业化、社会化建设，加大对工会协理员的教育、管理和培养的力度，不断调整和改善工会干部队伍结构。坚持企事业会员(代表)大会制度和会员代表常任制；建立健全社区的职代会制度。

【开展"建功'十二五'"劳动竞赛】 开展"工人先锋号"创建，引领玄武职工创业、创新、创优、创造。通过推动城市建设、百企升级、节能减排、优质服务等工作，不断增强企业核心竞争力，不断提高企业社会贡献率。通过普遍开展职工科技创新竞赛，深化"六小"、"我为企业发展献计"等活动，大力推进职工创新成果及专利的转化，促进企业经济技术发展。全区申报各级"工人先锋号"30个。据不完全统计，基层工会开展各项劳动竞赛70余场，参加竞赛的职工约16400人。完成小核算、小建议、小改进、小革新、小节约、小经验5270项，准备申报专利的696项，已申报专利的2872项，获得专利的1642项。

【庆"五一"职工文艺汇演】 4月23日下午，"玄武区庆'五一'职工文艺汇演"在南京军区前线文工团的前线大剧院隆重举行。来自全区街道、系统、机关企业的近千名工会会员喜聚一堂，载歌载舞，唱响劳动光荣、劳动伟大的主旋律，抒发对生活的热爱，对"十二五"发展规划愿景的期盼。南京市总工会副主席陆路，玄武区委副书记、区人大常委会主任张萍，区政协主席梁广宏，区委常委、区政法委书记易兵，区委常委、区委组织部长杨乐华，区委常委、区政府副区长曹曙，区人大常委会副主任、区总工会主席杨冬梅，区政府副区长王静等领导及全区省、市劳模代表出席并观看职工文艺汇演。

【走访慰问1612户困难职工】 充分发挥困难职工帮扶中心、街道职工援助服务站、社区职工援助点三级工会帮扶服务体系平台作用，及时掌握困难职工生活状况，切实解决困难职工急需解决的问题。通过元旦、春节送温暖活动和临时特困救助相结合，不断完善区总工会生活救助机制。2011年两节期间全区各级工会共走访慰问了1612户困难职工、困难劳模30多人、困难农民工360多人，单位或个人结对帮扶211对，筹集慰问款总额为360多万元。不断拓宽渠道，实施教育帮扶机制。更加重视做好"金秋助学"工作，2011年全区救助困难职工子女达800多人次，慰问金额近60万元。

【加大职工安全生产监管力度】 全面推行劳动安全卫生专项集体合同制度，切实加强安全生产教育，深入开展"安康杯""一法三卡"等活动，加大职工的安全生产监督管理力度，督促企业加大安全生产投入，不断改善劳动环境和生产条件。组织了"零点目标"竞赛活动，并与区安监局联合下发了"1+3"安全监控工作体系实施细则。积极开展职工代表安全视察活动，现场维护职工劳动安全卫生合法权益。在全区生产型企业近400名职工中开展"安全生产知识"培训。签订了劳动安全卫生专项集体合同180份。积极参加市总举办的劳动保护监督检查员的培训工作，与区安监局合作举办了两期安全生产监督检查员培训班。以高危行业和农民工集聚行业为重点，会同区安监局对辖区内工地、企事业单位进行多次安全检查。

【培训各级工会工作人员600余人次】 区总工会狠抓工会干部队伍的业务培训。3月进行"创先争优、人才兴会"专题培训6场，培训各级工会工作人员600余人次；开展创先争优活动，加强党工共建"四统筹一创争"建设，使工会组织的影响力和凝聚力不断增强。加强新时期职工之家建设，开展本级"先进模范职工之家"评选活动，并表彰20家基层"先进模范职工之家"。全年又有8家基层单位申报"市模范职工之家"。

【省总工会领导到徐庄软件园调研】 5月7日上午，江苏省总工会副主席杨星云一行在南京市总工会副主席符广洲、南京市总工会民管部部长陈顺喜、玄武区人大副主任、区总工会主席杨冬梅等陪同下来到玄武区徐庄软件园进行调研。调研组一行先后深入徐庄软件园南京先声药业有限公司，实地考察企业职工工作、生活基本情况，了解企业工资集体协商、劳动合同签订、劳动报酬支付等工作。在实地考察结束后，杨星云副主席听取了徐庄管委会、江苏先声药业有限公司、南京智达康无线通信科技股份有限公司、南京嘉腾维新软件有限公司的工作汇报。杨星云对徐庄软件园工作表示充分肯定，同时希望徐庄软件园更好地总结提炼，为全省全国做出样板。

【南京市行业性工资集体协商推进会在玄武区召开】 11月15日，南京市总工会、人社局、企协/企联、工商联等单位组成的南京市协调劳动关系三方委员在玄武区召开全市区域性行业性工资集体协商现场推进会，向全市推广玄武区总工会、区人社局推进区域行业工资集体协商的做法。会议由市总工会副主席符广洲主持。市人社局副局长江萍，玄武区委常委、副区长苏郑，省总工会民管部殷同喜、省人社厅劳动关系处副处长顾朝等领导出席了会议，全市各区县总工会、人社局、企协、企联、工商联等单位的领导和同志150余人参加了会议。参会人员现场观摩锁金三村工会与商会协商区域工资集体合同的过程，观摩了锁金三村工会代表职工与南京鑫昱达装饰有限公司经理协商履行区域工资集体合同，以及协商该企业新增有关工资、福利内容，签订补充合同的情景。会上玄武区劳动关系三方四家作了《构筑工资协商“五全模式”，积极推进区域性平等协商机制建设》的报告，锁金村街道工会作“全力推进区域性集体协商，助推金陵幸福第一街建设”的经验介绍。

【印洪明房屋维修工作室深受百姓欢迎】 现年54岁印洪明供职于南京市玄武区房产经营公司新街口分公司，承担2个街道、9个社区近1万户居民100万平方米的公房维修管养任务。从事房屋维修30多年，曾被授予“南京市劳动模范”、“江苏省文明职工”等荣誉称号。2009年11月，成立以自己名字命名——印洪明“房屋维修工作室”，设立24小时服务电话，两年多来无偿服务群众。工作室只要有市民求助电话，无论白天黑夜，也不管盛夏酷暑，还是寒冬腊月，印洪明总是第一时间赶到现场解决问题，得到社会普遍赞誉。在玄武区乃至南京市传为美谈。印洪明“劳模工作室”现已发展到6个人，成为服务群众、解决难题、百姓欢迎的品牌。

【工会女职工组织组建率达100%】 截至2011年底，玄武区已建立工会女职工组织628个，组建率达100%，女会员35443人，女性农民工会员7840人，入会率达99.89%。坚持“哪里有女职工，哪里就要建立工会女职工组织”的原则，充分发挥女职工组织作用的同时，全力推进女职工专项集体合同工作，积极维护女职工权益，全区女职工权益保护专项集体合同的签订率达98%以上。1月，女职工权益保护专项集体合同工作荣获全国先进单位称号。房产系统工会等10家单位获市总挂牌的女职工周末学校积极开展活动、两家基层工会女职工组织申报市级女职工周末学校示范单位，区财政局等4家单位获市五一巾帼标兵岗，为广大女职工搭建提升素质的更高平台。

（梁　菁）

·共青团玄武区委员会·

【概况】 2011年，共青团玄武区委员会，深入贯彻落实区委和上级团委工作要求，以“创先争优”活动为统领，坚持服务大局、服务社会、服务青年，着力在青年思想引领、服务青年就业创业、维护青少年合法权益、未成年人思想道德建设上下功夫，团的自身组织建设不断加强，全面完成区委、团市委下达的各项目标任务。

截至2011年底，全区有团员11745名，其中女团员6947名，少数民族团员418名；新发展团员1549名。各级团组织529个，其中，基层团委19个，团总支10个，团支部496个，基层团工委14个。

【举行“放学来吧”授牌活动】 1月24日，玄武团区委在新街口街道北门桥社区邻里中心举行“放学来吧”授牌活动。团省委权益部部长郑海龙、团市委副书记郑玲玲、区委常委政法委书记易兵、区委组织部副部长张杰、新街口街道党工委副书记王礼铭等出席了本次活动。参与授牌的三家社区对各自“放学来吧”开展情况作了交流发言和成果展示。“放学来吧”是玄武团区委近年来重点打造的青少年权益项目，解决了社区青少年放学后无人照看的难题。项目推进以来，得到广大志愿者的支持及社区群众的广泛认可和欢迎。

【启动“创先争优·青年先锋”主题实践活动】 玄武团区委为深入推进共青团组织创先争优活动开展，于4月1日启动“创先争优·青年先锋”主题实践活动，将全区团组织创先争优活动推向高潮。“创先争优·青年先锋”主题实践活动分为全面推进、深化提升、总结提高三个阶段，至党的十八大前结束。活动以“全面推动团的基层组织建设，全面活跃基层共青团工作”为统揽，提出“扩大组织覆盖、增强组织活力，增强团员意识、发挥带头作用”四个方面的目标，明确了基层组织建设、团建创新工作、“青年先锋　四好少年”评选、青春建功行动四大活动内容。在整个实践活动中，将组织开展“四好团支部”、“四优少先队”创建活动，提升基层组织活力；组织开展“创先争优　青年先锋”评选活动；开展玄武区“四好少年”评选；开展青春建功行动，动员全区各青年文明号集体开展公开承诺、牵手助困、争当“五大员”等活动。

【启用玄武志愿者标识】 4月28日，玄武团区委举行玄武志愿者标识启用仪式。玄武区志愿者协会会长冯鹏及志愿者代表为到会领导和青年志愿者展示印有志愿者标识的旗帜和胸章。玄武志愿者标识是由三元素组成的组合标志，中间的爱心是通用志愿者标识，“X”“W”是“玄武”的首字母缩写，“V”是英文志愿者的首字母缩写，这个标识用象形的含义表示了玄武志愿者的简称。标志的配色使用标准四原色，红色象征着热情、爱心，志愿精神铭记于心。黄色亮度最高，灿烂、辉煌，象征玄武灿烂辉煌的文化传统和博大包容的人文气质。青色沉静、深远、博大、辽阔，象征志愿者事业的无限广大。黑色稳重、庄严，搭配其他三色，用于文字更为醒目。四种颜色搭配在一起象征着青年人朝气蓬勃的精神面貌，以及热情奉献的志愿精神。

【“高举团旗跟党走·创先争优展风采”系列主题活动】 5月至7月，玄武团区委在全区开展“高举团旗跟党走·创先争优展风采”主题活动，隆重纪念“五四”运动92周年、中国共产党成立90周年。共进行六大系列活动，包括“心向党·乐成长·青春5+1（即：组织一次主题团日活动、开展一次基层团干座谈交流、组织一次“青年先锋”事迹宣讲、开展一次与普通青年面对面活动、组织一次团干部集中学习党史活动，另外组织一次体现团组织特色的主题活动）”主题活动、“我为党旗添光彩”创先争优系列活动、

"花儿朵朵向太阳" 系列主题活动、"我为团旗增光彩·青春闪耀心向党" 新团员入团宣誓仪式、"红色点亮青春"大学生社工红歌会、"青春嘉年华"团干文化游艺系列主题活动。

【举行"花儿朵朵向太阳"故事大王比赛】 5月11日，玄武区少工委在昆仑路小学举行了少先队纪念中国共产党成立90周年系列活动之 "花儿朵朵向太阳" 故事大王比赛。40余名参赛少先队员都是经过各校层层选拔上来的。比赛邀请了专业评委，还组织了60多名少先队员作为大众评委，通过两个多小时的比赛，评选出了10名故事大王和10名故事能手。获得称号的队员们组成红领巾宣讲团，在暑假走进社区，给社区的小朋友们讲述，让更多的少年了解和认识革命先辈及英模人物在创立、建设、发展新中国的过程中的伟大壮举、光彩形象和感人事迹。

【"红色点亮青春"大学生社工红歌会】 5月19日，玄武团区委在玄武区教师进修学校举办"红色点亮青春"大学生社工红歌会，全区150余名大学生社工参加此次活动。红歌会分为赛红歌、演红歌和比红歌三个部分，赛红歌部分由全区8个街道各出一首红歌大合唱，社工们利用休息时间，自排自演，多次排练，全区8个街道的大学生社工们虽都不是专业歌手，但都用心唱红歌，唱出了大学生社工们不怕辛苦、刻苦敬业的精神。演红歌部分是由部分街道选派红色歌曲或诗歌朗诵，为大家献上对中国共产党成立90周年的祝福。比红歌部分通过各种轻松的游戏形式，猜红歌名、唱红歌词、答红歌题，让大家在轻松的氛围中，通过对祖国优秀红歌的聆听赏析，隆重纪念中国共产党成立90周年，共同赞颂中国共产党。

【青年文明号开展创先争优牵手助学活动】 "童心·爱心·心心相映，'六一''七一'携手共庆"——玄武区青年文明号创先争优牵手助学活动，6月1日在长江路小学报告厅举行。区委常委、政协副主席、统战部部长刘显平首先致辞，向小朋友表达节日的祝贺，并对参与此次活动的青年文明号表示感谢和鼓励。青年文明号代表向资助学生赠送雏鹰助学金及爱心大礼包，学生回赠自己制作的感恩卡片，并一同参与互动游戏。团市委青工部部长朱薇薇、长江路小学校长宋红斌参加此次活动为青年文明号代表颁发爱心证书。此次活动是玄武团区委为深化青年文明号创先争优，实现回馈社会承诺，展现区内青年文明号风采而组织的，受到区内青年文明号的积极响应，共向困难学生资助价值2万余元的"雏鹰助学金"及"爱心大礼包"。

【团队干部举行联欢会】 6月10日，玄武区"唱响红色旋律舞出别样青春"团、队干部共庆中国共产党成立90周年联欢会在徐庄软件园先声药业集团举行。团市委书记单晓峰、玄武区人大副主任杨冬梅出席了此次活动。活动分游艺活动、互动游戏、文艺节目、自助餐饮等几个环节。所有到会的青年朋友们都会得到一张通票，凭通票可以参加游艺活动环节中的12个游戏项目，并可积分换取奖品。在文艺节目演出环节，来自企业、高校的团员青年以及大学生社工朋友们带来了精彩的节目表演，带动了全场热烈的气氛。此次红色文化游艺活动加强团、队干部与非公企业团员青年的沟通交流，增进之间友谊。

【建立大学生暑期见习基地】 7月14日，玄武团区委在徐庄软件园举办青年就业创业见习基地授牌仪式暨大学生暑期见习岗位招聘会，60余位青年就业创业见习基地负责人及驻区高校优秀在校大学生参加了授牌仪式和岗位招聘。自开展青年就业创业工作以来，团区委积极整合社会资源，鼓励区内非公企业、事业单位等创建见习基地，以"尊重企业需要、考虑青年意愿，遵循市场规则"为原则，依托"青年就业创业见习基地"平台，服务青年、服务企业。截至目前，玄武区已建立31家青年就业创业见习基地，提供金融服务、信息管理、生物医药等近20个门类的见习岗位。成功举办了两期暑期大学生见习活动，在帮助青年学生积累工作经验、提高就业创业能力的同时，也为企业搭建起选人用人平台。

【公益夏令营开营】 7月27日，由玄武团区委、区少工委、区文化局、区妇联和江苏银行联合主办 "科技e夏·博览之旅" 公益夏令营在明孝陵博物馆正式开营。主办单位和协办单位的相关领导，以及来自玄武区8个街道的160余名小营员和志愿辅导员参加了开营仪式。本次夏令营为让小营员们度过一个轻松、愉快、充实、有意义的假期，组织小营员们参观十朝历史文化园、金陵竹刻博物馆、民俗博物馆和区档案局，丰富他们的知识；组织他们参观未来信息馆、南京科技馆，观看球幕电影《阿尔卑斯》，体验高科技带来的感官享受，拓宽小营员们的视野；组织他们参加在各基层社区举行的红色故事会，让他们与小宣讲员一起，回顾红色革命故事，建立正确的信仰。玄武区公益夏令营是玄武区共青团和少先队工作的特色品牌活动，自2005年主办公益夏令营以来，已举办6届，累计为1000多名困难家庭的孩子提供免费参观、学习、交流的机会，提供拓宽视野、丰富知识的平台。

【青年风尚节开幕】 9月24日，"我的青春我做主"——玄武区青年风尚节开幕式展演活动在南京市第十三中学隆重举行，区委常委、副区长苏郑，区教育局工委书记陈燕、团区委相关领导以及十三中、九中等相关学校领导出席了本次活动，玄武地区40余家青年社团、学生社团，约400余人参与了此次活动。区委常委、副区长苏郑为玄武区青年风尚节的LOGO进行了揭幕。此次活动主要以舞台表演和台下展示两种方式进行。其中，舞台表演包括舞蹈、乐队、手语表演、模特秀、跆拳道等节目组成，台下展示主要包括魔术、书画、cosplay、环保、朗诵、文学、手工制作等展示方式。玄武区青年风尚节活动是玄武团区委为青年社团、学生社团搭建的展示社团风采、倡导青年文化、促进相互交流的创新项目，内容涵盖了公益、户外、交友、创意、健康、运动、文化娱乐等几乎所有青年喜闻乐见的活动类型。本届青年风尚节包括开幕式展演、

9月24日，“我的青春我做主”青年风尚节开幕式

社团领袖论坛、社团巡展及优秀社团评选等一系列活动，旨在促进玄武青年社团、学生社团之间的交流与合作，提升社团的影响力和认知度。

【校地共青团共建工作推进会】 9月29日，玄武团区委在锁金村街道会议室召开校地共青团共建工作推进会，玄武区驻区高校团委负责人、玄武区各街道分管领导及团工委负责人共30余人参加了会议。此次会议主题为“交流创新促发展·共同提高谋双赢”，推进会邀请了锁金村街道和新街口街道介绍了该区域校地共青团共建工作项目，分享合作经验。各高校团委负责人畅谈了在共建实践中遇到的各类瓶颈，如怎么建立长效合作机制，怎么进一步推进项目等等，各街道分管领导也对未来的共建活动提出了较多想法，怎么能充分运用高校的教育资源、学生资源等，结合自身街道特色开展合作，谋求双赢。在大家共同交流探讨中，各街道与高校对未来共建活动有了新的思路。

【玄武区青年联合会第三届委员会第一次全体会议】 11月12日，玄武区青年联合会第三届委员会第一次全体会议隆重开幕。区委书记储永宏，团市委书记单晓峰，区人大常委会主任张萍，区政协主席梁广宏，区委副书记邱小凡，区政法委书记易兵，区委组织部部长杨乐华，常务副区长曹曙，区纪委书记王静，区委宣传部部长周雯，区统战部部长滕涛，区人大常委会副主任、总工会主席杨冬梅等领导出席了开幕式。开幕式上，区人大常委会副主任、总工会主席杨冬梅代表全区各群众团体向大会致贺辞。团市委书记、市青联主席单晓峰发表了讲话。区委储永宏书记对过去五年的区青联工作给予充分肯定，并对全区青年提出“积极投身区域建设，争当全区科学发展的排头兵；积极弘扬‘四创’精神，争当全区改革创新的先锋队；积极引领社会风尚，争当全区和谐稳定的生力军；积极加强自身建设，争当全区青年发展的领头羊”的四点希望。会议通过了青联第二届委员会所作的题为“动员全区青年、凝聚各方力量，为把玄武建设成现代化国际性人文绿都标志区而努力奋斗”的工作报告，并选举产生玄武区青年联合会第三届常务委员。

【预防青少年违法犯罪工作总结大会】 12月15日，玄武区预防青少年违法犯罪工作（未保工作）总结大会召开，区政法委副书记刘立青，团区委书记孙荟，团区委副书记、预防工作领导小组办公室主任、未保委办公室主任张丽霞，团区委副书记李祖刚以及来自区预防工作领导小组、区未保委成员单位的分管领导和联络员参加会议。团区委副书记、预防工作领导小组办公室主任、未保委办公室主任张丽霞同志总结2011年玄武区预防办工作，区检察院和锁金村街道就2011年的预防工作和未保工作分别进行了交流发言，团区委副书记李祖刚宣读未成年人零犯罪社区的表彰决定，新街口街道唱经楼社区等16家社区获得“未成年人零犯罪社区”荣誉称号。

【青年组织工作现场推进会】 12月23日，南京市青年组织工作现场推进会在第九中学隆重召开，团市委书记、市青联主席单晓峰，玄武区委常委、区委副书记邱小凡、团市委副书记陈乙华等市、区领导出席本次会议。来自全市的部分青年组织代表和各区县青年组织工作的分管书记参加本次现场会。会议由四家青年组织的代表进行日常活动情景再现，并介绍自己的组织情况。团市委书记单晓峰详细听取了各青年组织的工作汇报和对未来的展望。针对不同青年组织的服务和导向功能，单书记逐一和几家青年组织的负责同志进行了交流和沟通，并结合青年组织自身工作中的重点，对青年组织工作提出切实可行的意见和建议。会上，玄武团区委书记孙荟就玄武区青年组织工作的现状和发展进行汇报。玄武区梅园街道团工委书记朱源和新街口街道团工委副书记钱竹林分别就各自区域内的青年组织工作开展情况进行交流发言。 （卢　星）

·区妇女联合会·

【概况】 区妇联以科学发展观为统领，打造党开展妇女工作的坚强阵地，妇联组织成为广大妇女信赖和热爱的温暖之家。2011年，区妇联精心组织了“巾帼建新功　岗位争优秀”技术大练兵活动和“玄武区第八届邻里文化节”活动；成功地召开了“十二五”妇女儿童发展规划专家论证会，做好“十一五”妇女儿童发展规划终期监测评估工作；积极开展“真情手拉手，爱心献春蕾”困难女童圆梦工程宣传筹资活动；举办了“禁绝毒品，珍爱生命”广场宣传活动，召开家庭驿站推进会和玄武区妇女小额担保贷款工作会等系列活动。2011年，区妇联被评为“江苏省实施妇女儿童发展规划”先进集体。

【巾帼岗位技术大练兵活动】 3月2日上午,玄武区巾帼岗位技术大练兵活动在玄武区体育中心隆重举行。此次活动以"巾帼建新功·岗位争优秀"为主题,分别有粉笔板书、现场急救、新娘妆或晚妆、餐巾折花、编织工艺品、插花艺术、丝网花艺术、串珠艺术、十字绣等9个项目,70多位女性岗位能手参加了岗位大练兵活动。清一色的"娘子军"队伍,吸引了许多在广场锻炼的群众来参观,并为岗位女能手们的精彩展演报以热烈的掌声。岗位女能手们拿出自己的看家本领,同台展示,大显身手,用女性良好的职业素质和职业技能纪念"巾帼建功"活动20周年。

【家庭驿站推进会】 10月8日,玄武区在锁金村街道锁三社区隆重举行"家庭驿站"推进会,市妇联余清副主席、权益部王玉梅部长,各街道分管领导、妇联工作干事,申报三星以上家庭驿站创建社区妇联主席等70余人参加了会议。与会代表参观了锁金村街道家庭驿站电子平台、万家帮综合平台、少儿小蜜蜂乐园、多功能活动室、景泰蓝制作室和锁金三村社区。在推进会现场,玄武区妇联主席方志秀回顾总结了玄武区家庭驿站创建工作的基本情况和经验。会上,锁金村街道、台城花园社区、藤子村分别在大会上交流发言,余副主席代表省妇联授牌锁三社区"江苏省品牌妇女儿童之家",并下发省妇联奖励锁三社区的1万元创建工作经费。区妇联还向创建"家庭驿站"的先进社区赠送了办公电脑。

【开展"真情手拉手·爱心献春蕾"捐资助学活动】 5月29日,区妇联联合区残联在玄武会议中心三楼视听室组织"真情手拉手·爱心献春蕾"捐资助学暨庆"六一"活动,全区新结对的28名困难儿童、春蕾女童及家长代表参加,给孩子们送上了3万元助学款、节日大礼包。区妇联主席方志秀、副主席潘丽云、区残联副理事长汤晓滨及街道妇联专干、社区居委会主任及部分孩子和家长代表,共70余人参加活动。

【举办两期家长学校培训】 9月6日、7日,区妇联分别在新街口街道、后宰门街道举办两期家长学校培训讲座,特别邀请江苏省家庭教育研究会理事、南京市家庭教育咨询中心主任汪骏,南京脑科医院心理科主任医师周正猷,2位资深专家分别讲授了《家庭对孩子心理健康的影响》、《中小学生核心学习能力和习惯培养》,两百余名家长到课。讲座现场积极互动,气氛热烈,深受家长们的一致好评。

11月8日,区妇联向创建"家庭驿站"先进社区赠送办公电脑

【禁绝毒品广场宣传活动】 6月23日下午,,区妇联联合区禁毒办、梅园新村派出所、梅园新村街道司法所、社区卫生服务中心在总统府广场进行"禁绝毒品,功在当代,利在千秋"禁毒宣传活动,迎接"6·26"第24个世界禁毒日和全国首个"全民禁毒宣传月"。广场系列禁毒宣传展板"珍爱生命,远离毒品"吸引了广大民众。主办方还现场向过往群众发放禁毒宣传册(单)、禁毒标志购物袋、防艾系列手册等。玄武区积极宣传禁毒知识,大力推进禁毒宣传工作,取得显著成效。

【玄武区"十二五"妇女儿童发展规划专家论证会】 5月12日上午,玄武区妇儿工委在玄武大厦401会议室召开"十二五"妇女儿童发展规划专家论证会。江苏省妇女研究所所长沈美华、南京晓庄学院心理健康研究所所长、南京市中小学生心理援助中心("陶老师"工作站)主任陶勑恒、区妇幼保健所书记周坚、区人大代表、政协委员及社会各界代表二十余人到会。区妇联副主席潘丽云首先汇报玄武区"十一五"妇女儿童发展规划终期评估工作;区妇联主席方志秀对玄武区"十二五"妇女儿童发展规划编制情况作了说明。会上,专家与与会代表各抒己见,对规划提出了很好的意见和建议,为高质量、高效率地完成规划编制与实施,提供重要参考依据。

【区第八届邻里文化节启动仪式】 5月6日上午,由区妇联、区环保局主办,玄武湖街道承办的"低碳生活·绿色家园·共促文明"——玄武区第八届邻里文化节启动仪式在玄武湖钟麓花园小区广场举行,区妇联、区环保局、玄武湖街道领导及全区各街道妇联主席、干事、学习型家庭代表、社区群众代表约200人参加启动仪式。本届邻里文化节以低碳生活、绿色家园、共促文明为主题,在全区广大妇女和家庭中大力宣传和普及低碳知识,倡导低能量、低消耗、低开支、低代价的低碳生活方式,引导广大家庭成员自觉形成节约能源、保护生态环境的生活理念和消费模式。 (邓小琳)

法　　制

Legal System

- 社会治安综合治理
- 法治建设
- 法制工作
- 公安
- 检察
- 审判
- 司法行政

社会治安综合治理

【概况】 2011年，玄武区委政法委(综治办)以坚持科学发展、奋力走在前列为主题，以扎实推进政法综治“基层基础建设年”活动为重点，深入开展社会矛盾纠纷预防化解，大力加强治安防控体系建设，积极探索社会管理创新，着力提升维护社会稳定和驾驭治安局势的能力，确保平安玄武建设始终走在省、市前列，为加快推进玄武特色的转型、创新、跨越发展创造更加和谐稳定的社会环境。进一步完善矛盾纠纷大调解机制，加大卫生、交通以及劳动等专业调解工作室的规范化建设力度。深化社会矛盾纠纷、治安突出问题、公共安全隐患、基层基础薄弱环节等排查，开展集中清理涉法涉诉信访积案、百万案件评查、联合接访等活动，切实维护社会政治稳定。强化社会治安防控体系建设，创新老旧小区管理模式，形成“政府出资开办，规范引导在先，市场运行发展”的小区管理新格局。加强社会管理创新，在银城东苑社区挂牌成立全市首家外国人服务站。扎实推进预防和减少青少年违法犯罪、刑释解教人员安置帮教、社区矫正等工作。针对特殊群体的不同特点，建立健全社工服务指导、衔接帮教、日常管理、生活救助等工作机制。扎实开展“基层基础年”活动，完善街道综治办、政法综治工作中心，推进“一委一居一站一办”和“网格化”、“扁平化”社区管理模式，加强社区综治办规范化建设。扎实开展社会治安重点地区排查整治活动，进一步落实治安重点地区“打、防、管、治、建”等各项措施，切实将常规整治与重点整治相结合，有效维护了全区的治安秩序。全区全部刑事发案同比下降1.8%，未发生重大有影响的恶性案件和安全责任事故，社会治安秩序持续好转，人民群众安全感进一步提升。玄武区被省委、省政府表彰为2006~2010年社会治安综合治理先进集体，被省综治委表彰为“平安区”和社会治安综合治理先进集体；被市委、市政府表彰为“平安南京建设先进区”。

8月11日，举办2011年度法治玄武建设培训班

【完善矛盾纠纷大调解机制】 2011年，区委政法委(综治办)加大卫生、交通以及劳动等专业调解工作室的规范化建设力度，从工作场所、工作内容以及人员管

理、工作制度、工作流程等各个环节进行规范，大大提高了专业纠纷调解的成功率。在巩固已有“三调对接”成果的基础上，开展“庭所共建”活动，在孝陵卫街道开展和谐社区共建试点活动，将诉调对接工作直接引入社区，丰富了诉调对接的工作内容。区、街两级调解组织积极参与重大纠纷的调处工作，工作中坚持一线指导、一线调处，先后参与调处了红山街道华飞公司劳资纠纷、红山天然居与凤凰置业拆迁赔偿纠纷等重大纠纷，较好地发挥了基层调解组织化解纠纷，维护稳定的职能作用。10月13日，成立区、街婚姻家庭纠纷人民调解委员会，探索建立融情感沟通、家庭暴力预防、法制宣传教育、纠纷矛盾调处和解决群众实际困难为一体的工作模式，推进“平安家庭”创建活动的深入开展。

【全力维护社会和谐稳定】 2011年，区委政法委(综治办)积极应对和妥善处理敌对势力煽动非法聚集、民间保护梧桐树、企业军转干部集会、华飞职工集访等重大事件，确保重大活动和敏感时期全区的社会政治稳定。协调处理涉及苏果、福中等知名企业大要案，为企业避免和挽回损失10余亿元，保障数万职工就业，维护企业正常发展。深化社会矛盾纠纷、治安突出问题、公共安全隐患、基层基础薄弱环节等排查，开展集中清理涉法涉诉信访积案、百万案件评查、联合接访等活动，涉法涉诉积案化解率达98%，最大限度减少存量、控制增量。在全市率先成立街道维稳办，通过创新机制、配强力量，实现以每个街道的小稳定，促进全区大稳定。加强对宗教活动的有效管理，坚决取缔境外宗教组织非法传教，妥善处理涉及少数民族的矛盾纠纷。

【全面加强治安防控体系建设】 2011年，区委政法委(综治办)针对老旧小区环境秩序脏乱差、矛盾问题不断、盗窃案件多发的状况，深入开展调研，积极搭建物管新平台，创新老旧小区管理模式，形成“政府出资开办，规范引导在先，市场运行发展”的小区管理新格局。加大老旧小区整治力度，玄武湖街道投入500多万元，实现了樱铁村小区涉稳人员“零上访”、入室盗窃“零发案”、车辆被盗“零发生”、社区服务“零距离”、社区管理“零投诉”。3月17日，《南京日报》专题报道了樱铁村小区情况。5月19日下午，市委常委、政法委书记刘志伟到樱铁村小区实地调研。在全省重点地区整治工作推进会上推广樱铁小区经验做法。

【打造全市首家外国人服务站】 银城东苑社区常住境外人员793名，其中韩国人768名，占该责任区常住境外人员的96.8%，占玄武区常住境外人员的三分之一以上。针对银城东苑社区显著的涉外特点，1月21日，区委政法委(综治办)在银城东苑社区挂牌成立全市首家外国人服务站。市公安局党委副书记、副局长、市维稳办主任黄亚玲和区委常委、政法委书记易兵共同为服务站揭牌。江苏电视台、南京电视台以及《南京日报》《扬子晚报》《现代快报》等多家媒体进行现场采访报道。

【特殊人群的管理教育和帮扶救治工作】 区委政法委(综治办)充分发挥各专门工作小组及其办公室作用，制定并下发了《2011年度区综治委五个专门工作要点》，及时召开各专门工作小组工作会议，扎实推进预防和减少青少年违法犯罪、刑释解教人员安置帮教、社区矫正等工作。针对特殊群体的不同特点，建立健全社工服务指导、衔接帮教、日常管理、生活救助等工作机制。积极推进社区矫正公益劳动、警示教育、就业技能培训三大基地建设，加快建立区级社区矫正服务中心，逐步完善全区社区矫正移动信息管理系统和突发事件应急处置预案。2011年，全区刑释解教人员146人，管控率100%，社区服刑人员200人，未发生社区服刑人员重新犯罪。进一步提升精神卫生防治水平，建立对具有肇事肇祸倾向的精神病人的监测、预警、救治、救助、服务、管理机制。5月9日，司法部吴爱英部长，6月14日，中央政法委副秘书长、综治办主任陈冀平等中央领导视察玄武区社区矫正管理教育服务中心。

【“基层基础建设年”活动】 4月26日，区委政法委(综治办)在新街口街道组织召开了全区社区综治工作规范化建设现场会，按照“注重基层、着重基层、重心下移、重心前移”的要求，大力加强政法综治基层基础建设。着力培育唱经楼社区、台城花园社区等多个基层基础先进典型，实现基层基础工作有人抓、有人管、有标杆、有成效。10月14日，在深化平安南京建设大会上，区委常委、政法委书记易兵作了《以“五有五无”创建为抓手、着力提升社区平安创建水平》的经验介绍。

【玄武区社会治安重点地区排查整治活动】 2011年，区委政法委(综治办)扎

5月9日，司法部部长吴爱英(左三)视察玄武区社区矫正管理教育服务中心

实开展社会治安重点地区排查整治活动，成立了区综治委社会治安重点地区排查整治活动领导小组及其办公室，并设立了打击整治、社会管理和综合协调三个专门工作办公室，制定了《玄武区社会治安重点地区排查整治方案》，确定一枝园地区为区级治安重点整治地区，各街道共摸排出治安重点地区和突出治安问题8个，并逐一制定了整治方案、落实责任人和整治时限。经过宣传发动、集中整治，火车站窗口地区治安秩序总体良好。10月29日下午，全省社会治安重点地区排查整治工作推进会的代表现场参观了1912街区、南京火车站地区和樱铁村小区，并对玄武区社会治安重点地区排查整治工作给予充分肯定，其中樱铁村小区整治经验在全省书面交流。　（谢　波）

【全面深化“无邪教地区创建”】 2011年，全区防范和处置邪教工作按照预防为主、防范在先、巩固为重的要求，突出社会化宣传教育的战略地位，发挥宣传教育的基础作用，以“反邪教宣传月”和开展“家庭拒绝邪教”活动为契机，加强社会面的反邪教宣传力度，不断强化辖区群众识邪、辨邪、反邪意识；突出社会面防范控制的关键环节，发挥防范控制的保障作用，成功处置多起法轮功反宣煽动案，消除了隐患；突出回归社会目标追求，发挥巩固工作的导向作用，在成立玄武门街道义工服务队、锁金村街道“心理咨询”辅导站和玄武湖街道紫鑫城社区老年大学等一批明星站点的基础上，又在玄武门街道成立了“同心互助”反邪教社会化工作站，为法轮功人员提供了自主回归社会的平台。2011年，全区无邪教地区创建合格率达85%以上，区委610办公室被评为“全区政法系统先进党支部”，荣获区平安玄武建设先进集体。

【“无邪教校园”创建成果显著】 2011年，区委610办公室充分发挥孝陵卫地区“三院一校”反邪教联谊会作用，积极利用大学新生军训和校园活动等契机，在校园内开展“崇尚科学、反对邪教、共创和谐”反邪教系列宣传活动；联合区教育局，利用假期，继续在全区40余所中、小学学生中开展“家庭反邪教公约”签约活动；精心组织、积极参加全市中学生“反邪教知识征文竞赛”活动，遴选上报优秀征文28篇，有4名同学的作品分获二、三等奖，并被编入《南京市中学生反邪教征文优秀作品选编》。江苏电视台报道了锁金村街道大学生志愿者法律服务队为社区群众开展法律服务、进行反邪教宣传的事迹。《南京晨报》报道了南京外国语学校42名同学长期帮助梅园街道一涉邪困难家庭，有效地促进了涉邪人员的转化。　（刘志祥）

法治建设

【概况】 2011年，全区法治工作在区委、区政府正确领导下，深入贯彻科学发展观，认真贯彻落实全国、省、市政法工作会议精神，按照区委九届二十九次全委（扩大）会议和十届党代会要求，切实围绕科学发展、奋力走在前列这个主题和加快转变经济发展方式、推进玄武特色的发展主线，不断深化法治玄武建设，突出推进社会管理创新，开展法治绩效评估工作，在深化法治玄武建设中，玄武区始终坚持“人无我有、人有我优”的工作理念，积极创新工作举措，为全区顺利实施“十二五”规划，继续走在新一轮科学发展前列提供有力保障。

【创新工作举措】 2011年，制定出台了《玄武区关于推进社会管理创新开展法治绩效评估工作的意见》，编制了《玄武区法治绩效评估体系》。该体系主要包括四大类指标，分别是：涉及区域经济、社会和文化发展水平的“关联性指标”，共有3个一级指标和11个二级指标；考核全区所有职能部门依法行政、公正司法的“职能性指标”，共有8个一级指标，22个二级指标；考察区域法治工作成效的“评估性指标”，共有6个一级指标，53个二级指标；当地居民、企业和上级机关对该区域法治工作主观评价的“评价性指标”，共有3个一级指标。评估方式采用百分制计分，其中“评价性指标”在整个体系中所占比重最大，除了当地上级党政领导部门的评估，还有公众监督，这就意味着，该体系超越了区政府自己评自己的政绩考核，以确实取得“人民满意，社会认可”的效果。这是省内第一个区县级法治绩效评估体系，也是区域法治建设在绩效评价科学性方面迈出了重要的一步，成为推进法治建设实践中的坚强“抓手”。

【强化法治保障】 2011年，玄武区始终强化法治的服务保障能力，提出抓法治建设就要着力解决好人民群众最关心、最直接、最现实的利益问题。突出依法行政、公正司法和法制宣传三大重点工作，提升法治服务和保障能力。进一步规范了政府内部工作运转机制，先后出台《重大行政行为报告制度》《政府临时性机构管理办法》，重新颁布《玄武区规范性文件制定和报备办法》等政府管理文件，大幅提升全区公共服务水平。在“数字玄武”门户网站的政府信息公开栏目中专门设置了“区政府现行规范性文件”专栏，更加方便群众查询、接受社会监督；区政法部门继续深化社会主义法治理念教育和主题教育，深入推进公正廉洁司法，广大政法干警确实把宗旨意识转化为公正廉洁执法的实际行动。扎实做好“六五”普法规划制定及启动工作，提升公民法治素养。

【深化法治创建】 2011年年初，区政治和社会建设目标明确要进一步深化依法治区工作，巩固“省法治区创建工作先进单位”创建成果，全面实施法治玄武绩效评价，有效提升法治玄武建设水平。区委修订完善了《中共南京市玄武区委常委会议事决策规则》，加强决策咨询工作。开展社会稳定风险评估，今年全区共报备稳评项目30个，涉及7个街道及市容、住建、教育、卫生等系统。支持人大、政协依法履职，区人大听取和审议区政府关于“五五”普法检查验收及“六五”普法规划制定情况的报告，并就实施法制宣传教育第六个五年规划及时作出决议。听取区政府实施社会保险法和区法检两院关于参与社会管理创新工作情况的汇报，对《南京市市容管理条例》等开展执法检查并开展工作评议，对《江苏省全民健身条例》的实施工作情况开展调研，保证相关法律法规在全区正确实施。进一步落实工作责任，重点发挥好法治玄武各协调指导办公室牵头组织职能，为提升各牵头部门的积极性和主动性，严格落实《建设法治玄武协调指导办公室工作制度》《玄武区各协调指导办公室考核办法》等多项工作制度，在全区形成依法治区办抓各协调办，各协调办抓具体部门、具体工作的三级工作网络。

（黄 伟 谢 波）

法制工作

【概况】 2011年是玄武区实施《南京市法治政府建设行动计划》的开局之年，也是区政府法制办公室由原来与区政府办公室合署办公调整为区政府组成部门独立运行的第一年。配备一名副调研员，续聘东南大学法学院一副教授为挂职副主任，人员和机构配备以及工作地位得到了全面提升。先后获得江苏省和南京市政府法制信息工作先进集体、玄武区法治创建工作先进集体、“南京市行政执法案卷评选优胜区（第一名）”及“南京市重大行政处罚审查备案工作优秀区”等荣誉称号。参加了省政府法制办分别在徐州、南通、常州、溧阳等地举行的经验交流会，区政府法制办的工作经验得到省、市上级部门的充分肯定和推广。

【重大行政行为备案】 区政府法制办起草了《玄武区政府重大行政行为备案办法（暂行）》，明确规定行政征收、行政强制、政府信息公开、重大国资处置、行政合同、重大行政处罚等十一项具体行政行为应当向政府进行报备，一是对街道、部门需要向区政府备案的重大行政行为作了概括和列举，重点关注涉及行政相对人重要公民权利的事项。二是将报备方式分为事前备案和事后备案，兼顾了重大行政行为前置审查和行政效率的统一，区政府在掌握重大行政行为实施动态的同时不影响街道、部门的工作效率。三是将重大行政行为备案工作纳入全区依法行政考核，并建立责任机制，作为推进全区依法行政工作的突破口和着力点。文件明确报备形式、备案承办机构、报备材料、程序以及配套制度及法律责任。

【出台临时性机构管理规范】 区政府法制办牵头对全区临时性机构进行了清理，制订出台了《玄武区政府临时性机构管理规定（试行）》。《规定》对政府临时性机构的设立、运作、撤销等管理原则和程序，管理主体、职责和违反规定的处理等作了规定。明确政府临时性机构的设置，由职能部门向机构编制管理部门提出书面申请，机构编制部门提出审核意见，经区政府专题会议同意后公布。区政府临时性机构由机构编制管理部门负责管理。区机构编制管理部门对政府临时性机构的设置、运行情况进行监督检查，并定期清理。

【规范性文件管理】 组织专家学者对《玄武区规范性文件管理办法（试行）》进行评估修订，重新颁布《玄武区规范性文件制定和报备办法》。2011年新出台区政府规范性文件1件，规范性文件审查率、报备率、及时率、准确率均达100%。通过引入第三方参与和评估规范性文件机制，邀请人大代表、政协委员、法律专家对拟制定和施行一年以上的规范性文件进行论证，开展成本效益分析和社会风险评估。推出规范性文件集中发布机制。在“数字玄武”门户网站专门设置“现行规范性文件”专栏，将现行有效的15件区政府规范性文件全部集中发布，接受社会各界的监督。

【创新优化“两大机制”和“两个平台”】 创新网上监督机制。与区政府办、区监察局联手开展行政执法网上定期督查和行政权力事项动态跟踪工作，对三个子网中发现的问题及时登记、及时反馈、督促整改，并纳入全年依法行政考核。创新政务公开机制。建立政府信息公开、权力阳光、重大决策过程公开等工作，依法保障人民群众的知情权、表达权、监督权。优化“区政府行政执法监督员”工作平台。开展新一届行政执法监督员选聘工作，新组建了由10名区人大代表、政协委员、企业代表组成的行政执法监督员队伍。3月4日，在区行政服务中心会议室举行新一届区政府行政执法监督员聘任仪式暨年度会议，区委常委、区政府副区长曹曙，市政府法制办副主任王裔华，行政执法监督处处长翁宁出席了会议，曹曙副区长代表区政府向10名新聘任的行政执法监督员颁发了聘书。优化“区政府法律咨询委员会”工作平台。引进高校学者、法律界专家等充实委员会力量，为全区重大决策提供高水平、全方位的法律咨询服务。1月25日，举办一年一度的法律咨询委员会委员联席会议，并向聘请的10名新一届区法律咨询委员会委员颁发聘书。

3月4日，举行玄武区人民政府行政执法监督员聘请仪式暨年度会议

【率先实行行政执法人员网上公示】 区政府法制办在政府门户网上向社会公示了全区700余名行政执法人员名单,公示的内容包括执法人员的姓名、性别、执法范围、证件有效期、举报电话以及颁证机关等基本信息。从三个方面对执法人员的资格进行把关:一是严格做好资格审查工作,确保办证人员资格合法、资料准确;二是建立行政执法人员电子管理档案,完善考核培训工作的管理机制;三是确保换证申报、审查等环节严格按照规定程序和条件进行。

【行政执法监督工作突出“3+3”模式】 围绕“三个规范”,强化重处备案的工作基础。一是规范制度。在出台《玄武区重大行政处罚决定备案暂行办法》《关于进一步落实重大行政处罚备案审查制度的通知》同时,配套完善4项工作制度。二是规范管理。定人定岗开展重大处罚备案工作,由主任负责终审工作,实现重处备案工作审查人员、复核人员、分管领导“三个固定”。三是规范程序。在重大处罚审查过程中实行案中、审中、年终三结合,在处罚案件审查过程中,参与合法性论证、证据收集等法律指导。2011年度,全区共收到重大处罚案卷70件,良好率达100%。围绕“三个创新”,优化重处备审的工作平台。一是提高网上审查效率,创新信息化管理平台。在规范纸质文书备案审查工作基础上,依托玄武区权力阳光运行机制平台,组织开发了重大行政处罚的网上备案登记系统。二是引入机制,公开审查,创新社会化监督平台。引入中立的社会机制参与执法监督,实行重大处罚案件备案审查登记公示制度。三是树典型,公开案审,创新高质量办案平台。

【区政府法律顾问室正式成立】 区政府法制办举行法律专家咨询委员会年会暨区政府法律顾问室成立仪式,区政府法律咨询委员会委员刘洪、万永松、晏兵克、邵燕、顾大松、欧运翔、乔明达、时超等出席会议。区委常委、常务副区长曹曙到会听取各位咨询委员的意见并代表区政府向刘洪、李晨两位资深律师颁发了区政府法律顾问聘书,宣布区政府法律顾问室正式成立。

【实行专家咨询论证会制度】 5月24日上午,区政府法制办组织召开区政府规范性文件论证会,就拟制定的规范性文件以及拟修改的《玄武区规范性文件制定和备案办法》征询各位委员的意见。区法律专家咨询委员会晏兵克、许勇、顾大松、欧运祥、乔明达等出席。8月26日下午,区政府法制办召开法律咨询论证会。就拟制订出台的《玄武区政府重大行政行为报备暂行办法》和《玄武区政府临时性机构管理暂行规定》两份文件进行咨询论证。区法律咨询委员会委员孙村中、顾大松、欧运祥、万永松、晏兵克、邵燕、许勇等出席论证会。

【历届主任共同谋划新发展】 12月29日下午,区政府法制办邀请曾经担任过区政府法制办主任的同志举办一次联谊会,区委常委、常务副区长曹曙到会祝贺。原区人大常委会主任、区政府法制办第一任主任陆必坤同志对区政府法制办近年来取得的成绩给予充分肯定。曾经担任过政府法制办主任的区政协秘书长罗军、梅园街道党工委书记黄栋林、区人力资源和社会保障局局长马千山等同志针对依法行政工作的开展以及法治政府建设提出很多建设性的意见和建议。 (曹丽娟)

公　安

【概况】 2011年,公安玄武分局在区委、区政府和市局的坚强领导下,围绕全区中心工作,以构建和谐稳定示范区和人民幸福城区为目标,以增强人民群众安全感和满意度为标准,以理念创新和机制建设为动力,以加强能力素质和纪律作风建设为保证,深入推进“三项重点工作(即:推进社会矛盾化解、社会管理创新、公正廉洁执法)”和“三项建设(即:信息化建设、执法规范化建设、构建和谐警民关系)”,着力打造动态警务、专业警务、合成警务、信息警务、规范警务,为全区“和谐稳定争第一”奋斗目标和“十二五”首年必胜创造和谐稳定的社会环境、公平正义的法治环境和优质高效的服务环境。分局在全区行政执法职能部门现场评议会上,以97.9分的最高分通过了政风行风评议。全年圆满完成省市两会、党代会、G20财长会等各类警卫安保以及大型活动安保任务425批次。全年破现行案件2824起,破八类案件129起,破命案3起,命案破案率100%,破获串案14串132起。抓获各类违法犯罪嫌疑人7464人,逮捕549人,公诉622人,劳动教养263人,围绕影响群众安全感的大要案件,打击恶势力团伙3个,摧毁涉恶团伙18个。全年查处各类治安案件20359起,查处涉娼人员1517人,涉赌人员1422人,查处涉毒人员635人,进一步严密治安阵地管控。公安分局被评为全省公安机关涉车犯罪专项治理工作成绩突出集体,被市局授予“清网行动”集体三等功,玄武区平安建设和信访工作先进单位;看守所被评为省安全文明示范监所、全省看守所管理机制创新示范单位;办证服务中心被授予市级文明单位、全省公安系统青年文明号等荣誉称号,成为全市公安系统2011年被新命名的两家省级青年文明号之一;孝陵卫派出所被评为“南京市十佳政法单位”;刑警大队、治安大队和新街口所荣立集体三等功;全局有215名民警受到区级以上表彰,其中1人荣立个人二等功,25人荣立个人三等功。

【营造和谐稳定社会环境】 2011年,公安玄武分局面对严峻复杂的维稳形势和艰巨繁重的安保任务,全面推进“三项重点工作”和“三项建设”,妥善处置了跨度大、耗时长、敏感性强的敌对势力煽动非法聚集、“拯救梧桐树”、“华飞事件”等突发性事件,成功处置了市政府门前254批10286人次的群体性上访事件,完成了省市两会和党代会等各类警卫安保任务。公安分局并以信访窗口为平台,建立群众诉求受理和权益保障中心,创新开展科所队长“作一日信访民警,练群众工作能力”活动,并通过深入开展公调对接,全年调解各类治安纠纷13557起,调解成功率70%;调解疑难纠纷130起,成功率100%,有效促进了社会和谐稳定。

11月1日，市公安局玄武分局召开清网行动推进会

【打赢"清网行动"攻坚战】 2011年5月27日至12月15日，公安部开展全国公安机关网上追逃专项督察"清网行动"。公安玄武分局全体民警在市公安局和分局党委的关心指导下，众志成城、攻坚克难，89名在册逃犯追回86名，到案率96.63%，4名在逃9~15年的命案逃犯全部追回，取得良好成绩，受到公安部副部长刘金国，南京市副市长、市公安局局长徐珠宝的充分肯定。分局荣立集体三等功，有2个集体和7名个人被授予三等功。

【严密社会面防范】 2011年，公安玄武分局先后打响"春雷行动""春季攻势暨涉车犯罪专项治理"等一系列专项斗争，长效开展了重点地区整治、文明窗口建设以及安全监管等工作，全面完善武装巡逻、便衣侦控等工作机制，通过精确引导动态巡防，将30%的警力推向街面和治安复杂区，在10个派出所各设置1个盘查点，配备2名民警、4名保安共同开展盘查工作，创新城北地区街面巡逻盘查联动机制。春节前夕成功抓获张家港"1·28"一次杀死四人的命案嫌疑人，受到省委书记罗志军的充分肯定。破获银行卡犯罪案件132起，捣毁4个窝点，收缴假币16.85万元，成功破获2010年"12·1"系列猥亵幼女案，快速侦破"4·4"进香河路持刀抢劫银行存款人案件、新街口系列夜间尾随单身女性抢劫案，"5·11"中山陵恶性抢劫案，23人的火车站地区盗抢团伙案，电脑黑客网络盗窃案等一批有影响的案件，为维护南京城市平安品牌做出突出贡献。

【打造玄武特色服务品牌】 2011年，公安玄武分局全面开展"社区六进（即：消防、外管、危管、网管、车管和物管进社区）"活动，在全市打造了一批"社区六进"样板工程，提高服务效能，"两抢一盗（即：抢劫、抢夺、入室盗窃）"和涉车犯罪得到有效控制，发案同比分别下降29.3%和64.7%。在全市首创"消防之友"俱乐部，银城东苑外国人服务站，在东南大学成立高校外国人服务站，"四全（即：全方位、全过程、全覆盖、全时空）"危管工作法，卡通民警"网上通"，老旧小区"车管、物管双进"等服务新举措、新方法、新品牌。联合职能部门取缔了仙鹤门经济适用房小区周边4个无照经营的停车场，规范建立可停放200个大型货车的停车场，解决了仙鹤门地区的交通和治安安全隐患。同步推行"社区六进"执法依据、执法主体、执法公开、执法信息、执法服务五大规范，实现了"社区六进"与规范化执法"6+1"模式，不断加强了执法软环境建设，在8月底举行的全区行政执法职能部门现场评议会上取得了群众满意率总评第一名的好成绩。

【科技应用再上新台阶】 2011年，公安玄武分局数字化视频监控系统升级改造（三期）工程顺利通过省厅专家组的验收，创新建立了视频指挥调度系统，建立情报研判、接警指挥、视频调度"三位一体"警务调度格局，实现情报信息、监控资源、动态巡防三网并架的运行模式，为准确定位违法犯罪活动、快速处置各类突发事件建立了平台，先进经验在全市进行推广。分局情报部门充分发挥情报信息服务实战效能，破获"6·16"、"6·18"全市系列公交站台扒窃串案。通过线索经营和深度研判，下发预警指令抓获在逃人员20余名。为各警种民警配发上网本、移动警务通、盘查通等303件，制定移动信息源头采集、质量审核、倒查评估等机制，实现信息流与工作流的高端接入。民警通过移动信息实时比对，成功抓获44名刑事作案人员和5名网上在逃人员，破获刑事案件20起。 （陈　金）

链接

梁明、石文县、王冰冰抢劫杀人案

2002年11月6日，梁明伙同王冰冰、石文县等三人以收废铜为名将刘艳松骗到隐蔽处，连捅刘艳松数刀致其昏迷后，抢走刘艳松的摩托车和手机。刘艳松经抢救无效死亡。命案发生后，公安机关很快将梁明抓获，但石文县和王冰冰却逃之夭夭人间蒸发。在全国"清网行动"中，公安分局追逃民警历时数月艰苦工作，分析研判海量信息后发现两名犯罪嫌人行踪，2011年9月1日，民警在广东惠州将"漂白"身份的石文县抓获。2011年11月5日，民警在福建龙岩将王冰冰抓获。

张家港"1·28"一次杀死四人的命案

2011年1月28日晚20时30分，周卫锋、陈诚、唐松涛三人窜至张家港市明华机械厂内，尾随该厂老板姜士明并进入姜家后，残忍地将姜士明及其妻子王秀娣、女儿姜丽娟和女婿江勇四人杀害，并劫走一辆奥迪轿车、人民币28万元、港币2.2万元、4600美元和手机等财物。2011年1月30日12时许，公安玄武分局在市公安局相关部门的指挥下，在位于火车站地区的南京拥军宾馆716房间内成功将一次杀死四人的命案嫌疑人周卫锋、陈诚和唐松涛三人抓获。

·交通管理·

【概况】 2011年，市交警一大队围绕服务“三项建设”、创建“和谐交通”总体目标，以缓解城市交通拥堵，提高道路通行效率为重点，以大力创建一等模范交通管理水平大队为方向，基本实现“路通车畅、秩序规范、事故下降、群众满意”总体要求。根据全区道路特点，全面开展城市交通综合整治，强化酒后驾车治理，规范停车秩序管理，加大不规范车辆整治力度。为完善巡防机制，在交管局领导下成立夜间交通秩序巡管整治中队，加强夜间秩序管控力度。以关键路口和重点路段为重点，大力开展酒后驾驶专项整治。加大对过往车辆盘查力度，在全区形成严查严控酒后驾车交通违法路面管控网络。大队现场处罚各类交通违法行为175058起，其中非机动车3388起，行人3931起，机动车106364起；查处酒后442起，其中饮酒413起，醉酒21起，酒后拘留8起；查处渣土车违法2391起；查处不规范车辆2174起；机动车违停现场处罚3475起，非现场查处101780起；查处机动车不按规定使用号牌1109起；查处违鸣13610起，查处不系安全带19835起，处罚货车闯禁区6206起，取缔不礼让斑马线7783起，查处不按规定使用灯光2332起；处罚行人违法行为3931起；处罚非机动车违法行为3388起；查处残疾车违法949起，其中安装搭载人员设备691起，其他258起。查处助力车违法5653起，进一步改善交通秩序环境。

【道路隐患排查】 2011年，大队以坚持“五类客车”和“三类货车”为重点，加大监管力度。全年共检查客运车辆4万辆次，危险品运输车辆3万辆次，校车120辆次；督促运输企业停驾140人，整改运输企业单位40余家。严格按照“不放过一个漏洞，不丢掉一个盲点，不留下一个隐患”要求，开展道路安全隐患排查治理工作，全年排查出事故多发、易发点4段，落实整改4处，安装曝闪灯18处，并设置醒目标牌，警示过往驾驶人和群众安全通行。

【抓道路交通源头管理】 2011年，大队延续安全大检查工作，着重围绕辖区内管的危化品运输车、渣土车、工程车、客运车辆、出租车、自备客车等重点单位和车辆开展检查监管工作。召开单位法人、驾驶员安全会议12场，对重点单位下发整改通知书1200余份，与单位签订责任书3000余份，驾驶员个人签订7300余份。加大对无牌无证、超车超速、违法装载等不规范车辆上路等严重交通违法行为的整治力度。

【提高市民交通文明意识】 2011年，大队根据交通安全宣传工作部署，积极开展交通宣传活动。开展“五进”(道路交通安全教育进社区、进农村、进学校、进单位、进家庭)宣传123场次，“双争当、双走进”活动13场次，媒体报道1200余篇次。增设信号灯4处，增设标志171块，施划复划标线2000余公里。大队对全管区内的大中小学校周边的交通设施进行梳理，及时增补设施；对1家大专院校、12台校车，进行疏理及完善。抓住重点车辆、重点人头不放松，对435辆客运车辆485名驾驶员，339辆危险品车辆256名驾驶员，做到见车见人，逐一检查车辆，每人受到教育，疏理和完善每台车及每一名驾驶员登记台账，以便发现问题及时通知来队处理。（黄晶晶）

检　察

【概况】 2011年，玄武区检察院以执法办案为中心，以创先争优活动为引领，认真履行检察职能，大力加强队伍建设，检察工作呈现良好发展态势。全年立案查办职务犯罪案件14件15人，对熊猫电子集团等辖区9个重大工程进行专项预防。准确把握治安形势，依法批捕520人，起诉668人。监督立案同比上升71%，书面提出纠正违法意见同比上升5%，依法提请刑事抗诉2件，民事申诉案件提请抗诉建议提请抗诉率、上级院采纳率、法院改判率同比分别上升161%、25%和60%。紧紧围绕全区工作大局，推进创先争优。重点查办本辖区拆迁领域职务犯罪案件，重点打击扒窃、信用卡诈骗、网络犯罪等，积极开展公益诉讼。成立派驻管理办公室，统揽延伸法律监督触角工作。紧紧围绕思想政治工作，加强队伍建设。结合“发扬传统、坚定信念、执法为民”主题实践活动，以及中国共产党成立90周年、人民检察创立80周年等纪念活动，对干警进行政治教育。加快对领导班子、执法一线人员和新近人员的业务培训。突出抓好《领导干部廉洁从政若干准则》的学习贯彻。向人大常委会主任会议报告《关于积极参与社会管理创新的情况报告》。进一步深化检务公开。获国家级“优秀青少年维权岗”、全国“文明接待示范窗口”、“江苏省青年文明号”、全市“社会治安综合治理、平安南京建设”先进集体等荣誉16项，58人次获区以上表彰。

【获全国“优秀青少年维权岗”称号】 1987年，区检察院成立全市第一个未成年人犯罪案件办案小组，1999年被首批授予省级优秀青少年维权岗。经过10年不懈努力，2011年，获全国“优秀青少年维权岗”荣誉称号。创造了“捕、诉、防、监、控”五位一体工作模式，以及合适成年人介入、社会危害性评估、污点限制公开、阳光帮教等特有办案制度的维权工作“品牌”。合适成年人介入制度。区检察院从区关心下一代协会、区法律援助中心等单位聘请6位具有专业知识的志愿者担任“合适成年人”，在涉案未成年人的法定代理人无法履行法定代理权的情况下，由一位“合适成年人”担当“临时家长”，参与讯问、参加庭审，有效弥补家长“缺位”，最大限度地保证涉案未成年人的诉讼权利。社会危害性评估制度。区检察院通过向犯罪发生地周边人员调查，填写评估表，了解、评估社会对犯罪行为以及即将做出决定的反应度、容忍度，为案件最终处理提供可靠依据。污点限制公开制度。区检察院对未成年人不起诉案件做到三“不”：不进行公开宣布、不公开案件内容、不将决定书存入其人事档案。阳光帮教制度。区检察院在红山街道、后宰门街道建立“阳光教育基地”，从部队聘请教官作为志愿者，为无帮教条件的未成年人提供帮教，保障其平等权利。同时要求不诉未成年人定期主动向帮教人员递交书面思想汇报，积极参加基地的各项公益活动，以确保帮教取得实效。

【着力打造“民生检察”】 2011年，区检察院坚持执法为民的根本理念，打造“民生检察”品牌，得到社会各界充分肯定。市委常委、市政法委书记刘志伟批示：“玄武检察院紧密联系检察职能，着力在服务民生上下功夫，不断完善和落实便民、利民举措，体现执法为民的根本要求，赢得社会公认和好评。望进一步认真总结，发扬光大，使各项检察工作赢得人民群众关心、理解和支持。一是引导干警树立“理性、平和、文明、规范”的执法观，坚持“思想上尊重群众，感情上贴近群众，工作上依靠群众，办案中关爱群众”的工作原则。二是围绕群众最关注的社会安全问题，深入贯彻宽严相济刑事政策；围绕群众最关注的公平正义问题，毫不手软地惩治和预防职务犯罪；围绕群众最关注的权益保障问题，突出抓好民行检察监督。三是坚持打造“民生检察”品牌与推进社会矛盾化解相统一、与推动社会管理创新相统一、与促进公正廉洁执法相统一。

【健全“四项机制”和构建“两个网络”】 2011年，区检察院通过健全“四项机制”、构建“两个网络”全力化解社会矛盾纠纷。四项机制：即健全涉检信访排查化解机制。建立涉检信访排查化解工作程序，落实首办责任制和领导接访、下访、巡访等制度；健全执法办案矛盾化解机制。把执法办案作为化解社会矛盾的有效手段，不断改进办案方式，提升执法效果；健全信访风险评估预警机制。根据信访特点对信访案件进行全面分析研判，对重大敏感案件、涉众型案件和社会关注度高的案件，坚持“抓早动快，预防在先”的原则，制定出信访风险化解方案；健全检察救助机制。把检察救助作为化解社会矛盾的重要手段，与执法办案紧密结合，达到化解矛盾的根本目的。构建“两个网络”：即构建内部联动网。从控申、民行、侦监、公诉、反贪、反渎等部门抽调经验丰富、业务精通的干警建立“社会矛盾化解专项工作组”，以“不批捕、不起诉、不立案、撤案、无罪判决以及风险评估后有涉检信访苗头”六类案件为重点，组织、协调和督查各业务部门合力做好矛盾纠纷化解工作；构建外部联系网。高度重视“检调对接”工作，加强与纪委、政法委、信访等单位的联系，并联合上述单位建立信息通报和协作调处制度，形成化解社会矛盾的外部合力。

【搭建参与社会管理创新工作平台】 抽调专人成立派驻管理办公室。在徐庄软件园设立检察工作站，以知识产权保护为重点，利用网络为园区企业提供一站式方便快捷的法律服务。在新街口派出所、后宰门派出所设立驻所检察官办公室，通过上墙公示监督流程和建立完善监督台账，实现对基层公安机关立案和侦查活动的全程动态监督。在区司法局社区矫正管理教育服务中心和梅园街道设立社区矫正检察官办公室，配备专职社区矫正检察官，积极探索社区矫正对象与收监执行活动同步监督工作机制，重点深化社区矫正对象的分级管理、抽查检验等工作机制。与南京农业大学、东南大学等多所高校签订预防职务犯罪“检校共建”协议，推进高校预防职务犯罪工作深入开展。根据区委着力打造“平安1912·诚信特色街区”的号召，对1912青少年犯罪问题进行专题调研，并牵头启动1912街区预防青少年违法犯罪活动，并聘请8名监督员进行监督。

【开展“争当全省检察机关排头兵”活动】 2011年，区检察院开展“争当全省检察机关排头兵”创先争优活动贯穿于全年的中心工作，明确争创思路和争创目标。成立以检察长为组长的争创活动领导小组，制订《争创工作实施方案》以及月汇报、季分析制度。通过各种会议、宣传展板等形式，着力营造争创氛围。各科室在《争创工作实施方案》基础上，进一步细化争创任务和目标，明确责任人及时间节点，把争创工作真正落实到具体的业务工作中，以业务工作的实际成效检验争创工作的效果。确定青少年维权岗为2011年争创活动重点创新项目。实行重点工作项目化、项目责任化、责任具体化、推进时序化，以定期检查、进度通报等举措督察重点争创项目。一年来，区检察院在服务大局、业务工作、品牌创新、综合保障上均取得新成效，主要办案数据全部刷新。

【健全内外监督制约机制】 2011年，区检察院制定《勤政廉政保证金制度》，定期对车辆使用、值班、纪律作风等进行督查、暗访和效能监测，提升机关效能。整

5月18日，后宰门派出所设立“驻所检察官办公室”

合内部监督职能，对自行立案侦查的贪污贿赂渎职案件进行质量评查；对检委会工作进行专项检查；对直接立案侦查案件的扣押、冻结案款物进行了检查；对不捕、不诉等重点案件进行抽查，强化内部监督。各业务部门继续采取疑难复杂案件集体研究、案件质量季度分析通报、一案一小结、侦查人员听庭等措施，确保案件质量。业务部门召开执法办案联席会，制定《关于进一步加强自侦案件办理协作配合的工作意见》、《关于侦防一体化工作规定》。自觉接受人大、政协以及社会各界的监督，进一步提高检察工作透明度。

【发挥检察委员会作用】 区检察院发挥检察委员会的职能作用，推进检察工作科学发展。一是对检委会委员进行适时调整和充实，配备两名检委会专职委员，其中1人具体负责检委办工作，切实履行检委办议事议案的先行研究、论证和程序、实体审查把关等专门职责。二是规范议案议事范围，理顺检委会与党组会、院务会、检察长办公会的关系，明确检委会讨论决定的事项和内容。规范检委会议案议事程序。引导委员深入讨论，检委会的民主决策作用得到充分发挥。规范检委会列席会议制度。三是注重检委会的能力建设。给委员配置最新法律书籍，订阅法律工具用书，要求委员每年在省级以上刊物至少发表一篇调研文章，委员的议事决策能力不断得到提高。2011年区检察院在全省检察委员会培训班上做主题发言，介绍工作经验。

【打击侵犯知识产权专项行动】 2011年，区检察院根据最高检统一部署，联合区公安分局、文化部门，开展打击侵犯知识产品专项行动。通过召开相关部门主要负责人会议，研讨专项行动方案，商讨行动细则，结合玄武区地域特点，将主要打击目标锁定为侵犯知识产权类案件，特别以音像、软件为重点查处对象，力争遏制规模性侵犯知识产品行为，大力净化玄武区市场环境。专项行动以来，共批准逮捕侵犯著作权犯罪嫌疑人11人，提起公诉8人，法院已判决8人。

（张　前　周　杰）

审　判

【概况】 2011年，玄武区法院在区委领导和上级法院的指导下，深入贯彻落实科学发展观，狠抓执法办案第一要务，深化推进三项重点工作，为服务区域经济平稳发展和社会和谐稳定提供了坚实的司法保障。全年共受理各类案件10159件，审结9588件，同比分别上升16.6%、18.2%，结收案比100.3%。其中，审结刑事案件576件，判处犯罪分子503人；审结民商事案件7240件，解决争议标的约2.5亿元；审结行政案件141件；执结各类案件1493件，执结率99.4%。区法院被省法院荣记集体二等功，锁金村法庭被评为全国法院系统先进集体。王翔飞同志被最高院授予“全国办案标兵”称号、被省政府授予“江苏省先进工作者”称号、被省政法委授予“优秀党员干警”称号。王萍被团中央评为“全国优秀少先队辅导员”，并作为法院系统唯一代表被推选为南京市第十三次党代会代表。高伟同志作为最高院表彰的“全国模范法官”代表被抽调前往青海、四川、西藏参加巡回授课活动，被最高人民法院通报表彰并记嘉奖。

【集中化解涉诉信访矛盾】 2011年是省法院确定的涉诉信访矛盾纠纷集中化解工作深化年，也是省市政府确定的信访积案化解攻坚年。区法院开展“集中化解涉诉信访案件”、“进京访专项治理”、“中政委第二批交办进京访案件”的专项工作。逐案建立工作台账、梳理分析，落实领导包案，明确责任主体，注重源头治理，强化初信初访。全年集中化解涉诉信访案件67件，其中进京访8件，省人大访5件，重点交办10件，来省访44件，化解率100%。

【强化知识产权审判】 2011年，区法院全年受理各类知识产权案件125件，同比增长20%，审结137件，同比增长60%，其中受理知识产权民事案件101件，审结116件，调撤率87.06%，高出2010年近20个百分点；受理知识产权刑事案件24件，审结21件。知识产权庭积极贯彻落实最高院在全国范围内开展的“打击销售假冒伪劣产品和打击侵犯知识产权犯罪”的专项行动，审结了一批利用网络销售假冒名牌皮鞋的侵犯知识产权刑事案件。10月24日，省人大常委会党组副书记、常务副主任林祥国率省人大及其常委会相关工作机构负责同志、部分省人大代表到玄武区徐庄软件园视察，对知识产权审判工作给予充分肯定。

【落实拆迁项目的司法审查和行政协调】

2011年，区法院认真贯彻执行《国有土地上房屋征收与补偿条例》，为重点项目的推进和城市面貌的改善提供司法保障。全年受理涉及公共利益的国有土地上房屋征收决定、补偿决定以及行政不作为、行政事实行为等提起的行政诉讼案件63件。积极参与重点工程项目征地拆迁的司法审查、协调和解工作，在服务沪宁城际铁路北广场及北站房工程拆迁项目中，积极与拆迁现场负责人联系建立工作台账、行政审判人员每周到现场了解拆迁进展、及时了解被拆迁人诉求并配合拆迁部门做好和解工作，最终和解成功15户被拆迁人签订协议自动搬迁。在服务市口腔医院扩建医疗综合楼项目中，进驻指挥部积极参与前期协调和解工作，有9户自行搬迁。

【创新高效诉讼程序】 2011年，区法院作为南京市唯一一家省法院小额速裁试点法院，按照“程序规范、确保质量”的要求，于5月1日正式实施试点工作，全省第一起小额速裁判决案件、调解案件均为该院审理。5月至12月，共受理小额速裁案件301件，审结301件，调解撤诉率99.01%。还应邀参加了省人大举办的民事诉讼法修改座谈会，提出当前小额速裁工作存在的问题及建议，为民事诉讼法修改积累宝贵实践素材。

【开展庭所共建、和谐社区创建活动】

2011年，区法院锁金村法庭先后与辖区内的板仓等四家派出所，与锁金村、玄武湖、红山3个街道的司法所签订《庭所共建协议》，并在锁三社区建立“和谐社区共建基地”；孝陵卫法庭与辖区司

5月24日，孝陵卫法庭与司法所“庭所共建”启动仪式

法所下属13个社区、3个村委会建立起共建网络，在铁匠营社区建立“和谐社区共建基地”。通过实现人民法庭与派出所、司法所全方位对接，形成社会矛盾纠纷有效化解和创新社会管理工作合力。10月24日，省司法厅副厅长万力、省法院党组成员、审判委员会专职委员刘亚平等一行到孝陵卫法庭及铁匠营社区调研“庭所共建”工作时对该项工作给予充分肯定。

【完善执行快速反应工作机制】 2011年，区法院根据上级法院要求，于7月1日正式启动执行快速反应指挥中心工作，全年接听电话78次，其中提供财产线索20次，提供被执行人下落19次，法律咨询78次。指挥中心出警32次，查控到被执行人财产123.15万元，将被执行人带回指挥中心10人（司法拘留2人），执结14件，为有效缓解执行难发挥重要作用。

【扎实推进司法公开】 2011年，区法院被授予“全省司法公开示范法院”称号。依法推行立案、庭审、执行、听证及文书公开。完善和落实旁听案件庭审制度；推行庭审同步录音录像、同步记录、同步显示庭审记录；向当事人告知审判委员会委员，保障当事人申请回避的权利；在裁判过程中广泛听取和吸纳民意。向党委政府、有关行政单位、社会公众发布综合性或专门性司法报告（审判白皮书）5份，内容涵盖知识产权司法保护状况、劳动权司法保护、预防和减少未成年人犯罪、惩治和预防职务犯罪、预防和化解行政争议服务行政法治建设五大方面。

【加强司法确认工作】 2011年，区法院以司法确认的规范化、制度化和常态化为目标，积极协助辖区内人民调解委员会及人民调解员进行调解协议司法确认。选派审判经验丰富的法官为全区人民调解员讲授调解协议司法确认相关问题，就加强人民调解和审判工作的衔接配合等问题与人民调解员进行沟通，定期会同辖区司法所邀请人民调解员代表进行座谈。2011年共办理司法确认案件271件，在全市人民法庭涉诉矛盾纠纷化解工作考评中，孝陵卫法庭凭借丰硕的司法确认工作成果取得了综合得分第三名的良好成绩。

【规范司法建议工作】 2011年，区法院加强并规范司法建议工作，建立健全司法建议台账制度，全年共发放司法建议18份、回函4份，其中有2份被评为全市法院系统2011年度“优秀司法建议”。近几年，在审理涉及房地产中介机构居间合同纠纷的案件中，发现对南京市住房与城乡建设委员会监制并提供给房地产中介机构使用的“房地产买卖中介合同”文本存在理解不一、易引发纠纷的情况，民一庭向南京市住房与城乡建设委员会发出司法建议。该司法建议发出后，受到被建议单位的高度重视，住建委在回函中明确在合同样本修订工作中去吸取该司法建议。建议实施效果明显。

【开展“群众观点大讨论”活动】 2011年7~9月，区法院按照省、市法院部署，深入开展“群众观点大讨论”活动，以“增强感情、改进作风、提高能力”为重点，进一步深化全院干警对党的群众观点、群众路线的理解和认同，强化群众观念、增进群众感情，在端正司法理念、改进司法作风，提高做群众工作的能力上取得了良好效果。结合“和谐共建”工作，开展三大“下基层联系群众”的实践活动：下到基层社区走访慰问困难群众，了解社情民意和群众疾苦；下到重点企业建立司法联络点，为经济转型发

2011年各类案件收结案情况

	2010年旧存	新收案件	已结案件	未结案件	结收案比(%)
刑事案件	19	579	576	22	99.5
民事案件	390	4588	4609	369	100.5
商事案件	67	2636	2631	72	99.8
涉外、知识产权案件	21	106	119	8	112.3
行政案件	5	151	141	15	93.4
执行案件	22	1479	1493	8	100.9
申诉复查案件	0	22	19	3	86.4

展提供司法服务；下到巡回法庭开展就地办案，提供法律咨询、征求意见建议。

（邵小波）

司法行政

【概况】 2011年，玄武区司法局加强基层基础建设，积极开展纠纷信息预警工作，全区各级调解组织受理矛盾纠纷4531件。创新社区矫正管理办法，落实安置帮教措施，依托司法行政服务中心，积极开展法律援助服务。深入开展社会矛盾化解、社会管理创新及公正廉洁执法三项重点工作，为全区经济社会又好又快发展提供有力的法律服务和法律保障。深入开展以"促转型、促升级；助稳定、助发展"为主题的"双促双助"法律服务专项活动，为企业转型发展提供全方位的法律服务。玄武区司法行政工作受到先后到玄武区视察调研的中央综治办陈冀平主任、国家司法部吴爱英部长等领导的充分肯定。2011年，区司法局被省司法厅评为省优秀司法局，玄武区司法行政服务中心被市政法委评为市优秀政法单位。

【开展纠纷信息预警工作】 在春节、"两会"、"五一"、"六四"等重大节日和社会敏感期，专题布置矛盾纠纷的排查调处工作，对排查出的不稳定因素认真进行疏理，对一些事故苗头及时进行化解。同时利用市纠纷信息管理平台，充分发挥各街道纠纷信息员的作用，及时做好矛盾纠纷的信息反馈工作，适时掌握纠纷的变化趋势，实现矛盾纠纷信息的动态化管理。街道坚持周排查、月分析制度，局每月结合司法所例会对全区矛盾纠纷调处情况进行总结布置，并落实领导包案制度，对重大的、政策性强、群众关心的热点问题，由区领导分工包干，跟踪督办，确保矛盾纠纷得到有效化解。全年全区各级调解组织受理矛盾纠纷4531件，调解4513件，调解成功4481件，调处成功率为99.29%。

【扩大调解工作范围】 加大卫生、交通以及劳动等专业调解工作室的规范化建设力度。从工作场所、工作内容以及人员管理、工作制度、工作流程等各个环节进行规范，提高专业纠纷调解的成功率；在巩固已有"三调对接"成果的基础上，开展"庭所共建"活动，联手区法院在孝陵卫街道开展和谐社区共建试点活动，将诉调对接工作直接引入社区，丰富了诉调对接的工作内容。在此基础上，进一步与区法院协作，在全区范围内开展人民调解协议司法确认工作，由法院对基层调解组织调解成功后达成的人民调解协议进行司法确认，赋予人民调解协议以强制执行的效力。全年，全区"公调对接"化解纠纷1129件，"诉调对接"化解纠纷361件；劳动争议人民调解化解纠纷130件，医患纠纷调解室化解纠纷42件，交通事故调解室化解纠纷731件，调解成功率均在99%以上。

【《人民调解法》宣传活动】 分别在孝陵卫康定里地区和玄武湖仙鹤门地区举办2场以《人民调解法》为主要内容的大型法律援助进社区宣传活动。在活动中，通过悬挂宣传标语、布置大调解工作的各类宣传展板等形式，集中展示了我区自大调解工作开展以来所取得的各项成效，同时通过向当地居民发放《人民调解法》的宣传手册、资料等形式，及时宣传调解法的精神实质；7月28日，在后宰门街道举办全区人民调解员培训班，邀请市局基层处的有关领导宣传讲解，通过大力宣传人民调解法，为推进社会矛盾纠纷化解，促进人民调解工作奠定基础。

【创新社区矫正管理办法】 一是依托社区矫正教育管理服务中心，加强日常管理监控和教育转化工作。在重大节假日、重点敏感时段，及时开展调查摸底活动，2011年"五一"和"十一"，在各司法所开展节前抽查点验和集中纪律教育，对新入矫的社区服刑人员开展集中宣告和纪律教育，进一步严肃矫正纪律；5月，在全区开展为期一个月的社区矫正监管工作专项整治活动，规范请销假制度和集中公益性劳动的组织和安排问题，社区服刑人员的身份意识、服刑意识明显增强，为有效、顺利监管奠定基础。二是加大衔接管控体系建设，建立工作联席会和联络员制度，完善法院审前风险评估、解除矫正与落实安置帮教相衔接等工作机制，司法所认真督促社区服刑人员严格执行周报告、月汇报、每月一走访和外出请销假等制度，确保对社区服刑人员的监管教育和帮扶工作扎实开展；三是创新社区矫正管理模式。遵循"监管、教育和服务"相结合原则，按照等级管理处理和实施日

4月14日，开展以《人民调解法》为主要内容的大型法律援助进社区宣传活动

常监管，严格实施奖惩；与区劳动局建立长期合作关系，定期举办社区服刑人员就业政策指导和劳动技能培训，2011年对6名有就业需求的社区服刑人员推荐了工作岗位，对23名有工作技能培训需求的社区服刑人员进行了电脑技能和烹饪培训；安装启用“社区矫正移动信息管理平台”，对社区服刑人员进行风险评估和日常考核，对重点人实施手机定位监控。2011年累计接收社区服刑人员115名，按期解除社区矫正128名，目前全区在册社区服刑人员199名，未出现社区服刑人员脱管、漏管问题，未发生一起社区服刑人员重新犯罪或其他严重违法违规行为，在矫秩序持续稳定。

【落实安置帮教措施】 在全市率先建立安置帮教工作管理服务中心，配备专职的工作人员，建立健全各项管理制度，协调相关部门开展工作，解决回归人员的实际困难和问题，帮助他们顺利融入社会；坚持组织开展年度刑释解教人员排查摸底专项工作，加强对回归人员的衔接管理，做到了情况清、底数明，确保帮教对象不失控、不脱管；加强安置帮教队伍建设，完善三级帮教组织网络，全区64个社区（含2个行政村）全部建立安置帮教工作站，共有安置帮教志愿者737人；依托司法部刑释解教人员信息管理系统平台，提高规范化和信息化工作水平，通过准确登记、准时通知、准确核实及准时录入信息，狠抓“四准”，实现与全国各监管场所服刑在教人员和刑释解教人员信息上的无缝对接，把好了衔接关口。全年全区共接收刑释解教人员178人，衔接率100%，帮教率100%，安置率97%，重新犯罪率仅为0.6%。

【加强司法所基础建设】 一是组织开展司法所建设专题调研活动，由局主要领导带领相关科室深入到每个街道，征求对司法所建设的意见和建议，争取街道领导对司法所建设的支持，全面加强司法所硬件建设及人员配备工作，2011年仅用于司法所网络建设及设备维护的费用就达6万元；全区8家司法所已有3家拥有独立的办公用房，办公面积最大的达250平米；二是加大对司法所指导帮扶力度，组织开展“科所对接”活动，局机关8个科室分别与8个司法所建立结对共建关系，每个科室每个月到结对司法所不少于2次，开展点对点的指导与帮扶。三是加大对司法所的考核力度。由原来的年度考核调整为季度考核，对照市局考核目标，每季度对司法所工作进行一次检查考核，发现问题及时整改。在硬件建设上台阶的基础上，全区司法所在调处社会矛盾、维护社会稳定方面的作用也充分彰显，先后成功调处新街口某企业重大劳资纠纷、玄武门秀水街群体性租赁纠纷，孝陵卫康定里小区拆迁纠纷以及仙鹤门地区居民群访纠纷等一批重大有影响的矛盾。

【扩大法律援助覆盖面】 依托司法行政服务中心，积极开展法律援助中心群众满意的窗口单位建设，统一了机构标识，优化了服务环境，提升了社会知晓率。加强“12348”法律咨询服务专线建设，在坚持每日律师值班，面向全区各界人士提供无偿法律咨询的基础上，进一步整合了“12348”专线咨询服务、受理法律援助、提供法律指引、排疑解惑、息诉止纷、普法宣传等各项联动功能，拓宽了服务领域和专线渠道，提高了服务效率与水平。为提升中心的服务能力，在各社区的大学生社工中选拔培养具备法律功底、热衷公益的人员担任法律援助信息员，延伸了服务触角；此外，充分发挥区法律援助各站点的组织作用，履行法律援助应尽义务。在此基础上，降低残疾人的受援门槛，放宽援助条件，将伤残等级为1到5级的残疾人纳入法律援助范围，无需提供困难证明直接给予援助；畅通绿色通道，加大农民工维权力度，对农民工申请劳资纠纷、工伤事故法律援助的立刻受理。全年中心共办理法律援助案件884件，其中刑事诉讼23件，民事代理件861件，解答来电来访咨询7356人次。为实现社会公平正义、司法公正，促进社会和谐发挥积极作用。

【不断提升法律服务能力】 深入开展以“促转型、促升级；助稳定、助发展”为主题的“双促双助”法律服务专项活动，为企业转型发展提供全方位的法律服务；充分发挥政府法律顾问团作用，为全区重大和疑难法律事务问题提供咨询论证服务，促进政府工作的法律化、制度化；为街道配备法律顾问，将人民内部矛盾的解决方式引向法律途径；成立区涉法信访接待咨询律师服务团，坚持每周三参加政府的信访接待工作，引导当事人依法有序维权，有效维护了社会稳定。加大了法律服务进社区的工作力度，各律师事务所与司法所开展对接共建活动，通过担任法律顾问、提供法律咨询、代理诉讼等多种方式，全面满足广大社区居民的法律服务需求。加强律师事务所内部规范管理，起草《玄武区律师事务所百分考核细则》，强化对律师事务所和律师的执业日常监督管理工作，积极开展争创“群众满意窗口服务单位”主题实践活动和行风评议工作。截至10月，全区执业律师128人，律师事务所10家，共办理各类诉讼案件830件、非诉111件，担任各级政府、企业单位法律顾问186家，办理法律援助案件336件，业务收入1606.44万元。公证处在做好日常接待、窗口办证的基础上，积极为政府重点项目建设服务、为处理重大矛盾纠纷服务，全年共办证1270件，减免9.6万元，上门办证78次，办理法律援助168件。

【开创普法工作新局面】 扎实做好六五普法规划拟制及启动宣传工作，在广泛征求部门、街道意见建议的基础上，制定并下发《关于在全区公民中开展法制宣传教育的第六个五年规划》，在玄武区范围内组织“六五”普法规划专题辅导；投入数万元，制作了10000个印有宣传标语的便携塑料杯和各类“六五”普法宣传资料。深化领导干部及公务员学法用法活动，坚持区理论学习中心组（扩大）学法会制度，分二批对拟提拔任命的33名区管干部在公示期内进行了任前法律知识考试，考试合格率100%；深化青少年学法用法，组织了首届“讲文明、学法律、迎青奥”网络法律知识竞赛，在“3·28中小学生安全教育日”、“5·12防震减灾日”期间，在全区中小学组织校园防震减灾应急演练，组织中小学生到浮桥法治文化长廊、南师附小交通安全馆、长江路小学消防安全馆参观体验。

【省司法厅万力一行到玄武检查指导工作】 10月24日，江苏省司法厅副厅长万力、省高院党组成员刘亚平、南京市司法局副巡视员朱小平一行，在玄武区人大常委会副主任吴为民陪同下，到孝陵卫庭所调研。万力、刘亚平、朱小平等领导听取了区司法局孝陵卫司法所、区法院孝陵卫法庭开展共建工作情况汇报，实地查看了庭所共建情况并调阅了相关工作台账，对孝陵卫庭所共建工作及所取得的成绩给予充分肯定。庭所共建，是玄武区在贯彻落实《人民调解法》，省高院、省司法厅《关于进一步加强诉讼调解与社会矛盾纠纷大调解机制衔接工作若干问题的意见》，以及探索司法所与人民法庭共建机制的一个创新举措，旨在通过庭所合作，共同构建"业务交流、执法协作、联调联治、排查预警、应急处置"工作格局，从源头上预防和减少基层涉诉涉法矛盾纠纷，深入推进社会管理创新，促进经济社会又好又快发展和社会平安和谐。

【召开"六五"普法启动大会】 12月9日下午，玄武区在玄武中心大厦409会议室召开"五五"普法总结表彰暨"六五"普法启动大会，总结全区"五五"普法工作，表彰先进，动员部署"六五"普法工作。全区街道、机关部门和驻区单位200余人参加了大会，区委书记储永宏出席会议并讲话。"五五"普法以来，全区上下围绕服务经济社会发展大局，认真落实区"五五"普法规划，圆满完成了"五五"普法各项任务，取得良好社会效果，玄武区先后获首批"'全国法治区'创建工作先进单位"、"2006~2010全市法制宣传教育有功单位"等称号。区司法局被表彰为全省"五五"普法先进集体，被司法部、中央综治委办公室授予全国青少年普法教育先进单位称号。储永宏强调，全区上下要围绕区第十次党代会精神和区"十二五"规划所确立的目标要求，进一步统一思想，提高认识，增强"六五"普法工作的责任感和使命感；坚持服务大局、以人为本和社会管理创新不动摇；进一步强化组织领导机制、宣传教育机制、协调联动机制、队伍保障机制建设，全方位、多层次、广覆盖地开展法制宣传教育。（周艳红）

中山植物园——水生植物

国防建设

National Defense Construction

人民武装

【概况】 2011年，玄武区人武部坚持高起点谋划，高标准建设，扎实抓好以完成多样化军事任务为龙头的各项工作落实，全面建设呈现良好发展势头。被南京警备区表彰为“安全管理先进单位”“征兵工作先进单位”“后勤管理先进单位”“国防教育先进单位”“新闻报道先进单位”，部党委班子建设、军事训练、双带双扶等受到上级表彰。4月，原区人武部政治委员汤政转业，郭永强调任人武部政治委员。

【加强思想政治建设】 一是强化人武部党委班子能力建设。对照江苏省军区党委颁发的《人武部预备役团主官教育管理规定(试行)》二十条标准，切实过好双重组织生活，自觉接受群众的批评和监督，积极推行办事公开，决策透明，增强党委班子的战斗力。二是扎实开展“加强党性修养、锤炼思想作风”教育整顿。三是抓好经常性思想教育。大力加强形势战备教育、战斗精神培育、军魂意识培养和“学习何祥美、践行当代革命军人核心价值观”主题实践活动，不断激发爱军精武热情。8月，完成南京军区政治部赋予拍摄红色教育专题片《一切为了人民的民主与和平》的任务。四是扎实推进党管武装创新发展。9月17日，区委组织四套班子和国动委成员单位领导、街道书记到“临汾旅”过军事日，并召开区委常委议军会，为武装工作破解难题，推动武装工作在末端落实。2011年，玄武区接收安置部队转业干部60人；召开3场退伍军人就业招聘会。

【完成民兵组织调整】 2011年，为优化民兵队伍专业结构，推进后备力量核心能力建设，完成了警备区赋予的2538名基干民兵整组任务。其中，退伍军人占85%，党团员比例达96%，经训人员占92%，专业对口率达85%以上。整组中，把民兵编组范围向高新技术产业、大专院校和科研院所等人才、技术密集的行业和单位延伸，向人力资源丰富、便于开展工作的社区拓展，切实把思想基础好、军事素质强、科技含量高的退伍军人和专业人员编入基干民兵队伍，各专业分队科技含量和各类队伍总体素质有明显提高。

【发挥民兵队伍在和谐社会建设中的作用】 2011年，区人武部继续按照建用一致的原则，把参与全区经济社会建设当做练兵强兵的重要途径。加强作战值班，落实战备值班分队。汛期，共组织民兵预备役人员600余人次投身到一线防汛救灾，受到区委、区政府一致好评。8月，启动军民共创共建“长江路文明街区”活动，组织发动2000余民兵预备役人员走上街头，走进社区，维护文明秩序，清扫死角垃圾，为文明城市创建活动做出贡献。

【加强训练做好军事斗争准备】 一是修订完善各类方案预案。结合辖区实际，制定完善了《应急维稳行动预案》、《抗洪抢险方案》、《化学火灾事件处置预案》等10余套战备方案。二是认真开展日常战备综合整治。按照警备区明确的整治任务和时间节点，立足现有条件，逐条逐项认真抓好落实。先后投入20余万元，完善作战值班室、作战指挥设施和各类战备物资。三是深化党委班子岗位练兵。突出信息化基本理论、基本技能和指挥手段学习训练，提高了班子成员的综合素质和能力。四是抓好民兵专业分队按纲施训。全年组织12批近1600人次的通信、高炮、防洪、应急维稳等专业训练。3月，先后组织全体干部完成了首长机关训练、“实弹实投”训练和36名民兵应急骨干集训。5月，组织区卫生系统女子民兵连60人，开展了军事基本技能和战场救护演练。7月，组织100人的民兵应急分队训练并完成迎“八一”汇报表演任务。

【征兵任务圆满完成】 区人武部紧紧围

绕兵员质量这个核心，狠抓体检、政审和定兵关，努力为部队输送优质兵员。区政府、人武部与公安、卫生、教育、各街道层层签订责任书，落实责任制。大力开展征兵宣传活动，深挖兵员潜力，激发应征青年和在校大学生的当兵热情。圆满完成2011年兵员征集任务。兵员素质好于往年。其中，党团员占新兵总数的48%，大专以上文化程度占新兵总数的52%。

【国防教育持续开展】 结合民兵整组、军事训练、考核比武、战备值班、重大节日等时机，采取集中上课、下发教育提纲、组织瞻仰革命先烈等教育活动形式，教育引导广大专武干部和民兵预备役人员履职尽责，献身国防。一是各街道和驻区企事业单位积极开展军事日活动。通过过"军事日"、国防知识竞赛、主题演讲活动，认真贯彻落实中央、省、市《关于加强新形势下国防教育工作实施意见》，不断提升国防教育质量。各街道和驻区企事业单位积极开展军事日活动，共组织了各类习武活动15批800余人次，保障子弹12000余发。二是认真抓好学生军训工作。按照省市赋予我区学生军事技能基地化训练试点工作任务要求，完成了6所高中军事课程建设检查评估。10月中旬，玄武区组织全区42所中小学的3700余名学生在南京理工大学举行中小学生国防教育成果暨阳光体育展演。 （何　文）

9月20日，玄武区领导参加军事日活动

人民防空

【概况】 2011年，区人防办认真贯彻落实科学发展观和新时期军事战略方针，紧紧围绕上级的部署和年初确定的目标任务，重点抓好指挥所建设、专业队伍整组和训练，加强人防工程的维护管理，人防、民防知识宣传，紧密联系实际，真抓实干，人防建设取得显著成绩，人防进社区等工作取得新的突破，圆满完成年度各项目标任务。2011年，玄武区人防工作成绩突出的8个街道、9个社区、21名个人受到通报表彰。

【加强人防工程维护管理】 2011年，玄武区对列入人防工程维护计划的110家管理单位，351个人防工程，区人防办按照市人防办的统一要求，与所有工程管理单位重新签订安全责任书，责任书签订率达到100%。一年来，辖区内工程年检合格率95%，优良率87%，全年安全生产无事故。区人防办对列入维护管理计划的人防工程进行统计，制作人防工程指示牌、标识牌，组织施工人员及时安装到位。

【完成人防专业队伍整组工作】 2011年，区人防办切实加强各种人防专业队伍建设，加强应用训练，提高执行各种任务的能力，按照街道疏散专业队性质和所承担任务的具体要求，搞好编组工作。科学安排人防抢险救援专业队伍的训练，明确训练目的和指导思想，把平时应对突发事件所要担负的任务紧密结合起来，做到需要什么训什么，保证随时能遂行任务。2011年，对所有专业队进行重新整组，新组建的人防专业队伍18支，总人数为528人。对孝陵卫街道、锁金村街道人防专业队进行点验。

【强化人防教育基地建设】 2011年，在全区13所初级中学开设人防知识教育课，3300余学生接受教育。在玄武区同仁、红山路等6所小学，各建立一个人防、民防知识宣传教育馆。市人防办党委书记胡宁等一行，对玄武区新建启用的6所小学民防主题教育展馆进行了检查。胡宁书记听着小解说员的详细讲解，一边亲自体验电话求救、趣味知识问答等互动项目，充分肯定主题教育展厅知识性、趣味性、互动性，通过教育一个孩子，影响一个家庭拓展民防知识的宣传教育，使其成为民防科普教育的窗口和小学生安全知识实践的舞台。

【深化人防进社区工作】 在全区26个社区设立了人防工作站，统一制定标牌和各项规章制度，开辟了人防宣传教育专栏，开设了每月一次的人防知识小讲座。并先后投入资金约30万元，为社区统一配备了电视机、电脑以及包含救生绳、手电、多功能救援工具、灭火器等人防应急器材专柜。

【向居民发放应急救援包】 发放应急救援包，是市人防办今年为民办实事项目。区人防办在各社区及政府大楼张贴了发放应急救援包的宣传提纲，让广大居民群众和机关干部了解发放应急救援包的目的、意义和程序。在区公安分局、区司法局、各街道人武部等单位的大力支持和配合下，在区公证处的全程监督下，摇号产生首批免费获得应急救援包的家庭5000户。 （徐美英）

6月8日，举行向居民家庭发放应急救援包活动

消　防

【概况】 2011年，玄武区消防工作以构筑社会消防安全“防火墙”工程为抓手，扎实开展建筑消防设施专项整治、重大火灾隐患挂牌督办等工作，打响“清剿火患”战役，深化消防监督执法规范化建设，狠抓社会单位“四个能力”的培训指导，深入推进消防安全进社区，圆满地完成了全年的各项目标任务。2011年，全区发生火灾26起，死亡0人，受伤0人，同比火灾起数下降16%，死伤亡人数下降100%，有力地保持了辖区火灾形势的稳定。2011年，区消防大队荣获集体荣誉称号10项：在全国“清剿火患”战役中，被公安部评为“清剿火患”先进大队；被教育部基础教育一司、公安部消防局评为“全国消防安全教育示范学校”；被省公安厅评为“全省消防安全教育示范学校”；被省消防总队评为“监督执法先进单位”、“2011年度基层建设先进大队”、“消防宣传先进基层单位”；被市消防支队评为“2011年度大队级好班子”、“消防产品监督管理工作先进大队”；同时，玄武消防大队被玄武区政府评为2011年度安全生产工作先进集体、2011年度“平安玄武”建设先进集体。

【消防安全“五大”活动推进会】 区委常委、常务副区长曹曙，副区长、公安分局局长胡士宁，副局长梅中亚，区安监局、消防大队以及区政府相关职能部门、派出所分管领导、消防民警和全区消防安全重点单位负责人参加会议。会上，区消防大队大队长窦礼念通报全区消防安全大排查、大整治、大宣传、大培训、大练兵“五大”活动工作情况和存在的薄弱环节与突出问题。胡士宁针对存在问题，要求各单位高度重视，采取针对性措施狠抓落实整改，提出隐患排查必须更加彻底，落实整改必须更加到位，执法考评必须更加有力的“三个必须”的具体要求。曹曙就开展消防安全“五大”活动，全力提升构建玄武区消防安全环境水平提出指导意见。

【“清剿火患”战役取得实效】 公安部部署开展“清剿火患”战役后，区消防联席会议制定工作方案，明确职能部门工作职责，并成立“清剿火患”指挥部。区政府牵头，召开了9次会议，分级签订责任状。将二级消防安全重点单位划分8个网格，明确一名副大队长和7个参谋包干排查；将三级消防安全重点单位划分11个网格，明确14名专兼职消防民警和治安民警负责排查；将64个社区76个责任区划分成76个网格，明确由76名社区民警负责排查。大队先后召开辖区单位、行业会议29场次，发放和回收《火患自查调查表》3000余份、张贴战役公告1000余份。“清剿火患”战役中，全区消防机构和公安机关共出动警力3474人次，检查单位1732家，发现火灾隐患4240处，督促整改火灾隐患4537处，下发责令改正通知书1055份，提请政府挂牌督办重大火灾隐患单位1家。火灾伤亡人数、火灾起数和损失均同比下降100%，“清剿火患”战役取得实效。

【首创“消防之友”俱乐部】 2011年，玄武消防大队将民间社团组织纳入“防火墙”工程大框架，在全国首创了“消防之友”

10月20日，玄武区召开“清剿火患”工作进展情况会

俱乐部，引进民间优势资源和公益资金，探索社区消防安全建设的可持续发展之路。各派出所也根据实际情况，牵头组织辖区单位、社区居民成立民间消防队，在俱乐部的牵头下定期组织开展家庭火灾扑救、逃生自救、安全疏散等演练，并为老旧小区、楼幢、物业公司、门卫室和社区消防站配备了消防器材1378个，确保了初起火灾能够得到有效处置。目前，俱乐部已组织6家企事业单位和3家学校开展了消防宣传和演练，培训员工614名，组织群众进行消防安全模拟体验3221人次，救助火灾后的困难家庭5户，放发救济金5000元。同时，与南京军区总院、鼓楼医院、中西医结合医院等单位达成合作意向，开通火灾伤员抢救的绿色通道；与锁金村康复中心、南京军区体工队、华山饭店等单位签订安置受灾家庭临时住宿的救助公约；与市人才市场、玄武职业学校等单位达成了为优秀会员单位员工、优秀消防志愿者以及受火灾家庭提供就业就学帮助的共识。

【推进平台社区消防模块应用】　省厅、市局、分局部署警务基础平台社区消防管理模块应用工作后，消防大队结合辖区实际状况，以后宰门派出所为试点，全面铺开模块信息采集录入工作，不断拓展平台模块的实战效能，有效提升了社区消防信息化、规范化水平。一是分解目标，落实责任，定人定岗定责推进平台社区消防模块应用。派出所所长负责每周平台数据质量抽查、进度通报、综合点评，治安副所长负责每日平台数据的监督检查、数据汇总，消防民警负责三级重点单位的信息采集，社区民警按责任区负责三级一般单位和其他单位的信息采集。二是因地制宜，全面培训，分层分块分类掌握社区消防模块操作。面对新模块的应用，分层培训、分块熟悉、分类指导。三是核清底数，全面采集，三个结合实现基础数据录入100%。与市局消防监管平台数据相结合、与清剿火患行动战果相结合、与社区信息采集责任相结合，有效地降低了隐患。四是流程执法、规范管理，实现基层消防监管工作规范化。将平台模块操作转化为实战成果，通过平台模块规范日常消防监管执法工作，拓展信息化实战功能。

【构筑“防火墙”工程】　2011年，消防大队以“五大”活动为主线，抓好重点单位消防安全管理。组织全区重点单位召开工作例会30余次、实地检查指导、分析研判消防安全形势、发放《消防安全告知书》、签订责任状等方式，进一步落实单位消防安全主体责任。结合消防安全标准化管理和构筑“防火墙”工程，狠抓社会单位“四个能力”培训指导举办消防培训班28期，培训人员33356人，进行媒体宣传15次，新增户外消防公益广告46处，社会单位新增“三提示”标志11680处，公共聚集场所新增视频转换系统32套，组织开展各类灭火演练56次。结合实际采取措施，及时组织有关职能部门召开辖区隐患单位治理工作会26次，对辖区隐患整治工作进行全面部署。　（薛玲玲）

链接

“清剿火患”在行动

玄武区共有各类企事业单位、小场所3.5万家，其中：二级消防安全重点单位231家、二级一般单位1156家；三级消防安全重点单位137家、三级一般单位3353家；高层建筑352幢、地下建筑52处。2011年，自公安部“9.26”会议后，玄武区政府迅速行动，扎实推进战役深入开展，全区消防机构和公安机关共出动警力3474人次，检查单位1732家，发现火灾隐患4240处，督促整改火灾隐患4537处，下发责令改正通知书1055份，责令“三停”4家，临时查封16处，拘留20人，罚款46.2万元，提请政府挂牌督办重大火灾隐患单位1家。火灾伤亡人数、火灾起数和损失均同比下降100%，“清剿火患”战役取得实效。

迅速贯彻落实，动员部署有力。区消防联席会议下发2个工作方案，区政府召开9次会议，分级签订责任状。制发《区消防安全委员会成员单位火患清剿行动工作职责》，就火患清剿职责进一步明确，在全区展开“清剿火患”行动。

细化网格排查，定期分析研判。将二级消防安全重点单位划分8个网格，明确一名副大队长和7个参谋包干排查；将三级消防安全重点单位划分11个网格，明确14名专兼职消防民警和治安民警负责排查；将62个社区76个责任区划分成76个网格，明确由76名社区民警负责排查。结合辖区实际，成立由区公安分局副局长梅中亚牵头，治安、安监、消防人员参加的研判小组，每天分析检查情况，分析隐患种类，提出整改意见和处罚决定等。每周末下午对各网格排查情况进行抽查，重点检查未发现隐患单位的排查质量，同时对法律文书填写质量进行检查，大队每周一召集研判会，了解工作进度，研究下步措施。

组织全面排查，确保隐患见底。区消防大队先后召开辖区单位、行业会议29场次，发放回收《火患自查调查表》3000余份、张贴战役公告1000余份。将网格内单位按照行业性质、场所重要性、火灾危险性逐一分类，制定不同阶段的排查计划，组织所有民警逐条道路、逐家单位开展排查，建立排查台账并及时将检查情况录入消防监督管理系统。制作网格战况实时推进图，实施“挂墙作战”，每排查完一个网格，挂一面红旗。建立区文化、商务、住建及民防物管等多部门联合执法制度，每旬一次情况通报，每旬一个联合行动，每旬一组个案研究，以部门联动彻底围剿隐患。组成52个清剿小组，每组每周排查不少于3天，发整改书不少于3份，检查单位、商铺不少于10家。全区消防机构和公安机关共排查全部二级消防安全重点单位231家，二级一般单位635家；全部三级重点单位137家，三级一般单位1844家。

强化执法力度，立足服务群众。全区“不放心高层”整改16家，重大隐患金山医院进行全方位整改。城中村红山藤子村已增设市政消火栓6个，彻底解决水源和消防通道问题。针对珠江路科技街、丹凤街通讯市场、红山地下仓库等集中的问题，临时查封5家，对未经消防行政许可、提前开业4家场所责令停止使用。重拳出击施工现场违章动焊，拘留12人。对珠江路沿线老旧小区群租房火患频繁问题，逐户建档，清理群租房屋199家。针对一枝园等洗头房、足疗等小场所集中区域，组建技术服务队，开展边排查边查处、边指导边整改，疏堵结合，有效防止隐患回潮。

广泛宣传发动，营造浓厚氛围。“清剿火患”行动中，大队共发放《致企事业单位一封信》、《致居民一封信》3万余份，悬挂横幅40条，张贴标语2000张、制作橱窗65期。专门印制《火患清剿手册》、消防知识宣传卡、逃生常识挂图、消防动画光碟等2万份宣传资料，逐一发放给社会单位和社区，以提醒单位和居民时刻关注消防安全。在14个网上警务室、24个警官工作QQ群和22个社区论坛发布火患清剿宣传信息400余条，并公布隐患举报电话，24小时接受网民举报，设立隐患举报奖励制度，对举报火灾隐患的群众予以一定奖励。

消防演练

财政·税务

Finance & Revenue

- 财政
- 国家税务
- 地方税务

财　政

【概况】 2011年，玄武区财政局以科学发展观为指导，积极应对宏观经济形势变化，落实货币紧缩政策，以构筑“一园四极”发展格局，打造“四纵四横”为主线，以促进民富区强为主旨，深化财源建设，突出产业转型升级、科技创新和人才建设，促进财政收入稳步增收；突出财政支出的民生导向，促进社会和谐稳定；完善体制机制，推进财政改革事业，促进财政管理更加科学化、精细化；增收节支，优化结构，依法理财，确保财政收支平衡，为玄武区经济社会发展和促进和谐社会发展做出了积极贡献。2011年度，玄武区实现地区生产总值336.82亿元，比上年增长12.1%(按2011年价格指数测算)，其中第二产业27.08亿元，第三产业309.75亿元；实现规模以上工业总产值45.4亿元，同比增长15.3%；全社会固定资产投资总额85.51亿元，同比下降6.6%；实现社会消费零售总额308.39亿元，同比增长17.6%，完成全区地方一般预算收入31.23亿元，同比增长17.2%；按照现行财政体制计算，当年实现财力13.98亿元(不包含市专项及补助)，安排一般预算支出13.79亿元，比上年增长21.6%。实现收支平衡，略有结余；全面推行国库集中支付和公务卡结算改革；完成各类岗位培训2700余人。

【财政收入同比增长17.2%】 2011年，完成地方一般预算收入31.23亿元，较上年同口径增长17.2%，实现了区委、区政府下达的必成指标。主体税种保持增长态势，区增值税(地方口径)完成3.92亿元，同比增长10.9%；营业税完成13.15亿元，同比增长7.1%；企业所得税(地方口径)完成5.14亿元，同比增长11.6%；个人所得税(地方口径)完成3.41亿元，同比增长13.7%；房产税2.41亿元，同比增长55.1%。

【完善税收服务平台建设】 2011年，为进一步加强玄武区财源建设，增强综合经济实力，不断提升税收服务工作水平，由区财政局牵头，区领导挂帅，成立玄武区税收服务领导小组，区委副书记、区长徐曙海任税收服务领导小组组长，区委常委、常务副区长曹曙任副组长，财政局局长王敬玲任办公室主任，负责组织与协调全区税收服务工作，定期召开经济例会、扶持评估会，强化部门间的配合，推动区内资源、税源的联动管理，重点分析区内重点楼宇、产业园区的招商资源情况，协助招商引税，把好税户源头关，提升全区税收服务工作水平。同时聘请省、市、区级相关部门领导组成玄武区税收服务攻关专家组，为全区税收建设出谋划策，进而推动全区“一园四极”经济稳步发展。

【成立税收服务领导小组】 8月12日，玄武区税收服务领导小组召开成立大会。领导小组副组长、区委常委、常务副区长曹曙出席会议并做重要讲话，24家成员单位主要负责人及小组成员共42人参加会议。会上，领导小组办公室主任、财政局局长王敬玲汇报了2011年玄武区财政收入目标任务完成情况，分析了当前税源工作中存在的主要问题，介绍了税收服务机构的组织结构、工作职责以及下一阶段的工作重点。曹曙详细说明成立税收服务领导小组的重要意义，并对下一步工作提出明确要求：一是组织结构上寻求突破。税收服务领导小组下设办公室，办公室设在财政局，负责全区税收服务的具体组织工作，下设综合协调工作组和重点服务工作组，同时领导小组聘请税收服务攻关专家组；二是服务程序上寻求突破。针对异地经营户转户工作，召开税收服务攻关专家工作会议，重点甄别和筛选可转户的企业，研究工作路径，协调有关部门，突破相应的瓶颈制约，提高转户效率；三是群策群力上寻求突破。建立一岗双责、一岗多责工作机制，牢固树立税收服务理念；四是明确目标上寻求突破。争取全年异地经营户转户税收1亿元，新街口街道千万元异地经营户转户2~3户，其他街道转户1~2家；五是激励机制上寻求突破。建立激励机制，鼓励个人、部门招商引税。

【注重税源资源有效对接】 2011年，积极开展异地户转化，加快打造亿元楼宇，制定相关政策，确保税源和区域资源的有效对接。制定玄武区产业扶持办法，提升载体资源的税收贡献度，鼓励区域内楼宇（园区）提升品质，加大吸引优质税源企业的入驻，提高载体资源的综合利用率和对区域经济的贡献度，促进区域经济又好又快发展。

【积极拓展财税服务渠道】 2011年，建立税收数据当月取得、及时更新的传输模式，确保街道税收数据的取得与财政同步。加强培训和政策宣传引导，印制《支持企业发展财政税收政策汇编》，联合国、地税到街道、徐庄软件园进行现场办公，分析解读"限售股减持"的奖励政策、"个人所得税"税率调整等政策。引入现代化通信技术，建立全区税源工作QQ群，及时传递相关税源工作信息。密切关注驻地重点企业、重点行业申报收入的缴库情况，联合税务、街道、徐庄软件园加强对苏宁、依维柯等税收大户的走访力度，确保收入及时足额入库。

【做好护税协税工作】 2011年，区财政局加强对全区税源税户状况、异地经营户和个人所得税收入情况专题调研和分析，并提出相应工作建议。根据国地税税户管理原则，加大对8个街道和徐庄的异地经营户清查工作，按不同性质对全区747户现有异地经营户制定转户方法。定期编写《税源简报》，完善街道税收日常考核制度、全区百万元以上重点企业税收台账和收入预警机制，推行街道重点企业税收直报制度。注重科技创新，落实宏观调控政策，发展总部经济，打造亿元楼宇，主攻创新型产业、高端服务业，提高税收的资源占有量和财力的收入贡献度；以科技金融政策创新为突破口，壮大科技创业专项基金规模，建立天使投资、创业投资、股权投资等科技金融平台，引导海内外资本进入玄武创新创业领域，辅导一批企业上市，促进全区经济转型升级。

【严格控制部门预算执行】 2011年，区财政局按照"有保有压"和"保工资、保运转、保重点、保稳定"的原则，优先确保人员工资、机关正常运作和教育、医疗、社会保障等重点支出需要，在确保财政预算收支平衡的基础上，加强项目支出管理，保证重点项目建设资金。完善预算追加审批程序，从严控制各项预算追加和一般性支出，努力控制支出过快增长的势头，集中财力改善民生、保经济增长、保法定支出。贯彻实施政府采购法，加大相关法规政策宣传力度，加强政府采购预算编制和计划执行管理，15类产品实行协议供货网上二次竞价。稳步推进"三公"经费、部门预算公开。2011年度，区级一般预算支出完成18.75亿元，同比增长18.8%，实现收支平衡。

7月6日，区财政局对企业进行财税政策宣传

【支出重点向民生和社会事业建设倾斜】

2011年，以落实区委"五大战略"为重点，加强基层财政保障，在确保运转性支出的前提下，将支出重点向民生和社会事业建设倾斜。坚持教育优先，依法保障教师收入水平，为职业中专生发放"助学金"，安排专职保安经费，教育、科技等法定支出增长要求高标准落实；加强社区建设，提高社工待遇；社保、医疗卫生等民生重点领域的支出高于全区支出总体增长水平，落实老年被征地农民生活补助、医疗保险等各项政策；企业退休职工独生子女一次性奖励、高龄老人补贴、幼儿助学券等惠民政策得到有效落实；做好家电下乡、粮食直补等政策兑现工作。

【突出科技创新人才建设】 认真落实市、区党代会重要决策，加大财政对于科技创业创新的支持力度。2011年，新安排科技创业创新专项资金7000万元，分别是科技创业投资基金3000万元，科技创业种子（天使）投资基金1000万元，人才发展专项资金1000万元，科技创业创新园区建设与发展专项资金1000万元，科技金融市场专项补助资金1000万元；资源勘探电力信息等事务、商业服务业等事务增加5425万元，主要用于安排徐庄超收财力3366万元，支持园区基础设施建设和园区内软件、集成电路设计与物联网、电子商务、生物技术等高新产业发展，增加区国资平台资本金投入1797万元等；其他支出增加915万元，主要用于增加区国资平台资本金投入。

【推进卫生事业绩效改革】 2011年，出台《玄武区深化医药卫生体制改革经费保障方案》，明确全区政府医改补助范围和方式，完善补偿机制，做好基层医药卫生体制改革的资金保障，严格绩效考核。对基层医疗机构实行“收支两条线”，按照相关要求做好卫生系统2012年部门预算工作。积极配合区人社部门制定事业单位绩效工资具体实施方案和相关配套措施，做好津贴补贴清理核查相关工作，规范单位绩效工资发放方式和财务会计核算，加强非税收入管理。

【全面实施国库集中支付】 2011年，制定《关于全面实施区级国库集中支付改革有关事项的通知》和《南京市玄武区预算单位公务卡结算财务管理暂行办法》等改革文件，建设支撑集中支付改革运行的现代信息网络系统，开设预算单位零余额账户，专用软件系统进行完善、联网调试，分三批对全区预算单位财务人员组织开展国库集中支付及公务卡业务知识培训。至10月底，全区140余家预算单位全部实施国库集中支付，进而增强了全区财政资金的宏观调控能力，提高了财政资金使用效率。2011年全区共清算集中支付资金7.1亿元，其中直接支付占支付总额的95.8%。

【稳步推进预算绩效管理】 2011年，按照“先行试点、以点带面、全面推开”的原则，稳步推进财政支出绩效管理改革。在编制预算管理的基础上，印发《玄武区财政支出绩效评价管理暂行办法》，确定司法局社区矫正项目、人社局下岗失业人员培训项目等五个绩效评价项目。召集四家绩效评价试点单位开展财政支出绩效评价工作交流，介绍绩效评价工作流程，解释、探讨绩效评价目标及指标的设定。通过应用项目绩效评价结果，作为以后年度预算安排的重要依据，建立以结果绩效为导向的预算管理模式，切实提高资金使用效益。

【成立国有资产营运一级平台】 2011年，成立全区国资营运一级平台，履行政府出资和对二级平台国有资产进行监管的职能，对现有四个平台公司，作为二级平台，履行国有资产经营和国有资产保值增值职能。制定玄武区投资管理办法，理顺对外投资管理关系。完善公司法人治理结构，加强公司董事会建设。建立融资项目台账，做好融资资金的分析、统计工作，着力防范融资风险。加强国有资产基础管理，对国资公司等国有企业进行财务审计和绩效评价，编制玄武区国有企业合并会计报表，综合反映国有企业综合经济财务状况。进行国有资产产权登记和年度检查工作，理顺国有资产产权关系。加强基础管理，完善全区行政事业单位国有资产动态管理系统。

【强化财政监督检查工作】 区财政局认真落实区人大通过的2010年各项收支预算及其审计意见，认真准备2010年决算草案报告，自觉接受人大监督。接受2010年度财政决算区级“同级审”，认真整改、及时答复人大代表和政协委员提出的建议和意见。完成转移支付资金绩效评价自评工作和财政专户清理整顿工作。召开全区‘小金库’专项治理工作布置会，全区党政机关及事业单位、社会团体、国有及国有控股企业“小金库”专项治理全面复查率达到100%，对全区12家行政事业、社会团体、企业进行重点检查，建立严防“小金库”长效机制。

【不断提高会计管理水平】 2011年，区财政局认真组织会计专业技术资格考试，完成企业及行政事业单位会计人员继续教育等各类岗位培训2700余人，对全区4600多人进行会计信息采集。完成2010年度外商投资企业会计报表网上直报年检工作。

【财政综合工作成效显著】 2011年，区财政局积极开展“双结对、双促进”和“党员义工”等活动，深入玄武湖街道樱驼花园社区，帮助解决实际困难，多次组织到社区整治小区环境、协助交通执勤，为玄武湖街道“同在玄武，共享蓝天”活动、文明创建出力，慰问社区困难群众，组织局干部参加市、区中国共产党成立90周年网上答题、文艺会演等系列活动。加强与相关部门、人大代表和政协委员的沟通协调，认真完成区人大建议、政协提案，满意率达到100%，按时办结市、区“12345”等督办件。档案管理获省“三星级”称号。

（石初和）

·国有资产管理·

【概况】 2011年，玄武区政府国有资产监督管理办公室（以下简称国资办）紧紧围绕全区中心工作，努力推动国有资产监督管理创新发展、跨越发展，区属国有资产经济运行总体良好，重点项目进展顺利，企业内部管理进一步加强，总量保持持续增长，完成了区委、区政府确定的各项目标任务。国有企业资产总额78.13亿元，同比增长2.23%，所有者权益9.48亿元，同比增长13.53%，行政事业单位资产总额26.48亿元，同比下降0.41%，固定资产总额16.38亿元，同比下降2.6%。

【国有资产平台运作顺利】 根据区委常委会关于进一步推进国有资产平台建设、整合国有经营性资源，构建国有资产运营管理体系要求，2011年，由区财政注资4000万元成立玄武资产管理有限公司作为全区国资运营一级平台，并成立董事会和监事会，履行区政府出资人和监管二级平台职能。现有国有资产投资管理控股（集团）有限公司、城建投资管理有限公司、圣祺项目投资管理有限公司、南京玄武投资有限公司等四家国资控股企业调整为二级平台，履行国有资产经营职能。整合重组区属各平台公司，建立以国有资产为纽带的“1+X”的一、二级平台公司经营管理框架。一、二级平台的构建，健全了全区国有资产运营管理体系，理顺区政府与国资平台公司关系，实现国资平台规范化监督管理。

【国有经济发挥引领作用】 2011年，玄武区国有企业贯彻落实区委、区政府的决策部署，发挥国有企业优势，加强项目运营管理，实现经济效益与社会效益的统一。国有企业在玄武的经济发展、城市建设、创新转型、民生工程等方面发挥着不可替代作用：徐庄软件产业基地自筹建至今共投资25亿元用于基础建设产业创新，2011年，完成税收3.4亿元；投资约1.48亿元的玄武大道建设、排水管网改造等市政设施工程项目建设；为玄武经济发展创新转型，设立投资4000万元的科技创投基金和种子基金；国有企业参与建设城中村“安居房祥和佳园”等已完工并完成销售。

【强化政府融资平台公司规范管理】 强化政府融资平台公司规范管理，防范风险，着力清理融资平台为融资出具担保函、偿付债务能力和资金预算安排工作。2011年，有效利用融资8.64亿元，其中区国资公司负债8.04亿元，圣祺项目投资公司、玄武城建平台负债0.6亿元，玄发投资无负债。国资、圣祺所负债务均系直接借入债务。现所欠债务偿债资金主要依靠项目本身经营性收益、已注入融资平台公司的土地出让金收入等。财政性资金(包括一般预算资金、政府性基金预算收入、国有资本经营预算收入、预算外收入）偿还债务占比低于中央和省有关文件政策规定的70%警戒线。为动态反映和分析融资项目的资金使用、项目建设、营运情况和还款责任情况，全区设立融资项目台账，建立融资风险预警防范机制和用款单位签订责任书，建立还贷资金催缴责任制。

【加强国有资产监督管理】 2011年，区国资办注重监督管理工作，扎实做好国有资产统计和评价工作。加强对区国有企业上报财务报表(包括月报、半年报与年度报表)和资产统计报表(年报)的审核与上报及企业整体运营情况进行分析。完成对国有企业财务年报的审计工作，包括对区国有企业财务报表进行审计，出具年度审计报告，专项审计报告和管理建议书。规范产权管理，加强产权界定，全力做好产权登记、年度检查和国有企业办理国有资产产权登记证工作，进一步明确国有资产产权关系。

【规范行政事业单位资产配置】 贯彻落实《南京市办公厅关于南京市市级行政事业单位资产配置标准和常用固定资产使用年限的通知》精神，规范行政事业单位资产配置行为，推进资产配置与部门预算编制、政府采购相结合。开展新增资产配置与部门预算相结合的试点工作，对超标准配置资产的单位，在2012年部门预算中不予安排新增资产购置经费。在编制政府采购预算中，要求各单位购买固定资产要和固定资产存量相结合，对于存量饱和及超配的单位，不予编制采购预算，2012年不予政府采购。实现对单位新增资产配置的规范化管理，降低行政成本，节约财政资金。 (石初和)

国家税务

【概况】 2011年，玄武区国税局紧紧围绕服务科学发展、共建和谐税收的工作主题，克难奋进，顺利完成全年各项工作任务。全年组织区级收入23.91亿元，同比增收1.72亿元，增长7.77%。积极完善税收征管，深化税源专业化管理，加强税收风险监控。继续优化纳税服务，创新服务方式，拓宽服务渠道，落实各种税收优惠项目353户次，减免各项税额9689万元。两次走进南京人民广播电台新闻台“国税在线”，在红星美凯龙家具市场兴办“服务科学发展，共建和谐税收”为主题的纳税人座谈会及政策解读会，服务纳税人。创新税收宣传形式，在《南京晨报》国税专刊开辟《明启解税》系列税收宣传漫画专栏连载。2011年，先后获得南京市国税系统“争创无职务犯罪单位活动”先进单位、市级文明单位、市“廉政文化建设示范点”、“江苏省精神文明建设先进单位”等多项荣誉称号。

【税收收入增长平稳】 2011年，区国税局坚持组织收入原则，努力实现税收收入平稳增长。受国内外经济走势、国家宏观调控政策等因素影响，制约税收增长的可变因素较多，组织收入工作面临着较大的压力和挑战。由于税源结构不尽合理，中小型企业占有绝对比重，整体税收收入对房地产企业所得税依赖度高，受多变经济形势影响，组织收入呈现跌宕起伏态势，区国税局上下协力，全年共组织市级收入20.44亿元，同比增收3.37亿元，增长19.75%；组织区级收入23.91亿元，同比增收1.72亿元，增长7.77%。

【持续推进风险管理】 2011年，区国税局结合辖区管理现状，紧抓行业、税种风险点，提高区局风险应对能力。一是完善税源税户管理。多指标分析企业税收质量，督促税源管理部门采取相关措施；强化与街道、社区的联系和整合，进一步落实国地税联合征管。二是强化以风险管理为导向的专业化管理及与之配套的情报管理。发挥风险分析、排序分析对税源管理的有效作用，积极获取第三方情报信息，通过与地税、工商、房产局、国土资源局、财政局以及发改委等部门的定期数据信息交换，提高征管质效。三是加强所得税风险应对。找准企业所得税研发费用的加计扣除这一执法风险点，开展全过程风险应对，探索建立风险防控机制。共有8户企业剔除不符合研发费加计扣除范围的费用1144.3万元，2户企业调增应税所得额254.6万元。

【优化纳税服务】 2011年，区国税局立足于服务内容、形式、内涵的拓展和延伸，以服务促管理，助力区域经济发展。积极落实各项税收优惠政策共353户次，减免各项税额9689万元。举办专项“面对面”政策咨询解读17场次。持续拓展自助业务范围，从自助申报发展到自助认证、自助报税，自助终端也由5台增加到10台，并设有专人辅导，同时开通网上预约和短信平台涉税提醒服务。推进大企业差别化管理和个性化服务，先后开展江苏先声药业有限公司的内控测试，帮助企业建立完善的税务风险防范体系。在神州数码有限公司等企业建立税企高层沟通制度，及时化解企业重大涉税风险、促进大企业健康发展。

【多渠道强化税收宣传】 2011年，区国税局在强化税收征管的基础上，始终致力于税收宣传的推陈出新，引导纳税人知税法、学税法，提高纳税人税法遵从度。借助网上“纳税人之家”服务平台、税收网站、税收论坛、互动QQ群实现实时交流。两次走进南京人民广播电台新闻台“国税在线”节目，现场解答纳税人的咨询。在红星美凯龙家具市场举办“服务科学发展，共建和谐税收”主题的纳税人座谈会。制作传统税收动漫系列剧《梦想24小时》，同时另辟蹊径，在《南京晨报》国税专刊开辟《明启解税》系列税收宣传漫画专栏连载，运用生动诙谐的漫画语

1月21日，南京市国税局玄武分局走进南京人民广播电台新闻台“国税在线”节目

言解读税收热点问题，帮助老百姓和纳税人普及税法常识，深受纳税人好评。

【机关文化建设】 2011年，区国税局不断创新形式、丰富内容，扎实推进文化建设，逐步提升干部素质，增强队伍凝聚力。以中国共产党成立90周年为契机，一方面组织干部积极参加市、区两级庆祝活动，开展知识竞赛、诗歌朗诵等特色活动；另一方面，在开展主题教育的基础上，围绕“坚守、感恩、宽容、追求”，进行“四个再如何做”系列教育。深化廉政建设，加强外部监督。承办玄武区廉政文化推进会。组织干部前往沿江葛塘街道中山社区和新村社区继续落实“牵手行动”，对当地18户困难群众进行了慰问，连续四年对“漂亮妈妈马丽娟”进行扶持、帮助，提升干部社会责任意识。区纪委领导对区国税局廉政文化建设给予高度评价。（李一超）

地方税务

【概况】 2011年，南京市玄武地方税务局（以下简称“玄武地税”）以党的十七届五中全会精神为指导，坚持科学发展观，认真贯彻落实区委区政府的工作目标和要求，以“深化改革谋发展、创新管理勇争先”为主题，以“立足新机制，确立新标杆，树立新形象，取得新突破”为工作定位，以“争先进位”为年度工作目标，夯实基础、优化机制、强化服务，真抓实干、开拓创新，圆满完成全年各项工作任务。逆势前行，确保组织收入平衡快速发展；严格管理，征管基础工作效能有效提升；规范执法，依法治税工作再上新台阶；热心服务，办税举措再出新亮点；立足“四新”，不断提高领导班子建设水平；科学管理，不断加强干部队伍阳光活力；统筹高效，行政保障能力再提高。玄武地税全年共实现税收收入24.26亿元，全面完成区政府税收收入任务。玄武地税被评为“南京市预防职务犯罪先进单位”、“南京市残疾人工作先进单位”。

【超额完成年度税收收入计划】 玄武地税进一步完善税收分析、纳税评估、税源监控、税务稽查“四位一体”的运行机制，强化税收收入管理力度。完善区局全员预测机制，提高了税收预测准确率。建立了征管工作例会制度，加强组织收入考评机制建设，强化收入计划跟踪管理。健全了税收分析体系，建立突发性事件应急处理和提前汇报制度。坚持重点税源局长联系点制度，对重点项目、一九一二社区、徐庄软件园以“主题税收分析”的方式进行有效监控。2011年入库省级税收10826万元，完成年度计划的113.6%，同比增长21.78%；入库市区级税收231782万元，完成年度计划的107.95%，同比增长23.27%。

【社保基金费征缴再上台阶】 2011年玄武地税进一步强化社保基金费的征收工作，不断扩大征缴面，加强征缴力度。全年共计代征社保费14.69亿元，征缴率达99.58%，清欠率达24.94%。征收各项基金2953.72万元，其中防洪保安资金645.4万元，义务植树统筹费、绿化费137.95万元，工会经费及筹备金736.93万元，残疾人就业保障金1392.29万元，人防建设资金41.15万元。玄武地税2011年度残疾人保障金征缴工作突出，被评为“南京市残疾人工作先进单位”。

【完成机构改革调整和征管机制改革工作】 6月20日~7月20日，玄武地税根据《南京市玄武地方税务局关于主要职责和机构设置的实施意见》和《机构改革人力资源调整工作方案》的计划安排，以职能转变为核心，以精简、统一、效能为原则，以科学化、精细化、专业化为目标，顺利完成了机构改革调整和征管机制改革。南京市地方税务局玄武税务分局更名为南京市玄武地方税务局，内设办公室、人事监察科、税政法规科、征管和科技发展科。下设1个征收职能的税务所（纳税服务科与其合署），为第一税务所；8个按税源专业化管理要求，按序号排列的管理职能税务所，第二税务所和第三税务所为重点税源管理所，第四税务所至第七税务所为一般税源管理所，第八税务所为一般税源管理所，负责对全区个体工商户纳税人集约化管理，第九税务所为特定事项税务所。本次征管机构改革调整中，对区局现有人力资源状况进行合理配置，共涉及新选拔领导干部9人，科所长新定岗1人，调整部门12人；一般干部新定岗8人，一般干部调整部门35人。

【提高发票管理规范化水平】 玄武地税发票管理规范化水平进一步提高。一是全面落实发票综合改革各项工作要求，简并发票种类，推广网络发票和网络版税控收款机，建立以网络开票为主、税控收款机为辅、控制冠名发票、逐步取消手工发票的发票管理体系。8月份全面完成了旧版发票的清理工作，取消1059户手工发票。11月完成电脑开票全面推广工作，7333户税户完成发票资格变更，其中网开户4934户，税控机户390户。全年有9个纳税户申请网络数据接口模式开票，其中代理服务器8户，实时查询接口1户，2011年已完成1户的接口开发，并成功对省局网页进行开票数据发送。有1户已经发布正式生产环境。二是探索实现万元以上交易发票开具信息全面实时采集，逐步实现由以票控税向信息管税转变。分析采集数据，加大对发票开具异常户的检查力度。三是规范货运代开票。2011年制定了《南京市玄武地方税务局货运业管理办法》，对货运自开票企业和代开票企业进行了规范，严格控制超警戒线开票。

【推进国地税征管协作机制】 10月19日，玄武区国地税局召开国地税局长联席会议。会议在总结2011年玄武区国地税在税户管理、个体征管、纳税评估、税源管理和信息交换等方面的协作工作的基础上，重点讨论协商国地税联合征管制度和具体工作要求，共同推进玄武区国地税联合征管取得新突破。一是全方位推进个体税收的联合征管，设立联合办税窗口，依托信息传递渠道，实现从联合登记、联合定额、联合征收、联合停复业、联合注销等的实质性联合。重新核定定额242户，联合注销44户，注销查补税款7000元。二是将国税门临税款地税同步征收制度化。三是联合开展个体联合注销，统一文书、统一核查、统一补税、统一办理注销等。四是全面推进国地税联合评估工作，制定选案、分析、实施和结论的联合评估制度，并全面实施运作。五是进一步加强联合清理欠税工作，通过制定和明确联合清欠制度要求，从制度上保证联合清欠的措施落实。全年共清理陈欠57580.89元，清欠率达到18.73%。六是按照税户管理的要求，明确对非正常户的联合管理要求，确保双方的税户状态统一。

【创新风险管理评估应用方法】 玄武地税以风险管理为抓手，创新评估方法，提升纳税评估质效。加大对100万元以上重点税源企业的评估力度，做到一户不漏；加大对市局综合信息平台推送的疑点重度异常户的评估面，评估检查结案处理率达到60%；积极探索和建立分行业的纳税评估模型和指标体系，提升评估有效性。全年共完成评估1653户，入库税款7002.61万元，其中运用风险管理平台，完成重度异常户评估13户，入库税款1112万元。

【强化高收入人群的税源监控】 玄武地税积极做好个人所得税征收管理工作，进一步强化了高收入人群的税源监控管理。一是有效加强对年所得12万元以上人群的控管，2011年共寄发自行申报提醒函4237份，自行申报期内共受理自行纳税申报5216人次，补缴税款126.69万元；自行申报期结束后，强化后续管理，共受理自行申报18人次，共计补缴税款523.78万元，加收滞纳金2.1万元。二是加强对多处取得工薪收入人群的税收管理，共计受理729人次补缴个人所得税71.85万元。三是加强对鉴证类中介机构个人所得税税收管理，强化对辖区内42家税务师、会计师、律师、资产评估和房地产估价等鉴证类中介机构的个税政策宣传辅导和评估检查。四是加强个人独资合伙企业汇算清缴管理工作，完成560户核定征收户和33户查账征收户的汇算清缴，清缴率100%，共计入库税款626.11万元，同比增长43.85%。五是全面做好年薪制企业个人所得税清算工作，完成85户年薪制企业的清算，共计清算税款1214.94万元，同比增长22.44%。六是有效开展企业税务注销环节自然人投资者个人所得税清算核查，共清算补税30.68万元。

【全面落实各项税收优惠政策】 玄武地税高度关注民生，认真落实下岗职工、残疾人等低收入群体就业税收优惠政策，为惠民解困提供税收政策支持。同时积极促进经济发展，切实落实好高新技术企业、节能减排、支持中小企业发展等各项税收优惠政策。2011年办理各类减免税387户次，减免税金额6415.42万元。其中，审批类减免税129户次，减免金额714.7万元；备案类减免税238户次，减免金额5400.72万元。审批类减免中，办理下岗再就业个体户减免税130户，共减免营业税51.10万元。另有12户企业享受税前扣除政策，涉及税款832.02万元。

【法治南京示范单位创建工作】 4月，玄武地税被确定为南京市10家“法治南京建设示范单位”培育对象之一，也是南京地税系统第一家。玄武地税从强化税收执法风险防范机制、深化税务行政审批制度改革、加强对税务行政处罚行为的规范监督和争创执法示范岗入手，制定了各种内部规范性制度、办法近20个，对涉税执法事项进行了全面梳理，按月编制“税收执法风险提示及防范”简报，按季度开展税收执法检查和执法监察，结合“规范执法示范岗”创建活动，全力做好法治南京创建工作。2011年度，玄武地税一名干部获得南京地税系统“规范执法示范岗”称号。

【打造“纳税人学校”政策解读服务品牌】

2011年，玄武地税积极打造“纳税人学校”政策解读服务品牌，为纳税人提供了形式多样、适时适需的政策解读宣讲和纳税辅导服务。每月与国税开办一期新办企业辅导班，对新办企业在涉税事项办理、税收政策把握等方面进行辅导。每季度更新在42个社区设立的税收宣传橱窗，扩展税收宣传普及的受众面。全年共举办了徐庄软件园企业税收政策现场答疑、新装税控机培训(个体和企业)、税收优惠政策进军营、玄武区级机关个人所得税宣讲等五期纳税人学校专题培训，受训人数达348人次。

【维权服务水平进一步提升】 玄武地税全力推进“纳税人之家”和“网上纳税人之家”的建设，借助纳税人之家平台以及网络、QQ群等多种渠道与纳税人进行零距离的沟通，听取纳税人的建议和意见，了解纳税人的需求和想法。建立纳税人投诉快速处理机制，将投诉案件及时传递至责任部门，加强督办，确保纳税人维权渠道畅通，诉求得到及时响应和快速处理。全年共快速处理12366和12345投诉案件54起，合理投诉处理满意率100%。

4月15日，南京市地税局玄武分局在锁金村街道举办"小巷总理"共话民生·税收主题论坛活动

【"小巷总理" 共话民生·税收论坛活动】 4月15日，在玄武区政府和锁金村街道办事处的支持配合下，玄武地税在锁金村街道政务大厅成功举办"小巷总理共话民生·税收"主题论坛活动，就地税机关与街道社区如何更好的增进互动合作，集思广益，开门纳谏。论坛活动中，市局副局长郑良、社区主任代表、玄武区政府副区长张连春分别发言，并为"地税服务站"揭牌。玄武地税率先在锁金村建立"管理所与街道共建、片管员与社区挂钩"的立体化服务网络，在社区设立"地税服务站"，税收管理员依托这个服务平台做到"政策宣传进社区、税收优惠进社区、税情调查进社区、地税新风进社区"，建立健全街道社区的护税协税工作机制。"地税服务站"是增进地税机关与街道社区良性互动的一次积极探索。来自锁金村街道的8名社区主任共拼税徽，象征着"小巷总理"们作为群众与地税部门之间的纽带桥梁，同心协力，共护税收，为构建美好玄武奉献己力。

【干部队伍建设】 2011年，玄武地税不断优化队伍建设机制，科学开展"五好班子"争创，带动"六好科所"创建，促进"优秀三员"成长，干部活力显著提高。区局领导班子坚持"立足新机制，确立新标杆，树立新形象，取得新突破"为工作定位，工作思路清晰；坚持主动调研，工作作风务实；坚持创新创优，工作活力持久。玄武地税修订了《中层干部考核评价管理办法》，强化中层干部队伍建设，提升科所长的综合管理水平；优化公务员年度考核办法，提升干部的岗位履责意识；依托干部教育培训档案系统，实现对干部学时学分的量化掌握，大力开展在岗培训学习，年度3名同志获得系统岗位能手称号，2名同志获得系统网络学习之星称号；积极探索"和谐·阳光"思想政治工作联建机制，广泛开展各项创先争优活动，营造阳光团队和谐氛围。

【推进阳光家园工会品牌建设】 依托"职工之家"阵地，开展各项工会活动，发挥了工会组织的纽带和桥梁作用，推进了阳光家园工会品牌建设，玄武地税被评为南京地税系统先进工会。强化学习教育，打造阳光干部队伍。强化组织架构，推进建设阳光组织。开展阳光活动，增强组织凝聚力。4月22日，协助举办南京地税首届"阳光杯"篮球友谊联赛；组织开展以"立足本职当先锋，服务群众做表率"为主题的纪念党建90周年活动；成立羽毛球、乒乓球、瑜伽、户外等13个文体兴趣小组，积极开展各项文体活动，贯彻"勤奋学习、快乐工作、健康生活"理念。

【获"江苏省巾帼文明岗"称号】 2011年，玄武地税有153名干部及职工，其中女性77名，占总人数的50.33%。玄武地税以"建地税文明岗位，树玄武巾帼形象"为创建目标，在女干部中大力弘扬"自尊、自信、自立、自强"的"四自"精神，紧紧围绕"服务发展铸品牌，阳光团队争一流"的工作主题，在各项工中不断取得突破。参加区巾帼文明岗表彰暨巾帼建功20周年演讲展示报告会、承办庆"三八"巾帼文明岗座谈会、开展"环湖健步行——绿色康乃馨环保行动"、"红色康乃馨——温暖关爱下一代活动"和"扮美人生——粉色康乃馨关爱行动"、组织参加"江苏省十大女杰表彰大会"等活动。2011年，玄武地税获"江苏省巾帼文明岗"称号。 （李明明）

经济管理与监督

Economic Management and Supervision

- ●宏观经济管理
- ●工商行政管理
- ●物价管理
- ●质量技术监督
- ●审计
- ●统计管理
- ●安全生产监督
- ●食品药品监督

宏观经济管理

【2011年全区经济运行情况分析】 2011年，全区上下围绕"把握一个定位、打造四个区"的总体目标，优化发展思路，实施五大战略，提升工作标杆，经济社会发展保持了平稳良好态势。

地区生产总值平稳增长。全区实现地区生产总值336.82亿元，可比价同比增长12.1%，完成全年目标进度的105.59%，超进度5.59个百分点。从三大产业构成来看，一、二、三产比为0:8.2:91.8。其中：第二产业增加值27.08亿元，可比价同比增长3.2%；第三产业增加值309.75亿元，可比价同比增长13.0%。财政收入保持较快增长。全区累计完成财政总收入558119万元，同比增长14.7%，增收71504万元。其中：地方一般预算收入312257万元，同比增长17.2%，增收45789万元，超必成指标进度0.2个百分点。分税种来看，所得税、房产税完成情况较好，受房市不佳的影响，营业税税收增幅不高。批发零售贸易业繁荣稳定。全区消费品零售市场累计实现零售额308.39亿元，同比增长17.6%。骨干企业领先增长，带动作用进一步增强。江苏高速公路石油发展有限公司、德基广场有限公司、江苏好享购物有限公司位列全区社会消费品零售总额排名前三甲，贡献了62亿元，占全区五分之一强。新型企业商贸跳出地域限制，为全区做出突出贡献。江苏好享购物有限公司打造高科技电子商务平台，全年社会消费品零售额增幅达70%，为打造"创新玄武"树立了良好榜样。多类商品旺销，消费热点明显，消费结构进一步改善。服装、鞋帽、针纺织品类商品零售额23亿元，同比增长36%；食品、饮料、烟酒类商品零售额8亿元，同比增长26%；家用电器和音像器材类商品实现销售额6亿元，比上年同期增长27%。固定资产投资平稳发展。全年完成固定资产投资85.51亿元，同比增长-6.6%，完成全年目标任务。房地产投资速度继续放缓，城镇投资微幅增长。全区房地产完成投资48.16亿元，同比下降12.6%。城镇投资全年完成37.35亿元，同比增长2.3%，投资量不降反升，其中的城市基础建设投资尤其突出，有力支撑起全区城镇投资。城镇投资新开工项目多，过亿项目偏少。全区城镇投资项目共计87个，2011年新开工项目47个，占项目总量的54%。其中，项目总投资达超亿元的大项目有7个，占新开工项目总量的15%。投资项目数量较往年明显增多，但投资规模大的项目相对较少，超过2亿元的项目三个：江苏广播电视台的"江苏广播发射中心迁建项目"、林业大学的"博士后留学生公寓"和玄武湖公园的"五洲环境综合治理"项目。工业发展受重点行业影响度加深。2011年，全区规模以上工业企业完成产值45.4亿元，同比增长15.3%；完成利润4.74亿元，同比增长17.9%；完成利税6.2亿元，同比增长21.5%。重点企业支撑有力。在全区规模以上工业企业中，亿元企业有7家，其中智达康通讯产值增幅达114.5%，对全区工业经济起到推动作用。支柱行业地位显著。2011年，燃气生产与供应业和通信设备、计算机及其他电子设备制造业分别完成产值20.27和15.43亿元，两行业合计完成产值占全区总量的78.6%，支柱地位突出。城市居民生活质量不断改善。2011年，全区城镇居民家庭人均可支配收入34155.37元，同比增长12%，人均消费支出21799.83元，同比下降0.2%。城镇居民收入稳步增长。全年城镇居民工薪收入24193.25元，占家庭总收入的63%，占比较同期略有提高；转移性收入12211.62元，同比有所下降；经营净收入和财产性收入，较上年有所增加，但占比重偏小，经营净收入和财产性收入分别为1581.77元和397.21元，占家庭总收入的4.1%和1%。八大项生活消费支出四升四降。全年人均食品消费支出7922.12元，同比增长10.8%；人均教育文化娱乐服务支出4130.23元，同比增长5.1%；人均交通与通讯类支出2801.38

链接

六城区主要经济运行情况比对分析

2011年六城区主要经济指标比对表

单位:亿元

六城区	地区生产总值		社会消费品零售总额		全社会固定资产投资		规模工业企业总产值	
	总量	可比价同比±%	总量	同比±%	总量	同比±%	总量	同比±%
玄武	336.82	12.1	308.39	17.6	85.51	-6.6	45.4	15.3
白下	324.00	12.0	477.14	16.5	91.07	-3.4	87.13	22.6
鼓楼	382.75	12.1	338.03	16.6	85.65	3.1	56.19	27.1
秦淮	120.11	12.2	186.38	18.1	58.45	-14.3	123.5	16.4
建邺	113.94	12.3	112.18	21.1	201.09	14.3	32.68	-2.6
下关	207.63	12.2	164.66	17.5	132.11	29.0	132.74	9.6

六城区住户调查主要指标完成情况

六城区	城市居民人均可支配收入(元)	恩格尔系数(%)	文教娱乐支出比重(%)	百户家庭电脑拥有量(台)	人均住房建筑面积(含偶尔居住房平方米)
玄武	34155.37	36.3	19	103.85	31.44
白下	32964.43	35.8	18	109.29	34.22
鼓楼	35000.46	34	15.9	119.33	35.03
秦淮	29182.47	36.3	16.5	102	30.51
建邺	29588.88	37.5	18.2	113	33.16
下关	30807.56	38.5	16.8	105	29.82

1.地区生产总值

从总量上看，玄武区居六城区第二位，从可比价增幅来看，玄武区以12.1%的增幅位列六城区第四，落后排名第一的建邺0.2个百分点。

2.社会消费品零售总额

总量方面，玄武区位居六城区第三名，白下、鼓楼分列一、二位；增幅方面，玄武区位列六城区第三名，略超鼓楼、白下、下关三区，建邺区以21.1%的增幅居六城区首位。

3.全社会固定资产投资

在六城区中，玄武区投资总量及增幅均位于第五位，建邺总量第一，下关增幅第一。

4.规模工业企业总产值

从总量看，玄武区居六城区第五位，下关、秦淮分列一、二位；从增幅看，鼓楼以27.1%增幅居第一，玄武区增幅为15.3%，位列第四。

元，同比增长7.6%；人均居民衣着支出为1785.25元，同比增长9.2%。房地产企业家信心指数明显下降。四季度，玄武区房地产企业的企业家信心指数为36.69，与三季度相比，下降47.12点，处在“较强不景气”区间，其中：企业家认为目前宏观经济形势偏好的比重为0.28%，认为宏观经济形势一般的比重为36.13%，认为宏观经济形势偏差的占63.59%。玄武区房地产企业的企业景气指数为99.90，比三季度下降10.46点，处在“微弱不景气”区间，表明房地产企业的生产经营状况较一般，其中：生产经营状况良好的企业所占比重为12.29%，生产经营状况一般的企业所占比重为75.32%，生产经营状况较差的企业所占比重为12.39%。

经济运行中存在的问题和建议。全区消费品市场运行存在一些制约消费增长和影响市场稳定的因素：一是社会消费品零售市场地域发展不平衡。二是国家一系列鼓励消费政策到期。家电以旧换新、小排量汽车购置税优惠等国家优惠政策相继到期取消，而国家新的优惠政策还未出台，势必在一定程度上抑制消费的增长。建议抓住机遇，突破薄弱环节，结合自身特点，在发展“一园四极”、“四纵四横”的过程中，创新创优，推进电子商务企业的发展。

【加强经济运行情况预测】 2011年，区发改局运用经济形势分析制度，加强对各经济指标运行情况的预测、分析、研判，每月定时监控指标动态，掌握主要指标在全市13区县的位次。主动查找问题，研究解决办法，对照差距采取有力措施。针对经济运行中存在的矛盾和问题，提出对策建议，为领导决策提供依据，确保主要经济指标的顺利完成。不断强化项目意识，责任介入，全程参与，全方位服务，强化跟踪管理，及时、准确把握项目最新动态。经常深入责任单位和项目现场，及时了解项目进展情况和存在问题，实实在在把工作着力点放在项目推进上，根据项目时间节点和进展，全年召开拆迁类、建设类、招商类、重要经济指标等主题型推进会，解决矛盾交错、职责不清、屡推不进的项目20多项。

【加大中小企业扶持力度】 2011年，区发改局围绕企业服务，不断加大中小企业扶持力度。一是做好政策梳理工作。将近年来国家、省、市产业扶持政策进行全面梳理，汇编成册，下发给区域内重点企业，使企业对政策都能做到全面系统的了解，对号入座，最大限度的争取政策支持。二是积极争取各级政策扶持资金。及时跟踪国家、省市产业政策最新动态，对符合产业政策的企业，积极组织申报各类专项扶持资金，组织企业积极申报省市物联网示范工程项目、两化融合重点项目、省市企业技术中心、重大专利新产品补助专项、成长型科技企业补助专项等政策扶持资金，为企业发展和创新升级提供支持。已申报各类专项扶持资金项目160余个，帮助企业获得国家和省市专项扶持资金5000余万。三是在政策资金扶持上突出重点。坚持政策扶持向科技创新企业倾斜，把列入市“千企升级”计划和区“百企升级计划”的企业作为扶持重点，加大与各街道的沟通与协调，促使街道将区域内科技创新企业和重点研发项目纳入税收返还政策范围，鼓励企业加大研发投入，增强企业核心竞争力。

【深化企事业单位改革】 2011年，区发改局以加快转变经济发展方式为主线，深入推进国有企业改革，医药卫生改革，社会事业领域改革与企业管理创新等。在推进企事业单位改革和处理改制企业遗留问题中，始终坚持稳中求进、科学发展的理念，不断提升改革共识，增强改革动力，本着积极稳妥、成熟一个推进一个的原则，把握工作主动权。积极做好医药卫生体制改革牵头协调工作，牵头完成南京市在玄武区推进基层医疗卫生机构综合改革的试点任务，拟制《玄武区基层医疗卫生机构综合改革(试点)意见》等方案。认真贯彻落实区委建设“平安玄武”、“法治玄武”的要求，积极开展信访热点难点问题集中排查化解，注重跟踪服务，积极做好企业稳定工作，认真接待企业职工政策咨询，协调处理改制矛盾问题，钝化了矛盾，维护了稳定，对玄武区经济发展起到积极推动作用。

【召开2011年下半年融资对接会】 8月24日下午，发改局(金融办)联合10家银行、5家担保公司、5家创投公司在区政府409会议室组织召开了“玄武区2011年下半年融资对接会”。区域内60多家中小企业参会。以政府搭台，金融企业唱戏的方式，拓宽银行信贷担保创投全方位企业融资的渠道，帮助玄武区中小企业做大做强，促进玄武区经济快速健康发展。会议由发改局局长张仲金主持，区发改局通报了目前中小企业融资的最新情况，并就玄武区即将试点的创新型中小企业互助融资办法做了具体讲解，该办法拟通过社会资本支持实体经济的方式，来破解目前区内中小企业融资难存在的种种矛盾。副区长张连春到会并作总结发言，他指出，区委、区政府对中小企业面临的资金难问题给予了特别关注，制定了一系列扶持政策，努力帮助企业破解发展难题。同时，希望借此契机，能够进一步凝聚政、金、企三方力量，全力破解制约中小企业发展的瓶颈问题。在对接现场，包括南京银行、交通银行等金融机构已和多家企业达成融资近两亿元的初步意向。 (鲁　琳)

链接

创新型中小企业融资互助资金启动仪式暨新闻发布会

9月23日，玄武区创新型中小企业融资互助资金启动仪式暨新闻发布会隆重举行。市政府副秘书长、市金融办主任翁国玖，市金融办副主任胡昇荣，区委书记储永宏，区委副书记、区政府代区长徐曙海，区政府副区长张连春，区相关部门、街道、徐庄管委会负责人，40多家企业负责人及15家知名媒体记者出席了启动仪式。随着国家宏观调控的进一步紧缩，中小企业资金链异常紧张。为了切实缓解中小企业，特别是创新型科技企业发展的融资难问题，进一步加强政府对企业的培育力度，提升服务水平，在南京市金融办和人民银行南京分行营管部的支持下，玄武区率先开展创新型中小企业融资互助资金试点工作。翁国玖副秘书长、储永宏书记和徐曙海区长现场启动了“玄武区创新型中小企业融资互助资金”，市金融办副主任胡昇荣和区政府副区长张连春签署了市区共建金融创新试点区的协议，发改局局长张仲金和智达康、中创水务集团、中山园林集团、世纪之声传媒等首批加入的企业及工商银行、南京银行、百发担保签订了合作协议。市政府副秘书长、市金融办主任翁国玖在讲话中指出，在市委、市政府出台了创新创业“1+8”系列文件后，玄武区立即全面贯彻落实文件精神，积极进行科技与金融集成创新，南京本土化首只中小企业集合票据“玄武一号”即将完成，江苏首个科技金融服务园即将挂牌，全国首只多功能的创新型中小企业的融资互助资金又将起航，说明玄武在着力解决创新型中小企业的资金、孵化和培育问题，取得明显成效。 (区发改局)

工商行政管理

【概况】 2011年，南京市工商行政管理局玄武分局(以下称分局)以红盾服务创业示范岗、红盾品牌培育示范岗、红盾强农惠农示范岗、红盾消费维权示范岗创建活动为载体，深入开展“服务发展年、绩效提升年、创新监管年”活动，圆满完成了全年各项任务。2011年新增私营企业2538户、个体工商户3016户，新增注册资本43.8亿元。在玄武区“四个建设”工作考核中，分局被评为一等奖，先后荣获“十二五”规划编制先进集体、护税协税先进集体、文明创建先进集体、法制玄武建设先进集体、安全生产工作先进单位、文化工作先进集体、五五普法先进集体、统计工作先进集体等多项荣誉，在2011年政风行风民主评议活动中综合排名第二名。

【重大重点项目跟踪服务】 2月22日，分局出台了《关于对区重大重点项目跟踪服务的意见》，将注册资本1000万元以上、徐庄软件园落户的重大项目、各街道办吸纳的重大重点项目、重点文化产业、新兴产业等五类项目纳入跟踪服务的范围，指定专人负责，做到提前参与企业决策、提前预查企业名称、提前预审登记材料，促进了辖区经济科学发展。2011年，玄武区新增注册资本1000万元以上企业117家，代区长徐曙海充分肯定“区工商局在服务全区经济发展上做了很多工作，望再接再厉，再创辉煌”。

【完善商标指导职能】 2011年，分局全面推行“四书两卡”制度，“四书”即商标

4月26日，南京市工商局玄武分局与徐庄管委会签订品牌培育协议书

注册建议书、商标管理提示书、商标培育指导书和商标违法使用告诫书，“两卡”即商标战略跟踪服务卡和商标维权联系卡，优先扶持高新技术、软件信息、文化投资等新兴支柱产业的商标注册和保护，利用园区招商平台对企业进行集中培训，先后推荐了国家驰名商标3件，帮助6家企业申报省著名商标，并对苏美达等4家市著名商标企业进行表彰奖励。4月26日该局在徐庄软件园组织召开品牌培育推进会，并与园区签订“商标品牌培育责任书”。11月29日，“先声”商标被认定为驰名商标，这是玄武区时隔16年获得第二枚驰名商标，标志着玄武区实施商标战略又一次突破。

【发挥信用管理职能】 2011年，分局多次组织区内私营企业参加产业转移对接洽谈会、民生银行和紫金农商银行融资对接会，以股权质押、动产抵押、以知识产权等非货币财产出资等方式，为世界之窗文化产业园、信业医药等企业融资5.9亿元。积极召开银企融资对接会、洽谈会，主动为企业、金融机构牵线搭桥，促进企业融资互动。11月15日，分局组织召开“服务中小企业、服务创业创新”大型政策法规培训会，邀请省市区职能部门和金融界专家团前来授课，提高中小企业发展品质。

【开展“红盾服务创业示范岗”活动】 2011年，分局开展“红盾服务创业示范岗”活动，专门出台活动方案，率先设立共产党员示范岗，为下岗职工、残疾人、复退转业军人、大中专毕业生等提供绿色通道。联合财政、地税等部门，在南京林业大学举行“创业导师进校园”活动，就大学生创业中的相关政策、程序、项目、资金、场地等问题提供解答。4月14日，分局与南京农业大学人文学院签署共建合作协议，设立教学实习基地，从课题调研、社会实践和政策宣传等方面进行全方位合作，是南京工商系统内首个高校教学实习基地。

【强化重点领域商品监管】 分局将集中整治与日常巡查相结合，加强对食品等重要商品经营主体的入市、交易、消费环境的监管，多次开展“瘦肉精”、非法添加和滥用食品添加剂等专项整治活动，抽检食品315个批次、其他商品75个批次，查处食品安全、产品质量等案件40起。7月底，分局开展食品安全证照检查百日执法行动，摸清了全区食品经营户和无照经营的底数及产生原因，并向食品经营户赠送专门印制的“玄武区食品安全台账管理袋”。全国人大常委会执法检查组在视察进香河农贸市场后，对分局监督做好市场内食品安全工作给予充分肯定。

【强化知识产权保护】 深入开展打击侵犯知识产权和制售假冒伪劣商品专项行动，联合区质监局、物价局、红山街道、汽配商会等多部门，在珠江路、丹凤街和新伊汽配商城等重点区域开展清查。同时，积极探索知识产权管理新模式，主动构建诚信联盟体系。4月20日，在工商分局牵头组织下，惠普公司与华海、百脑汇、雄狮国际三大电子市场签署合作协议，通过市场主办方主动监管、惠普公司加大监控和经营者积极联动三种方式，建立三方维权、多方联动的新型机制，佳能、索尼等知名品牌也相继加入到活动中。

【开展异地户清理行动】 分局以年检验照工作为契机，开展《楼宇整治、异地户清理行动》，与区税源办、所属地街道进行常态对接，将异地户集中、税源户较多的楼宇作为重点规范对象，定期开展联合专项整治规范工作，并为异地经营户转化提供绿色通道，不断拓展

2011年玄武区个体私营企业发展情况

指标	项　目	计量单位	年末实有	当年登记
发展总数	私营企业	户	14581	2538
	注册资本 100 万元~500 万元	户	2546	526
	注册资本 500 万元~1000 万元	户	269	176
	注册资本 1000 万元以上	户	192	117
	个体工商户	户	15309	3016
注册资本	私营企业	万元	1285391	417698
	个体工商户	万元	76070	19646
从业人数	私营企业	人	98256	16736
	个体工商户	人	33882	8685

2011年玄武区新发展、再认定驰名、著名商标名单

序号	商标名	类别	所属企业	级别	备注
1	先声	5	江苏先声药业有限公司	国家驰名	在商标异议复审、争议案件中认定
2	恩度	5	江苏先声药业有限公司	江苏省	2011年新发展
3	图形	45	江苏泰和律师事务所	江苏省	2011年新发展
4	龙蟠	4	江苏省龙蟠石化有限公司	江苏省	2011年再认定
5	先声	5	江苏先声药业有限公司	江苏省	2011年再认定
6	精宁及图	7	南京轴承有限公司	江苏省	2011年再认定
7	英太青	5	江苏先声药业有限公司	江苏省	2011年再认定
8	红快服务	42	宏图三胞高科技术股份有限公司	南京市	2011年新发展
9	恩度	5	江苏先声药业有限公司	南京市	2011年新发展
10	九峰堂	30	南京九峰堂蜂产品有限公司	南京市	2011年新发展
11	ZDC	9	南京智达康无线通讯科技股份有限公司	南京市	2011年新发展
12	东来办	35	南京东来办公设备连锁超市有限公司	南京市	2011年新发展
13	阿莱 ALINE	25	南京久利服饰发展设备连锁超市有限公司	南京市	2011年新发展
14	瑞康及图	30	南京市瑞康蜂业有限公司	南京市	2011年再认定
15	1912	36	南京一九一二商业管理有限公司	南京市	2011年再认定
16	KINSEN	7	南京肯信精密机器制造有限公司	南京市	2011年再认定
17	福中	9	南京福中集团有限公司	南京市	2011年再认定

注:商标类别为《商标注册用商品和服务国际分类表》《类似商品和服务区分表》中的分类号。

辖区税源经济,先后共检查商务楼宇27栋、企业531户,排查出异地经营企业236户,下发责令改正通知书153份,成功转化了南泰集团、库伦斯投资等大型企业20多家,为区域经济增加税收上千万元。

【维护市场安全消费环境】 2011年分局共受理各类申投诉、举报、咨询3789件,为消费者挽回经济损失323.9万元,建立12315联络站98家,建立恢复社区消费维权投诉站61个,与南京农业大学人文学院签署共建合作协议,设立南京高校首个"12315联络站",迅速快捷地化解消费纠纷。全面推进消费维权"五进"活动,先后开展"放心消费社区行"活动、举办"消费权益我做主"主题班会等教育活动17期,为好享购、德基广场、新伊汽配城等与人民群众生活密切相关的企业举办培训会11场,与红星家具城联合印制了"放心消费宣传资料汇编"5000份,取得良好社会效果。

【深化工商文化建设】 将创先争优活动与庆祝中国共产党成立90周年主题相结合,开展了上好一堂党课等"七个一"系列主题活动,入选全市工商系统创先争优宣讲团,组织优秀党员在毛主席铜像面前开展"廉政宣誓"活动。分局被评为区级机关先进基层党组织,获得党史党建知识网络竞答优秀组织奖、机关党建优秀信息一等奖,珠江路工商所被市工商局评为"创先典范"。率先设立玄武红盾微博,被市工商局在全系统予以推广。12月14日,分局党组书记、局长周晖接受了龙虎网民生有约栏目的专访,就服务科学发展、建设幸福玄武与网友进行现场交流。 (王小飞)

物价管理

【概况】 2011年,区物价局坚持"稳物价、保民生、促发展"工作主线,认真落实国家和省市各项价格调控和稳价保供措施,把稳定农副产品价格作为价格工作的首要任务,建立市场价格调控联席会议和市场巡查机制,认真落实公有农贸市场"摊位费三个月减半征收"政策和摊位费备案公示制度,以及稳价安民各项政策措施。积极推进农副产品平价直销店(区)建设,首批建成9家平价直销店,为稳定"菜篮子"价格,保障群众基本生活,发挥了重要作用。加大农贸市场价格管理力度,规范农贸市场明码标价,对30多个主副食品价格实行日测日报和公示制度,营造良好、有序、透明的市场价格环境。开展行政事业性收费年审,规范收费行为,取消和停止涉及玄武区的收费项目3项,将行政事业性收费项目及标准在区政府行政服务大厅、政府网站、各收费场所进行公示。关注民生价格热点,强化民生价格监管,开展幼儿园收费情况调研和服务指导,积极做好教育资源协调和社会矛盾调处工作。开展酒店客房价格专项检

查，建立酒店客房价格管理联席会议制度，联合旅游、工商等部门，分阶段、按层次逐步规范区域内酒店客房的价格行为。严格执行商品房价格审核程序和明码标价规定，全年商品住房明码标价共审核7个楼盘12件，计33幢694套91330平方米，总金额18.89亿元，平均价格20689元。部分商品住房价格有明显下降。加强价格诚信建设，推动企业价格自律，建立物价干部结对企业当“物价指导员”制度，帮助企业提高明码标价水平、协调解决价格矛盾、指导企业开展“三信三优”活动。强化企业价格政策培训，全年举办百货商城、汽配行业、物业管理、老年公寓以及餐饮行业等各类培训20期，培训4000多人。围绕“创先争优”主题活动，找准“服务发展、关爱民生、促进和谐”基层价格工作定位，抓学习、抓活动、抓作风、抓制度，全面加强队伍建设，提高价格服务水平和能力，为推动玄武区经济社会又好又快发展发挥了积极作用。2011年，区物价局获省价格工作先进单位、市价格调控和治乱减负目标责任制优秀单位、市“三信三优”竞赛活动先进集体、市价格认证中心先进集体等荣誉。

【推进平价直销店建设】 2011年，区物价局根据《南京市人民政府办公厅关于推进农副产品平价直销店(区)建设稳定菜篮子价格的实施意见》，把推进平价店建设作为落实价格调控目标的一件大事来抓。9月23日，首批9家平价直销店(区)(包括超市平价直销区4家、农贸市场平价直销区3家、社区平价店2家)正式挂牌营业，平价店每天供应15种以上低于市场价15%的平价蔬菜，超市平价直销区每天推出不少于5个品种的1元菜、特价菜，到12月底全区9家平价店共销售平价蔬菜125万公斤，为市民节约开支120多万元，满足市民生活需求，带动市场价格水平的整体下降。平价店(区)在帮农惠农、调节市场上发挥积极作用。针对内蒙古、山东、苏北等地的大白菜、土豆等农产品出现滞销的情况，家乐福、苏果马标店等4家超市平价直销区立即到产地直接采购，以“零利润”供给消费者，缓解“卖难”“买贵”问题。

【落实摊位费减半政策】 2011年，区物价局严格执行国家、省、市价格政策精神，围绕民生需求，突出抓好农贸市场物价稳定工作。一是坚决落实摊位费减半政策。自2010年12月起，公办农贸市场执行摊位费三个月减半征收政策，物价局干部深入全区各家农贸市场调查市场经营性质，开展政策宣传，签订落实减收政策责任书，使得全区23家农贸市场中的13家公办农贸市场全部按时落实政策，共减免摊位费180多万元。二是积极开展“五进市场活动”。全局干部组成8个“五进市场”工作小组，以分片包干的形式深入全区8个街道的农贸市场开展价格监管和服务工作，增加价格监测频率，强化价格监管力度。三是积极探索农贸市场管理方式。统一明码标价牌，实现标价统一；设置价格公示板，在农贸市场醒目位置或利用电子显示屏，将每天全区主要食品的综合平均价公布于众；开展星级诚信经营户评选，引导市场诚信经营，防止串通涨价，哄抬蔬菜价格；建立农贸市场联席会议制度，及时沟通情况、协调问题。

【规范行政事业性收费】 2011年，区物价局会同区财政和纠风办，按照国家和省《收费目录》，对区属156家收费单位上一年度收费标准执行情况、收费公示情况、使用票据情况等进行认真审核，注销收费许可证4个，取消和停止涉及玄武区的收费项目3项，保留收费单位152家、收费项目136项。年审金额24769.82万元，比上年增加8.6%。其中行政性收费1470.58万元，增加3%；事业性收费20346.16万元，增加9.5%；其他(含经营)收费2953.08万元，增加5.6%。全区建立收费“一证一档”和公示管理制度，将行政事业性收费项目及标准在服务大厅、政府网站、各收费场所以及社区宣传橱窗实行正向公示，明确未列入公布目录的一律不准收费。进一步完善全区行政事业收费微机开票系统，从源头上杜绝乱收费行为。

【商品房销售价格监管】 2011年，区物价局认真做好商品住房销售价格备案和“一房一价”明码标价工作。全年备案新建商品住房项目12个、涉及房源7个楼盘33幢694套、面积91330平方米，其中4个项目通过约谈调低了申报价格。5月起开展商品房明码标价专项整治行动，认真落实《商品房销售明码标价规定》，针对检查中发现的问题，当场告诫并责令限期整改。查处违规案例1起，退还消费者230多万元。

【价格专项检查】 2011年，区物价局开展酒店客房价格专项检查。建立酒店价格管理联系会议制度，联合区旅游、工商部门召开全区25家星级酒店价格会议，采取分阶段、按层次工作步骤，到12月底星级宾馆全面实行明码实价，2012年起逐步对经济型酒店、小旅馆实施整治和规范。加强教育收费管理。开展幼儿园收费调研和服务指导，组织幼儿园收费专项检查，对存在问题的幼儿园责令整改，对违规收费的单位实施了处罚，规范了收费行为。加强医药价费管理。完成中药饮片价格审批工作和医疗专项检查，开展基本药物零差率政策执行情况跟踪督查，查处违纪1.5万元。发放提醒函130多份。加强市场价格监督检查力度。在完成日常市场巡查和节假日市场价格监管等“规定动作”基础上，针对市场特点和群众反映的热点价格问题，有针对性地开展物业收费、停车收费、中介组织、汽修行业价格行为等多项专项检查工作。在3月应对食盐抢购风波中，出动检查40人次，检查184家单位，发放提醒函97家，责令整改30家。及时查处价格投诉举报。全年查处价格投诉举报153件，全部办结。其中区12345工单104件，市局12358工单46件。退还消费者239万元。帮助企业价格投诉站调解价格纠纷80余件，退还消费者10多万元。

【价格监测预警工作】 2011年，区物价局强化监测队伍建设与组织保障工作，配备2名专职人员，并保障必要的硬件设施，建立完善的监测人员工作制度和责任。开展价格监测业务技能培训，提高监测工作业务水平。创新价格动态分析模式，用图表方式反映33种与民生关系密切的主要商品价格总体动态，各种商品的周、月、季动态情况，定期对各类商品的涨跌幅度、涨跌原因等进行分析研究，把握价格总水平变动趋势，及时向区委区政府汇报，提出政策建议。在区政府网站开辟了“数据采集直报平台”和“地理信息服务平台”。区物价局门户网站“价格公示服务”和“农副产品平均价”两个栏目，及时发布与百姓生活密切相关的商品价格动态信息。

【创新价格服务特色】 2011年，区物价局从创新公共服务理念出发，不断创新价格公共服务平台，更好地为社会、企业和群众服务。一是建立物价指导员下派制度。物价干部与企业结对，指导企业开展“三信三优”活动。德基广场等6家企业通过省级诚信单位考评，金鹰天地“比承诺做得更好”、红星家具城“明码实价”的诚信品牌在社会上有了较大的反响。二是强化企业培训。2011年先后深入金鹰天地购物中心、中山大厦、新伊汽配商城、国信大酒店、百脑汇、国际雄狮、新华海等20多家大型企业，开展价格政策宣讲、解答价格疑问，深受企业欢迎，收到很好的效果。全年开办培训班10期，3000多名企业物价员接受了培训。三是拓展“价比三家”活动。区物价局以雄狮国际e总汇开展的“买电脑，先查价”为引领，指导帮助百脑汇、新华海等商场建起“四个一”服务平台，即一个触摸屏、一支导购员队伍、一个价格投诉站、一个物价员工作网络，积极引导珠江路街区企业广泛开展“价比三家”价格诚信活动。市物价局在玄武区召开了现场会，在省、市价格系统进行了推广。四是打造诚信特色与品牌。区物价局联合工商联、新伊汽配城商会开展“诚信商城建设工程”活动，联合区工商局开展农贸市场“星级诚信经营户”评比活动，营造放心的消费环境。五是开展价格服务社区行活动。深入社区和企业举办医药价格专场、物业收费专场、停车收费专场、企业价格政策解读专场等活动。（沈　斌）

3月5日，区物价局组织价格宣传咨询义工服务活动

质量技术监督

【概况】 2011年，质监玄武分局坚持以科学发展观为统领，以服务经济、服务企业、服务百姓为宗旨，加强食品和特种设备“两个安全”监管工作。帮助企业争创省、市质量奖和名牌产品，2011年，新增省名牌产品5家、市名牌产品10家，省质量奖1家、市质量奖3家，目前省、市质量奖数量位居全市13个区县前列。加大打击侵犯知识产权、打击假冒伪劣产品的力度，提高办案质量，强化行政执法的规范性。2011年，全局共出动执法人员1074人次，检查生产厂家、工地计396家次，摧毁制售假窝点7个，立案查办案件34件，其中查处侵权（假冒）案件23件，占所办案件的67.6%，没收涉假物品4762件（台、只、箱），组织12次食品专项检查，以及假冒手机、汽车配件、名酒、化妆品等专项执法检查，突击行动一举捣毁假茅台酒、喜郎儿食品、假冒打印机、化妆品等非法制售窝点。

【食品安全监管】 2011年，食品生产企业省级抽查15家次15个批次，市级抽查13家次14个批次，风险监控2家次，2个批次合格率均在100%。质监玄武分局对10家食品生产企业和2家小作坊先后检查共100余次，监管覆盖面达100%，按时完成了省、市、区领导交办的各项工作，组织开展对速冻食品、调味品、糕点、豆沙馅、牛肉制品、辣椒制品、猪肉制品、馒头制品、鸭肉制品、食用油（地沟油）、聚碳酸酯饮用水罐以及食品添加剂等专项检查，以确保食品安全。

【特种设备安全监管】 2011年，完成了对特种设备地铁、住宅单位电梯专项整治工作，全年共进入7个社区开展电梯安全运行知识普及工作，分类分级和标准化管理工作完成385家，达到60%以上。发现重大隐患33起，全部完成整改。区域内全年特种设备事故率为零。

【开展3·15大型广场活动】 2011年3月15日，质监玄武分局联合梅园街道、1912街区管委会，在1912休闲街区联合开展“3·15”国际消费者权益日广场咨询服务活动。在咨询活动现场，质监玄武分局工作人员结合打假活动中没收的假冒伪劣商品，指导消费者如何鉴别假冒的烟酒、电池等产品。解答特种设备及食品安全相关知识咨询，提高老百姓安全防范意识和能力，接待各类咨询人员200余人次，向咨询群众发放特种设备、食品、标准计量、质量监督知识宣传资料300余份。市计量院工作人员现场开展1912街区内餐饮企业在用计量器具免费检定工作，现场检定40余件计量器具。

【国家级社区服务标准化试点获得通过】 2009年10月，玄武区被选定为国家级社区标准化试点区。2011年10月29日，国家标准化委员会在无锡召开国家级社区服务标准化试点工作考核评估会，经专家组评审认为：“玄武区国家级社区服务标准化建设，较好完成任务书确

3月15日，在1912休闲街区开展"3.15"国际消费者权益日广场咨询服务活动

定的目标，社区服务创新性、特色性和成效显著性增强，具有较好的示范和推广作用"。

【完成标准立项申报和免费检定计量器具工作】 2011年，完成南汽专用车有限公司制定的国家标准《食品安全车》立项工作；南京中科集团股份有限公司、江苏柯菲平医药有限公司国家标准申报工作；南京体育学院、红星美凯龙玄武门店公共信息，标志标准贯标达标以及玄武湖公园升级改造后公共信息标志标准贯标达标申报工作；对区域内23家集贸市场和南京儿童福利院医用计量器具开展免费检定工作；完成7家企业计量诚信体系建设的工作。

【开展"素质提升主题教育"活动】 2011年，分局强化领导班子和干部队伍素质教育，全年有4位局领导进高校和省委党校参加脱产学习，12位公务员参加网上学习并通过了考试，全局23位人员参加省局组织的执法证年审考试全部通过，全局23人共参加各类学习90余次。全年有5次行政执法行动被省电视台零距离频道进行了报道和宣传。参加玄武区纠风办组织的区级政风行风评议，在8个参评单位中质监玄武分局以99%的满意率名列第2名，取得优异成绩。

【切实做好群众投诉举报工作】 2011年，分局成立"12365"投诉举报分中心，与市局"12365"投诉举报中心联网，及时处理投诉举报问题，全年共受理各类投诉举报91件，全部办结，做到件件有登记、有调查、有处置、有回复。未发生因办理质量不高造成的不良影响和后果的事件。为方便群众的投诉举报，质监玄武分局还在梅园东大影壁社区、红山藤子村社区、孝陵卫晏公庙社区设立质量投诉举报站，挂牌服务。印制3000余份"五服务"菜单发放到街道、社区。

（张孝明）

审　计

【概况】 2011年，区审计局强化服务意识，积极为被审计单位做好服务。创新方法、不断改进和强化财政预算执行审计。在规定时点完成栖霞区地方政府性债务审计和仙林大学城管委会地方政府性债务审计两份报告。出台《玄武区审计局关于加强政府投资建设项目竣工决算审计资料报审的意见》，促进建设领域的规范管理。强化作风建设意识，把作风建设与全面落实科学发展观、适应区委"五服务"的总体要求结合起来。在机关作风评议中获得了第五名的佳绩。12月9日，区委书记储永宏到审计局调研，肯定审计局"监督与服务相结合，为玄武经济发展做出重要的贡献"。区长徐曙海在统计报表上批示：希望进一步把好审计关。2011年，区审计局共完成审计项目189项。其中，财政审计1项、审计专项调查5项、经济责任审计35项，查出违规资金151.36万元，查出不规范资金3051.37万元，提出建议39条；固定资产投资审计148项，送审资金量30828.29万元，核减资金量5578.25万元，人均310万元，平均核减率为18.09%。

【认真开展地方政府性债务审计】 地方债务审计是全国性的"一条边"项目。2011年，玄武区审计局审计对象栖霞区区域面积382平方公里，10个街道、11个融资平台，再加上南京经济技术开发区、仙林大学城两个独立单位，审计任务相对较重。为确保审计质量，实现审计目标，区审计局周密计划，统筹安排，在规定时点完成栖霞区地方政府性债务审计和仙林大学城管委会地方政府性债务审计两份报告，受到南京市审计局的好评。

【不断改进和强化财政预算执行审计】 2011年，区审计局在项目组织上，突出布局创新。实行"三个一"，即："一把手工程"、"一盘棋格局"、"一体化实施"。在工作思路上，突出思维创新。将绩效审计的理念贯穿于同级审的全过程，在审计方法上，注重手段创新。同级审全面实施了计算机审计。将全部财政数据导出进行整理加工，提高工作效率。审计局的工作方案、结果报告受到区委、区人大、区政府好评。

【确保经济责任审计项目质量】 2011年，区审计局合理利用审计资源，提高工作效率。改善经济责任审计工作人手少、任务重的情况，委托中介机构参与部分事业单位经济责任审计，由区审计局人员把好质量关。严格实行项目三级复核制度，抓好项目审计的组织实施，确保审计质量，防范审计监督风险，做到一级对一级负责，责任层层落实。加大工作创新，强化监督。2011年9月，区审计局特邀区党代表、人大代表和政协委员参与6所中学校长的离任审计,并全程监督,参与者对审计工作有了全新的了解和认识,也得到区委、区人大、区政协的积极支持。

【把好建设资金使用关】 2011年,区审计局认真做好专项资金审计工作,加大投资审计力度,开展节能减排、中小学校舍安全、工程专项治理3个专项审计,从资金和政策入手开展调查,揭示问题,并从宏观上提出完善管理的意见和建议,促使审计成果转化为政府的决策和制度。加强对中介服务库的管理工作。区审计局坚持公平、公开、公正的原则,在区纪委的全程监督下,对库内的10家单位进行了考核,淘汰3家,随后通过公开招投标、考核打分又补充3家。完善制度。出台《玄武区审计局关于加强政府投资建设项目竣工决算审计资料报审的意见》,对项目建设的关键环节、管理责任予以明确,促进建设领域的规范管理。

【强化管理与依法行政】 2011年,区审计局强化作风建设意识,把作风建设与全面落实科学发展观、适应区委"五服务"的总体要求结合起来。强化服务意识,积极为被审计单位做好服务。认真落实廉政建设,坚持依法行政,严格执行审计"八不准"(一是不准由被审计单位支付或补贴住宿费、餐费。二是不准使用被审计单位的交通工具、通讯工具等办公条件办理与审计工作无关的事项。三是不准参加被审计单位安排的宴请、旅游、娱乐和联欢等活动。四是不准接受被审计单位的任何纪念品、礼品、礼金、消费卡和有价证券。五是不准在被审计单位报销任何因公因私费用。六是不准向被审计单位推销商品或介绍业务。七是不准利用审计职权或知晓的被审计单位的商业秘密和内部信息,为自己和他人谋利。八是不准向被审计单位提出任何与审计工作无关的要求),赢得了被审计单位的肯定和支持,树立了审计机关的良好形象。建立权力阳光运行机制,认真落实执法责任,推进依法行政。严格执行二级考核制度。对每个人完成的审计项目数进行考核量化,杜绝吃大锅饭和论资排辈的现象,有效提高了工作效率。

(刘凌峰)

统计管理

【概况】 2011年,玄武区统计局以开创玄武特色的率先发展、科学发展、和谐发展、建设现代化国际性人文绿都标志区为目标,为加快推进创新驱动、内生增长、绿色发展提供强有力的统计保障。强化干部队伍建设、统计法制建设和基层基础建设,统计工作的整体水平得到进一步提升,出色地完成了承担的经济发展目标、第六次全国人口普查、统计"四大工程"建设、三项特色统计调查以及各项专项调查等工作任务,为全区经济社会发展做出了积极的贡献。统计局承担地区生产总值、第三产业增加值、社会消费品零售总额、全社会固定资产投资、城镇居民人均可支配收入五项主要经济发展目标的统计。全局积极应对地区生产总值统一核算的改革,以核算为龙头,强化统计局内各专业统计,以获取高质量的月度、季度、年度各项统计数据,为GDP核算提供准确可靠的依据。通过上下共同努力,全局的奋斗目标得到较好落实,主要经济发展指标全面完成。

【人口普查工作】 2011年,人口普查工作由大规模的现场登记转入了数据处理及资料开发应用阶段。区人普办严格按照市人普办要求,扎实有效地抓好人普工作的各个环节:做好光电扫描、专项编码、数据编审和数据汇总工作,组织全区8个街道的人普工作人员对各自街道的《户主姓名底册》进行规范性整理、收集,派员参加省、市的第六次全国人口普查《户口姓名底册》录入程序和小区建筑物数字化培训会,开展对各街道人普办培训、布置"江苏省百岁老人核查"、"《户口姓名底册》录入"和"小区建筑物数字化"、普查先进集体和个人的评选表彰等项工作。

【推进统计"四大工程"建设】 统计"四大工程"是国家统计局从2011年开始为推进统计工作现代化,变革统计数据生产方式而开展的以建设基本单位名录库、企业一套表制度、数据采集处理软件系统和联网直报系统为主要内容的四项重要工作,事关统计改革和建设大局。8月,区统计局按照宁统法〔2011〕68号文件要求,区统计局成立"四大工程"建设领导小组,统一领导,明确职责,确保"四大工程"工作扎实稳步推进。9月,召开企业"一套表"推进情况座谈会,局领导带领15名专业骨干到栖霞区统计局参观学习企业"一套表"工作。10月,完成统计业务内网延伸。召开名录库维护工作会议,贯彻省、市关于名录库维护工作精神,研究制定了《玄武区基本单位名录库维护工作考核评比办法》,并根据全区实际情况对基本单位名录

10月19日,举办2011年人口变动情况抽样调查培训

库维护工作进行部署，为推进“四大工程”建设打好基础。

【开展三项特色统计调查】 2011年，区统计局不断深化统计创新，开展对优化经济结构、提高产业竞争力、促进区域协调发展等指标的统计分析，启动玄武区现代服务业重点产业分类统计、房地产企业景气指数调查和玄武区总部（排行榜）经济统计等三项特色统计调查工作。开展玄武区现代服务业重点产业分类统计工作。重点对科技服务、软件和信息服务、服务外包、商务服务、文化创意、商贸流通等重点产业进行统计分析，凸显出重点产业的区域集聚度、财税贡献度和产业乘数效应，为构建玄武区现代服务业指标统计体系打好基础。与发改局、财政局、商务局共同召开现代服务业项目专项推进会，探索建立玄武区现代服务业统计体系。开展房地产企业景气指数调查工作。制订《玄武区2011年房地产业企业景气调查实施方案》，确定玄武区房地产业企业景气调查样本30家。开展玄武区总部（排行榜）经济统计工作。对全区范围内总部型企业所产生的社会直接经济效应进行统计核算，以描述总部经济发展规模、效益，以及对玄武区经济拉动状况等方面的情况。

【切实提高源头数据质量】 3月份开始，统计局专题研究部署全区统计主要数据质量检查工作，成立玄武区开展主要数据质量检查工作领导小组，下发了《玄武区统计局关于开展主要数据质量检查工作的通知》，统一制订了“审核、签署、交接、归档”四制度，认真开展名录库数据比对、企业上报数据自查自纠、数据质量问题整改等各项夯实统计基础的工作，严格依法规范统计调查项目审批、统计资料管理和公布、统计从业资格认定、统计行政处罚，将统计工作各个方面、各个环节都置于法律的框架之下。配合市局人教处做好玄武区企业统计从业资格的报名、培训及考务工作，全区有140人参加了统计从业资格考试报名，107人参加了统计从业人员继续教育。积极组织执法人员参加省、市级统计法制骨干人员培训班，严格执行“先培训、后上岗”和在岗定期轮训制度，不断提高广大统计执法人员的法律素养和执法技能。加大统计执法检查力度，坚持监审、走访并举，完成了包括工业投资、贸易、服务业等10家企业的统计监审工作，对2家监审对象进行当场处罚。全面落实建立走访单位制度，完成110多家规模以上、限额以上、资质以上单位（“三上”单位）统计工作走访。

【完成各项专项调查】 2011年，区统计局统筹兼顾，扎实开展了城镇住户调查、月度劳动力调查、玄武区2010年妇女儿童发展规划统计监测、小康监测评估、文化产业调查工作，完成了用水企业抽样调查、区委组织部基层情况调查、南京市城镇居民“百街万户”收入调查、“南京市县乡党委换届暨组织工作满意度民意调查”、非公有制企业（单位）人力资源状况抽样调查、人民幸福城市建设需求调查等多项临时性调查任务。

【2012年统计工作暨“企业一套表”工作部署会议】 2011年12月30~31日，区统计局召开2012年统计工作暨“企业一套表”工作部署会议。各街道分管统计工作副主任、统计科人员共76人参加会议。南京市统计局副局长王国钧、玄武区政府副区长张连春出席会议并讲话。区统计局局长陈瑞总结了2011年全区统计工作，部署了2012年工作任务。市统计局副局长王国钧对玄武区及各街道的统计工作给予充分肯定，勉励全区统计干部通过此次统计工作会议，理清思路，统一思想，振奋精神，明确2012年的统计工作思路和目标，全面贯彻落实国家建设统计“四大工程”战略任务和全面实施企业一套表制度，为加快全区统计事业发展，推动玄武统计工作再上新台阶做出贡献。区政府副区长张连春充分肯定了区统计工作一年来对玄武区经济发展做出的积极贡献，并对玄武区2012年统计工作提出要求。各街道统计负责人、区统计局业务科室分别作交流发言。

【开展文化产业统计调查】 3月，区统计局贯彻执行市统计局《关于做好2010年度文化产业统计调查的通知》精神，在全区范围内开展文化产业统计调查工作。这次文化产业被调查对象有30家法人单位，涉及全区7个街道。调查工作启动后，区统计局组织街道统计人员进行专业培训，就统计制度规范和指标含义进行了专业、细致的讲解，为提高统计数据质量提供了有力保障；在文化产业调查过程中，区统计局针对调查时间紧，被调查对象分布不均衡等特点，因地制宜，将大部分时间留给统计员上门入户，将数据的审核、录入、汇总工作放在下班后完成，确保了调查工作有序推进；对调查任务重的新街口街道，区统计局对其进行专门的指导和帮助，协助其顺利完成调查任务。 （黄国庆）

安全生产监督

【概况】 2011年，玄武区安全生产工作以贯彻落实《国务院关于进一步加强企业安全生产工作的通知》和《南京市人民政府关于推进安全发展的意见》精神为核心，以强化企业安全生产主体责任落实为重点，以“固化安全发展之本、强化安全发展之基”为主题，紧扣区委、区政府重点工作，进一步强化安全是第一民生意识，深化政府、企业两个责任的落实，深化依法监管检查，深化重点行业领域安全专项整治，推进安全生产基层基础建设，推进应急救援能力建设，推进长效机制建设，最大限度减少安全生产事故发生，杜绝了重大事故，全区安全生产工作保持了健康平稳的发展势头。2011年，玄武区政府连续三年被南京市评为安全生产目标管理考核一等奖。玄武区安监局被中共中央宣传部、国家安全生产监督管理总局、公安部、国家广播电影电视总局、中华全国总工会、共青团中央、全国妇联等七部委授予“2011年度全国安全生产月活动优秀单位”荣誉称号；在全区政风行风民主测评中获综合测评第一；在区“四个建设”考核中被评为一等奖。

【加强安监网络建设】 2011年，区安监局加强安监网络建设，充分整合区域安全管理资源，不断创新安全管理机制，努力构建全面覆盖的安全生产责任网络。在锁金村、新街口、红山等街道率先建立社区安全工作站、消防之友俱乐部、消防工作站，努力构建融安全宣传、检查、管理、应急于一体的社区安全管理平台，提高社区安全生产“网格化”管理水平。健全区、街道、社区、企业四级安全管理机制，着力构建高效、全覆盖的安全生产监管网络。启动安全社区创建。在全区范围内全面推进以街道为单位的全国安全社区创建活动，提高企业员工和全体居民的安全意识和事故防范能力，最大限度地降低各类事故和人员伤害事件发生。夯实安全管理基础。推进安全生产数字化监管平台建设。综合运用“4S”技术手段，升级改造安全生产监管平台，收集、整理2000余家企业基础信息，完善监管平台动态信息库，努力提升安全生产监管工作精细化、信息化、标准化水平。在重点企业扎实推进“1+3”(一个方法，即事故隐患和职业危害监控法。三种机制，即事故隐患和职业危害动态管理机制、事故隐患和职业危害持续改进机制、事故隐患和职业危害系统评价机制。)安全监控体系和安全生产标准化建设，引导广大职工群众增强主人翁意识，构筑群防群控的动态监控网络，促进企业主体责任落实，提升“三不伤害”(不伤害自己，不伤害他人，不被别人伤害)能力，切实保障和维护广大职工的合法权益。在1912街区等人员聚集场所实行“红马甲”疏散引导员制度，切实提升人员聚集场所突发事件应急处置能力。

【构建安委会组织协调平台】 充分发挥安委会组织协调作用，着力构建安委会组织协调平台。一是整合资源、细化职责，深化部门联动、区街互动，有效提升安全生产网络的数据收集、信息反馈和实时预警能力，夯实筑牢安全生产基层基础防线，使安全生产工作从控制事故发生向全面做好预警、预防工作转变，从源头上防范和遏制事故。二是落实安委会成员单位的安全生产管理职责，建立健全分工与合作、行业监管与综合监管相结合的工作机制，开展重大隐患、重点企业联合执法专项行动，联合打击安全生产领域的违法非法行为。三是定期召开安委会联席会议，分析全区安全生产工作中出现的新情况、研究新举措、解决新问题，切实解决当前安全生产监管中的薄弱环节，着力营造全区安全生产工作各负其责、统筹协调“一盘棋”的良好局面。

【健全安全生产责任约束机制】 建立健全安全生产责任落实、约束机制，初步形成以安全监管机构为主体、社会力量参与、专兼职结合的安全生产责任网络。一是全面落实市、区政府关于安全生产工作职责和安全生产管理责任，明确区领导、部门、街道各自的安全生产职责，落实领导干部“一岗双责”制，严格行政首长负责制，强化安全生产领导责任，把安全生产责任分解落实到各级、各部门，推动政府监管责任落实。二是签定安全生产目标责任状，区政府与街道、相关部门签定安全生产目标责任状35份、消防安全责任书43份，各街道、系统及有关部门与重点企业分别签定安全生产责任书1.5万余份，把安全生产责任分解落实到基层和生产第一线，推动落实企业主体责任。三是健全跟踪问效和动态考评机制，对街道每月、部门每季进行考评与年终进行考核相结合，将考核重点放在长效性工作落实和阶段性工作成效上，把以往盯着安全指标抓监管向全年度、全过程监管转变，增强考核考评实效性。

【加强安监队伍的教育培训】 2011年，区安监局加强对安监队伍的教育管理，树立了安监队伍的新形象。从把握安全生产法律法规精神实质、强化依法行政能力入手，组织安监队伍集训，邀请省、市安全生产专家授课，增强准确应用安全生产法律法规服务企业、保障安全的能力，不断提升依法行政素质。开展“优作风、提效能、树形象”主题活动，加强机关作风建设，进一步转变工作理念、转变工作方式和转变工作机制，不断强化服务意识、大局意识，主动履职尽责，把加强安全监管体现到服务企业中，把加强安全文化建设体现到服务群众中，自觉当好安全生产的“宣传员”“辅导员”和隐患排查治理“督导员”，努力打造一支为民、务实、廉洁、高效的高素质安监队伍。

【认真履行安全生产监管责任】 2011年，区安监局认真履行安全生产监管职责，采取分解责任、领导挂钩、分片拉网、隐患建档、检查与自查同步、建立举报奖励机制等六项措施，确保监管责任落实。全年全区共检查生产经营单位1.74万家次，检查建设、拆迁工地990余家次，发现、整改隐患1.76万余处，下发《责令限期整改指令书》17份。规范权力阳光运行。按照烟花爆竹春节期间有限开禁有关规定，严把烟花爆竹临时销售点的安全准入关，依法审批许可12家烟花爆竹临时销售点并实现网上流转，依法查处违法销售点21处，没收违法销售烟花爆竹160余箱。易制毒企业备案5家，危化企业地址核查260余家次。加强重点时期监控。建立健全重大节日、重要活动、恶劣天气、事故高发季节的执法联动机制，加大重点时期安全生产执法检查力度，在恶劣天气、暑期等事故高发季节组织3次全区性拉网排查，坚决打击安全生产领域的各类非法生产经营建设行为，积极防范各类事故发生。

【提升重点行业领域安全度】 2011年，区安监局以明确责任为前置，以宣传教育为先导，以隐患排查治理为重点，进一步推进安全生产工作从控制事故发生向全面做好预警工作转变，切实预防、遏制各类事故发生。深入开展建筑施工、危险化学品(烟花爆竹)、人员密集场所消防、交通、特种设备、燃气、作业场所职业危害等重点领域专项整治行动。发挥区安委会组织协调作用，按照时间节点推动各项阶段性重点工作落实，不断提升专项整治工作的整体合力和综合效能，促进全区重点行业领域安全形势进一步稳定好转。发挥区安委办牵头作用和部门联动、区街互动的整体监管优势，突出建筑施工、道路交通、人员聚集场所等高危行业和重点领域，联合开展打非治违专项行动，着力打击生产经营建筑领域存在的安全生产非法违法行为。深化隐患排查治理工作。充分发挥政府12345热线、新闻媒体、有奖举报等渠道的作用，依靠全社会的力量，进一步拓展安全生产事故隐患举报途径。按照“检查不留盲区、排查不留死角、整改不留隐患”原则，推进规范化、常态化监管,最大限度地防止各类事故发生。一年来,按时完成省市挂牌督办重大火灾隐患单位整改任务,110余处社区、街道、区三级挂牌督办隐患按要求全部整改完毕。

【推进安全文化建设】 2011年,区安监局以树立安全发展理念为核心,以加强全民安全意识为切入点,推进安全文化建设,强化安全文化对安全生产的引领、保障作用,注重将安全宣传从企业向机关、社区、学校延伸,努力在全社会普及安全知识,营造全民关注安全的新氛围。5月12日,组织全区街道、部门干部参加安全常识及应急逃生知识培训,在机关干部中深入宣传安全文化,安全生产职责,为政府部门落实安全生产责任打下扎实基础。在重点企业中推进安全文化示范企业培育工作,组织4期近600人的企业法人、安全管理人员的安全培训,提高企业安全生产自主管理能力。在重点企业、建筑工地等开展企业全员安全培训28场次,近8500人参加了培训。突出“安全责任、重在落实”主题,大力开展安全文化进企业、进校园、进社区、进家庭活动。在锁金村街道锁四社区等处绘制了1500余平米安全文化墙,在企业、校园、社区发放《安全知识漫画册》近2万本,在53个社区组织安全知识讲座、放映安全小电影,发放安全宣传资料7.5万余份。在维景国际大酒店、13中锁金分校等46家企事业单位中开展突发事件应急预案演练活动。结合开展“安全生产月”、11·9消防日等活动,大力宣扬安全文化。

(王 伟)

链接

“十个一”活动

6月12日,区安监局在白马广场与省、市联合举办“安全生产月”咨询周启动仪式,组织以“十个一”为主要内容的系列活动,即:一场安全文化专场文艺演出,一个万人签名活动,一批安全文化展板,一场安全知识咨询活动,一场安全知识进工地千人课堂活动,一场综合性突发事件应急疏散演练,一场居民安全知识讲座,一次安全文化墙观摩,一个社区安全工作站揭牌仪式,一次模拟火灾扑救体验等活动,获得省、市、区领导和居民群众的高度评价。

6月12日,区安监局与省市联合举办“安全生产月”咨询周启动仪式

食品药品监督

【概况】 2011年,玄武区食品药品监督管理局牢固树立科学监管理念,努力提高监管水平,全面履行新体制新职能,扎实有效地推进食品药品监管工作,服务区域经济发展,保障人民群众饮食用药安全。2011年,区食药监局被评为南京市药品安全专项整治工作先进单位、法治玄武建设先进集体、区长环保工作目标先进单位。截至2011年底,玄武区共有餐饮服务单位2557家,涉药(器械)单位383家,其中,药品批发经营企业16家;药品零售企业95家;医疗器械生产企业28家;医疗器械经营企业124家;各类医疗机构82家;保健食品经营企业262家;保健食品生产企业7家;化妆品经营企业1232家。

10月,区食药监局党支部与结对铁匠营社区举行“博爱之光·26号小区太阳能路灯亮灯仪式”,食药监局出资2万元,为铁匠营社区卫岗26号小区安装太阳能路灯,方便群众出行。

【食品安全监管职责交接】 7月14日,区食品药品监督管理局按照南京市食品安全委员会《关于市本级食品安全监管有关职能交接的通知》(宁食安委办〔2011〕74号)文件精神,正式接管辖区内餐饮服务环节食品安全监督管理、重大活动餐饮食品安全保障工作的执法职责。原属区食药监局的食品安全综合协调职能和区食安办日常工作划入区卫生局履行。据南京市机构编制委员会《关于成立各区县食品药品安全监督所及核定编制的通知》(宁编办字〔2011〕101号)文件规定,成立玄武区食品药品安全监督所,隶属区食品药品监督管理局领导。主要职责:按照有关规定和职责划分,承担本区域内餐饮、药品、保健食品和化妆品的监管工作。

【食品安全监管】 2011年,圆满完成省、市、区人代会(政协会)、中国国际规划年会、玄武区党代会、台湾学生夏令营、南京金秋洽谈会、江苏发展国际咨询会议、南京市委23次扩大会、南京市第13次党代会、2011新疆名特优农副产品巡回大巴扎、江苏省第12次党代会等14次重大活动或会议用餐安全。开展打击“食品非法添加和滥用食品添加剂”“地沟油”“瘦肉精”“问题乳制品”等5次专项检查。7月14日至年底,共受理餐饮环节申请单位45家、延续(变更)269家;发放餐饮服务许可证82家;行政许可办结率达到了100%,餐饮服务许可证持有率100%;对

11月7日，食品安全监督检查现场

餐饮服务单位进行食品安全监察2720家次；实施行政处罚3家次；对餐饮服务单位、学校食堂监督检查216家次；处理投诉举报案件127起，群众满意率达100%。

【药品医疗器械安全监管】 2011年，区食药监局开展打击制售假冒伪劣药品专项行动、药品零售企业抗菌药物销售情况专项检查、打击假冒国内外知名品牌药械产品专项监督检查、擅自添加药物活性成分药品专项监督检查、制售假劣血液制品及生物制品等高危药品专项监督检查、通过互联网发布广告和寄递等渠道违法销售药品专项监督检查、打击明显低于成本价销售的假劣基本药物专项监督检查、网上涉性药品非法信息专项整治、中药饮片专项检查、严厉打击食品非法添加和滥用食品添加剂等10余项专项整治和监督检查行动，全年共出动稽查人员1534人次，检查涉药（械）单位468家次；立案8件，办结7件，涉案金额2.28万元；零售药店现场检查验收15家，办理行政许可事项8件；对GSP认证企业现场指导3家；受理投诉举报47件，及时处理率和及时答复率均达到100%；完成191批次药品质量监督抽样（其中有6批次保健品），查出假劣药品、保健品共9批次，不合格率4.7%，较2010年不合格率下降1.1个百分点，抽检合格率达95.3%；进行基本药物评价性抽样50批次，结果全部合格；上报不良反应183例，报告单位15家，其中严重的、新的不良反应报告18例。

【食品药品安全宣传教育】 6月，在鼓楼广场承办了“2011年江苏省暨南京市食品安全宣传周”启动仪式。省、市、区相关领导、食品安全委员会有关成员单位工作人员、食品安全专家、食品生产经营企业、新闻媒体和社会各界群众代表等数百人参加启动仪式。活动以展示饮食用药安全展板、识别真假药材、回收家庭过期药品、食品药品相关法律法规宣传咨询、为民测量血压和血糖等形式进行，活动共发放宣传资料2000余份，接受咨询400余人次。开展食品药品安全知识社区行活动，通过系列讲座、展板巡展、咨询服务等形式，深入社区向群众宣传食品药品安全知识。先后在全区8个街道部分社区组织科学饮食、安全用药等专题讲座。

【服务园区建设】 2011年，区食药监局主动介入孝陵卫街道的小卫街工业园区的招商工作，积极把关定向，协助重点项目审批，已引导了南京多贝尔医疗器械有限公司等14家医药企业在园区落户，总面积1600平方米；提出企业技术升级改造建议10余条，积极提供人才、技术等方面的信息，帮助企业解放思想，创新发展思路，向规模化、规范化、集约化的方向发展。7月，区食药监局在南京金陵生物医疗科技产业园设立“南京市玄武区食品药品监督管理局孝陵卫工作站”，更加直接、更加便利地和企业进行面对面的沟通与交流，将服务与监管相结合，为区域经济的发展做出贡献。区食药监局与中国药科大学基础部、孝陵卫街道铁匠营社区三方共建大学生暑期实践基地，定期指导大学生面向社区开展各种形式的食品药品安全宣传活动。

（吉　耘）

商贸·旅游

Commercial and Trade Tourism

- 商务
- 经贸促进
- 投资促进
- 旅游
- 景区景点

商　　务

【概况】 2011年，区商务局承担各项目标任务160条，其中市目标总计23条、区经济和社会发展目标24条。各项目标全部完成。全年累计完成服务业增加值309.75亿元，同比增长13%。固定资产投资完成85亿元。完成服务外包执行金额5.87亿美元，同比增长41%；离岸执行金额2.5亿美元，同比增长190.6%。全年，外贸出口完成25.3亿美元，同比增长36.5%，出口目标完成率120.5%，目标完成率在全市排名第二；绝对值在全市排名第五；增幅在全市排名第二；其中高新技术产品3.7亿美元，完成全年目标的99.9%；机电产品12.5亿美元，完成全年目标的114.5%。完成外经营业额63万美元，外资任务200万美元，实际完成280万美元，完成进度的140%。2011年，商贸商务企业完成税收12.33亿元，增幅27.47%；完成社会消费品零售总额308.39亿元，同比增长17.6%。全区旅游产业税收1.17亿元，同比增长18.32%。全区农贸市场绿色专区总面积达3299平方米。完成全区农贸市场绿色专区引进目标任务。获得南京市2011年度农贸市场管理综合评比一等奖。

【服务外包产业跨越式发展】 2011年，玄武区在商务部服务外包管理系统中注册登记的服务外包企业数241家，有业绩的145家，占现有企业数的60.1%；有离岸业务的企业106家，占企业数的43.9%。年度外包执行额2000万美元的企业5家、1000万美元的企业15家、500万美元的企业18家。新增服务外包从业人员3500人，其中大专以上学历占78%。初步形成软件设计、动漫制作、研发设计、金融数据处理和现代物流等五大外包集群产业。全区通过CMM/CMMI国际认证的企业达15家，其中：嘉腾维新软件公司、江苏瑞倍佳软件科技有限公司、南京高信软件科技有限公司、南京金盛远建科技有限公司等8家企业通过了CMMI3级认证。南京金域医学检测中心有限公司获得世界最高级别的实验室认证——美国病理家学会（CAP）认证。南京格安信息系统有限责任公司、嘉腾维新软件有限公司分别获得2010、2011年度中国服务外包百强企业。嘉腾维新、智达康两家企业被认

11月9日，区商务系统“三亮牌三满意”观摩交流会

定为江苏省国际服务外包重点企业。

【外贸出口保持稳定增长】 2011年，新增外贸出口企业75家。一是加强与外贸重点企业的密切联系。建立与企业的良好沟通渠道，及时了解新增外贸出口企业的出口类型及出口规模。二是组织外经贸业务培训。重点对外经贸企业负责人、有关业务人员和街道及园区从事外贸工作人员进行培训。组织企业参加省国际电子商务促进培训会，开展商标国际注册专题培训等活动。三是组织企业参与展会。组织企业参加国内外的商品交易会、博览会、洽谈会及各类认证工作，帮助企业积极开拓国际市场，强抓外贸订单，扩大对外出口。组织近50家企业参加国内外展会。四是帮助企业申报各项奖励。充分利用省、市和各部门行政资源，为外经贸企业在融资、政策扶持、通关渠道等多方面提供服务，创造良好的发展环境。为企业申请各类资金110余万元；帮助9家企业申报人民币汇率结算；2家有自主品牌企业申报南京市国际知名品牌，4家企业申报境外注册商标。

【高品质商贸规模发展】 2011年，建成德基广场二期。德基二期裙楼由1~7层楼组成，商业面积7.8万平方米，商业招商已达90%；一、二层国际大牌、一线品牌招商已达24家。建成凯润金城城市综合体。凯润金城02幢总商业面积4万平方米。招商基本结束，12月部分商铺开业。以新街口核心区为重点，发展总部经济和高端商贸。推动金融保险、商务服务等生产性服务业集聚。做好家电以旧换新工作。截至12月6日，全区回收旧家电196837台、回收额121万余元，销售新家电181693台、销售额6.33亿元。落实增加限上企业和大个体企业进入统计。完成145家法人企业和11家大个体的录入工作。实际完成限上录入企业156家。推进再生资源体系建设。与南京和平再生资源利用有限公司签订合作框架协议书，6月底前超额完成22个站点的建设。

【打造放心食品创建绿色市场】 2011年，区商务局开展以“培养绿色市场，强化食品安全”为主要内容的食品安全工作，加大监管力度，始终把食品安全工作作为主线来抓。农贸市场改造和项目申报工作落实到位。8月，鑫珑源农贸市场自筹资金100余万元，进行了提档升级超市化改造。做好绿色农贸市场的创建工作和农贸市场蔬菜农药残留检测工作。全区农贸市场全部设立符合规范要求的蔬菜农药残留检测室。2011年，全区农贸市场共进行12万多批次的蔬菜农药残留检测工作。12月底完成绿色市场创先评审，5家市场创先达标，其中2家市场获市级创绿色样板市场。抓好生猪屠宰和肉品市场安全工作。孝陵卫屠宰场全年屠宰生猪19089头，定点屠宰率达到100%。“3·15”“瘦肉精”事件爆发以后，商务局在第一时间安排人员迅速摸清全区23家农贸市场销售猪肉的来源，所属区动物检疫所迅速对全区超市、农贸市场的双汇猪肉销售专柜进行检查，书面通知5家双汇猪肉销售专柜停业整顿。根据市商务局通知精神，区商务局于3月19日关闭了孝陵卫屠宰场。在农贸市场设立品牌食品专区、专柜总面积3299平方米。

【加快德基广场装饰进度】 2011年，德基广场二期主楼永久封顶，外立面幕墙装修至51层。德基二期裙楼由1~8层（含地下一层）楼组成，总商业面积8.5万平方米。基本布局是：一、二层国际大牌、一线品牌；三层国际二线品牌；四、五层国际时尚休闲品牌，真冰溜冰场；六层儿童休闲区；七层大牌知名餐饮、电影院；地下一层是进口超市、国际知名化妆品、时尚配饰大店。商业招商已达90%，一、二层国际大牌、一线品牌招商已达24家。二期裙楼外部装饰全部结束，内部正在按照大牌商家要求进行分割装饰。整个裙楼“六一”开业。

【加大德基广场招商力度】 2011年，德基广场加快二期工程的建设速度，加大二期品牌招商力度，以打造国际化综合全能购物广场为目标，先后与多家顶级品牌进行商谈。Chanel(香奈尔)、Giorgio Armani(乔治·阿玛尼)、Tiffany&CO(蒂芙尼)、Piaget（伯爵）珠宝、Vacheron Constantin(江诗丹顿)等国际一线品牌已经确定入驻二期项目；陶源酒家、香港太兴茶餐厅等一批知名餐饮品牌将首次进入南京；Chanel(香奈尔)、雅诗兰黛等国际一线化妆品牌将在地下一层开设旗舰店，开创了国际顶级化妆品在中国购物广场地下一层开店的先河；在娱乐设施方面，二期会引进目前世界最先进的IMAX巨幕影院。2011年，德基广场获得“江苏省放心消费创建活动示范企业”和“质量管理先进企业”荣誉称号，获得“江苏省价格诚信单位”荣誉称号。2011年广场营业额突破20亿元大关，纳税总额达到8000余万元。 （刘细平）

经贸促进

【概况】 2011年，玄武区贸促会围绕“创新玄武、文化玄武、品质玄武、绿色玄武、幸福玄武”的发展战略，按照“组织角色”、“服务角色”、“中介角色”、“参谋角色”的定位要求，坚持“服务求落实，服务求实效，服务讲大局”的工作理念，立足“贸促”特色工作平台，以“促进项目、促进投资、促进合作、促进交流”为抓手，以“精致、精细、精品”为标准，以服务于“一园四极”、“四纵四横”的发展格局为重点，全力助推区域经济发展，为把玄武建成现代化国际性人文绿都标志区做贡献。2008~2011年玄武区贸促会连续四年被市贸促会评为“年度贸促工作先进单位”。

【参加“中国——伊拉克经贸合作论坛”】 4月12~13日，区贸促会组织区域数十家会员单位和知名企业的总裁、经理、业务主管参加了由中国贸促会和伊拉克-中国商会举办的“中国——伊拉克经贸合作论坛”。此次到南京的代表团近40位企业家分布在汽车配件、汽车进口、建材产品、设备(医疗、办公、石油)、建筑工程、海运服务、综合贸易等领域，将与中方企业进行洽谈交流，采购商品，并寻求进一步的贸易和项目合作。

【贸促会成员参加“澳大利亚维多利亚州投资推介会”】 5月10日，区贸促会组织区域内福中集团有限公司、百脑汇（南京）商业设施租赁管理有限公司等多家企业参加了由澳大利亚维多利亚州政府和南京市投促委、南京市贸促会、南京市工商联在南京金陵饭店共同举办的“澳大利亚维多利亚州投资推介会”。维多利亚州政府大中国地区首席代表施君格先生重点推介了维州医药、ICT和食品行业投资环境及双方合作契机；澳大利亚万盛国际律师事务所、澳新银行上海分行代表就澳洲有关投资和税务的法律法规、澳洲投融资、资本市场等方面的情况做了重点介绍。

【组织区域企业参加“法国投资洽谈会”】 5月19日，区贸促会组织区域内南京佳汇新型建材制造有限公司和相关部门人员参加了由中国法国工商会、法国政府北部投资促进局、南京市贸促会在南京金丝利喜来登酒店共同举办的“法国投资洽谈会”。法国北部投资局局长介绍了法国北部投资环境和产业政策，法国著名律师事务所介绍了法国保税区物流分销中心服务及欧洲的法律情况并回答了提问，法国乔达国际集团代表介绍了该集团运营情况，此次活动全市共优选10家企业参加。

【组织区域企业参加“2011年海关新政解读培训班”】 5月26日，区贸促会组织区域内有国际进出口业务的南京中科集团股份有限公司、德基广场有限公司和南京智达康无线通信科技有限公司等多家会员企业的业务经理和骨干参加由南京市贸促会在南京新城大厦举办的“2011年海关新政解读培训班”。培训班邀请业界资深的关务管理及物流专家授课，全面介绍了近期海关新政，内容涉及海关分类管理制度、规范海关申报的要求、加工贸易政策的调整等诸多方面。专家们的详细解析，帮助现场的会员企业了解国家2011年海关新政和发展趋势，提高守法经营意识，为企业今后用好用足各项优惠政策，开展进出口业务，打下良好基础。

【参加“第一届大田——南京企业洽谈会”】 5月31日，区贸促会组织南京芯力微电子有限公司等多家区域科技型企业参加了韩国大田市尖端产业振兴财团南京代表处召开的第一届“大田——南京企业洽谈会”。该代表处是玄武区贸促会的特邀顾问。通过洽谈，参会企业对韩国大田市15家尖端企业的水质测定器、发信接收器、光谱分析仪、高压电流保险丝等许多科技含量高的产品产生了兴趣，有了进一步合作的意向。由区贸促会牵头组织的参会活动为区域企业了解韩国尖端企业高科技现状，寻求合作商机搭建了互动平台。

【参加“2011中国（南京）国际生物医药合作论坛”】 6月9日，区贸促会本着为区域经济和三大核心产业服务的宗旨，有针对性地协调区域内“南京中科集团股份有限公司”、“江苏柯菲平医药有限公司”等会员企业参加了中国国际贸易促进委员会与南京市人民政府共同举办的“2011中国（南京）国际生物医药合作论坛”。论坛旨在搭建生物医药的国际交流与合作平台，以中国（南京）国际生物医药企业合作发展为引线，围绕医药研发、生产、流通、创新、国际合作等方面，开展多层次多方位的交流。2011年论坛是第三次举办。

【参加“2011南京台湾名品交易会”】 9月15~18日，区贸促会组织210家会员单位和区域企业参加了由南京市人民政府、台北世界贸易中心共同在南京国际博览中心主办的“2010南京台湾名品交易会”。本次交易会会展面积达4万平方米，参展企业800多家，摊位约2200个，展区分服饰配件区、电子产品区、生活用品区和台湾形象专区等10个展区，同期还举办了“采购洽谈会”及经贸、招商等专题活动。区贸促会充分利用这一两岸经贸互动平台，积极宣传，认真联络，主动协调各街道、各经济部门和各招商单位，加强区域企业和台湾企业间的经贸交流与合作，拓宽区域经济转型升级的发展渠道。

【参加“苏格兰中企进入欧洲市场的桥梁”对接会】 10月26日，区贸促会组织区域有关单位参加了由苏格兰国际发展局与南京市投资促进委员会、南京市贸促会和南京市工商业联合会等单位在南京绿地洲际酒店共同举办的“苏格兰：中企进入欧洲市场的桥梁”对接会。会议由苏格兰国际发展局北京代表处总经理龙柏金主持，南京市工商联副主席纪建军致欢迎辞。会议重点介绍投资苏格兰的激励机制、优惠政策和财务税收制度。玄武区贸促会在对接互动环节向苏格兰国际发展局有关人士介绍了玄武区的经济形势和投资政策，重点推介了区域的软件产业和生物医药工程，对方表示将进一步了解玄武，寻求双方共同感兴趣的合作项目。

【为梅园新村街道精品社区建设争取政策扶持】 为争取市职能部门对基层为民办实事项目予以政策扶持，11月18日，区贸促会协调市发改委综合部门到梅园新村街道考察。街道决定在位于汉府新村62号梅园新村社区居委会的基础上，将置换整合出的梅园新村34号等进行改造，使其成为具有社会工作服务室、社区健康馆、心灵保姆服务中心、少儿非遗活动基地、京剧票友社、网上社区体验中心等多种服务功能的居民活动中心，以带动整个社区建设，打造具有文化内涵的能满足居民多层次需要的代表性精品社区。在听取街道党工委情况介绍后，市发改委表示这一项目具有示范作用和推广意义，将综合考虑给予政策扶持。

（许　欣）

投资促进

【概况】 2011年，区投资促进局紧紧围绕“建设现代化国际性人文绿都标志区”战略目标任务，以统筹推进全区投资促进工作为出发点，以重点产业、重大项目为抓手，大力实施“1234”工程，即：打造一支队伍、紧扣两大任务、开展三类研究、组织四类活动，准确定位部门在区域经济工作中的位置，扎实履行投资促进牵头抓总职能，成功举办“走进增长极，实现新跨越”暨2011中国·南京重大项目洽谈会玄武专场、“资本撬动创新”——

金秋经贸洽谈会玄武专场活动。全年共引进企业2261户，累计新增注册资金50亿余元，其中千万元以上规模企业77家。世界500强分支机构2家(青岛海尔、欧唯特信息)，实际利用外资10143万美元，同比增长14.18%。积极组织赴台湾、香港、上海、武汉等地开展各类招商活动60余次，接待科士威、环球嘉年华、微软等客商考察，会见、接触客商400余人次。

【组团赴台湾招商】 1月10日、2月15日，区人大常委会主任陆必坤、区长王海宏分别组团赴台湾开展系列招商活动。在台期间，分别拜访台湾诚品股份有限公司、三宝建设集团等一批关系密切的企业，结识了一批新台商朋友：台新金控、金泰资产管理、光林电子、矽能股份、广美工程营造、天母洋葱、典辉光电、龙宇隆股份、白木屋食品股份等公司，走访了“两岸经贸关系发展促进会”、台湾宏华创新资产管理股份有限公司等多家企业协会。就孝陵卫南汽制动器厂厂房改造项目与宏华创新资产管理有限公司签订了意向合作协议，并对项目的后续运作思路进行了深入洽谈；与诚品股份有限公司对汇文里项目的设计方案、规划进行深入研讨。

【赴苏州等地考察】 4月7~9日，副区长张连春带领区投资促进局相关人员前往昆山、太仓、苏州等地考察学习。在昆山市台湾同胞投资企业协会，张连春一行推介了区内一批重点项目，邀请台胞投资协会到玄武区考察。在太仓，考察组一行考察江苏(太仓)LOFT工业设计园。在苏州市区，重点学习沧浪区楼宇经济发展经验，并考察东弘科技创业园和苏州大学科技创业园。

【南京重洽会玄武专场】 4月25日，“走进增长极，实现新跨越”暨2011中国·南京重大项目投资洽谈会玄武专场活动举行。南京市副市长陆冰出席活动。南京大学商学院经济学系副主任、经济学教授、博士生导师葛扬作了关于地铁经济发展的主题演讲。地铁2号线沿线的新街口、梅园新村、后宰门、孝陵卫4个街道以地铁为主线，推介了一批包括德基二三期、凯润金城、汇文里、富贵山金融产业园在内的楼宇和园区项目。签约仪式中，18个重点项目在活动现场集中签约，总投资约32亿元，涉及商贸商务、科技信息、文化旅游等多个产业。红山商贸地块位于新庄立交北侧，占地面积5.02万平方米，建筑面积约20万平方米，由江苏常发集团建设运营，预计总投资约20亿元，拟打造城北地区高档商业综合体。

【韩国巴黎贝甜成功落户玄武】 7月22日，韩国高级烘焙品牌巴黎贝甜正式签约落户孝陵卫街道银城东苑。拥有60多年烘焙历史的巴黎贝甜隶属韩国最大的食品连锁企业SPC集团，仅在韩国就有2700多家店铺，在巴黎、洛杉矶、东京、上海、北京和天津等地设立子公司。此次落户玄武的南京公司，将作为中国华东区发展的总部。巴黎贝甜成功落户是以商引商的成功范例，是区街联动、高效服务，最终赢得企业满意与信任的结果。通过服务区内韩资企业力荐巴黎贝甜到玄武选址。

【赴香港参加省市现代服务业推介会】 7月28~29日，区委书记储永宏带队赴港参加省市现代服务业推介会，并考察香港科技园区。在港期间，储书记先后参加了江苏省主办的“苏港现代服务业合作推介会”、南京市主办的“南京建设CEPA示范城市现代服务业香港推介会”。在“苏港现代服务业合作推介会”上，储永宏与途牛国际旅行社(香港)有限公司总经理庄清林就途牛国际网上电子旅游服务平台项目签署合作协议，预计总投资5000万美元。在港期间，储永宏还率队考察了香港科技园，走访新世界发展有限公司、文化地标投资有限公司、会晤五矿建设有限公司、德基集团等企业高层，向企业介绍玄武“一园四极，四纵四横”的发展规划，并邀请企业到玄武区考察投资，共谋发展。

【玄武区政府与戴德梁行签署合作协议】 9月14日，玄武区人民政府、戴德梁行举行战略合作签署仪式。区委书记储永宏，区委常委、统战部部长、区委办主任滕涛，区政府副区长张连春，戴德梁行华东区总经理刘小华、戴德梁行企业服务部中国区董事魏超英出席了签约仪式。为了更好适应市场发展战略，玄武区人民政府、戴德梁行华东区基于长期以来的良好合作签署战略合作协议。玄武区人民政府将根据区域的发展目标和对区域资源的掌握，发挥在项目招商、政策扶持、税收优惠等招商引资方面的优势；戴德梁行华东区将根据自身能力业务发展特点，发挥在房地产方面的专业技术支撑，为玄武区引进知名客户，提高玄武区域形象。协议签署之前，储永宏会见了戴德梁行华东区总经理刘小华一行。

9月14日，区政府和戴德梁行签署战略合作协议

【2011中国·南京金秋经贸洽谈会玄武专场】 9月13日,“资本撬动创新”——2011中国·南京金秋经贸洽谈会玄武专场活动暨科技金融项目签约仪式举行。市委常委、常务副市长沈健,市人大党组成员单景南;储永宏、徐曙海、张萍、梁广宏、邱小凡等区领导出席活动。专场活动深入贯彻落实市委、市政府聚焦“四个第一”和全力打造中国人才与科技创新名城的决策部署,突出创新驱动这一引领未来发展的主导战略,以科技、金融、创新为核心元素,围绕重点打造的“四纵四横”特色街区,集中推出一批包括德基二期、凯润金城、熊猫地块、金融产业园在内的楼宇和园区项目。18个重点项目在活动现场集中签约,涵盖科技、金融、创意设计、软件、物流等多个产业,包括交通银行与玄武区人民政府签署的战略合作协议。活动公开发布《玄武区科技金融发展计划》,并对南京科技金融园进行了主题推介。专场活动还为“南京玄武投资有限公司”成立揭牌。市委常委、常务副市长沈健作了重要讲话。

【大韩贸易投资振兴公社南京代表处落户玄武】 9月22日,大韩贸易投资振兴公社(KOTRA)南京代表处(韩国贸易馆)举行了开馆仪式。大韩贸易投资振兴公社是韩国政府为了促进本国的进出口贸易和投资而设立的非营利性对外贸易投资促进机构,在中国上海、北京、广州、大连、成都、青岛、武汉等地设有代表处。大韩贸易投资振兴公社南京贸易馆的成立必将进一步推动韩国与南京乃至江苏其他城市之间的经贸交流与合作,成为推动双方经贸、文化、旅游等各领域合作,实现互利共赢的重要基地,也将成为玄武区对韩国企业宣传的一个窗口。玄武区将以此为平台,加强和KOTRA南京代表处的联系,实现全面对接,提高玄武区对韩资企业的影响力,为玄武引进更多的优质韩资企业。

【赴上海考察】 9月28日,区委副书记、代区长徐曙海,区委常委、常务副区长曹曙,带领区发改局、投促局、新街口街道及广厦房地产公司主要负责人赴上海考察学习。在戴德梁行董事魏超英的陪同下,徐曙海一行首先考察了由香港新鸿基投资建设的绿色环保建筑上海环贸广场ICC项目,随后,赴莱福士广场考察雷格斯商务中心。徐曙海一行还到南京东路步行街考察苹果旗舰店,并赴浦东苹果店体验了商务办公新模式,邀请苹果公司到玄武开设南京首家旗舰店。

【微软副总裁沈向洋一行到玄武区考察】 10月20日,区委书记储永宏,区委副书记、代区长徐曙海共同会见了微软全球副总裁沈向洋博士一行。储永宏向客商介绍了玄武区经济、社会发展情况及产业布局,特别介绍了徐庄软件园发展成果和紫金(玄武)创业特区规划情况。徐曙海表示区政府将对微软落户玄武给予全力支持。沈向洋博士对玄武区的投资环境十分满意,对徐庄软件产业基地的发展成果给予高度评价,对紫金(玄武)创业特区规划情况给予充分的肯定。沈向洋博士一行在张蓬副区长及相关部门的陪同下,实地考察了徐庄软件园。区委、区政府领导滕涛、张蓬、张连春等参加会见。

【水木动画股份总裁施向东考察玄武】 10月21日,水木动画股份总裁施向东一行到玄武考察。区委书记储永宏,区委副书记、代区长徐曙海,区委副书记邱小凡,区委常委、统战部部长、区委办主任滕涛等会见了施向东一行。储永宏向客人介绍了玄武区经济、社会发展情况及投资环境,对水木动画股份这样有实力的文化创意企业到玄武考察选址表示热烈欢迎。徐曙海表示区政府将全力支持水木动画落户玄武。施向东先生感谢区领导的热情接待。施向东一行还对徐庄软件园进行实地考察,并就共同关心的问题进行深入探讨。区科技局、投促局、商务局、文化局、徐管委等主要负责人陪同考察。 (张明亚)

旅　　游

【概况】 2011年,区旅游局按照新的工作职能,有序推进全区旅游各项工作。紧抓市场营销,举办特色节庆,全面推进全区旅游经济快速发展;强化市场管理,开展依法行政,全面落实全区旅游质量健康提升;依托人才联盟,增强企业合力,全面提升全区旅游人才素质;围绕关注民生,切实转变作风,全面提升全区旅游行评服务水平。全年国内旅游接待人数1800万人次,同比增长151%(中山陵、玄武湖景区免费开放),旅游产业税收1.18亿元,同比增长18.23%。

【2011南京·玄武文化旅游节开幕】 由玄武区人民政府、南京市旅游园林局共同主办,玄武区商务局(旅游局)、中国近代史遗址博物馆共同承办“2011南京·玄武文化旅游节(民国篇)”,在南京中国近代史遗址博物馆(总统府)隆重开幕。江苏省政协常委、副秘书长张骥、南京市政府副市长陈刚出席开幕式,南京市旅游园林局副局长金卫东、南京中国近代史遗址博物馆(总统府)馆长尤伟华,玄武区四套班子领导单景南、张萍、邱小凡、杨乐华,玄武区各街道负责人、区内各大景区、旅行社、星级酒店的领导和省市新闻媒体200余人参加开幕式。开幕式上进行了“透过镜头看玄武”拍客大赛、民国文化旅游宣传推广签约、《玄武民国文化深度旅游图》和玄武美食折扣卡首发仪式、民国文化旅游商品展、玄武旅游书画笔会、民国美食品鉴会、玄武旅游形象口号征集等系列活动。

【参加2011中国国内旅游交易会】 4月15~17日,国家旅游局和陕西省人民政府共同主办“2011中国国内旅游交易会”在西安曲江国际会展中心开幕。来自全国31个省、自治区、直辖市及新疆建设兵团的旅游局、旅行社、景点、饭店等旅游相关机构及企业共1562家单位参展。南京中山陵景区、总统府景区成功入选。玄武区旅游局为此次展会特别制作了标准展台,并将《民国文化旅游地图》、玄武美食折扣卡2000份宣传资料带至旅交会现场,向参会的旅行商推介玄武旅游资源。玄武湖景区、总统府景区派人参加了交易会。

【举办旅游公益宣传活动】 4月28日,

南京市旅游园林局、市文明办、玄武区政府共同在玄武湖景区举办“文明旅游、理性消费、依法维权”活动。旨在倡导健康、文明的旅游消费方式，营造放心、诚信的旅游消费环境，依法保护旅游者合法权益。市旅游园林局副局长王善坤出席这次活动。玄武区政府副区长张连春参加活动并提出要求，一是加大宣传力度。开展多种形式的“诚信旅游、文明旅游、品质旅游”系列宣传活动。二是加强监督执法。严格按照属地化管理要求，进一步加强和规范区旅游行政执法工作。

【玄武区力推红色旅游线路】 5月19日为“中国旅游日”，上午，由玄武区旅游局与南京梅园新村纪念馆共同主办，南京雨花台烈士陵园、侵华日军南京大屠杀遇难同胞纪念馆、渡江胜利纪念馆等红色旅游景区共同协办的“发展红色旅游，构建和谐社会”——庆祝首个中国旅游日暨南京红色旅游线路推介仪式在梅园新村纪念馆举办。活动现场，区旅游局局长曹承桂对区域内红色旅游的情况作了介绍，市青年国际旅行社王忆辛总经理代表旅行社发言。南京大华国际旅行社等5家龙头旅行社与四家景区签订战略联盟，共推红色旅游线路的资源整合和营销推广，努力打造拳头红色旅游品牌。

【陈刚一行到玄武调研旅游工作】 12月16日上午，南京市副市长陈刚一行到玄武区调研旅游工作，市政府副秘书长穆耕林、市旅游园林局局长汪振和等领导参加，玄武区区长徐曙海、副区长张连春陪同调研。陈刚一行考察了曼度街区、六朝建康城遗址博物馆、凯铂精品酒店等项目，听取张连春关于玄武区旅游情况的汇报。代区长徐曙海对推出旅游线路，营造长江路及周边环境改造、项目规划建设等方面作了汇报。市旅游园林局、市文广新局、市住建局、市城管局等部门表示发挥职能作用为打造长江路提供帮助和支撑。陈刚指出，玄武区对全区旅游工作深入思考，做了很多具体工作，一是打造范围进一步明确，宣传力度还要加大。要体现长江路文化展示、景点开放、休闲、购物等主要功能，对长江路开放型街区的名称要定位准确；二是可以把长江路打造成为南京第一条文化旅游示范街区，规范推动城区休闲旅游工作，体现玄武文化旅游示范区特色；三是要成立协调小组，将长江路打造分阶段进行，落实到各相关部门。 (刘细平)

·1912街区·

【概况】 南京1912街区位于南京市长江路与太平北路交汇处，由21栋民国风格建筑以及4个街心广场组成，总建筑面积4.2万平方米。街区总体分为A（餐饮休闲区）、B（酒吧区）两大区块，已有50余家国际、国内品牌商家进驻。

南京1912街区有机兼容历史文脉和时代风尚，经过8年多的培育和锻造，已成为具有示范和标志性意义的现代服务区，故有“北京有三里屯，上海有新天地，南京有1912”之说。

玄武区委、区政府2004年4月成立1912街区管委会，由区发改局等机关职能部门及梅园新村街道办事处21个单位组成，并派出其现场办公室与街区运营公司同步进驻街区，共同组织、参与街区景观建设，协助招商，为入驻企业提供优质服务等。

【街区举办“东西会”活动】 2011年，街区举办了“东西会”活动。“东西会”活动形式主要是邀请全国各地的创意爱好者在1912街区进行独立设计服饰、原创家居饰品、玩具、手工艺品、油画、雕塑艺术品、独立唱片、独立书籍、稀有的二手物品等小物品的售卖和置换。1912是东西方文化交融的地方，是传统的民国情调与西方的时尚激情碰撞的地方，活动体现东方文化与西方文化在1912汇聚的含义，因此创意市集定名为“东西会”。1912街区将努力把“东西会”活动打造成1912街区的一个品牌活动。

【创建品牌街区规划】 根据品牌建设规划，紧紧围绕“创品牌街区”的目标，着力规范各项管理制度，提升综合管理水平；着力营造良好的投资环境与经营环境，吸引更优质的企业进驻街区；着力提升街区入驻企业综合品质，不断推动1912街区健康发展。

目前，街区已有餐饮、酒吧和休闲业态入驻商户53家。为使管理工作能够跟上品牌街区发展的需要，管办和运营公司在发挥品牌优势的基础上狠抓街区入驻商户品质建设，努力提升街区的经营管理水平，以打造“诚信经营、放心消费”街区为工作目标，持续在街区开展系列创建活动，旨在提升入驻商户守法经营、规范服务的自觉性。1912街区已获“中国著名特色商业街”“中国城

5月19日，区旅游局与梅园新村纪念馆联合举办庆祝首个中国旅游节暨南京红色旅游线路推介仪式——“发展红色旅游，构建和谐社会”

市商业文化创意奖”“江苏省文化产业示范基地”“江苏省质量奖（服务业）”“江苏省名牌产品(服务业)”“江苏省著名商标”“南京市质量奖（服务业）”“南京市名牌产品（服务业）”“南京市著名商标”“南京市百城万店无假货示范街”“南京市餐饮计量诚信一条街”“南京市特色旅游街区”“南京市对外文化交流基地”“南京商业街区工作卓越贡献单位”和“南京市最具影响力商业街区”等市级以上荣誉称号20项。“1912”品牌在国内外已具有重大的影响力和较高的知名度。

【举办中秋祭月汉服活动】 9月9日中秋节，在1912广场举办中秋祭月汉服活动及古琴演奏会。中秋节成为传承民族文化，增强民族凝聚力盛会。“中秋节”从2008年起被国务院列为国家法定节假日，并被批准列入第一批国家级非物质文化遗产名录。2006年5月20日，古琴艺术经国务院批准列入第一批国家级非物质文化遗产名录，划分在“民间音乐”类。此次活动，宣传了中国的传统文化，丰富了社区文化生活，增强了群众的文化意识。

【“辛亥百年”纪念活动彰显街区文化特色】 10月10日，在南京1912街区举行纪念辛亥革命100周年系列活动，现场参加活动人群高举孙中山头像。

100年前开放、自由、创新的基因禀赋，根植于城市空间创新性开发进程。在文化商业街区的经营历程上，1912人开创以数字命名商业项目的先河。“1912”鲜明时代特征激励人们继承发扬这一社会和文化元素。纪念辛亥百年意在继承和发扬辛亥革命精神，牢记革命先驱振兴中华的理想，为玄武区社区文明建设做出新贡献。

【景点选介】 民都荟　民都荟位于1912街区9号楼，临驾民都荟，一边美味佳肴，一边私密洽谈，一边谈古论今；民都荟酒店主营民国大菜，传承百年餐饮美食文化，结合现代生态美食理念，食材选料精细，来自生态基地，区域广泛，遍及世界。厨艺精湛，科学烹饪，极品珍馐，原汁原味。色、香、味、形、器、搭配精妙，独具匠心。为政要和外宾接待、商业精英宴请、学界交流提供高端餐饮会所职能。

金夫人　金夫人是一家享誉全国的婚纱摄影连锁品牌，商户位于1912街区5号楼，这幢楼是国民党高级将领李弥的公馆旧址。1949年国民党第十三兵团司令官李弥在淮海战役中兵败潜逃。4月南京解放，公馆被南京市军管会接收。李弥于1950年去了台湾。2005年金夫人成功入驻南京1912，投入巨资在南京建立华东地区旗舰店。南京金夫人婚纱，将南京现代婚纱摄影推向“精致化、完美女人味”的高格调时代！

回归97酒吧　回归97酒吧于2012年入驻南京1912街区，酒吧位于街区12号楼，时尚前卫的酒吧在民国建筑中更加凸显其妩媚冶艳。一楼高品质红酒，面对面的互动吧台，一对一的管家式服务。二楼绚丽四射的慢摇音乐，激情艳丽的服务。酒吧配备了德国顶级音响和灯光系统，与国际同步的装备，只为让您拥有顶级视听盛宴。（韩　娜）

链接

南京1912投资集团有限公司

南京1912集团以发展和优化商业地产运营和服务为己任，拥有南京1912、扬州1912、无锡1912、苏州1912、南京百家湖1912、合肥1912、常州1912和滁州1912的8个商业街项目。未来3年发展计划，集团公司将成为国内领先的城市文化商业地产运营商，1912连锁街区将有10个以上，街区运营面积翻一番。

景区景点

·中山陵园风景区·

【概况】 2011年，中山陵园管理局以科学发展观为统领，以营造和谐文明氛围为目标，全面提升环境质量和管理服务水平，先后荣获江苏省文明单位、江苏省“青年文明号”、“南京市文物保护工作先进集体”、“全国风景名胜区数字化示范基地”等荣誉。在中国共产党建党九十周年前夕，入围全国红色旅游经典景区。中山陵、明孝陵被评为2010长三角世博主题体验之旅最受欢迎示范点。顺利通过北京中环联合认证中心对该局进行的ISO 9001质量管理体系和ISO 14001环境管理体系再认证现场审核。金陵之声广播电台采访梅花山首席花情预报员节目全球播出。2011年，中山陵景区接待境外华侨华人(团体)共43批次，2840人次。接待批次同比增长27%，人次同比增长58%。接待了国民党新北市党部蔡家福主委，孙中山先生孙女孙穗芳博士、孙媳妇林伦可女士等台湾重要嘉宾。

【2011中山陵举办纪念辛亥百年系列活动】 2011年，辛亥革命一百周年之际，中山陵举办了系列纪念活动。3月至7月，中山陵园管理局、共青团南京市委共同主办“民族心·中华情”青少年演讲比赛。28家学校、单位，87名选手报名，评选出18名获奖选手。2名选手赴澳门参加第五届海峡两岸“民族心·中华情”青少年征文演讲比赛，获得优秀奖和入围奖。3月至9月，南京市教育局、市文明办、中山陵园管理局、南京市语言工作委员会共同主办了“回望辛亥百年·弘扬中山精神”南京市中小学生书法大赛。收到180余所学校参赛作品870余幅，评出获奖作品88幅。由中国第二历史档案馆、南京市档案馆、中山陵园管理局共同主办的“辛亥革命与南京”图片展，分别于5月15~22日，在台湾“国父纪念馆”展出，8月在中山书院展出，受到台湾民众及海内外人士的欢迎。展览共展出336张珍贵图片。9~10月，由南京、广州、武汉、上海、北京等五地孙宋纪念馆开展“百年风云”五地联展。各场馆提供近30幅辛亥革命相关图片，共约100幅。9月28日，在中山陵博爱广场，由南京钟山文化研究会、《现代快报》报社、南京穿越文化传播有限公司联合复制的100尊孙中山半身铜像向社会公开限量发行，以满足孙中山先生仰慕者及收藏爱好者的需要。孙中山纪念馆与南京永银收藏品有限责任公司联合开

发的纪念辛亥革命100周年大铜章藏品正式对外发行，全国限量发行3000套。

【中山陵成为"海峡两岸交流基地"】2011年11月12日，在纪念孙中山先生诞辰145周年之际，南京市隆重举行中山陵"海峡两岸交流基地"授牌仪式。中台办、国台办副主任叶克冬，省台办主任王荣平，市政协主席缪合林，市委常委、副市长赵晓江，市委常委、统战部部长项雪龙等出席授牌仪式。中山陵作为孙中山先生的长眠安息之地、不朽精神的寄托之地，已成为海内外华人共同敬仰的圣地。近年来，每年都有50多万的台湾民众到中山陵参观游览，因此在海峡两岸群众性、民间性交流交往中具有特殊的地位，发挥着特殊的作用。中山陵"海峡两岸交流基地"的设立，将进一步加强民国历史文化遗迹的保护与管理，增进两岸发展的推动力；进一步加强两岸文化交流与交往，激发两岸交流的生命力；进一步深化宁台经济与旅游合作，增强两岸发展的互信度；进一步增强中华民族的凝聚力，为促进两岸实现和平统一做出应有的贡献。

【南京智慧旅游互动体验终端投放使用】

为配合南京市政府开展"南京智慧旅游互动式体验终端"的投放工作，更好地为游客提供旅游地信息查询，2011年，中山陵园风景区分别在中山陵游客中心、明孝陵游客中心，安装投放2台智慧旅游互动式体验终端多媒体触摸屏供游客使用。多媒体触摸屏电脑系统可根据主要使用人群的需求来灵活配置。如将部分旅游目的地网站建成适合在城市多媒体终端中演示的版本，通过与城市多媒体终端链接，以多媒体的方式，生动地向旅游者提供范围广泛的旅游公共信息和商业信息。

【中山陵有了"造币机"】中山陵旅游服务中心附近多了3台红色机器，乍一看像自动售货机，其实是台"造币机"。只要投入2枚一元硬币，按个人喜好选择图像，机器就会自动制造出一枚"铜币"，图像可选A、B、C三种，分别是孙中山纪念堂、孝经鼎、博爱坊。中山陵陵寝免费开放以来，风景区为了满足游客多元化需求，加大了包括旅游纪念品开发等游、购、娱方面的个性化服务，在景区除了销售长期为游客喜爱的文史书籍、纪念折扇和徽章等传统旅游纪念品外，还结合中山陵、明孝陵的文化特色，着手创新开发了一批新颖有趣的旅游产品。

【中山陵祭堂第五次维修保护】为纪念辛亥革命100周年，经南京市政府批准，中山陵园管理局于6月1~20日，对陵门、碑亭内部、石台阶及两侧栏杆、祭堂、墓室等文物本体进行第五次大规模的维护保养。此次的祭堂维修包括：对祭堂内12根黑色大理石柱进行石蜡抛光处理；对祭堂黑色大理石护壁进行石蜡抛光处理；搭设高度达到15米的脚手架，依次使用干、湿纯棉毛巾对祭堂内顶部额坊、斗拱等处彩绘部分除尘清污，再用白色水蜡对其抛光；由于坐像底座四面浮雕人像等多处存在缺损现象，南博文物保护研究所对底座浮雕进行修补作色；对白色大理石坐像表面浮尘进行了全面清洗；对位于坐像后方的墓门两边大理石墙体的缺角进行了修补。在祭堂平台西侧花坛周边栏杆后方加装石质衬板，并对地面沉降裂缝处进行勾缝修补。

【中山陵园孙中山铜像修复完工】2011年初，公众媒体相继报导了伫立在中山陵园藏经楼前的国家馆藏一级文物孙中山先生铜像"正在被腐蚀损坏"。江苏省及南京市文物局领导和南京博物院专家先后三次赴现场调研情况，采用世界领先技术赛默飞世尔尼通元素分析仪对铜像进行了无接触探样。分析结果表明，铜像病害主要是由于近三十年工业化高速发展，导致城市环境逐步恶化，常年酸雨对放置在室外开放空间的铜像不断侵蚀造成的。南京博物院文物保护研究所采用"盐铜还原"的方法，先后按锈蚀面处理、硫化物层析复原、表面清洗、微晶石蜡封护四个步骤，对铜像进行无害化修复。3月31日，铜像修复完工，表面白色、绿色物质基本清除，脸部、肩部等重点修复部位有明显改善，基本达到预期目标。中山陵园管理局将制定长期的孙中山铜像保养方案，加强对铜像的日常巡查、监测，每年定期对铜像做1~2次维护保养。

【景点选介】明孝陵　明代开国皇帝朱元璋和皇后马氏的合葬陵墓。坐落在南京市东郊紫金山南麓独龙阜玩珠峰下，茅山西侧，东毗中山陵，南临梅花山，是南京最大的帝王陵墓，也是中国现存古代最大的帝王陵寝之一。明孝陵建于明洪武十四年(1381年)，翌年马皇后去世，葬入此陵。因马皇后谥"孝慈"，故名"孝陵"。洪武三十一年(1398年)，朱元璋病逝，启用地宫与马皇后合葬。至明永乐十一年(1413年)建成"大明孝陵神功圣德碑"，整个孝陵建成，历时30余年，至今已有600多年历史。明孝陵建筑自下马坊至宝城，纵深2.62公里，现存遗址可分为两大部分。第一部分：蜿蜒曲折的陵墓神道。自下马坊至孝陵正门(文武方门)，包括下马坊、神烈山碑、大金门、神功圣德碑及碑亭(俗称四方城)、神道石刻和御河桥。第二部分：明孝陵寝主体建筑。自正门至崇丘，包括文武方门(即正门)、碑殿、享殿、大石桥、方城、明楼、宝顶等，筑有围墙。明孝陵改变了唐宋帝陵方上、陵台、方垣、上下宫制度和十字轴线的陵墓布局，首次按皇宫布局建立"前朝后寝"三进院落制，开创陵寝建筑平面呈"前方后圆"的基本格局，并一直规范着此后明清两朝500多年20多座帝陵的建设规制。1961年，明孝陵被公布为第一批全国重点文物保护单位。2003年7月3号联合国教科文组织世界遗产委员会第27届会议决定，明孝陵入选《世界遗产名录》。

孙中山纪念馆　原名藏经楼，位于中山陵与灵谷寺之间的密林中，原由中国佛教会捐建，初为收藏佛经所用，是一座仿清代喇嘛寺的古典建筑，包括主楼、僧房和碑廊三个部分，面积达3000多平方米，主楼高20.8米，顶上盖绿色琉璃瓦，屋脊为黄色琉璃瓦，正脊中央饰有紫铜回轮华盖，梁、柱、额枋均饰以彩绘。由著名建筑师卢奉璋设计，1936年冬竣工。1987年5月7日，南京市人民政府正式批准将藏经楼辟为"孙中山纪念馆"。1989年5月30日，在孙中山先生奉安60周年前夕，该馆正式对外开放。馆内珍藏孙中山先生的经典著作和奉安照片等珍贵史料。楼前广场正中的花台上竖有一尊孙中山先生全身铜像，高2.6米重达一吨多。铜像由孙中山的日本友人梅屋庄吉赠送。楼后有长达125米的碑廊，上刻孙中山先生所著"三民主义"全文。纪念馆内收藏并展出孙中山的著作、手迹、图片、实物等。孙中山先生充满传奇色彩，充满斗争的一生，在这里化作张张纸片，幅幅照片，一件件生活中的平常琐物。所有到这里的人们都能透过这些细碎之物感受到那些隐藏着的孙中山的精神。1993年秋，香港意利辉投资有限公司董事长张健、总经理蒋明向中山陵园投资100万元人民币，中山陵园自筹资金80万元，在藏经楼西侧抗战前的总理陵园办公厅旧址兴建中山书院，工程于1994年11月竣工，1995年3月12日孙中山逝世七十周年纪念日正式启用，是孙中山纪念馆的一个组成部分。

航空烈士陵园　南京航空烈士公墓位于紫金山北麓的王家湾附近。由当时国民政府军政部航空署为纪念所属在北伐以及淞沪抗战中阵亡的空军飞行员而兴建。原始方案由金陵大学建筑系邱德孝教授设计。公墓于1932年动工，当年8月建成。占地50多亩，总造价达2.6万元，由航空署改组的航空委员会和社会募捐提供，蒋介石为此捐款3000元。公墓主要由牌坊、东西庑、碑亭、祭堂、纪念亭、墓茔以及纪念塔等地面建筑构成。其中纪念塔为方形，在塔的顶端是一座雄鹰的雕像，象征着烈士不屈的英灵。在祭堂的后面以及两侧辟有三个墓区，设墓穴160余个，每个墓穴前均刻有烈士简介。公墓建成后，首批入葬的是在淞沪抗战中牺牲的黄毓全、吴明辉以及在北伐战争中阵亡的空军飞行员30余人。至1937年4月共葬了40余人。之后，因时局紧张，在上海、南京保卫战中牺牲的烈士24人，合葬为一墓穴，其中有击落敌机11架的空军英雄刘粹刚等。经过南京沦陷、文化大革命，航空烈士公墓均遭毁灭性破坏。1985年7月24日，国家拨款45万元，重又修复墓地。同年秋天一期工程基本竣工。1995年8月18日"抗日航空烈士纪念碑"落成，碑上刻有"一·二八"淞沪抗战至1945年9月间牺牲的3500名（当时只刻了3306名）烈士的英名以及生平业绩。纪念碑分主、附碑两部分。主碑高15米，用花岗石雕制成飞机机翼式样，一面中文，另一面英文，构成象征Victory（胜利）的"V"字型，顶部的题额镌刻着"抗日航空烈士纪念碑"九个大字，为张爱萍将军手书。在纪念碑的下方有四组浮雕，表现了中、美、苏空军将士奋勇杀敌的动人场面。至此，由省、市地方政府及海内外社会各界人士拨款和捐款达数百万元，公墓的修复及扩建工程全面竣工，基本恢复了原样。2009年9月，南京抗日航空纪念馆建成，正式对外免费开放。2011年3月31日，纪念馆墓区改造工程完工。墓区的178块抗日航空烈士墓碑经过整修，以烈士的国籍重新划分为中、苏、美三个片区，墓穴的排列顺序也按照烈士军衔的高低重新进行了合理摆放。在这座公墓内，安葬着中国烈士870名，美国烈士2197名，苏联烈士237名，韩国烈士2名，还有一些需要核实后再补充镌刻于墓碑上。墓区内增设了步行道，更便于烈士亲属的查找和祭拜。改造后的墓区在青山翠柏的掩映之下更显整齐壮观。如今航空烈士公墓，不仅是一处凭吊抗日烈士的墓地，同时也是中、美、苏人民在抗日战争中，共同浴血奋战的最好的历史见证。

·玄武湖公园·

【概况】玄武湖又称秣陵湖、昆明湖、北湖、后湖，是中国最大的皇家湖泊园林。玄武湖东接钟山，北临红山，南倚九华，具有独特的自然景观和丰富的历史文化底蕴。玄武湖是国家级风景名胜区钟山风景名胜区的重要组成部分，国家AAAA级旅游景区。总面积502公顷（含情侣园30公顷）。其中湖面378公顷（含情侣园10公顷），陆地面积124公顷（含情侣园20公顷）。湖中分布着各具特色的五块绿洲。玄武湖一直是古都南京的风景"名片"，被誉为南京的"城市客厅"，因为其融南京山水城林一体的独特园林风貌，素有"金陵明珠"之美誉。

2011年，玄武湖景区从单纯的观光型向休闲观光型旅游转变，管理更细，容貌更美，服务更优，新的经济增长点也初见端倪，已经成为"城市客厅、市民乐园"。从2010年10月1日免费开放一年后，园内接待游客量已经达到1155万人次，同比增加了2倍多。双休日平均每天客流在5万~6万人，节假日则超过10万人。公园探索"养管分离"之路，年初成立了园林景观公司，有效整合管理资源，采用更为精简高效的运转模式。实行"四班三运转"的模式，采用"网格化管理"，将每一块地面、每一株花草都明确划分到个人的"责任区"内，24小时不间断保洁。为维护水质，市政府建设玄武湖引水工程，引入净化后的长江水，定期对湖水进行冲洗。同时，走"经管分离"之路，成立旅游经营公司，为游客提供多样化服务——船游玄武湖、设置8个游客服务区，环湖路上的游客服务中心24小时提供服务、每个洲上设餐饮点。景区内实现消费支付"一卡通"，首次开通市民卡在玄武湖景区内的充值和消费功能，成为南京市第一个跻身"智慧旅游"的景区。"五一"期间，又启动客流视频智能统计系统，让景区的管理更加科学，让游客旅游更轻松。自行开发的旅游纪念品"玄武宝贝"和玄武湖风光明信片已经发行。2011年景区内相继举办"玉兔迎春乐翻天"民俗闹春、"夜游玄武湖"水上线路首航、第9届中国杜鹃花展、2011年现代快报读者节、快报红娘玄武湖公益相亲大会等大型活动。

【玄武湖环境综合整治三期工程】 2011年玄武湖环境综合整治三期工程和平门至翠洲门段，全长2.3公里竣工。三期工程着眼于玄武湖可持续发展的配套服务设施，为市民打造舒适安全的休闲环境。工程完成1500米硬质驳岸生态化改造，改线环湖路约1000米，并贯通站前环湖路，将滨水空间腾出建设约1500米的滨水栈道和近3000平方米的滨水平台。拆除沿线约5000平方米的破旧建筑，恢复为景观绿地，在大湖驳岸生态化改造的基础上扩大了1.4万平方米内河水面并建设成生态水系。共增加草坪5.3万平方米、新增植物品种70多个、栽植水生植物20万余株。原冲洗玄武湖的冲水管处前建造了假山，从上元门水厂抽调来的清水缘石而下形成瀑布，形成一处景观。同时在这一区域增加了座椅237张，其中靠背座椅100张。设置了监控系统，达到监控全覆盖。此外，新增2个高标准公厕并改造站前公厕，配置了100个垃圾桶，统一设计并进一步完善了标识系统。对沿湖岸线约2.3公里进行了亮化，至此，环湖路已实现全线亮化。对湖路畔的小品景观墙和景观灯柱，进行了特别的设计。在景观灯柱上写满了各种有关南京以及玄武湖的名家诗词。读了景观墙上的文字，就可以了解玄武湖曾经的历史。环湖路规划了李渔文化园、碧莲苑、荷湾聆音、鳍阁环秀和水上游客中心等5处旅游配套设施，以期改变原先混乱的游船经营形象。建设了荷湾聆音和水上游客中心，其他三处景观将在后续配套工程中实施，预计2012年年底前建成对游客开放。玄武湖整治四期工程，翠洲门至太平门段的景观改造，有望统筹协调后一起进行。

【南京玄武湖公园免费开放周年活动】 2011年10月1日，是玄武湖公园黄金周免费开放一周年。“2011年现代快报读者节”在玄武湖公园举办。当天，在玄武湖莲湖广场举办明信片首发仪式，南京电视台“听我韶韶”主持人吴晓平在现场韶韶“玄武湖游园守则”。上午10点，在玄武湖翠洲门外荷湾聆音举办了水上婚礼首航仪式，正式推出水上婚礼项目。9月28日到10月7日的“首届金陵盆景展”有包括树木、山水、微型组合、观果在内的110个盆景与游客见面。一年来，玄武湖公园的人流量比同期增加了两倍多。双休日平均每天客流在5~6万人，节假日则超过10万人。接待的国内外旅行团1200多个。来自周边城市的中小学生“一日游”旅行团数量增幅明显。

【景点选介】 *米芾拜石* 2001年7月24日建成，由三块天然巨石组成，其中最重的过36吨，在南京已属罕见。米芾是宋代书画家，玩石如醉如痴。相传米芾见奇石便“三拜九叩”，故有“米芾拜石”的典故。

喇嘛庙、诺那塔 位于玄武湖环洲，始建于1937年。喇嘛庙是一座面阔三间的单檐歇山式殿堂，形制古朴；诺那塔九级六面，仿唐宋风格，底级四面镌刻碑文，系国民党元老居正所撰并书的《普佑法师塔碑铭》，均为纪念诺那法师(1865~1936)而建。

郭璞墩 位于玄武湖环洲。郭璞墩为东晋著名文学家、科学家郭璞的衣冠冢。1992年被列为市级文保单位。郭璞为山西闻喜人，博学多才，善于阴阳卜卦之术。公元322年，东晋大将军王敦谋反，郭璞直言不讳道：“无成”。王敦恼羞成怒，将其杀害。明嘉靖皇帝钦仰他一身正气，下旨在此墩上设圣谕亭，供人凭吊。

莲花广场 位于玄武湖环洲，约5000平方米，可容纳观众3000多人。广场以荷叶、荷花造型为构图，12米高的莲花仙子雕塑及四个憨态可掬的莲花童子是广场的主题标志。广场集音乐喷泉、激光、水幕电影等设施为一体，为国内规模最大、品种较全的大型表演区。

铜钩井 位于玄武湖梁洲，系南京市文物保护单位——湖神庙的重要组成部分。掘于明洪武三十年(1397年)，因掘井时得铜钩一具（估计是六朝时期汲水所留）而得名。铜钩井井栏为胭脂红大理石制成，栏高55厘米，外径70厘米，内径40厘米。铜钩井直至建国初期，都是玄武湖内居民生活用水的主要源地。铜钩井景点占地近20平方米，包括铜钩井主体和外围文化延伸两大部分。铜钩井主体加设钢化玻璃保护罩，既便于游客观赏，又可以减少自然和人为对井体的损坏。外围文化延伸部分是增设保护围栏，围栏采用拴马桩石雕为原型，以大青石雕刻而成。拴马桩桩头圆雕，有人物，兽等的组合，其中有两人手持十八般兵器中的“戟”，包含了六朝、明、清等文化元素，体现了玄武湖历史文化叠加的特色，也寓意祈福驱邪的美好心愿。

·总统府·

【概况】 总统府位于南京市长江路292号，迄今已有600多年的历史。明朝初年曾是归德侯府和汉王府。清朝为江宁织造署、江南总督署、两江总督署。清朝康熙、乾隆皇帝下江南时均以此为“行宫”。1853年3月太平军占领南京，定都天京，洪秀全在此兴建了规模宏大的太平天国天朝宫殿(天王府)。清军攻破南京后，焚毁宫殿建筑，于同治九年(1870)重建了两江总督署。1912年1月1日，孙中山在此处宣誓就任中华民国临时大总统，并组建了中国历史上第一个共和制的国家政权——中华民国临时政府。1912年4月，临时政府结束，在这里成立了南京留守府。先后为讨袁军总司令部、江苏都督府、江苏督军署、江苏将军府、江苏督办公署、副总统府、宣抚使署、五省联军总司令部、直鲁联军联合办事处等机构。1927年3月，北伐军占领南京，这里先后成为国民革命军和北伐军总司令部，以及军事委员会办公处。1927年4月南京国民政府成立后不久，即于9月移驻这里办公。1928年10月，行政院和参谋本部分别以东院(东花园)和西院(西花园)为办公处，直至1937年11月，国民政府迁往重庆。1937年12月南京沦陷后，这里先后被日军第16师团部、伪维新政府、汪伪政府立法院、监察院、考试院、伪交通部、铁道部等机构占用。1946年5月，国民政府"还都"南京后，这里仍为国民政府所在地。东花园成为国民政府社会部、地政部、水利部和侨务委员会办公处。1948年5月20日，蒋介石、李宗仁在"行宪国大"分别当选总统和副总统后，国民政府改称总统府。1949年4月23日南京解放，24日凌晨，中国人民解放军占领总统府。解放后总统府先后成为南京市军管会、南京市文物管理委员会、江苏省省委、江苏省人大常委会、江苏省人民政府、江苏省政协等机关的办公处。20世纪90年代，机关单位陆续迁出，并于1998年在总统府旧址开始筹建南京中国近代史遗址博物馆。至2003年3月，建设工作完成，并正式对外开放。

总统府景区占地面积约9万平方米，保存有较为完整、风格迥异的近现代建筑遗存，有中式官衙建筑、中式园林建筑、西式建筑以及民国公共建筑等，著名碑碣散布其间。1982年，总统府以太平天国天王府名义被列为全国重点文物保护单位；2004年，被评为国家AAAA级旅游景区。今天，总统府景区正以诸多保存完好的近代中西建筑遗存，国内独一无二且厚重的历史文化氛围，珍贵的文物和史料，风景优美的自然环境，热情地欢迎来自海内外的嘉宾。

【景点选介】 二堂(中堂) 清代晚期建筑，原为太平天国的内宫建筑。两江总督署时期为二堂。民国年间，为举行礼仪活动的场所，如外国使节向中国政府首脑递交国书，举行各种仪式等。举行会谈前也在这里进行礼节性晤面。民国时期曾多次改建，内部保持了中式风格，北墙门外却是西式门廊。

子超楼 总统府的主要建筑，位于总统府中轴线北端。这幢办公大楼是在国民政府主席林森任上所建。林森字子超，且任国民政府主席时间最长，所以人们习惯称之为“子超楼”。该楼于1934年开工，至1935年12月竣工。“子超楼”主体五层，局部六层。第一层，先为国民政府文官处，后成为总统府文书局的办公室。第二层是总统、副总统办公室。朝南的这间是蒋介石的办公室，朝北的这间是副总统李宗仁的办公室。第三层是国民政府会议室。

·梅园新村纪念馆·

【概况】 中国共产党代表团梅园新村纪念馆，位于南京市城东长江路东端的梅园新村街道两侧，由中共代表团办事处旧址、国共南京谈判史料陈列馆、周恩来铜像、周恩来图书馆等组成，属于近现代历史遗迹及革命纪念建筑物。1946年5月3日，中共代表团迁至南京，驻在梅园新村17号、30号、35号。以周恩来为首的中国共产党代表团，在这里同国民党政府进行了10个月零4天的谈判。1947年3月7日，中共代表团撤返延安，所留房屋财产委托民盟代管。1950年5月，由南京市文保会接受保管。1954年筹建，1961年起内部开放。“文化大革命”期间，原址封闭。1977年11月，南京市委正式批复将原址定名为“中共代表团梅园新村纪念馆”，并对外开放。2008年3月10日起免费对公众开放。它的保护范围：南至汉府街，北至中共代表团办事处原址外延35米，东至梅园新村17号东侧围墙，西至南京军区空军后勤部围墙。

纪念馆藏有文物1170件，其中一级藏品100件，内有当年周恩来、董必武、廖承志、邓颖超等从1942年5月一直带在身边阅读的毛泽东著作《改造我们的学习》，书面上有周恩来亲笔签名。还有1946年叶剑英、李克农、徐冰在北平军调部工作时，赠送董必武的一只刻有《兰亭集序》的铜墨盒，上面并刻有上、下款。

【景点选介】 陈列馆 位于梅园新村街道西侧，南京军区空军后勤部东侧，汉府街北面，占地面积2200平方米，陈列面积1000平方米。馆名由国家前主席杨尚昆题写。这是一座富有地方特色的现代建筑，采用传统的四合院格局，周围有颇具民族风格的老虎窗、石刻透空窗，显示了中国传统文化的特色。山墙上变形组合的马蹄莲，正面墙上变形梅花等艺术品，象征着周恩来等老一辈革命家处变不惊、从容机智的大将风度和傲霜斗雪、蔑视强权的坚强意志。西墙上现代抽象意味的浮雕式老虎窗和对当年监视、跟踪、盯梢的特务眼睛进行艺术夸张的现代镜面窗，与马路对面钟岚里国民党军统监视站相呼应，使人联想到代表团当年所处的险恶环境。陈列厅正中是一座高6.5米、宽3.3米的大型汉白玉浮雕，是整个展厅的视觉中心。浮雕上镌刻着中共代表团领导成员和部分工作人员的群像，浮雕上的风云图案表明他们都是历史上叱咤风云的历史人物，整个画面成反S形，象征着中国共产党人走过的曲折漫长的道路和我党事业后继有人。

(张宁芳 顾 坚)

中山植物园——百草画廊

软件产业和信息化建设·工业·农业

Software Industry and Informatization Construction Industry Agriculture

- 软件产业和信息化建设
- 工业
- 农业

软件产业和信息化建设

【概况】 2011年，玄武区软件和信息收入86.68亿元，完成年计划102%；新增建筑面积26.7万平方米，完成年计划296%；新引进软件企业数75家，完成年计划125%，其中，注册资金千万元以上有苏宁易购、南京宽慧无线网络等7家企业；引进领军型科技软件类创业人才数5人；引进和培育“千人计划”软件类人数3人；有涉软从业人员3.5万人。截至2011年底，玄武区经双软认定企业有322家。纳入市软件产业统计的软件信息业务收入上亿元企业有金思维、智达康、东大智能、江苏鸿信等11家，软件信息业务收入上千万元企业有德讯科技、江苏集群、迪比信可、水晶石、思迈特等20家。形成以徐庄软件园为龙头，以集成电路设计产业园、东大科技园、黄埔科技大厦、金思维软件大厦等特色园为补充，全力完善重点突出、特色鲜明、错位发展、分工合作的全区软件载体布局。

2011年，区经信办为软件企业申报省、市各类专项扶持资金项目近100个，其中江苏国瑞信安科技有限公司的基于云计算的信息安全公共服务平台项目、江苏南大尚诚高科技实业有限公司的基于云的音视频智能服务系统项目、南京海泰医疗信息系统有限公司的以高端电子病历为核心的医院医疗信息平台项目等32家企业争取到各类扶持资金2020.5万元。

【徐庄软件园评为省物联网示范园区】 2011年，徐庄软件园被省经信委评为省物联网示范园区，与中科院微电子所联合成立的物联网研究中心启动J用宽带物联网、智能多表监控系统等项目，重点推进食品全程追溯系统、远程心电监控系统等十大物联网项目，鸿信集成、埃森环境、江苏集群被评为省物联网重点企业；集成电路产业，依托南京集成电路设计产业园，积极打造全市集成电路设计产业孵化集聚区，全市90%的民营集成电路设计企业聚集于此，拥有国家级高新技术企业6家、国家集成电路设计企业3家，实现销售收入达2.8亿元；全区电子商务企业共计16家，苏宁易购、宏图三胞被商务部评为电子商务示范企业，猎宝网络、途牛旅游、育儿网等在全国行业中排名位于前列。

【举办第七届中国南京软博会玄武专场活动】 2011年9月3~6日，第七届中国(南京)国际软件产品和信息服务博览会在南京国际博览中心举行。玄武区成立参加第七届中国南京软博会工作领导小组，区发改局(经信办)精心制定活动方案，认真组

9月3日，在徐庄软件园苏宁电器集团总部举办中国(南京)国际商务发展论坛

织软博会各项活动。组织软件企业参展参会。其中苏宁易购、福中集团、水晶石、国瑞信安等10多家知名电子商务和软件企业参展，150多家企业200多人参会。组织项目梳理和签约工作，共梳理投资额500万元以上项目31个、总投资24亿元，其中福中集团人像识别系统产业化应用项目参加市政府的签约仪式。

9月3日，中国（南京）国际电子商务发展论坛作为第七届中国（南京）国际软件产品和信息服务博览会重要活动之一，在徐庄软件园苏宁总部会议中心召开。本次论坛由玄武区政府、市发改委、市商务局共同主办，副市长陆冰参加会议。论坛由区政府代区长徐曙海主持，区委书记储永宏致词。国内外知名电子商务企业淘宝南京公司、焦点科技、苏宁易购等企业领导及专家、学者一起，围绕电子商务现状、发展前景和推进举措，就电子商务平台的建立、数字认证服务、网上支付展开研讨。全市电子商务相关企业负责人、专家等近500人参加了论坛。现场互动气氛活跃，研讨热烈，取得圆满成功，推进了玄武区电子商务产业的发展。区发改局（经信办）结合专场活动，筹集经费，统一印刷发放《南京市电子商务企业简介》、《珠江路电子商务产业集聚区发展报告》、《玄武区电子商务产业发展指南》等共800多册，集体包装，突出特色，统一宣传，充分发挥软博会平台的优势和作用，推动全区软件和信息服务产业的发展。 （邢四清）

·徐庄软件园·

【概况】 2011年是徐庄从建设招商向运营管理转变的转折年，也是园区实现二次腾飞的基础年。徐庄管委会创新思路、真抓实干，深入践行区第十次党代会精神，园区年度目标任务及各项工作取得突破性进展。2011年，园区新引进神舟数码、FIS、鱼跃等品牌企业11家，引进瑞华投资、远古软件、文化创投等1000万元以上规模企业10家。园区已入驻企业150家。全年，园区地方一般预算收入完成3.4亿元；固定资产投资完成9.2亿元，

【固定资产投资完成9.2亿元】 2011年，园区地方一般预算收入完成3.4亿元，同比增幅121.1%；软件信息业收入填报约80亿元；固定资产投资完成9.2亿元，企业专利申请量完成102件，均已提前完成年度目标；服务外包执行额完成14000万美元，其中离岸7000万美元，全面完成年度目标任务。

【园区形成五大产业格局】 2011年，园区新引进神舟数码、FIS、鱼跃等品牌企业11家，引进瑞华投资、远古软件、文化创投等1000万元以上规模企业10家。园区已入驻企业145家，其中双软企业55家；高新技术企业21家；CMMI3级以上认证企业9家；国家规划布局内重点软件企业（分支机构）8家。已形成以神舟数码、东华、迪比信可为代表的软件信息产业，以苏宁易购、途牛、猎宝为代表的电子商务产业，以中科院物联网中心、智达康、埃森、微盟为代表的物联网与集成电路产业，以先声、正大天晴为代表的生物技术产业，以市文化集团、圣灵鱼为代表的数字文化产业等五大主导产业格局，为园区跨越转型奠定坚实的产业基础。

【园区服务体系提挡升级】 苏宁诺富特酒店、苏宁员工公寓、研发一区综合楼、研发三区餐厅、软件公寓二期等一批配套项目已投入使用；区地下人防指挥所土建工程已基本完成。与此同时，包含索迪、擎旗等多家培训机构的园区实训联盟已经建立；高层人才引进、培养机制初步成型。2011年，园区新增4人申报第七批次国家"千人计划"，新增5人入选江苏省"双创"计划，新增9人入选江苏省"333"工程人才培养计划；在组织、人社、科技等部门的帮助下，协助园区企业、人才积极争取扶持资金全年共计3220万元；企业新三板上市辅导全面铺开，1家企业基本完成前期准备，3家企业处于尽职调查阶段，2家达成合作意向，15家企业进入储备库；顺利创建"江苏省劳动关系和谐园区"，获得"全国版权示范基地"光荣称号。园区内软、硬配套建设协同发展，综合管理水平全面提升。

【非公党建工作创新创优】 2011年，徐庄管委会党工委围绕"大党建、创特色"的工作思路，结合园区实际，积极探索党建工作新思路，不断创新园区党建工作新特色：通过开展纪念中国共产党成立90周年主题系列活动，引导企业积极参与园区大文化建设，以文化发展促经济繁荣；通过区十次党代会代表选举，以及党建、团建、工会、纪检监督4项工作覆盖百企"四个一百"创建活动，推动组织网络在园区的全覆盖；通过推进全省首家非公企业纪监园区试点工作，探索纪监工作园区化管理模式，为全市园区纪监工作提供示范引领；通过率先创建市级数字文化产业园，实现科技与文化融合发展，已被南京市列为"十二五"期间重点打造的文化产业园区。

8月4日，在徐庄软件园召开"徐庄高层经济管理人才联席会成立大会暨"'资本'与'知本'对接会"

【成立高层经营管理人才联席会】 8月4日上午，徐庄软件园举行高层经营管理人才联席会成立大会暨“资本”与“知本”对接会。徐庄管委会党工委书记丁诚介绍徐庄高层经营管理人才联席会筹备情况及运作思路，省科技厅副厅长薛小平代表省科技创新协会为徐庄高层经营管理人才联席会授牌。玄武区委副书记邱小凡讲话，徐庄高层经营管理人才联席会，是玄武坚持人才引领、助力科技创业的应时之举、务实之策，体现以“四个第一”支持创新发展的战略考量。玄武区委书记储永宏、副书记邱小凡、区委常委组织部部长杨乐华、区委常委统战部部长滕涛、区政府副区长张蓬、江苏省科学技术厅高新处处长倪菡忆等领导出席本次会议。在“资本”与“知本”对接会上，南京证券有限责任公司董事长张华东、南京证券高级经理何品杰，东大智能、物泰、苗行天下等企业代表在会上踊跃发言，区委书记储永宏做重要讲话。

【共建毕业企业产业园】 8月10日上午，高淳县县委书记吴卫国一行在玄武区委书记储永宏的陪同下先后来到苏宁电器集团总部、江苏软件园、南京集成电路设计园等园区企业进行实地考察，随后在徐庄管委会一楼会议室举行了玄武区和高淳县共建毕业企业产业园签约仪式。双方领导表示要在资源共享、科技创新、信息服务、企业孵化等方面进一步加强交流，加快对接，互相学习，共同建设毕业企业产业园，为孵化企业在离开创业后提供适宜的发展空间，提高孵化企业成活率，加速孵化企业发展壮大。

【储永宏专题调研徐庄软件园企业上市工作】 8月22日下午，区委书记储永宏一行专题调研徐庄软件园企业上市工作情况，这是对徐庄软件园启动“资本”与“知本”科技创新双引擎工作的后续调研。储书记参观了南京东大智能化系统有限公司、南京物泰信息科技有限公司、南京圣灵鱼动漫科技有限公司、江苏加成数字科技有限公司、南京埃森环境技术有限公司等五家重点扶持上市企业，并就徐庄软件园企业上市工作情况与相关领导及企业负责人进行深入交流。

在南京物泰信息科技有限公司，储永宏对公司研发总部从外地搬迁到南京表示热烈的欢迎，并表示切实解决好企业在发展中遇到的实际困难；在南京圣灵鱼动漫科技有限公司，储永宏与公司总裁就当前南京动漫产业在全国的定位及发展前景进行深入探讨，勉励企业继续做大做强，力争成为南京市第一家上市动漫企业。 （赵晓磊）

·重点企业介绍·

【赛特斯网络科技(南京)有限公司】 赛特斯网络科技(南京)有限公司。成立于2008年3月，是一家高科技创新型企业。赛特斯拥有多项自主知识产权，赛特斯是IPTV监管监测核心技术及解决方案提供商，拥有流媒体QoE-QoE、智能图像处理、视频解析及模式识别、网络故障定位与自动优化、网络行为分析等关键技术，核心技术已申请13项专利，其中3项已经授权，获多项中国国家版权局计算机软件著作权证书、江苏省软件产品认定证书以及江苏省软件企业认定证书等。公司董事长兼总裁逯利军先生是计算机及电子工程领域的杰出专家、成功的创业家与企业家，2009年入选江苏省“创新创业领军人才计划”，2010年成功入选中组部“千人计划”，是国家级特聘专家、南京大学教授。赛特斯拥有一流的研发、管理和市场营销团队，以及完善的软件开发和实验测试环境。公司的领导团队由成功创办过多家公司、具备丰富管理经验的企业家们组成，公司董事长兼总裁逯利军先生入选国家“千人计划”，是国家级创新创业领军人才。赛特斯现有员工人数203人，其中技术团队人员有173人，技术人员占公司总人数的85%，约80%的工程师拥有硕士及硕士以上的学位。2011年实现软件产值8000多万元人民币。

赛特斯不断引进国内外优秀人才，加大创新能力的同时也注重产学合作的发展，先后与中兴通讯公司南京研究院、江苏省电信、东南大学网络技术重点实验室、南京大学计算机系、河海大学网络中心进行合作，不断加强技术创新能力，增强市场竞争力以获取更好的经济和社会效益。公司自成立以来先后承担过数个科技、人才项目，累积获得国家资助资金千万元。

在赛特斯智慧网络平台的整体架构下，公司业务涉及三网融合、物联网、智能电网、新能源汽车、IT运维等多个产业，主要产品线：(1)广电领域：IPTV监看监控系统、IPTV播控平台运行保障系统、IPTV业务综合监管系统、广播电视安全播出指挥调度系统；(2)电信领域：IPTV服务质量保障系统、IPTV经营分析系统、大规模网络视频监控服务质量保障系统；(3)能源领域：GSA电网智能网络服务保障平台、电网变配电监控自动化系统、CDW充电汽车服务管理平台、输油管线监测系统；(4)IT运维：NSA网络服务质量管理系统。目前，赛特斯相关产品在广电行业的电视监管监测业务中成功应用，包括国家广播电影电视总局、中国网络电视台、江苏省广播电视信息网络股份有限公司等。在中国电信多个省市的IPTV平台上，赛特斯相关产品已经成功商用，包括浙江电信、上海电信、江苏电信、厦门电信等，并与中兴、UT和华为IPTV平台成功对接，同时支持中兴、UT、华为等多个厂家的机顶盒监控。

【江苏国瑞信安科技有限公司】 江苏国瑞信安科技有限公司成立于2005年，注册资金2200万元。主营业务为信息安全保密软件产品研发、应用系统软件研发、信息系统安全集成与安全服务、涉密系统集成与咨询服务等。国瑞信安是国家认定的高新技术企业和软件企业，在国家级软件园江苏软件园内建有4500平方米的研发中心和生产基地，在北京、广州设有分公司和技术服务中心。公司通过ISO 9001质量管理体系认证、ISO 27001信息安全管理体系认证和CMMIL3认证，拥有计算机信息系统集成二级资质、涉密信息系统集成甲级资质、人民防空信息系统建设保密项目设计及施工甲级资质、信息安全服务一级资质和国防科技工业电子政务涉密信息系统集成商资质。国瑞信安作为专业的安全服务提供商，是江苏省公安厅等级测评备案单位、江苏省经信委风险评估资质备案推荐单位、南京市网络与信息安全协调小组办公室信息安全风险评估服务机构(检查评估)备案单位、江苏省网络与信息安全应急响应技术支撑单位。国瑞信安致力于为各行业客户提供全面周到的信息安全服务。先后开发等级测评、风险评估、安全加固、安全运维、安全培训、应急响应、源代码审计,以及等级保护、分级保护的体系咨询等服务产品。凭借先进的安全理念,雄厚的技术力量,健全的服务资质,先后承担信息安全等级保护全国试点工作、江苏省风险评估试点工作、2010年江苏省政府信息系统安全抽查等工作,获得主管部门的认可和业界的一致好评。

【南京途牛科技有限公司】 途牛旅游网创建于2006年10月,途牛全球最大的中文景点目录和中文旅游社区,帮助旅游者了解目的地信息,制定出游计划。途牛旅游网提供北京、上海、南京、杭州、苏州、天津、深圳、成都、武汉、重庆、宁波、西安、常州、无锡、长沙、大连、厦门、青岛、沈阳、太原、温州等地出发旅游产品的预订,包括周边自助旅游(如景点门票、住宿、温泉等),周边跟团旅游,国内长线跟团旅游,海南、云南、广西等自助旅游(如往返机票、酒店等),以及包括港澳、马尔代夫海岛等在内的出境自助游,出境跟团旅游。几年已跃居国内在线旅游网站前5位,每年以300%的速度增长。2011年,途牛在全国的分公司已达20家以上。 (邢四清)

【博兰得电子科技有限公司】 南京博兰得电子科技有限公司为在南京注册的内资企业,坐落于南京徐庄软件园研发一区7幢一楼和四楼,总面积约2700平方米,注册资金人民币1800万元。自2009年初公司成立以来,在全球知名的电力电子专家徐明博士的领导下,博兰得已凝聚了包括众多海归博士在内的国内外尖端研发力量。公司现有员工110人,其中研发人员74人,46人为硕士以上学历,博士7人。博兰得将卓越的创新科技与丰富的产品开发经验加以融合,设计并生产具备高效率、高可靠性、超长寿命、高功率密度等特性的高端电力电子产品。博兰得设有4个时代中心:时代技术中心(GTC)、时代软件中心(GSC)、时代市场策略中心(GMC)、时代产品中心(GPC)。博兰得亦将致力于电力电子的高级技术人才的培养和教育。自成立之初,博兰得即定位于绿色电源产品,包括LED照明电源,太阳能能量转换系统,大中型电池电源管理系统,以及其他高效电源产品。公司现已研发出5项世界第一的电源产品和技术。包括全球首款商用超长寿命(无电解电容)LED照明电源、全球首款80plus白金牌ATX电源及数据中心供电方案、全球首款双输入双输出超薄笔记本电源、世界第一个利用微量电容实现电能隔离传输的创新技术、世界最薄的6毫米厚LED TV电源。公司现已拥有Osram、中船重工、美的等企业客户群,并成为国内龙头华为科技有限公司的2个主要合格供应商之一。

【江苏猎宝网络科技有限公司】 成立于2009年3月,由阿里集团、欧飞数卡联合投资组建,注册资金1350万元,员工400余人。立志于做中国一流的电子商务技术和服务提供商。猎宝网主要是淘宝网淘网游类目的技术和服务提供商,网址:http://www.taobao.com/专职于淘网游平台的开发、运营和第三方增值服务的提供。主要业务涉及网游游戏币、装备和账号交易,交易方式主要为寄售、担保和大卖家VIP服务的提供,目前平台每天交易单量超过10万单,交易额超过1500万元人民币,为淘宝网上的广大网游客户提供了最为便捷、安全的交易平台。2011年猎宝交易平台正式上线,全年完成交易流水8亿元,业务收入2100万元,完成税收200万元,带动就业400人。猎宝人专注服务——创造价值,分享价值,秉承"以人为本、客户第一、做到极致"等价值观理念,形成自己独具特色的"猎宝服务体系"和猎宝价值观体系,使得服务质量不断提高,客户黏度持续增加,公司业绩始终保持着高增长,为电子商务行业发展提供新的榜样和发展模式。 (赵晓磊)

工 业

【概况】 2011年,玄武区围绕工业经济目标任务,以企业为核心,以项目为支撑,以科技创新为抓手,加快发展方式的转变和产业转型升级,工业经济和信息化建设呈现良好的发展态势。全区规模以上工业企业19家,完成工业总产值45.4亿元,同比增长15.29%;完成工业增加值12.23亿元,同比增长15.98%;完成主营业务收入47.3亿元,同比增长19.78%;实现利润4.74亿元,同比增长17.87%;实现利税6.2亿元,同比增长21.51%。完成工业投资4.3亿元,完成年计划的143%。

2011年,区发改局(经信办)积极做好政策宣传工作,将近年来国家、省、市产业扶持政策进行全面梳理,汇编成册,下发给区域内重点企业,使企业对政策都能做到全面系统的了解,对号入座,最大限度的政策扶持资金。及时跟踪国家、省市产业政策最新动态,对符合产业政策的企业,积极组织申报各类专项扶持资金,组织企业积极申报省市物联网示范工程项目、两化融合重点项目、省市企业技术中心、重大专利新产品补助专项、成长型科技企业补助专项等政策扶持资金,为企业发展和创新升级提供支持。共申报各类专项扶持资金项目160余个,共争取资金5400余万元。

为解决中小企业融资难问题,区发改局(经信办)通过多种渠道为企业拓宽融资渠道。一是成立区第一家小额贷款公司,中标单位长发都市房地产公司;二是发行中小企业集合票据,与交通银行合作,结合区内2家优质企业筹备启动玄武区中小企业集合票据("玄武一号")的发行工作,拟融资1亿元。已完成企业项目报告和尽职调查程序,上报银行间市场交易商协会;三是开展中小企业融资互助资金试点工作,得到市金融办和人民银行南京分行营管部支持,玄武区率先开展创新型中小企业融资互助资金试点工作,9月23日,区创新型中小企业融资互助资金启动仪式暨新闻发布会举行,40多家企业负责人及15家知名媒体记者出席了启动仪式。

【开展企业升级工作】 2011年,玄武区围绕《南京市2011年千企升级目标任务》,以企业为核心,以项目为支撑,以科技创新为抓手,大力实施千企升级计划,进一步加快玄武区企业转型升级,提高企业核心竞争能力，加速产业结构调整和优化。推进科技创新和企业升级。全年完成新增规模以上企业7家（其中亿元企业2家）、新增高新技术企业10家、新增企业技术中心3家、新增企业专利申请量411件、企业参与制定国家标准5项、新增两化融合平台11个、两化融合重点项目7个、申报创建名牌产品企业16家、申报质量奖企业10家、新增引进领军人才2人、新增高层次技术创新人才18人。特色产业加快发展。物联网产业，徐庄软件基地被省经信委评为省物联网示范园区，与中科院微电子所联合成立的物联网研究中心启动军用宽带物联网、智能多表监控系统等项目，重点推进食品全程追溯系统、远程心电监控系统等10大物联网项目，鸿信集成、埃森环境、江苏集群被评为省物联网重点企业；集成电路产业，依托南京集成电路设计产业园，积极打造全市集成电路设计产业孵化集聚区，已有入驻企业21家，全市90%的民营集成电路设计企业聚集于此，拥有国家级高新技术企业6家、国家集成电路设计企业3家，实现销售收入达2.8亿元；电子商务产业，目前全区电子商务企业共计16家，苏宁易购、宏图三胞被商务部评为电子商务示范企业，猎宝网络、途牛旅游、育儿网等在全国行业中排名前列。

·重点企业介绍·

【南京智达康无线通信科技股份有限公司】 南京智达康无线通信科技股份有限公司位于南京市徐庄软件园内。成立于2000年8月18日，注册资本金6,000万元人民币，是国家规划布局内重点软件企业、江苏省高新技术企业、江苏省知识密集技术密集型企业、江苏省软件企业、江苏省科技型中小企业、南京市骨干软件企业、南京市高成长科技创新型百优企业、南京市外商投资先进技术企业、南京市市级企业技术中心、国家级博士后科研工作站，南京市重点服务侨港资企业，是拥有自主知识产权的中国运营级宽带无线局域网(WLAN)，是国内同行业中的龙头企业。公司拥有注册商标23个，实用新型及设计专利10个，软件著作权22个。公司的产品先后荣获："中国优秀软件产品"、"江苏省高新技术产品"、"江苏省优秀软件金慧奖"、"江苏省十大技术创新成果"、"南京市名牌产品"、"南京市质量奖"、"江苏省服务业名牌"、"南京市科技进步三等奖"等。

智达康坚持创新，连续11年持续、健康成长，在全国"无线城市"和目前的3G/4G网络建设中发挥了举足轻重的作用。智达康产品已经成功应用于2006年上海合作组织峰会、2008年北京奥运会、2010年上海世博会、2010年广州亚运会和2011年西安园博会。特别是在2008年北京奥运会上，智达康产品覆盖了奥运村、媒体区等绝大多数的奥运场馆，取得了"零投诉"和"无失误"的优异成绩。2011年公司营业收入4.4亿元,其中软件收入为1.2亿元，占总营业额的27%，2011年度利税总额为6190万元.

【南京埃森环境技术有限公司】 南京埃森环境技术有限公司成立于2002年3月，注册资本1010万元。公司致力于环保事业，将环保节能产品的研发作为业务的主导方向。公司目前是国家级高新技术企业、中国环保产业协会理事单位和江苏省"物联网示范工程智能环保"专题组成员。2011年，承建的江苏省烟气测量与应用工程技术研究中心通过优秀验收；湿度校准实验室通过中国CNAS认可委认定。与德国杜伊斯堡–埃森大学、东南大学、南京邮电大学等开展产学研合作项目6项；参与中国环境监测总站"高温烟气湿度、氧量的测量及其准确性探讨"等科研课题8项；参与HJ/T75《固定污染源烟气排放连续监测技术规范》等标准制定和修订7项。公司主要经营业务有：软件开发、烟气水分仪、烟气流速仪及气体预处理部件的生产等。拥有年生产1000台烟气水分仪、1000台烟气流速压力温度仪及其他预处理部件产品的能力。 （邢四清）

农　业

【概况】 2011年，区发改局按照区委、区政府与市主管部门下达的任务，在为农村办实事、农产品安全监管等工作中，较好地完成各项目标和工作任务。同时，区农办还承担农村合作医疗、农村劳动力转移培训、农村教育救助、农村环境整治及农民低保的牵头、扎口，以及向市农业委员会报送完成情况的书面汇报材料和报表的任务。认真做好对口支援工作，为重庆甘宁镇移民服务中心捐款30万元，为西藏墨竹工卡县定向募捐6.5万元。2011年，农业科被市委、市政府授予农村八件实事工作先进集体称号。农业科主管3个涉农街道（孝陵卫、玄武湖、红山街道）的"三农"工作，至2011年末，3个街道尚有4个行政村，农户837户，农业人口2442人，耕地面积282.56公顷、果园17.91公顷、林地面积190.94公顷、其他农用地50.55公顷。

【农村道路建设投入50万元】 根据市政府的部署，2011年，在实施为农村办实事工程工作中，玄武区投入30万元，对红山街道藤子村过街三组全长2300米道路全面修筑；投入20万元，对红山街道曹后二组全长1600米道路全面修筑。

【农村集体资产盘清】 区发改局参与农村集体资产盘清工作，抽调2名人员帮助红山、孝陵卫街道村进行集体资产全面盘清。2011年，对红山村火车站北扩征地拆迁，对沧波门村、余粮村麒麟科技创新园征地拆迁，农村集体资产全面盘清。

【农产品和农业投入品安全监管】 2011年度区发改局对全区各农药、兽药销售商店组织5次检查，2次配合市农林局行政执法大队对岗子村、农科院农药、兽药集中销售市场进行检查，查处违法销售剧毒农药甲胺磷240瓶。每天对蔬菜农药残留检测，检测人员一律挂牌上岗，定人、定岗、定时、定量检测。2011年，检测蔬菜6350样/次，其中仪器检测2840样/次，速测灵检测3510样/次。2011年度，接受农业部蔬菜例行检测2次，合格率为100%。净化市场，确保农产品安全。

（田文明　唐修来　赵武林）

城市建设与管理

Urban Construction and Management

- 城市建设
- 城市管理
- 环境保护
- 南京火车站地区综合管理

城市建设

·道路市政设施建设·

【概况】 2011年，玄武区城市建设坚持民生为先、绿色生态和畅通玄武，按“三个提升”的要求，突出提升城市市容环境、提升城市功能品质、提升城市人居质量，以改革创新精神努力提高玄武的城市建设水平。围绕完成全年目标任务，做到投入力度不减，抓项目建设不放松，狠抓城市基础设施现代化建设，促进城市绿化、净化、美化，让城市更宜居，更美好，更有吸引力，进一步彰显“山、水、城、林”的玄武特色。

【道路建设】 2011年，区住建局从改善民生、服务百姓的高度，加强城市道路规划建设，改善区域内道路交通环境和市民出行条件。针对目前车流量大、交通拥堵严重等突出问题，进一步完善路网规划，不断推进路网建设，改善区域交通环境。2011年住建局共完成墨香南路、南林东路、紫金南苑路等3条道路建设，共新增道路建设面积22400平方米。

【街巷专项整治及雨污分流工程】 2011年，重点抓好街巷专项整治，结合雨污分流工程，完成86条背街小巷综合整治任务。抓住雨污分流改造工程，重点实施金川河流域“一河一湖”整治，完成街巷雨污分流39条、片区雨污分流20多个。在街巷整治工程中，注重做好特色街巷的打造工作。在实施锁金片区和后宰门街整治过程中，考虑到历史文化，以及环境美化和民生需求，对周边进行绿化美化、对沿街商户门头店招出新、楼房立面出新、清理架空杆线，疏理地下管网；充分挖掘锁金村的文化资源，努力打造锁金村片区社区中心广场，为周边居民提供一个休闲场所。后宰门街通过街巷整治出新，根据现场环境，在后宰门街进行绿化景观改造、建造16个车位的小型停车场、重新配上体育休闲设施等，使综合整治工程更具特色和人性化。

【绿化改造及绿地建设】 玄武区坚持按照南京城市规划和绿地规划要求，加强绿化保护和建设，不断增加绿化总量，优化绿地分布结构，结合城市市政基础设施建设，积极探索营造绿色生态、改善人居环境的绿色发展之路，以实现人与自然和谐、城市环境更宜居的目标。2011年绿化工程主要完成锁金村片区配合街巷整治出新绿化建设、玄武大道岔路口匝道绿地建设工程、富贵巷绿地改造工程、富贵巷(北侧新增)绿化工程、富贵山小区北侧地块绿地建设工程、墨香南路

锁金村市民休闲广场

道路绿化工程、经五路立交东侧绿地建设工程、和平公园绿化、南京警备区营区环境综合整治工程，全年共新增绿化面积69950平方米。 （朱兴丽）

·房产管理·

【概况】 2011年，区房产管理局紧紧围绕市、区重点项目，奋力推进。全年，房屋租赁税收保持持续稳定增长，完成房屋租赁税代征2.22亿元，与上年相比增长27.8%；直管公房租金收缴507万元，三产创收720万元。完成了8个小区出新。动迁5个项目。麒麟科技创新园二期拆迁项目集体土地居民房屋拆迁量完成90%、工企单位完成拆迁量88%。地铁三号线集体土地拆迁完成全部谈判和搬迁任务。全年受理审核国有土地拆迁项目产权置换19户、低收入住房困难家庭申请经适房213户、征地拆迁申请经适房904户，组织低保家庭廉租房选房47户，受理、审核城镇低收入住房困难家庭申请住房保障1879户，发放低收入住房困难家庭租赁补贴626万元、保障户数2351户。2011年，局工委以创先争优、庆祝中国共产党成立90周年、"双结对、双促进"及"满意服务进社区"党员义工服务等系列活动为抓手，着力构建学习型基层党组织，强化作风建设和廉政建设，充分发挥基层党组织的战斗堡垒作用，有力地促进全面工作的完成。区房产管理系统获市级奖项6项，21人次受到区以上奖励。 （张万春）

【8个小区旧住宅综合整治】 2011年，完成8个小区旧住宅综合整治，总建筑面积33.88万平方米，整治房屋75幢、面积21万平方米，总投资5884万元。加快余粮一期和红山小营村两个地块经济适用房建设，余粮一期15幢16万平方米住宅楼工程已全部封顶，内墙砌筑、外墙粉刷、电梯安装也已完成。红山小营村项目16栋房屋已完成封顶。2011年动迁5个项目，已完成3个，进入收尾阶段项目2个。麒麟科技创新园二期拆迁项目集体土地居民房屋拆迁量完成90%、工企单位完成拆迁量的88%，国有土地基本完成拆迁。地铁三号线集体土地拆迁完成全部谈判和搬迁任务，受到市、地铁公司领导多次表扬。

【房改售房及旧房维修】 2011年，区房产局扎实做好直管公房管理和城市房屋安全工作，严格落实私房政策。全年完成房改售房资料审核168户、售房8896.81平方米，价款333.39万元。完成房屋安全初审行政许可2件、处理结案170件。加大老旧房屋的排查，完成大中维修工程1.1万平方米，疏通下水道16369米，清掏窨井2712座，清掏化粪池187座，维修平屋面8795余平方米。 （郑岚涛）

【房屋租赁管理】 2011年，区住建局以房屋租赁管理服务税源经济需要为结合点，加大了房屋租赁管理宣传力度，全面开展房屋租赁执法案件排查。全区房屋租赁登记备案在册管理户7000户，合同备案面积114.6万平方米，总租金11.91亿元。累计发放流动人口房屋登记备案证明18000份，发证率达95%以上。在册合同登记5826件，清查登记未办理的在册户1036户。落实房产中介经纪机构二级管理职能，建立房产经纪机构管理台账，加大中介市场的执法检查，规范全区中介机构管理市场。全区中介机构已管经营户140家，有证执业人员600人，办理房地产经纪机构备案申请7家。

（张万春）

【物业体制创新】 2011年，以文明城市创建为切入点，大力规范物业服务行为，完善物业管理协调机制，积极探索老旧出新小区的长效管理新思路，坚持"以会代训"的形式加强业务培训，提高街道物业办整体业务水平，不断推进物业管理体制创新工作。全年调解物业矛盾200余起，玄武湖街道物业办在全市评比中获得第一名的好成绩。在全区各物业项目中积极开展创优达标、企业服务评价活动，全年创省优项目3个，市优项目1个，省优复审项目2个。区住建局被评为南京市物业管理行业迎接全国文明城市复查工作有功单位。 （郑岚涛）

【发放低收入住房困难家庭租赁补贴626万元】 全面推动住房保障新政的落实。2011年受理审核全区国有土地拆迁项目产权置换19户、低收入住房困难家庭申请经适房213户、征地拆迁申请经适房904户，组织低保家庭廉租房选房47户，发放低收入住房困难家庭租赁补贴626万元、保障户数2351户。

（张万春）

·城建重点项目·

【概况】 1月13日，玄武区一批重大项目举行集中开工仪式，包括曼度·嘉年华、东泉经济产业园、紫金地产新庄项目、红山小营村经济适用房和墨香南路项目、银城东苑社区集贸市场，区四套班子领导，街道、系统、部门主要负责人等100余人参加开工仪式。开工项目既涉及经济发展，更突出改善和保障民生发展的主线，拉开"十二五"期间玄武加快建设高端服务业集聚区、科技创新领先区、历史文化彰显区和生态宜居示范区的序幕。

【曼度·嘉年华项目】 曼度·嘉年华项目，位于杨将军巷9号，项目东临太平北路，北接珠江路，南接长江路，总统府、1912街区、梅园新村、江宁织造府、南京图书馆环抱四周。位于南京人文、艺术、餐饮、娱乐最为繁华的片区，商业氛围浓厚，人文气息浓郁。该项目总投资约8000万，面积为17000平方米，是一组四合院式的大型厂房，房型是一个高大平整、首尾相连的环形空间。项目整体由3栋老厂房构成，共计4层，局部3层，层高分别为6米、5.2米、4.2米和3.8米。项目以老厂房改造为特色，改造后为欧式风格。外部设立欧式临街商铺，内部设立中央共享天井。曼度·嘉年华的运营商为南京和雅投资顾问有限公司，该公司由原1912经营团队核心高管组建而成。通过老厂房改造，融合文化主题，提升生活品质，重塑经典"慢生活"，以互动为核心，业态组合多元，提供创新型商务生活消费，打造一个集餐饮、娱乐、休闲、高端会所于一体的文化创意项目，形成与新街口商圈、珠江路商圈、太平南路商圈协调互补的功能定位与业态分布。

东泉经济产业园开园仪式

【东泉经济产业园】 东泉经济产业园，位于南京市玄武区北京东路46号，紧邻龙蟠中路和九华山隧道，东临紫金山风景区，西接南京市人民政府，南近珠江路，北达玄武湖公园。东泉经济产业园由南京空军机关医院门诊部改造而成，建筑标准等级高，南北通透，设施完备。总建筑面积约为7500平方米，主楼高9层，为"凹"字形框架结构，辅楼高3层，建筑面积670平方米，院内设有停车场，停车数量约为50个。东泉经济产业园由江苏松泉集团旗下的南京东泉投资管理有限公司运营，空间布局精致，物业配套完善，消防安全措施到位，楼宇实行现代化智能型管理，拥有24小时楼内监控和停车监控，为入园企业提供安全舒适的现代化、五星级办公环境。目前园区招商已完成90%，已有20多家国内大中型优质企业入驻园区，其中知名企业所占比例达到30%，园区还将引进商务餐饮等其他附属配套设施。

【紫金地产新庄项目】 紫金地产新庄项目，位于南京市重要城市入口新庄高架西北侧，南望玄武湖。项目西北侧为已建高层御湖国际，北侧为已建住宅项目新庄花园小区，是进入南京城市的重要交通节点。整个项目分两个地块，其中地块一出让面积6887.7平方米，全部为地下建筑，面积约5930.46平方米，地上部分为公共绿地；地块二出让面积16165.2平方米，地上建筑面积约25225.18平方米，地下建筑面积约14358.9平方米。本项目地块包括5栋多层建筑，以办公为主，A楼临街，B、C楼临公共绿地一侧，首层为商业门面房。A楼建筑高度24米，B、C楼建筑高度23.7米，D、E楼建筑高度为23.5米。地下一层，除超市和附属用房外，其余均为汽车库、非机动车库、设备用房，局部为平战结合的掩蔽所。本项目展现南京特色，体现南京城市面貌具有极其重要的作用和意义。立意为LOFT，60~80平方米挑高5.3米户型，宜商宜住，为中小型企业、商业、SOHO型个人公司提供发展空间。整个建筑布局、造型和立面着力突出时尚感和现代感，是年轻富有朝气的建筑空间。

【红山小营村地块经济适用住房】 红山小营村地块经济适用住房项目。位于南京市玄武区经五路以东，墨香山庄南侧的小营村地块，总投资约13.7亿元，规划总用地面积148638平方米，其中建设用地面积约124660平方米；总建筑面积28.3万平方米，其中地上24.1万平方米（含住宅22.5万平方米，商业6100平方米，幼儿园3400平方米和社区中心3600平方米，）地下建筑面积4.1万平方米。共18栋，包括15栋18层住宅楼、1栋11层商住楼（一层配建菜场），以及1所幼儿园和基层社区中心等。项目容积率1.936，建筑密度19.2%，绿化率35%，设计住宅总户数约3000户，预计总入住人数10000余人。红山（小营村地块）经济适用住房项目设计理念定位为"以人为本，以经济适用的居住功能为核心，以商业功能为辅助，建设具有都市魅力的多功能复合的综合城市单元"。开发建设方南京市玄武区城建发展有限责任公司将严格按照市、区政府的要求，精心组织，周密安排，严把工程质量，将红山小营村经济适用住房项目打造成"绿色、节能、健康、和谐"的精品楼盘。

1月13日，举行红山小营村经济适用房项目暨墨香南路道路建设开工典礼

【墨香南路项目】 墨香南路，西起经五路，东至区界接兴贤家园道路，长560米，宽24米。工程内容：土方、杆线迁移、道路、排水、绿化、路灯和交通配套设施。投资估算1500万元。墨香南路项目，将完善小营村经济适用房和沪宁城际铁路拆迁安置房的配套和黑墨营地区路网建设。

【柳营路项目】 为配合麒麟生态科技园建设，完善顾家营地区道路路网建设，建设柳营路。该道路，北起老宁杭公路，南至绕城公路，长约1260米，宽40米。工程内容：拆迁征地、道路、桥梁、排水、绿化、路灯和交通配套设施。投资估算1.62亿元。

【银城东苑社区集贸市场项目】 是孝陵卫街道在上级有关部门的关心、帮助下，自筹资金400多万元，于2010年1月开工建设，2011年1月10日投入使用。面积2000平方米，场内有包间18间，固定摊位130个（含农民直销摊位20个），经营户70余户。场内有蔬菜、肉类、水产类、蛋类、豆制品、卤味、副食、水果、家禽、干货类等品种。引进南京雨润、河南双汇、山东金锣、江苏苏食、南京香泉食品、南京普朗克科贸等多家特色品牌企业，市场配有物价指导电子显示屏、蔬菜检测室、食品质量安全追溯系统等。银城东苑社区由银城东苑、钟山花园城、德基紫金南苑、179旅干休所、通信学院干休所、南京理工大学、南京农业大学、解放军理工大学等居民小区和单位组成，居住人口5万余人。银城东苑社区集贸市场项目投入使用，解决了周边居民日常生活极为不便的矛盾。（朱兴丽）

城市管理

【概况】 2011年，区城管局以巩固创建文明城市成果实现长效管理为目标，以责任制度建设和长效综合管理考评为抓手，高举责任和荣誉大旗，紧紧围绕“综合执法、精细管理、务实创新、服务基层”的工作思路，更新观念、创新举措，全区城市管理水平稳步提高。大部制改革后，区城管局对科级干部全部实行竞争上岗。加强城管队伍建设，强化执法中队和环卫中队管理工作，逐个竞聘上岗，提升两支队伍服务效率和服务质量。2011年，在全市市容长效管理综合考评中名列第一，行政执法大队列市执法总队年度考评第一，区环卫所在全市环卫考评中连续七年获得第一、荣获市“金牌环卫所”称号，行政执法大队渣土中队被评为市级“工人先锋号”、区数字城管平台被评为区级“工人先锋号”。

【提高老旧小区管理水平】 2011年，“洁安序”物业管理公司完成25个老旧小区105.94万平方米的接管任务。物业公司注重把提高老旧小区物业管理水平，提升服务质量放在首位，既重视全年目标任务的完成，又重视提高老旧小区物业管理质量，建立健全各项规章制度，落实绩效考核办法，制定老旧小区管理服务标准体系，通过规范服务，物业费征收率明显提高，玄武湖街道、锁金村街道老旧小区物业费收缴率达到92%。对辖区内所有物管小区加大监管力度，加强对辖区内的物业管理公司的检查、督促、整改，对拒不整改的单位，依法进行处罚。

【城市网格化巡防管理全覆盖】 2011年，区城管局结合玄武的实际情况，在“五位一体”管理模式基础上，对全区45条主次干道、55个社区、229条街巷道路实施了全覆盖的网格化巡防管理，明确了城管队员、社区民警、交警、治巡警的职责。通过网格化巡防管理，实现市、区、街、社区四级网格有机结合；实现群众诉求由间接迂回处理到现场直接处理的转变；实现由“情分”管理到“本分”管理的转变、由单一管理到综合管理的转变；实现执法效应和社会效益的相互统一。为总结推广玄武区的经验做法，2011年3月22日，市政府在玄武区召开全市城市管理网格化巡防工作现场会，全面推广玄武的做法。

【成立街道城市环境管理服务中心】 2011年3月，全区8个街道分别成立城市环境管理服务中心，实行“一门受理，一家管理、全程服务”，群众反映的所有城市管理问题，均由中心受理，并由中心牵头协调解决。同时环境管理服务中心在所有社区设立工作站，以此来作为社区“5+X”（“5”：执法队员、协管员、保洁员、社区工作者、市容环卫责任区责任人，“X”：社区民警、治巡警、工商、环保等部门）巡防的重要支撑平台。中心以区域环境卫生、市容秩序、占道经营、违章搭建、油烟噪音扰民、市政绿化等所有涉及城市环境方面的问题为工作内容，以网格化巡防形式，发现并处理综合性问题，对群众举报件、媒体曝光件、领导批示件的

3月22日，在玄武区召开南京市城市网格化巡防管理现场会

受理、整改和反馈，回复率100%、处理率96%以上。

【超额完成市下达拆违任务】 2011年，市指挥部下达玄武区拆违任务20万平方米，区城管局结合片区改造、街巷道路出新、小区环境整治出新等工程，逐步拆除老违建。对于老旧小区内的违建，区分不同情况进行处理，对于居住确有困难用于家庭自住的违建，通过召开听证会的方法，充分听取周边居民意见，决定予以缓拆的，进行公示，符合申请经济适用房或廉租房的，由街道负责协助申请解决。2011年拆除违法建筑465处、面积22.95万平方米。

【防汛工作】 2011年，大部制改革后，区防汛工作由原区建设局负责调整为区城管局负责组织实施。为切实做好防汛工作，区城管局及时调整防汛指挥部成员，修订并完善玄武区防汛预案，明确水库、大坝及排灌泵站安全责任人，组建2400人的抢险队伍。7月18日，全市突降大到暴雨，造成全区道路全面受淹，区防汛指挥部紧急启动防汛预案，把洪水所带来的损失降到最低限度。

【开展渣土管理专项整治】 2011年3~4月，全区开展了渣土管理专项整治行动，建立"狠抓工地源头、严查渣土运输、保洁工作紧跟上"的运行模式。每天从早7点至次日凌晨2点，由执法大队领导带领特勤中队在全区范围内、各街道中队负责人带队在各自辖区内进行日常和错时巡查，做到不留死角。在专项整治行动中，共出动人员6800余人次，车辆1900余台次，共查处渣土类案件110余件，中止运行车辆170余台。

【爱卫工作】 2010年，大部制改革，爱卫工作由原区卫生局承担调整为区城管局负责组织实施。2011年初，区爱卫会对成员单位进行了调整，与各街道签订了2011年度"爱国卫生工作目标责任状"。积极开展以保障人民健康为主题的第23个爱国卫生月活动，全区1000多人参加活动，悬挂宣传横幅30余条，展出黑板报60块，接受咨询服务群众3500余人，发放各种宣传资料2000余份，上健康教育课38课次。完成锁金村、玄武湖、孝陵卫、玄武门4个街道的公共环境除四害专业化运作，在省组织的"灭鼠、灭蟑先进城区"复查预查中，玄武区成为全市正式复查时唯一免予检查的区。

【开展"清路治乱"专项整治】 2011年，积极开展"清路治乱、美化环境"专项整治，把机动车占道经营、占道违规设置广告作为整治重点。联合交警、治巡警对主次干道机动车占道贩卖水果等现象进行多次取缔，共组织集中整治76次、出动执法人员3406人次、车辆420台次，取缔无证占道经营467处、规范倚门开店249处、暂扣违章物品437件、查处违章运输渣土260起，发放限期整改通知书135余份，同时对瓜农进城销售西瓜进行有效疏导125处。对全区主次干道、街巷、工地围挡广告进行统一整治，对占道违规设置的广告一律拆除，共拆除违章广告434处，8764平方米，完成市局下达玄武区的整治任务。

【实行垃圾分类试点】 2011年，为全面提高生活垃圾处理能力、资源再生利用和循环经济水平，加快城市生活垃圾减量化、资源化、无害化进程，逐步建立和完善垃圾分类工作运行机制，实现垃圾资源综合利用，根据《南京市生活垃圾分类工作试点方案》，锁金村街道锁二、锁四社区被市政府列为全市垃圾分类的四个试点单位之一。区城管局根据市、区政府的要求，制定垃圾分类试点工作实施方案，充分发挥媒体的作用，利用各种宣传阵地，开展形式多样的宣传活动，对试点小区的基本情况进行调查摸底，确定垃圾分类试点工作的流程。在前期准备工作的基础上，12月26日试点工作全面展开。

【区政协对区城管局开展民主评议】 2011年，区政协对区城管局开展民主评议。区城管局从城市管理工作"服务大局、履行职责、规范服务、工作效率、廉洁从政、问题整改"六个方面多层次、多渠道、多角度接受评议。在政协委员、街道社区、服务对象和相关企业中开展问卷调查，发放调查问卷700份，收回682份，各界人士对玄武区城市管理工作满意率和比较满意率达90%。先后组织区政协委员343人次，对全区77个场所(点)进行明察暗访。分别召开政协委员、民主评议监督员、驻区单位代表和街道社区代表座谈会16次，参加人员345人，收集意见建议32条。针对评议中收集的意见建议，区城管局高度重视，制定了切实可行的整改措施，并认真抓好落实，在二次回访中得到委员们的充分肯定。

【庆祝中国共产党成立90周年暨城管系统先进人物表彰大会】 6月29日下午，区城管局在区政府大楼416会议室隆重举行庆祝中国共产党成立90周年暨先进人物表彰大会。经过基层推荐，区城管局领导班子研究，对城管系统的8名先进人物进行表彰。先进个人身披鲜红的绶带，走上主席台，由主持人宣读先进个人事迹、致颁奖辞，出席会议的市、区领导给先进个人颁发获奖证书和奖金。

【开展政风行风评议活动】 2011年，区城管局作为普遍评议单位，行政执法大队、环卫所作为重点评议站、所，分别接受政风行风评议。行政执法大队、环卫所在区城管局门户网站公布了服务承诺和举报电话，在办公场所公示办事程序、处罚标准，在醒目位置悬挂举报箱。行政执法大队积极推行"我执法、你参与，我办案、你监督"的阳光执法监督办法，邀请社区代表、人大代表、政协委员、新闻媒体、管理相对人不定期地座谈和参与执法行动。定期召开行风监督员座谈会，请他们对城管执法和依法行政工作进行"评头论足"，帮助查找问题，及时改进工作，拉近城管与群众的距离。11月7日、10日，区行政执法大队、环卫所分别组织召开述职评议大会，接受区行风监督员和服务对象代表面对面评议，均取得98分以上的好成绩。

【开展创先争优活动】 按照"推动科学发展、促进社会和谐、服务人民群众、加强基层组织”的目标要求，开展以“工作争先、服务争先、业绩争先，全力推进城管事业科学发展”为主题的创先争优活动；以先进典型为引领，切实转变工作作风，2011年初，表彰20名第一届“情系玄武—城管服务之星”，“七一” 前夕表彰8名城管系统先进人物以及5个先进党组织和20名优秀共产党员；在锁四社区建立党员义工服务基地，开展了“我让党旗更鲜艳，城管服务在社区”的主题活动；开展“党员管理与时俱进、组织建设填补空白”的组织工作创新创优活动，在全市率先将城管协管员中的党员纳入城管系统组织管理，使党员组织生活正常化，此项目被区委组织部评为组织工作创新创优成果奖。 （张佺彬）

环境保护

【概况】 2011年，区环保局贯彻落实科学发展观，围绕全区经济社会中心工作，以完成区长环保工作目标为主线，以加强部门自身建设为保障，大力开展污染防治和污染减排，全区纳入环境统计的9家工业企业废水和二氧化硫均实现达标排放；驻区部队燃煤锅炉改造取得突破性进展；2家驻区单位完成清洁生产审核。继续实施城市环境综合整治，完成秦淮河北段、孝陵卫沟清淤工程、秦淮河北段黑臭河流整治示范工程；投资2.65亿元完成金川河、内秦淮河流域雨污分流和红山、玄武门片区污水收集系统建设；完成市环保局下达的绿色社区、绿色学校、餐饮业污染控制示范街等绿色系列创建工作指标任务。不断强化环境执法监管，积极开展“三高两低”企业关停整治、“餐饮业综合整治”和“突出环境问题集中整治”等环保行动，使各类环境违法行为得到进一步遏制。努力解决突出的环境问题，实行24小时全天候执勤值班和领导包案制度，全年共处理各类环境信访1847件，夜间群众投诉1500余起，信访件接诉率、查办率均达100%，群众满意率达85%。严格执行总量控制、环境影响评价和建设项目“三同时”制度，拒批不符合国家产业政策和审批条件的项目共12家。区域环境质量有进一步改善。一年来，区域水质达到相应功能区标准，全年空气质量良好以上级别天数达到86%以上，区域环境噪声和交通噪声分别控制在55和70分贝以下，环境质量综合指数达到市政府要求的80分以上，圆满完成了国民经济发展和区长环保工作目标各项工作任务，获得江苏省排污费征收先进单位、江苏省核与辐射监督管理先进单位、全市区长环保工作目标考核先进区、玄武区环境综合整治先进单位、玄武区依法行政先进单位等荣誉。

【污染防治和污染物减排工作】 2011年，区环保局围绕市政府下达的主要污染物减排任务，严格执行环保各项制度，全力推进工业污染防治与减排目标实现。对全区9家工业企业废水和二氧化硫排放实施定期巡查，确保达标排放；实施重点企业污染治理升级改造，完成南京香港长江有限公司、南京市口腔医院清洁生产审核工作；加强清洁能源改造和监察，通过多方协调，完成军区总医院、海军指挥学院、南空后勤部3家8台34个吨位燃煤锅炉的改造；转移医疗、工业企业、汽车维修等各种危险废物881.0805吨，处置率达100%；完成企业环境行为评价和公示80家、加油站的油气回收3家；完成排污申报362家，共征收排污费264万元；严格执行建设项目审批和环评制度，全年共审批各类新建项目96家，全部办理环境评价手续；对存在选址不当、不符合产业定位的12个项目，进行劝退、拒批，占当年审批项目的12%；对已审批的55家建设项目进行环保“三同时”验收，达标率为100%。全区工业主要污染物实现稳定达标排放，其中工业废水排放达标率为100%，工业废水中COD排放量和工业废气中二氧化硫排放量达到区长环保工作目标考核要求。

【整治“三高两低”企业】 2011年，南京市重拳出击，公布173家“三高两低”（即高污染、高能耗、高排放、低效益、低产出）企业整治名单。玄武区政府成立“三高两低”企业专项整治工作领导小组，区纪委、区环保局、区发改局和玄武湖街道对列入名单的南京市路桥工程总公司沥青拌合厂进行联合督办查处，区环保局对该企业下达限期治理通知书，每周对该企业进行巡查、监察，经过近7个月的督察督办，迫使该企业停工停产、拆除设备，1.7万吨物料全部清除出场，200余职工安排转岗，顺利完成关停整治任务，通过市政府验收。

【燃煤锅炉改造取得突破性进展】 2011年，区政府、环保局、街道、社区共同努力，多途径、多层面与驻区部队进行沟通协调，实现部队燃煤锅炉改造“零”的突破。军区总医院投资450万元，新建3台4吨燃气锅炉，现已经进入试运行阶段。南空后勤部招待所（梅园饭店）今年8月份停止使用燃煤锅炉，投入340万元，新建了电制冷供暖设备。海军指挥学院将2台共6个吨位燃煤锅炉一次性全部报废，正按固定资产注销程序注销，2012年上半年完成拆除。全年共完成军区总院、南空后勤、海军指挥学院3家8台34个吨位燃煤锅炉的改造。

【餐饮业综合整治取得成效】 2011年，区环保局与区食药监局协调，实施源头联控，将餐饮企业准入纳入环保局前置审批范畴，开创了餐饮业准入的先河；区环保局与区城管局、食药监局、工商局、住建局等部门配合，对存在污染问题的餐饮企业进行联合执法，与街道并肩，采用区街联创模式开展餐饮污染控制示范街创建活动；强化规模以上餐饮企业的监管，推广餐饮油烟远程在线监控，一年来，整改120家、处罚6家、新增在线监控11家餐饮业，新创餐饮污染控制示范街2条、复创2条，进一步完善餐饮业管理工作机制、减少油烟污染、降低扰民投诉、提高了群众满意度。

【开展绿色系列创建工作】 2011年，区环保局联合区有关部门积极开展绿色系列创建工作，不断提升人居环境质量。区环保局、玄武湖街道联合开展聚宝山庄市级绿色社区创建工作，通过8个月的努力，改善了社区环境，并通过了市级绿色社区创建验收。区环保局、教育局联合开展省市级绿色学校创建工作，通过增设环保课程、美化校园环境、举办环保主题实践活动等方式，培养青少年良好环境行为。南京弘光中学、孝陵卫初级中学通过一系列的创建活动，全体师生的环保意识进一步增强，绿色素养进一步提升，校园环境进一步美化。经省、市有关单位考核验收，南京弘光中学被命名为省级绿色学校，孝陵卫初级中学被命名为市级绿色学校。区环保局与中山陵园管理局沟通与协调，南京海底世界有限公司对“海底世界”进行全面改造升级，申报并通过市级环境教育基地验收。区环保局、城管局、食药监局等部门和锁金村、后宰门街道联合开展锁南路、太平门餐饮污染控制示范街创建，共投入70余万元，安装油烟净化设施16套、隔油池13个、隔声设备1套，同时对往年创建的后宰门街、成贤街进行二次复创。强化规模以上餐饮企业的监管，新装油烟远程在线监控装置11家21套。

【生态文明和环境保护宣传活动】 区委宣传部、区环保局、教育局、团区委、区妇联和梅园街道在1912浦发广场联合举办以“生态南京　绿色玄武——走进核心增长极”为主题的“6·5”世界环境日大型宣传活动。通过制作展板、播放环保录像、散发宣传资料、开展环保咨询等丰富多彩的形式，向广大市民进行环保法律法规、基本知识和日常生活环保窍门的宣传。区环保局利用各种媒体宣传环保工作，全年在《南京日报》、《江南时报》、《晨报》、《金陵晚报》、江苏电视台、南京人民广播电台等媒体发表宣传报道12篇。在南京市环保局、玄武区政府和玄武区环保局网站发表环保工作信息120篇。在浮桥广场设立大型电子显示屏，滚动发布生态文明建设公益广告。

【建立街道“城市环境管理服务中心”】 2011年，在全区8个街道建立“城市环境管理服务中心”，在各社区设立环保社工，形成区、街道、社区三级环保工作网络。街道“城市环境管理服务中心”，是街道实施城市环境管理服务的综合平台。平台引进城市管理“网格化”管理模式，社区环保社工、城管协管员成为“网格”的日常管理者，及时向平台提供“网格”内的环境信息，平台依据来自各方面的信息，进行研究、做出决策。这种精细化管理模式为环保信访处理、环境保护宣传、环境违法行为预警和查处提供了积极的借鉴，使环保工作触角覆盖全区各个角落。街道牵头，环保局、城管局、工商局、住建局、食药监局等部门联合执法，共同解决环境问题的做法，在餐饮示范街和绿色社区创建、建设项目预审、环境违法行为查处等工作中，发挥了更为有效和积极的作用。以“中心”为平台，形成区街互动、职能部门联动的“大环保”工作格局。一年来，全区各街道预审建设项目96个，否决不符合条件的项目10个；开展环保宣传活动26场；处置环保信访700余件；参加工地扬尘、危险固废、夜排挡检查等环境执法行动800余次；参与创建市级绿色社区1个，餐饮污染控制示范街2条，为全区环境质量的改善和群众对环境满意度的提升，做出了积极的贡献。

【世界无车日纪念大会在锁金村街道召开】 2011年9月22日（世界无车日），江苏省环保厅会同玄武区人民政府、环保民间组织江苏绿色之友、锁金村街道等单位，在锁金村科技广场举行江苏省“青年环境友好使者”表彰暨2011年世界无车日纪念大会。环保部宣教中心宣传室副主任、“千名青年环境友好使者行动”项目办公室副主任牛玲娟，省环保厅副厅长于红霞，玄武区委常委、副区长苏郑，省环保厅宣教处副处长、宣教中心副主任贺震，南京市环保宣教中心副主任梅益风，中国保护母亲河之星、上海世博之星、江苏省环保形象大使、绿色之友秘书长王丽娜等领导出席会议，省、市环保部门、江苏省青年环境友好使者、环保志愿者和社区、学校、企业代表共800余人出席了会议。会上，国家和省环保部门领导为江苏省“青年环境友好使者”组织协调领导小组揭牌，颁发了江苏省“青年环境友好使者”证书；“青年环境友好使者”代表宣读了承诺书；环保志愿者代表宣读了环保倡议书。（洪　俭）

举行“6.5”环保宣传活动

链接

环保工作回头看

工业污染源。辖区内纳入环境统计的重点工业污染源为紫金山冶炼厂、3304厂等8家企业，主要排放物为废水和废气。2010年全区工业企业COD排放量为35吨，二氧化硫(SO2)排放量为2.6吨，这个量在全市来说已经是很低了。未纳入环境统计的小型工业企业大约有100家，重点监管的主要有黄埔汽修厂、精艺印刷厂、香港长江南京有限公司等10家企业，其主要排放物为废油和固体危险废物。

生活污染源。驻区有55家较大规模的酒店，如国际会议中心、新世纪大酒店、山水大酒店、中山宾馆等，是主要三产废水污染源，但这些单位的污染防治设施完备，废水处置较为得当。辖区内1700余家中小型餐饮业、近百家小五金加工业产生的油烟、噪声和每年上百个拆迁、建设项目的施工噪声和扬尘污染，是影响群众生活、引发居民投诉的主要根源；交通噪声和汽车尾气排放、居民生活用水排放等也是造成环境污染的源头；辖区内94家医疗机构（其中10家2级以上医疗单位）和上百家汽修店，是医疗和危险固体废弃物的源头；49家核与辐射单位，是放射源管理的主要对象。

主要成效。每年安排不少于300万元的区级环境保护专项资金，作为重点环保项目建设引导资金，全区财政和社会累计投入环保资金34.98亿元，为推进环境基础设施和提升环保能力建设提供了资金保障。督促南京小营制药厂、南京威孚金宁有限公司等7家企业外迁；累计关停、搬迁南京诚信化工厂、南京天竹科技有限公司等4家小化工企业；3304厂、南京振华音响设备厂等4家企事业单位先后完成清洁生产审核；扩大禁燃区范围，控制二氧化硫排放，共投入2240万元，完成35家企业共计39台中小燃煤锅炉的拆除和清洁能源改造，全区燃煤锅炉洁净煤使用率为100%；对全区94家各级医疗机构产生的医疗危险废物进行集中处置，累计处理各种固体废物2789吨，集中处置率达100%。全区工业企业COD和SO2比“十五”末分别减排74%和86%。

区河道所每年投入近千万元，每天对全区河道进行巡查、保洁，及时清除垃圾、打捞漂浮物，年平均清运垃圾1.2千立方米，打捞漂浮物2.3千平方米；区政府一次性安排资金300余万元，新购洒水车8辆，确保全区主干道每天洒水降尘；区绿委实施绿色南京建设，植草种树，不断减少裸露土地，年平均新增绿地10万平方米，全区绿地覆盖率达60.57%，位居全国先进行列。

持续开展“整治违法排污企业保障群众健康”环保专项行动，挂牌督办污染企业48家；累计办理群众环境投诉2874件，查办率和办结率达100%，群众满意率达85%以上。累计创建市级绿色社区29个，省级绿色社区8个，新建餐饮业污染控制示范街9条，整治餐饮业345家；新建省级绿色学校6所、市级绿色学校9所。绿色系列创建有效改善了群众生活和居住环境，提升了群众幸福指数。

环保局累计投入300余万元，购置环境监察、监测仪器设备；环境监察大队完成一级标准化大队建设；环境监测站完成化验室改造，扩展了20余项监测项目，初步具备水、气、声、辐射等环境监测能力。

亮点和特色。顺利完成“三高两低”污染企业的整治。对列入全市173家“三高两低”企业名单的南京市路桥工程总公司的整治工作，成立了专项整治工作领导小组，区纪委、区环保局、发改局和玄武湖街道对该企业进行联合督办查处，目前已顺利完成路桥工程总公司沥青拌合场关停整治的区级验收工作，并已申报市级验收，为全市第一家申报验收单位。热点难点问题得到进一步解决。部队系统燃煤锅炉改造取得突破性进展。通过多方协调多渠道沟通，南空所属梅园饭店3台燃煤锅炉拆除，军区总院3台燃煤锅炉全部改造完毕，海军指挥学院两台燃煤锅炉已经停用、报废，全区范围内20吨以下燃煤锅炉将成为历史的记载。环境信访老大难问题得到有效解决。建立了环保24小时执勤值班、领导包案等信访处理制度，全区妥善处理“12345”、“12369”等群众环境信访1400余件，办结率达100%，群众满意率达85%以上，其中花园路15号小区饭店油烟扰民、孝陵卫街道都市山庄餐饮业油烟扰民等一批群众重复投诉、反映强烈的环境信访问题，正逐步得到有效解决，群众合法的环境权益得到有效维护。

南京火车站地区综合管理

【概况】 2011年，南京火车站地区综合管理办公室按照全年总体目标要求和具体工作部署，突出“一个目标、一部法律、一套机制、一支队伍、一个部门”的“五个一”工作特色，发挥“治安联防、工作联动、问题联治、执法联合、平安联创”的“五联一体”社会管理机制优势。通过有效整合、高效运用各类管理资源，认真开展依法管理和综合治理，深入推进文明城市长效管理，不断创新社会管理、完善公共服务，和谐稳定的“窗口”地区良好环境得到全力维护和提升。一年来，在全市城市长效综合管理考评中，火车站地区获得全市排名第一的好成绩，并获得江苏省社会治安重点地区整治先进单位、“平安玄武”建设先进集体等多项荣誉。

开展春运保障，维护窗口平安

【社会治安综合治理工作】 2011年，火车站地区综合管理办公室通过强化牵头组织协调作用，强化公安、交警、城管、运管、客管、铁路等各派驻职能(执法)部门共同参与，"统一行动、分工协作、责任明确"的社会治安综合治理工作机制。坚持"严打、严管、严防、严控"的"四严"原则，对扰乱站点秩序、影响窗口形象的各类违法、违规行为坚决予以打击和取缔。2011年春运、国庆长假和重要活动期间开展了多次联合整治行动，对各类违法违规行为进行严厉打击和取缔。全年取缔拉客黄牛256人次，调解处理纠纷33次，遣送需社会救助人员150余人次，查处"摩的"、三轮车、马自达287辆次，处罚出租车违章营运514起。

【推进城市长效综合管理工作】 2011年，火车站地区综管办按照市城市长效综合管理考评和城市网格化管理要求，认真落实"定人员、定区域、定职责"的"三定"责任制和重点难点位置的定点监管制度，努力促使管理方式由突击整治型向常态长效型转变，由粗犷式管理向精细化管理转变。日常管理中，将长效管理考核办法和文明城市测评内容进行细化分解，同时加大督察考核力度，对履职尽责情况、问题整改情况等进行每日检查督促。2011年共整治倚门开店和占道经营商户106起，处理违章施工18起，处罚抛洒滴漏及无证工程车7起，清理"三乱"1030处，查处违规广告33件，查处违规商贩96人次，玄武数字城管平台交办案件整改回复率为100%，案件数量较往年大幅下降。

【实施雨雪天气应急保障】 1月20~21日，南京城的雨雪天气造成道路积雪结冰。火车站地区综管办立即启动应急预案，采取多项措施开展扫雪除冰工作，全力保障南京火车站地区春运秩序。一是发挥应急值守作用。20日凌晨降雪开始后，火车站地区综管办24小时值守人员不间断观测雪情并及时发出扫雪通知。二是提前准备应急物资。扫雪工具、化雪盐、草袋等预备充足，应急小分队随时待命。雪情产生后，火车站地区综管办凌晨即组织人员在重要地区进行撒盐，防止结冰上冻。三是有力开展扫雪行动。20日上午5时起，即陆续出动100余人，使用铁锹、扫把等工具，重点对二层送站平台、贵宾通道、中心广场(自行车道)、亲水平台和主干道两侧进行了扫雪除冰，并在重要交通节点撒盐化雪，人行通道铺设草袋。2011年春运期间，未发生一起因雨雪因素造成的交通事故和人员摔伤意外，车辆和行人通行安全畅通。

【火车站地区春运保障工作】 2011年春运期间，火车站地区每日出动治安、交通、客运、城管、保洁五个小组、近200人次，联合开展路面巡查工作。南京火车站地区未发生重特大刑事案件、交通事故和安全责任事故，保持了安全畅通、整洁有序的良好窗口环境。为顺利完成春运保障任务，火车站地区综管办采取了五项举措：一是全员坚守岗位。根据春运保障实际需要，由主要领导带头，全体人员自觉放弃春节与家人团聚的宝贵时间，坚守在"窗口"地区保春运的第一线。二是强化社会管理。积极配合公安机关，做好社会面的巡防巡查。组织交警、客管、运管、城管等力量，对各类车辆的违法违章行为、流动摊贩占道经营行为进行有力地打击、取缔，确保来往旅客的出行顺畅。三是做好社会服务。认真维护地下出租车站点的驾乘秩序，免费供应茶水，为出行旅客提供热情、细致和周到的服务。联合团区委，组织两所中学的30余名青年志愿者开展指路问询和"送福回家"活动。四是落实禁放任务。牵头组织协调韶山路派出所、铁路南京站派出所共同开展禁放工作，制定禁放工作方案。逐户上门对火车站地区各企事业单位、酒店商户进行宣传告知，引导市民群众自觉遵守烟花爆竹禁放的有关规定。五是加强应急值守。

【服务高校接新生工作】 8月下旬至9月中旬，南京火车站地区迎来全市各大高校新生报到的高峰期。火车站地区综管办提前谋划，主动与教育主管部门和各所高校就接新生工作做好协调沟通，精心组织力量顺利完成了迎新保障工作。一是做好停车场地资源管理，克服火车站地区大巴停车位较少的困难，充分利用现有的有限停车场地资源，合理安排30余所院校接新生的车辆，做到有序停放。二是做好道路交通秩序管理，协调公安、交警和协管员对周边道路秩序及时进行引导疏通，确保车辆快速通行。三是做好卫生环境维护服务。全市30余所高校180余台次大巴停靠南京火车站地区，顺利完成接送新生7600余人次。南京大学、东南大学、南京师范大学、南京邮电大学分别向火车站地区综管办送来锦旗表示感谢。

【省重点地区排查整治推进会代表考察火车站地区】 2011年10月，省重点地区整治领导小组成员及参加会议的各市综治工作领导共80人，到南京火车站地区现场考察重点地区排查整治工作。省委政法委副书记、综治办主任张新民等考察团领导一行步入火车站站前广场，现场检查了由公安、交警、城管、运管、客管、协管、保洁等地区执法管理力量和治安巡逻队伍，认真观看反映南京火车站地区治安整治情况及特色工作宣传展板和宣传小册子，到电子监控中心现场了解"治安、交通、城管、消防管理"多项功能为一体的火车站地区监控平台。由于人流量大、流动性强，火车站地区的治安状况较为复杂，火车站地区根据中央和省、市社会治安重点地区排查整治要求，按照"依法管理，重点整治"的工作方针，认真组织开展社会治安排查整治工作，取得了明显成效。考察活动期间，省市领导和与会代表对南京火车站地区平安有序、环境整洁的良好"窗口"形象留下深刻印象。

（许韦国）

科学技术

Science and Technology

- ●科技管理
- ●知识产权
- ●科学普及
- ●珠江路科技街
- ●驻区科研院所选介

科技管理

【概况】 2011年，是十二五启动之年，区科技局按照区委要求，进一步解放思想，创新思路，抓住南京市打造中国人才与科技创新名城的有利契机，实施“人才引领、科技创业”和“制度先试、园区先行”两大关键举措，争当全市科学发展第一、改革创新第一、和谐稳定第一。2011年，组织企业在国家、省、市立项58项，其中，国家级科技项目7项，省级科技项目14项，市级科技项目37项。

【科技计划项目】 2011年，玄武区组织企业在国家、省、市成功立项58项，获得经费支持5270.9万元。其中，国家级科技项目7项，获得资助经费2141.4万元；省级科技项目14项，获得资助经费2282万元。市级科技项目37项，获得资助经费847.5万元。

2011玄武区企业技术创新工程项目汇总

序号	级别	经费(万元)	数量(项)
1	国家	2141.4	7
2	省	2282	14
3	市	847.5	37
合计		5270.9	58

2011 年国家级科技计划项目

序号	项目名称	承担企业	经费(万元)	项目类型
1	江苏柯菲平创新药物孵化基地建设	江苏柯菲平医药有限公司	619.22	重大新药创制基地
2	先声创新药物孵化基地建设	江苏先声药物研究有限公司	906.74	“重大新药创制”科技重大专项“十二五”计划——企业创新药物孵化基地建设
3	专利到期药物类克(Remicade)单克隆抗体的研究与开发	江苏先声药业有限公司	375.44	“重大新药创制”科技重大专项“十二五”计划——专利到期药物大品种研究开发

续表

序号	项目名称	承担企业	经费（万元）	项目类型
4	区域集成环境安全防控系统的设计与开发	戈顿三希科技(南京)有限公司	60.00	国家创新资金
5	多标准全波段数字广播接收机 RF 芯片及相关技术产业化研究	南京矽志微电子有限公司	50.00	国家创新资金
6	混合汇聚式光纤传输系统	江苏新创光电通信有限公司	80.00	国家创新资金
7	AKS 系列痔动脉结扎超声多普勒检查仪	南京奥珂森电子有限公司	50.00	国家创新资金
	总计		2141.4	

2011 年省级科技计划项目

序号	项目名称	承担企业	经费（万元）	项目类型
1	甲型 H1N1 流感特效药物扎那米韦的研发与产业化	江苏先声药业有限公司	800	重大科技成果转化
2	江苏省抗肿瘤分子靶向药物研究重点实验室提升项目	江苏先声药业有限公司	500	江苏省科技基础设施建设计划——创新平台提升项目
3	抗肿瘤双靶点(c-Met/KDR)分子靶向1.1 类创新药物 SIM-817378 开发研究	江苏先声药业有限公司	15	江苏省国际科技合作计划——重点国别和地区研发合作项目
4	分子靶向抗肿瘤 1.1 类新药苹果酸他菲替尼的开发	江苏先声药业有限公司	20	江苏省科技支撑计划(社会发展)项目
5	盐酸帕诺洛司琼及盐酸帕诺洛司琼注射液	江苏先声药业有限公司	20	江苏省科技支撑计划（重要技术标准）——标准后补助项目
6	应用建模与模拟于辅助脑血管药物开发研究	江苏先声药业有限公司	8	江苏省基础研究计划（自然科学基金）——面上项目
7	新型 PARP 抑制剂的开发	江苏先声药业有限公司	8	江苏省基础研究计划（自然科学基金）——面上项目
8	c-Met 抑制剂的设计、合成及生物活性研究	江苏先声药业有限公司	8	江苏省基础研究计划（自然科学基金）——面上项目
9	丹参酮 IIA 磺酸钠注射液（诺新康)的提纯及应用	江苏柯菲平医药有限公司	8	江苏省科技进步(三等奖)
10	通过调幅广播发送的农情信息服务系统	江苏东奇信息科技有限公司	25	创新资金
11	高信能耗量化管理平台研究开发	南京高信软件科技有限公司	25	创新资金
12	网游及数字产品电子商务交易服务平台及在线服务开发	江苏猎宝网络科技有限公司	25	创新资金
13	抗脑缺血新药甲磺酸胺银杏内酯 B 原料和粉针的临床前研究	江苏柯菲平医药有限公司	20	科技支撑
14	基于互联网、通信网、有线电视网三网融合的流媒体服务质量保障系统的研发及产业化	赛特斯网络科技(南京)有限责任公司	800	重大科技成果转化
	合计		2282	

2011年市级科技计划项目

序号	项目名称	承担企业	经费（万元）	项目类型
1	新能源汽车领域专利数据库信息平台	南京依维柯汽车有限公司	50	专利信息开发与应用
2	基于高速球机的主动智能化跟踪监控技术及应用示范	江苏苏讯国脉通信有限公司	20	城市管理与公共安全
3	抗肿瘤双靶点分子靶向类创新药物开发研究	江苏先声药业有限公司	50	国际联合研发
4	高效海水淡化膜的研制	南京东大能源环保有限公司	14	国际联合研发
5	埃森(德国)环境监测技术研发中心	南京埃森环境技术有限公司	20	设立海外研发机构
6	江苏省企业院士工作站	江苏明天种业科技有限公司	10	企业院士工作站创新项目
7	Dalcenl Dclive IT设施运营管理平台软件	南京德讯信息系统有限公司	3	南京市科技进步(三等奖)
8	智达康宽带无线接入设备	南京智达康无线通信科技股份有限公司	1	南京市科技进步(三等奖)
9	优泰电子签章系统软件	南京优泰科技发展有限公司	1	南京市科技进步(三等奖)
10	三联疗法治愈脑卒中肌力为0级的后遗症	玄武区中医院	1	南京市科技进步(三等奖)
11	大功率照明LED驱动系列芯片研发及产业化	南京微盟电子有限公司	50	高新技术产业化
12	物料品质高性能实时在线分析装备	南京国晟科技有限责任公司	20	高新技术产业化
13	真空立式全自动染片机	南京福怡科技发展有限公司	20	高新技术产业化
14	热合型微压滴灌灌水器的研究及科技成果转化	南京盛泉节水灌溉研究开发中心有限公司	20	高新技术产业化
15	中药广升麻总甾酮胶囊的临床研究	江苏柯菲平医药有限公司	50	20条政策兑现
16	中药新药复方灵芝孢子的临床研究	南京中科集团股份有限公司	20	高新技术产业化
17	自助式终端核心控制部件研制与产业化	江苏瑞德信息产业有限公司	20	高新技术产业化
18	多业务综合光端机	江苏新创光电通信有限公司	50	20条政策兑现
19	省级工程技术中心	南京埃森环境技术有限公司	30	21条政策兑现
20	省级工程技术中心	南京新模式软件集成有限公司	30	22条政策兑现
21	省级工程技术中心	江苏柯菲平医药有限公司	30	23条政策兑现
22	省级工程技术中心	南京熊猫电子股份有限公司	20	24条政策兑现
23	省级工程技术中心	南京熊猫汉达科技有限公司	20	25条政策兑现
24	新型电热手术器械技术和设备开发	江苏法得欧医疗器械科技有限公司	15	人才创新创业
25	智能电网光学传感器	南京五石金传感技术有限公司	15	人才创新创业
26	太阳能光伏组件功率优化器	南京优阳光伏技术有限公司	15	人才创新创业
27	基于智能电视应用的嵌入式片上系统芯片的研制与产业化	南京宏晶微电子科技有限公司	15	人才创新创业
28	综合气象短临预报服务能力建设	江苏集群软件股份有限公司	20	科技服务业
29	国瑞在线Saas平台	江苏国瑞信安科技有限公司	20	科技服务业
30	面向于数据中心IT设施运营管理服务	德讯科技股份有限公司	20	科技服务业
31	网游及数字产品电子商务交易服务平台及在线服务	江苏猎宝网络科技有限公司	20	科技服务业

续表

序号	项目名称	承担企业	经费（万元）	项目类型
32	黄埔科技大厦园区建设	黄埔科技大厦	30	科技园区奖励
33	南京市信息技术科技创业服务中心	江苏省金思维信息技术有限公司	15	科技园区奖励
34	含高凝固点有机物稀硫酸真空浓缩技术及装备	南京鹳山化工科技有限公司	30	中小企业技术创新基金
35	曲面成像360全景监控摄像机	江苏南大尚诚高科技实业有限公司	30	中小企业技术创新基金
36	基于eQS追溯平台的农产品全链物联网技术研究	南京未来星传感技术有限公司	30	中小企业技术创新基金
37	疫木检疫除害处理设备及远程监控系统	南京贺林科技有限公司	22.5	国家创新资金配套
	合计		847.5	

【科技品牌活动】 10月20日,APEC低碳技术与产业合作论坛暨2011南京国际技术转移大会在宁召开。为推动南京集成电路设计产业国际合作，提升产业国际化水平，联合东南大学射频与光电研究所、南京集成电路设计产业园等,共同承办大会集成电路分论坛，邀请了一批国际知名产业人士参加，为玄武产业发展把脉。10月26日,组织南京高校院所和企业联合参加第九届中国国际半导体博览会(IC-China2011),提升南京集成电路产业地位，区委副书记邱小凡出席大会开幕式。此外,还组织企业参加了中国留学人员南京国际交流与合作大会、第三届中国江苏产学研合作成果展示洽谈会等。 （杨 华）

2011年度玄武区重点科技资源

省部属科研机构	重点实验室	工程技术中心	科技企业孵化器	科技公共服务平台	高新技术企业
28	24	46	10	35	51

10月26日,在IC-CHINA年会上玄武团和叶甜春所长(中)合影

【高新技术企业认定】 2011年，区科技局积极开展高新技术企业认定工作。按照国家新的高新技术企业认定管理办法,全区新增高新技术企业12家,总数达到51家。

【科技信息产业税收增长37.5%】 2011年全区科技信息产业实现税收10.5亿元,同比增长37.5%,位居全区各主要产业之首。 （杨 华）

知识产权

【概况】 2011年，玄武区知识产权工作紧紧围绕“人才引领、科技创业”、“制度先试、园区先行”两大关键举措抓落实，大力实施知识产权战略，有效地提升全区知识产权创造、管理、运用和保护能力,积极营造良好的知识产权工作氛围,圆满完成全年各项目标任务。全年全区专利申请总量5143件,同比增长44.14%,其中发明2276件,同比增长33.96%;专利授权量2830件,同比增长73.3%,其中发明977件,同比增长48.48%。区知识产权局被江苏省科技厅、省知识产权局评为“江苏省知识产权工作先进集体”“江苏省知识产权政务信息工作先进单位”。

【发挥知识产权制度作用】 2011年,区知识产权工作领导小组实施企业知识产权战略、推进市专利技术产业示范基地建设、推进知识产权“四大工程(即:企业知识产权创造运用能力提升工程、企业知识产权人才培养工程、企业知识产权保护推进工程和企业知识产权服务能力提升工程)”，打击专利侵权和假冒专项行动等重点工作。发挥知识产权联动互动机制作用。在全区知识产权相关部门联络员制度基础上，重新构建区知识产权局、8个街道(包括徐庄软件园)以及相关企事业单位三级联络员制度，及时掌握全区知识产权工作情况。召开全区知识产权工作推进会。4月29日,在徐庄软件园召开全区知识产权工作大会。表彰2010年度知识产权工作先进集体和先进个人。

【营造知识产权良好氛围】 4月25日,在玄武区浮桥市民广场举办“知识产权宣传周”广场宣传活动。组织驻区大学生参加市首届外观设计专利及创意设计大赛,作品涵盖新能源、环保、电子信息、装备制造、动漫创意、服装创意等领域,全区有100多件优秀外观创意设计作品入围大赛优秀作品展。出台“玄武区自主知识产权开发计划”。首次把知识产权政策提升为区委、区政府的专项政策,为整合高校院所创新资源、提升企业知识产权意识营造良好的社会氛围。

【培养知识产权专业人才】 2011年,区知识产权局组织开展知识产权管理工程师培训，为企业培训知识产权工作者20名;组织参加知识产权高级研修班培训,为5名企业主要负责人提供参与高级研修的机会；举办企业知识产权管理标准化培训,组织23家企业参训;举办知识产权政策宣讲，为东大科技园企业宣讲知识产权新政策;在徐庄软件园、中科院土壤所等地举办专利申请系列专题讲座。全年共培训企事业单位知识产权工作者近800名。指导企业开展知识产权管理标准化创建。

【推进市专利技术产业示范基地建设】 2011年，着力加强南京集成电路设计产业园专利技术产业示范基地建设。一是注重提升园区服务能力，建成集成电路设计产业知识产权数据平台，为企业提供专业化的知识产权查询分析服务。二是积极促进园区知识产权创造，全年专利申请总量108件，其中发明专利54件，实用新型专利45件，外观设计专利9件；集成电路设计布图专有权30件；软件著作权20件。4月29日,南京市委书记杨卫泽在视察园区，听取徐劲松局长关于产业园及集成电路设计公共技术服务平台的建设和发展情况汇报后，对产业园建设中取得的成绩给予充分肯定。

(杨　华)

科学普及

【概况】 2011年,区科协坚持“三服务一加强(即为广大科技工作者服务,为经济社会全面协调可持续发展服务，为提高公众科学文化素质服务;加强自身建设,提高服务能力)”的工作方针,围绕构建和谐玄武，把提高公众科学素养和营造良好的创新氛围作为科普工作的核心，不断加强能力建设，有效构建社会化服务平台,不断开创科普工作新局面,为提高全民科学素质，促进玄武创新型城区建设做出了积极贡献。玄武区先后获得“2011~2015年全国科普示范区”、“江苏省科普宣传工作先进集体”、“南京市科协工作先进集体”等荣誉。

2011年，区科协根据国务院制定的《纲要》工作要求,立足玄武区“十二五”经济社会发展的需要,制定出台《玄武区全民科学素质行动计划纲要实施方案(2011~2015年)》。明确指导思想、奋斗目标、主要任务、保障措施及《纲要》领导小组各成员单位工作职责，对今后五年发挥科普工作在全区实施科技强区战略和和谐社会建设中具有重要作用。

【举办科普宣传周活动】 5月13~17日是全国科技活动周暨玄武区第二十三届科普宣传周,区科协和8个街道科协精心策划、周密组织,按照“1+3+5”活动方案,即，紧扣一个主题:“建设创新型城区”;突出三个重点:“创新、低碳、和谐”;面向五类群体:大中小学生、社区居民、部队官兵、机关干部、企业职工,组织开展内容丰富、形式多样的科技活动近50项。开幕式上邀请市科协、市地震局、相关省市级学协会、区《纲要》领导小组成员单位共同开展活动,通过大型广场科普咨询、防震减灾知识展、核辐射知识展板和大型科普文艺演出等形式宣传科普知识,向群众发放《市民防震手册》、《核辐射科普知识读本》科普书籍。向8个街道新成立的“防震减灾科普志愿者队伍”授旗。5月15日，组织台城花园社区铜鼓队参加省市科普宣传周开幕式演出。

【加强科普工作能力建设】 5月27日,首次举办“南京市社区科普创新管理工作

5月27日,举办社区科普创新管理工作交流会

交流会”，特邀中国科普研究所研究员翟立原，沈阳市皇姑区、上海市卢湾区科协参会。会议从社区科普的功能、定位及发展途径和方向，社区科普大学建设和“社区科普益民计划”等方面，对社区科普工作进行了交流发言。省、市、区有关领导，各区县科协，科普志愿者150多人参加交流会。提升基层科普工作能力，组织街道分管领导、秘书长和社区科普站长业务培训，交流工作经验，开展现场观摩活动，实地学习科普台账、大型活动开展，起到互相学习、互相促进的作用。组织开展业务平台技能培训，使各科普工作点通过平台连成片。提升科普大学服务能力，邀请省科技干部进修学院的专家为辖区8个街道科协的秘书长、社区科普大学校长及信息员举办社区科技教育服务平台培训，随即在全省率先启动江苏省社区科普大学公共服务平台建设，实现社区科普大学教育管理工作资源共享。

【开展科技拥军活动】 2011年，区科协结合科普宣传周和世界知识产权日活动，先后走进南京军区政治部警卫连、73603部队、73853部队，向官兵们赠送科普书籍，举办科普讲座，普及《知识产权保护法》，增强部队官兵知识产权保护意识。通过活动的开展，激发部队官兵自主创新能力，在军营里营造爱科学、学科学、用科学的良好氛围。

【开展青少年科技活动】 2011年，先后举办玄武区第八届“紫金杯”小学生计算机程序设计比赛、青少年科技夏(冬)令营、“我为绿色青奥献创意”科普征文以及科普讲师团进校园等系列活动；举行第八届“校园科技节”，开展科技小制作、车模比赛、机器人操作表演、火箭放飞等十余种活动。组织全区优秀作品参加第二十二届江苏省青少年科技创新大赛，获得各类奖项67个。组织北京东路小学、理工大实小、长江路小学等6所学校少年科学院的41名学生，参加在昆山举办的2011年度中国少年科学院“小院士”课题研究成果展示交流活动。20个学生获得“中国少年科学院小院士”称号，11个学生获得“中国少年科学院预备小院士”称号，10个学生获得“中国少年科学院小研究员”称号。在全国科普日期间，区科协与江苏省气象学会、玄武门街道、南京报业集团七彩周末小记者团共同举办“第三届气象小主播”模拟秀活动，通过VCR视频模拟气象预报、气象知识竞答和“我与气象小故事”演讲等环节的比赛。

【做好防震减灾工作】 2011年，区科协依托省地震局，在孝陵卫街道小卫街社区建立防震减灾科普工作站，宣传防震减灾知识，为居民提供避震、避险、自救、互救和心理咨询等服务，在全国率先走出了一条防震减灾科普宣传工作的新路子。以天山路社区和昆仑路小学为试点，举办防震减灾综合演练，社区居民和师生400多人参加活动。通过应急演练，居民提高了防灾抗灾自救能力、掌握应急避灾的正确方法，熟悉灾后紧急疏散的程序和线路，确保在灾害来临时，应急工作能快速、高效、有序地进行，从而最大限度地保护人民群众的生命安全。

（杨　华）

珠江路科技街

【概况】 2011年，珠江路管委会办公室结合珠江路科技街发展实际，认真落实区委提出的“一园四极”、“四纵四横”的发展战略，全力优化街区发展环境，不断深化服务措施，以品牌、环境、项目、党群等工作为切入点，全面推进珠江路科技街发展建设。紧紧围绕中心工作，进一步转变工作作风，创新工作举措，扎实推进各项目标任务。全年承担区国民经济和社会发展、党的建设、文化建设、政治建设，以及本部门工作目标共计17项，各项目标任务全面完成。

【第十三届珠江路电脑节】 9月24日上午，由玄武区委、区政府主办，雄狮国际E总汇、南京市珠江路商会、珠江路管委会办公室、徐庄管委会联合承办的2011“雄狮”杯第十三届珠江路电脑节在雄狮国际广场隆重开幕。玄武区四套班子徐曙海、周雯、杨冬梅、张蓬、张发等领导，南京市商务局巡视员何俊廷、南京市科委副主任黄榕、南京市质量技术监督局副局长周黎丽、南京市工商联副主席韦廉以及知名IT厂商代表、珠江路、徐庄IT企业嘉宾、媒体记者共200多人出席开幕式。本届电脑节以“智慧珠江路　科技新生活”为主题，组委会联合南京日报社开展了“南京IT风云榜”推选活动，经过企业自荐、专家评审、综合考察、组委会审核等一系列环节，组委会推选出的“雄狮国际e总汇”等12家“南京IT风云榜”企业在开幕式上受到表彰。电脑节期间，既有“雷蛇”、“外星人”等高端数字娱乐产品的展示体验，也有宏图三胞珠江路旗舰店首次在珠江路推出的“云服务”专区。同时，雄狮国际、宏图三胞、华海3C、百脑汇、南京赛格等电子市场推出了系列新品展示、特卖、义拍活动，宏图三胞慧买网、慈虎电子商城等电子商务平台在网站上举办网上电脑节团购、秒杀活动，让广大市民到珠江路体验最新、最时尚的IT产品，在网上淘到最实惠的电子产品。本届电脑节从9月24日开始持续到10月7日，横跨国庆黄金周，历时14天。据不完全统计，电脑节期间，华海3C、百脑汇、宏图三胞、雄狮国际等卖场日均人流量达1.4万人次，同比上升18%，销量同比上升9.8%，

【推进珠江路“1+8”重点产业项目】 2011年，珠江路管委会办公室按照区委、区政府“一园四极”、“四纵四横”的总体战略布局，围绕“突出科技品牌和电子商务企业相对集中的优势，打造电子商务集聚区”的最新定位，全力推进珠江路“1+8”重点产业(即：卓越大厦、化建大厦、华山饭店综合楼、东大科技园扩建增容项目、珠江饭店地块项目、汇文里项目、珠江路699号东片、总参六〇所地块)项目。一是加强领导、完善制度。成立以张蓬副区长为组长的珠江路项目工作领导小组，制订《关于加快推进“1+8”重点产业项目珠江路特色产业街区实施方案》，建立项目管理、工作例会、联络员、信息报送等制度，定期组织召开项目推进会、分管领导和联络员会议，沟通项目进展情况，分析问题，交流经验、推进项目。二是全面普查，把握现状。2011年，珠江路管委会办公室会同区发改局、新街

口、梅园新村、后宰门街道共同完成珠江路区域内企业的调查，全面掌握企业基本情况、区域分布、产业结构、发展状况、经营资源利用情况以及存在问题，为制定珠江路新的产业发展规划提供依据。三是深入调研、明确思路。2011年，按照区委打造珠江路特色街区的总体要求和最新定位，珠江路管委会办公室结合珠江路产业发展现状调查，走访企业、街道和部门，在多方征求意见的基础上起草了《关于加快珠江路科技街产业发展的指导意见(建议稿)》。四是整体规划、合力推进。按照珠江路最新定位和调研论证，以街道为主，共梳理出卓越大厦、化建大厦、华山饭店综合楼、东大科技园扩建增容项目、珠江饭店地块项目、汇文里项目、珠江路699号东片、总参六〇所地块8个重点项目，并根据项目实际情况，划分为近期项目3个(卓越大厦、化建大厦、华山饭店综合楼)，中期项目3个(东大科技园扩建增容项目、珠江饭店地块项目、汇文里项目)，储备项目2个(珠江路699号东片、总参六〇所地块)。

【完成珠江路科技街发展状况调查】 2011年，珠江路管委会办公室会同区发改局、新街口、梅园、后宰门街道，按照珠江路一线东西4.3公里，西至中山路以东，东至北安门街以西，南至长江路以北，北至北京东路以南的区域范围，共同完成珠江路科技街区域内企业的调查，全面掌握珠江路科技街企业基本情况、区域分布、产业结构、发展状况及经营资源利用情况，建立了珠江路企业基础数据库和统一、共享的信息平台。据调查显示，截至2010年底，珠江路共有企业3006家，个体经营户1472家，从业人员总数5.27万。沿街及两侧共有楼宇47栋，总建筑面积111.6万平方米，入驻企业2481家。沿街设立电子商城(市场)14家，经营面积18.5万平方米，商户1200多户。拥有苏皖、华东、全国IT产品代理商300多家。2010年纳税总额6.5亿元，占全区2010年全口径税收的13.58%。

【电子交易市场服务规范试点工作】 2011年，珠江路管委会办公室会同玄武区质监局，为进一步加强珠江路电子信息产品交易市场的规范化管理，提高服务质量，营造诚信有序的消费环境，促进珠江路品牌打造和行业发展，在珠江路百脑汇、雄狮国际e总汇两家电子市场，开展《珠江路电子交易市场服务规范》标准贯标试点工作。通过上门为两家试点单位培训和指导，下发实施方案和考评细则，定期、不定期对电子市场进行督察、考核等措施，指导推进企业开展自查自纠和整改工作。目前，两家试点单位均已通过基本要求、安全要求、服务场所及设施要求、环境保护要求四项指标，试点工作取得圆满成功，为2012年全面开展贯标工作积累了经验。

【"正版软件示范街"启动仪式】 2011年2月，珠江路管委会办公室联合珠江路商会、微软(中国)有限公司共同举办珠江路"正版软件示范街"启动仪式，市版权局版权管理处、区科技局、文化局、商务局、城管局等部门领导和100多家珠江路企业负责人参加活动。与会企业代表纷纷签名支持珠江路创建正版软件示范街活动，支持政府采取的多项知识产权保护措施，为打造珠江路软件正版一条街做出贡献。同时，珠江路管委会办公室印发了《关于做好珠江路"正版软件示范街"创建工作的实施意见》，从制度上鼓励和引导企业增强知识产权保护意识，规范经营服务，自觉销售使用正版软件，在全街营造尊重知识产权、保护知识产权和诚信守法经营环境。

【提升珠江路品牌知名度】 2011年，珠江路不断加强品牌建设，涌现了一批全国、省、市品牌。一方面，珠江路各主要电子市场对硬件环境进行了全面改造升级，其中，百脑汇南京店、宏图三胞旗舰店、中国移动旗舰店等电子市场全面改造升级；中国最大苹果APR2.0旗舰店、南京赛格数码广场等品牌电子市场相继开业。另一方面，积极组织企业参评全国品牌。2011年4月，珠江路管委会办公室组织华海3C、雄狮国际e总汇等卖场参加在江苏昆山召开的"2011第十一届中国电子专业市场年会"，与全国各地科技街、电子市场开展交流与合作，共商新形势下电子专业市场繁荣策略。会上，组委会颁发了2010年度中国电子专业市场经营金牌奖，华海3C被评为"中国电子市场经营十强"，雄狮国际e总汇被评为"中国东部地区电子明星市场"，新华海科技产业集团董事长段红飚被评为"中国电子专业市场十佳经营者"，进一步提升珠江路的品牌知名度。

【中小企业融资对接会】 2011年6月，珠江路管委会办公室在区政府409会议室

6月23日，召开2011年珠江路中小企业融资洽谈会

召开“2011年珠江路中小企业融资洽谈会”，农业银行、中国银行、交通银行、南京银行、民生银行、浦发银行、深圳发展银行、江苏鑫信投资担保集团有限公司等8家金融机构及珠江路商会、珠江路企业代表共70多人出席会议。会上，各家银行、担保公司以及珠江路企业代表分别进行了交流，并针对珠江路中小企业普遍规模较小、信誉度相对较低、信息透明度不高、担保能力弱以及对资金需求的时效性等问题，推出了不同种类的适合珠江路中小企业需求的个性化金融产品。会后，珠江路管委会办公室做好对接落实，主动跟踪服务，成功帮助企业融资2000多万元。

【第八届学习创新节】 9月24日下午，以“聚焦珠江路　共谋新发展”为主题的珠江路IT产业论坛暨学习创新大讲坛、IT人才沙龙活动在区政府409会议室举行。本次活动由区委组织部、区委宣传部、珠江路科技街党工委、珠江路管委会办公室、珠江路商会联合主办。区委常委、组织部部长杨乐华，区政府副区长张蓬等区领导，区文明办、梅园街道办事处领导，以及珠江路商会会员单位代表应邀出席。同时，还特邀东南大学经济管理学院电子商务系主任吴清烈、联想集团江苏大区消费业务高级经理黄维、现代快报社数码家电部主任朱政等嘉宾出席。在学习创新节上，与会领导和嘉宾就当前珠江路IT行业热点、难题问题，共同探讨IT行业发展，共商珠江路美好未来。本次论坛共分为两个环节：在学习创新大讲坛环节上，联想集团江苏大区消费业务高级经理黄维、东南大学经济管理学院电子商务系主任吴清烈两位嘉宾分别就当前IT行业发展趋势以及电子商务业发展趋势做了精彩的演讲；在IT人才沙龙环节，雄狮国际e总汇、百脑汇南京店、硕怡捷科技、新华海集团、宏图三胞慧买网等企业负责人，就珠江路IT行业当前存在的问题以及对策，发表了精彩的观点，引起与会领导和嘉宾的共鸣。南京8080极速网、现代快报社数码家电事业部、梅园街道办事处、珠管办等领导和嘉宾对珠江路IT行业整体发展进行了点评和展望。

【非公企业党群工作】 2011年，珠江路非公企业党群工作进一步发展。在“百日行动”中，新组建15家非公企业党组织，覆盖企业2000多家；新成立工会组织10家，新成立团组织8家；成立非公企业关工委3家，总数达到21家，组建数居全区前列。同时，党群组织在企业中深入开展主题活动。一是深入开展“创先争优”活动。以“引领创新发展·争当行业先锋”为主题，围绕经济发展、诚信建设等中心工作，扎实开展“创先争优”活动。二是扎实推进“三争一创”实践活动。珠江路科技街党工委多次召开动员会和推进会，推动基层企业“三争一创”实践活动，强化上门开展指导服务，让每位党员都了解和参与到实践活动当中。三是圆满完成党代表选举工作。2011年7月，经过全体参会党员庄严投票，成功选举产生了8名出席区第十次党代会党代表，顺利完成选举工作。四是举办中国共产党成立90周年系列活动。以中国共产党成立90周年为契机，开展新党员入党宣誓、先进事迹报告、有奖征文活动，加强党员的教育管理。五是深入开展电脑服务社区行活动。组织党员义工、青年志愿者深入大行宫、红山等社区，为社区居民提供免费电脑维修服务。　　（汪小文　陈振昌）

驻区科研院所选介

·中国科学院南京地质古生物研究所·

【概况】 中国科学院南京地质古生物研究所，简称南京古生物所，是一个从事古生物学、地层学及相关学科基础研究、应用基础研究及科学传播的综合性研究所。下设古植物与孢粉学研究室、古动物学研究室、微体古生物学研究室和现代古生物学和地层学国家重点实验室四个科研机构，拥有图书资料信息中心、实验技术中心、南京古生物博物馆、澄江古生物研究站以及一个古生物鉴定与区域地层研究中心。南京古生物所图书馆建于1953年，是亚洲最大的古生物学专业图书馆。研究所标本馆馆藏标本约20万件，是世界上古生物标本收藏的重要机构。截至2011年底，南京古生物所共有在职职工137人，包括中国科学院院士3人、研究员及正高级工程技术人员40人、副研究员及高级工程技术人员41人。有中国科学院“百人计划”入选者7人，国家杰出青年科学基金获得者7人，国家“千人计划”入选者1人。

南京古生物所现设有“古生物学与地层学”、“地球生物学”和“地质工程”三个专业二级学科硕士研究生培养点，“古生物学与地层学”和“地球生物学”两个博士研究生培养点，并设有博士后流动站，共有在学研究生61人（其中硕士生36人、博士生25人）、在站博士后11人。

【在研项目193项】 2011年，南京古生物所共有在研项目193项（包括新增项目43项）。其中，新增国家重点基础研究发展计划（973）课题2项，获得国家自然科学基金重大项目1项、重点项目1项、主任基金项目1项、面上（含青年）项目11项、科普项目2项，新增中国科学院战略性先导科技专项课题4项，院重要方向项目5项、国际合作项目3项。

【出版专著专辑3部】 2011年，南京古生物所出版专著专辑3部，发表论文约200篇，其中SCI论文76篇。《自然》（Nature）杂志刊登了研究所主持完成的题为“埃迪卡拉纪早期具形态分异的宏体真核生物组合”的科研论文，为宏体真核生物的早期演化提供了最古老的化石证据。国际地科联执委会表决通过了建立由研究所主持研究的寒武系第九阶（江山阶）全球标准层型剖面和点位（“金钉子”）的提案，该“金钉子”正式在我国浙江江山确立，是我国的第十枚“金钉子”。《科学》（Science）杂志以研究论文的形式刊登了研究所主持完成的重要研究成果：“卡定二叠纪末生物大灭绝的时间”，揭示了二叠纪末生物大灭绝发生在2.52亿年前，并在20万年这样极其短暂的地质时间内快速地造成了地球海、陆生态系统的全面崩溃。2011年研究所还获得“2011年度江苏省科学技术进步二等奖”。

2011年12月《科学》Science杂志刊登的二叠纪末生物大灭绝的火山灰地层

【对外学术交流】 2011年，南京古生物所共有53批82人次先后出访18个国家和地区参加国际会议或进行学术交流；接待14个国家的外宾82人次来访。目前有20余位专家在40余个国际学术组织中担任主席、副主席、选举委员等职。2011年，研究所与俄罗斯科学院古生物研究所、地质研究所签订了合作备忘录。

中国古生物学会挂靠在南京古生物所。南京古生物所主办学术期刊有《古生物学报》、《微体古生物学报》、《地层学杂志》、《Paleoworld》，以及科普期刊《生物进化》和科普网站“化石网”。 （陈孝政）

·中科院国家天文台南京天文光学技术研究所·

【概况】 中国科学院国家天文台南京天文光学技术研究所，组建于2001年4月21日，其前身为成立于1958年的原中国科学院南京天文仪器研制中心的科研部分及高技术镜面实验室；1998年首批进入中科院知识创新工程试点。2011年末，有在职人员147人，其中专业技术人员92人。有院士3人，研究员18人，副研究员及高级工程师25人。

2011年在研项目共计127项，新承接项目57项，新承接科研项目经费突破亿元，创历史新高。多个科研领域取得突破性进展：我国自主创新的首台南极巡天望远镜AST3-1完成出所验收，将是南极内陆首台可远程控制、具备指向跟踪与自动调焦功能的天文光学望远镜；至2011年南京天光所已连续4年选派科研人员参加南极天文科考，为我国南极天文学研究做出了重要贡献；极大光学/红外望远镜多项关键技术预研究取得突破性进展；南京天光所建所以来承接的最大的国际合作项目、也是我国除LAMOST外自主研制的最大口径的光学望远镜——南京天光所与法国合作为俄罗斯莫斯科大学研制的2.5米光学望远镜圆满通过出所验收，其指标和性能达到国际同类望远镜的先进水平，获得外方好评，不仅体现了南京天光所具有研制大中型天文仪器的国际先进技术水平，也具有与国际接轨的良好的项目管理能力；为确保国家重大科学工程LAMOST项目的调试运行，一批科研和技术支撑人员长期坚守兴隆，2011年10月24日，LAMOST正式开始运行“先导巡天”。

【两项科研成果获奖】 两项科研成果荣获2010年度江苏省科学技术奖二等奖。其中“高精度大口径非圆形超薄镜面研制技术”项目由南京天光所科研团队独立完成，“近地天体望远镜系统工程”由紫金山天文台、南京天光所与南京中科天仪公司合作完成。

中国“2010年度十大天文科技进展”评选活动结果揭晓，南京天光所的“一米红外太阳塔初光成功”和“国产高精度大口径碳化硅非球面光学系统成功磨制”两个项目入选2010年度“十大天文科技进展”。至此，南京天光所实现了连续10年共20个项目获此殊荣的良好记录。

2011年全所科研人员发表论文22篇；申请发明专利13项，申请实用新型专利2项；发明专利6项与实用新型专利1项获授权。

【开展国际、地区和与高校之间的交流】 2011年研究所出访44人次；接待来访30人次；由南京天光所、中国天文学会天文仪器与技术专业委员会和中央大学天文研究所共同举办的“第四届海峡两岸天文望远镜与仪器学术研讨会”在台湾南投成功举行；南京天光所与南京理工大学共建“天文光学超分辨探测联合实验室”。

人才队伍建设迈上新台阶。“江苏省先进光学制造技术高技能人才培养基地”落户南京天光所，将由南京天光所负责江苏省机关事业相关单位的光学冷加工的培训、考试、考核和评审等工作，畅通了该类高技能人才的晋级通道。作为中国科学院研究生院天体物理、光学工程、精密机械及仪器学科博士、硕士学位培养点，南京天光所有研究生导师27名；在学研究生53人，其中博士生14人；2011届毕业生全部就业。多名研究生获奖，其中1篇博士学位论文被评为中国科学院百篇优秀博士学位论文。

【面向社会开展科普宣传】 2011年，南京天光所科普活动周的主题为“面向市民，走进社区”。深入锁金村街道举办大型天文仪器图片展；为社区群众做“南极天文科考”讲座；5月15日公众开放日接待了30多名市民到所参观；联合南京市第一中学举办快乐科技周系列科普活动；知名专家应邀到澳门、台湾开展科普讲座。 （谢立华）

·江苏省中国科学院植物研究所·

【概况】 江苏省中国科学院植物研究所(南京中山植物园)是从事植物资源和环境科学研究及植物物种保存的公益性专业机构，实行江苏省和中国科学院共建双管的领导体制。2011年度，在岗人员数284人；其中正高级职称20人，副高级职称36人，机构设置14个部门。管理系统5个、研究系统5个、支撑系统4个。

作为中、北亚热带植物研究中心，以植物资源收集、引种、开发利用和保护为目标，开展植物分类、药用植物、经济植物、观赏植物、植物化学、植物环境和物种保护等方面的研究。

南京中山植物园始建于1929年，是我国近代史上第一座国立植物园。是国家、江苏省和南京市科普教育基地及青少年科技教育基地，已建成20余个专类园区。植物园作为国家战略性种质资源保存基地，现保存活植物物种4500余种。园中植被茂盛，融山、水、城、林于一体，每年吸引国内外参观游览者30万人次以上。

2011年，所(园)研究确立"抓好'十二五'规划任务分解和落实、加强科研产出和科技成果推广、推进园区建设良性发展、促进做好服务与保障和扎实开展党建和精神文明建设"等五方面20项工作，并成立专项工作组。对"十二五"规划进行年度任务分解，明确科研与科技开发、科普旅游、建园、人才建设、研究生工作、党建和精神文明、服务保障、技术支撑等8个类别45项任务及责任人和工作要求。参与建成中科院南京分院(东台)滩涂研究院；与河海大学联合申报并获得科技部的国家重大支撑项目——"江苏沿海滩涂围垦及保护关键技术研究"(2012BAB03B00)；"黑莓优良品种及高效栽培和加工技术推广应用"成果获得江苏省农业技术推广奖二等奖，"灰毡毛忍冬活性总皂苷提取物及其制备方法和用途"成果获得第七届江苏省专利金奖；科研到账经费较上年增长了55%。"南京中山植物园北园环境综合改造方案"获省建设部门批准；新建成宿球根花卉专类园，完成"中山像广场"等场馆的改、扩建和景观环境的优化建设，妥善解决南园建设善后及工程竣工验收事项。

【黑莓栽培和加工技术推广应用】 "黑莓优良品种及高效栽培和加工技术推广应用"成果获得江苏省农业技术推广奖二等奖。黑莓为我所(园)于1986年从美国引进在溧水县试种试验的果树新品种。自1994年起在江苏适宜地区推广后，研究了各类加工技术和研制了相应产品，制定了相关技术标准。在黑莓成果转化应用过程中，采用了"研究单位+农技推广部门+农户+企业"的组织形式，使江苏省在2004~2010年新增种植面积2468公顷，优良新品种覆盖率达到了69.8%，高效栽培技术覆盖率达到了95%以上，加工技术得到了100%的应用，实现经济效益15.85亿元。

【灰毡毛忍冬活性总皂苷提取】 "灰毡毛忍冬活性总皂苷提取物及其制备方法和用途"(专利号：ZL200610039294.4)获得第七届江苏省专利金奖。该专利发明为我国中药抗肿瘤药物提供了一种具有自主知识产权的有效部位原料的制备方法，对《中国药典》品种灰毡毛忍冬药材的用途有了全新的价值发现，引发形成了灰毡毛忍冬种植、加工、利用与生产的良性产业链。其间，专利受益示范基地累计实现新增销售额79200万元，新增利润44352万元。

【"中山杉"的研究及应用获得较大进展】 "中山杉"的研究及应用获得了较大进展。开展了落羽杉属树木人工杂交育种，采取强化育种手段获得了技术突破，当年10月获得杂交种子5480粒，超过了30年来获得杂交种子的总和。相继开展了中山杉杂交优势光合机理及材性分析和木材加工利用等研究，以及落羽杉属树种感病及机理的研究，均取得了实质性进展。此外，在推广应用上，为云南省昆明市滇池区域生态恢复将陆续提供约47.7万株优质苗木。滇池管理局为保证滇池湖滨及入河口生态恢复工程质量，特聘任殷云龙研究员为该项工程的技术总负责人。

【与美国密苏里植物园续签了合作"备忘录"】 10月26日至11月2日，江苏省中国科学院植物研究所与广西所、庐山园共同组团赴美国访问了密苏里植物园等。其间，所长庄娱乐研究员与密苏里园主任PeterWyseJackson博士等进行了会谈，就合作历史和合作前景等交换了意见，达成了共识。随后签署了四方合作协议——合作谅解备忘录(MOU)。此举进一步确定了多边合作关系与内涵，为进一步推进未来多边交往与合作奠定了基础。 (耿茂林)

中山植物园　温室夜观

·江苏省农科院·

【概况】 省农科院紧紧跟踪国家有关部委科技项目申报动向，全力做好项目争取工作，在重大项目的立项上取得重要进展。国家公益性(农业)行业科研专项、水专项、973预研等重大项目已获立项批复，其中主持申报的国家公益性(农业)行业科研专项“集约化农区种养结合生产技术集成与工程示范”，经费达到1958万元。全年新上国家项目到账经费3230万元；另有一批国家科技支撑计划课题和863项目已进入立项程序或已列入项目库，预计合同经费4500万元。2011年获得国家自然科学基金项目资助32项，成为省农科院历史上承担该类项目数最多的一年。获资助的项目数在全国省级农科院位居第一。全院有44名专家进入国家现代农业产业技术体系，专家总数和岗位科学家数均居省级农科院第一。2011年，全院项目新增合同经费大幅增长，达3.8亿元，增长68%。

2011年，全院获得各类科技成果奖27项，获奖数量较去年增长108%。“猪支原体肺炎疫苗的研制与综合防控技术的集成应用”成果荣获中华农业科技奖一等奖。“超级粳稻新品种选育与应用”获省科技进步奖一等奖，另有两项成果获省科技进步二等奖。全年申请植物新品种权保护的新品种60个，授权新品种16个。申请专利111个，授权专利39个。审定、鉴定品种41个。在知识产权工作方面，2011年省农科院各专业所知识产权收益首次突破两千万元，全年实现到账收益2237.5万元，同比增长12%。

【省农业自主创新专项资金达1亿元】 2011年，省农业自主创新专项资金总额达到1亿元。围绕农业现代化工程组织力量开展科技攻关，在重点支持高效园艺等七大领域的基础上，增加了水产、苗木、农机等领域的资助，目前自主创新基金已基本覆盖江苏现代高效农业科技创新的主要领域。项目类型包括品种创新、技术创新、模式创新，适当安排探索性研究，实施项目预研，并为将来项目作储备。上半年，面向全省涉农科教单位广泛征集项目指南建议386项，根据专家咨询评议结果，并与财政厅会商，共立项237项，其中品种创新41项、模式创新51项、探索性研究73项；由64个单位分别承担。项目分布为院本部55%、农区所21%、省内其他单位24%。

【科研平台和学科建设】 围绕重点学科发展积极推进科研平台建设，专业所逐所排出“十二五”期间要建的13个重点科研平台，多渠道争取创新平台的立项和资金支持，2011年，首批启动了动物重大疫病防控、循环农业研究、植物病毒病监测与治理、动物品种改良与繁育4个重点实验室和设施农业工程技术研究中心平台建设。在最近公布的农业部“十二五”重大平台项目中，省农科院有6个专业性(区域性)实验室和5个科学实验观测站纳入农业部的重点实验室建设规划。农区所积极推进“一所一特色”学科建设，沿海所投资500多万元建成盐土农业实验室，成立了省沿海滩涂农业工程研究中心，申报各类盐土农业研究项目7项，获项目经费200多万元。沿江所有44名科技人员加入特色学科，占全所科技人员的61.1%。里下河所建立了水生花卉品种资源圃，水生花卉产业化基地建设初具规模。

【科技攻关和成果转化】 突出品种创新，育成一批高产、优质、多抗粮食作物新品种。其中南粳45被农业部认定为超级稻，南粳44被列为农业部主导品种和江苏省主推品种，在全省大面积推广示范中平均增产10%~15%。一批小麦新品种在全省创建小麦万亩示范片和超高产攻关田中表现突出。扬辐麦4号万亩示范片实产验收中亩产实收689.9公斤，创江苏省小麦亩产历史最高纪录。宁麦14在张家港现代农业示范园万亩高产示范片中夺得今年苏南地区最高产量。突出农作物病虫害防治研究，系统研究了水稻条纹叶枯病和水稻黑条矮缩病的发生趋势和为害特点，提出了灰飞虱传病毒病新的防控策略——将原来以治虫防病+抗病品种为主的防控策略调整为以调控灰飞虱发生基数、实施源头治理的生态策略。目前正以“水稻条纹叶枯病病原、灾变规律与持续控制技术”积极申报国家科技进步奖。突出设施园艺品种创新及工程装备研究。育成一批性状独特、品质优良、抗逆性好、产量高，可取代国外、省外引进品种，适合江苏省设施栽培的高效园艺新品种，建成设施园艺作物种子种苗产业化示范基地，形成种子种苗产业化技术体系。突出规模生态养殖研究，在发酵床改造升级、垫料选择以及配套养殖技术研究上形成了一整套独特的技术体系。突出循环农业研究，攻克稻麦全量还田的关键技术，初步形成配套的技术体系和机械装备。国家科技支撑计划“水葫芦安全种养与资源化利用成套技术研究及工程示范”，通过了科技厅组织的课题验收，并在昆明滇池污染治理中推广应用。

【人才队伍建设】 2011年，省农科院全面推进“科技创新人才建设工程”，积极实施“五大科技创新人才计划”。经严格筛选，2011年，招录优秀科学家1人，优秀学科带头人4人，其中从华南农业大学引进的优秀科学家(施振旦、禽类专业)获省“双创”人才项目资助100万元。选拔出的20名科技人员进行英语强化培训，派出10名科技人员前往美国密西西比州立大学进行为期一年的学习与合作研究。对先期确定的院本部的10个学科团队，在其进人指标、人才培训、博士后招收及研究生招生等方面给予优先考虑。启动组织农区所优秀学科团队选拔工作。精心组织各类人才招聘，全年院部招录进编79人，其中博士48人，招进博士比例较2010年有显著提高。2011年院博士后工作站累计招收博士后12人，有2人获得中国博士后基金、7人获得省博士后基金。启动了省农科院与英国诺丁汉大学联合招收博士后计划。省农科院博士后工作站被国家人社部、全国博士后管委会评为优秀博士后科研工作站。

(孙洪武　李德新)

教　育

Education

- 概述
- 学前教育
- 初等教育
- 中等教育
- 高等教育
- 社区教育
- 教师

概　述

【概况】 2011年，全区教育围绕区委、区政府提出的经济社会发展总目标，深入落实科学发展观，认真贯彻国家、省、市教育工作会议精神，大力推进学前教育，积极优化配置教育资源，加快实施课程改革，稳步提高教育教学质量，进一步加强学校制度文化建设，促进各类教育高位、均衡、优质、协调发展。玄武区被市教育局表彰为“南京市幼儿教育先进区”，区教育局班子被区委授予“五好班子”称号。北京东路小学孙双金被评为首届“玄武区突出贡献人才”。

【玄武区教育工作会议】 9月8日，玄武区召开教育工作会议。各街道党政主要领导和分管领导，区各部门主要负责同志，区教育局领导班子成员、科以上干部，各中小学校级领导、幼儿园园长，教育系统市、区党代表、人大代表、政协委员及部分教师代表参加了会议。南京市教育局局长吴晓茅，玄武区委书记储永宏，玄武区政府区长徐曙海，区委常委、区政府常务副区长曹曙，区委常委、区政府副区长苏郑等领导出席。会议出台了《玄武区中长期教育改革和发展规划纲要(2010~2020年)》，提出了玄武教育未来“两高三区”的战略目标，即“高质量实施素质教育，高水平实现教育现代化；建成全省乃至全国的全面实施素质教育标志区、教育现代化建设先进区和义务教育优质均衡发展示范区”，明确了玄武教育未来发展的主要目标任务。会上，徐曙海、吴晓茅、储永宏就玄武教育的发展先后发表了重要讲话。区发改局、财政局、教育局、南京市第九中学在会议上交流发言。

【科学整合办学资源】 2011年，经南京市人民政府批准，将原南京市梅园中学与原南京市第三十四中学正式合并组建“南京市玄武高级中学”，梅园校区为初中部，太平门校区为高中部。合并后的玄武高级中学融合两校的课程优势，坚持内涵发展，同时与区内外优质资源进行多种形式的合作共建，引进先进的管理和教育教学理念，强化教育教学的措施，迅速形成新的办学特色和社会效应。在总结区内现有教育集团校发展成绩的基础上，理清教育集团发展思路，创新集团校“孵化”运作模式，对区内已经发展得很好的集团校分校进行独立分设与更名。原长小分校独立设置并更名为南京理工大学实验小学，原十三中科利华分校小学部独立设置并更名为南京市科利华小学，原九中初中部独立设置并更名为南京市第九初级中学，原九中弘光分校独立设置并更名为南京市弘光中学，原十三中科利华分校更名为南京市科利华中学，为进一步发挥成熟名校阶梯式辐射作用创造了条件。

【加大教学基础设施经费投入】 2011年，玄武区投入1300万元，完成九中学生食堂、月苑一小、仙鹤门幼儿园等学校的基础建设工程；投入2130万元，完成锁金二小、长江路小学教学楼加固等26项，共计8700多平方米的校舍维修工程；投入620余万元，完成各类教育技术装备的更新采购。完成全区教育系统319名教师的住房补贴审核，住房补贴共计1126万元。义务教育杂费减免61748人次，共计749.3万元；发放家庭困难子女“助学券”961人次，共计45.6万元；发放职高、中专困难学生助学金3924人次，共计294.3万元；发放大学生生源地助学贷款31人次，共计15.9万元；审核区内符合兑现幼儿助学券条件的幼儿9992名，共拨付助学券款1998.4万元（其中区财政承担1199.04万元）。加大公办学校接纳外来务工人员子女就学力度，关注外来务工人员子女就学情况，外来务工人员子女就学政策得到落实；依法管理外来工子弟学校，努力为外来务工人员子女提供好的教育服务。

【主题教育活动成果显著】 2011年，区教育系统以“迎青奥”为主题广泛开展特色鲜明的德育教育主题活动。全区中小学生广泛参与奥林匹克会旗传递巡展和青奥会倒计时1000天活动，逸仙小学、南师附小、红山小学、北京东路小学的四名学生幸运地当选“青奥千禧少年”。2011年，全区表彰240名区“三好学生”、10名社区“十佳少年”、47名“优秀学生干部”、118个“先进学生集体”、125名区“优秀少先队员”、54名区“优秀大队辅导员”。成功举办玄武区2011年中小学国防教育成果汇报暨阳光体育展演活动。在第11届全国中学生运动会上，十三中田径获6枚金牌且总分第一，九中获男篮亚军。玄武中专和长江路小学获2011年全国啦啦操锦标赛冠军，成贤街小学获第23届全国“苗苗杯”篮球赛冠军。玄武中专学生在2011年全国职业院校技能大赛中取得1金2银的好成绩。在第十六届全国中小学生绘画书法作品比赛中，全区共有664幅学生作品分获绘画书法一、二、三等奖，在全市名列前茅。北京东路小学被表彰为“中国少年科学院优秀科普教育示范基地”，同仁小学等6所学校的20名学生获得“中国少年科学院小院士”称号。

【教育科研水平整体提升】 2011年，玄武区教育系统通过骨干引领、菜单培训、校际互动、学科渗透等方式指导教师开展课题研究，将课题研究过程转化成思考学校未来建设和教师提炼教学特色的过程。区教科所被市教育局评为市首批“区县优秀教科室”，五十四中、洪武北路小学成为南京市“十二五”首批教科研基地学校，紫东实验学校、红山小学、珠江路小学附属幼儿园等10所学校、幼儿园被评为首批“南京市个人课题实验学校”。在江苏省“十二五”课题申报中，全区共有58项科研课题申报为省级课题，在全省区县中首次名列第一。南师附小的1项研究课题成功立项为全国小学唯一一项国家级一般课题。在2011年江苏省教育科研工作会议上，有5项成果获第三届江苏省教育科学研究优秀成果一、二、三等奖，玄武区作为全省唯一区县代表交流发言。

【强化校园安全管理】 2011年，全面落实学校安全管理领导责任制。年初，区教育局与各中小学校签订了2011年社会治安综合治理暨平安建设工作领导责任书。加强学校安全管理和法制教育宣传。定期组织学校进行突发事件应急疏散演练，提升学校应对突发事件的组织、指挥、处置能力。在全区范围内开展校车安全隐患排查工作，从源头上杜绝事故发生。组织全区中小学卫生及食品安全综合督导，不断加强学校卫生防疫及食堂管理的检查和监督。紫东实验学校被评为“全国创建和谐校园先进单位”，长江路小学被评为“江苏省依法治校示范校”，区教育局和南师附小分别被南京市委、市政府表彰为市“经济政治文化社会建设先进集体和有功单位”，成贤街小学分校、樱花小学等7所学校被评为2010年度“江苏省平安校园”，孝陵卫中心小学、月苑第一小学等21所学校、幼儿园被评为2011年度“南京市平安校园”。

【举办2011年暑期校级领导研修班】 7月27~28日，玄武区教育系统举办以“科学制定学校发展规划，努力实现‘两高三区’目标”为主题的2011年暑期校级领导研修班，各中小学、直属单位校级领导、局机关干部共计180余人参加会议。区委常委、区政府副区长苏郑到会作动员报告，区教育局工委书记陈燕、区教育局局长李玉鹏分别宣讲教育局工委、教育局2011~2012学年度工作要点；邀请南京师范大学吴永军教授、中央教科所陈如平处长开设专题讲座。会议期间，区委书记储永宏，区委常委、区政府副区长苏郑，区委常委、统战部部长滕涛等领导到会看望与会人员。储永宏就全区教育工作提出四点要求，一是着眼高位提升的目标，加快教育现代步伐。二是着眼孕育造就创新人才的使命，构建开放平等的教育模式。三是着眼办人民满意教育的宗旨，推进教育优质均衡发展。四是着眼推进玄武教育更好更快发展，提供坚强有力的保障。（张　皞）

【“三段一体”教学质量管理工作总结表彰会】 9月27日下午，玄武区召开2011年“三段一体”教学质量管理工作总结表彰大会。全区各中小学校长书记、分管教学校长、教务主任、区教育局机关干部、直属单位负责人和全体教研员共160余人参加会议。代区长徐曙海、副区长苏郑出席会议并为获得2011年“三段一体”教学质量管理奖的17所中小学以及2011届高、初中毕业班教学先进个人颁奖。徐曙海对全区教育工作提出三点要求：一是面对以创新为特征的新一轮发展和人民对优质教育的迫切期待，玄武教育眼光要更高、眼界要更宽；二是进一步树立科学的教育教学质量管理理念，办老百姓满意的教育，玄武教育的目

9月27日，召开全区2011年“三段一体”教学质量管理工作总结表彰大会

标要更明，措施要更实；三是肩负着教育的使命和责任，玄武教育的环境要更优、保障要更强。（杨向红）

【中小学生国防教育成果汇报暨阳光体育展演】 10月14日，玄武区2011年中小学生国防教育成果汇报暨阳光体育展演活动在南京理工大学体育场举行。江苏省军区副参谋长傅沿江，省教育厅副厅长、省委教育工委副书记胡金波，南京警备区副参谋长冯兵，市教育局局长吴晓茅，市教育局副局长周文海，玄武区区委书记储永宏，区人大主任张萍，区委常委、区政府副区长苏郑，区委常委、人武部部长宗在卿，区委常委、统战部部长滕涛，区政协副主席张发等领导出席展演活动。胡金波、傅沿江、储永宏先后发表了重要讲话。近年来，玄武区教育系统积极贯彻《中华人民共和国国防教育法》，认真开展国防教育，积极支持国防和军队建设，并坚持把实施"阳光体育"活动、加强和改善青少年学生体质、健康每一个学生、关注每个学生全面发展作为推进学校素质教育的重要内容，取得了优异的成绩：2010年玄武区被评为"第三届全国亿万学生阳光体育冬季长跑活动优秀组织单位"、"江苏省学生阳光体育运动先进县（区）"，第十三中学被评为"江苏省学生军训工作先进单位"，2011年玄武区教育局被评为"南京市全民国防教育先进单位"。（李心建）

【省级督导评估考核回访获好评】 11月23日，由国家督学、省政府参事、省政府教育督导团副总督学、原省教育厅副厅长祭彦加任组长，省督学、原南通市政府教育督导室副主任陆士冲，徐州市教育局财务处副处长钱彬组成的考核专家组对玄武区教育工作进行了省级督导评估考核回访。市教育局吴晓茅、任晓明、黄辉、张明，玄武区储永宏、苏郑、杨冬梅、刘显平等四套班子领导，以及区发改局、财政局、人事局、教育局主要负责人参加汇报会。玄武区委常委、区政府副区长苏郑报告了玄武教育一年来的工作情况以及取得的成绩，从"继续加大教育经费投入、继续优化教育资源配置、继续加强文化建设、继续推进教育公平、继续强化规范办学检查"五个方面报告了对五条整改意见、两条建议的落实情况。区委书记储永宏表示玄武区会按照上级要求，按"第一"的标准从财政保障、政策支持等方面继续关注、支持教育发展，政府有责任、有义务把教育办成人民满意的教育。市教育局长吴晓茅希望玄武区在督导组专家的帮助下，成为地区教育发展的标杆、引领区，起到排头示范作用。考核专家组组长祭彦加在讲话中高度评价玄武教育工作。在持续加大教育投入，教育均衡发展、幼儿园整体提升等方面有诸多的亮点，要继续探索，总结经验向全市、全省推广。玄武区应成为全市、全省方向性、目标性、引领性教育区，率先高水平实现教育现代化。（李心建）

链接

教育教学成果丰硕

1月，玄武区锁金村街道被评为"全国社区教育示范街道"，后宰门街道被评为"江苏省社区教育示范街道"。

1月，紫东实验学校被评为"全国创建和谐校园先进单位"。

1月4日，红山小学被评为"江苏省科技教育五星级先进集体"。

1月，玄武区教育局被区委区政府评为"文明创建工作先进集体"。

1月，玄武区教育局被区委区政府评为"2010年度平安玄武建设"先进集体。

1月，玄武区教育局被区委区政府评为"2010年安全生产先进集体"。

2月，玄武区十三项研究获"十一五"全国社区教育理论研究一、二、三等奖及优秀奖。

2月，玄武区教育局获2010年玄武区安全生产目标管理考核一等奖。

3月31日，玄武中等专业学校被教育部认定为数字媒体技能教学示范项目试点校。

3月9日，十三中红山校区被省教育厅、省红十字会表彰为"江苏省红十字会示范学校"。

3月24日，区教育局被表彰为2010年南京市教育宣传工作先进集体，区教育局张皞、长江路小学严莉被表彰为先进个人。

4月15日，北京东路小学被教育部批准为全国中小学科学探究学习与创新人才培养机制实验研究项目试验学校。

4月，逸仙小学邹育南老师、九中朱明老师、人民中学吴德茂老师、樱花小学刘成老师、月苑小学林森老师被省教育厅表彰为2009~2010年度"千校万师支援农村教育工程"先进教师，宇花小学被表彰为"千校万师支援农村教育工程"先进学校。

4月，锁金二小被省环境保护厅、省教育厅认定为第十批绿色学校。

5月4日，长江路小学、海英小学、小营小学、红山小学、成贤街小学分校、锁金一小、樱花小学被省教育厅、省综治办、省公安厅评为"2010年江苏省平安校园"。

5月20日，紫东实验学校、三十四中、十三中红山校区、洪武北路小学、同仁小学、锁金二小、半山园小学附属幼儿园、军区政治部小天鹅幼儿园等学校的教科室被评为南京市第三批"学校优秀教科室"。

6月26日，九中、长江路小学被授予"江苏省毒品预防教育示范学校"称号。

6月，玄武门街道台城花园社区被评为"省社区教育示范社区"。

6月，五十四中学、梅园中学、人民中学、弘光中学、十三中红山校区、同仁小学、昆仑路小学、中央路小学、半山园小学附属幼儿园、孝陵卫小学附属幼儿园、北京东路小学附属幼儿园阳光分园、锁金二小附属幼儿园被市教育局，被市综治委、市公安局评为"2010年南京市平安校园"。

7月，区教育局获市教育局2010年南京市区县初中教育质量评估质量提升奖、课程管理奖、常规管理奖。

8月，区教育局获全国青少年科技创新大赛基层赛事优秀组织单位奖。

9月23日，玄武中等专业学校被省教育厅表彰为"江苏省技能大赛先进学校"。

10月18日，公安部、教育部命名长

江路小学为2011年度“全国消防安全教育示范学校”。

10月，红山小学获教育部中国教师发展基金会颁发的“全国和谐教育名校”称号。

11月20日，珠江路小学被省教育厅、省语委认定为首批“江苏省规范汉字书写教育特色学校”。

11月20日，玄武红山外来工子弟学校、南京市小哈佛双语幼儿园、南京汇文文化信息培训学校、南京普雷英之辅语言培训学校、南京前锦教育培训学校被表彰为“江苏省和谐校园”。

11月23日，十三中、红山小学、区少年宫被评为“江苏省青少年科技教育协会工作先进集体”。

竞赛活动创佳绩

1月，玄武中等专业学校在江苏省第十七届青少年科技模型竞赛中获团体一等奖和中学组个人一等奖。

2月，成贤街小学四少年获2011世界少年奥林匹克数学竞赛（中国区）总决赛金银铜奖。

2月，月苑一小在全国无线电测向电子制作比赛中获6金7银1铜及电子技师团体一等奖。

3月，玄武中等专业学校在省职业学校技能大赛中获7金12银3铜。

4月，北京东路小学吴静老师、南师附小曹海永老师获省“杏坛杯·苏派青年教师课堂教学展评”一等奖。

5月，十三中学生在2011年全国中学生生物学联赛（江苏赛区）中获1个一等奖4个二等奖。

6月10日，北京东路小学代表队获第五届国际华文朗诵比赛冠军。

6月，洪武北路小学、海英小学、珠江路小学获全国实用英语超级联赛优秀组织奖。

6月，十三中学生在“第十三届语文报杯作文大赛”、“第六届全国创新作文大赛”江苏赛区总决赛中，1人获国家级特等奖，1人获国家级一等奖3人，获国家级二等奖，5人获省级特等奖，21人获省级一等奖，20人获省级二等奖，34人获省级三等奖。

6月27日，玄武中等专业学校学生在2011年全国职业院校技能大赛中获1金2银。

6月，区教育局获省教育厅、省科学技术协会、省知识产权局表彰的第二十二届江苏省青少年科技创新大赛优秀组织奖。

6月12日，北京东路小学杨骐舆获中央电视台“希望之星”英语风采大赛江苏赛区小学低年级唯一冠军，长江路小学管楠、成贤街小学褚雨萌获该组别亚军。

6月，红山小学在2011年省心理学会中小学生心理教育论文评比中获11个一等奖，20个二等奖，31个三等奖，6位教师获“优秀指导老师”奖。

7月，成贤街小学少儿男子篮球队获第23届全国“苗苗杯”篮球赛冠军。

7月，人民中学、九中在第五届“地球小博士”全国地理科技大赛中获2个一等奖，6个二等奖，11个三等奖，3位教师获优秀科技辅导员称号。

7月，在第十六届全国中小学生绘画书法作品比赛中，全区共664幅学生作品分获绘画书法一、二、三等奖，30位教师分获一、二等教师指导工作奖，12所学校获组织工作先进集体奖。

7月，十三中红山校区获2011年江苏省中小学优秀校园网站评比初中组一等奖。

8月，南师附小在全国青少年花样游泳锦标赛中获2金1银、在省青少年艺术锦标赛中获11金12银6铜、在省花样游泳锦标赛中获4金3银4铜。

8月，珠江路小学在“苏大东方杯”2011年江苏省中小学生跆拳道锦标赛中6人获第一名、3人获第二名，学校获“突出贡献奖”、“优秀团体奖”。

9月18日，长江路小学、玄武中等专业学校分获2011年全国啦啦操锦标赛暨2011年世界啦啦操锦标赛选拔赛舞蹈啦啦操冠军、集体技巧二级组比赛冠军。

10月11日，北京东路小学教师吴钧获全国科学赛课一等奖。

10月16日，月苑小学在Power tech项目全国少年科技创作邀请赛上获2银1铜。

10月30日，十三中学生获全国中学生地理奥赛二等奖。

10月29日，昆仑路小学、成贤街小学、孝陵卫中心小学在2011年“飞向北京—飞向太空”全国航空模型江苏赛区比赛中，获单项团体一等奖3个，二等奖1个，三等奖1个，获综合团体二等奖1个，三等奖1个，获个人单项赛中一等奖4个，二等奖5个，三等奖21个；同时获个人金牌3枚，银牌2枚，铜牌3枚。

10月22日，玄武区1位教师1部论著获《南京市教学研究年鉴(2009)》年度论著提名，28位教师的26篇论文获年度论文，40位教师的37篇论文获年度论文提名。

11月25~28日，玄武区20名学生获“中国少年科学院小院士”称号，11名学生获“中国少年科学院预备小院士”称号，10名学生获“中国少年科学院小研究员”称号。

11月5日，北京东路小学在省第23届“教海探航”征文比赛中获5个一等奖，6个二等奖，6个三等奖，团体总分名列全省第二。

11月20日，十三中在省第五届学校体育舞蹈锦标赛获高中组团体总分第一名和校园集体舞蹈一等奖，弘光中学获初中组团体总分第二名和校园创编舞一等奖并获优秀组织奖。

学前教育

【概况】 玄武区学前教育纳入全区教育事业发展规划，学前教育高位普及。截至2011年底，玄武区幼儿园总数为36所。其中，省优质园26所，市优质园7所、标准园3所，优质率达91.6%。幼儿园占地面积152199平方米、校舍建筑面积94146平方米；幼儿园教职工总数为1476人，其中专任教师772人，专科以上学历741人；在园班数382个、在园幼儿11768人，其中当年入园人数3478人、离园人数3027人。2011年，玄武区被市教育局表彰为“南京市幼儿教育先进区”。

【落实幼儿助学券发放工作】 4月13

日，玄武区召开幼儿助学券发放工作会议，组织全区幼儿园园长学习《南京市幼儿助学券发放工作实施办法（试行）》，传达了市教育局关于全市幼儿助学券发放工作的主要精神。会后，玄武区成立幼儿助学券发放工作领导小组，加强组织领导，明确职责分工，制定并实施《玄武区幼儿助学券发放工作实施办法（试行）》，多次召开区内幼儿园园长座谈会，共同研讨助学券发放相关问题。2011年，区托幼办共审核区内符合兑现幼儿助学券条件的幼儿9992名，共拨付助学券款1998.4万元（其中区财政承担1199.04万元），确保全区幼儿助学券发放工作顺利进行，将这项惠民工程真正落到实处。

【幼教系统开展岗位技能竞赛】 4月21日，玄武区幼教系统开展教辅人员岗位技能竞赛。全区40所幼儿园分五个片区首先进行了初赛，初赛以实际操作为主，包括幼儿园保育员消毒液配比、铺床叠被，保健老师一周食谱制定等内容。经过初赛选拔出37位优秀选手参加决赛，决赛以笔试为主。此次竞赛旨在充分调动全区幼儿园保育员、保健老师等教辅人员的工作积极性，提高其专业素质，提升保教质量。同时鼓舞全区幼教系统广大教职工深入开展"立足岗位、创先争优"活动，用优异的成绩向中国共产党成立90周年献礼。

【关工委领导慰问幼儿园师生】 5月26日下午，南京市关工委常务副主任盛金隆等到玄武区如意幼儿园和锁金一小附属幼儿园，为孩子们带来节日的问候并送来慰问金。市、区关工委领导察看了两所幼儿园的办园环境，参观了各活动室。5月27日上午，玄武区关工委常务主任胡为祥等到玄武区花红园幼儿园和钟山幼儿园，与孩子们进行了亲切的交谈，预祝孩子们"六一"儿童节快乐。

【幼儿特级教师赴克拉玛依区开展专题培训】 8月中旬，全国教书育人楷模、江苏省特级教师、北京东路小学附属幼儿园园长吴邵萍，江苏省特级教师、长江路小学附属幼儿园副园长李漫赴玄武区教育友好区——新疆克拉玛依区，为当地幼儿教师开展专题培训讲座。李漫以《幼儿园打击乐教学的组织》为主题，从理论上阐述了幼儿园打击乐活动如何促进幼儿发展，并用展示图例、现场示范等方式教老师们如何有效开展打击乐教学活动。吴邵萍以两节音乐欣赏课《孤独的牧羊人》和《秋天多么美》的教学活动组织为例，与大家分享了有效教学的实践与思考。

8月中旬，玄武区幼儿特级教师赴新疆克拉玛依区开展专题培训

【幼教系统开展政策法规培训】 9月14日，玄武区托幼办组织全区幼儿园园长开展政策法规培训专题会，认真学习国家、省、市有关规范幼儿园收费管理的文件和幼儿园安全工作的相关政策规定。结合历年来接到的投诉举报情况，指出存在的问题、提出整改建议，同时从"健全组织"、"健全制度"、"配备保安"、"配备安防设施"、"平安校园创建"等五个方面提出了加强校园安全工作重点。通过培训，提高政策法规意识，提升执行政策法规的水平，为严格依法办园，确保幼儿教育各项工作有序开展提供保障。

【区人大代表调研学前教育发展情况】 9月22日下午，区人大副主任、区总工会主席杨冬梅，区人大教科文卫工委主任肖红和方俊、卢莹、赵楠代表对玄武区学前教育发展情况进行了专题调研。代表们实地参观了长江路小学附属幼儿园、淘淘幼儿园和新小区配套幼儿园，召开了专题座谈会。区教育局工委书记陈燕介绍了全区学前教育基本情况和近年来发展学前教育的基本做法，反映了当前学前教育存在的主要问题、困难。座谈会上，珠江路小学附属幼儿园、东南大学后勤集团幼儿园、如意幼儿园、小哈佛双语幼儿园的园长代表不同体制幼儿园介绍了园部的发展状况。人大代表们就区域学前教育优质均衡发展、教育公平、幼儿园收费等问题与园长们做进一步的交流。（潘　舒）

初等教育

【概况】 玄武区2011\2012学年初小学总数为23所，其中理工大学实验小学、科利华小学于2011年更名并独立设置，在原有小学均为省级实验小学的基础上，新独立分设的小学均被评为南京市现代化小学。小学占地面积244322平方米，校舍建筑面积166710平方米；教职工总数1399人，其中专任教师1355人，专科以上学历1303人，有中学高级教师职称57人、小学高级教师职称801人、小学一级教师职称406人、小学二级教师职称17人;在校班级数537个,毕业学生数3121人,在校学生数19403人。

【华建敏视察洪武北路小学】 1月18日,全国人大副委员长、中国红十字总会会长华建敏视察南京市洪武北路小学。随行的有中国红十字会常务副会长王伟、副会长郝琳娜、秘书长王汝鹏,江苏省红十字会会长吴瑞林、专职副会长单加海、常务副会长潘宗白、张立明、秘书长李玉宁,江苏省政协副主席、南京市副市长、市红十字会会长许仲梓,省人大秘书长滕勇,南京市政府副秘书长、市红十字会副会长张强、常务副会长陈礼海、专职副会长刘霞、副会长张杰、秘书长何慧君,玄武区区长王海宏、副区长王静等陪同。华建敏一行在学校体育馆饶有兴致地观看孩子们正在进行的"博爱进万家,温暖祥和年"为主题的义卖活动,随后,参观了学校的红十字工作室。洪小副校长刘羽代表学校致欢迎词并进行了工作汇报。 (秦意洁)

【杨卫泽"六一"前夕看望南师附小学生】 5月30日,省委常委、市委书记杨卫泽等领导到南师附小看望孩子们,受到广大师生的热烈欢迎。杨书记首先出席南师附小2011年"斯霞奖学金"颁奖仪式,并为"斯霞奖学金"获得者颁奖。"斯霞奖学金"是斯霞老师用自己的稿费设立的,每年奖励给南师附小最优秀的10名学生代表。今年获得斯霞奖学金的10名学生都是班级乃至学校的"明星",德智体美劳全面发展,获奖是学校对他们的最高褒奖。杨书记在颁奖后发表了热情洋溢的讲话,表达了对广大少年儿童的节日祝福和殷切希望,表达了对南师附小及南京市所有教育工作者的崇高敬意与亲切问候,并代表市委市政府向南师附小的孩子们赠送了体育器材和100本图书。南师附小也向杨书记回赠了学生的优秀版画作品和一套《斯霞文集》。杨书记等领导参观了南师附小斯霞纪念馆,听取了对斯霞老师教育教学生涯和光辉一生的介绍。杨卫泽指出,斯霞老师不仅是广大教师学习的榜样,也是所有人学习的榜样。 (张开泉)

【全国首届"12岁以前的语文"教育论坛在北京东路小学举行】 5月27日,全国首届"12岁以前的语文"教育论坛在南京市北京东路小学召开,来自全国各地近100所学校的领导和老师参加了此次盛会。市教育局局长吴晓茅,"百家讲坛"主讲人郦波教授等全国知名专家学者出席会议。北京东路小学全体语文教师在众多专家的指导下,历经一年多的时间,编写了《12岁以前的语文》系列语文校本教材,教育科学出版社于2011年5月正式出版,至今已有全国各地四十多所学校加盟了此项实验。来宾们欣赏了学生的诵读表演,观摩了4节教学展示课,聆听了孙双金校长《12岁以前的语文》、郦波教授《儒者,人之所需——从孔子的教改说起》、著名儿童文学作家黄蓓佳《儿童文学的阅读》、《小学语文教师》主编李振村《古诗词的诵读》、原江苏省教科所所长袁金华《"12岁以前的语文"对语文教育改革的贡献》等主题演讲。南京市教育局局长吴晓茅到会并讲话。 (王 馨)

【两岸四地青少年音乐欢乐营活动在小营小学启动】 5月25日,南京市"我为青奥献首歌"两岸四地青少年音乐欢乐营系列活动启动仪式在南京市小营小学隆重举行。市青奥办、市台办、团市委、市教育局、市少工委、各区县教育局和团委的相关领导参加了此次启动仪式。南京将于2014年主办第二届青少年奥林匹克运动会,香港、澳门、台湾、南京两岸四地的青少年以"发掘音乐DNA·我为青奥献首歌"为主题,欢聚古城南京倾情参与、尽情交流,积极弘扬和传承奥运精神。活动现场,小营小学少先队员代表种下一颗象征着绿色南京绿色青奥的小树,活动主办方领导和少先队员们,将亲手制作的小小音符挂上树梢,以传递卓越、友谊和尊重的心愿。 (梁昊旻)

【社区防震减灾应急演练活动在昆仑路小学举行】 5月10日,南京市暨玄武区社区减灾应急预案演练活动在昆仑路小学拉开帷幕。南京市地震局局长李晓村、玄武区政府副区长张蓬、区教育局副调研员章芳华等领导参加此次防震减灾应急演练活动。演练现场,昆仑路小学师生与天山路社区居民开展了模拟地震时的"就近避震"及"紧急疏散"演练和自护自救。演练活动提高了该校师生防震减灾意识和应对突发事件、自救互救、疏散救援的能力,广大师生掌握了应急避灾的正确方法,熟悉了灾后紧急疏散的程序和线路,确保在灾害来临时,应急工作能快速、高效、有序地进行,提高规避突发事件的应变能力。 (林俊华)

【南师附小交通安全教育体验馆开馆】 5月30日,南京市首家中小学生交通安全教育体验馆——"南师附小交通安全教育体验馆"开馆,市公安局交管局副局长李友庆,南师附小校长阎勤、书记盛晓蓓出席开馆仪式。仪式上,交警一大队为南师附小新成立的小交警队授旗,50名学生和新成立的小交警队员们在交通安全教育体验馆开展了安全体验活动。南师附小交通体验馆总面积约为500平方米,分为一馆、二馆。其中一馆为交通安全演示厅,演示内容集声、光、电为一体,涵盖各种交通出行元素,内设非机动车驾驶区、酒后驾驶危害演示区、交通警察指挥演示区,均由电脑设计,可以通过显示屏直观感受。学生们还可以通过骑自行车、模拟交警指挥、设定酒精含量观测酒后驾驶不同反应等各种虚拟器械的操作和学习,掌握交通安全常识。二馆以交通安全实践体验为主,学生们可以在300多平方米的模拟道路上,通过驾驶"机动车"、"骑自行车"、"过马路"等交通实践行为,体验安全交通理念,在游戏中掌握交通安全知识。 (张开泉)

【黄莉新"六一"慰问月苑第一小学学生】 6月1日,省委常委、副省长黄莉新,省政府副秘书长、省政府妇儿工委副主任于利中,省妇联主席、省政府妇儿工委副主任张京霞及省人大内务司法委副主任、省儿基会常务副理事长柏志英,省教育厅教育工委副书记、副厅长胡金波等省政府妇儿工委相关成员单位领导,在市委常委、副市长郑泽光,市政府副秘书长刁仁昌,市妇联主席霍慧萍,玄武区政府副区长王静等市、区领导的陪同下，到月苑第一小学，亲切慰问全体少先队员，与他们共同度过了一个欢乐节日。黄莉新副省长等领导在月苑第一小学校长杨昌巡的陪同下，首先调研了学生科技活动情况。随后，黄莉新代表省委、省政府为学生们赠送了图书，与全校1000多名少先队员们共唱《没有共产党就没有新中国》，黄莉新向全体少先队员致以节日的祝贺，希望同学们好好学习，健康成长。（朱 平）

【孙穗芳向逸仙小学捐赠孙中山铜像】 9月11日上午，孙中山先生的孙女、孙中山和平教育基金会主席、美国夏威夷太平洋大学校董、年届76岁高龄的孙穗芳博士，再次来到南京，向南京逸仙小学捐赠第57座中山铜像，以此激发师生的爱国热情和社会责任感。该座铜像是江苏今年受赠的第三座中山铜像。逸仙小学隆重举行了孙中山铜像揭幕仪式。民革江苏省委会秘书长朱振中，南京市教育局副局长张生，中共玄武区委常委、统战部部长滕涛等领导出席仪式，并为获奖师生颁奖。逸仙小学是以中山先生的号命名的学校，多年来以中山先生的博爱思想为学校的办学理念。学校有《孙中山故事》的校本课程，一直坚持弘扬逸仙精神、传承博爱思想。（张 影）

【"京剧少年" 张可为荣登国家大剧院演出】 8月25~26日，成贤街小学张可为同学被国家大剧院选中，由著名京剧表演艺术家梅葆玖先生做艺术顾问，著名京剧导演石宏图执导，在北京京剧院历时一个月接受专业老师正规的一对一授课训练后，在国家大剧院公演两场，引起国内媒体争相报道。张可为同学是江苏省唯一选入的孩子，在国家大剧院表演了梅派经典名段《贵妃醉酒》一折，受到梅葆玖先生的表扬，梅先生称："咱们梅派后继有人了"。（俞浩森）

【崔子涵同学收到市委书记回信】 9月5日，孝陵卫中心小学五(4)班崔子涵同学收到了市委书记杨卫泽的亲笔回信："你是一个勤奋学习、善于思考、追求上进的好孩子。我感到十分欣慰，你和你的同学们从小就心向党、心向祖国、心向人民，在五星红旗的引导下不断前进，在星星火炬的激励中努力奋斗！"在暑期"我和党员大朋友手拉手"书信文化活动中，崔子涵同学给市委书记杨卫泽写了一封信。信中介绍了她在孝陵卫小学成长的点点滴滴，介绍了该校的少先队。她还向杨书记请教：南京飞速发展的动力是什么，杨卫泽书记亲自执笔给她写了回信，并以"少年强则中国强"之语勉励她好好学习，坚定理想信念，将来为建设新南京贡献一份力量。信中还转达了对孝小全体师生的亲切问候。（马超俊）

【全国"情智教育——体验式培训"在北京东路小学举行】 9月25日，中国教育报刊社培训中心在北京东路小学对来自全国各地的老师进行第一期"情智教育——体验式培训"大型研训活动，本次活动为期6天。著名特级教师、北京东路小学校长孙双金带领北小优秀教师团队为全国各地前来学习的老师进行全面的培训与指导，内容包括教师培训：创造情智共生的新课堂；班主任培训：成就情智共生的新班级；校长培训：建立情智共生的新管理。北京东路小学在孙双金校长"情智教育"办学主张下，坚定不移地开展着对教育全方位的探索与追求，将情智教育融入到学校校园文化特色和教学改革创新中。（王 馨）

【全国中小学和谐教育发展论坛暨教学创新研讨会在长江路小学举行】 10月20~21日，全国中小学和谐教育发展论坛暨教学创新研讨会在长江路小学举行。来自北京、浙江、山东、江苏等地区中国教育学会学业质量保障研究实验学校代表，和谐教育名校名师、和谐教育研究人员及一线教师300余名代表汇聚一堂，共同探讨和谐教育发展，探究课堂教学的有效性，探寻教育教学改革的后续发展方向。包含了和谐教育的理论阐述及经验交流研讨，教学创新优质课展示及观摩研讨、和谐教育教学创新课堂展示等活动安排，给参会代表留下深刻的印象。20日的开幕式上，教育部中国教师发展基金会副理事长马国忠、中国教育学会学业质量保障研究所所长郭景扬、南京市教育局教科所所长刘永和、玄武区教育局副局长黄子亮分别讲话致辞，江苏省基础教育研究所孙空懿所长做了报告。下午，长江路小学宋红斌校长就"学校共同体"做了主题发言，介绍了长小围绕和谐校园、和谐班集体与和谐教学进行了积极探索，把和谐教育的新理论、新思想、新方法与解决学校教育教学工作的实际问题紧密结合起来，用和谐教育理论指导教育教学实践，营造和谐校园、构建和谐课堂、实施和谐管理、打造和谐文化，让师生在充满智慧的校园中和谐共生。（严莉李勤）

9月11日，孙穗芳博士(前排中)向逸仙小学捐赠孙中山铜像

中等教育

【概述】 玄武区有6所独立公办初级中学，其中南京市科利华中学、南京市第九初级中学、南京市弘光中学于2011年更名并独立设置。有4所普通高中(独立高中2所、完中2所)，其中原南京市梅园中学与原南京市第三十四中学于2011年合并组建南京市玄武高级中学。1所国家级重点职业学校。2011\2012学年初普通中学及中等专业学校总占地面积376971平方米，校舍建筑面积254302平方米。教职工总数1571人，专任教师1463人，其中，初中专任教师中研究生毕业学历52人、本科学历719人、专科学历65人，有中学高级教师职称198人、中学一级教师职称383人、中学二级教师职称210人；高中专任教师中研究生毕业学历70人、本科毕业529人、专科毕业17人，有中学高级教师职称289人、中学一级教师职称235人、中学二级教师职称52人。在校班级总数417个，其中，初中267个、高中150个。初中毕业学生数3348人、招生数3561人、在校生数10951人。高中毕业学生数2504人、招生数2074人、在校生数6862人。

【九中学生自办网上春运指南】 1月13日，生在南京、原本不需要考虑春运出行的九中高三学生杨泽坤撰写出《2011年南京地区铁路春运问答》，购票、退票、改签、乘车等信息一应俱全，此问答还挂在了他自办的黄河铁路网站上。“辛苦了一年，买不到票回家过年太揪心了，我很想帮助他们。”这就是1993年出生的杨泽坤制作“春运指南”内心最单纯的冲动。只要登录http://www.jprailfan.com 就可以进入杨泽坤的黄河铁路网，点击进入“2011年南京铁路春运问答”页面，可以看到一张春运问答表，为大家提供购票指南和很多实用信息。 (濮　文)

【杨湘宁到玄武中等专业学校进行调研】 3月10日，省教育厅副厅长杨湘宁、职教处处长尹伟民在南京市教育局局长吴晓茅、副局长陈舒泛、玄武区教育局局长张利明等陪同下到玄武中等专业学校进行工作调研。杨湘宁等首先观看了玄武中专健美操专业学生的训练表演，并与学生合影。参观了玄武中专共享型国家级计算机网络实训基地，仔细询问了计算机网络实训基地的建设、使用、功能拓展等情况，随后杨湘宁等参观了玄武中专校企共建动漫实训基地、计算机组装实训基地，对玄武中专引企入校的做法给予充分肯定。 (段　标)

【九中知名校友乔泰阳将军向母校赠书】 3月23日上午，南京市第九中学1967届校友、原军委空军后勤部副部长、国防大学兼职教授、全军后勤学术委员会副主任、解放军后勤指挥学院特聘荣誉专家乔泰阳将军，携其父乔信明与其母于玲共同创作的长篇革命历史纪实小说——《掩不住的阳光》，回到自己的母校南京第九中学赠书。九中校长王伏才、副校长诸谦、德育处主任陆顺扣及校文学社成员、学生代表参与赠书活动。 (濮　文)

【玄武中专成为市民卡推广试点学校】 4月15日，南京市教育局副局长陈舒泛、潘东标，市电教馆馆长陈义柏、市发改委处长林峥以及市民卡公司总经理蒋海等来到玄武中等专业学校，就在南京市教育系统推广市民卡试点进行工作布置，并提出市民卡在玄武中等专业学校进行试点推广的基本思路，要求公司工作人员在后期的工作中与玄武中专进行密切沟通与协商，全力将市民卡的公共应用与玄武中专的内部需要进行有机地整合，满足玄武中专提出的技术要求，力争探索出适合在全市学校推广的方案。 (段　标)

【玄武外国语学校15年稳步前行】 5月14日，玄武外国语学校隆重举行建校15周年庆祝大会。玄武外国语学校自1996年5月创办以来，秉承“求实、求高、求精、求美”的校训，教师无微不至地关爱学生，学校领导始终全面关心教师的思想工作和生活，确保了一支高素质教师队伍的稳定。15年来，该校始终遵循正确的办学理念，全面提高教育教学质量，坚持以教学为中心，视质量为生命线，全面贯彻教育方针，努力实现教师的高素质教育与升学成绩的统一，稳步前行，形成了独有的办学理念、管理机制，成为受社会、家长、学生高度关注和向往的名校。 (萱　外)

【史和平观摩十三中锁金分校应急疏散演练】 6月12日，十三中锁金分校承办了由玄武区安监局、教育局、消防大队联合进行的突发事件应急疏散演练，副省长史和平亲临现场进行指导和观摩。随着演练总指挥马剑波校长一声令下，全体师生立刻执行灾害应急疏散预案。各级领导对学校师生的训练有素和救援人员的责任心、专业技术给予高度肯定。史和平副省长对学校安全工作给予重要指示，并当场为学校题词：“为学生创造一个良好的安全学习环境”。本次演练既是为配合全国“安全生产宣传月”江苏省组织的宣传启动仪式中的一项活动，同时也是十三中锁金分校长期坚持“以人为本”的方针、突出“珍爱生命、安全第一，珍爱生命，快乐成长”主题、学期中例行“避灾保护、疏散撤离、救助伤员、火灾扑救、维持秩序”演习活动的重要组成部分。 (袁秋红)

【许慧玲视察十三中】 6月3日，市委常委、宣传部部长许慧玲在市教育局局长吴晓茅，玄武区委常委、纪委书记邱小凡，市教育局副局长潘东标，市教育局纪工委书记张利明的陪同下，到十三中进行工作调研。区教育局副局长、十三中校长李玉鹏向许慧玲等领导详细介绍了学校近年来的发展情况，许慧玲对十三中在学校管理和教育教学上取得的成绩给予了充分肯定。随后，许慧玲重点调研了十三中通用技术教学情况，通用技术市学科带头人罗洁华老师向许慧玲等领导进行了详细的介绍。十三中每年都组织学生参加国家和省级机器人竞赛，多次取得全国和全省一等奖。 (陈耀琪)

【海峡两岸青少年举行民乐交流演出】 7月20日下午，由南京市第九中学民乐团与台湾新北市先啬宫青少年国乐团联合演出的"恋上民乐——两岸情深"在东南大学礼堂隆重举行。出席此次活动的领导和嘉宾有:南京市委常委、市政协副主席、市委统战部部长钱继红,南京市台办主任赵再飞,中共玄武区委书记储永宏,玄武区代区长徐曙海以及台湾新北市三重区先啬宫董事长李乾龙、团长王淑玲。先啬宫青少年国乐团带来了《台湾追想曲》《拉萨行》《酒歌》《东北风》《颂咏先啬宫》《月亮代表我的心》《美丽的三重埔(两团合演)》7首曲目,九中民乐团演出了《庆典序曲》《良宵》《江南的春天》《赛马》《春到湘江》《龙腾虎跃(两团合演)》6首曲目,赢得现场市区领导、台湾嘉宾、九中师生、社区群众热烈掌声。

(濮 文)

【十三中在全国中学生运动会上获6枚金牌】 7月21日,由南京十三中组队的江苏省田径队获得第十一届全国中学生运动会男子100米、男子七项全能、男子4×100米接力、男子4×400米接力、女子100米栏、女子4×400米接力6枚金牌,打破了男子4×100米接力、男子200米的全国纪录;并以田径233分的总分列团体总分第一名,为江苏代表团赢得团体总分第一、金牌数第一做出贡献。

(陈耀琪)

【"民族团结夏令营"举行文艺大汇演】 8月19日,十三中锁金分校的报告厅里汇聚了汉、维吾尔、蒙古、锡伯、回等5个民族的中学生,十三中锁金分校和人民中学的同学与新疆伊宁三中和六中的同学们共同举行江苏南京——新疆伊宁"民族团结夏令营"文艺大汇演活动。十三中锁金分校带来的双人拉丁舞表演作为文艺汇演的开场表演渲染了活动气氛。歌曲独唱、对唱、合唱、民族舞、现代舞、课本剧、跆拳道表演精彩纷呈,5个民族学生在台上共舞。 (袁秋红)

【人民中学学生入选全国"青年环境友好使者"】 9月,人民中学环保社团社长、高三(1)班裴维阳同学参加华东地区青年环境友好使者才艺表演暨华东地区青年环境友好使者行动团队竞选,以突出的表现入选国家级"青年环境友好使者"。此次竞选经国家使者项目办公室决定,意在全国各地组建青年环境友好使者工作团队,均由使者自发报名、经选拔考核后组成。青年使者工作团队成员经审核后,由环境保护部宣传教育中心颁发证书。经过两天紧张的培训和竞选,裴维阳同学在各地踊跃报名的大学生选手中脱颖而出,荣获中华人民共和国环境保护部授予的"青年环境友好使者"称号,并被聘为华东地区青年环境友好使者行动团队外联部负责人。

(钱 敏)

【波波夫先生访问弘光中学】 10月28日,国际奥委会委员、南京青奥会协调委员会主席波波夫先生在南京市委常委、秘书长、南京青奥会组委会常务副秘书长刘以安的陪同下访问了弘光中学。波波夫等了解了弘光中学在学生中广泛开展体育活动、感受活力青奥、弘扬奥林匹克精神的情况。波波夫先生对弘光中学"每一个梦想都精彩"的办学理念表示认同,同时对落实办学理念和全面普及体育及全面发展素质教育的做法给予了高度评价。弘光中学的学生特意给波波夫先生写了一封短信,用中英双语回顾了波波夫先生辉煌的运动员生涯,并对波波夫先生的家人,特别是他的两个儿子发出了2014南京再相聚的诚挚邀请。弘光的学生还将特意准备的两套"文房四宝",作为礼物赠送波波夫先生的一对爱子,希望能通过这两套小礼物,增进俄罗斯的小伙伴对中国文化的了解,并增进两国同龄人之间的友谊。

(何 欣)

【十三中启动江苏省语文学习实验课程基地】 10月10日,十三中举行了江苏省语文学习实验课程基地启动仪式暨专家论坛,来自省内外的近百名专家济济一堂,商讨语文课程基地建设。江苏省教育厅基教处副处长顾春明和南京市教育局副局长周文海为课程基地启动揭牌,玄武区教育局局长李玉鹏致辞。十三中语文学习实验基地共设立了传统经典研学中心、特长写作研学中心、戏剧影视研学中心、金陵文化研学中心4个"研学中心",每个研学中心下设若干研学室,4个"研学中心"使语文校本选修课程设计实体化、系统化、网络化、制度化,构建十三中以语文学科为龙头的"大文科"课程布局,凸显十三中"人文见长"的办学理念。江苏省教育厅、江苏省财政厅投入5000万资金启动建设普通高中课程基地建设,十三中语文学习实验课程基地是首批31个课程基地之一。

【十三中张宇豪同学当选南京青奥小顾问】 11月18日,十三中高二(1)班张宇豪同学在南京市青奥小顾问决赛中脱

10月28日,国际奥委会委员、南京青奥协调委员会主席波波夫先生(左一)访问弘光中学

颖而出,入选12名南京青奥小顾问团成员,为南京市青奥小顾问,将对筹办青奥会出谋划策,参与开幕式、主题歌、宣传片的创意制作,真正推行"青少年的盛会由孩子们自己办"的创新模式。

(陈耀琪)

高等教育

·东南大学·

【概况】 2011年,是东南大学"十二五"规划的开局之年。学校顺利完成《东南大学"十二五"改革和发展规划》编制和《东南大学章程》的制定,为建设具有东大特色的现代大学制度奠定了坚实基础。完成"985工程"三期总体规划的制定工作,获得2010~2013年中央财政和江苏省配套经费12亿元。学科建设取得显著成效,新增一级学科博士学位授权点13个,根据ESI数据库排名,7个学科进入世界前1%,较前一年增加了2个。深入实施"人才强校"战略,全年新引进院士2名,专任教师中具有博士学位的比例增长到65.5%,高层次人才队伍支撑事业快速发展的能力不断增强。人才培养取得丰硕成果,新增国家级教学名师1名,获2011年度宝钢优秀教师特等奖和宝钢优秀学生特等奖各1项,获全国优秀博士学位论文1篇。科技战线捷报频传。尤肖虎教授及其团队获国家技术发明一等奖,这是近年学校科技工作取得的重要的标志性成果。作为牵头单位,获国家科技进步二等奖2项、省部级科技奖励一等奖7项;获国家自然科学基金项目243项,获资助经费首次超亿元;获牵头973项目1项,连续第六年获牵头973项目;获批国家工程技术研究中心1个;获国家社科基金项目12项,其中重大项目1项。高水平论文继续较快增长,SCI论文收录列全国第17位,较前一年提升了1位;EI论文收录列全国第8位,较前一年提升了1位;表现不俗论文数量继续位列全国第13位,表现不俗论文占本机构论文比例继续位列全国第4位。国际专利授权数量位列全国高校第6位。2010年度本科院校科技工作为江苏服务的七项指标中有六项位列全省第一。国际化办学水平再上新台阶。与澳大利亚蒙纳士大学建立联合研究生院的工作已经通过教育部专家组评估。与白俄罗斯明斯克国立语言大学合作建立了学校首个"孔子学院",与美国田纳西大学共建"孔子学院"工作顺利推进。全年共招收本科生3986名,硕士研究生3352名,博士研究生622名;共有4034名本科生,3034名硕士研究生和841名博士研究生完成学业。本科生就业率超过96%。留学生教育发展迅速,在校留学生人数达1202名,较前一年增长了23%,其中学历生976人,占总人数的81%。和谐校园建设成效显著。校园文化蓬勃发展,全年组织校园文化活动300余项,举办精品人文讲座和高雅艺术活动数十场。广大学生在国际、国内各类科技创新比赛和评比中取得优异成绩。校园民生不断改善,民主渠道进一步拓宽,顺利通过省教育厅"平安校园"验收。围绕学校中心工作,其他各项工作进展顺利。

【3项成果获得2011年度国家科学技术奖】 东南大学移动通信国家重点实验室主任尤肖虎教授带领高西奇、赵春明、潘志文等团队科研人员,联合国内高校和企业协同攻关,潜心开发新一代移动通信技术,经过十余年的不懈努力,历经理论研究、技术开发和产业化应用,攻克了宽带移动通信容量逼近传输这一世界性的难题,其中"宽带移动通信容量逼近传输技术及产业化应用"成果荣获2011年度国家技术发明一等奖。温家宝总理在国家科学技术奖励大会上为尤肖虎颁奖。由东南大学中大医院滕皋军教授牵头完成的新型消化道支架的研发与应用获国家科技进步二等奖;由该校黄卫教授牵头完成的大跨径桥梁钢桥面铺装成套关键技术及工程应用获国家科技进步二等奖。

【部省继续重点共建东南大学】 8月30日,"教育部与江苏省人民政府共建国家高等教育综合改革试验区暨继续重点共建南京大学东南大学签字仪式"在南京举行,江苏省省长李学勇和教育部部长袁贵仁签署共建协议并讲话。东南大学党委书记郭广银、校长易红等党政领导和有关部门负责人出席仪式,易红校长代表学校在签字仪式上讲话。签订国家高等教育综合改革试验区共建协议,是贯彻落实国家教育规划纲要、推进国家教育体制改革试点的具体举措,是构建省部合作长效机制、共同促进江苏高等教育改革发展的重要手段。

【学科建设取得显著成效】 2011年,学校新增哲学、应用经济学、艺术学、数学、物理学、生物学、化学工程与技术、临床医学、公共卫生与预防医学9个一级学科博士点和法学、社会学、教育学、心理学、体育学、中国语言文学、外国语言文学、化学、水利工程、公共管理、图书馆情报与档案管理11个一级学科硕士点。哲学、数学、生物学、光学工程、仪器科学与技术、环境科学与工程、临床医学、公共卫生与预防医学、管理科学与工程、艺术学理论等10个学科成为一级学科省重点学科。

【与白俄罗斯明斯克国立语言大学共建孔子学院】 7月22日,易红校长、浦跃朴副校长在榴园宾馆亲切会见了白俄罗斯明斯克国立语言大学校长Baranava Natallia女士。双方签署了《东南大学与明斯克国立语言大学关于合作建设明斯克国立语言大学孔子课堂执行协议》。9月18日上午,正在白俄罗斯进行国事访问的吴邦国委员长专程赴明斯克国立语言大学,为东南大学与白俄罗斯明斯克国立语言大学共建的孔子学院揭牌。

【南极冰穹A天文科考智能平台成功投运】 1月8日,由东南大学研制的南极天文科考支撑平台在南极昆仑站成功投入运行。该平台为我国首座独立设计、制造、运行管理与维护的天文科考智能支撑平台,突破了高原极寒、低气压、缺氧地区无人值守自动天文观测站的就地自动监测与控制、远程遥测与遥控、海量数据存储、卫星通信与数据传输、电源保障、舱内环境控制等关键技术,可以在极端恶劣条件下为昆仑站各类天文科考仪器提供能源动力、技术支持,科研人员在国内就可以对其进行数据接收和远程监控，实现在南极冰穹A开展自动天文观测和其他科学探测所需能源动力、通信和环境保障的研制目标，为在南极开展更加广泛的科学研究奠定基础，标志着我国具备了在极端环境下开展科学考察的支撑能力，为未来南极天文观测平台的建设提供技术保障。

【江苏省首个非华裔"千人计划"专家落户东南大学】 2011年，来自美国加州州立理工大学的Mohammad N. Noori教授成功入选国家"千人计划"，这是东南大学引进的首个非华裔高层次人才，也是江苏省引进的首个非华裔高层次人才，该校率先实现了江苏省高校"千人计划"非华裔人才引进的重大突破。目前全国引进的海外高层次人才(千人计划)中只有20多名非华裔外国人，不足总人数的3%。(宋业春)

·南京理工大学·

【概况】 2011年，南京理工大学紧紧围绕建设特色高水平研究型大学的战略目标，科学布局"十二五"改革和建设重点，团结带领广大师生员工锐意进取，务实苦干，学校各项工作取得了明显成效，实现了"十二五"良好开局。学科建设迈上新起点。学校正式跻身"国家优势学科创新平台"重点建设高校。5个学科(兵器科学与技术、光学工程、控制科学与工程、材料科学与工程、高端装备与微纳器件设计制造)被列入"江苏高校优势学科建设工程"一期项目，5个一级学科(电子科学与技术、化学工程与技术、力学、信息与通信工程、计算机科学与技术)被列为江苏省重点学科，1个一级学科(动力工程及工程热物理)被列为江苏省重点培育学科。新增5个一级学科博士点(数学、计算机科学与技术、环境科学与工程、管理科学与工程、软件工程)和2个一级学科硕士点(土木工程、统计学)。人才培养取得新收获。学校成功入选"卓越工程师教育培养计划"第二批试点院校。首次获批港澳台研究生招收资格；成为首批获得"中国政府奖学金"研究生自主招收资格的"211"院校。新增国家级工程实践教育中心3个，江苏省校企合作实践教育示范中心2个。获得国家级精品教材2部、江苏省精品教材6部，江苏省教学成果奖4项。获全国优秀博士论文提名奖1篇，江苏省优秀学位论文14篇。2011年度就业率为99.5%。科学研究取得新突破。2011年科研项目经费5.09亿元。获批国家自然科学基金立项数95项(其中国家杰青项目1个)；新承担"高分"、"探月"、"新一代宽带无线移动通信网"等国家科技重大专项课题11项；获批国家技术转移示范机构1个；获国家技术发明二等奖2项。获江苏省政府颁发的"'十一五'重大科技成果奖励成绩显著高等学校"称号。首次获批国家和江苏省社科基金重点项目，获批江苏省决策咨询研究基地2个("产业集群研究"、"服务型政府建设")。师资队伍建设呈现新局面。冯刚教授、吴小聪教授入选"千人计划"，冯宁宁博士入选"青年千人计划"，朱俊武副教授、赵永好教授入选"新世纪优秀人才支持计划"，吴晓蓓教授获得"国家级教学名师奖"、袁军堂教授获得"江苏省教学名师奖"，吴志鹏教授、刘小惠教授、范沧教授入选"江苏特聘教授"、凌峰入选"江苏省双创人才计划"、朱运田教授领衔的团队入选"江苏科技创新团队"。开放办学凝聚社会资源。以事业单位、企业实体等多种运作模式，与政府合作建设校外产学研基地。与兵器工业集团就共建"中国兵器科技协同创新中心"达成意向，与中国运载火箭技术研究院签署产学研合作协议，与泰州、南京浦口区签署全面合作协议，与玄武区签订一府六校共建协议。学校获得"2011年中国产学研合作促进奖"。37名院士、484人次外国专家来校开展学术交流，举办各类学术报告会、交流会近350余场。成功主办第二届"创新中国论坛"。加入中国宇航学会、中国航空学会，成为国际弹道学会首批2个大学会员单位之一。

【成为国家优势学科创新平台重点建设高校】 南京理工大学继进入"211工程"建设序列后再次获得重大突破，正式跻身"国家优势学科创新平台"重点建设高校。"优势学科创新平台"是国家继"985工程"后又一项高等教育重点建设工程，将与"985工程"建设统筹衔接，同步实施。

【实施"卓越工程师教育培养计划"】 10月19日，教育部发布通知，批准南京理工大学进入第二批"卓越工程师教育培养计划"学校。与南京理工大学武器系统与工程专业长期合作的豫西科工集团有限公司、晋西工业集团有限责任公司、内蒙古北方重工业集团有限公司，被列为国家级工程实践教育中心。南京理工大学计算机学院和江苏联创科技公司合作共建的"IT人才实训中心"、材料学院和中科院苏州纳米研究所、苏州纳米科技发展有限公司合作共建的"纳米材料与

卓越工程师计划——南京理工大学·北方重工集团·国家级工程实践教育中心揭牌仪式

技术工程实践教育中心”获批为江苏省校企合作实践教育示范中心。

【推进创新创业型大学建设】 10月22日，中共江苏省委常委、南京市委书记杨卫泽莅临学校做形势政策报告并视察指导工作。其后，南京理工大学与南京市就推动创新创业型大学与创新创业型城市共同成长达成了共识。12月15日，玄武区一府六校(院所)科技创业合作大会暨南京紫金常春藤大学生科技创业园揭牌仪式在南京理工大学举行，南京理工大学与玄武区签订了六校(院所)合作协议和“南京紫金常春藤大学生科技创业园”共建协议。

【成功举办第二届“创新中国论坛”】 12月17日，由中国高等科学技术中心、科学时报社和南京理工大学主办，以“大学新使命：文化传承与创新”为主题的第二届创新中国论坛在南京理工大学举行。全国政协副主席、中科院院士王志珍，中国高等教育学会会长、教育部原副部长周远清，中科院原党组副书记郭传杰，江苏省副省长曹卫星，中国工程院院士叶铭汉、秦伯益，知名学者施一公、李中清、楼宇烈、山红红等100多人出席论坛。

【南京理工大学国际无人机竞技赛列江苏高校第一】 9月25日，“中航工业杯——国际无人飞行器创新大奖赛”在北京落下帷幕。南京理工大学“海星五号”无人机在竞技大奖赛中位列第6名，荣获二等奖、江苏地区高等院校第一名的优异成绩。比赛结束后，南京理工大学还作为参加竞技大奖赛的唯一队伍，用竞赛机进行了飞行表演。

(曹佳音)

·南京农业大学·

【概况】 2011年，南京农业大学深入贯彻落实科学发展观，紧紧围绕建设世界一流农业大学的战略目标，团结带领全校师生员工，抢抓机遇，乘势而上，全面加快有特色、高水平研究型大学建设进程。年度学校各类招生8000多名，其中研究生2844名，本科生4200名，招生规模实现平稳增长。继续实施学生工作三大战略，着力创新方式方法，健全长效机制、优化育人环境。以课堂教育和学生社区教育为主渠道，广泛开展各类主题教育活动，着力提高学生的思想政治素质、科学文化素质和身心健康素质。建立健全毕业生就业工作长效机制，60.3%的毕业生在基层就业，本科毕业生就业率达97.7%，研究生就业率为80.01%，学校被授予“江苏省大学生创业教育示范校”称号。通过国家公派研究生、校际交换、中外联合培养和修学旅行等项目渠道全年派出学生出国(境)共计185人。

【教育教学改革】 构建适应世界一流农业大学建设目标和学生差异化发展的本科人才培养体系，完善本、硕、博贯通培养机制。继续推进国家、省和校级三级精品课程建设，获国家级精品教材5部、江苏省精品教材10部、农业部中华农业科教基金优秀教材9部。继续加强实验教学中心建设，2个中心获批“2011年省级实验教学示范中心建设点”。加强教学实习基地建设与管理，新建4个校外教学科研实验实习基地。研究生学位论文质量稳步提高。2011年，授予博士学位241人，硕士学位916人，增列47位学术型硕士研究生指导教师和46位全日制专业学位研究生指导教师，获全国百篇优秀博士学位论文奖2篇，江苏省优秀博士论文6篇、优秀硕士论文12篇。

【重点学科体系建设】 重点学科体系建设继续推进。进入“985优势学科创新平台”计划，2012年预计获得5000万元专项建设资金。3个学科入选“十二五”江苏省重点学科，8个学科入选江苏高校优势学科建设工程。全面完成“211工程”三期建设项目。及时进行生态学、草学博士学位授权一级学科点，风景园林学硕士学位授权一级学科点的对应调整，做好生物信息学、设施农业和海洋科学等新兴、交叉学科建设的顶层设计和推进工作。

【师资队伍建设成就突出】 新增“千人计划”专家2人，获选国家级、省级教学名师各1人，进入江苏省“双创计划”、江苏省特聘教授计划、江苏省六大人才高峰计划各1人，新入选江苏省第四期“333工程”24人、入选首席科学家培养人选2人。

【科技成果产出显著】 科研经费稳步增长，科研条件不断改善。获国家各类计划项目资助337个，年度立项经费4.61亿

“千人计划”专家陈增建教授到南京农业大学履职

元。获批 12 个农业部重点实验室;“农作物生物灾害综合治理教育部重点实验室”通过专家论证。科技成果产出显著。以南京农业大学为第一单位获得各类科技成果奖 12 项,其中国家科技进步二等奖 1 项,技术发明奖二等奖 1 项,省部级奖 6 项。国内“学术榜”收录科技论文 1541 篇,发表 SCI 论文 602 篇。专利申请 321 项,获批 139 项,其中国际专利 3 项,发明专利 91 项,实用新型 29 项,外观设计 16 项;审定植物新品种 6 个,动物新品种 1 个,鉴定植物新品种 11 个,登记软件著作权 14 件。人文社科研究取得突破,曲福田教授研究成果受中央领导重视,周曙东教授研究成果获省领导批示。

【深化产学研合作】 深化产学研合作,进一步增强服务经济社会能力。分别在常州、宿迁建立南京农业大学技术转移中心苏南、苏北 2 个分中心,在宜兴新建产学研合作办公室。与新疆生产建设兵团农十师、响水县政府等多个单位签订政产学研合作协议。组建专家团队参加 20 多个省市地方政府组织的产学研合作交流会及科技成果洽谈会,签订技术开发、转让、咨询、服务合同 102 项,到位经费近 3000 万元。多种形式深入开展科教兴农活动,继续实施“百名教授兴百村”三期工程,重点建设了 4 个专家工作站,积极推进江苏省“挂县强农富民”工程。学校再次被省、市评为“双百工程”先进集体。

【国际交流与合作】 国际交流与合作更加活跃。全年派出长、短期出国境团组数 396 人次,与 8 所国外名校签署或续签了合作协议。主办 7 个国际会议,参会外宾 92 人次。在 60 多个国家和地区招收长短期留学生 478 名。加大引智力度,组织引智项目 95 个,获得聘专经费 532 万元,聘请外国专家 372 人次作 445 多场学术报告。全年举办 11 期援外培训班,培训来自 50 多个国家的学员 243 人。

(吴 玥)

·南京林业大学·

【概况】 2011 年,南京林业大学各类全日制在校学生 27207 人,其中博士与硕士研究生 3136 人。招收本科生 6667 人(含三本 2517 人),毕业本科生 5719 人(含三本 2066 人)。招收研究生 1035 人,毕业研究生 769 人。教职工 1848 人,其中,专任教师 1180 人,中国工程院院士 2 人,长江学者奖励计划特聘教授 1 人,具有副高以上职称 574 人。学校占地面积 466.33 公顷,其中,新庄主校区 83.80 公顷,句容下蜀校区 291.33 公顷,南方学院淮安校区 88.47 公顷,江宁工程培训中心等 2.73 公顷。教学科研仪器设备总值 3.28 亿元,图书馆纸质文献总量 150 余万册。有 18 个学院及研究生院、体育教育部和公有民办南方学院。有 5 个博士后流动站、7 个一级学科博士点、36 个博士点、19 个一级学科硕士点、90 个硕士点和 22 个专业学位授权领域。有 1 个国家重点学科一级学科 (林业工程),5 个国家重点学科二级学科(生态学、林木遗传育种、林产化学加工工程、木材科学与技术、森林保护学),11 个省部级重点学科,4 个省级优势学科。有“林木遗传与生物技术省部共建教育部重点实验室”、“江苏省速生木材及农作物秸秆材料工程研究中心”、“国家林业局南方林木种子检验中心”等 40 个省、部级研究开发机构、重点实验室和工程研究中心。有 58 个本科专业,其中,国家级特色专业建设点 6 个,省级品牌专业 4 个,省级品牌专业建设点 2 个,省级特色专业 7 个,省级特色专业建设点 3 个。与 20 多个国家的 50 多所高校或科研机构建立了学术交流和研究合作关系,具有招收外国留学生和港、澳、台学生的资质。

南林大校长曹福亮教授获中国科协授予的“全国优秀科技工作者”称号

2011 年,南林大完成了“十二五”规划体系和处科两级领导干部换届聘任工作,召开了本科教学工作会议,举办中国风景园林学会年会等。获全国毕业生就业典型经验高校、全国高校后勤十年社会化改革先进院校、全国模范职工之家、全国林业知识产权试点单位、江苏省师资队伍建设先进高校等称号。

【曹福亮获全国优秀科技工作者称号】 12 月 23 日,中国林学会举办了 2011 年现代林业发展高层论坛暨第四届梁希林业科学技术奖颁奖活动。南林大校长曹福亮教授获中国科协授予的“全国优秀科技工作者”称号并获“十佳全国优秀科技工作者提名奖”。南林大 10 个科研项目获得第四届梁希林业科学技术奖,其中,王浩等完成的“城市绿地规划设计的理论与实践”、汪贵斌等完成的“特种工业原料林培育技术”、周定国等完成的“速生材人造板技术和产品的集成创新与产业化”等项目获梁希林业科学技术二等奖。

【湿地保护区设计方案获奖】 1 月 21 日,由南林大副校长王浩教授主持的扬州三湾湿地保护区设计方案,在扬州市召开的三湾湿地保护区设计方案全球征集专家评审会上获得二等奖。该项目是扬州市市委、市政府为迎接 2014 年“扬州建城 2500 年”的重要工程。国内外 32 家单位参与竞标,经评选,来自中国、美国、英国、加拿大、法国等国内外6家单位入围，南林大是中国大陆地区唯一入围单位。该项目2011年启动建设，2014年建成后将成为融湿地保护、古运河文化展示、休憩娱乐为一体的充满自然特色、乡土气息和文化内涵的市级综合公园。

【尹佟明获国家自然科学基金杰出青年基金资助】 10月，2011年国家自然科学基金杰出青年基金评审公布，南林大长江学者特聘教授尹佟明因在林木遗传育种学研究领域的突出创新成果，获2011年国家自然科学基金杰出青年基金资助，为2011年度林业行业唯一获此殊荣的科学家。尹佟明，1997年南林大博士研究生毕业，师从著名林木育种学家王明庥院士。先后在瑞典农业大学和美国能源部橡树岭国家实验室进行博士后研究，曾获美国能源部橡树岭国家实验室科学与技术奖，并被评为有突出贡献的研究人员。尹佟明是南林大全职引进的海外高层次人才。

【增列博士硕士学位授权学科】 2011年，根据国务院学位办《关于下达2010年审核增列的博士和硕士学位授权一级学科名单的通知》，在2010年博士、硕士学位授权审核增列工作中，南林大申报的机械工程、轻工技术与工程2个一级学科被增列为博士学位授权学科，哲学等12个一级学科被增列为硕士学位授权学科。通过申报，南林大具有博士学位授权的一级学科由3个增加为5个，二级学科由30个增加为36个。具有硕士学位授权的一级学科由5个增加为17个，二级学科由54个增加为90个。

【获全国高校后勤社会化改革先进院校】 12月9日，全国高校后勤十年社会化改革总结表彰大会在广东东莞召开，南林大获“全国高校后勤十年社会化改革先进院校”称号。该评选由各省高校后勤研究会推荐、评选工作领导小组审核，经中国高等教育学会后勤管理分会十届二次理事会讨论通过。江苏省共有22所院校获此殊荣。 （钱一群）

·南京体育学院·

【概况】 2011年，是南京体育学院实施“十二五”规划开局之年，也是各项工作推进落实之年。学院在省委省政府和省体育局、省委教育工委、省教育厅正确领导下，认真贯彻落实党的十七大和十七届五中、六中全会以及省十二次党代会精神，深入开展“创先争优”活动，全力备战伦敦奥运会和第十二届全运会，以优势学科建设带动教学、训练、科研工作开展，以教学、训练、科研成果丰富优势学科建设内涵，优势学科建设、仙林校区办学、人事分配制度改革等重点工作成效显著，整体办学效益明显提升，为“十二五”规划实施开好局、起好步。瞄准世界先进水平，顺利完成训练比赛任务。在国际国内各项比赛中均取得较好成绩。全年共有羽毛球队蔡赟、徐晨、王适娴，蹦床队陆春龙、张凌峰，跳水队陈若琳，技巧队唐建、王磊、巫叶秋胤、周溢等7个项次13人次在世界大赛中获得冠军，成绩为历史最好年份之一，其中王适娴为新增世界冠军。跳水队陈若琳，蹦床队陆春龙，羽毛球队蔡赟、徐晨、王适娴，击剑队朱敏等有望入选伦敦奥运会阵容。8支优秀运动队分别代表南京市、连云港市参加第七届全国城市运动会，获得金牌15枚、奖牌35枚、总分397分，创1995年以后参赛最好成绩，超额完成省体育局下达的金牌指标，为江苏省、南京市荣登金牌榜、奖牌榜、总分榜全国第二名作出重要贡献。全国一类比赛各优秀运动队获金牌12.5枚、银牌13枚、铜牌18枚、总分751分，金牌、总分在全国同类项目中均列第二，实现预定目标。

5月25日，江苏省运动员职业指导工作室揭牌仪式在南京体育学院举行。学院党委常务副书记、副院长汤岩，省体育局党组成员吕卫东和省体育局竞体处、人事处、体育人才服务中心、南京体育学院训练处、人事处、各训练基地人事部门负责人、工作室全体成员以及运动员代表参加了揭牌仪式。

【推进质量工程建设】 2011年，南京体育学院深化教学改革，教学质量不断提升。实施10个本科专业新一轮培养方案、课程教学大纲修订，新修教学大纲610份。完成695门课程的代码设计和编号，军事课建设通过省教育厅评估检查。出台全院性选修课管理办法，扩大了学生选修课可选择范围。新增实习基地3家。获省高等教育教学成果奖二等奖1项，省高校精品教材1项，省高等教育教改研究立项课题3项，省研究生教育教改课题2项、研究生双语授课教学试点项目1项，省高校优秀多媒体教学课件一等奖1项、二等奖1项；获省高校大学生实践创新训练计划立项27项、省研究生创新工程系列项目立项21项，实现历

5月25日，江苏省运动员职业指导工作室揭牌

史突破;获优秀硕士论文1篇。

【科学研究和科技服务工作】 2011年,南京体育学院积极开展学术交流。参加全国第九届体育科学大会录用论文55篇,其中专题报告7篇、墙报交流18篇、书面交流30篇,在省内排名首位,全国体院排名第10,并有2篇教练员论文入选,实现历史突破;参加省高校第27届教学论文报告会录用论文24篇,其中大会报告1篇、墙报交流12篇、书面交流11篇;参加亚太体育科学大会录用论文4篇,其中专题报告3篇、墙报交流1篇;参与全国中运会论文报告会论文征集、撰写、指导,为江苏代表团获团体一等奖作出突出贡献;成功召开院第十一届论文报告会,邀请4位国内知名专家作报告并聘任为客座教授。加大国际学术交流力度,制定《学科建设国际学术交流有关工作暂行规定》,邀请5位美国专家来院讲学,组团赴美国、澳大利亚、新加坡、台湾、香港等国家和地区进行学术交流,首次选派14名研究生赴香港浸会大学、香港教育学院进行学术交流。认真做好科研立项和成果申报。申报国家自然科学基金项目2项、总局课题3项、其他各类上级课题63项、院级课题35项,获批立项上级科研课题28项,其中总局6项、省教育厅4项、省体育局12项、省科技厅2项、省社科联1项、省哲社办2项、省质监局和省发改委1项;获总局"十一五"体育哲学社会科学优秀成果奖一等奖1项、三等奖1项,中国体育科学学会科学技术奖二等奖1项、三等奖1项,省哲学社会科学优秀成果奖三等奖1项。

【招生就业工作】 2011年,南京体育学院招收全日制研究生73人、体育硕士75人、本科生1300人、专科生100人,招生规模为历史之最,艺术类表演专业首次在省外设点进行专业校考测试,被评为省研究生"优秀招生单位"。主动为学生寻求就业信息、开展就业指导培训,召开校企合作研讨会,举办12场专场校园招聘会,接待5家用人单位来院宣讲,毕业全日制研究生47人、体育硕士58人、本专科生558人,毕业生总就业率达91%。

链接

话说南京体育学院

南京体育学院始建于1956年,地处十朝古都南京东郊风景区紫金山南麓,坐落于原远东地区最大的体育场——民国中央体育场旧址,占地40余公顷,与名胜中山陵、灵谷寺毗邻,环境优美,景色宜人。学院承继中国近代体育百年文脉,现为一所既为社会培养各类应用型体育专门人才,又为国家铸就竞技体育精英,具有独特办学模式的省属高等体育学府。

学院是江苏省规模最大的竞技体育训练基地,有羽毛球、网球、体操、艺术体操、蹦床、技巧、击剑、自行车、游泳、跳水、花样游泳等项目的运动队。半个多世纪以来,南京体育学院运动队在国际、国内大赛中取得了一系列优异成绩,为国家培养、输送了一大批优秀运动员、教练员。其中有12位奥运冠军,分别是:女子击剑冠军栾菊杰(1984年第23届洛杉矶奥运会)、男子击剑冠军仲满(2008年第29届北京奥运会)、女子游泳冠军林莉(1992年第25届巴塞罗那奥运会)、女子羽毛球冠军葛菲(1996年第26届亚特兰大奥运会、2000年第17届悉尼奥运会)、女子羽毛球冠军顾俊(1996年第26届亚特兰大奥运会、2000年第27届悉尼奥运会)、男子羽毛球冠军张军(2000年第27届悉尼奥运会、2004年第28届雅典奥运会)、男子体操冠军黄旭(2000年第27届悉尼奥运会、2008年第29届北京奥运会)、女子乒乓球冠军李菊(2000年第27届悉尼奥运会)、男子乒乓球冠军阎森(2000年第27届悉尼奥运会)、男子乒乓球冠军陈玘(2004年第28届雅典奥运会)、女子跳水冠军陈若琳(2008年第29届北京奥运会)、男子蹦床冠军陆春龙(2008年第29届北京奥运会),以及蔡振华(乒乓球)、孙晋芳(排球)、孙志安(羽毛球)等80多位世界冠军和世界纪录创造者,以及100多位获得国家体育运动荣誉奖章、享受政府特殊津贴的教练员。

学院现设有体育系、运动系、运动健康科学系、民族体育与表演系、职业技术学院、继续教育部、研究生部、附属学校共8个教学单位。本科教育有运动训练、体育教育、社会体育、体育新闻、体育产业管理、运动人体科学、运动康复与健康、民族传统体育和体育艺术表演共9个专业,研究生教育具有体育学一级学科硕士授予权(涵盖体育学4个二级学科),是体育专业硕士培养单位;职业技术学院有高尔夫球运动、体育健身与休闲共2个专业。学院大力推进学科专业建设,于2008年通过了国家教育部本科教学水平评估并获优秀等级。现已建成一批省级以上重点学科和特色专业,取得了一批重点科研成果。

学院先后与日本、澳大利亚、美国、德国和香港、台湾等10多个国家与地区的大学和体育科研机构建立了交流协作关系。近年来,学院出访和海外来访的人数与批次逐年上升,足迹遍及40多个国家和地区。当前,学院明确了将竞技优势转化为教学优势、科研优势,进而形成创新优势、发展优势的思路,正不断提升学校的综合办学实力,力争把学院早日建成教育特色鲜明、竞技成绩优异、科研成果丰硕、服务功能突出的省内领先、国内一流、国际知名的应用型体育学院。

(王翠芳)

·南京市广播电视大学玄武区分校·

【概况】 2011年,学校坚持按照"文化立校、特色打造、品牌专业、创新发展"的发展思路,坚持"办好人民满意的高职教育"的办学目标和"培养学业合格的社会人才"的培养目标,形成了以高等职业教育为学历教育的主体,以社区学院各类培训和成人开放教育、非学历证书培训为辅的多类型、多层次的办学形式。目前有在校学生1680人,新街口教学点有五年制高职班21个、专接本班2个,全日制在校学生1000余人,有开放教育本专科专业6个,成人专科专业1个,业余学生595人,是南京城区内办学规模最大的电大分校之一。通过采用合作办学的形式,结合社区居民不同层次的学习需求,在经过对本区居民学习需求调查分析后,根据工作目标任务,分别为公务员、青少年、新生人员、新市民、妇女、老年人、下岗失业人员、部队战士等各类人群开展了计算机、英语、文化补习、技能、科技等多类教育培训，采用合作办学的形式，开展社区居民培训和青少年特色素质培训，常年为社区居民提供各类培训，全年累计培训社区居民3000人次以上，培训社区工作者1000人次以上，与萝卜娃、博文、树人等单位合作进行青少年素质培训达8000人次以上，与华夏、百泰、浪淘沙等单位进行报关员、会计证、导游证等证书培训3000人次以上。

【提升学校办学品位】 2011年，学校重视班级文化建设，继续围绕“有愿景、明责任、换思考、做真人”的主题，通过形式多样的活动、有目的影响、感染、引导学生，使学生形成正确的人生观、价值观和审美观。修订“班规和公约”，完善班级“班训、班风”，在全校团员中开展征集“玄武精神”和“校风、学风”的活动，积极营造学生健康成长的精神家园。先后在2008级学生中成功举办“我成人、我责任”的成人宣誓仪式；邀请区法院少年审判庭王萍庭长对全校学生进行了法制教育；国庆62周年各班级召开了《我爱我的祖国》主题班会；举办“国庆62周年摄影比赛，40幅获奖作品在橱窗展出；举办“舞动奇迹“的集体舞大赛；完成了大一、二学生的国家励志奖学金、助学金的评定工作。学校有9位学生获得励志奖学金、43人获得国家助学金；完成了对贫困学生的学费减免工作，学校拿出21294元为27个学生减免了学费；在市校田径运动会上，获得了女子400米、800米第五、六名、女子铅球第六名、男子4×400第五名、女子4×400第二名，并获得集体精神文明奖，实现了市校运动会新的突破。学校还组织“纪念12·9大合唱比赛”、“拔河比赛”、“篮球比赛”等，通过活动丰富校园生活、展示学生的特长、培养学生的个性和自信心、锻炼学生的能力，增强集体荣誉感和班级凝聚力。

【提升学校办学质量】 2011年，玄武电大完善责任教师职责，建立一支自己的责任教师队伍，从授课计划，课堂教学、教学评价等方面把好关，保障各学科教学质量。建立教学常规监控体系，每日巡查课堂教学情况，每月对外聘任课教师的教学作业、教学反思进行检查，经常性开展学生评教评学和问卷调查活动，重视分类检测的反馈作用，及时分析反馈，加强教学的针对性，提高各科合格率。落实课堂教学要求，规范课堂教学行为，坚持一月一次全体集中听课制度，通过听课评价，及时向任课教师反馈教学评价，提高任课教师的教学水平，促进学校教学质量的全面提升。2011年，五年制高职共招收新生177人，设有财务信息管理、营销与策划两个专业。继续在2007级学生中开展了与南京财经大学“专接本”工作，“专接本”市场营销专业教学班招收学生37人。开放本专科共招收新生171人，设有行政管理、工商管理、会计学、电子商务、计算机网络技术及学前教育6个专业。2011届毕业生毕业率100%，毕业生就业率93%。全年完成非学历教育达2430人次，开展了单证员、计算机等级证书、英语四六级、英语应用能力等证书的辅导和考试。其中英语四六级65人、计算机等级考试256人、英语应用能力B级考试500人、单证员19人，成人高考辅导1000人、自学考试辅导500人。

【提升学校发展活力】 2011年，玄武电大积极进行“专接本”教学探索，加强学校品牌建设，丰富学校办学特色。财务信息管理专业是学校长线专业，目前有13个教学班，学校积极进行“专接本”教学管理模式的探索和教学研究，在教学组织上有层次、有步骤的推进、跟进教学进度，班主任参与教学，及时了解学情和教情，适时调整教学方案，做到课程的学习、复习和考试既系统化、全面性，又点面结合，重点突出，循序渐进，学生参加考试成绩优异。目前学校有“专接本”会计和市场营销专业，2006级“专接本”会计班，学生36人，2007级“专接本”市场营销班37人，2005级“专接本”会计班已有17名学生通过所有科目考试，15名学生顺利取得了本科毕业证。积极推行证书教育，全面落实职业技能考核。坚持以就业为导向的原则，落实学生考级考证工作，以增强学生的专业技能和创新能力为目标，拓展和完善学生知识结构和体系，将证书课程考试大纲与专业教学大纲相衔接，改进人才培养方案，积极推行“双元制”培养模式，强化学生技能训练。将相关年级课程教学和技能考试进行无缝对接，采用上课和培训相结合的方式，组织256人参加计算机一级B考试，通过率为94.8%；全校264名学生报名参加了6月份的全国高等学校英语应用能力测试，通过率为40%。

【提升校园安全保障】 2011年，玄武电大完成对校园安防、监控和广播、电视、校园现代化教学网络的布线与整体优化等工作。持续推进综合治理及平安校园创建。完善安全工作管理机制，坚持安全第一、预防为主，落实安全工作责任制，做好校园及周边地区治安秩序整治工作。加强日常巡查，重点部位定期检查，发挥校园监督的作用，保证了校园安全，进一步提高“技防、人防、物防”水平，为师生员工创造良好的学习和工作环境。加强学生安全教育和宣传，开展创建“平安校园”活动。 (张　然)

社区教育

【概况】 2011年，玄武区社区教育坚持科学发展、内涵发展，重点开展生态观下的“三博”社区教育，以博励学，以雅弘德，以爱促和，培养“博学、博雅、博爱”的社区居民。进一步完善“双十”生态式社区教育模式，建设“博学玄武、博雅玄武、博爱玄武”，不断推进社区教育工作。通过深化项目研究打造社区教育新品牌，提升社区教育品质，加强社区教育工作督导，对全区8个街道开展社区教育专项督导工作，重点督查全区各街道社区教育项目实验工作、社区教育特色课程建设工作、社区教育课程研究工作。成功举办南京市暨玄武区2011年全民终身学习活动周启动仪式，活动获全国优秀组织奖。积极发动社会各界广泛开展社区教育，全区社会各界认领社区教育项目71项。确认首批8门社区教育名师课堂；确认第二批6门社区教育特色课程；在全区63个社区评选出“百名学习之星"和"百名社区教育优秀志愿者";命名了首批8个社区教育示范社区，其中台城花园社区荣获"江苏省社区教育示范社区"。13项社区教育研究成果获"十一五"全国社区教育理论研究一、二、三等奖,"双十"生态式社区教育获玄武区品牌创新奖,1个社区被评为省社区教育示范社区、8个社区被评为区社区教育示范社区，区教育局局长李玉鹏获中国成人教育协会颁发的全国成人教育优秀奖。全年超额完成各类社会培训任务37647人次，其中文化补习类12153人次,语言类7947人次,计算机类3404人次,经管、法律类938人次,艺术、体育类3612人次，职业技术类6214人次,科技、素质等其他类3379人次。

5月5日,龙虎网特约访谈:玄武区生态式社区教育

链接

玄武区首批社区教育名师课堂

玄武湖街道——《付必荣——书法讲座》

锁金村街道——《林桂秋——健身小拉舞培训》

梅园街道——《董本植——时政讲座》

后宰门街道——《杨洋——社区中老年糖尿病人运动治疗》

玄武门街道——《徐新——手工串珠》

新街口街道——《袁裕陵——格律诗词讲座》

红山街道——《朱正息——钢琴教育》

孝陵卫街道——《潘菊芬——时政讲座》

玄武区第二批社区教育特色课程

锁金村街道社区学校——《社区社工人才培训》

孝陵卫街道社区学校——《药膳速成》

梅园街道社区学校——《"创业十日谈"创业意识培训课程》

后宰门街道社区学校——《"亲情零距离"视频课程》

玄武门街道社区学校——《手工串珠》

玄武湖街道社区学校——《独居、空巢老人教育》

玄武区首批社区教育示范社区

新街口街道的北门桥社区

玄武门街道的台城花园社区

梅园街道的大影壁社区

锁金村街道的锁三社区

后宰门街道的佛心桥社区

玄武湖街道的板仓社区

红山街道的红山公园社区

孝陵卫街道的小卫街社区

【2011年全民终身学习活动周启动仪式】 10月28日,2011年南京市暨玄武区主题为"学在南京、让生活更精彩"的全民终身学习活动周在玄武区社区教育优质基地——南京图书馆拉开帷幕。活动由市教育局、市成人教育学会主办,南京市成人教学研究室、南京市社区培训学院协办,玄武区社区教育委员会、玄武区梅园街道办事处承办,来自全市13个区县的市民代表400余名参加了南京市暨玄武区全民终身学习活动周开幕仪式。玄武区委常委、副区长苏郑代表玄武区四套班子领导致辞,介绍了玄武区作为全国首批社区教育示范区,积极为全民终身学习提供完善的社区教育公共服务体系，培育博学、博雅、博爱的人文精神,以博励学、以雅弘德、以爱促和。创建学习型玄武,彰显玄武特色，使社区教育让玄武更精彩、学习让玄武人更幸福。开幕仪式上,玄武区命名了首批省暨玄武区8个社区教育示范社区、玄武区首批8个社区教育名师课堂,"百名学习之星"、"百名社区教育优秀志愿者"。

【"双十"生态式社区教育获区品牌创新奖】 玄武区"双十"生态式社区教育是一种崭新的社区教育理念。它是以爱环境、爱生活、爱生命为主要内容,使学习者达到自然、和谐、可持续发展的一种教育形态,体现人与自然、人与社会、人与人和谐共生的美好愿景。在玄武区和谐社区建设中,"双十"社区教育充分发挥基础性、先导性作用，成为居民终身学习、提升人文素质,建设具有玄武特色的幸福城区的重要载体。这是继玄武社区学堂之后的第二个社区教育项目获区品牌创新奖。

【龙虎网特约访谈玄武区生态式社区教育】 5月5日，南京市龙虎网举办"玄武区生态式社区教育"特约访谈节目,南京市教育局职业教育与社会教育处处长梁晓峰、玄武区委宣传部副部长、文明办主任、社会建设工作委员会副书记胡圆圆、玄武区教育局副局长、社区教育办公室主任李玉鹏、玄武区民政局副局长汪拥政以及玄武区委宣传部、玄武区社区教育办公室、玄武区民政局、玄武区各街道社教办的各位领导以及社区居民代表等走进龙虎网直播间，共话“玄武区生态式社区教育”。在特约访谈节目中，围绕什么是生态式社区教育、生态式社区教育对促进和谐社区建设的作用、如何从多层次、多角度、多方位提供教育服务、惠及广大民众、提升居民幸福感和满意度等话题，台上台下现场嘉宾进行互动交流。（王信芳）

教　师

【概况】 2011年，全区教育系统以优化教师队伍结构为主线，以加强师德师风建设为重点，以培养骨干教师队伍为突破，努力完善培养机制、积极引领教师专业成长，推动干部教师队伍整体素质持续提升。全区中小学、幼儿园（教育系统）、直属单位共有在职教职工3276人，其中专任教师3048人，具有高级职称629人，中级职称1583人。离退休教职工2609人。教师党员共1996人，其中在职教师党员1223人。

【师资队伍建设】 突出骨干教师引领，成立“玄武区教师发展中心”，将骨干教师培养与推进区域教育质量提升和整体师资队伍发展紧密联系，扩大专家及其团队的引领和辐射效应。注重青年教师签约培养，通过区、校、个人三方联手，形成“师徒结对，签约培养”的合力，扩大教师签约培养的辐射范围，有力促进全区教师队伍的均衡发展。创设交流研修平台，通过开展多种形式的专家讲座、读书交流、沙龙研讨、同课异构、磨文磨课等活动积极促进不同学科、不同层面教师的业务交流与发展。通过组织教师参加各种形式的说课、赛课和基本功大赛，逐渐提升教师的业务能力和水平。北京东路小学吴京钧荣获小学科学学科全国赛课一等奖，成贤街小学陈洁获全国英语教师写作大赛一等奖，中央路小学语文团队、红山小学英语团队获全国网络教研团队竞赛二等奖。在省、市各类赛课活动中，全区共有30余位教师分获一、二等奖。在2011年江苏省基础教育青年教师教学基本功大赛中，我区有3名教师获一等奖、4名教师获二等奖、1名教师获三等奖。2011年，招聘中学新教师47名、小学新教师55名、幼儿园新教师8名，其中研究生学历21名；引进11名成熟教师，其中省特级教师1名、大市级学科带头人2名；完成150名新教师转正定级审批和107名新教师见习考核。全区共有34名教师被评为“南京市优秀青年教师”，171名教师被评为“区优秀教育工作者”，长江路小学宋红斌当选为第九届“南京好市民”，北京东路小学孙双金被评为首届“玄武区突出贡献人才”。（张　皞）

【成立王兰语文教育思想研究中心】 3月22日，江苏省首批特级教师王兰语文教育思想研究中心成立大会在长江路小学隆重召开，江苏省首批特级教师、著名

3月21~22日，在长江路小学召开江苏省首批特级教师“王兰语文教育思想研讨会”

基础教育专家王兰为研究中心导师。江苏省教育学会会长、原省教委副主任周德藩，南京市教育工委书记、江苏省教育学会副会长徐传德出席会议。大会由省教育学会小学语文专业委员会秘书长李亮主持，省小语会理事长袁浩致开幕词，刚刚拜过师的徒弟为王兰老师送上鲜花，长小的第三代徒弟代表、区语文学科带头人薛莉为王兰老师献诗一首，周德藩会长、徐传德书记为"江苏省首批特级教师王兰语文教育思想研究中心"揭牌，并向8个"王兰语文教育思想研究组、研究基地"授牌。 （严 莉）

【公开选拔中小学校长助理】 4月22日，玄武区组织开展中小学校长助理公开选拔面试工作。面试分中学、小学两个考场进行，33名学校中层干部进入面试环节。中小学校长书记代表作为基层学校评委参与了面试工作。面试现场由考官小组和基层学校评委共同打分。面试采取结构化试题，既考查了考生的综合管理能力，又考察了他们对教育教学工作的思考和理解。此次中小学校长助理的竞争上岗是本着"德才兼备，以德为先"的原则，在全区中小学范围内，公开选拔中学校长助理10名，小学校长助理8名。经过宣传发动、学校民主推荐，中小学共计产生近70名候选人。经区教育局工委的资格审查，有33名候选人取得了面试资格。面试工作在区委组织部、人社局的指导下，在区纪委的监督下顺利完成。面试后根据干部考核程序按规定比例进行考察。 （刘 瑾）

【庆祝中国共产党成立90周年党员名师献课】 6月28日，为迎接、庆祝中国共产党成立90周年，区教育系统1024名中共党员在北京东路小学、十三中隆重集会，举行"我的岗位是模范教育教学做贡献"党员名师献课主题党日活动，引导全区教职员工创建特色突出的高效课堂，进一步推动"创先争优"活动在全区教育系统的深入开展。5位上课教师都是各学科的名师。在课堂教学过程中，他们的课堂内容详实，形式生动活泼，教学设计新颖，教学手段多元，充分调动了学生的积极性，使学生的主体地位和教师的主导作用都得到充分体现，课堂教学效果突出，充分展示了各自的教育才能和教学风采。听课教师纷纷表示：要向名师学习，争当学习型、实践型、创新型党员教师，在工作中"创先争优"，为学校教育教学工作做出新的贡献。区教育局工委书记陈燕、副局长李玉鹏在活动中讲话并向全体党员教师提出要求：牢固树立起"创先争优在岗位"的意识，不仅成为乐于奉献的表率，更要成为业绩突出的表率，立足教育教学工作，亮出自己身上的"闪光点"，努力达到每一位党员教师"服务一岗、影响一片、带动一群"的效应。本次主题党日活动还举行了新党员宣誓、全体党员重温入党誓词活动，表彰了在教育教学一线表现突出的先进党组织、优秀党务工作者、优秀共产党员以及《优秀党日活动方案》获奖学校。 （李心建）

【举行2011年暑假新教师岗前培训】 8月19~21日，玄武区2011年暑假新教师岗前培训在玄武区教师进修学校举行。区教育局和区教师进修学校的多位领导专家就如何提高新教师的教育理论水平和教育实践能力，教师的行为职业规范以及职业规划等问题向新教师做了深刻的指导和分析。新教师们观看了全国教书育人师德楷模吴邵萍、全国模范教师徐其军录像片，吴老师对幼儿园每一位孩子的爱以及对工作的热情深深感染了每一位在场的新教师，徐其军老师更是用他的实际行动诠释了"育人"这个核心理念。新教师岗前培训使全区新教师从优秀教师身上获得宝贵经验。 （丁 青）

【成立玄武区"教师发展中心"】 9月8日，在玄武区教育工作会议上出台《玄武区关于进一步加强教师队伍建设的意见》，成立玄武区"教师发展中心"，市教育局局长吴晓茅、区委书记储永宏、代区长徐曙海为玄武区"教师发展中心"揭牌。玄武区"教师发展中心"在原"骨干教师工作室"和"名优教师签约培养"两项工作的基础上做了进一步完善。玄武区"教师发展中心"分设各学科名师工作室，使全区骨干教师培养工作更加细化和有针对性。强化学科教研员的职责，将骨干教师培养与推进区域教育质量提升和整体师资队伍发展紧密联系；把名优教师签约培养纳入名师工作室的工作范围，对指导教师和培养对象也提出更为具体的要求；骨干教师培养由原来的"一对一"签约培养转变为"一对一"的团队指导相结合，充分扩大专家及其团队的引领和辐射效应，成为提升玄武区教师队伍素质水平的一项创新举措。 （张 皞）

【十三中成立教师发展专家委员会】 10月27日，南京市教育局局长吴晓茅和玄武区教育局局长李玉鹏为十三中教师发展专家委员会揭牌，标志着十三中全力打造师资发展平台，成立教师发展专家委员会统筹师资培养和优化工程的工作进入实施阶段。李玉鹏致辞，吴晓茅作教师自我发展的主题讲座，玄武区协作学校校长及教学校长到会祝贺。数十名专家、名师受聘于该专家委员会。教师发展专家委员会的成立为全校教师专业成长、自我发展的重大举措。会上，特级教师杨潘顺作为教师发展专家委员会执行委员宣读了该发展委员会的章程，提出十三中教师发展专家委员会的责任和义务、目标和定位。吕华兵老师结合自己数年来的专业发展，道出专家委员会对其专业成长的意义。教师发展专家委员会对每位老师的专业发展规划的定位做仔细的审核和更深入的指导。 （陈耀琪）

【第三轮"名特优教师签约培养"签约仪式】 11月25日，为加强全区教师人才队伍的建设，玄武区全面启动第三轮"名特优教师签约培养"工程并举行签约仪式。市教研室副主任陆静、区教育局局长李玉鹏、副局长黄子亮、区教师发展中心主任王军，全区名特优教师、各梯队骨干教师100余人参加，区教师进修学校校长沈峰主持，区教育局局长李玉鹏为阎勤、吴邵萍、钱海滨等22位特级教师颁发了指导教师聘书。各名师工作室分"特级"结对和"市学科带头人"结对举行签约培养签字仪式。 （丁 青）

文化·卫生·体育

Culture Health Sports

- 文化
- 档案
- 地方志
- 卫生
- 体育

文 化

【概况】 2011年，区文化局以创建全国文化先进区为目标，努力将玄武建设成为文化基础设施完备、创新能力较强、文化产业发展后劲足、文化市场繁荣有序、文化人才集聚、文化生态环境良好的文化示范区，先后被评为全国“扫黄打非”工作先进集体和江苏省“扫黄打非”工作先进区、南京市文明城市创建工作先进集体，被南京市委宣传部评为文化产业推进工作先进区。玄武区文化市场长效管理和“扫黄打非”联防示范点经验做法在全省进行推广。

【文艺作品创作】 2011年，区文化局精心组织创作了一批文艺作品，参加全国、省、市组织的各项文化活动及赛事。玄武区特色团队——绍兴商会艺术团在“夕阳秀”走进世界园艺博览会暨第十一届全国中老年艺术大赛中，获最佳组织奖；合唱《把我的奶名叫》、《香格里拉》获牡丹金奖。作品《安全督察》获江苏省优秀法制文艺剧本征集评选二等奖。参加由南京市委宣传部、南京市文化广电新闻出版局主办的第八届金陵合唱节，荣获“最佳演唱创意奖”。纪念辛亥革命100周年大型广播剧《共和之父》在金陵之声和中国国际广播电台成功播出，并通过了南京市“五个一工程奖”评选。

【“踏歌起舞迎青奥”文艺活动】 1月3日上午，由玄武区委、区政府主办，区文化局、《金陵晚报》承办，梅园街道、新街口街道协办的“相聚五环旗下迎接青奥盛会奥林匹克会旗玄武区传递文艺演出——踏歌起舞迎青奥”在浮桥广场举行。参加活动领导有副区长张蓬、王静、以及团区委、区文化局领导，梅园新村街道和新街口街道的100多名观众观看演出。随着奥林匹克会旗的传递，活动拉开了序幕，区文化局局长接过会旗。玄武中专热情奔放的健身操、宇花小学激情高亢的快板《童心迎青奥》、温馨和谐的男女二重唱《相亲相爱》、惟妙惟肖的京剧反串《贵妃醉酒》博得全场喝彩。观众踊跃参与知识问答的互动。

【第十五届“玄武之春”文艺演出】 4月19日上午，由玄武区委、区政府举办，区文化局、玄武湖管理处承办的“为幸福喝彩”——南京市文化惠民百场公益演出广场行暨玄武区第十五届“玄武之春”大型文艺演出在玄武湖公园莲花广场拉开帷幕。本届“玄武之春”把舞台搭建在公园水上广场，寓情于景，通过舞龙舞狮、相声、传统舞等民俗表演和舞蹈、独唱、情景表演等不同表现形式充分体现了人民生活的幸福与快乐，现场观众和各地游客获得美的享受。第十五届“玄武之春”，以歌颂中国共产党成立90周年为主线，围绕玄武特色的“三个发展”，讴歌玄武区为三个文明建设做出的贡献，礼赞玄武区在着力改善城市面貌与生态环境，彰显资源优势与人文特色，建设美丽家园，不断提高人民群众的生活水平和幸福指数取得的成就，为幸福玄武喝彩加油。市文广新局领导、区四套班子领导、区机关部门和8个街道领导以及来自全国各地的游客共近3000人参加了活动。

【“红梅赞歌献给党”获“最佳演唱创意奖”】 8月5日晚，由南京市委宣传部、南京市文化广电新闻出版局主办的第八届金陵合唱节颁奖晚会在南京文化艺术中心举行。经过组委会评选，玄武区精心组织策划的“红梅赞歌献给党”——玄武区纪念中国共产党成立90周年大型歌会，在全市13个区、县中成绩优秀、名列前茅，获得了第八届金陵合唱节“最佳演唱创意奖”。

6月14日，玄武区纪念中国共产党成立90周年大型歌会“红梅赞歌献给党”在南京市文化艺术中心举办。歌会以梅香金陵和幸福玄武为主线，展示历史真实，焕发群体时代的记忆和共同情感，展现玄武人民在改革开放的时代大潮中，勇于争先，开拓创新，率先发展的伟大实践和丰硕成果。歌会既有台上台下的互动，又有专业与业余的融合；既有革命先烈艰苦斗争场面的再现，又有当代玄武人民新风貌、新气象、新追求、新期望的展示。演出受到一致好评。

【第九届“文博之夏”夏令营活动】 7月27日，由玄武区文化局与团区委、区少工委、区妇联和江苏银行联合主办的第九届玄武区“文博之夏”公益夏令营在明孝陵博物馆开营。主办单位和协办单位的相关领导，以及来自玄武区8个街道的160余名小营员和志愿辅导员参加开营仪式。区文化局利用中小学生暑期，组织部分低保、双职工、下岗失业、残疾人、外来务工人员等贫困家庭子女，开展了以“科技e夏，博览之旅”为主题的第九届玄武区“文博之夏”夏令营系列活动。组织小营员们参观了十朝历史文化园、金陵竹刻博物馆、民俗博物馆和区档案局举办的展览，丰富他们的知识；组织他们参观未来信息馆、南京科技馆，观看球幕电影《阿尔卑斯》，体验高科技带来的感官享受，拓宽小营员们的视野；组织他们参加在各基层社区举行的红色故事会，让他们与小宣讲员一起，回顾红色革命故事，建立正确的信仰。本次夏令营为困难家庭的孩子提供免费参观、学习、交流的机会，提供拓宽视野、丰富知识的平台。

【“金陵书香飘玄武”文化活动】 “金陵书香飘玄武”学习型社区建设推广工程是南京市文广新局、金陵图书馆、玄武区文化局和各街道共同策划、采用市区街联动机制，在全区范围内，有效整合区域内公共文化资源，通过建立金陵图书馆社区分馆，开展读书会、读书交流等文化活动，推进学习型社区建设，让社区群众享受便捷的公共文化服务。

玄武区第一家金陵图书馆——富贵山分馆于2008年9月在富贵山社区建立，现在的馆藏图书数量已达1.2万册，5万多册电子书和1000多部电影。开馆以来，越来越多的社区居民办理了图书证，每天的书刊外借达300人次，读者队伍不断壮大，突破了现有的图书服务模式，拓宽了图书馆的服务范围，实现了图书馆服务的社区化，方便和满足了社区群众的知识信息需求，营造出浓厚的家庭读书氛围，发挥了社区图书馆“人生加油站和第二课堂的作用”。2009年和2010年，连续两年在全市的8个金图分馆中排名第一，2011年获得市文广新局颁发的倡导阅读延伸服务系列活动组织奖。

【打击非法“网络共享”网站专项行动】 2011年，区文化局根据省、市《关于开展打击非法“网络共享”网站及设备产品专项行动》的精神，玄武区成立打击非法“网络共享”网站及设备产品专项治理领导小组。召开全区开展打击非法“网络共享”网站及设备产品专项行动的动员部署大会。在南京市文广新局三支队指导下，由区文化局牵头，区公安分局、区工商分局、区城市管理局组成联合执法小组，对珠江路电子一条街上非法贩卖“网络共享”设备产品的摊贩展开打击清理行动。出动行政执法人员40余人、车辆3台，收缴影音棒等违规产品60多件，清理摊点6个。

【省艺术人才培训中心素质教育基地落户玄武】 由区文联、区文化局、锁金村街道共同主办的江苏省艺术人才培训中心素质教育基地在锁金村街道社区活动中心安家落户。省文联党组书记王慧芬、省文联党组副书记杨企鹏、南京市文联党组书记张玉宝、南京市文联副主席冯宣寿、玄武区副区长张蓬、江苏省艺术人才培训中心主任徐宝亚、市民间文艺家协会秘书长吴海燕，以及区委宣传部、区文明办、团区委、区教育局、区文化局、锁金村街道等领导参加了揭牌仪式。王慧芬、张蓬为素质教育基地揭牌。

【南京十朝历史文化园开园】 2011年，原址为南京钟山手表厂厂区的南京十朝历史文化园正式开园，园区内的十朝历史文化展览馆正式对公众免费开放。展览以十朝历史为主线，通过图片、多媒体及体验性的配套设施，全面展现南京十朝的政治、文化、经济等发展脉络。南京市委常委、宣传部部长许慧玲，中山陵园管理局、南京市城市建设投资控股集团的领导们为此次活动致辞。十朝历史文化园占地面积23.4公顷，建筑面积约21000平方米，分为展馆区、文化经营区、商务办公区、户外景观区和演艺区等5个区域。展馆区内有2个主题馆——南京十朝历史文化展览馆和明孝陵博物馆，以及金陵佛都馆、十朝珍宝馆、金文云锦艺术馆、观朴明式家具艺术馆、金陵石道馆等5个专题馆。

【争创省级文化产业示范园区推进会】 8月30日上午，在徐庄管委会一楼会议室，玄武区政府与南京市文化投资集团召开“争创省级文化产业示范园区推进会”。市委常委、副市长郑泽光、省文化厅副厅长马宁、南京市文化投资集团总经理谢国庆、玄武区委常委、宣传部长周雯等参加会议。参加会议的还有文化企业家代表、高校文化学者以及8家新闻媒体。会议由玄武区副区长张蓬主持。区委常委、宣传部长周雯代表区委、区政府致辞，徐庄管委会书记丁诚介绍园区创建工作情况，南京大学范毓周教授介绍数字文化产业发展状况。徐庄管委会与南京大学、金品信息公司签订数字文化创意产、学、研框架协议，园区内3家企业家代表进行了交流发言，南京市文化集团总经理谢国庆介绍了市文化集团与玄武区共同打造省级文化产业示范园的设想，江苏省文化厅副厅长马宁对玄武区创建工作给予充分肯定，对下一步工作提出要求。副市长郑泽光对玄武区争创省级文化产业示范园区提出希望。

【召开金陵竹刻保护与发展推进会】 11月28日上午，由玄武区委、区政府主办，区委宣传部、区文化局等承办的金陵竹刻保护与发展推进会在玄武区政府409会议室召开。省文联党组书记、常务副主席王慧芬，省文联副主席、省民协主席陶思炎，副区长张蓬，江苏工艺美术学会理事长马达、江苏省竹刻艺术研究会会长金恩渠、江苏省美术家协会副主席兼秘书长尹石等领导、专家学者、艺术家代表和竹刻爱好者代表参加了会议。金陵竹刻艺术博物馆作为一家民办博物馆，是文化体制改革的新尝试，是民众办文化的新模式。会上，专家学者和艺术家代表对政府保护和传承金陵竹刻给予高度评

11月28日上午，玄武区委、区政府主办，区委宣传部、区文化局等承办“金陵竹刻保护与发展推进会”

价，并就如何保护和发展金陵竹刻建言献策。王慧芬充分肯定了玄武区委、区政府为保护和传承非物质文化遗产而主办的这次推进会。张蓬表示，玄武区政府将和金陵竹刻博物馆一起，通过文化事业与文化产业融合发展，适时将金陵竹刻的知名度和影响力转化为品牌优势，借助产业化运作来推动其实用功能的回归，对优秀文化做出更加积极的保护与传承。

【第五届玄武摄影论坛】 5月23日，玄武区文联和市摄协在南京人民大会堂联合举办第五届玄武摄影论坛。江苏省文联副主席、省摄影家协会主席沈遥、南京市文联副主席陶琪、赵浏兰、玄武区副区长张蓬等领导出席。来自苏州、无锡、徐州、扬州、南通、镇江、连云港、泰州、盐城、淮安、宿迁等全省各市的摄影家协会主席和南京市200多名摄影家和摄影爱好者参加了研讨会。南京大学新闻传媒学院教授、中国第八届摄影金像奖获得者韩丛耀、南京视觉学院学报主编谢建华、摄影评论家孙慨、无锡市摄影家协会副主席黄丰分别就《读图时代的摄影》、《摄影与历史》、《反思摄影的经脉》、《图像叙事——纪实摄影的一种结构性方式》等内容进行阐述。玄武摄影论坛吸引了众多摄影人、摄影爱好者，对摄影理论的关注，为南京乃至江苏的摄影界提供了一个摄影理论研讨交流的平台。

【张吉根三代剪纸艺术展】 6月21~22日，“张氏三代剪纸艺术展” 在玄武区政府一楼大厅展出。展览由区文化局与南京市非遗保护中心主办，南京工艺美术总公司承办。此次展览是作为世界级非物质遗产的南京剪纸世家作品大汇展，以“神剪张”张吉根先生其子张方林及其孙张钧的作品为主。张吉根剪纸不用画稿，剪技和独树一帜的艺术风格在剪纸艺术界享有盛誉。张吉根次子张方林是老人子女中剪纸技艺最精湛的一个，现为国家级非遗传承人、江苏省工艺美术大师。

【创意致胜文化企业年会】 由玄武区文化局主办的“创意致胜”文化沙龙暨玄武区文化企业年会在创意中央科技文化园matrix会所召开。出席年会的区领导有张萍、杨冬梅、张蓬、张发。应邀参会的嘉宾有南京市文化投资控股(集团)有限公司董事长陈卫红，南京市委宣传部、南京市文广新局有关同志，玄武区文化产业工作相关部门和8个街道，以及区内50多家重点文化产业园区、企业代表。年会采用文化沙龙的形式，引导与会嘉宾共同探讨文化产业“创意致胜”这一主题，为文化企业之间、文化企业和政府之间沟通联系、携手发展提供了一个开放、合作、展示的平台。

【少儿图书馆】 玄武区少儿图书馆作为全市唯一一家青少年图书馆，目前图书馆藏书量已达16万册，已连续3次被评为国家一级馆。另外，图书馆的“南京小蜜蜂乐园网站”充分整合教育资源，为未成年人提供安全、绿色的公益性网络环境，网站已有注册会员5092人，遍布全国乃至新加坡、加拿大。2009年1月被南京市委、市政府授予“创建全国文明城市先进单位”，2009年2月被玄武区委、区政府授予“创建全国文明城市立功单位”。2010年底被南京市委、市政府批准为“第五批市级爱国主义教育基地”。（葛　勤）

玄武区第一批非物质文化遗产代表性传承人名单

序号	姓　名	性别	民族	项目名称	工作单位或住址	备注
1	张方林	男	汉	中国剪纸(南京剪纸)	南京市工艺美术总公司	国家级
2	殷嘉才	男	汉	中国剪纸(南京剪纸)	南京市工艺美术总公司	国家级
3	张林娣	女	汉	中国剪纸(南京剪纸)	南京市工艺美术总公司	国家级
4	赵　荣	女	汉	金陵竹刻	南京市工艺美术总公司	国家级
5	倪小庆	男	汉	仿牙骨雕	南京市工艺美术总公司	国家级
6	戴德裕	男	汉	仿牙骨雕	南京市工艺美术总公司	国家级
7	冯　敏	男	汉	灵芝传统知识及应用	南京中科集团	省级

玄武区非物质文化遗产项目和资源名录

序号	项目类别	项目名称
1	民间文学	达摩见梁武帝的传说
2	民间文学	施食台的传说
3	民间文学	胭脂井的传说
4	民间文学	湖神庙的传说
5	民间文学	陵园西瓜的传说
6	民间文学	大钟亭的传说
7	民间文学	黄册库的传说
8	民间文学	铜钩井的传说
9	民间文学	紫霞湖的传说
10	民间文学	王安石与半山园的故事
11	传统美术	仿古木雕
12	传统美术	仿古牙雕
13	传统美术	金陵竹刻
14	传统美术	南京瓷刻
15	传统美术	南京烙雕
16	传统美术	南京剪纸
17	传统技艺	雨花茶制作工艺
18	传统技艺	云锦制造技艺
19	传统技艺	金属造艺
20	传统技艺	景泰蓝平面画制作工艺
21	传统技艺	雕花天鹅绒
22	传统技艺	明式家俱制作工艺
23	消费习俗	鸡鸣寺素食制作技艺
24	岁时节令	南京赏梅习俗
25	岁时节令	玄武湖菊花台
26	岁时节令	清溪祓禊
27	民间信俗	鸡鸣寺观音会
28	民间信俗	将王庙庙会
29	传统医药	灵芝传统知识及应用

获南京市文化产业发展专项资金项目

序号	名 称	级别	类 别	金额(万)
1	南京十朝历史文化展览馆	市级	项目补贴	300
2	江苏盛世宝玉有限公司	市级	项目补贴	100
3	创意中央	市级	贷款贴息	50
4	南京金陵石道馆有限公司	市级	项目补贴	50
5	南京精艺印刷有限公司	市级	贷款贴息	40
6	南京市工艺美术总公司	市级	项目补贴	30

续表

序号	名　　称	级别	类　别	金额(万)
7	南京数码动漫创业管理有限公司	市级	项目补贴	26
8	世界之窗文化产业园	市级	贷款贴息	25
9	南京曼度文化广场	市级	贷款贴息	20
10	江苏现代快报数字网报	市级	系统补贴	20
11	南京麦秋广告传播有限公司	市级	项目补贴	20
12	南京谷子文化艺术发展有限公司	市级	经营项目	20
13	南京金文云锦艺术研究院有限公司	市级	项目补贴	20
14	南京韵音动漫制作有限	市级	系统补贴	20
15	江苏龙文振图动画制作有限公司	市级	贷款贴息	10
	合计			751

档　　案

【概况】 2011年，玄武区档案工作围绕区委、区政府中心工作和年度目标任务，坚持以人为本，服务基层、服务发展、服务群众。以创建国家三级综合档案馆工作为重点，抓好各项基础业务建设，营造发展档案事业的新环境。新接收进馆司法局公证档案、计生局独生子女档案和民政局婚姻档案共8912卷、17292件，并全部完成整理编目、上架。新编和续编文件目录18本。完成馆藏102个全宗卷开放档案目录打印装订。编印了《纪念辛亥革命100周年画册》。完成《2010年玄武区机关各部门职能配置、人员编制方案》汇编、《2010年档案资料利用成果30例》、“十一五”期间《玄武大事记汇编》和《档案资料利用典型事例汇编》。重新修订《玄武区档案馆接收进馆范围》、《全宗指南》、《档案馆指南》。完成每月一期“玄武区大事记”、每周一期“媒体报道”、玄武区新闻编辑(剪辑)和网上发布。结合纪念中国共产党成立90周年和辛亥革命100周年等重大活动，更新和充实了区档案馆爱国主义教育基地展览内容，举办纪念辛亥革命100周年图片资料陈列和玄武区“十一五”期间经济和社会事业发展成就回顾展。名人档案征集工作取得新进展。近两年，陆续征集“全国自强模范”金民选个人著作、盲文手稿、视频、照片及各类获奖证书、奖牌等实物载体档案164件进馆。对区教育系统3所学校进行档案行政执法检查，对区机关机构改革中撤销部门档案安全处置情况组织专项检查。完成对24家基层档案室星级单位的测评或复查。加强企业建档指导服务，以徐庄管委会为依托，指导园区企业档案工作，帮助企业提升档案管理水平。2011年6月，区档案局成功创建国家三级档案馆；获“玄武区法制工作先进集体”“计划生育工作先进集体”等荣誉；被评为2011年度区行政服务中心“先进窗口”。

【创建国家三级综合档案馆】 2011年，创建国家三级综合档案馆工作列入年度区奋斗目标。为确保创建工作顺利开展，专门成立了创建国家三级综合档案馆工作领导小组及办公室，负责领导和协调创建工作。全局上下，从年初开始，按照《市、县级国家综合档案馆测评细则》的具体要求，对档案馆硬件建设和各项基础业务工作进行了全面的摸底清查，找出薄弱环节，研究解决办法，然后将各项创建任务分解落实到相关科室和责任人，定期召开会议，分析情况，保证创建工作的进度。全局干部职工，克服困难，经常加班加点工作。5月，顺利通过省档案局组织的预审，6月底高分通过测评验收。

【省市档案局领导到玄武区检查指导创建工作】 5月17日，江苏省档案局副巡

6月24日，省、市档案局领导到区档案馆检查指导国家三级综合档案馆创建工作

视员欧阳旭明、南京市档案局局长梁洁、局长助理王涵一行5人到玄武区检查指导国家三级档案馆创建工作。玄武区副区长王静陪同。省市领导听取了区档案局局长王莉关于玄武区创建国家三级档案馆的工作情况汇报，实地考察了档案库房、档案业务和技术用房，查看了17项测评指标台账和全宗卷整理情况，详细地询问了玄武区数字档案馆(室)建设和馆室一体化状况。工作组一行充分肯定了玄武区在创建工作中取得的成效。欧阳旭明副巡视员高度评价玄武区委、区政府重视国家三级档案馆的创建工作，在人、财、物等方面给予大力支持，有力地保证了创建工作顺利开展；区档案局(馆)人员齐心协力，从难从严要求，在信息化建设方面体现了玄武区的鲜明特色。

【充实更新爱国主义教育基地展览内容】 2011年，结合纪念中国共产党成立90周年和辛亥革命100周年等重大活动，充实和更新了区档案馆爱国主义教育基地的展览内容。举办了玄武区"十一五"期间经济和社会事业发展成就回顾展；纪念辛亥革命100周年图片资料展，接待参观干部、群众、学生等近500人。区人大主任张萍、区政府副区长苏郑等区四套班子领导在参观后给予充分肯定。

【做好档案服务利用工作】 2011年，区行政服务中心档案局服务窗口全年接待查档2371人次，查阅档案3335卷、11601件次，出具证明2186份，复印1976张。根据《市政府办公厅关于进一步加强值班和窗口单位服务工作通知》宁政传〔2011〕10号文件精神，区行政服务中心查档接待工作，工作时间为8:00~18:00，不间断地接待群众的咨询和查询，接待人员以耐心细致和热情周到的服务，获得了人民群众的一致好评，多次收到群众的表扬信。该窗口被评为2011年度行政服务中心"先进窗口"。

【加强对档案工作的执法检查和测评复查】 2011年，区档案局组成专项检查组，对相关部门机构改革档案安全处置情况和教育系统3所学校进行了档案行政执法检查。配合区法制办公室，按照市局行政处罚档案管理办法的要求，开展行政处罚案件专项检查。积极开展基层档案室星级测评工作，完成了15家三星级、1家二星级、8家一星级共24家单位的测评或复查。其中，梅园新村街道7家社委会整体通过档案星级测评验收，在玄武区率先成为省档案工作一星级社区。

【《玄武区档案馆指南》正式出版发行】 2011年，《南京地区综合档案馆指南》丛书之《玄武区档案馆指南》正式出版发行，这是玄武区建馆以来首次公开出版发行的一部馆藏档案资料检索工具书，也是玄武区档案馆自1990年编制第一部《玄武区档案馆指南》后，随着馆藏档案资料情况的不断变化，分别于2000年、2005年两次修订后第3次重新修订。主要内容包括：档案馆概况、馆藏档案介绍、馆藏专门档案介绍、馆藏图书资料介绍、馆藏档案专题数据库介绍和附录等6部分组成，共约19.7万字，另配有25页彩页插图。该书全面、系统、准确地介绍玄武区档案馆自成立至2009年期间档案馆基本情况、馆藏情况和资料内容，是一部较为完善的综合性档案馆工具书，成为档案馆与社会联系的桥梁。

【机构改革档案接收进馆工作】 2011年，区档案馆全面完成机构改革档案接收进馆工作，共接收进馆档案3863卷、8677件，全部整理完毕编目上架。区政府启动机构改革工作后，区档案局积极行动，将机构改革中的档案管理工作作为重点，以做好档案处置、确保档案完整安全为己任，全面开展了机构改革涉及部门档案处置工作。先后拟定《关于做好机构改革中档案工作的意见》、《关于做好机构改革中档案管理工作的实施意见》等文件，区档案局成立由局长任组长的机构改革档案接收工作领导小组，明确了工作任务，对撤并部门档案接收进馆提出了具体的时间和工作要求，按时全部完成移交工作。

【完成2011年度全文数字化和专题目录数据库目标任务】 玄武区档案馆完成2011年度全文数字化和专题目录数据库目标任务。扫描加工涉及民生的婚姻、拆迁档案和部分文书档案共983卷、12251件，约11万页。玄武区档案局以馆藏档案数字化为目标，以社会发展的需求和特色档案为重点，以分门别类、先后有序、逐步实现为原则，自2005年起开展了馆(室)藏档案的全文数字化工作，截至12月底，已完成所有馆(室)藏至2006年永久档案、区四套班子长期档案和馆藏斯霞档案、照片及声像，以及民生档案的婚姻、招工、知青等67个全宗162.1万页的数字化加工。在加快全文数字扫描的同时，继续加强专题目录数据库建设，在建立了涉及民生的婚姻、公证、独生子女、再生育、收养、建筑执照、招工、下放等19个专题数据库的基础上，新增玄武区教师资格认定、干部任免和职称专题，著录目录数据3万余条，使各类专题数据库达到22个。 (吴丽萍)

地方志

【概况】 2011年10月，《玄武年鉴(2011)》出版，并于年底前完成发行工作。《资料长编(2000~2010)》编目框架上半年完成定稿，共32篇。下半年开展区物价局等7家试点单位资料长编的编写工作，并在总结调研试点单位资料长编工作基础上，制定2012年全区开展资料长编工作方案，报区政府纳入2012年全区经济和社会发展奋斗目标。按照市方志办要求完成《南京市志志》(玄武篇)修订稿。5月，区地志办网站建立(设在区政府网站群中)，共有工作动态、方志成果等5个栏目，全年"工作动态"上传10余条信息，并及时更新"方志成果"中《玄武年鉴(2011)》相关内容。6至8月，为纪念辛亥革命100周年，区地志办与档案局在玄武区档案馆爱国主义教育基地联合举办纪念辛亥革命百年图片展，将展出的照片130余幅整理汇编成册。11月1日，市人大教科文卫委员会副主任朱少才一行5人，到玄武区对贯彻落实《地方志工作条例》、《江苏省实施〈地方志工作条例〉办法》和市第八次地方志工作会议精神的情况进行督查。区委常委、副区长苏郑参加并对玄武区地志办近年来落实《条例》情况及主要工作作汇报。区地志办主任作题为《以〈条例〉为指导，加快玄武地方志事业健康发展》的汇报。

【开展《资料长编(2000~2010)》试点单位编写工作】 7月13日，区地志办为区机关工委、总工会、妇联、安监局、人口计生局、物价局和档案局7家试点单位进行了《资料长编(2000~2010年)》编写培训。重点就资料长编编写中有关"序"、"目"、"子目"的写法，以及为编修志书准备的《资料长编》编写体例和规范用语等分别做了讲解，同时介绍有关年鉴等参考书目的选用，发给各试点单位编写框架及编写方法等材料。10月8日，区地志办主任组织召开《资料长编》试点单位编写情况分析会，明确指出《资料长编(2000~2010)》编写时间跨度长、信息量大、要求高，要做好试点单位编写指导工作，区地志办负责资料长编工作同志要积极参与研究解决试点单位资料长编编写中出现的问题，对试点单位资料长编的编写工作做好周密部署。至12月底，7家试点单位编写初稿全部完成，区物价局编写的《资料长编》得到市志办有关专家的肯定。

【举办《玄武年鉴》撰稿人培训】 1月24日，区地志办在区政府4楼会议室举办"玄武区年鉴培训暨组稿工作会议"。全区各街道、系统，区机关各部门，驻区各有关单位70多家撰稿人参加会议和培训。区地志办主任作培训前动员讲话，区地志办聘请的志书、年鉴界专家授课培训。这次年鉴培训活动是近年来首次召开的全区性年鉴撰稿人培训会，为全面提高《玄武年鉴》组稿及编辑质量打下基础。

【《玄武年鉴(2011)》出版发行再提前】 2011年10月，《玄武年鉴(2011)》正式出版发行，实现南京地区地方综合性年鉴在10月前出版的要求，再次提升《玄武年鉴》出版工作时效性。同时，《玄武年鉴(2011)》发行工作也于年底前完成。《玄武年鉴(2011)》全书70余万字，设23个类目，700多个条目，全书除保持图片丰富、重要内容有"链接"外，精心打造"专记"类目中3篇文章，着重反映全区经济项目推进工作、和谐社区创建纪实、督查工作创新与发展等情况。街道类目在各街道条目设置方面层次分明，共性和有规律的内容"整齐划一"；个性及亮点的工作"一目了然"，获省志办综合年鉴类目评比一等奖。《玄武年鉴(2011)》在装帧设计上有较大改变，力求展示玄武区位特色与文化底蕴，并形成《玄武年鉴》在"十二五"期间独有的风格，运用南京云锦、玄武湖、台城、明城墙以及代表"玄武"图腾图案的元素，凸显玄武厚重的历史和现代南京市主城区的标志，获得省、市志办有关领导和专家的好评。

【市人大督查组到玄武督查《地方志工作条例》贯彻落实情况】 11月1日，以南京市人大教科文卫委员会副主任朱少才为组长的市督查二组一行5人，到玄武区督查贯彻落实《地方志工作条例》、《江苏省实施〈地方志工作条例〉办法》和南京市第八次地方志工作会议精神情况。区委常委、副区长苏郑向督查组汇报玄武区近年来贯彻落实《地方志工作条例》、《江苏省实施〈地方志工作条例〉办法》情况和南京市第八次地方志工作会议精神。区地志办主任汇报《以〈条例〉为指导，加快玄武地方志事业健康发展》的工作历程和做法，受到督查组成员一致好评。市地方志办公室副主任柳云飞、区县指导处处长乔鸣充分肯定玄武区地志办近年来落实《条例》所取得的成效。朱少才组长对玄武区领导关心、支持地方志工作和所取得的成绩十分满意。 （顾　坚）

2月24日，区方志办举办玄武区年鉴培训暨组稿工作会议

卫　生

【概况】 2011年，玄武区卫生局全面深化医药卫生体制改革，完成年度各项目标任务。玄武区作为全市基层医疗卫生机构综合改革的试点区，在机构编制核定、岗位设置、绩效工资、绩效考核等方面做了大量卓有成效的改革探索，制订"一拖四"系列改革文件：即一个实施意见，以及机构编制、经费保障、绩效考核、玄武医院转型实施方案4个配套文件。全年区政府对卫生事业拨款10173.06万元，占区财政支出6%。新增20万元以上仪器设备8台(件)。全区有各级各类医疗卫生机构192个，床位2490张，卫生人员5300人。其中，执业(助理)医师1576人，注册护士1558人；药师(士)250人、技师

(士)272人，其他492人；另有管理及工勤等人员1152人。区属医疗卫生机构13个，床位300张，从业人员879人，在册正式工作人员738人，另有劳务派遣人员141人。其中，专业技术人员631人，高级职称以上74人。

【疾病预防与控制】 全年共报告乙类传染病733例，无甲类传染病报告，传染病发病率为112.43/10万，与2010年相比发病率下降29.55%。继续落实扩大免疫规划方案，加强流动儿童的计划免疫管理。全年累计接种一类疫苗86243针次，儿童建证建卡率100%，单苗合格接种率除乙脑疫苗为99.52%，其余均达100%，五苗覆盖率为99.52%。强化结核病和艾滋病防治知识宣传教育，加大结核病人管理力度。全年发现涂阳肺结核病人100例，结核病人治管率为100%。全年新增艾滋病病人/病毒感染者15例，现管理艾滋病人/病毒感染者累计64例，为701人提供艾滋病自愿咨询检测服务。开展高危人群的行为干预，男男性行为人群月均干预300人，抽血检测523人，发现艾滋病病毒感染者16例；女性性服务人群月均干预912人，抽血检测1005人，未发现艾滋病病毒感染者；组织对羁押人员艾滋病筛查12次746人次，未发现HIV抗体阳性者，检测覆盖率为100%。全年报告手足口病病例941例，处理手足口病聚集性病例5起。

【为社区居民免费建立健康档案】 2011年底，全区社区居民累计建档445467份，建档率68.3%。其中，高血压病人建档23891人，建档率35.4%；糖尿病病人建档7303人，建档率21%。顺利启动重性精神病病人管理工作，全区共管理治疗重性精神病人401名(其中，基础管理389人，个案管理12人)。

【卫生监督与执法】 2011年办理卫生许可证110户，卫生许可证持有率达98.5%，从业人员健康体检11000人，健康证持有率达91.3%。对食品生产经营单位、医疗机构、公共场所等实施卫生监督检查58623户次，监督检查覆盖率达100%；围绕易发生食物中毒重点单位和重点环节开展专项监督检查220户次，对监督检查中发现的违法行为，实施行政处罚17户次，罚没款28000元。对餐饮单位、学校食堂监督检查39521余户次，立案处罚4户，罚没款8000元。严厉打击非法行医活动，对城郊结合部游医集中取缔36次，出动150人次，取缔无证"黑诊所"36家次。圆满完成9次重大活动的卫生保障任务，确保在大型活动期间未发生一起食物中毒事件。

【卫生应急工作】 2011年，卫生应急工作从抓卫生应急组织体系建设入手，健全组织机构，逐步形成上下对口、分级负责、信息畅通、指挥有力的卫生应急管理体系。为做好战时防御应急，进一步调整充实卫生应急专业队伍，区卫生局新成立由14人组成的防疫防化队和由20人组成的医疗救护队。重新组建44人的系统女子民兵连，以及原有30人的医疗应急小分队，4支队伍总人数达108人。逐步完善应急设备配置，建立区卫生应急物质储备目录，组织人员开展应急物质储备情况调查。制定下发《玄武区医疗卫生单位卫生应急工作考核要点》，强化培训，定期对基层单位进行考核，切实提高工作人员应急处置能力。

【社区卫生与妇幼保健】 2011年，全区开展育龄妇女妇女病普查19599人，普查率96.47%，检出病人数1149人，占普查人数的5.86%；全年产前筛查15~20周孕妇3685人，全年婚前医学检查与上年同期相比上升0.02%；7岁以下儿童管理21814人，管理率99.55%，新生儿访视3417人，访视率98.96%；全年孕产妇保健管理3685人，高危孕产妇管理1314人，孕产妇保健管理覆盖率100%；举办孕妇学校课100期，受教育孕妇及家长达2444人；举办家长学校课26期，受教育孕妇及家长达589人次。

【医政管理】 2011年，区卫生局坚持每季度质量考核，在历年开展全面质量管理的基础上，进一步完善《玄武区社区卫生服务医疗机构全面质量管理考核督查方案》，每季度组织区社区卫生服务质量控制组成员到各单位进行现场检查。按照统一标准进行检查，整个检查过程做到公平、公正、公开，客观、准确地反映社区卫生服务质量情况，全面提升玄武区社区卫生服务质量和水平。区卫生局基层卫生科对全区在册的168家医疗机构进行年度校验，加强管理，及时发现问题，及时整改，有效地规范了医疗执业行为。组织医护人员进行基本理论、基本知识、基本技能训练。为了进一步做好各社区卫生服务机构的医生、护士的继续教育工作，全面提高社区卫生服务水平，全年参训1200余人次。其中，参加省级培训3次，市级培训7次，区级培训8次。按照国家中医药管理局要求，依托兰园社区卫生服务中心(原区中医院)成立了玄武区中医药适宜技术培训基地，对各级各类人员进行培训。

【大力发展中医药事业】 2011年，根据《玄武区中医三年发展规划》，充分发挥中医药服务便捷、价廉、疗效好的特色和优势，在各中心建立中医馆、开设中药房，调集系统中医高级人才到各中心坐诊服务，全面提升区域中医服务整体水平。抓紧做好争创全国中医药工作先进单位的各项准备工作，以迎接省级评估验收为契机，认真按照创建标准和要求，重点是从基础工作做起，建立和完善各项工作制度，健全各类工作台账，规范工作流程和中医各项临床操作，大力推广中医药适宜技术在社区卫生服务中的广泛应用，加强中医人才培养，认真组织开展岗位练兵、考核与培训。在转型后的新街口社区卫生服务中心(原玄武医院)设置区体检中心的基础上，一并设置了玄武区中高级人才中医养生保健中心。区卫生局与南京市中医院签定对口支援及双向转诊协议。2011年，玄武区被授予"省社区中医药工作先进单位"，玄武区兰园、同仁街社区卫生服务中心被授予"省中医药特色社区卫生服务示范中心"。

【社区卫生服务基建工作】 2011年，玄武区社区卫生服务硬件设施建设，完成玄武医院病房楼改造出新二期工程、门诊楼外墙出新、大厅改造；锁金村社区卫生服务中心外墙改造出新；同仁街社区卫生服务中心附属楼改造工程，建成具有中医特色文化养生馆，10月14日，市委

环境优美的中医馆–同仁社区卫生服务中心

书记杨卫泽视察了该中心；孝陵卫社区卫生服务中心改造出新。

【党建工作】 以“人文、智慧、创新、务实”四大系统建设为抓手，以“让党徽在岗位闪光、让党旗在卫生高扬”为主题，组织开展“创先争优”和“三争一创”实践活动，2011年，卫生局党工委被评为省卫生系统“创先争优”活动先进基层党组织。组织开展了“三好一满意”活动，玄武区疾控中心唐弘当选为首批“南京地区十佳医生”，锁金村社区卫生服务中心护士长郭建玲当选为首批“南京地区人民满意卫生工作者”。组织开展了纪念中国共产党成立90周年系列活动，涌现出省、市、区和卫生系统党务工作先进集体6个，先进个人25名。坚持开展“五好班子”创建和党员领导干部民主生活会制度。以“三名八优”人才培养工程为载体，把选树优秀人才列入年度人才目标，涌现出“三名八优”先进集体5个、先进个人27名，有2人被评为玄武区第一届优秀人才。“健康卫士”党员义工服务群众活动187次。建立新闻信息工作考核制度，2011年在各类媒体正面报道46次，在省、市简报，主流网站发稿160余篇。《南京日报》专版报道了玄武卫生工作。

【卫生系统廉政建设】 在医卫工程建设和药品、设备等招标采购过程中，区卫生局纪工委全程参与，并主动邀请玄武区纪委等有关部门把关监督。每季度开展一次卫生行风满意度调查，组织开展政风行风评议活动，向人民汇报工作，问卷测评满意度在90%以上。坚持党风廉政建设责任制，4月，区卫生局被评为“市内审工作先进集体”。

【公费医疗】 2011年，区公费办核发特约医疗证贴花248名，公费医疗享受单位79个，享受人数10076人，比上年增加77人，公费医疗总支出3620万元，与上年同期相比上升3.4%，人均支出5371元，增幅为7.7%，公费医疗凭证复审率达100%。

（郭　嵩）

体　育

【概况】 2011年，玄武区体育工作围绕全民素质的提高，围绕百姓关心的体育热点，围绕“三争一创”实践活动，坚持体育工作向街道社区延伸、向企业百姓延伸、向厂矿学校延伸，让体育工作为民惠民，服务于民。组织玄武区第六届（社区）运动会各项赛事活动；先后承办省“迎党庆、颂党恩、跟党走”百万老年人健步行启动仪式、南京市第三届全民健身节趣味运动比赛和市第九届“世界步行日”活动；参加了市第29届元旦长跑活动；圆满地完成“迎接青奥盛会——奥林匹克会旗玄武传递”启动仪式；承办“2011年全国青少年花样游泳邀请赛”。在全局干部职工的共同努力下，圆满完成了全年的工作任务。

【第六届（社区）运动会】 2011年3月30日上午，玄武区第六届（社区）运动会在玄武区体育活动中心开幕。本届运动会的口号是：“喜迎青奥盛会，建设和谐玄武”。运动会分机关部、社区部和老年人部三大部，设有乒乓球、羽毛球、趣味运动等12个竞赛项目。参赛方式采用党建片区、街道、老年体协分别组织比赛，有17个代表团近万人参加。副区长王静主持开幕式，区人大主任张萍、市体育局副局长葛菲分别致辞，区委书记单景南宣布

3月30日，玄武区第六届社区运动会开幕式

玄武区第六届社区运动会开幕。第六届社区运动会突出健身主体，体现社区特色，反映时代特征，展示玄武文化，展现广大干部群众奋力奔小康、建设和谐新玄武的精神风貌，运动会取得圆满成功。

【开展“迎青奥”群众性体育活动】 2011年，区体育局把积极开展全民健身活动，增强人民体质，作为体育工作的中心任务；及时转变观念，把过去侧重于竞技体育向群众体育转变，把提高人民的身体素质作为体育工作的出发点和落脚点。认真贯彻落实《全民健身计划纲要》，全区群众体育蓬勃发展。2011年，区体育局先后承办省“迎党庆、颂党恩、跟党走”百万老年人健步行启动仪式、市第三届全民健身节趣味运动比赛和市第九届“世界步行日”活动，参加市第29届元旦长跑活动；圆满地完成“迎接青奥盛会——奥林匹克会旗玄武传递启动仪式”；协助老干部局、工会、团委和各类协会举办活动30余次。全区参与健身活动的市民超过10万人次。

【老年体育工作快速发展】 2011年，区体育局充分发挥体育协会职能作用，采取有效措施，加强对老年体育工作的管理、指导和支持，推动老年体育工作全面协调可持续发展，全区老年体育工作取得较好的成绩。为推广玄武经验，推进全省老年体育工作的快速发展，江苏省体育局上半年在玄武区举行了“江苏省‘迎党庆、颂党恩、跟党走’百万老年人健步行启动仪式”，召开“江苏省省辖市市区老年体协工作‘五纳入’现场推进会”。玄武区老年体育队伍已经成为一支充满活力、影响广泛、深受欢迎的队伍，对推动平安玄武、文明玄武建设做出了积极贡献，受省、市体育局的高度赞扬，老年体协在国、省、市多项比赛中取得优异成绩。

【完成国民体质监测工作】 开展国民体质监测工作是体育行政部门的重要职责和任务，也是群众体育的一项重点工作。2011年，为圆满完成此项工作，区体育局认真研究、精心设计、统筹规划、合理安排，制定了周密、严谨、可行的实施方案，由分管副局长亲自抓此项工作，并从各街道抽调14名业务骨干，对全体体质监测工作人员进行了上岗培训。在市体育局的指导下，分别对街道、社区、学校、工厂、企业等单位的不同人群进行测试，完成2500人次的体质测试，圆满地完成了这次体质监测任务。在积极开展国民体质测试的同时，区体育局完善了玄武区国民体质与健康数据库，形成一整套国民体质监测和国民体质健康数据管理等制度，体质监测工作成效显著，受到社会各界及广大群众的好评，社会效益明显。

【承办全国青少年花样游泳锦标赛】 8月19~21日，“2011年全国青少年花样游泳锦标赛”在南京奥体中心举行。比赛由国家体育总局、江苏省体育局主办，南京市体育局、玄武区人民政府承办。来自四川、广东、湖北、澳门、香港等地20多支代表队，共300多人参加比赛。玄武区委、区政府专门成立领导小组具体承办此次活动，在各方的共同努力下，2011年全国青少年花样游泳锦标赛获得圆满成功。区体育局组队代表南京市参加了比赛，取得2块金牌和道德风尚奖。

【“体教结合”培养后备人才】 近两年来，区体育局对部分训练点进行了大胆的体制改革，形成“体教结合”的新模式。体育与教育部门通过义务教育、义务共尽、资源共享、优势互补、成果共享的方式，有效地解决了青少年选材与业余训练中教育的矛盾。扩大了选材面，提高体育后备人才的培养质量，降低了业余训练的风险。2011年，区体育局输送各类人才10人：花样游泳进国家队1人、国青队4人；省艺术体操队5人。组队参加省以上比赛获得奖牌50多枚（其中金牌20多枚）；参加了南京市的篮球、田径、游泳等24大项的比赛，取得金牌40多块。在玄武区范围内，主办乒乓球、棋类、高中篮球联赛和中小学田径4个大项。

【全面出新全民健身点工程】 2011年，是区体育局为民办实事区级目标三年计划出新全民健身点工程的第三年，年初对剩余的健身点进行了全面排查、摸底，制定了一整套出新计划。在安装过程中，做好了跟踪，现场督查指导，发现问题及时整改，确保质量。目前，区共有室外健身点110个，除2个社区因场地原因不能安装外，已经达到了每个社区至少有一处室外健身场所的目标。　　（陈桂荣）

南京市玄武区室外全民健身工程(点)

序号	受赠单位	建设地址	序号	受赠单位	建设地址
1	孝陵卫	南理工大	12	后宰门	54 中
2	孝陵卫	铁匠营 1 号楼前	13	锁金村	新庄 53 号
3	孝陵卫	农科院松林坡	14	玄武门	台城花园 28 号
4	新街口	成贤街 39 号	15	红　山	区体育中心
5	新街口	进香河路 33 号	16	锁金村	锁四村
6	新街口	吉兆花园 4-8 号	17	玄武湖	樱铁村明星幼儿园
7	梅园新村	太平桥南 128 号	18	后宰门	富贵山 6 号
8	锁金村	锁二村	19	红　山	北苑一村
9	锁金村	锁金村 5 号	20	红　山	营苑东村
10	锁金村	林化所	21	新街口	杨将军巷 8 号
11	玄武湖	钟麓花园	22	新街口	忠林坊

续表

序号	受赠单位	建设地址	序号	受赠单位	建设地址
23	锁金村	炮干所	67	梅园新村	雍园 41 号
24	玄武湖	东方城小区	68	后宰门	后半山园 3 号
25	新街口	红庙 4 号	69	孝陵卫	童卫路 26 号
26	玄武湖	花园路 5 号	70	孝陵卫	农化所内
27	玄武湖	花园路 7 号	71	孝陵卫	中建八局
28	玄武湖	樱驼花园华泰园	72	孝陵卫	南农大
29	红　山	老年公寓	73	孝陵卫	南农大
30	玄武门	高楼门 7 号	74	孝陵卫	农科院
31	玄武门	东升花苑	75	玄武湖	钟山山庄 28 号
32	梅园新村	龙蟠中路 37 号	76	玄武湖	樱铁村 37–39 幢
33	锁金村	翠岭居	77	锁金村	新庄 39 号
34	锁金村	盛世华庭	78	锁金村	锁四村
35	玄武湖	东方城 100 号	79	锁金村	锁四村
36	锁金村	锁三村	80	锁金村	锁五村
37	后宰门	黄浦路 2 号	81	锁金村	锁六村 1–4 幢
38	后宰门	太平花园 1 号	82	红　山	南汽一村
39	红　山	营苑新寓	83	后宰门	月新公寓
40	红　山	清心家园	84	后宰门	香林路
41	锁一村	岗子村车站后	85	锁金村	林大二村
42	红　山	阳光嘉园	86	锁金村	电影机械厂宿舍
43	孝陵卫	康定里小区	87	锁金村	锁五村
44	孝陵卫	紫金南苑	88	红　山	玉林山庄
45	梅园新村	公教一村	89	玄武湖	板仓街 57 号
46	玄武湖	仙居雅苑	90	玄武湖	野生所
47	玄武湖	仙鹤茗苑	91	玄武湖	花园路 70 号
48	红　山	机电花园	92	玄武门	百子亭 26 号
49	后宰门	前半山园小区	93	孝陵卫	双拜巷 108 号
50	玄武湖	樱驼花园跃进园	94	玄武湖	樱驼花园怡静园 8 号
51	梅园新村	小营北路 6 号	95	新街口	唱经楼西街 7 号
52	新街口	洪武北路小学	96	新街口	大石桥 28 号
53	红　山	北苑 2 村	97	新街口	居安里
54	新街口	网巾市 20 号	98	后宰门	海军指挥学院
55	梅园新村	汉府雅苑	99	红　山	月苑 1 村
56	新街口	同仁新寓	100	红　山	北苑之星
57	孝陵卫	南理工大	101	玄武湖	仙居雅苑
58	梅园新村	九华山公园	102	玄武湖	仙居华庭
59	锁金村	白马山庄	103	孝陵卫	军干 6 所
60	孝陵卫	钟山花园城内	104	锁金村	锁二村
61	孝陵卫	晏公西村 16 幢	105	锁金村	林化所
62	梅园新村	兰园 28 号	106	新街口	相府营社区
63	后宰门	清溪路 1 号	107	梅园新村	公教一村
64	后宰门	后宰门大街 50 号	108	后宰门	佛心桥社区前
65	后宰门	清溪路 4 号	109	后宰门	陆军干休所
66	后宰门	清溪路 8 号	110	玄武湖	天文仪器厂

社会生活

Social Life

- 人力资源和社会保障
- 民政
- 老龄工作
- 人口和计划生育
- 残疾人扶助
- 民族宗教
- 红十字会

人力资源和社会保障

【概况】 2011年，玄武区人力资源和社会保障工作以“民生为本、人才优先”为主线，以“争第一、创特色、做标兵”为目标，以“组建新部门、作出新贡献、塑造新形象”为主题，以争创“四个一流”(一流队伍、一流服务、一流形象、一流业绩)为内容，以“双树双比”(树品牌、树形象，比精神状态、比工作效能)为载体，组织开展“创先争优”活动。以增强服务能力为目的，强化自身队伍建设，创新发展，为民解难，全面推行“首问负责制”、“一次性告知制”、“限时办结制”等制度，确保各项业务准确、快速，不断提高办事质量和服务效能。就业创业、社会保障、公务员管理、工资收入分配、人才队伍建设、劳动关系等各项工作扎实有效推进，全区人社工作特色凸显。区人社局先后被评为全省示范农民工综合服务中心、江苏省劳动监察队伍能力建设暨两网化管理工作先进单位、南京市保险扩面征缴工作先进单位和法治南京建设为民办实事先进单位，区劳动保障监察大队被授予“工人先锋号”称号，局劳动保障综合服务大厅被评为江苏省人力资源和社会保障系统优质服务窗口。

【做好新增城镇就业与实现再就业工作】 2011年，全区新增城镇就业24335人，其中新增城镇单位就业14601人，实现再就业7939人，援助困难人员1998人。举办“就业援助月”、“春风行动”、“民营企业招聘周”、“高校毕业生就业服务”等系列活动，通过强化职业介绍、职业培训、创业指导等公共就业服务，做强“新南京人服务中心”品牌，在梅园挂牌成立玄武区第二家 “新南京人服务中心”，与市人社局合作举办“圆梦玄武·激扬青春”玄武百企校园招聘行等系列活动，集中力量做好高校毕业生、农民工和就业困难人员三个重点群体的就业工作。重点落实灵活就业社会保险补贴、就业援助等政策，保障各类就业困难人员实现灵活就业。

【抓实新生劳动力培训与再就业培训工作】 2011年，玄武区新生劳动力培训1335人次，再就业培训5884人次，外来人员培训803人次，在职职工培训22368人次，职业技能鉴定3336人次。按照省市要求，积极打造四星级人力资源市场，将玄武区劳动就业管理中心、区人才服务中心和区职业介绍所合署办公，对照星级评估标准，从市场建设、功能设置、制度完善、创新服务等进一步规范，形成规范统一的玄武人力资源市场，扩展和完善了公共服务功能，强化公共就业服务水平，促进各类人员就业。加强与街道、民办培训机构及各相关部门的合作，扩大职业技能培训规模，拓宽服务范围，寻求技能培训和就业等新的增长点。

【落实小额贷款发放与创业带动就业工作】 2011年，全区审核发放创业小额担保贷款310万元，创业培训1210人，培育自主创业1603人，创业带动就业12260人，珠江路都市经济创业园创建为大学生创业园。坚持把创业作为最积极、最主动的促进、带动就业的举措，深入开展“四创”活动，把创业园(街、社区、家庭)建设成为培育中小企业的“孵化器”，成为创业带动就业的新的增长点。开展创业讲堂进校园、进社区、进园区“三进”活动，结合被征地人员的特点为康定里社区被征地人员开设创业讲堂，介绍劳动密集型的服务行业，如搬家公司、家政公司、中介公司等创业项目，帮助被征地人员以多种方式开辟事业新天地。

【完成社保费征收与参保净增目标】 2011年，全区净增单位养老保险参保13829人，新增灵活就业人员参保10439人，征收社会保险费9.61亿元。继续落实社保扩面目标责任管理，加大社会保险政策宣传力度，强化社会保险扩面征缴，通过严格书面审查、基数年审等工作规范，扩大社会保险覆盖范围；加大暂时中止人员缴费跟踪服务工作，对困难人员发放灵活就业人员社会保险补贴，确保其今后老有所养。

【被征地人员参保率达99%】 玄武区1983年至2010年被征地人员中，劳动年龄段人员参加养老等社会保险6920人，养老年龄段人员参加居民医保3155人，参保率达99%，居全市第一。依据《〈南京市被征地人员社会保障办法〉实施细则》要求，结合玄武区被征地人员社会保障工作实际情况，克服时间跨度长、安置政策多、原始材料缺失严重等困难，积极推进被征地人员社会保障工作，提高被征地人员社会保障水平。

【失业金发放】 2011年，累计发放失业金48518人次4054万元，为2223名被征地农民发放老年生活困难补助费568.1万元；为880人次三无人员和20500人次老年居民发放生活补贴522万元。加大就业困难人员救助力度，积极构建星级"失业人员之家"平台，开展玄武特色的"真情相助失业人"主题活动，玄武湖街道被评为"五星级"失业人员之家。以被征地农民为重点，强化各类困难群体社会保障工作。

【企业退休人员养老金按时足额发放】 2011年，新增纳入社区化管理服务7000余人，办理企业退休人员养老金领取资格认证55735人，确保养老金按时足额发放。深入推进企业退休人员社会化管理服务工作，组织企业退休人员第二轮免费健康体检，完成体检38521人，开展"向幸福出发——企业退休人员才艺秀"活动，对全区5万余名纳入社会化管理服务的企业退休人员开展"夏日上门送清凉"活动。定期组织机关退休干部开展支部活动，组织50多名机关退休干部赴山西参观疗养，丰富老年人精神文化生活。

【钱继红带队视察被征地人员社会保障工作】 12月6日，市政协副主席钱继红率市政协委员到玄武区玄武湖街道板仓社区、徐庄软件园视察被征地人员进保障工作。区委书记储永宏、区政协主席梁广宏、市人社局副局长江萍等领导陪同视察。市政协视察组实地查看了板仓社区鑫千灿创业工艺园、社区失业人员之家、徐庄软件园等，钱继红副主席对玄武区被征地人员就业及社会保障工作予以充分肯定，希望今后继续落实政策，做好被征地人员服务管理工作，从根本解决被征地人员的后顾之忧。

12月6日，市政协副主席钱继红（左二）到玄武湖街道板仓社区视察被征地人员进社保工作

【加强公务员能力培养】 4月12~21日，区人社局会同区委组织部、区委党校举办了2011年玄武区科长培训班，59名通过竞争上岗的新科长参加了培训。2011年，根据公务员能力建设需求，开设城市拆迁、社会建设、十二五规划等专题讲座，充分利用"中国南京公务员学习网"网络培训平台，提高干部综合素质。进一步加强机关干部进社区工作的组织力度，拓宽进基层工作思路，选派干部进入信访接待、项目拆迁等一线开展工作，把基层一线作为机关干部接受锻炼、磨练意志、增长才干的平台。完善新录用公务员主题教育活动机制，充分调动广大干部的积极性，增强认同感、归属感，激发工作热情。

【完善公务员管理机制】 2011年，区人社局在公务员的招录、考核、激励、培训、管理等各个环节，进一步夯实制度建设和平台打造，优化配置机关人力资源，坚持新进公务员主题教育制度、完善"机关干部进社区"工作、创新公务员培训模式、强化公务员竞争上岗制度，提高了公务员执行能力，保持了公务员队伍的生机和活力。优化干部结构，提高工作效率，一批年轻干部通过竞争走上科级岗位。2011年度，新招录公务员14名。

【机关干部进社区工作总结表彰暨动员会】 5月24日下午，玄武区人社局会同区委组织部在区政府409会议室召开"机关干部进社区工作"总结表彰暨动员会。区委常委、组织部部长杨乐华，区委常委、区政协副主席、区委统战部部长刘显平出席。各街道、系统，机关各部门的分管领导以及第三、第四批进社区干部230余人参加了会议。会议对第三批机关干部进社区工作进行了总结，对第四批机关干部进社区工作做了部署。杨乐华要求全区干部要以先进为榜样，深入基层，服务群众，锐意进取，奋勇拼搏，为开创玄武率先发展、科学发展、和谐发展新局面努力工作。

【军转安置工作】 稳妥推进军队转业干部"保底安置、考试考核、双向选择、积分选岗"的安置改革办法，本着为区委、区政府重点工作、重点项目服务的原则，为区经济社会建设提供有力的人才保障。2010年，实际接收安置军转干部40人。同时，加强自主择业军转干部管理服务工作，继续做好部分企业军转干部解困稳定工作，切实做到把问题解决在基层，促进稳定。4月15日，40名军转干部参加了区人社局组织的“新进公务员主题教育活动”，并先后参观了玄武门街道台城社区和徐庄软件园。

【规范事业单位岗位管理】 2011年，继续推进事业单位岗位设置工作，加大管理的力度，加强宏观层面的规范性管理，建立各单位人事管理制度，切实落实事业单位的用人自主权。完成基层医疗卫生系统和药监所的岗位设置和人员聘用工作，为在卫生系统和药监系统的事业单位中建立基本人事管理制度奠定基础。继续拓展职称工作的范围，突出服务职能的发挥，加强专业技术人才队伍的建设，并把职称服务于民营企业的力度推向纵深。加强事业单位聘用制度建设，继续贯彻执行《玄武区事业单位进人凡进必考实施意见》，推行事业单位聘用管理，适时对各单位执行聘用合同制度的情况进行检查，逐步扩大事业单位和事业身份人员的人事代理范围，推动事业单位形成人才能进能出的用人机制。

【稳步推进绩效工资实施】 按照市政府关于公共卫生与基层医疗卫生和其他事业单位绩效工资实施工作的要求，主动发挥牵头部门的作用，积极协同相关部门，妥善处理事改企单位、环卫所、拆迁办、集体幼儿园等各类复杂矛盾。经详细摸底排查，拟定制订方案，明确职责分工，严格审核标准等工作程序，全区84家“两卫”及其他事业单位4139人的绩效工资实施工作得以平稳有序地进行。

【加强高层次人才服务工作】 2011年，区人社局加强高层次人才服务工作，与区委组织部等部门开展“千人计划”、“高层次创新创业人才引进计划”、“紫金人才计划”申报工作，5名人才申报第七批国家千人计划者在评审中；6名人才入选省高层次创新创业人才，与江宁区并列全市第一；9名人才入选南京市“紫金人才计划”，41名人才申报第四届省“333”工程培养对象，4名人才入选江苏省“博士集聚计划”，16名人才入选南京“321”人才计划。

【打造人才交流平台】 2011年，区人社局联合徐庄管委会举办“徐庄软件园人力资源部长联席会暨人才沙龙活动”，对赛特斯网络科技等5家企业进行博士后分站授牌；多次到德基广场、珠江1号、徐庄软件园等高端企业集聚地进行调研，了解企业人才现状、人才需求，主动服务人才、服务企业；牵头成立“南京玄武人力资源管理协会”、“南京市玄武区高层次人才联谊会”，定期组织会员开展区域性人才交流活动，鼓励高层次人才发挥积极性和创造性，为促进全区科技进步、经济发展、社会和谐建功立业。邀请“百名海外博士江苏行”考察团赴徐庄考察，吸引海外人才携项目到玄武创业。

【携百企校园招聘行】 为更好地促进高校毕业生就业，提供全方位的就业服务，吸纳高校毕业生到玄武就业创业，作为玄武区携百企校园招聘行系列活动之一，5月14日，玄武区人力资源和社会保障局会同江苏省劳动就业管理服务中心、南京高校毕业生就业指导中心，在东南大学举办2011年“圆梦玄武、激扬青春——玄武区百企校园大型人才招聘会”。东南大学党委副书记、副校长刘波，南京市人力资源和社会保障局副局长江萍，巡视员殷民，玄武区委常委、组织部长杨乐华，玄武区政府副区长王静等领导到人才招聘会现场视察指导。

【第六届“百名海外博士江苏行”走进玄武】 11月20日，“百名海外博士江苏行”活动走进玄武区徐庄软件园，开展参观考察和对接活动。来自美国、加拿大、日本、德国、法国等15个国家和地区的107名海外博士，参加了本次活动。区委常委、组织部部长杨乐华向参会人员介绍了玄武区区情区况以及玄武区“1+5”人才政策，园区海归创新创业人才代表畅谈了回国后在徐庄创新创业的经验体会。参观园区企业后，41名海外博士与园区内7家有高层次人才和项目需求的企业签订了意向性合作协议。

【维护劳动双方合法权益】 2011年，先后开展农民工工资支付、清理整顿人力资源市场秩序、整治非法用工等专项行动，维护劳动者合法权益。主动巡查用人单位1167户，开展送法上门7266户，书面审查5110户，督促办理劳动保障登记1062户，督促单位为4394名劳动者参加缴纳社会保险，为677名劳动者追回工资203.96万元。依托街道、社区劳动监察网格，在全区开展全方位、多层次、多形式送法上门活动，成立局主要领导挂帅的法律宣讲团，为区域内企业负责人、人力

11月20日，召开“百名海外博士江苏行”走进玄武人才与发展推介会

资源部长进行《社会保险法》等法律培训，全年举办各类法律法规培训班34期，培训企业3000余户4000人次，有效促进用人单位规范用工。

【推进工资集体协商】　为实现职工收入6年倍增，2011年，区人社局加大企业工资集体协商的推进力度。以工资计划备案为抓手，严格规范企业的工资支付行为，积极探索适合玄武特色的区域、行业、市场、楼宇平等协商机制建设，构筑工资协商“五全模式”(即职工全面知情、工会全程参与、人社部门全程指导监督、职工全体受益、三方(劳、资、政)全部满意)，在全区形成多层次、全方位、广覆盖的平等协商、工资集体合同体系。玄武区工资集体协商工作得到了省、市相关部门的认可，全市区域性工资积极协商推进现场会在玄武区召开。全年签订集体合同、工资集体合同各800份。徐庄软件园被评为江苏省模范劳动关系和谐工业园区。

【柔性调处劳动人事争议】　整合组建劳动人事争议仲裁委员会，认真贯彻实施《劳动争议调解仲裁法》和《劳动人事争议仲裁组织规则》，及时受理劳动争议仲裁案件，加大处理力度，着重调解；设立法律援助服务窗口，引导劳动者合理有序维权；在1912街区成立劳动争议调解中心，化解劳动纠纷30余件；督促企业严格依法办事，规范用工行为，努力从源头上预防了劳动争议的发生，维护社会稳定。全年受理劳动争议案件518件，结案487件，结案率94.04%，其中调解、撤诉案件426件，调解率87.47%。

【“春风行动”广场咨询宣传活动】　2月8日，玄武区人力资源和社会保障局在南京火车站广场举办2011“春风行动”南京火车站现场政策咨询、宣传活动，现场为外来务工人员提供社会保障政策咨询、法律法规的宣传和劳动维权服务，免费发放《社会保险法》、创业贷款服务指南、“春风卡”等政策法规宣传材料1000余份，现场咨询答疑30余人，提供物业管理、水电工、维修工等各类就业岗位200余个。

【中央文明办领导调研红山街道“新南京人”服务中心】　6月9日上午，中央、省文明办领导崔海教、韩松林一行，在市委宣传部部长许慧玲和玄武区委书记储永宏的陪同下来到红山街道“新南京人”服务中心，听取了玄武区“新南京人”服务中心机构设置、人员组成、主要职责、5分钟服务圈等方面的介绍，了解“新南京人”服务中心在外来务工人员管理、服务、党团建设、法律维权等方面所做的工作，参观了“一站式”综合服务大厅、党团活动室、图书阅览室、创业指导室、争议调解室。中央、省市文明办领导一行对玄武区红山街道“新南京人”服务中心给予高度评价，希望玄武区将“新南京人”服务中心品牌做大做强，更好地为民服务。

（封　炜）

民　　政

【概况】　2011年，玄武区民政局围绕中心服务大局，充分发挥民政部门调节社会矛盾、促进社会公平、维护社会稳定的职能作用，实现低保动态管理，全面落实保障标准自然增长机制，实现社会救助全面覆盖；完善了全区慈善工作三级网络运行机制；大力发展福彩公益事业，扩大彩票销售网点，销售额处于全省领先；注重基层社会管理创新，推进和谐社区建设，组织实施“精品社区”建设工程，在全省率先组织实施“公益创投”社区服务项目；着眼巩固国防基础，围绕创建，不断深化双拥优抚工作；大力推进社会化养老事业，提升社会福利工作水平。规范社会事务管理，有序开展民政各项社会事务工作，较好地实现了民政事业的全面协调发展。2011年，先后获得“全国社会工作示范区”、“全国创先争优在社区优秀奖”、“全省民政工作先进集体”、“全省社会组织管理创新先进单位”等荣誉。

【生活困难群众社会救助全覆盖】　2011年，全面落实保障标准自然增长机制，低保标准月人均由2010年400元提高至500元。截至12月底，全区低保对象2679户4599人，累计发放最低生活保障金55594人次，1844.1万元。全面实施低保网上审批和低收入居民家庭经济状况比对，按照“应保尽保、应出尽出”的原则，全年全区新增低保246户370人，退出低保263户453人。为低保及低保边缘困难家庭中因重病、残疾、子女就学、突发灾害等导致生活困难的3092户家庭办理了临时救助，发放救助金121.2万元。元旦、春节“两节”救助慰问困难群众近2.7万人，发放救助慰问金1100余万元。为低收入家庭发放物价补贴224.36万元，完成了466户困难住房家庭的收入认定工作。

【推进社会救助“3+X”工程】　完善综合帮扶运作机制，拓展“项目帮扶”内容，新增“边缘补充医疗救助”项目，对全区低保边缘特殊困难家庭中的住院病人实施补充医疗救助。2011年，民生暖心工程累计发放爱心券31070户次，约168.27万元；免费血透工程累计补贴血透金103人次，8.56万元；生命健康工程累计发放牛奶卡1600人次、10.15万元；社会救助边缘补充医疗救助工程救助95人次、17.64万元

【福彩销售突破亿元大关】　2011年，坚持发展福彩公益事业主旨，深挖社会资源，扩大“即开型”彩票网点销售。完成“中福在线”销售厅扩大改造工程。截至12月底，销售额达1.7亿元，处于全省领先地位，为玄武区支持公益事业发展打下坚实的资金基础。

【“三社联动”机制推进基层社会管理】将社区建设、社工人才培养、社会组织培育有机结合起来，以专职社工和社会组织为纽带，以社区为平台，以社区公益金、社区服务项目和义工志愿服务为载体，积极探索“三社联动”机制实施路径，初步形成社区、社会组织和专业社工之间资源共享、优势互补、相互促进的良好局面。同时，积极探索政府、市场、社会组织良性互动，因地制宜、因时制宜、因需制宜，寓管理于服务之中，搭建好“三社联动”的社区自治、服务和参与平台，推进基层社会管理创新实践。

【实施社区服务“公益创投”项目】　玄武

1月20日举办社会·社区·自我——玄武区社区工作者成长行动之2011大学生社区工作者培训

区民政工作以满足日益增长的群众需求为出发点，率先在“扶老、助残、救孤、济困”等社区服务领域引入公益创投理念，出台《玄武区社区服务公益创投项目实施办法》，探索社区服务项目的政府购买、社会资助、组织自筹等资金来源的多元化。2011年，通过项目征集、组织申报和项目评审等环节开展了试点工作。在项目评审环节引入第三方专业项目评估机制，组织成立由上海和驻宁高校知名学者和实务专家组成的“社区服务公益创投评审会”，按照“公平、公开、公正”的原则，择优选择社区服务公益创投试点项目。最终评选出“沙盘游戏心理保健服务”、“火凤凰残疾人家庭课堂计划”等4个项目作为社区服务公益创投试点项目。

【社会组织健康发展】 2011年，新增社会组织16家。截至12月底，玄武区社会组织总数达1366家。为鼓励社会力量在经济、教育、科技、文化、卫生、体育、社会福利等领域兴办各类社会组织，区和谐办制定出台《玄武区关于大力提升社会组织发展水平的意见》，投入90万元引导资金，引导社会组织积极参与公益创投项目和新增特色社区服务项目。同时以玄武区社会组织培育促进中心为载体，对接社会资源，策划尝试启动公益伙伴计划。

【社工专业水平提升显著】 2011年，正式启动“玄武区社区工作者成长行动”计划，尝试建立以培养、评价、管理、使用、激励、保障为主要内容的社工人才队伍建设制度。积极鼓励并精心策划社会工作师职业资格考前培训。2011年底，全区有220名社工取得了资格证书，名列全市各区县第一。加强社区专职工作者队伍的规范化建设，不断提高队伍整体素质，率先在全市出台《关于加强社区社会工作人才队伍建设的若干意见》；率先推行社会工作者继续教育的试点工作，推广“导师带徒”、“360度”考核等工作；率先调整社工的工资待遇，调整后的专职社工年薪超过南京市职工平均工资水平；成功举办社区居委会主任和专职社区工作者“双十佳”评选活动。

【实施精品社区建设工程】 2011年，玄武区结合街道社区服务用房精品社区建设工程改造及周边环境整治，整合街道、部门和驻区单位资源，在社区服务设施建设、街区环境改善，提升社区服务品质，增加服务项目数量，提高服务人员技能等方面，都取得了明显的成效，起到引领和谐社区建设的典型示范作用。长江路“现代化高端文化”社区、富贵山“学习型”社区、板仓“民主自治”社区、墨香山庄“新居民、新家园、新生活”和谐宜居型社区等精品社区建设工程已基本完成。

【荣获“全国城市社会工作示范城区”】 2011年11月22日，全国社区社会工作推进会暨2011年社区工作委员会年会在南京钟山宾馆召开，国家民政部社会工作司副司长甄炳亮、基层政权和社区建设司处长刘勇、原国家建设部副部长、中国社会工作协会社区工作委员会主任谭庆琏、中国社会工作协会副会长马学理等参加了会议。会议表彰了全国社会工作先进单位和先进个人。玄武区荣获“全国城市社会工作示范城区”称号，玄武区新街口、锁金村、玄武门3个街道荣获“全国城市社会工作示范街道”称号，新街口街道许艾芳被授予“全国城市社会工作之星”称号。

【全国人大代表调研组考察调研玄武区军休工作】 2011年11月21日下午，十一届全国人大常委、南京军区原政委雷鸣球率南京军区全国人大代表调研组到玄武区调研军休安置工作。江苏省委常委、省军区政委李笃信，省民政厅厅长吴洪彪，市民政局局长陈学荣，玄武区委书记储永宏，区委常委、副区长苏郑陪同调研。调研组首先考察了玄武区军休七所设施建设，听取了玄武军休服务信息化建设情况汇报，召开了部分师职军休干部代表座谈会。玄武区先后成立了7个军休所，共有军休干部1480名。玄武区积极探索与社会化保障相衔接、与社会发展相协调的管理服务模式，坚持“政府接收、社区化管理、国家保障、社会化服务”的管理服务理念，牢固树立全心全意地为军休老干部服务的思想，认真落实军休干部的“两个待遇”，全面提高军休干部的满意度和幸福指数。强化基本服务与拓展服务相结合；政策性服务与创新性服务相结合；军休所服务与社会化服务相结合。积极开展“争先创优”活动，军休一所先后两次被评为全国先进军休所。雷鸣球对玄武区军休工作给予高度评价，他认为，玄武区军休工作服务理念一流、服务措施一流、服务创新一流。军休干部交到地方后有“到了家”的感觉，这是玄武区委、区政府高度重视军休工作的结果，是全体军休服务人员耐心、细致服务的结果。他代表驻区部队和军休干部感谢地方党委和政府对军休工作的大力支持，对军队建设和国防建设的大力支持，同时希望玄武区继续开拓创新，在军休社会化服务上再创新成果，再上新台阶。

【区委区政府慰问“南京舰”官兵】 “八一”前夕，玄武区委、区政府受南京市委、市政府委托，以区委常委、副区长苏郑为团长的慰问团一行10人，专程赴海军舟山基地，看望守卫在祖国东大门的“南京舰”全体官兵。7月29日下午，舟山军港阳光明媚，海浪轻轻拍打着归航的军舰，“热烈欢迎南京慰问团”的大红横幅高高悬挂在“南京舰”上，表达了全舰官兵对来自第二故乡亲人的感激之情。慰问团一行看望了“南京舰”全体官兵，送去了慰问金和慰问品。“南京舰”政委黄永表示，“南京舰”全体官兵积极做好军事斗争准备，全面提高部队打赢能力，不辜负第二故乡人民的深情厚谊。

【双拥共建工作】 2011年，双拥工作以构建和谐军地关系、巩固和发展军政军民团结为目标，加强制度建设和组织机构建设，加大军地交流力度，充分发挥驻区部队在双拥工作中的主体地位作用，扎实有效地开展双拥共建工作。“八一”节来临之际，玄武区对驻区部队、烈军属、军休干部、老复员军人、残疾军人等涉军群体普遍进行走访慰问。7月24日下午，区四套班子领导走访慰问了南京军区政治部、军区总医院、南京警备区，区委常委、副区长苏郑率慰问团专程赴舟山军港基地，看望并慰问“南京舰”的全体官兵。区双拥办领导走访慰问了南京军区政治部警卫连、南空司令部警卫连、海军指挥学院警卫连和武警富贵山消防中队等基层连队官兵。

全区机关各部门、街道结合自身实际，着眼为部队做好事、办实事、求实效，在全区掀起了拥军工作新高潮。全区投入近150万元用于走访慰问活动。

（马　凌）

·军休工作·

【军休一所】 玄武区军队离休退休干部第一休养所，位于玄武区锁金村锁二社区，组建于1985年10月，建所以来，先后接收军队离退休老干部154名，其中离休干部93名、退休干部61名，平均年龄80岁。全所在职工作人员12名。建所以来，在各级党委和政府的领导下，不断强化工作人员的服务意识，加强军休服务工作的责任感，紧迫感和使命感，提高业务能力，提升军休服务管理水平，始终把落实老干部“两个待遇”作为军休所的中心工作。坚持“管理规范、服务到位、保障有力、环境优美”建所目标，强化组织建设、思想建设和作风建设，并根据军休干部年龄较大、居住分散的新情况，充分利用社区服务和社区建设的平台，积极摸索“以养为主、确保安全、重在参与、乐度晚年”的高龄化休养模式，把制度化管理和人性化管理并举，个性化服务和亲情化服务相容，传统式服务和社会化服务互补。逐步建立国家保障与社会化服务相结合的模式，满足军休干部的物质文化和日常生活需求，生活质量明显提高。工作人员以所为家，互相关心、理解、支持，坚持“求实、诚信、团结、奋进”，开拓创新，共谋发展，心往一处想，劲往一处使，各项工作取得了较好的成绩。先后两次被评为全国先进军休所，两次评为江苏省先进军休所，两次被评为省文明单位、先进基层单位，五次评为南京市先进军休所，多次被区委、区政府表彰为“先进基层党组织”。

（王光华）

【军休二所】 玄武区军队离休退休干部第二休养所，位于南京市孝陵卫晏公庙西村。成立于1985年10月，建所以来，先后接收安置部队离退休干部173名，其中离休干部110人、退休干部63名。现有离退休干部134名，其中离休85名、退休49名。全所现有工作人员14名。建所以来，认真贯彻执行党和政府关于接收安置部队离退休干部的路线、方针、政策和各项规定，全面落实离退休干部的“两个待遇”，充分发挥“三位一体”的领导核心作用，坚持把发展作为第一要务，加强三个文明建设，积极开展“达标评先”活动，促进了军休服务管理工作不断走向制度化、规范化。建成了学习型、文化型、社区型的军休所。在全体工休人员共同努力下，先后被省民政厅、省军区政治部、后勤部评为军队离退休干部接收安置服务管理工作先进单位、四次被市民政局、警备区评为军队离退休干部服务管理工作先进单位、两次被区委评为先进基层党组织。

（李玉云）

【军休三所】 玄武区军队离退休干部第三休养所，位于紫金山北麓的玄武区板仓街57号，成立于2000年3月，建所以来，共接收休养干部140名，其中离休干部5名、退休干部135名。现有工作人员13名。建所以来，坚持以邓小平理论、“三个代表”重要思想和科学发展观为指导，树立全心全意为离退休干部服务的思想，加

7月29日，区委常委、副区长苏郑为团长的代表团一行慰问“南京舰”官兵

强干休所两个文明建设，积极开展“争先创优”活动。认真落实军队离退休干部“两个待遇”，做好服务管理工作，完善各项规章制度，不断增强干休所整体凝聚力和亲和力，积极做好离退休人员的各项服务保障工作。获“南京市先进军休所”荣誉。（夏　欣）

【军休四所】 玄武区军队离休退休干部第四休养所，位于南京市明故宫路21号，组建于1999年12月，建所以来，先后接收军队离退休干部125名。其中，师职干部62名、团职干部63名。全所现有工作人员15名。全体工作人员全心全意为老干部服务的思想树得比较牢，坚持亲情、温情、真情为老干部服务的宗旨。亲情：就是将老干部当作自己的亲人、长辈尊敬、爱护；温情：在做每项服务工作中热心、耐心、细心，尽量使老干部满意；真情：真心诚意、扎扎实实为老干部办实事、做好事。建所几年来，工作人员的各项服务管理工作得到老干部的认可和赞扬，军休服务管理社会化工作取得初步成绩。根据休养干部中从事专业文艺人才较多的特点，2002年1月成立了老战士合唱团，现有成员50名。多次参加江苏省、南京市和有关区组织的文艺活动，受到社会的关注和好评。（王　琛）

【军休五所】 玄武区军队离休退休干部第五休养所，组建于2000年12月，位于玄武区半山园21号。自成立以来，先后接收海军系统7个单位的193名离退休干部。全所现有工作人员11人。自建所以来，在市、区民政局的领导下，以“三个代表”重要思想为指导，认真执行党和国家的方针政策，以科学发展观的理念统领军休服务管理工作，把落实军休干部的“两个待遇”作为军休所的中心工作，坚持全心全意地为军休干部服务为宗旨，强化基本服务与拓展服务相结合；政策性服务与创新性服务相结合；军休所服务与社会化服务相结合。不断完善为军休干部的服务网络，全面提高军休干部的满意度和幸福指数。加强民主管理，不断提高工作的透明度。通过抓学习、抓服务、抓作风、抓队伍建设，促进工作人员素质与时俱进，有力地推动了军休服务管理工作。军休所先后两次被评为“南京市先进军休所”。（马云龙）

【军休六所】 玄武区军队离休退休干部第六休养所，组建于2001年8月，位于孝陵卫长巷小区胜利村路50号。自建所以来，先后接收解放军理工大学离退休老干部249人。现有工作人员12人，始终围绕军休工作社会化管理理念，以加强制度建设，抓好“两个落实（政治待遇和生活待遇）”，围绕“六个老有（老有所养、老有所医、老有所教、老有所学、老有所为、老有所乐）”，实现“两个创新（工作方式创新和工作内容创新）”，积极组织老干部开展内容丰富、形式多样的各类活动，为军休干部创造了理想的生活环境，先后被玄武区委、区政府评为“创建社区建设示范区先进单位”、“南京市民政系统行风建设先进单位”、“南京市先进军休所”、“和谐军休家园”等荣誉称号。（王利亚）

【军休七所】 玄武区军队离休退休干部第七休养所（原玄武区军休管理中心），成立于2006年8月，位于南京市黄埔路2号黄埔大厦15楼。共接收军队移交地方安置退休干部500名，其中师职干部274人（包含技术级）、团职干部221人、营职干部及以下5人。现有工作人员11名。主要负责玄武区军队离退休人员、无军籍职工的接收安置工作，直接管理服务分散居住在玄武区范围内的军休干部，做好无军籍退休退职职工生活待遇的核定工作。军休七所成立之初就坚持“政府接收、社区化管理、国家保障、社会化服务”的管理服务理念，以军休干部为本，探索实践以点为主、就近就便的站点式管理和信息化服务管理模式。几年来，先后建立了长江后街、北京东路、太平新村、卫岗、清溪花园、黄埔路、和平新村等7个军休干部活动站，积极寻求与社会化保障相衔接、与社会发展相协调的管理服务模式，引导军休干部融入社区，从而改善服务结构，提高服务水平，较好地解决管理服务难题。（冯晓东）

老龄工作

【概况】 2011年，玄武区60周岁以上老年人口80653人，占总人口15.74%。其中，65周岁以上58057人，占总人口11.33%，70~79岁29057人，80~89岁10720人，90~99岁1179人，100岁以上35人。

2011年，区老龄办以居家养老服务中心和老年宜居社区建设为抓手，以提升老年人幸福指数为目标，打基础，抓重点，挖亮点，全年建成32个老年宜居社区，8个精品居家养老服务中心，其中万家帮居家养老服务中心被评为江苏省AAA级示范性社区居家养老服务中心，玄武特色老龄工作实现了新的跨越。

【社会化养老服务全面推进】 全区已建

11月15日，省老龄办副主任王虹森（右三）到锁金村街道调研开展居家养老服务情况

立老年活动中心(站)132个，社区居家养老服务中心(站)62个，全区各类养老服务机构19所，床位2041张(其中新增养老床位175张)，每千名老人拥有床位27张。区政府积极筹集资金150万元，通过政府购买服务的方式为60周岁以上的生活困难独居老人、市以上劳模、南京大屠杀幸存者、烈属、老养残家庭老人提供家政服务。区政府出台了《南京市玄武区"尊老金"发放办法》，给全区80岁以上高龄老人发放尊老金近800万元。

【开展老年宜居社区创建】 2011年，区民政局、老龄办主动与高等院校、基层联手，开展老年宜居社区推进机制创新研究，不断探索老年宜居社区常态化、长效建设的路径，建成以服务为特色的锁三社区、以健康为特色的台城花园社区、以救助为特色的仙鹤门社区、以活动为特色的香铺营社区、以文化为特色的长江路社区、以博爱为特色的梅园新村社区和以"三新"(新居民、新家园、新生活)和谐为特色的墨香山庄社区等一系列老年宜居社区。

【开展独居、空巢老人调查】 2011年，区老龄办组织完成对全区60岁以上独居、空巢老人的第二次普查。经统计，玄武区目前独居老人共2710人，其中：70岁以上2122人，80岁以上883人，90岁以上100人；空巢老人11145人，其中：70岁以上5087人，80岁以上1469人，90岁以上129人。通过调查，及时了解独居、空巢老人的基本情况和需求，为政府制定老龄政策、确定项目和经费投入提供决策依据。

(马　凌　杜亦珉)

人口和计划生育

【概况】 2011年度，区人口计生局坚持以科学发展观统领人口计生工作，围绕玄武"三个发展"的总体要求，解放思想，开拓创新，扎实推动各项目标圆满完成。全区计划生育率99.5%，流动人口管理服务率85%以上，完成各类职业培训800人。人口计生综合改革取得新突破，幸福家庭"五好"工程深入开展，区世代服务中心完成项目重组，建立全区智能化药具发放系统。信息化工程建设得到新加强，"讯捷通" 实时信息系统试点全面开展；网格化服务管理进一步深化，城区人口计生服务管理模式进一步完善；全区新一轮创建省"十二五"人口协调发展先进区启动，玄武区被评为"十一五"省人口协调发展先进区，区政府作为全省唯一区县代表在大会上作经验交流。

"世代服务——幸福家庭"工程知识宣传进社区

【人口和家庭公共服务体系覆盖率达到90%】 2011年，区人口计生局积极推动生殖健康服务向人的生命全过程公共服务转变、向家庭延伸，全区快速构建以区中心为龙头、街站为基础、社区服务室为补充的人口和家庭公共服务网络，体系覆盖率达到90%。民政、卫生、教育等部门加强协调，加快改造区人口和家庭公共服务中心建设，婚姻登记、婚前检查、生殖健康与避孕节育、孕前指导、人口早期发展、人口文化宣传等项目全面纳入服务管理范畴，极大地方便了群众，提升了为民服务水平。

【人口和计划生育依法行政达标率100%】 2011年，按照60元/年标准兑现无业人员、农村居民独生子女父母奖励金7750人46.5万元，完成第二批3874名企业退休职工一次性奖励登记发放工作，发放计划生育家庭特别扶助金550人84.2万元，完成市、区计划生育公益金申报47人7.15万元，依法征收社会抚养费44例100.45万元，全部上缴国库，全区人口和计划生育依法行政达标率为100%，全年网上办理行政审批事项3447件，办结率100%，无一例逾期和违规。

【制作社区协会电视宣传短片《协苑明珠》】 推广协会会长社区委员常任制与民主议事"三会一审"制度。加大新建民营企业协会组织建设力度，积极探索产业园区计划生育协会组织建设。制定《玄武区诚信阳光计生行动方案》，推进社区政务公开，通过网站、橱窗等途径向群众公示人口计生法律法规与事项办理程序。制作社区协会电视宣传短片《协苑明珠》。4月国家计生协常务副会长杨玉学到台城花园社区视察，对人口计生基层群众自治建设给予高度评价。

【何小鹏到玄武区调研基层计生协会工作】 8月22日，省人口计生委副主任何小鹏一行到玄武区专项调研基层计生协会工作开展情况，市计生协会副会长李培生陪同。何小鹏重点调研基层计生协会在城市社区人口计生管理与服务过程中所发挥的作用，深入到玄武门街道基层计生协会，通过听汇报、看资料片、询问志愿者，全面了解玄武区基层计生协会的组织建设及活动开展情况。何小鹏对台城花园社区计生协会创建的"三霞工作室"和"放学来吧"，通过整合区域内外科普机构与人才等资源，面对老人、少儿与困难群体，互动、互补、互助，开展特色服务的做法给予充分肯定。

【打造全市首家婴幼儿早期教育示范基地】 2011年,深化生殖健康与家庭保健服务,在育龄妇女RTI服务、新婚培训教育、免费婚检、孕前保健筛查全面落实的基础上,将高龄、高危、病残儿生育史的再生育审批对象全部纳入孕前筛查与指导人群,进一步拓展服务内涵。深化0~3岁婴幼儿早期发展工作,成立全区0~3岁婴幼儿早期发展领导小组,制定《工作方案》,逐级建立早教指导机构和专家指导组,对全区0~3岁婴幼儿及早教机构开展普查,率先在全市打造出首家婴幼儿早期教育示范基地,全面探索政府指导、部门监管、市场运作、社区组织、群众参与的0~3岁婴幼儿早期发展新机制。

【"青春健康与青奥同行"活动】 5月,区计划生育协会承办了全市"青春健康与青奥同行"启动仪式,以此为契机,区计划生育协会高校联合会进一步深入开展"青春健康高校行"活动,7所高校联合制订玄武区《高校青春健康教育三年行动规划》,东南大学、南京理工大学等4所江苏省青春健康教育基地牵头开展同伴教育活动167场,专家讲座12场。玄武中专校、十三中、九中等15所中学团组织和协会组织深入开展"青春健康与青奥同行"主题宣传活动9场。

【开展系列纪念活动】 2011年,区人口计生局深入开展"婚育新风进万家活动"和"关爱女孩行动"。新建台城花园、锁金二村等人口文化宣传阵地8个、新型生育文明示范社区9个。在全区开展纪念"5·15"国际家庭日、"7·11"世界人口日、"9·25"公开信发表31周年、"5.29"协会成立31周年等系列活动。重视人口计生宣传报道工作,全年在江苏人口网、南京人口网上报政务信息840余篇(其中省网报道26篇),《中国人口报》、《南京日报》、《新华日报》、《金陵瞭望》等主流媒体对玄武区人口计生综合改革创新、阳光计生行动的典型经验报道13篇。

【提升全员信息库建设质量】 2011年,全面提升全员信息库建设质量,推行网格化信息采集、迅捷通终端采集和部门共享采集三种模式,全区信息准确率达到95.7%,全员人口信息达到60.2万条。民政婚姻信息、妇幼怀孕信息、公安户籍信息、劳动就业信息在制度和技术领域全面实现共建共享。在此基础上建立即时信息系统,投资40万元开展省迅捷通项目试点,并在全区全面推广,提升了全员信息特别是流动人口信息采集质量。积极承接省智能化药具发放系统试点项目,在市人才服务中心、板仓社区等20个点设立智能化药具箱,方便群众接受药具服务。

【流动人口基本公共服务均等化建设】 加快实现流动人口同城待遇,流动人口基本项目免费技术服务实现全覆盖,玄武区初步形成融世代服务、医疗卫生、就业培训、早期教育、法律维权等为一体的人口计生"新市民15分钟服务圈"。9月下旬,在南京市人才市场成立玄武人口服务管理站,为户籍在玄武区的6万中青年人才免费提供优质、便捷的人口计生基本公共服务项目以及婚检、孕检等拓展类服务,按照《南京市流动人口基本公共服务均等化示范点规范》打造红山苏果超市流动人口工作示范点,按照流动人口计划生育服务管理"一盘棋"要求,做好省际间协查,信息反馈率达90%以上。

5月,区人口和计生局承办全市"青春健康与青奥同行"工程启动仪式

【开展人口计生干部职业化培训】 2011年,区人口计生局大力开展人口计生干部职业化培训。对社工开展全员全科培训2次,每季度对系统和部分企事业单位专干开展2次专题培训,每月对街道分管领导和专干开展1次业务培训。积极组织街、居工作者参与"一证三师"培训。7月,区人口计生局全额支持17名人口计生专干参加省人口计生委社工师考前培训,40%参训社工通过全国社工师资格考试;9月份,组织部分社区人口计生专干和专业技术人员参加全市生殖健康咨询师培训与报考,努力提升人口计生专业服务能力。

【开展"五服务"活动】 2011年,区人口计生局加大党员干部教育力度,强化干部联系点制度建设,牢固树立起服务基层、服务群众、服务项目,服务人才的意识,围绕"五服务"制定实施为民办事十项举措,深入开展"四进五送"为主题的专场服务活动,发挥部门专业服务优势,组织服务力量进企业(工地)、进社区、进村组、进校园(军营),采取职能科室、世代服务机构以及各街道联动的方式,为服务对象送知识,送政策,送健康,送服务,送关怀。参与社区党组织开展的各项公益服务活动,帮助社区新建人口文化长廊,为社区10名困难家庭子女赠送助学金、学习用品与生活用品,走访慰问10户困难党员和社区居民,向社区捐赠各类图书400余册,与结对社区开展纪念中国共产党成立90周年活动。全区8个街道300多名计划生

育协会志愿者，开展“四进五送”活动9场次，《新华日报》、《扬子晚报》等媒体给予关注和报道。（殷锦国）

残疾人扶助

【概况】 2011年，区残联坚持以科学发展观为指导，认真贯彻胡总书记“七一”重要讲话精神，坚持把实现好维护好发展好残疾人的利益作为解决民生问题的重要工程，进一步推进“两个体系”（即：保障体系和服务体系）建设，紧紧围绕解决残疾人最关心、最直接、最现实的利益问题，狠抓残疾人生活质量提高、残疾人工作领域拓展、残疾人参与社会生活的环境优化，推动残疾人事业创新发展、跨越发展，为玄武区建设现代化国际性人文绿都标志区做出积极贡献。2011年，区残联被评为全市残疾人工作先进单位，在全区四个建设考核中荣获一等奖。

【残疾人生活救助】 2011年，玄武区积极实施各项社会救助活动，严格落实无固定收入重度残疾人全额享受低保政策，做到“应保尽保，应救尽救”。为392名重度残疾人员发放救助金165.63万元；认真落实《南京市低保家庭中重度残疾人重残补贴金发放办法》，对全区305名符合条件人员发放重残补贴金12.06万元；继续落实“重残、孤残、老养残、一户多残”特困残疾人的定期补贴政策，共为“四类”870名残疾人发放救助金79.3万元；按照区政府出台的《低保边缘家庭临时救助制度》，对低保边缘残疾人家庭实施救助，对因病、因灾、因学等原因导致生活困难的残疾人家庭，区残联实施了临时救助。7月中旬，帮助全区遭受特大暴雨袭击的40多户残疾人家庭生产自救，并发放受灾补助金2万余元，全年发放各类救助资金近15万元。

【残疾人教育培训】 2011年，区残联坚持从残疾人需求入手，积极和社会办学机构联系对接，帮助有一定能力的残疾人开展高层次培训，努力提高残疾人就业和自谋职业的竞争力，为稳定就业打下良好基础。举办了“立体绣”和“艺术插花”2个培训班，受训残疾学员达70多人，有56人取得了人社部门颁发的职业培训证书。全年有2人参加中残联高层次培训，5人参加省残联高层次培训，6人参加电大远程教育。建立了盲人按摩点1个，培训保健按摩师5名，医疗按摩师3名，有6人参加了盲人计算机培训，并取得相应职业资格证书。

【残疾人就业服务】 2011年，区残联积极探索残疾人就业的新模式，拓宽残疾人就业渠道，提高残疾人就业服务水平。印发了《玄武区残疾人服务指南》6000册。积极开展按比例安排残疾人就业的宣传，主动与残疾人和用工单位联系，收集招聘信息，做好残疾人求职登记和单位招聘信息记录，筛选合适残疾人推荐就业。结合阳光助残活动，以街道承办的模式，开展残疾人专场招聘会5场，为残疾人参与就业提供平台。全年共安排残疾人就业75人，扶持自主创业10人。同时，积极开展残疾人大中专毕业生就业服务工作，为48名大中专毕业生，提供了就业指导和就业推荐，成功安置12名大中专残疾人毕业生就业。加大职业技能培训力度，鼓励残疾人自谋职业。积极开展年审和再就业优惠证审核发放工作，共年审单位64家，积极做好再就业优惠证审核发放工作，对有就业愿望和就业能力的残疾人进行审核，并给予及时办理，办理再就业优惠证65件。

11月2日，区残联承办的“爱心助残”捐赠仪式在市规划展览馆广场举行

【残疾人社会福利水平提高】 2011年，玄武区逐步扩大残疾人社会福利范围，提高社会福利水平。全面落实最低生活保障制度，全区764户残疾人低保家庭，除享受10%~30%的特别优待外，还享受大重病救助、子女入学救助、住房补贴、水、电、气、物价补贴、油补等多项优惠政策。严格按照《玄武区残疾人居家托养服务暂行办法》的要求，认真审核护理补贴的发放对象、发放标准，做好发放对象的新增和退出工作，全年全区有216人（户）困难残疾人（家庭）享受补贴，发放护理券34770张，发放补贴34.77万元。结合玄武实际，创新开展了玄武区困难残疾人家庭非义务教育阶段非残疾学生发放助学金工作，全区有64名困难残疾人家庭学生享受了500元、800元和1000元不等的助学金4.72万元，有18名高中和高等教育阶段残疾学生得到教育专项补贴2.2万元，有10名残疾学生得到一次性助学补助2.04万元。。

【开展残疾人康复服务】 2011年，区残联以“残疾人人人享有康复服务”为切入点，积极开展0~6岁残疾儿童抢救性康复与训练、白内障免费复明工程、精神病防治与康复、“三助一给”康复救助等工作。制作印刷了“十二五”玄武区残疾人社区康复服务（训练）登记卡和南京市玄武区残疾人社区康复指导员记录证，编写出台了《关于加强玄武区街道康复室规范化意见》。加大0~6岁残疾儿童抢救性康复与训练力度，坚持对2个低保户家庭残疾儿童康复训练实施全免费，对53个非低保户家庭残疾儿童给予康复训练经费救助；协调55名0~6岁残儿与13家康复机构签订了委托训练协议书，并制定了专门康复档案，残儿康复效果有效率达到95%，康复显效率达到55%以上，残儿家长满意率达100%。全年依托市东南眼科医院对疑似白内障患者进行免费筛查体检共48人次，7例贫困白内障患者实施了免费复明手术，向45名肢体残疾人捐赠了轮椅，发放助听器14个、盲杖18根、拐杖16副、安装假肢及矫形器共10例、0~6岁残儿矫形器7例，组织22名新增的贫困精神病患者进行免费服药前的体检筛查，为158名贫困精神病患者提供免费服药服务1764人次。为贫困肢体残疾人家庭免费安装浴室扶手、厕所扶手等设施，“无障碍环境改造进家庭”共9户，“辅具适配进家庭”共569个，“康复知识普及、康复指导进家庭”实现全覆盖。

【残疾人文化体育宣传工作】 2011年，区残联围绕21次全国助残日、残疾人保障法实施20周年、国际残疾人日等主题，组织开展系列活动，丰富残疾人的文体活动。5月15日，围绕“改善残疾人民生，保障残疾人权益”主题，举办玄武区第21次“全国助残日”大型广场助残活动，活动现场开展“七送”活动（送政策、送爱心、送健康、送文化、送彩电、送学习卡、送辅具）。组织开展“特奥日、助残日”活动2次，先后举办红歌献给党庆祝中国共产党成立90周年红歌会暨第三届残疾人文艺汇演、首届残疾人趣味运动会、特奥羽毛球选拔赛等活动，建立区残疾人文化艺术团，依托民间组织成立南京玄武九州残疾人文化艺术中心。

【残疾人法律服务工作】 2011年，依托148法律服务热线，成立玄武区残疾人法律援助中心。中心成立以来，共受理残疾人法律援助案件113起，免费提供法律咨询500人次，减免费用3万多元。各街道、社区普遍建立了残疾人维权工作站和社区维权示范岗；健全了残联信访机构，整体推进了无障碍环境建设，通过各种优惠政策的落实和残疾人法律服务、法律援助的实施，残疾人得到了更多的实惠，残疾人的合法权益得到了进一步维护，全年残疾人无重大集访、群访事件发生。区残联被区评为“五五”普法先进集体。

【建成7家街道级残疾人托养服务机构】 2011年，后宰门街道残疾人托养中心积极与相关爱心企业沟通联系，发展适合残疾人的“外贸服装修剪整理”等庇护性劳动项目，并顺利完成了红山、梅园和锁金村3个街道残疾人托养服务机构的建设任务，现全区共建成7家街道级残疾人托养服务机构（其中市级示范机构1家），共有140名残疾人接受托养服务。（吴　敏）

民族宗教

【概况】 2011年，玄武区民宗局坚持以科学发展观为指导，贯彻落实党的民族宗教政策，积极推进民族工作进社区，不断加强少数民族流动人员的服务管理，全力推进民族团结和进步；严格依法管理宗教事务，积极引导宗教与社会主义社会相适应，促进宗教在经济社会发展中发挥作用，妥善调处涉及民族宗教领域的矛盾纠纷，努力维护民族和谐、宗教和睦的良好局面。

【推进民族工作示范社区创建活动】 2011年，全面落实党的民族工作方针政策，健全组织网络，搭建工作平台，实行优质服务。对常住少数民族，开展与困难户结对帮扶，进行再就业培训，优先解决他们的就业就学，帮助实现全面小康目标。继续开展“民族工作示范社区”的创建工作，推动民族工作进社区的进程。年初，唱经楼和大行宫社区获得市民族工作先进社区。对流动少数民族人员，重点协调他们纳入城市管理和享有同城优待，创新民族工作社会管理方式，创建红山“新南京人少数民族五分钟服务圈”，让少数民族群众充分感受到和谐社会的温暖，共享社会发展的成果。

【清真伊光阁饭店获市清真饮食行业先进单位】 4月26日，在市政府召开的《南京市清真食品管理条例》颁布10周年纪念大会上，玄武区清真伊光阁饭店获清真饮食行业先进单位，西来顺食府获清真拉面领域先进集体。为尊重少数民族的风俗习惯，保障少数民族合法权益，依据《南京市清真食品管理条例》，4月27日，组织工商局、商务局等部门开展清真食品执法检查，促进了清真食品生产、销售、经营向规范化发展。对两家授牌的文明示范拉面店进一步给予扶持，协助做好对清真拉面行业的推广。

【中秋节慰问宗教界人士】 在中华民族传统的节日中秋佳节即将到来之际，9月10日，玄武区委常委、统战部长滕涛在统战部副部长、民族宗教局局长甄再跃的陪同下看望慰问辖区内宗教界人士，向

7月9日，玄武区召开少数民族流动人口服务站工作现场会

他们致以节日的美好祝福。滕涛一行深入各宗教活动场所，送去节日慰问品，送去党和政府的关怀。每到一处，都与宗教界人士亲切交谈，详细询问他们的工作、生活和身体情况。充分肯定了宗教在团结服务信教群众、促进社会经济发展与和谐稳定方面所作的成绩，希望宗教界人士进一步团结和引导信教群众，继承和发扬爱国爱教的优良传统，充分发挥宗教在和谐社会建设中的桥梁和纽带作用，积极协助党和政府贯彻党的宗教政策，推动宗教活动有序运行，促进宗教与社会主义社会相适应，为玄武区经济社会发展和和谐社会建设作出新的贡献。

【“祝福您祖国”获市二等奖】 6月5日，由市民族宗教事务局、市文化广电新闻出版局联合主办的“南京市第二界少数民族文艺汇演”，玄武区选送的“祝福您祖国”获得二等奖、“帕米尔的春天”获得三等奖；区民宗局获得文艺汇演优秀组织奖。“六一”节、春节慰问红山外来工子弟学校的17名少数民族学生；为让少数民族过上欢乐祥和的春节，筹款近2万元，慰问50户少数民族困难家庭，充分彰显民族大家庭的温暖。

【积极做好促进民族团结工作】 坚持民族平等，加强民族团结，对全区中小学生加强民族团结教育。健全民族工作基础台账，强化少数民族流动人口管理，建立民族问题突发事件的处理机制。为促进各民族共同团结进步、共同繁荣发展，一方面进行民族政策的宣传和构建和谐社会的引导；另一方面开展为少数民族服务和民族纠纷的调解。由于城市管理执法力度的加大，经常激发穆斯林餐饮业主与执法人员的矛盾，民宗局积极做好相关人员的思想工作，促进了涉及民族方面的稳定。认真保障“新疆名优特农副产品巡回大巴扎”，及时解决展期中可能发生的各类涉及民族及安全问题。该展会设置展位70余个，多为新疆特色农副产品、民族工艺品、特色烧烤及民族小吃，展会期间还有新疆民族特色歌舞表演，进一步增强了民族团结。

【加强宗教活动场所规范管理】 2011年，区民宗局与街道、宗教活动场所签订社会治安和综合治理责任书，把宗教工作纳入法治玄武的管理体系中。认真开展政策法规宣传和辅导，深入街道、社区、市容和拆迁等部门开展宗教政策宣传，扩大群众对宗教工作的认知度，提升依法管理宗教事务的水平。增强宗教人士和信教群众的消防安全意识，消除各类安全隐患，3月，中旬民宗局联合街道、区消防大队对辖区内宗教活动场所进行了消防安全专项大检查。

【“金陵礼佛文化月”佛事活动】 4月，“金陵礼佛文化月”佛事活动，区民宗局协助灵谷寺做好“玄奘顶骨舍利供奉大典”；参与鸡鸣寺举行的琉璃殿祈福法会；协助毗卢寺“南京古都美术馆”举办“国际书法艺术展”，以中国文化和佛教文化为媒介，密切国际友好交往。玄奘寺举办“纪念中国共产党成立90周年”，200多名书画艺术家以热爱生活、关爱民生、关心佛教为主题的书画艺术展。10月18日，协助灵谷寺举行“海峡两岸纪念辛亥革命100周年祈福超荐水陆大斋法会”，纪念辛亥百年法会。（周　勇）

红十字会

【概况】 红十字会是国际性人道救援组织，与联合国、奥委会并称三大国际组织。红十字会以保护人的生命和健康、发扬人道主义精神、促进和平进步事业为宗旨，大力弘扬“人道、博爱、奉献”的红十字精神，是政府人道工作领域的助手。玄武区红十字会恢复成立于1979年6月，红十字会设在区卫生科办公。1984年6月，市编委与市卫生局决定增加红十字会事业编制，分配给玄武区红十字会2名，区红十字会办事机构设在区卫生局内。2009年9月，区编委发文玄武区红十字会管理体制调整为区政府领导联系，机构单独设置，列入区级群团机关管理。核定机关行政编制3名。2011年，玄武区红十字基层组织73个，团体会员12个，会员15731名，新发展会员1699名，红十字志愿服务基地3个，红十字女子应急救护队1个。

【区红会第八次代表大会】 11月16日，玄武区红十字会第八次会员代表大会召开。参加会议的有区四套班子领导，各街道、驻区企事业会员单位负责人、群团组织嘉宾以及全区红十字会会员代表共130余人。市红十字会常务副会长陈礼海、市红十字会党组书记、副会长刘霞出席会议。会议选举产生了新一届理事、常务理事及新一届红会领导班子，区委常委、副区长苏郑当选为会长，区委书记储永宏、代区长徐曙海被聘请担任名誉会长，书记储永宏在大会上作重要讲话。

11月16日，玄武区红十字会召开第八次会员代表大会

【区红会开展博爱救助活动】 2011年，玄武区红十字会，积极开展博爱助医、博爱助学、博爱助困等活动，救助困难居民100余户、困难学生30名；在仙鹤门、康定里社区开展博爱助医项目，为近100名患高血压失地农民、困难群众免费提供送医送药服务。广泛开展救护培训，有7000余名社区居民、学生接受了普及救护培训，有85人获得红十字会急救员资格证书。创建了紫东实验学校、昆仑路小学2所市级红十字示范校。积极推动无偿献血、捐献造血干细胞、捐献遗体(器官)。全年参加骨髓干细胞捐献采样的志愿者人数为50人。全区参加志愿捐体登记人数730人，已经实现遗体捐献137人。

【区红会参与并组织多项活动】 5月8日，江苏省红十字会、南京市红十字会、玄武区红十字会联合在南京市鼓楼市民广场隆重举行"2011年江苏省及南京市红十字博爱周暨防灾减灾宣传周"活动启动仪式。省红十字会会长吴瑞林，省政府副秘书长、省红十字会副会长朱步楼，省红十字会常务副会长潘宗白、张立明，省卫生厅副厅长、省红十字会副会长黄祖瑚，省民政厅纪检组长赵文化，省地震局副局长张振亚，江苏银行副行长刘昌继，南京市政府副秘书长、市红十字会副会长张强，市委宣传部副部长王德生，市红十字会常务副会长陈礼海，专职副会长刘霞，副会长张杰，玄武区政府副区长、区红十字会会长王静等出席了启动仪式。6月28日，成立玄武区红十字女子应急救护队，并在市国防教育江宁训练基地举行授旗仪式。授旗仪式结束后，组织了救护队摸拟演练。6月30日，正式授牌"小霞癌友康复驿站"为玄武区红十字志愿服务基地。6月、8月，区红十字会先后在仙鹤门、康定里社区启动"博爱助医"项目。由区红十字会协调爱心企业筹资为两社区近100名高血压患者免费提供送医送药服务。6月17日，南京市红十字会副会长张杰出席了在仙鹤门社区卫生服务中心举行的"博爱助医"项目启动仪式。10月20日，老牛基金会、中国红十字会总会训练中心、省市区红十字会联合在玄武区月苑第一小学举办"老牛生命学堂·自救互救进校园教育计划"江苏启动仪式。省红十字会常务副会长潘宗白，市红十字会党组书记、副会长刘霞，党组成员、副会长张杰，玄武区委常委、副区长苏郑等领导出席。 （颜晓民）

5月8日，区红十字会在鼓楼广场开展"5·8"宣传活动

街道与社区建设

Sub-district Office & Community Constructio

- 梅园新村街道
- 新街口街道
- 玄武门街道
- 后宰门街道
- 锁金村街道
- 孝陵卫街道
- 玄武湖街道
- 红山街道

梅园新村街道

·街道工作·

【概况】 梅园新村街道位于玄武区南部，是市委市政府和区委区政府所在地。辖区东起龙蟠中路，西至太平北路，南抵中山东路，北到解放门沿城墙向东至九华山，东西分别与后宰门和新街口两街道毗邻，内秦淮河蜿蜒穿过境内，明城墙横亘于街道北部，面积2.5平方公里，办事处驻太平北路120号-1。现下辖梅园新村、大行宫、花红园、大影壁、东南大学、兰园、公教一村7个社区居委会，街道总户数16842户，总人口98624人(包括北京东路人才市场)。

街道处南京市腹地，商贾云集、经济繁荣，交通便捷，科教文化发达，历史遗存富集，文化底蕴丰厚。梅园街区曾是太平天国和民国时期的政治和文化中心，有南京中国近代史遗址博物馆(总统府)、梅园新村等名胜，有九华山、毗卢寺等名刹；有东南大学、南京外国语学校、北京东路小学等名校；有中科院南京土壤研究所、地理与湖泊研究所、南京医学研究所等名科研院所；有珠江路街、长江路文化街、“1912”民国风情街等名街；有中科集团、新华海、宏图三胞、东方公司等名企；还有11名两院院士等名人。整个街区荟萃古都灵秀，交融古今风情，处处充满浓郁的历史人文气息。

2011年，街道按照“推进项目带动发展、深化品牌改善民生、机制保障长效城管、增强责任确保稳定、创新形式加强党建、过硬作风做优团队”的工作思路，重起步、开好局，全面完成了区、街各项奋斗目标。街道领导班子被区委评为“五好班子”；社会组织发展促进会、社区“e事厅”获玄武区社会建设创新项目奖；街道获2007~2009年度江苏省精神文明建设工作先进单位、省全民健身活动先进单位、市级“五四”红旗团委、市“十一五”残联工作先进街道、市劳动保障监察示范中队、市小额担保贷款“信用街道”、市统计工作先进单位、市法治建设先进街镇、玄武区统战工作先进集体、区流动人口计划生育工作先进单位、人口和计生工作先进集体、关心下一代工作先进集体、区人才工作优秀单位、区法治玄武建设先进集体、区级“五四”红旗团委、区级安全生产先进集体、区未成年人零犯罪社区、区党员义工服务项目(基地)、区公费医疗工作先进单位、护税协税工作先进集体、文明创建工作先进集体、信访工作先进集体、科技创新先进集体、统计工作先进集体、外资工作先进集体、电子政务信息化建设先进单位等30多项荣誉称号。

【经济发展】 2011年，街道完成一般预算收入2.69756亿元，完成全年期成指标的103%，同比增长23.1%；引进企业580家，完成全年任务170%，其中1000万元以上14家，完成任务的175%，招商引资综合评分全区第一。完成个体经营户380家。外向型经济中，服务外包完成总额4100万美元，其中离岸执行额1700万美元，完成全年任务的108%。办理外资企业4家，合同外资650万美元，实际利用外资90万美元。社会消费品零售总额完成20亿元，固定资产投资完成9亿元，均完成全年任务。

珠江路(梅园)电子商务集聚区作为南京三大电子商务集聚区之一，通过国家商务部验收；省、市各级领导曾多次到梅园调研电子商务发展，并予以了充分肯定。召开了珠江路电子商务产业发展研讨会；协办2011首届江苏网商大会；举办“在宁商会秘书长沙龙——走进珠江路(梅园)电子商务集聚区”；承办“2011·中国(南京)企业云计算实践研讨会”，江苏省信息技术推广应用协会和江苏省计算机技术服务有限公司设立“珠江路云计算服务站”。淘宝大学南京合作机构和南京才宝信息培训中心授牌卓越——骇客天街“淘宝网大学生创业实践基地”；南京市玄武区人力资源与社会保障局和街道分别授牌卓越“大学生就业创业实践基地”、“珠江路电子商务企业服务站”。

【街道环境】 2011年，街道狠抓社区主任、市容队员、门前三包协管员、保洁员和群众监督员“五位一体”的网格化管理体系，保持梅园城管全市领先，全区第一。环卫工作引入“定等级、定路段、定标准、定人员、定处罚”细化管理。成立太平桥南综合管理办公室。将原梅园社区和大行宫社区的管理工作合并，执法队员、协管员和保洁员，工作时间实行7:00~22:00，部分路段实行两班制；出新区域内4处破旧房屋，对太平桥南错时经营点进行取缔，拆除沿线10余家沿街店家横挑广告灯箱，制作生活垃圾收集器；并协调配合交管部门做好机动车辆停放管理，实行两侧划线停车。街道获南京市城市管理工作综合考评第十一名。

【社会事业】 2011年，街道启动梅园新村精品社区建设。成立“百莲心灵”保姆服务中心，各社区设立心理疏导工作站。开通“梅园e生活”。建立南京市人才服务中心玄武人口服务管理站。在公教一村、东南大学、梅园新村社区开展老年人宜居社区创建活动。建立残疾人托养培训中心。成立社会组织发展促进会，市社建委书记许宏、区委副书记邱小凡、副区长苏郑等参加成立大会。制定《梅园新村街道社区工作者考核办法》和《梅园新村街道社区后备人才培养管理办法》，完善社区管理制度。全年新增城镇就业人数1450人，完成目标任务的161%；实现再就业1849人，完成目标的1154%，其中帮扶困难人员就业334人，完成目标任务的152%；完成各类培训1336人次；新增灵活就业人员参保417人；培育自主创业人数209人，带动就业1849人次，办理小额担保贷款50万元；完成签订集体合同45份。举办“创业——让女性美，让梦想飞”扬子创业大讲堂女性创业专场活动，街道润君园人力资源有限公司被省妇联定为“江苏省女大学生创业实践基地”；新增参保单位25家，净增单位养老保险参保人数200人。累计为灵活就业人员按季度审核、申报社会保险补贴783人次。为39名被征地农民进行参保登记，其中有26名人员已办理缴费手续。为146人办理登记集体企业退休人员一次性养老保险补缴手续。全年共组织3723名企业退休人员参加健康体检，为6236名已纳入社会化管理退休人员和供养直系亲属办理生存验证工作。成立集强化管理服务、权益维护、文化教育及党团活动四大服务功能为一体的“新南京人”服务中心。成立1912街区劳动争议调解中心。加强政务大厅政风行风建设，制定街道《2011年梅园新村街道行政服务中心民主评议政风行风工作意见》，召开政风行风评议大会，接受区政风行风监督员和服务对象代表的测评。

维护地区安全稳定。成立街道维稳办，实行矛盾纠纷周排查制度，每月召开一次矛盾纠纷排查调处例会，每周安排领导接待日；构建“纵向到底、横向到边、全面覆盖”的大调解网络，排查各类矛盾纠纷48起，接待来信来访39起，调处各类矛盾纠纷97起，调处成功率达98%以上；加强和改善社会管理，不断健全帮教组织网络，社区矫正对象和帮教对象，均未发现再次犯罪。加强安全生产的监督检查，确保无重大安全责任事故。

【基层党建】 2011年，街道深入开展创先争优活动，以中国共产党成立90周年为契机，开展“我为党旗添光彩”系列活动。在党员、干部、群众和青少年中开展党史学习教育；开展星级楼栋支部评比工作；举办“颂歌献给党”大型广场文艺演出，表彰优秀党员和优秀党务工作者。积极构建区域大党建格局，召开社区党建联席会，以点评形式推进社区和企业党组织创先争优活动；联手梅园党建片区成员单位，以认领的方式，共同研究解决1~2个群众反映强烈的问题，收有成效。抓干部队伍建设。制定了《梅园新村街道机关干部考核办法》，年底进行考核。按照区委的要求，街道开展“三争一创”实践活动。以党建推进居民自治。以解决太平桥南6号卫生死角问题为先行试点，由社区党组织召集相关居民召开议事会，共同研究问题的解决方法，在街道、梅园党建片区、社区和居民的共同参与下，完成整治工程，得到居民的认可。又解决九华山11号平房下水道漫溢，龙蟠中路29号的化粪池漫溢问题。

在做优做强《梅园报》、梅园网“一报一网”基础上，街道大力推进电子党务，以信息化手段提升街道党建工作的整体水平。今年着力构建“党员网上精神家园”，运用网上党支部、博客、QQ群、先锋短信平台、电子信箱、微博等多种现代通讯手段，最大限度地加强党组织与党员、党员与党员、党员与群众之间的沟通联系。畅通网络群众反映诉求的渠道，实现网上议事，网下办事的功能。“党员网上精神家园”被区委组织部评为创新创优项目优秀成果奖，党员校外护导队和“先锋楼道清洁工程”分别被区委组织部评为义工服务项目四星级和三星级。

【人才工作有新成效】 2011年，街道结合推行经济责任楼宇工作制，对辖区企业人才状况进行调查摸底并建立人才库。认真落实省“双创”计划、博士集聚计划和“333”工程，多屹讯多媒体科技有限公司崔屹入围省双创人才扶持计划终审；南京酷讯全媒体科技有限公司创办人吴海东获紫金人才扶持资金50万元；新创光电物流网项目获国家、省、市扶持资金200多万元。对留学回国人员进行调查登记；组织企业参加江苏省暨南京市第二十四届高级人才交流洽谈会、第四届中国留学人员南京国际交流与合作大会，申报2011年度南京领军型科技创业人才引进计划。街道获2009~2010年度“玄武区人才工作优秀单位”荣誉称号。

【群团及民兵工作】 2011年，群众工作、青年工作及兵员动员工作均取得突出成绩。街道工会组织完成10家非公企业建工会目标任务；为企业送联系卡和建立“梅园职工e家亲”QQ群；组织35名失业人员、就业困难家庭成员、应届或往届大、中专毕业生等参加市总援助中心举办的“迎五一、送岗位”援助企业用工大型招聘会；参加玄武区庆“五一”职工文艺汇演荣获优秀奖。团工委联合“南京爱之源”开展暑假志愿服务活动，接受团市委志愿服务发展情况调研；成立南京福乐氏团支部并为其申报区级青年文明号；成立南京网上家长学校团支部。人民武装工作建立2000余人的兵员潜力数据库；完成四大类15小类289名基干民兵整组任务；组织625个应急救援包免费向居民发放；出动160余人次参与应急维稳和节日执勤值班；开展基础训练参加军地联合演习；开展国防教育宣传日活动和人防进社区工作；认真做好年度征兵工作。

【成立社会组织发展促进会】 12月13日，街道在江苏省美术馆报告厅召开街道社会组织发展促进会成立大会，市社建委书记许宏、玄武区委副书记邱小凡、玄武区政府副区长苏郑、市民政局社会组织管理局局长蒋珉、省美术馆副馆长廖鹏等领导出席会议，街道社会组织发展促进会会员单位和辖区其他社会组织成员共200人参加。街道社会组织发展促进会是由东南大学社区院士专家服务站、南京玄武一家圆心灵保姆服务中心、南京玄武城市符号文化交流中心、梅园阳光家园残疾人托养中心以及玄武区社会工作服务中心5家单位发起成立的联合性、非营利性社会团体。现有会员单位36家，涵盖社会事务、公益服务、文化体育、学术交流、慈善救助等领域。其宗旨是依靠社会各界力量，努力改善社会组织的发展环境，为社会组织的创建和成长提供辅导与孵化服务支持，促进社会组织协作交流，改善民生，努力为社会建设和社会管理作出积极的贡献，以推动社会进步，建设和谐社会。其运作模式是通过建立“R/S/E”（资源/服务/生态）型孵化器，实现各类社会组织可持续发展，最终形成梅园公益创业集聚社区。

【储永宏视察梅园新村街道重点项目和部分企业】 6月21日下午，玄武区委书记储永宏一行专程到街道对重点项目和部分企业进行视察，随行有区人大常委会主任张萍、区委常委、区纪委书记邱小凡等领导。街道党工委书记黄栋林、办事处主任张铁波陪同视察。储永宏等来到圣和文化广场建设地块，与开发企业负责人交流该地块的规划设计情况及建设工期，并与街道领导交流了梅园历史文化片区的发展规划。又先后到位于珠江路的新华海科技产业集团公司、途牛科技有限公司、育儿网等企业，与企业负责人交流企业的发展情况，并参观企业的创新产品，对企业创新发展的成绩给予了肯定。最后视察了位于北京东路的湘鄂情股份有限公司装璜施工现场，对这家上市餐饮企业在玄武区的发展给予关注。

【徐曙海到梅园新村街道调研工作】 10月15日下午，代区长徐曙海、副区长胡士宁一行到梅园新村街道调研工作，梅园街道领导班子成员参加了调研会。办事处主任张铁波从当前经济完成情况、街道发展规划、下一步具体工作、街道的财政收支情况及存在的困难和建议五个方面进行了工作汇报，街道工委书记黄栋林围绕经济和社会建设进行了补充汇报。代区长徐曙海认真听取汇报后，首先对梅园新村街道的工作给予肯定，对下一步工作提出四点要求：一是经济发展要利用好资源；二是推动珠江路的转型发展；三是高度重视民生；四是要以高度的责任心抓好城市管理和安全稳定工作。

12月13日，在梅园新村街道举行全市首家街道社会组织发展促进会揭牌仪式

·社区建设·

【梅园新村社区】 梅园新村社区成立于2000年5月18日，由原汉府街居委会、大悲巷居委会、梅园新村居委会调整建立。东起龙蟠中路，南延中山东路297号，西至东箭道，北至珠江路。社区居委会办公地址位于汉府新村68-2号。社区内辖60座楼栋，32个社区居民小组。社区有南京军事医学研究所、梅园新村纪念馆、毗卢寺、南京军区空军后勤部和教导队、逸仙小学、梅园中学等大小单位100余家。社区先后成立了“青年志愿者服务队”、“人口环境志愿者服务队”、“老妈妈合唱队”等多个民间组织。社区从1982年开始与南京军区总院开展“双拥共建”结对，至今已有30个年头，军区总院的医生每周四义务巡诊，风雨无阻，从不间断，给梅园新村社区居民义务诊治10万人次，咨询7万人次，卫生保健课听课人数达到2万人次，受到社区群众的一致好评。2011年，社区获玄武区公益创投新增服务项目评比二等奖，玄武区和谐示范社区等荣誉称号。

【公教一村社区】 公教一村社区成立于2008年，由原公教一村社区和九华山社区调整建成。东至九华山隧道，南至北京东路，西至鸡鸣寺路，北至玄武湖明城墙。社区居委会办公地址位于北京东路51号22-1综合楼。社区内有南京市委、市政府、台城、北京东路小学、中科院土壤所、地理湖泊研究所、南空干休所、九华饭店等大单位和学校；有和平公园、珍珠河、鸡鸣寺、九华山玄奘寺等名胜。近年来，社区积极参与各项创建活动，精心打造空巢老人俱乐部、寒暑假校外义务辅导站、南京义工网等特色品牌项目，先后获得全国和谐邻里示范单位、全国宜居社区、省文明社区、省绿色社区、省民主法治示范社区、省充分就业社区、省科普文明社区、市优秀校外辅导站、市防范和处理邪教工作先进集体、市巾帼文明社区、市无刑事案件社区、市防震减灾先进单位、市信息化建设先进单位等荣誉称号。

【东南大学社区】 2001年1月，由东南大学校东家属委员会更名为文昌街居民委员会；2006年7月，经南京市玄武区人民政府批准由文昌街居民委员会更名为东南大学社区。东到兰园28号、南至太平北路122号、西至太平北路文昌街2号、北至北京东路。社区居委会办公地址位于文昌街2号9舍。社区利用人才资源优势，成立温馨计划、院士专家服务站等特色志愿服务项目。2011年社区荣获“全国宜居社区”、“市级和谐示范社区”、“市级人口普查先进集体”、“区巾帼维权示范社区”、“区关心下一代先进集体”、“区统战工作先进集体”、“区计划生育先进集体”、“区安全生产文化示范社区”、“区社区教育名师课堂”、“区文体工作先进”等荣誉称号。

【大影壁社区】 大影壁社区成立于2000年6月，东临龙蟠中路，南到珠江路，西至杨家胡同、北至百仕园小区。社区居委会办公地址位于玄武区东大影壁6幢-1。辖区内共有住宅楼35幢，居民小组40个。社区内有部队机关、招待所、学校以及企事业单位250多家。2011年，社区党委新建了网上家园体验中心，全面推进网上家园工作，扩大了社会效应。社区先后获得南京市企业退休人员社会化管理服务示范社区、南京市六好示范社区关工委、南京市星级青年文明社区、玄武区文明社区等多项荣誉称号。

【大行宫社区】 大行宫社区成立于2000年6月，东起太平桥，南至中山东路，西至太平北路，北至珠江路。社区居委会办公地址位于东箭道31号。社区共有11个院落，42个居民小组。社区内有南京1912休闲街区、中国近代史遗址博物馆（总统府）、南京图书馆、江苏省美术馆（新馆）、家乐福大型超级市场、中央饭店、东大科技园、未来城、长城大厦等单位。2011年，社区党委开展养生学堂特色工作，引进社会组织在社区开展健康教育和健康咨询活动10余场次，惠及居民600人次。荣获玄武区老龄工作先进集体、玄武区人防进社区先进集体、玄武区平安社区、玄武区关工委首届“电子积木”比赛小学组团体二等奖、玄武区关工委首届“电子积木”比赛中学组团体二等奖等多项荣誉称号。

【花红园社区】 花红园社区成立于2000年4月，2005年5月花红园社区与文德里社区调整合并，保留花红园社区名称。东至大影壁、南接珠江路、西临华海电子广场、北到兰园农贸市场。社区居委会办公地址位于文德里68号。社区有居民住宅楼66幢，居民小组45个。社区内有玄武区政府、区检察院、梅园派出所、凯丰开发公司、区图书馆、区少年宫、成贤街小学、花红园幼儿园、雄狮、华海、脑海、宏图三胞、东方等电子商城及各类大小企事业单位360多家。社区有“文花腰鼓队”、“乐哈哈”合唱队和“不老松”登山队等民间组织。社区党员义工校外护导队获2011年党员义工项目四星级的光荣称号；社区获2011年关心下一代工作先进集体、玄武区先进职工之家等荣誉。

【兰园社区】 兰园社区成立于2000年，东起龙蟠中路，南至小营北路，西邻东南大学，北到北京东路。社区居委会办公地址位于演武新村58号104室。社区内居民住宅楼91栋，57个居民小组。社区内有南京市教育局、南京市外国语学校、小营小学等单位。2011年，社区获得玄武区平安创建先进集体；玄武区关工委先进集体；玄武区平安家庭创建先进集体；玄武区妇联先进集体；玄武区文明创建工作先进集体；玄武区文体先进集体等荣誉称号。（程　雯）

新街口街道

·街道工作·

【概况】 新街口街道位于玄武区西南部，是南京市最繁华的中心地段。区域范围为太平北路以西，中山路以东，中山东路以北，北京东路以南，面积2.6平方公里。辖6个社区居委会，在籍居民26025户，93793人。辖区资源集中，优势明显，实力强劲，潜力巨大，商业发达，交通便利。区域内有南京德基广场购物中心、中国工商银行南京支行、金陵图书馆、江苏美术馆、南京文化艺术中心、南京市全民健身中心、中小学和幼儿园等商业、企业、机关、学校单位近500家。2011年，新街口街道工委、办事处在区委、区政府正确领导下，秉持“重心下移、力量外借、机制内生”的发展思路，结合街道实际，以创新社会管理为动力，以“五个中心”（综合救助中心、文体活动中心、综合治理中心、物业管理中心和街务议事中心）建设为载体，在街道层面成立四个专业委员会，整合区域相关资源为辖区群众服务，不断提高人民的幸福感和满意度，社会建设事业呈现出新的活力。以三个升级夯实发展基础，以项目储备增添发展潜力，以区校合作提升发展能级，以社会管理创新塑造发展品牌，全力打造经济率先转型升级、群众幸福感和满意度不断提升的金陵第一街。全年完成预算收入17.5亿元，增幅16%；完成社会固定资产投资25.01亿元，完成服务业增加值76.62亿元，完成社会消费品零售总额49.50亿元。2011年，新街口街道荣获全国社区服务示范街道、全国城市社会工作示范街道、全国妇联基层组织建设先进单位、江苏省优秀青年志愿者服务项目、江苏省平安家庭创建活动示范社区，南京市基层劳动争议调解组织（市级），玄武区“五好班子”等荣誉39项。

【经济发展】 2011年，新街口街道全年完成全口径预算收入17.5亿元，增幅

16%；完成社会固定资产投资25.01亿元，完成服务业增加值76.62亿元，完成社会消费品零售总额49.50亿元。新注册企业1250户。其中，注册资金500万元以上的58户，1000万元以上的15户，世界五百强企业2户。

2011年，全口径年纳税额500万元以上的企业24家，分别为德讯科技股份有限公司、南京绕越高速公路东南段有限责任公司（代征）、江苏省江海粮油集团有限公司、南京市高新技术风险投资股份有限公司、南京市新月房地产开发有限责任公司、南京科强科技实业有限公司、江苏省邮政速递物流有限公司南京分公司、南京机电产业（集团）有限公司、南京金梦都商贸有限责任公司、西门子（中国）有限公司江苏分公司、爱马仕（上海）商贸有限公司南京第一分公司、南京长江发展股份有限公司、南京新宇房产开发有限公司、幸福教育文化江苏有限责任公司、中国国投国际贸易南京有限公司、中国银行股份有限公司南京玄武支行、南京神州数码有限公司、江苏高的律师事务所、南京市玄武人力资源服务有限责任公司、南京誉卓贸易有限公司、江苏现代快报传媒有限公司、南京市城市与交通规划设计研究院有限责任公司、中国石油化工股份有限公司化工销售江苏分公司、克丽丝汀迪奥商业（上海）有限公司南京分公司、南京新街口影城有限责任公司。

【街道环境】 严格依法实施市容整治。1~12月份，街道共拆除违建1142平方米、违章广告102处，清理流动摊点1148个（次），处理其他违章450余起，暂扣违章人员物品3500余件，清运垃圾18000余吨，执行重大任务路线保障74次。以卫巷路段为样板，整治街巷道路12条，使辖区的市容市貌有较大改观。稳妥处置应急投诉。全年处理工单824件，内容包括垃圾清运、食药安全、“四害”防治、邻里纠纷、违建乱搭和鸡犬、油烟扰民等与百姓生活息息相关问题，满意率达到98%。街道成立物业管理中心。以无物业小区、应急报修、公共部位和弱势群体为主要服务方向，为辖区居民提供绿化养护、卫生清理、水电维修和公共设施维护等12项服务，对群众反映的问题做到有求必应、有难必帮。先后接报520余次，共维修破损公共设施150余处、疏通下水管道180余处、修理楼道照明设施250余处、清理卫生死角200余处、修整危树200余棵、为4个无物业小区安装大门。物业管理中心对全街道小区进行分类管理，对有物业管理的小区，成立“大家管”物业协会；对出新后的小区，能够由洁安序物业管理的纳入正常管理规范；对无物业管理的小区，具备封闭管理条件的，发动居民，成立“业主委员会”和“管委会”，加强自治管理；对零散小区，由街道物业管理中心进行巡岗管理，搞好基本服务。分类管理模式有效推进新街口街道老旧小区物业管理水平。加强综合治理工作。街道与综治成员单位签订《社会治安综合治理暨平安建设工作责任书》279份，有力整合辖区各层面力量，构建科学合理的街道平安建设体制框架。累计调解各类纠纷209起，有效排查各种不稳定隐患136件。街道主要领导每周定期信访接待，针对信访难点问题，先后牵头召开21次各部门协调会议，成功处理了8件8人次信访热点难点问题。安全工作。街道与各基层单位签订安全生产目标责任书2536份，形成了“政府领导、企业负责、群众监督”的齐抓共管良好局面。开展安全专项整治，累计开展24项专项整治，共排查企业6000多家次，隐患1100余起，消除100余处较大隐患。在街道80余处重大火灾隐患单位中，进行了分类并五级挂牌督办，消除隐患50多处，22处难点已向区相关部门上报。

【社会事业】 2011年，新街口街道扎实推进经济建设转型发展、跨越发展，把民生工作作为街道全面工作重中之重。坚持“民生民本、执政为民、为民解困”的服务宗旨，力求从根本上帮助街道辖区困难家庭脱贫解困。坚持重心下沉，搭建弱势群体就业平台。一是“雏鹏展翅”计划，通过技能培训，帮助就业，从而达成家庭脱保的目的。全年街道推荐14名低保家庭子女就业，14个家庭都已自愿办理退保手续，摆脱困境、实现“自我造血”。街道促成低保家庭的子女助学结对42对。二是“涅槃向阳”计划，街道将两劳释放人员作为工作对象，帮助他们通过就业融入社会。街道已促成3名劳释人员就业。整合爱心援助的社会资源。启动“幸福夕阳”项目，为社区老年人提供安全守望、精神抚慰等全方位的助老服务1397人次。街道为辖区1043名残疾人提供专项大型助残服务28场。大力实施爱心援助协会发展计划，建立“政府引导、民间主导、社会参与”的社会救助体系。建立“共建双赢QQ群”，汇集有志于公益的个人和企业，建立新街口“爱心库”。苏美达、南京市政设计研究有限公司、毕马威、金润发、新世界百货、太平保险等11家企业加入到爱心援助中心，有效形成驻区企事业单位的社会救助网络。低保工作做到应保尽保。1~12月，街道低保户547户914人，边缘户463户1161人。发放低保金372.43万元；享受重残生活救助84户84人，发放重残生活救助金42.62万元；为648户低收入人群办理了住房保障。全面实施社会救助对象“民生暖心工程”、“免费血透工程”、“生命健康工程计划”、“慈善光明行”、“玄武区边缘补充医疗救助”等项目，按月提供苏果爱心券、免费血透析、免费鲜奶，辖区困难群众得到了更多的实惠，救助水平再上新台阶。与空十师联手举办“相约军营，牵手情缘”的佳缘会，拓展军民共建平台，发展“同呼吸、共命运”新型军民关系。劳动和社会保障工作。截至2011年底，街道完成新增就业岗位1050个、实现再就业1300人、援助困难人员就业234人，培育自主创业240人，创业带动就业人数1667人，签订企业集体合同审查份数（含女职工权益保护、劳动安全专项集体合同）45份，签订工资集体合同15份，工资集体合同覆盖企业数120家，进行创业培训100人次、再就业培训600人次、在职职工培训500人次，灵活就业人员参保新增513人，新增用人单位参保62家，调处简易案件94件，主动监察用人单位50家，发放市民卡6000多张，均完成或超额完成目标任务。

【基层党建】 街道工委围绕党建工作目标，以纪念中国共产党成立90周年系列庆祝活动为契机，广泛宣传和发动党员干部和群众“学党史”、“跟党走”、“颂党恩”活动。一是在基层党组织和党员中，深入开展“创先争优”活动。充分发挥街道、社区两级党建联席会的载体作用，不断加强以科学发展观为主要内容的学习教育活动，街道党员开展创先争优活动150余场次，服务对象3500余人次。开展创先争优点评及报告制度，基层党组织书记参加点评89人，占基层党组织书记总人数的70%，党员被点评1245人，占街道党员总数的48.4%。开展满意先锋行动，大力发展党员义工服务，目前，街道党员义工服务项目60余项，其中树立品牌项目12项。共开展党员义工服务900余次，参与者近3000人次。二是加强非公企业的党组织建设。新街口街道共有非公企业党支部50个，分属于4个党总支和2个党委，组织关系在册的党员400人。街道工委高度重视非公企业党建工作，充分发挥一个党员带动一个单位、一个支部带动一幢楼宇的先锋模范作用。2011年，街道共新建独立党组织4个，新建联合党组织8个，新建社会组织党组织2个，新覆盖企业数400多个。加强对非公企业的开展活动的指导。街道聘任三名非公党建指导员，对非公企业党组织的指导实现全覆盖。三是党风廉政建设不断加强。2011年初，街道纪工委分别与各基层党组织和科室签订党风廉政建设责任书。深入开展“模范履职、文明执纪”学习教育活动，组织观看“老石话廉洁”的廉政教育片，打牢党风廉政建设的思想基础。街道纪工委加强对街道年度目标实行全方位、全过程监察，对每一个重点建设项目、每一个重点运作环节，都主动邀请区监察、审计部门参与，接受组织监督，评比。

【社区文化】 2011年，街道成立群众文体活动指导中心，充分整合社会资源推进建设，街道文体中心开展文化体育类活动360余次。社区文艺骨干积极发挥作用，团结一批文艺爱好者组建了姊妹艺术团，在社区中为居民开展演出100余场次，还先后在南京电视台“百姓春晚”、上海电视台“中国达人秀”节目中展示风采；坚持成贤诗词歌赋社品牌项目，由社区牵头组织、居民骨干热心参与，依托区域内热心于文学普及的专家力量开展各类活动，10年来影响逐步扩大，2011年，该社的公开课得到龙虎网的全程报道，该社还出版2本诗集，下半年出版纪念中国共产党成立90周年特刊。建立长江路上乘书院，依托长江路国际化社区硬件设施、地区文联的专家资源、社区教育和学校教育的高地优势，整合专家、学校、社区三方力量，以专家讲授项目化课程，举办诗、书、画、印作品展览等形式面对普通社区群众开放，提升他们的文化修养，营造浓厚的文化氛围。

【创建文明城市】 2011年，创建文明城市是一项贯穿街道全年的重要工作。一是注重宣传，全面发动，让市民群众动起来，街道加大宣传发动力度，营造人人知晓、个个参与深化文明城市创建工作的良好氛围。二是针对难点，创新机制，让薄弱环节强起来，机制管长远、管根本，重视常态长效，以有效的工作机制促进街道文明程度提升。着眼市民支持率，改善老旧小区管理；着眼市民参与度，强化社区为群众办实事的能力；着眼市民关注点消减社区矛盾，问政于民、问计于民、问需于民，让市民了解社区事务，认同深化文明创建。三是高度重视，加强领导，让干部职工紧起来，街道“一把手”作为第一责任人，负总责，亲自抓。针对存在的突出问题和薄弱环节，倒排时间，攻坚克难，步步推进，项项落实；强化协同配合。进一步完善街道迎查应急机制；强化责任追究。街道新的“一岗三责”干部考核和社工考核文件中明确规定文明创建迎查工作的权重，对迎查任务落实不到位、工作不负责的干部，启动问责机制，严肃追究责任。

【孙文德视察北门桥社区】 11月23日下午，江苏省公安厅厅长孙文德在南京市副市长、公安局局长徐珠宝、玄武区常务副区长曹曙、新街口街道书记蓝军和主任吴开芬等陪同下，到北门桥社区指导社区消防工作，参观社区的消防之友俱乐部。孙文德一行在社区消防警官、解说员及社区志愿者引领下，先后查看社区灾害防治宣传阵地、消防演练区、消防警示区，并在体验室亲自体验灾害逃生的模拟演练。在视察工作的最后阶段，孙文德参观了消防之友俱乐部的秘书处，检查一年以来社区消防工作的台账，并现场接受媒体采访，表示消防之友俱乐部的创新是一次重大的实践和探索，对文明社会的创新、对平安江苏的建设具有重要作用，在基层开展这种居民群众喜闻乐见的活动，有利于形成公众参与，社会协同的良好风尚。

【杨卫泽到珠江一号调研指导工作】 2011年7月9日上午，省委常委、市委书记杨卫泽到珠江一号调研，市领导陈沼泽、沈健、刘以安参加调研。玄武区区委书记储永宏、代区长徐曙海、区委副书记邱小凡、组织部部长杨乐华、常务副区长曹曙、统战部部长滕涛等陪同。储永宏汇报了玄武区“一园四极”、“四横四纵”的“十二五”发展战略和新街口地区中央创新区、中央文化区、中央商务区、中央公园等4区融合的战略设想。在珠江一号金鹰国际集团副总裁韩相礼向杨卫泽一行介绍了楼宇运行情况，实地视察了毕马威会计师事务所、戴德梁行等国际知名企业，听取毕马威主要负责人龚伟礼、戴德梁行华东区总经理刘晓华的情况汇报。杨卫泽指出，玄武区作为历史文化积淀深厚、山水城林特色彰显的老城区，在新一轮的发展中，要突出强化服务、创新、文化、休闲功能，突出提升城市现代化和国际化水平，心无旁骛地坚持向服务业要竞争力、向文化要生产力、毫不动摇地着力加快消费升级、加快产业更替，加快城市有机更新，提高城市管理和社会建设水平、提高干部推进科学发展能力，用5年左右时间努力建成国际性人文绿都的核心区。

【“新街口智造”创业大赛】 9月，新街口街道组织一场旨在推动创业人才集聚新街口、有核心竞争力的项目落户新街口的科技创业大赛，发动政府相关部门和南京市范围内14所高校积极参与，吸引江苏省高科技投资集团、南京市高技术风险投资责任有限公司等数

11 月，新街口街道组织的“新街口智造”创业大赛

十家公司。街道对在大赛中获得名次的项目和个人，分别给予 1 万~3 万元不等的奖励，同时风投基金公司通过参股等形式给予优秀项目以 1000 万元创业启动资金。

【新街口“智汇大厦”】 2011 年，新街口街道拿出自有资产，位于珠江路、丹凤街交界处的佳汇大厦，将其逐步腾空，作为优秀人才的创新创业场所，打造“智汇大厦”，采取期限内免费使用、减免租金、提供办证、办税“保姆式”服务、解决吃饭难、子女入学难等问题，给予科技创业人才实实在在的帮助。街道还通过打造新街口大学生创业园并进驻“智汇大厦”，服务青年优秀人才。各项筹备工作已经开始，并作为玄武区向市有关部门申请成立的唯一一家大学生创业园上报。通过科技创新创业，逐步调整辖区内业态，将朝阳设计产业引入片区，促进片区整体升级。

【特色社区品牌项目】 一是成贤街社区的“尚贤堂”文化服务品牌项目，汇集了成贤诗词歌赋社、“聚贤”义工之家、维宁工作室等义工服务项目，通过整合社区资源，为居民提供丰富多彩的文化生活，提高居民幸福指数、提升居民综合素质；二是唱经楼社区的“幸福快车”惠民工程品牌项目。唱经楼社区通过义工服务进小区的形式，用“便民惠民专列”、“文体专列”、“就业专列”将社区党建、就业政策、文化艺术等送到居民小区中，与居民进行面对面的交流，让居民在各类不同形式的活动中，成为“幸福快车”快乐旅途中的一名乘客，拉近社区党委和人民群众之间的距离，让社区居民感受到社区的温暖；三是大石桥社区的“特色楼宇”先锋服务品牌项目。大石桥社区在党员人数多、居民素质普遍高、志愿意识浓的大石桥 28 号院落内广泛开展党员先锋楼宇活动，树立党员的先锋模范形象。“敬老楼”让老年人切实感受到党和政府的关怀，营造良好的敬老爱老的社会氛围，“双拥楼”巩固和发展新型军政军民关系，积极探索新形势下双拥工作的新路子；四是香铺营社区的“乐活大本营”社区文化品牌项目。以党员义工服务为基础，开展“微公益行动”、“乐活·助老旅”、“乐活·爱之旅”、“乐活·一家亲”等活动，构建和谐邻里、共驻共建的友爱氛围。通过品牌打响知名度和影响力，开展的活动受到群众欢迎；五是长江路社区的“国际文化街区”项目。以“社区我们共同的家园”为切入点，以上乘书院、长江路 NPO 家园为平台，开展各种高端文化交流活动；六是北门桥社区的“防震减灾社区”。针对北门桥社区高层楼宇多的特点，开展“防震减灾”为特色的主题服务活动。

·社区建设·

【北门桥社区】 北门桥社区最早成立于 1952 年，2003 年 12 月，原北门桥社区和中山路社区合署办公，2006 年 4 月，正式调整合并。东起洪武北路，南靠长江路文化街，西至中山路，北临珠江路电子一条街。社区居委会办公地址位于估衣廊 38 号。社区有住宅楼宇：高层 9 幢、小高层 3 幢、多层 31 幢。社区内有中山大厦、信德大厦、新世界中心、演艺学院、人民中学、洪武北路小学、世纪领先亲子园等单位。全民健身点、宣传栏、科普专栏、社区卫生、计生服务站以及老年、少年活动室一应俱全。社区率先在全省进行社区管理体制试点改革，先后得到了国家民政部、公安部、卫生部、中国社会工作协会、江苏省委、南京市委等重要领导的亲临指导和充分肯定。社区先后获得了全国青年文明社区、全国社区服务先进社区、全国社区服务先进单位、全国综合减灾示范社区、省科普文明社区、省充分就业社区、市文明社区、市“六好”社区关工委、市民主法治社区、和谐社区建设示范社区、市三八红旗集体、市模范职工之家、区先进基层党组织等荣誉称号。

【大石桥社区】 大石桥社区成立于 1954 年，2006 年由原大石桥社区和双龙巷社区调整而成。东至东南大学，南至学府路，西至中信银行，北至江苏广播电视总台。社区居委会办公地址位于尖角营 29 号。社区邻里中心设立一站式党务、政务、劳动和社会保障服务窗口，提供社区党建、民政、计生、残疾人、信访、政策咨询、职业介绍、失业管理、社会保障、社会保险等服务，并设有社区医疗服务站、社区教育培训中心，妇女儿童工作站，开展各类培训、医疗保健服务和科普宣传、妇女儿童维权等服务，社区以“整合社会资源、协调社区事务、拓展服务领域、规范服务程序”为宗旨，以整洁的环境、热忱的态度，竭诚为广大社区居民服务。在各级领导的关怀下，社区先后获得南京市第六届中小学生科技活动先进集体，玄武区禁毒工作先进集体、玄武区文明社区、玄武区先进老年人协会，江苏省科普示范社区等荣誉称号。

【成贤街社区】 成贤街社区成立于1954年，2006年由原大纱帽巷社区、成贤街社区、虹板桥社区调整而成。东起太平北路，南临珠江路，西至进香河路，北接北京东路。社区居委会办公地址位于大纱帽巷40号6幢。社区内有东南大学、市文化局、市妇联、市质监局、区人社局、区商务局、区人民法院、73610部队，以及各民主党派社会团体等26家单位。社区服务中心设有社区成员代表大会、社区议事监督委员会、社区公共服务站，提供社区党建、计生、残疾人、城管、信访、政策咨询、失业管理，职业介绍，就业援助，社会保障，社会保险等服务。并设有社区教育，社区医疗服务站，心里疏导室，青少年假日学校，社会事务服务中心，妇女儿童工作站，热心为社区老年人，残疾人，社会贫困户，优抚对象服务，面向居民搞好便民利民服务，面向社区单位搞好社会化服务。

【香铺营社区】 香铺营社区成立于1952年，东起太平北路，西至洪武北路，南接长江路文化街，北临珠江路科技街。社区居委会办公地址位于相府营26号。社区内设有党群事务、民事接待、政策咨询、法律援助、人民调解、计生服务、中介服务、用工信息、物品发放等十个服务平台，对居民进行一站式服务。社区设有社区学校、人民调解室、流动人口法制学校、文体娱乐休闲中心、青少年机器人活动中心、社区儿童德育中心等一系列的服务设施。2003年8月，香铺营社区在全国率先成立首家社区“一家亲”互助社，倡导“我为人人，人人为我”的服务宗旨，及时为困难群众排忧解难，形成与政府救助相互补充、相互促进的救助体系。2007年11月28日，香铺营社区居家养老中心成立，标志着三位一体的养老服务模式更加完善，为老人营造一个集休闲、交流、餐饮于一体的居家养老中心，社区每位老人都能达到居家养老的实惠，感受到老年生活的愉悦。近年来，社区党委、居委会坚持“进一门、贯百线、连千家、解万难”的工作理念，以服务群众为重点，以居民自治为方向，以维护稳定为基础，以文化活动为载体，以共建互助促和谐，有力地促进了社区三个文明建设，先后获“全国社区服务先进社区”“全国社区服务先进单位”“全国邻里和谐示范社区”“全国青年文明社区”“江苏省文明小区”“江苏省民主法治示范社区”“南京市示范社区”等荣誉称号。

【长江路社区】 长江路社区成立于2006年，东起太平北路、南临中山东路、西至中山路、北依长江路。社区居委会办公地址位于邓府巷18—4号。社区内有市总工会、市体育局、市文化艺术中心、全民健身中心、玄武区电大、江苏省人保、银行、商店等近170家单位。社区在新街口街道工委、办事处的领导关心下，充分发挥党支部的作用，社委会一班人依靠广大人民群众，对社区实行了“四自”管理，即：自我教育、自我服务、自我管理、自我监督，连续三年被评为“平安社区”、“无刑事案件”社区，获得一系列的荣誉。长江路社区是老城区棚户区，这几年南京市加大了对该区域的改造，长江路9号街区、江宁织造府、德基广场二期等一批标志性街区建成，集商贸、娱乐、餐饮为一体，为全市人民展现出一个新的、层次较高的购物、休闲场所。

【唱经楼社区】 唱经楼社区成立于1954年，东起进香河路、南临珠江路、西至中山路，北至学府路。社区居委会办公地址位于珠江路185号佳汇大厦七楼。近年来，社区居委会积极动脑筋、想办法，通过“六个一”(一块牌、一张卡、一份报、一论坛、一个群、一微博)工程，多途径宣传社区工作，提高居民对社区工作的知晓率、参与率。同时，充分整合社区资源，积极调动社会力量，主动培育社会组织，努力以社会化的方式开展社区各项工作，效果初显，社区先后荣获江苏省民主法治示范社区、南京市和谐示范社区、南京市社区民族工作先进单位、南京市先进基层党组织、南京市民主法治社区、南京市示范创业园、南京市三星级失业人员之家、玄武区和谐社区建设示范社区、玄武区幸福社区等荣誉称号。

(薛　婷)

玄武门街道

·街道工作·

【概况】 玄武门街道位于玄武区西北部。东起玄武湖东岸；东南沿明城墙至南京市政府；南与新街口街道相邻，以北京东路为界；西邻鼓楼区，以中央路为界；北至中央门立交桥、护城河、神策门公园一线，内含玄武湖、北极阁山。总面积6.22平方公里，其中社区面积1.674平方公里。现辖6个社区居委会。户籍居民12760户，常住人口37230人。

交通便捷，驻区单位多。南京地铁一号线经过辖区，全长2.66公里，设3个车站。公交有1路、15路、30路、304路等10多条线路四通八达。域内有国家审计署驻南京特派员办事处、财政部驻江苏省财政监察专员办事处、中国科学院南京古生物研究所（南京古生物博物馆)，江苏省科学技术厅、卫生厅、商务厅、省气象局机关，南京电信、南京联通、红星国际家居广场等知名企业，以及南京市规划建设展览馆、江苏省肿瘤医院、南京市口腔医院、南京市第十三中学等知名文化、教育、卫生单位。自然人文景观有南京明城垣史博物馆、傅抱石故居、徐悲鸿纪念馆、宋子文公馆等。风光秀丽，古迹众多，有玄武湖、明城墙、古台城、古鸡鸣寺。颇具现代特色的鼓楼市民广场、北极阁风貌区等。

2011年，玄武门街道在区委、区政府的正确领导下，按照区第十次党代会精神和“五个玄武”发展战略，围绕“环玄武湖特色新地标”的战略定位，乘势而上，圆满完成各项目标任务。街道先后获得“全国人口计生工作示范社区”、“全国百家示范乡镇(街道)工会”、“全国‘职工书屋’示范点”、“江苏省全民健身工程示范街道”、“南京市综合减灾示范社区”等多项全国、省、市级荣誉。

【经济发展】 2011年,玄武门街道坚持"稳中求进"的经济工作思路,紧扣税收增量和项目扩容,强化服务意识,加大协调力度,区域经济保持快速健康发展。一是紧盯税收不放松。街道在极度困难的背景下,科学谋划,找准攻坚突破口,深挖税源补缺口,完成转户企业50多户,产生税收近400万元。抢抓"大小非"减持的历史机遇,将国资新城置业和南京证券的1600万元、2000万元潜在税收分别纳入玄武,弥补了近1500万元的税收缺口。全年完成地方一般预算收入24151.5万元,同比增幅为19.3%,位列8个街道第二。二是力推项目不放松。街道坚持以产业转型升级为主线,大力推动科技信息、高端商贸、公共服务、金融证券、文化创意"五大产业"发展。进一步明晰产业发展方向,以电信、城建集团等大企业为依托,占据产业创新发展的高端环节;主攻以服务业为主体的总部经济,发展壮大南京证券、味千拉面、国资新城等大型总部企业,积极培育世纪之声、泸州老窖、垠坤等多家潜力特色企业成为新的总部企业;以文化创意为产业发展重点,大力发展以凤凰传媒为代表的传媒出版业、以创意中央为载体集聚的创意设计业、以中央路沿线为依托集聚的婚庆摄影业。全力推进台城路(解放门—神策门段)沿线项目;加强与黄山宇仁集团的对接,共同推进3304厂地块明城汇二期建设;大力推进百子亭历史文化街区规划;大力推进北极阁广场地下商业设施建设。三是狠抓招商不放松。街道组织小分队招商10余次,先后赴上海、深圳、佛山、苏南、黄山等地开展招商活动,拜访了戴德梁行、华侨城、佛山照明、宇仁集团等20多家知名企业,对接美国、德国等发达国家驻华商务机构,成功签订多项意向协议。全年引进企业180户,完成目标的150%;新增个体工商户270家,完成目标的150%;新增注册资本38亿元,完成目标的172.9%,圆满完成年初下达的招商引资任务。

【街道环境】 2011年,街道紧扣网格和长效,积极创新城市管理方式,建立纵向到底、横向到边、全覆盖的城市网格化巡防管理,实现城市环境管理水平的有效提升。一是创新城市管理体系。以城市管理精细化为导向,整合城管、住建、环保、公安等多部门力量,成立街道城市环境管理服务中心。按照"全覆盖、无缝隙、制度化、精细化"的要求,成立社区网格化管理工作站,全面构建城市网格化巡防管理工作体系。3月14日,市长季建业一行视察了台城花园社区城市环境管理工作站,对街道创新城市管理体系以及"你有困难我在网格"的思路和举措给予了充分的肯定。二是加强常态长效管理。坚持专项整治与综合整治、动态管理与静态管理相结合,加大城管执法和环境整治力度,先后开展市容环境秩序、校园周边环境、违法建筑、人行道占用等专项整治活动。做好玄武湖周边环卫管理及市容秩序管理。大力推进天山路、昆仑路、百子亭等10条路段的雨污分流工程,改造出新百子亭等多家老旧小区,规范管理百子亭地区等多家摊点群。三是深化老旧小区物管。为居民办实事280多件,广大业主的满意度和幸福感呈直线上升趋势。

【社会事业】 2011年,街道按照建设"人民幸福城区"的战略部署,以改善民生、服务民众为抓手,规范基础工作,创新特色服务,在提高民生保障水平、提升公共服务效能方面取得一定成绩,赢得群众的认可和肯定。一是劳动保障落实到位。新增就业岗位2010个,完成目标任务的402%;辖区登记失业人员1757人,推荐就业1644人,就业率为94%;社会养老保险扩面征缴405人,已完成目标任务的135%;南北劳动力交流280人,已完成目标任务的100%;企业集体合同签订36家,完成目标任务的100%;组织各类人员培训达600人次,已完成目标任务的100%;培育自主创业172人,带动就业1535人,完成目标任务的143%;纳入社区退休人员免费健康体检3800人,已完成目标任务的100%;城镇居民基本医疗保险新增138人;发放市民卡3000多张。二是民生保障扎实有效。对全街道低保对象进行"拉网式"普查,实行动态管理下的"应保尽保、应出尽出"。全年累计发放低保金169.2万元,惠及低保户247户、405人;春节慰问低保户509户853人,累计发放慰问金23.6万元。慈善超市物品救助830人次,物品发放4.1万元;大重病救助94人次,发放金额20.3万元。三是社会事业品牌发展。积极开展居家养老,打造廖家巷社区精品居家养老服务站,启动"幸福夕阳"工程,建立孝心通系统平台,新开通94名70岁以上独居老人的免费安康通服务,累计发放尊老金87.7万元;政府资助居家养老服务老人29人、资助信息服务(安康通)116人;政府购买居家养老意外伤害保险163人。大力做好助残工作,完成玄武区18~48周岁残疾人职业教育、培训及就业愿望的统计调查,为22户困难残疾人家庭发放电视机22台。多元发展为小服务,在天山路、高楼门、台城社区分别设立"放学来吧"辅导中心、校外辅导站、夏令营,面向社区内的单亲家庭、边缘家庭以及经济困难家庭的儿童,开展"五育阳光"项目,予以精神关爱和个案辅导。

【基层党建】 2011年,街道以开展中国共产党成立90周年纪念活动为契机,以社区党建工作规范化为重点,不断加强干部队伍、基层党组织建设,努力开创党建工作新局面。一是大力推进队伍建设。街道在"分片管理"模式的基础上,以扁平化管理为主线,全面实施"一线三双工作法",将街道干部全部下放到属地,履行"抓经济、维稳定、办实事"三大职能,变应付应急为常态长效,在减轻社区负担、锻炼干部队伍、为百姓办实事、促进地区发展方面发挥重要作用。二是大力推进组织建设。圆满完成区党代会换届选举工作。以中国共产党成立90周年为契机,积极开展各项纪念活动。大力开展"创先争优"活动,紧紧围绕"抓民生、促和谐"这一主题,建立"党组织发动,党员带动,社会组织和广大群众参与联动"的多方协同机制。扎实开展非公企业党组织组建"百日行动",新建独立党组织2家,新建联合党组织4家,加大非公企业党组织的覆盖率。三是大力深化宗旨意识。以文明创建、投诉处理等多项事务为抓手,竭力为群众办实事、办好事,不断深化党员干部为人民服务的宗旨意识。四是强化民主政治建设。充分发挥街道

3月11日，玄武门街道与驻地部队开展双拥共建活动

人大工委、政协工委和人大代表、政协委员的职能作用，以反映社情民意、为民办实事、监督依法行政为工作重点，加大代表建议件督办力度，认真做好政协委员提案办理工作。认真做好政协街道工委民主评议城管工作，组织代表、委员全程参与、监督街道各项工作，积极为街道经济、社会发展献言献策，全方位履行民主监督职能。

【季建业视察社区城市环境管理工作站】 3月14日下午，市长季建业、副市长徐珠宝一行在玄武区区长王海宏、副区长曹曙、胡士林等领导陪同下，视察玄武门街道台城花园社区城市环境管理工作站。玄武门街道通过整合公安、交警、城管等部门的力量，形成道路、片区二级巡防管理机构，打造综合执法服务平台，为群众评价、受益、参与社区工作打开一条"快速通道"。并在实践中形成"小问题随时解决、大问题十天内解决、困难问题上报协调解决"的工作机制，为实现城市管理工作常态、长效打下坚实的基础。视察中，季建业仔细地询问了玄武门街道城市管理网格化建设情况及运作模式；听取了玄武门街道工委书记徐晓洁、办事处主任姚晓晖对管理服务站建设、运行情况的介绍，并与工作站工作人员亲切交谈。季建业对玄武门街道在创建城市环境管理工作站中形成的"区域管理网格化，网格管理精细化"的思路和区域城市环境管理的组织、协调、服务和考核工作机制及"你有困难我在网格"的做法给予充分肯定。指出城市管理一定要整合部门资源，实行区域城市环境综合管理，实现区域"大城管、大联动、大联防"的目标。

【刘以安到台城花园社区考察调研】 6月16日上午，市委常委、秘书长刘以安、市委常委、政法委书记刘志伟及副市长、市公安局局长徐珠宝到台城花园社区实地考察调研人口管理信息化工作。区委书记储永宏、区长徐曙海陪同。刘以安一行实地考察了台城花园社区的基础建设和服务设施，对社区人口管理的信息化、服务的便捷化、社区建设的人文化表示赞赏，特别对服务大厅的电子触摸屏给予较高评价，刘以安秘书长说，"通过它，社区居民可以方便快捷地找到自己的网格社工、自己所属的党支部、自己所需要的社区服务，这是社区服务信息化的必要手段"。随后，在考察社区警务室的信息化建设时，刘志伟书记强调"社区治安保障是社区服务的重要方面，治安的信息化必须与人口管理的信息化对接起来，构建'人口综合信息管理系统'，达到'网络畅通、数据准确、资源共享、应用便捷'的效果。"随后在玄武门街道召开了人口管理信息化工作座谈会。

【百名"环保卫士"认领千个花坛】 6月5日是"世界环境日"，玄武门街道在解放门广场开展"环保卫士"认领活动，由数百名党员义工、网络义工、驻区单位环保志愿者、社区工作者、社区结对支部党员等组成的"环保卫士"，认领了玄武门地区近千个花坛的养护工作。认领活动按照"春有花、夏有草、秋有果、冬有绿"的标准，对认领花坛养护情况进行"四季"检查评比，评出一、二、三等奖。通过该活动的开展，玄武门街道将向广大市民展现出一道新鲜的"绿色风景线"，在为文明创建增添新光彩的同时，不断提高群众的幸福感和满意度。玄武门街道通过这个活动促进"创先争优"工作的进一步扎实开展，大力加强党的基层组织建设，紧紧围绕"抓民生、促和谐"这一主题，广泛开展社会动员，建立了"党组织发动，党员带动，社会组织和广大群众参与联动"的多方协同机制，在玄武门地区实施"创先争优"社会动员"个十百千万"计划，即：一个区域性大党建格局实现整体联动，十大领域为民办实事项目改善民生，百名党员干部和社工结对百家组织，百家组织凝聚千名党员，千名党员服务万户群众。街道通过这一机制，广泛动员各级党组织、驻区单位、结对机关和各类社会组织踊跃参与社区建设，在扶贫救助、居家养老、精神关爱、医疗卫生、文体科普、未成年人教育、环境保护、老旧小区管理、促进就业、社区安全等十大领域，把政府购买服务与社会组织公益活动紧密结合，组织开展政府倡导、社会参与、贯穿全年的服务民生行动。

·社区建设·

【台城花园社区】 台城花园社区成立于2000年，紧邻市政府，东倚明城墙、外靠玄武湖，南以北京东路与新街口街道隔街相望，西至北极阁风貌区、高楼门路，北以西家大塘路为界与天山路社区毗邻，内含北极阁山、古鸡鸣寺，因台城坐落其间而命名。社区居委会办公地址位于台城花园3号。社区内有江苏省科技厅、对外经济贸易厅、气象台、南京古生物研究所、博物馆、南京明城垣史博物馆、南京市老干部活动中心、宋子文公馆、民国建筑及工艺美术大楼、泰达机电等30多个企事业单位。2011年4月5日上午，台城花园社区主任于英梅走进南京电视台生活频道"直播12345"栏目，与主持人徐凡、南京师范大学社会发展学院白友涛教授，就"现代社区居家养老服务"这一主流话题展开现场讨论。访谈期间，于英梅主任以台城花园社区家家乐养老院为实例，介绍了社区居家养老、搭伙养老等多种养老模式相结合、菜单式服务的工作成效，与现场嘉宾白友涛教授相互交流为老服务的经验和看法。最后，主持人徐凡以社区为老服务为基点，将居家养老服务话题延伸到了全社会。社区先后被授予全国和谐社区建设示范社区、全国社区服务先进社区、全国和谐邻里建设示范社区、全国人口和计划生育基层群众自治示范村居、全国职工书屋示范点、江苏省充分就业社区、全省计划生育协会先进单位、江苏省民主法治示范社区、江苏省绿色社区、江苏省文明社区、江苏省社区教育示范社区、南京市先进基层党组织、南京市星级青年文明社区、南京市巾帼文明社区、南京市先进老年人协会、南京市人口与计划生育工作示范社区、南京市示范社区、2007~2009年度南京市关心下一代先进集体、南京市社区对台工作示范点等多项荣誉称号。

【天山路社区】 天山路社区成立于2000年，东临玄武湖畔明城墙，南以西家大塘、峨嵋路与台城花园社区毗邻，西至高楼门路，北邻百子亭社区。社区居委会办公地址位于天山路3-37号。社区内有玄武门街道、玄武门派出所、3304工厂、高楼门饭店、苏果超市、峨嵋路农贸市场、天山路卫生服务站、老年康复护理院、南京市第十三中学、昆仑路小学、玄武门幼儿园等单位。近几年，社区居委会以服务群众为宗旨，以提高居民生活质量和文明程度为目标，加强自我管理、自我教育、自我服务、自我监督，开展各种创建活动。建立了腰鼓队、舞蹈队等多种群众文体组织，活跃社区群众文化生活。建有一点、两栏、两站、五室（即：全民健身点、宣传栏、公示栏、劳动保障站、卫生服务站、警务室、教育培训室、信访调解室、图书阅览室和老年活动室），为社区居民创造了整洁、优美、安定的居住环境。2011年初，天山路社区与十三中团委携手合作设计了"朝夕相助"活动方案，以孤寡、独居老人为志愿服务对象，开展结对行动，使雷锋精神持久深入地融入学生做人、做事、求知、奉献之中，创造学生们健康向上的成长环境。社区从2003年~2011年，连续九年被评为"无刑事案件"社区。

【高楼门社区】 高楼门社区成立于2000年，东沿高楼门东段，南起北京东路，西沿中央路，北至傅厚岗路。社区居委会办公地址位于高楼门65号。社区有院落42个，楼幢50个，总单元135个。社区内有中国移动、中国联通、国家审计署驻南京特派员办事处、中信证券及江苏省卫生厅，南京市口腔医院等机关、企事业单位和医疗机构，以及鼓楼市民广场、大钟亭公园。2011年，社区居委会以社区党建为龙头，坚持突出社区建设，大力开展学习型社区、文明社区、和谐社区等活动和党员义工服务、社区志愿者服务，落实社会治安综合治理等各项措施，不断改进社区管理，打造管理有序、文明祥和的新型社区。同时，培育社区文化品牌，开展丰富多彩、形式多样的文艺活动；发挥社区快乐驿站羽毛球队的优势，走出去、请进来，经常开展交流比赛；组织社区扇子舞蹈队，让更多的居民参与到舞蹈队中去。社区先后获得玄武区综合治理先进单位、老龄工作先进单位、人口与计划生育先进单位、平安社区、第二次全国经济普查先进集体等多项荣誉称号。

【百子亭社区】 百子亭社区成立于2000年，由原百子亭社区和昆仑路社区及高楼门社区一部分调整建成。东至明城墙玄武门段，南至傅厚岗路2~16号、西至中央路52~84号、北至玄武门城建展览馆门前。社区居委会办公地址位于百子亭后49号。社区内有江苏省肿瘤医院、玄武门社区卫生服务中心，以及江苏省新华书店集团有限公司、南京市中央路小学、南京军区司令部第三干休所及南京空军昆仑路干休所等单位。民国建筑19处，聚集南京市文化创意产业之一创意休闲街区——明城汇，2个屋顶花园。2011年，社区开展了各种类型的文娱活动，如：迎新年联谊会，迎兔年送春联，巧手扎兔灯、欢度元宵节，庆祝中国共产党成立90周年唱红歌，暑期青少年"爱国主义"教育，"七夕节"老少同乐等活动。举办了"唤起老南京的记忆，迎国庆老照片老物件分享主题展"及"化石、雨化石、奇石"知识讲座等系列文化活动。2011年，百子亭社区荣获玄武区社区教育先进集体、老年体育工作先进集体、人口普查先进集体、关心下一代工作先进集体等荣誉称号。

【大树根社区】 大树根社区成立于2000年6月，东靠明城墙，南起玄武门，西临中央路，北至玄武湖隧道。社区居委会办公地址位于大树根11号。社区内有江苏省海事局、南京市城市建设规划展览馆、玄武湖公园管理处、南京港华燃气有限公司、南京军区第二干休所、红星家俱城、新长江五金股份有限公司、金陵药业股份有限公司、南京公交公司、南京城建集团、江苏农垦集团等机关、企事业单位。2011年，社区居委会不断完善社区建设，充分发挥社区党组织的领导核心作用和居委会"凝聚、服务、教育、娱乐、稳定"的功能，把"坚持以人为本，热情服务居民，共驻共建共享，建设温馨家园"作为社区服务宗旨，在广大居民共同努力下，先后获得江苏省模范职工之家、江苏省充分就业社区、南京市示范社区、南京市模范职工之家、南京市计划生育免检社区、南京市科普文明社区、玄武区先进基层党组织、玄武区示范社区、健康社区、平安社区、文明社区等多项荣誉称号。

【廖家巷社区】 廖家巷社区成立于2000年，东倚明城墙，外靠玄武湖，南起玄武湖隧道口，西临中央路，北至中央门护城河、神策门公园。社区居委会办公地址位于中央路298号。社区内有江苏电信大厦、城市休闲酒店、新立基大厦、南汽产业园、创意中央园区、南京市科利华中学等单位。2011年,社区居委会不断加强社委会自身建设,充分发挥社区党组织的领导核心作用和社委会"凝聚、服务、教育、娱乐、稳定"的功能,社区老年人协会,残疾人协会,计生协会等中介组织,以及工会、妇联等社区群团工作网络,认真履行管理社区公共事务的职责。社区内多支志愿者服务队,参与社区宣传教育、卫生保洁、社会治安、帮困济贫和文化体育活动。2011年,获得江苏省和谐社区建设示范社区、玄武区安全生产先进集体、人口普查先进集体、老年体协先进集体、经济普查先进集体、红会先进集体、平安社区、玄武区先进老年人协会等荣誉称号。 (王 莹)

后宰门街道

·街道工作·

【概况】 后宰门街道位于玄武区东部,玄武湖东南,南自中山门沿明城墙至太平门,西与龙蟠中路相接延伸到中山东路,域内面积5.5平方公里。现辖6个社区居委会,在籍居民17919户,50769人。辖区内有"三河"(玉带河、香林寺河、清溪河)"四街"(后宰门街、北安门街、太平门街、太平门东街)"六路"(中山东路、清溪路、黄埔路、明故宫路、龙蟠中路、珠江路东段)"八园"(明故宫花园、黄埔花园、太平花园、金陵御花园、斯亚花园、半山花园、清溪花园、馨园)。地区特点是部队大机关多、大单位多、院校多,有南京军区机关、南京军区南京总医院、海军指挥学院、南京警备区,有总参谋部第六十研究所、南京熊猫集团、南京博物院、中国第二历史档案馆、钟山宾馆、以及省青年干部学院、玄武区教师进修学校、三十四中学、五十四中学等10余所大中小学校。2011年,后宰门街道在区委、区政府的领导下,紧紧围绕区委、区政府的总体要求和奋斗目标,紧扣特色发展主题,以提升综合竞争力、加快民富街强、融入核心区为目标,在科学发展观的引领下,经济发展、社会事业、城市管理、党的建设协调发展,地区安全稳定,人民生活水平不断提高。全年共获得"全国社区教育特色课程"等47项集体荣誉,135人次受到省、市、区表彰。街道党工委被玄武区评为"党建工作先进党工委"。

【经济发展】 2011年,后宰门街道共承担区政府下达的经济和社会发展目标38项,涉及经济目标15项;市目标9项,涉及经济目标8项。经济工作的重点是"稳税基、保存量"、"抓招商、找增量"、"推项目、提质量"。主要做了以下两方面工作:一是狠抓街道业已形成的主要产业,不断促进规模聚集和产业结构提档升级。街道通过服务性行业的聚集,培育现代型、规模型、高回报的服务企业,形成商贸、楼宇、中介等特色区块,倾力培育"大、精、高"的现代服务业,打造税收高奉献的楼宇精品和亮点。五星投资控股集团、浅深休闲酒店有限公司等企业发展势头良好,都有着较为显著的税收贡献。二是不断优化投资环境,继续加大重点项目建设和招商力度。突出打造辖区楼宇经济,加快楼宇包装和改造,提高楼宇注册率、入驻率和贡献率。重点项目建设。熊猫地块项目有着街道"十二五"发展风向标意义,街道成立了地块专项工作小组,全力做好项目推进的服务协调工作;邀请熊猫集团领导对北京、上海等高端城市综合体及金融服务中心的实地考察,努力使熊猫集团尽快确定其产业定位。"熊猫科技园开发有限公司"手续正在加紧办理中;地块的D片区拆迁工作已基本完成,目前正在进行文物勘探,之后将进行住宅部分的建设。作为街道首个科技融资服务领域的科技金融综合体——科技金融服务园的园区建设与招商正同步进行,将突出做好招商选资工作,井园后力争引进有发展潜力的企业20家以上,确保园区能产生突出的经济效益。总参第六十研究所项目:街道除做好服务协调工作外,积极保持与业主单位总参第六十研究所的沟通交流,邀请福建荣誉集团对地块进行实地考察,并计划建设高端酒店及商务楼宇。全年新办企业125家,其中注册资金1000万元以上企业13家,已办结6家;个体工商户131家。富贵金融科技园、东林大酒店楼宇、南师大综合商务楼等项目按年度目标进度推进。

【街道环境】 2011年,后宰门街道城市环境建设工作量大、任务重,雨污分流、道路整治、小区出新、街巷、门头店招改造等工程全面展开,城市环境建设面貌有了较大改善,老百姓的满意程度进一步提高。首先,创新工作机制和制度。建立并完善了城管队伍的网格化管理模式,制定相应考核办法,全面实施"两网合一",把社区建设服务网与城市管理服务网捆绑运作,让每一名协管队员都下沉到社区去,在日常工作中做到腿动、眼

出新后的金陵石化公寓小区

动、嘴动、脑动、手动,并履行好五大员的职责。明确城管人员的责任区域和相关工作事项,按照《城市网格化管理考核奖惩办法》,将考核结果与管理人员责任保证金直接挂钩,并作为其任用和续聘的依据。通过效能考核,强化城管队伍的责任意识,提高解决实际问题的能力。通过近一年的实践,后宰门地区市容环境面貌得到较大改善,辖区居民群众的满意度明显提升。挂牌成立后宰门街道城市管理服务中心和物业办。年初,按照区委、区政府统一部署,在街道挂牌成立城市环境管理服务中心,按照"城市管理网格化、网格管理全覆盖"的工作思路,结合街道推行的"两网合一"的工作模式,全面做好辖区内城市管理的组织、协调、指挥、考核、服务工作,出新小区的正规化管理水平进一步提升,实现了城市管理工作的常态长效。市容长效管理工作在全市保持在前10名,完成"12345"政府投诉工单及各类信访投诉426条、100多个投诉电话的处理及回复,回复率100%,满意率达85%以上。

【社会事业】 2011年,后宰门街道在民生建设中全面推行网格化服务管理模式,社区工作人员每天到网格内进行走访服务,在第一时间内了解民情、听取民声、掌握民需。最大限度地激发活力,动员全社会力量参与到民生工作中。一是广泛开展结对帮扶活动。有近500名困难人群得到社会、单位和个人的帮扶,街道干部、社区工作人员带头与社区困难家庭结对,定期开展走访慰问活动。二是进一步扩大救助服务范围。新进低保32户45人,退出低保32户60人,发放低保金190余万元。发放低保和低保边缘户物价补贴和慰问金20万元;街道爱心援助协会救助慰问困难群众296人8万余元,爱心超市救助物品1625人次18.7万元;发放生命健康工程牛奶卡211户6414瓶,发放民生暖心工程苏果券2715户,合计15万元。彰显双拥模范街道特色,密切军民关系,落实优抚政策,以活动促共建。召开街道军民迎新春联谊会,举办军区政治部警卫连与太平门共建点新战士上门"认亲"活动,组织军民到梅园新村纪念馆上特殊党课,组织街道干部参观南京军区军史馆,开展军营一日活动。利用传统节日和建军节慰问部队、开展活动,投入经费近10万元。

劳动保障工作打破纵向管理的模式,以网格化形式在社区横向展开。全年组织各种培训957人次,完成新增城镇就业543人;实现再就业503人;援助困难人员就业155人;培育资助创业者131人,创业带就业1059人;劳动保障监察两网化管理覆盖率达100%,主动监察用人单位40家,调处简易案件30件;发放市民卡4000张,企业退休人员工资验证9096人;企业退休人员社区管理服务率99%,完成辖区1100家企业的书面审查工作。

加强社会治安综合治理和平安创建工作,以落实责任制为核心,以社会矛盾纠纷大调解机制、社会治安大防控体系和基层基础"三大建设"为重点,深入开展综治、平安创建活动,有力地保障和促进了街道各项工作目标的顺利完成。

【基层党建】 2011年,街道以深化创先争优活动和迎接中国共产党成立90周年为契机,全面加强基层党组织建设,社区党建工作焕发出新的生机和活力。组织党员义工参加南京市组织的五环旗下——奥林匹克会旗巡展传递活动、义工志愿服务月启动仪式、社区书记例会和论坛、组织各基层党组织开展红歌会和深入开展向武家嘴村和稽艳霞学习等活动;注重发挥党员的模范带头作用,各社区成立以党员骨干为主的文明劝导员和监督员队伍,在小区开展楼道清洁认领活动,党员、骨干和社区重点服务对象积极参与,楼道认领率达90%,楼道脏乱差和堆放杂物现象明显改善;召开街道"七一"表彰大会暨文艺汇演,开展"与将军共话人生"系列活动,举办集体政治生日会,增强党员荣誉感。加强党建信息报道和宣传工作,全年,已在各类党建网站上发表信息报道385篇,电视、报刊等媒体报道75篇。

【完善内部管理制度】 2011年,街道按照区委责任考核督查三位一体的总体要求,结合街道管理和执行体系实际,确立一系列工作机制。一是"1+1+X"目标体系。"1+1+X"中的第一个"1"是指市区目标街道层面的分解;第二个"1"是指按照"树标杆、找对手"要求,在市区的排位目标;"X"则是各科室将目标任务细分到每个具体人身上,务求实现目标的刚性化、全方位和全覆盖,力求人人有目标,人人有压力。包括根据前两个"1"需完成的特色工作和重点工作,根据基层基础薄弱环节制定的改进目标,根据服务对象反映最强烈问题制定的个性化目标。二是"目标+重点+效能"督察体系。街道成立了自己的督察组,由人大工委主任牵头,配备专职副处级干部和工作人员,在区委督察组领导和指导下,对街道工作实行全方位督察。重点是三个方面,即街道目标体系的跟进督察,街道文明创建、维稳等重点工作的责任督察和环节督察,街道干部勤能作风督察。三是"目标完成+督察实效+群众评议"考核体系。为最大限度地激发干部队伍积极性,先后建立了《后宰门街道机关干部绩效考核办法》、《社工队伍管理及绩效考核办法》、《城市网格化管理考核奖惩办法》等完善的考核体系,所有目标完成总体情况、平时督察反映情况、群众评议情况都纳入考核分值,作为年终奖金兑现、评先选优、提拔任用的重要依据。从对社区工作人员和机关干部进行的绩效考核结果看,群众满意度测评中的满意度始终呈上升趋势,收到了较好的效果。

【杨卫泽考察南京科技金融园】 10月24日下午,省委常委、南京市委书记杨卫泽等市领导到后宰门街道对即将开园的南京科技金融园进行实地考察,区委书记储永宏,区委副书记、代区长徐曙海,副区长张连春等区领导陪同考察,街道党工委书记汪风华、办事处主任郭建军参加了考察。南京科技金融园是江苏省首个由政府引导、市场化运作的综合性多层次科技金融服务园区,也是首个科技融资服务领域的科技金融综合体。在玄武区政府及后宰门街道办事处的全面推动下,以鼎元公司园区服务中心为运营平台,用市场化手段,打造金融服务平台、科技成果转化平台及中小创新企业及企业家成长平台，通过创新金融服务，推动科技创业家、科技创业企业的高速成长。其宗旨是为了进一步落实市委、市政府提出的科技创新发展战略，寻求解决困扰科技企业的资金瓶颈问题的有效途径，使园区成长为重要的科技企业孵化器。副区长张连春在现场向杨书记作了详细的介绍。杨书记充分肯定了科技金融园的发展方向，同时对园区的发展也提出了具体要求：着重于创业主体及资金两大要素，根据政府及企业自身特点，各尽其能，形成优势互补；在园区打造上，要软硬件并重，将“载体+服务”充分结合好。

【国家文化部检查文化信息资源共享工程】 3月8日，国家文化部全国文化信息共享工程督导组组长谢林、省文化厅文化处处长谷峰等一行，在街道办事处主任郭建军的陪同下，对文化信息资源共享工程后宰门街道富贵山社区基层点建设情况进行检查。在金陵图书馆富贵山分馆现场举行了文化信息资源共享工程建设情况的汇报会。谢林组长在听取汇报后对富贵山社区的工作给予充分肯定。同时指出，基层文化设施的建设是营造和谐文化的重要载体，各级组织要管好、用好文化信息资源共享工程，开放时间要满足基层群众的需要；设备使用要提高效率，多播放大家喜闻乐见的节目内容；同时，有关部门要加大工作力度，不断完善技术体系，进一步扩大覆盖面，使更多居民群众享受到高质量的公共信息服务。

【阿尔巴尼亚妇女代表团参观富贵山社区】 3月26日上午，阿尔巴尼亚妇女代表团由阿尔巴尼亚“奈尔明·发罗拉”国际文化基金会主席卢卡女士的带领，在省妇联副主席陈芬，市妇联副主席余清、玄武区妇联主席方志秀和后宰门街道工委副书记卢惠等陪同下，到后宰门街道富贵山社区参观访问。客人们首先听取了社区主任赵爱玲的情况介绍。在社区图书馆，客人们仔细询问了图书馆的运行情况。富贵山社区居民与客人们进行了友好的交流，并为客人们表演了京剧、国画和书法。

·社区建设·

【北安门社区】 北安门社区成立于2003年，东至后宰门街，南至中山东路，西至北安门街，北至富贵巷。社区居委会办公地位于后宰门西村13号。社区设有一站式服务大厅、党员议事厅(电教站)、党员活动室、党员之家、党员义工服务站、青少年德育中心、书吧、小草俱乐部等。党员义工服务是社区的特色工作。社区先后荣获全国和谐邻里建设示范社区、全国社区服务先进社区、全国妇联基层组织建设示范社区、省文明社区、省巾帼文明岗、省民主法治示范社区、市和谐示范社区、南京市道德模范群体、南京市“六好”关工委、南京市一星级青年文明社区、南京市妇女工作示范社区、南京市绿色人居环境社区等荣誉称号。

【富贵山社区】 富贵山社区成立于1984年，地处后宰门街道辖区东北角，东以明城墙为界，南至富贵巷，西连北安门大街，北依富贵山。社区居委会办公地址位于富贵山4号。社区内有海英小学、陆军指挥学院第一干休所、富贵山卫生服务站、佛心桥高层物业和金陵石化物业公司等单位。社区服务中心一楼为社区公共服务大厅、金陵图书馆富贵山社区分馆；二楼设有党员义工活动室、民间组织活动室、京剧票友活动室、人大代表工作室、人民调解室、老年人照料中心、妇女儿童援助站、社区世代服务室、社区党委办公室、社区人口学校、多功能厅。社区内建有全民健身点，老年活动室，少儿活动室等设施，有志愿军老战士艺术团、社区京剧票友协会、老年合唱团、腰鼓队、老年摄影组、手工编织兴趣班、英语学习班、太极健身操队、门球队。近年来，社区先后获得南京市“十一五”人口和计划生育工作先进集体、南京市基层残疾人组织建设工作先进集体、2010~2011年度关心下一代工作先进集体、第三届百姓奥斯卡文化共建单位、2010~2011年度玄武区“平安家庭”创建工作先进集体、玄武区老年体育工作先进集体、2011年度平安示范社区、市级职工书屋示范点、市级防灾减灾示范社区等荣誉称号。

【佛心桥社区】 佛心桥社区成立于1980年，东以北安门大街为界，南至中山东路(明故宫大酒店)，西至龙蟠中路，北至富贵山隧道口。社区居委会办公地址位于富贵山2号。社区共有120幢楼宇。社区内有江苏省青年干部管理学院、南京宇花小学、南京军区南京总医院、南京熊猫集团、江苏省地质勘探局、钟山宾馆、黄埔汽车修理厂、西宫大酒店等单位600多家。社区内建有全民健身点4处。社区建有精英艺术团、越剧票友会，书法协会、腰鼓队、舞蹈队、合唱队、登山队、太极拳、剑、扇、功夫扇、木兰扇等十八支民间文体活动队伍。2011年，佛心桥社区重点打造品牌项目“心桥”姐妹家园，旨在帮助社区内的下岗失业、残疾人姐妹就业与再就业。2011年，社区荣获玄武区首届社区教育示范社区、老年体育工作先进集体、人防先进单位、南京市关心下一代工作先进单位等荣誉称号。

(王秀英)

【太平门社区】 太平门社区成立于1953年，东至斯亚花园、南京市玄武区高级中学、南至马标、西至龙蟠中路(九华山隧道)，北至太平门街。社区居委会办公地址于农场巷63号。社区内有南京市交通局、市物价局、市地铁总公司、南京市三十四中学、玄武区外国语学校等13家企事业单位。社区曾被中宣部、解放军总政治部评为“社会主义精神文明先进集体”，连续27年荣获省、市、区双拥模范先进集体荣誉称号。

【清溪路社区】 清溪路社区成立于1982年，2000年由原家委会改建清溪路社区，东依明城墙，南至中山东路，西至清溪路，北到后宰门街。社区居委会办公地址位于清溪路4号，办公一楼为政务服务大厅、二楼设有文化活动室、议事园地、电教室、党员之家、义工服务站。社区内设有便民服务网点20个，注册备案志愿者组织10个，各类志愿者(义工)478人。辖区内有南京博物院、南京蔬菜公司、维景国际大酒店、江苏省柯菲平医药有限公司、维景商务楼等50多家大中小企业。社区始终坚持以提高居民生活质量为目的,以提高服务水平、深化居民自治为主线,以构建和谐社区为标准,创新社区管理体制,完善社区基础设施,健全社区服务体系,充分利用社区资源实现同驻共建,建立社区服务网络、社区社会工作站和志愿者服务队伍,引导居民自我管理、自我教育、自我服务、自我监督。着力提升社区居民的幸福感和满意度。社区先后发展和培养了夕阳红艺术团、老年协会、腰鼓队、球操队、老年时装队、健康自我管理俱乐部等若干支民间组织队伍,定期开展丰富多彩的文体活动和健康养生活动。社区先后荣获"江苏省节水型社区"、"南京市青年文明社区"、"南京市绿色人居环境社区"、"玄武区和谐示范社区"、"玄武区平安社区"、"玄武区平安家庭示范社区"等荣誉称号。

【半山园社区】 半山园社区成立于1998年,是一个营区型社区,建制在后宰门街道。东靠明城墙而建,南至博物院,西连北安门社区,北依富贵山社区。社区居委会办公地址位于半山园21号73楼103室。按照后宰门街道"网格化管理服务"模式和"140工作法"要求,社工每天到网格内进行走访服务,做好责任网格内的各项信息收集、问题掌握、矛盾调解、事务处理等基础工作,在第一时间内了解民情、听取民声、掌握民需,并记录在案和对接相应的服务供给。社区坚持以服务为核心,以品牌出亮点,积极整合辖区资源,倾力打造"三个一工程"特色品牌,即:建立"一个社区将军联系点""一所蓝色社区党校""一个问题调解中心",旨在帮助居民解难释惑,培养居民高尚的道德情操,为社区和谐发展、创新发展指引方向。市、区双拥办以及《新华日报》、《南京日报》、龙虎网等重要媒体对社区特色品牌进行了专题报道。2011年,社区获得玄武区"关心下一代工作"先进集体、玄武区"平安社区"、玄武区"第六次全国人口普查"先进集体等荣誉称号。 (吴建平)

锁金村街道

·街道工作·

【概况】 锁金村街道位于玄武区东北部,背靠紫金山,面临玄武湖,依山傍水,集中体现了南京山水城林的优势。街道人文荟萃、交通便捷,区位优势十分明显。东靠长途汽车东站,北接南京火车站,玄武湖隧道、312国道、龙蟠路、地铁1号线、宁栖路穿境而过,交通十分便利。域内面积6平方公里。现辖8个社区居民委员会。在籍居民13306户、52236人。辖区内有金思维科技大楼、林产化学工业研究所、南京林业大学、南京人口管理干部学院、南京师范大学紫金校区、江苏文化产业园、江苏省计算技术研究所、上海铁路分局南京办事处、南京商厦、南京南泰国际展览中心等大单位70余家。2011年,锁金村街道积极开展"三争一创"主题实践活动,坚持以"近民、亲民、便民"为方向,以把街道建设成为全区、全市乃至全省社区建设的先行先试街区、改革创新街区和示范引领街区为目标,坚持创新驱动、先行先试,大力开展社会建设和管理创新,探索为民服务新举措。以市、区党代会精神为指导,以发展为第一要务,解放思想,务实求新,勇争一流工作业绩,完成了全年各项目标任务,成绩显著。先后获得了"全国人口和计划生育依法行政示范街道"、"全国社区教育示范街道"、"江苏省社会治安综合治理先进集体"、"江苏省关心下一代工作先进单位"、"2006~2010年度江苏省全民科学素质工作先进集体"等荣誉,被评为"2010年度江苏省科普教育基地"、"2011年度江苏省妇女儿童之家"、"江苏省示范性居家养老服务中心"。

【经济发展】 2011年,锁金村街道秉承独特区位优势,不断完善产业布局,有序推进重点项目,经济发展稳步上升。全年完成地方一般预算收入1.573亿元,完成必成指标的81.4%,实际利用外资1500万美元,社会消费品零售总额29.8亿元,均超区目标任务。项目建设稳步推进。1+8重点项目紫金联合立方广场年内可完成主体工程;国展中心转型已初步达成合作意向,有望签署协议;高力汽配地块正在沟通推进;通过南京林业大学和区政府全面合作,加快林大玄武大道沿线项目推进,现已就合作事宜拟就协议。新隆基广场项目拆迁已全部完成。城市中央公园建设进展顺利,李渔园、碧莲苑项目已完成。招商引资成果显著。通过跟踪服务重点项目,依托多种载体发布消息,拓宽渠道开展主题招商、小分队招商等多种形式的招商活动,走出去引进来,加强服务,全年引进企业120家,其中注册资金100万元25家,500万元以上5家。1000万美元以上外资企业4家(其中注册资本2980万美元1家)。特色产业逐步形成。突出文化、服务、休闲三大主题,逐步形成以星级酒店、江苏文化产业园为代表的品质文化和旅游休闲产业;加大总部型、高附加值型企业的培育力度,初步形成好享购物、南京商厦为龙头的中高端商务商贸产业;加强府校合作,推动地区科技创新,逐步形成以金思维软件园和即将建设的南林大科技产业园为载体的科技创意产业。

【街道环境】 2011年,锁金村街道社区环境品质显著提升,街巷综合整治和清路治乱成果突出。完成了锁南路、锁中路、锁北路、锁南支巷的综合整治任务,拆除门头广告牌3800平方米、各类违章建筑6处;门头出新4053平方米;铺设沥青路面15000平方米;出新住宅小区约5万平方米;完成了紫金山沟和唐家山沟锁金村80号地段整治;及时处理报修,共维修900余处。南京市委书记杨卫泽、市长季建业带领市四套班子领导视察后,给予较高的评价。小区环境管理整洁安全有序。把提高老旧小区物业管理水平,提升服务质量放在首位,建立健全各项规章制度,落实绩效考核机制,制定老旧小区管理服务标准体系,老旧小区百姓对小区生存环境满意度明显提高,得到老百姓的普遍认可。通过合理安排,对占道经营行为、倚门出摊现象进行规范管理,有效解决小区存在的一些历史遗留及重难点问题。组织清理卫生死角、废弃物、破旧自行车以及"牛皮癣"等,清理杂物1000余吨,各类积存垃圾、装潢垃圾各5000余吨。新托管了锁金二村和新庄39号,约13万平方米,完成区政府下达的目标任务。长效综合管理考核成绩位列全市前茅。针对容易出现的问题及存在的重点难点问题,有针对性地做好管理工作;依托市、区数字城管平台,加大管理力度;对照市、区的问题菜单,责任到人,直接与当事人的月绩效工资挂钩,有效地避免了推诿扯皮现象。街道在全年城市管理综合考核排名为全区第一、全市前五。

【社会事业】 2011年,锁金村街道在发展社会事业,把民生服务放在主要位置。一是民生服务项目贴近民需。出台了《锁金村街道社区管理考核实施意见》,加强对社区管理。投资为各社区新添了一批公共服务设施,开展了锁四精品社区打造工程。组织群众广泛开展邻里文化节等文体活动,营造文明和谐氛围。围绕为老为少为残,积极引进服务项目,创建老年人宜居社区。街道沙盘游戏项目获得区公益创投扶持,"银发互助公社"项目、残疾创业帮扶项目获得区新增社区服务项目扶持,"万家帮"品牌的融合与发展项目获得区社区督导项目扶持。街道获国家民政部社区"创先争优"活动先进集体。"万家帮"服务品牌社会化、产业化得到了重要发展。二是提升民生服务品牌效应。以社区建设为抓手,实现社区重点品牌的突破。重点打造社会工作人才管理、社区文体、为老服务、社区早教等优质服务品牌;实施街道和社区文化站提档升级,创建省级公共文化体系示范点,实现文化资源共建、文化成果共享;建设好社会工作人才培训学校,培养一批高学历、高素质社工队伍;逐步创建4个市级以上内涵式品牌社区,打造省级"三社联动"示范基地,使大量社会建设品牌成为"幸福锁金"的重要载体。以服务项目为重点,实现社区功能品位的突破。加大场地和资金扶助力度,促进社会组织在地区内的发展和繁荣。重点发展枢纽型、基础型和专业型社会组织,全面发展"草根型"群众组织,完成省AAAA级居家养老服务站建设。以"万家帮"的整合与发展为方向,引进市场力量,按照"政府扶持,社会力量兴办,机构自主经营,义工志愿服务,社区监督管理"的项目化运作模式,以产业化促进社区服务事业化的健康发展。三是着力提升社区居民生活品质。以民生保障为基础,实现居民生活品质的突破。从关注居民切身利益入手,在小区出新、街巷整治、垃圾分类、物业管理、环境保护上,强化精细、精致、精品理念,把锁金村打造成为全市老旧小区的精品、形象展示的窗口、城市管理的样板,切实增强地区居民的舒适感、成就感。以支持创业作为富民优先策略,通过企业吸纳、公益性岗位安置、鼓励自谋职业、自主创业等方式,建立和谐的人员就业和劳动用工关系,全面实现就业"动态消零",切实增强地区居民的充实感、满足感。完善治安防控体系,加大平安社区创建力度,切实增加地区居民的安全感、幸福感。四是和谐社区建设成效显著。深入开展"五有五无"社区创建活动,广泛进行综治宣传月、国际禁毒日等法制宣传,分解落实综治、平安建设任务,落实包案责任,做好信访、邪教、吸毒以及刑满释放等重点人员稳控工作,加大矛盾纠纷排查调处力度,坚持抓早抓好抓小抓紧苗头,把各种矛盾纠纷及时化解在萌芽状态,举办各类普法培训班5期,参训人数400余人次,矛盾调解成功率达98.7%,社会治安良好,社区和谐稳定。

【基层党建】 一是党建工程有创新。大力开展"满意先锋在锁金"主题活动,与南林大等院校合作,聘请百名大学生党员骨干进社区担任书记助理,增强一线工作力量,锻炼学生能力水平;以社区党委牵头,党员带头,组织居民自荐推荐先锋议员,收集社情民意,组织群众议事,挂钩联系街道社区年度为民办实事项目,参与热点难点事项听证研讨,化解不和谐因素,畅通群众参与评价受益渠道。成立街道社团组织党建工作站,占领社团组织党建阵地,建立党员"双推共进"管理体系,促进公益引领作用发挥。举办庆祝中国共产党成立90周年系列活动,通过回顾党史、书画展、文艺演出、歌咏比赛、电影观摩等形式,在地区掀起爱党爱国热潮。继续深化党员义工服务,整合驻区单位、区机关结对支部、区域外爱心企业等多方力量,建立锁金大爱基金,加大弱势群体帮扶的覆盖面与力度。二是民主政治建设有成效。人大、政协紧紧围绕中心工作履行职能,创新代表、委员活动机制,组织"省市区人大代表看锁金话发展"深入开展人大代表察社情提建议、政协委员和街道议员议事会察效能等活动,积极推动锁金特色的"三个发展"。街道人防、双拥、侨台、工商联等工作取得新成绩,在全区率先完成市人防进社区试点工作,街道被评为市人防工作先进单位。人武工作扎实开展,年度征兵任务圆满完成;加强民兵组织建设,完成民兵预备役整组,成立街道民兵应急分队,扎实开展战备和军事训练,后备力量非战争军事行动能力进一步提升。三是群团组织建设有加强。积极开展组织格局创新,吸纳辖区内13家院校企事业单位成员加入街道团工委组织,发展成立6家非公企业团支部。积极组织青年活动,组织学雷锋志愿服务、"五四"火车站指路、义务家教、助残义卖、扶老助幼等志愿服务,大学生书记助理进社区工作有效推进,闲散青少年服务管理工作被确定为省级试点。1人被评为区青年先锋,6人被选举为区青联委员,锁四社区获区红旗团支部,获南京市红旗团(工)委称号。工会大力推进区域性集体协商工作,举办区域性职代会8场次,签订集体专项、补充合同250余份,成效经验得到省、市总工会充分肯定,并在全市推广。科普活动成效显著,被省科协确定为省级科普教育基地和江苏省全民科学素质工作先进单位。完成了市妇联"'十一五'妇女儿童规划"的中期评估,锁三社区作为试点被评为首批江苏省妇女儿童之家。关工委以校外辅导站为基地,以五老志愿者为依托,围绕青少年开展的主题教育和网吧监督等关爱活动受到各方面的好评和肯定。新庄社区关工委荣获南京市六好示范社区关工委称号,街道关工委受江苏省关工委表彰。

【创新街道管理模式】 2011年,锁金村街道积极探索社会管理新模式,在行政效能扁平化上大胆实践，在为民服务路径上大力拓展，采取减少管理层级和去科室化、去行政化等措施，将街道众多科室和部门缩建成民生服务和文化中心、城市环境管理服务中心、综合治理和矛盾调解中心、区域经济发展与服务中心、区域党建中心"五个中心"，并对其基本原则、目标管理、职能定位、运行机制等进行明晰和界定。市区领导和相关职能部门多次到街道调研，区委书记储永宏对"五个中心"建设提出了明确指示和具体要求，区委副书记邱小凡和副区长苏郑召开"五个中心"建设领导小组专题会议，明晰和界定了"五个中心"的基本原则、目标管理、职能定位、运行机制，明确再造内部管理和为民服务流程、完善督导和评价机制的具体要求。通过"下放"机关干部促进服务关口前移，"回收"社区(错位)职能减轻社区负担，让社会组织"渗透"拓宽社区服务领域等创新举措，逐步实现街道各项工作层级的扁平化建设和社区服务领域的社会化拓展，形成以民为本、高效集约、合力发展的良好格局，真正使"五个中心"成为街道实实在在为民服务的居民之家，成为全区乃至全市基层社会建设和管理创新的亮点和特色。

【省首届青年环境友好使者表彰会在锁金村街道举行】 9月22日上午，省环保厅、玄武区人民政府、锁金村街道以及环保民间组织江苏绿色之友等单位，在锁金村街道科技广场举行江苏省"青年环境友好使者"表彰暨2011年世界无车日纪念大会。环保部宣教中心宣传室副主任、"千名青年环境友好使者行动"项目办公室副主任牛玲娟，省环保厅副厅长于红霞，玄武区委常委、副区长苏郑，省环保厅宣教处副处长、宣教中心副主任贺震，宣教处副调研员龚志军，南京市环保宣教中心副主任梅益风，江苏省环保形象大使、绿色之友秘书长王丽娜，锁金村街道党工委书记石磊，办事处主任刘秀娟，人大工委主任朱明勇、以及省市环保部门、江苏省青年环境友好使者、环保志愿者和社区、学校、企业代表800余人出席会议。会上，国家和省级环保部门领导为江苏省"青年环境友好使者"组织协调领导小组揭牌、颁发江苏省"青年环境友好使者"证书。"青年环境友好使者"代表宣读了承诺书；环保志愿者代表宣读了环保倡议书。牛玲娟、于红霞讲话。会议最后，环保部门向世界无车日环保志愿者宣传队授旗。30名环保志愿者骑着自行车从锁金村广场出发，经过新庄、玄武湖到达南京火车站广场开展世界无车日宣传。

【季建业视察锁二社区垃圾分类试点工作】 1月24日上午，南京市市长季建业、副市长陆冰一行冒着严寒，到玄武区垃圾分类试点的锁二社区视察垃圾分类启动的准备情况。区委书记储永宏，区委副书记、代区长徐曙海，常务副区长曹曙等区领导陪同视察。市城管局局长许卫宁详细介绍了此次垃圾分类试点有关情况。季建业对社区垃圾分类督导员们的辛苦付出表示感谢。季建业一行查看了社区的宣传动员工作和专门在社区内部短途接驳的电瓶车。社区志愿者们准备了《垃圾分类》三句半演出来欢迎季市长的到来。临走前季建业对社区的垃圾分类准备工作给予肯定，试点实施一个月是最关键时期，希望社区上下共同努力，争取试点工作成功。

9月22日，在锁金村街道举行江苏省首届青年环境友好使者表彰暨2011年世界无车日纪念大会

【公丕祥到锁金村街道调研】 6月14日下午，江苏省高级人民法院院长公丕祥，南京市中级人民法院党组书记胡道才，玄武区委常委、政法委书记易兵，玄武区人民法院院长姚正陆等一行赴锁金村街道，调研基层纠纷诉外调解和社会矛盾化解工作。公丕祥参观了锁金村街道司法调解室、锁三社区调解站、法律志愿者服务站、社区议事间等基层纠纷诉外调解场所，并召开座谈会听取锁金村街道党工委书记刘汉明、办事处主任刘秀娟以及街道、社区、居民中的调解工作骨干所作的工作情况介绍。公院长对锁金村街道人民调解工作所取得的成效给予充分肯定，指出在新时期大力倡导加强社会建设、创新社会管理的背景下，法院系统应当充分发挥审判职能作用，积极投身到社会管理创新工作中。

【储永宏到锁金村街道调研"五个中心"建设工作】 11月14日下午，玄武区委书记储永宏，区委副书记邱小凡，区委常委、副区长苏郑，区委常委、统战部长、区委办主任滕涛，在区委办、宣传部、社建委、人社局、民政局等相关领导陪同下，到锁金村街道调研指导"五个中心"建设工作。储永宏一行首先视察了街道"城市管理环境服务中心"、"综合管理矛盾调解中心"和街道新建的"娱乐养老生活馆"硬件建设情况。在三楼会议室，街道党工委书记石磊、办事处主任刘秀娟分别就“五个中心”工作背景、组织机构、运作情况等进行了汇报，区相关职能部门领导和区委领导分别提出要求和建议。储永宏就“五个中心”建设作出三点指示：一是充分肯定改革方向，要按照市委杨书记的批示要求，以打造“金陵幸福第一街”为目标，大胆尝试，要在为什么要改、改什么、怎么改上不断挖掘，形成经验，总结推广。二是完善方案，要在服务流程、管理流程上进行探索，改革的最终成果要让老百姓评价。三是成立领导小组，区相关职能部门共同协调，稳步推进，实践中妥善处理好上级部门与街道、街道与社区、科室与中心、中心与社会组织之间的关系。要做好宣传工作，让社区居民了解街道功能的转换，使社区居民办事更加便捷。

【区主要领导视察锁金村街道重点项目】 6月22日上午，区委书记储永宏，区政府代区长徐曙海一行专程到锁金村街道，对经济发展重点项目和重点企业进行视察，随行的有区人大常委会主任张萍等区领导和部分部门主要负责人，锁金村街道党工委书记刘汉明、办事处主任刘秀娟陪同视察。储书记一行沿玄武湖环湖路视察了玄武湖三期综合整治、碧莲苑等项目，在太阳宫听取江苏大剧院项目负责人对大剧院项目的情况介绍，在新隆基广场听取了公司负责人对该地块的规划设计及拆迁问题的汇报。储永宏一行在江苏金思维软件园区，听取金思维负责人对科技创新、软件研发等方面的汇报。又到紫金地产新庄地块项目、御湖国际曜阳老年公寓项目和南京邮政局新楼等项目处视察。储永宏、徐曙海对锁金村街道的经济发展重点项目及街道总体规划和设想表示认可，并要求进一步服务好重点项目，为地区经济发展多做贡献。

·社区建设·

【锁一社区】 锁一社区成立于20世纪80年代，2006年由锁六社区和锁一社区调整而成。东临玄武湖，南至南京师范大学紫金校区，西靠南京市第十三中学锁金分校，北依紫金山。社区居委会办公地址位于锁金六村17幢旁。社区有84幢楼宇。社区内有一所小学，一所幼儿园、好享购、蔬科所、板仓茶叶城、苏果超市和农贸市场等企业和科研单位，餐饮食品店32家。2011年2月，成立了小区治安志愿者巡逻队，社区居民亲切地称为“不穿制服的社区保安”。“夕阳雅沁苑”居家养老服务站针对社区老人的实际情况，积极与老少照料中心联系，与其服务项目对接，为社区老人提供居家养老服务，为有需求的老人提供就餐服务。针对辖区外来务工人员多和困难户家庭子女照料困难的情况，4月6日，启动社区阳光托管驿站。驿站由关心下一代委员会的五老人员免费照看这些孩子，并邀请南师大绿风社大学生志愿者前来辅导课程，针对不能来的孩子进行上门一对一帮扶。2011年，社区荣获区先进老年人协会、基层武装工作先进单位、平安社区等荣誉称号。

【锁二社区】 锁二社区成立于1985年，由原锁金一村、锁金二村和盛世华庭小区组成。东以锁中路为界，南到锁金南路，西至情侣园，北临锁北路。社区居委会办公地址位于锁金二村9幢旁。社区共有住宅楼35幢，其中高层住宅楼3幢，多层住宅楼32幢。社区邻里服务中心位于锁金二村院落内。辖区内有人口学院、江苏省科技情报所、江苏省金思维信息技术有限公司、南京雅高巴士公司、金陵之星大酒店等单位。社区通过组建社区党校、社区学校、法制学校、家长学校、老年科普大学、青少年校外辅导站等，充分满足社区各个年龄层次的学习需要。同时社区活动中心设有党员活动室、世代服务室、老年活动沙龙、心理保健沙盘游戏、巧手坊、社区医疗保健室、温馨小屋等为居民的日常学习活动场地。锁二社区还积极与辖区内各单位联系，共享资源，服务居民。与人口学院结对共建，利用人口学院的资源服务社区群众。社区在满足居民的日常生活需要的服务之外，还长期致力于面向社区青少年、老人和弱势群体这三大主要人群的服务工作。社区通过网格化管理，让每个社工联系一个片区，掌握片区情况。社区组建了13支志愿者服务队，涵盖了居民生活的方方面面。

【锁三社区】 锁三社区成立于2000年7月，东靠林产化学工业研究所，南临锁金北路，西倚龙蟠路和新庄立交桥，北接312国道。社区居委会办公地址位于锁金三村14幢旁。社区分为锁金三村和锁金村80号、84号三个大院，共32幢居民楼。社区内有林业大学、玄武区军队干部休养所、南京市政工程管理处、实诚物业公司、金卡大厦和锁金二小幼儿园等单位。社区建有“锁三社区邻里之家”室内外邻里活动中心。2008年底在全市率先以个人名字命名的、以专业服务为重点的“韩先林志愿者工作室”组建到位，2009年初正式启动。由21名党员和群众骨干组成。工作室以“奉献、友爱、互助、进步”为理念，急群众之所急，想群众之所想，按照各人的特长和爱好，为群众提供代办服务等八大专项服务，探索出为民服务的基本经验。在社区党委的引领下，由社区老年人自发创建的老人帮助老人的群众性服务组织——银发互助公社，全面负责服务管理工作。邻里同乐会每月突出一个主题，每次开展一次专项服务，有序地开展扑克比赛、厨艺比赛、戏剧表演比赛、故事演讲比赛等有趣有益的公益活动。每半年组织一次文明楼栋、文明楼道、文明家庭、文明媳妇(丈夫)和五好家庭的评选活动。低碳先锋行动驿站。坚持与江苏绿色之友合作，江苏绿色之友提供项目和资金，社区提供场地和平台，资源共享，服务居民。定期开展青少年的美境行动和社区居民的绿色出行、开展空间论坛、举办低碳行动绿色生活讲座等。通过环保行动，提升社区居民以及青少年的环保意识。设立社区QQ群，使社区居民可以在最短时间内与社区无障碍的交流信息，互通有无，使居民无论在世界哪一个角落都能及时方便的了解社区的工作、活动、计划、通知、通告和政府各项惠民政策等；也可以使社区在第一时间里了解民情，民生，民意，民需。便于社区工作者及时化解矛盾纠纷，稳定社会治安，提升幸福和谐指数。社区先后获得全国服务先进社区、和谐邻里建设示范社区、教育优秀项目社区，江苏省绿色社区、科普文明示范社区、和谐社区等多项荣誉称号。

【锁四社区】 锁四社区成立于1985年，东临锁中路，南靠南京十三中学锁金分校，西靠锁金二村，北临锁金北路。社区居委会办公地址位于锁金四村12幢-1。社区共有住宅楼35幢。社区内有南京市十三中分校锁金分校。社区先后荣获“全国文明社区示范点”、“江苏省绿色社区”、“江苏省安全文明小区”、和“江苏省科普先进单位”等20多项市级以上荣誉称号。

【锁五社区】 锁五社区成立于1998年，南到宁栖路，西临锁东路，东面、北面与中国林产化工研究所、玄武湖街道接壤。社区居委会办公地址位于锁金五村4号。社区有锁金五村南院、北院、翠岭居、板仓街130号、板仓街78号、锁金村200号、林化所七个院落。社区内有南京师范大学紫金校区、锁金一小、中国林产化工研究所、总参兵种部干休所等单位及近百家个体商户。社区现有13支志愿者队伍，有金手杖互助社、独居老人帮帮团、党员义工好乐队。2011年，社区荣获2006~2011年度玄武区红十字工作先进集体，玄武区未成年人零犯罪社区，玄武区平安示范社区，玄武区统战工作先进集体等荣誉称号。

【新庄社区】 新庄社区成立于1984年，2007年4月韶山路社区和原新庄社区调整为新的新庄社区。东靠紫溪湖桥，南临玄武湖边，西倚白宫大酒店，北接红山铁道口。社区居委会办公地址位于新庄村39号综合楼三楼。“社区邻里中心”主要用于接待和处理社区事务、人口与计划生育、环境与卫生、社区劳动保障、综合治理等，为居民提供咨询服务、休闲娱乐服务、老年人生活照料服务。社区有南京南泰国展中心、南京园林实业总公司、铁路办事处、中铁24局、新世纪大酒店、南京火车站、邮政枢纽、曙光国际大酒店、军转站、南京商厦等10多家企事业单位，100余户五小行业。新庄社区先后被市、区授予全省城乡校外辅导站优秀辅导站称号、、获南京市绿色环境示范社区、文明小区、科普文明社区、人口与计划生育先进单位、双拥共建先进集体、群众体育先进集体、无毒社区先进单位等荣誉称号。

【紫鑫城社区】 紫鑫城社区成立于2004年7月，由南京电影机械厂家属委员会演变而来。东靠紫金山，南毗邻白马公园与北安门大街，西临玄武湖，北接宁栖路。社区居委会办公地址位于岗子村63号12幢旁。社区内有南京电影机械厂、江苏文化产业园、白马公园、紫金山索道等单位。社区有大小楼宇78栋，分别为白马山庄，岗子村63号，板仓街3号，板仓街5号，板仓街9号，板仓街49号6个院落。社区公共服务站设有活动室、残疾人康复室、社区公共服务站、社区计生卫生室、社区党建活动室、社区学校、图书室、青少年机器人校外辅导站、社区体育健身俱乐部、综合治理办公室、生殖健康服务站、心理咨询室、警务室、室内体育活动室等。同时，社区先后成立了17个基层民间组织，有太极拳队、腰鼓队、老年登山队、足球队等，社区居民活动经常化，极大地丰富了社区居民的文化体育生活，形成温馨和谐的氛围。社区自成立以来，先后获江苏省科普文明示范社区，江苏省民主法治社区，连续两年获得南京市劳动保障优质服务窗口、玄武区残疾人示范社区、玄武区民主法治社区、人口与计划生育示范社区、连续三年获玄武区无刑事案件社区等荣誉称号。

【南林大社区】 南林大社区成立于2009年5月，东靠紫金山，南面毗邻新庄立交桥，西临玄武湖，北接玄武大道。社区居委会办公地址位于龙蟠路159号南京林业大学校内香樟苑二楼（西头）。社区重点工作围绕为老服务。主要针对社区空巢、独居的困难老年人，根据他们的生活习惯来制定相应的服务时间和服务内容，陪同社区老人看病、取药，陪老人聊天、散步等服务。社区“娃娃环境学院”开展“我眼中的大自然绿地图”活动，让社区青少年在“玩”中学，学中“玩”，练本领，长才干，以生态环境教育为主题，提高青少年的综合素质。南林大社区按照街道办事处提出“一居一特”的要求，以依托驻区高校资源为平台，发挥社区广大离退休专家、教授的智慧和力量，活跃社区的文体生活，使广大群众享受到精神上的愉悦，体现老有所养，老有所为，老有所乐，积极推进和谐社区建设工作。社区先后获玄武区“和谐示范社区”“民主法制社区”“全区人口与计划生育工作先进集体”“平安社区”和“南京市老年体育工作先进集体”等荣誉称号。

（王宝麟）

孝陵卫街道

·街道工作·

【概况】 孝陵卫街道位于玄武区东南部，东起顾家营与栖霞区相接，西至中山门与白下区相连，南至沧波门外秦淮河与江宁区接壤，北至紫金山分水岭与玄武湖街道毗邻，域内面积约30平方公里。现辖11个社区居民委员会、5个行政村。居住人口23414户，92368人。辖区内有南京理工大学、南京农业大学、南京体育学院、江苏省农科院、江苏省地震局、江苏省石油物探所、南京军区政治部文工团、中山陵园管理局、南京奶业集团等高等院校、科研院所、部队和中型企事业单位50余家。

2011年，街道紧紧围绕目标任务，突出以经济、稳定、民生、环境、党建五大中心工作，团结苦干、创新落实，全力推进区域协调建设发展，获得了全区街道四个文明综合考核一等奖，并获得“江苏省平安家庭创建活动示范社区”、“全省社区矫正工作先进集体”等称号。

【经济发展】 2011年，孝陵卫街道完成地方一般预算收入19537.7万元；服务业增加值完成255800万元；社会消费品零售总额完成23210万元；固定资产投资完成51232万元。全年引进企业161家，其中注册资金1000万元以上的企业9家，合同利用外资200万美元；完成服务外包4308万美元，其中离岸执行额完成2012万美元。对区域内的32个项目载体进行全面梳理，以近期实施、中期推动、远期储备的思路，引入论证咨询机制，分类分时段划分，科学制定项目发展计划，有序启动项目建设和招商工作；建立专业招商队伍，对原有招商组织机构重新进行细化调整，设立企业服务组、对外招商组、项目推进组、科技引智组四个专业化工作小组，人员定组定岗，职责分工到位，大力推进全年的招商工作；组织招商小分队走访长三角区域优质企业、苏北地区龙头企业、企业圈内著名商会，大力宣传玄武、推介孝陵卫，形成众商竞相入驻的良好氛围，促进资源项目尽快签约落地。

【街道环境】 2011年，孝陵卫街道把保障区域和谐稳定作为中心工作，紧扣稳控与化解两项重点环节，以“信访积案化解攻坚年”专项活动为抓手，整合社村基层力量、社会中介力量。全年成功调处各类矛盾纠纷500宗，受理群众来访600人(次)，成功调处信访件233件，承办“12345”工单1220件，满意率达95%。

以文明城市创建为动力，创新管理理念、加大管理投入、强化管理力量、整合管理资源，街道的城市长效综合管理考核排名实现逐月上升势头。开展专项整治，全年出动人员2400余人次，车辆80台次，发出整改通知书160余份，查处违规门头、店招、广告128起，拆除违规广告牌26块、拆除违章建筑17.7万平方米；清除卫生死角50余处，清理楼道300余幢，清理“三乱”1000余处，粉刷墙体1200余米，清除蚊蝇孳生地20余处；自筹资金400万元建成2000平方米的银城东苑农贸市场，年初正式投入运营，解决了周边小区、院校等数万居民买菜难的问题；完成晏公庙一条街1000多米的道路及围墙出新工作，完成晏公庙皮鞋厂拆迁改造及社区配套设施(1400平方米)建设，完成双拜巷道路大修，解决周边环境差和老百姓出行难问题。

【社会事业】 2011年，孝陵卫街道不断探索“全面知情、全程参与、全体受益、全域满意”的和谐社区建设“四全模式”，突出重点，服务民生，推进各项工作健康和谐发展。全年新增城镇就业岗位966个，实现再就业1264个，完成再就业培训687人次；企业退休人员社区管理服务率达99%，完成离退休人员生存验证5001人，被征地老年生活困难人员生存验证745人，组织老人免费体检4360人(次)；为1983~2010年被征地人员转保2226人；完成余粮、沧波门被征地人员纳入社保2540人；完成低保提标工作，城市低保448户，农村低保94户，累计发放保障金近283.4万元；办理审核区临时救助110户5.5万元；区大重病救助151人次26.8万元；街道临时救助198户7.5万元；新增社区低保29户45人、农村低保2户3人；走访困难群众家庭126户，解答处理来访290余件；接受低收入住房申请68户，累计接受申请198户。坚持项目化工作办法，将民政、计生等社会事务工作任务按区级重点目标、部门和街道工作目标等进行分解，共梳理出40项目标，并细化责任人，明确工作进度，加强重点项目的跟踪推进；建立困难群体数据库，实行动态管理，做好困难群体最低生活补贴及各类救助资金的发放，实施阳光救助工程，多方筹措资金形成救助基金，加强特殊群体和困难群众的综合救助。成立救助工作领导小组，增设了一个救助中心和2个救助点；进一步深化老年宜居社区创建工作，新建银城东苑、理工大、农科院等7个社区居家养老服务站；积极开展“八一”慰问、双拥联席会等活动，期间走访驻街部队14家，送达慰问金及慰问品计10万元，召开优抚对象、退伍军人等座谈会，发放慰问品计2万元。

【基层党建】 2011年，不断加强党的建设。广泛开展形式多样的纪念中国共产党成立90周年庆祝活动，圆满完成区第十次党代会党代表选举任务，全面启动“三争一创”主题教育实践活动。铁匠营社区党委“博爱之光基金”建立，“民援法制中心”等一批党员义工项目全面创建，完成党风廉政教育试点任务，岗位廉政风险防控体系基本建立。新建党组织19家，实现非公企业全覆盖。人大换届选举工作扎实有序稳步推进，政协、统战、人武、群团工作全面发展，为街道全面发展提供政治保证。

【储永宏一行调研孝陵卫街道】 9月7日下午，玄武区委书记储永宏，副书记邱小凡，区委常委、组织部长杨乐华，区委常委、常务副区长曹曙，区委常委、区统战部长、区委办主任滕涛，副区长王东，副巡视员顾建华等区领导带领区发改、财政、投促等10多个部门领导到孝陵卫街道调研贯彻落实区第十次党代会精神情况。储永宏一行考察了南京体育学院的项目总体规划，并听取院长张雄的项目情况介绍，实地考察南京体育学院占地9公顷左右的“中国网球学院”及周边配套设施，以及在建的“钟山文化休闲餐饮街”建设情况和724所占地6.87公顷的“紫金名园国际社区”项目规划，了解项目的进展情况，并对项目实施、产业定位、选商方向等问题与业主单位进行沟通与交流。街道工委书记戴康顺就街道一年来的工作情况、对区党代会精神的领会、地区发展形势分析、街道未来一段时期的发展思路以及下阶段重点工作五个方面进行了汇报，提出打造科技绿谷、休闲高地、幸福社区三大发展主题战略。储永宏充分肯定了孝陵卫街道贯彻落实区第十次党代会精神，在未来的发展思路上定位准确、目标明确，措施到位。在十二五期间，要求孝陵卫街道进一步研究第三增长极和生态科技绿谷的内涵，全面建设名副其实的玄武第三增长极，要有“二次创业”、“转型发展”的精神状态，坚持发展和稳定两手抓，大力发展生物科技、商务电子、休闲旅游、农业科技、总部经济五大产业，同时注重新税源户的引进任务。

【“一府六校(院所)”科技创业合作大会】 12月15日上午9点，玄武区委、区政府与南京理工大学、南京体育学院、江苏省农科院、农业部南京机械化研究所、江苏省中科院植物研究所6所大学(院所)共同召开“玄武区一府六校(院所)科技创业合作大会暨南京紫金常春藤大学生科技创业园揭牌仪式”。区委书记储永宏，区委副书记、代区长徐曙，海区委副书记邱小凡，区委常委、组织部部长杨乐华，区委常委、常务副区长曹曙，区委常委、统战部部长滕涛以及6校(院所)分管领导、区相关职能部门领

12月15日，玄武区委、区政府、南京理工大学主办的“南京市玄武区一府六校（院所）科技创业合作大会暨南京紫金常春藤大学生科技创业园举行揭牌仪式

导，大学生、风投公司及有创业愿望的科技团队200人参加会议，杨乐华主持。南京理工大学校长王晓锋和玄武区委书记储永宏共同为“南京紫金常春藤大学生科技创业园”揭牌；区委副书记邱小凡与南京理工大学陈岩松副书记签订“南京紫金常春藤大学生科技创业园”协议；区委常委、常务副区长曹曙与6校（院所）代表签订科技创业合作协议；街道与有关企业、专家签订了科技成果转化项目落户协议。储永宏强调：一府六校（院所）科技创业合作是政府与高校共建共享，共谋发展的重要途径，要充分认识府校合作的重大意义。要求孝陵卫街道和有关部门要高起点谋划、高水平推进、不断强化校区、园区、社区“三区融合”，为把玄武打造成为人才与创业创新名城、软件与新兴产业名城的核心区做出积极贡献。一是要加快创业园区建设步伐。二是要加快创新成果转化步伐。三是要加快府校全面合作共建步伐。要进一步做好社会民生、城市管理、平安稳定、党建创新方面的交流合作，既要找准战略发展的共同点，还要找准资源互补的结合点，更要找准府校合作的创新点，不断探索合作共建的新领域、新途径、新方式，推动玄武与6家高校院所的合作向纵深发展。

【徐曙海到孝陵卫街道调研】 7月6日下午，代区长徐曙海一行到孝陵卫街道调研。街道工委书记戴康顺就街道基本概况、上半年目标任务完成情况、发展形势分析、当前的重点工作和下步工作打算作了汇报。徐曙海就街道经济发展、服务民生、社会稳定、城市管理等方面工作提出明确要求：一是突出经济指标，重抓经济发展，转变发展方式，调优产业结构。街道要立足当前，着眼长远，进一步解放思想，区街联动，紧盯经济指标，突出税收工作，加快资源控制工作，建设项目载体，搭建运作平台，调优产业结构，培植优质企业。二是强化民生服务，促进和谐稳定。要关注民生，特别要对特殊群体进行关心和帮助，做好失地农民进保工作，对待稳定工作要舍得下功夫，花代价，维护好社会稳定大局。三是加强城市管理，改善环境面貌。要利用好市、区政策，坚决拆除违章建筑，切实改造景观道路，重点做好主干道、大单位周边环境整治，营造良好的城市发展硬环境。四是树立责任意识，完成征地拆迁任务。要严肃拆迁纪律，发挥好党员、干部带头作用，严格按照拆迁规定，保持前后政策一致，圆满完成征地拆迁任务。代区长徐曙海重点考察了江苏省农科院现代农业服务基地项目，详细了解基地规划、项目运作和周边配套建设情况。

【省法院、司法厅领导调研孝陵卫“庭所共建”】 10月24日，江苏省法院党组成员、审判委员会专员刘亚平、省司法厅副厅长万力、市司法局副巡视员朱小平一行在玄武区人大常委会副主任吴为民的陪同下视察孝陵卫“庭所共建”基地并进行调研座谈。孝陵卫街道办事处副主任、综治办主任李建华在座谈会上向调研组领导做《建立庭所共建载体，构建和谐稳定新机制》汇报，孝陵卫司法所潘建新所长、孝陵卫法庭朱继国庭长以及孝陵卫派出所马科祥所长先后汇报了“庭所共建”以来的工作情况。刘亚平、万力分别讲话，对孝陵卫“庭所共建”工作及所取得的成绩给予充分肯定，赞扬孝陵卫司法工作人员的创新工作思路。

·社区建设·

【沧波门社区】 沧波门社区成立于1985年（村居合一），东至栖霞区马群街道向尚村，南至江宁区建南村，西接白下区科技园，北至江苏省农科院。社区居委会办公地址位于沧波门村杨庄油坊闸。因麒麟科技创新园建设，社区自2010年9月进入动员拆迁阶段，2011年基本拆迁完毕，社区内已无人居住，所有居民均为空挂户。拆迁后居民大部分住在栖霞区马群街道的文康苑、馨康苑、融康苑、宁康苑、熙康苑和百水芊城，还有少部分住在白下区的银龙新苑和其他区。

【南农大社区】 南农大社区成立于1998年，是南京农业大学的家属区，属于自管单位。东至龙宫路，南至苜卫东路，西连童卫路，北邻中山门外大街。社区居委会办公地址位于童卫路6号。社区有住宅楼44幢。2011年被评为“玄武区平安社区”。

【钟灵街社区】 钟灵街社区成立于1999年6月。东至栖霞区五棵松，南至江苏省农科院，西至灵谷寺路，北邻中山门外大街。社区居委会办公地址位于顾家营2号。社区设有会议室、警务室、社区综治办、关心下一代活动室、心理辅导室、书刊借阅点等。社区内有南京体育学院、南京农业机械化研究所等单位。

【农科院社区】 农科院社区成立于1996年，由农科院家属委员会演变而来，东至柳营西路，南至光华路，西连双拜巷，北邻中山门大街。社区居委会办公地址位于钟灵街48号。社区有住宅楼64幢。社区内有钟灵农科苑幼儿园、江苏省农业科学院等单位。2011年，社区荣获江苏省"绿色社区"、南京市殡葬改革工作先进单位、南京市"六好社区"、玄武区"平安示范社区"、"和谐示范社区"等多项荣誉称号。

【小卫街社区】 小卫街社区成立于1999年6月，东以绍家山为界，南邻中山门外大街，西连下马坊，北依紫金山。社区居委会办公地址位于铁匠营1号。社区有36幢居民住房。社区内有九中震旦校区、孝陵卫中心小学等单位。社区居民委员会自成立以来，以服务居民为己任，以群众满意为标准，以深化社区服务、推进社区建设、创建文明社区、建设美好家园为目标，热心为社区老年人、残疾人、社会贫困户、优抚对象服务，面向居民搞好便民、利民服务。面向社区单位搞好社会化服务。社区先后成立了歌唱队、腰鼓队、舞蹈队、体育协会、计生协会等12个民间组织，经常开展各种健康有益的文体活动，营造文明向上的氛围，落实完成党和政府交办的各项工作任务，促进社区各项工作上新水平。2009年9月，社区成立"紫金阳光基金"，为社区装上了"太阳能"路灯；2011年6月，用该基金改善了社区16号后场的油污排放设施。

【晏公庙社区】 晏公庙社区成立于2000年5月，东邻双拜巷100号，南至绕城公路，西至晏公庙新村小区，北至双拜巷1号。社区居委会办公地址位于双拜巷98号。社区内有部队、军队干休所，紫金山冶炼厂、中建八局、问鼎服饰、电子原件厂等单位。

【南京理工大学社区】 理工大社区成立于1998年1月，东至罗汉巷，南至光华路，西连友谊河，北邻中山门外大街，在南京理工大学校园内。社区居委会办公地址位于孝陵卫200号。社区先后被授予南京市人口普查先进集体、南京市先进老年人协会、南京市民主法治示范社区、南京市充分就业保障优秀社区、南京市市级文明社区、南京市妇女工作示范社区，江苏省精神文明建设先进社区等多项荣誉称号。

【铁匠营社区】 铁匠营社区成立于2001年7月，东与理工大学相邻，西与白下区相连，北沿宁杭高速公路。社区居委会办公地址位于小卫街218号。社区内有南京市地震局、南京市歌舞团、南京市物探研究所、南京军区前线文工团等知名单位。为提高居民的生活质量和整体素质，社区积极开展各类活动，坚持自我管理、自我服务、自我教育、自我监督的宗旨，为创建学习型、创新型、和谐型社区而不断努力。2011年，社区先后荣获江苏省民主法治示范社区、南京市民主法治社区先进单位、玄武区体育工作先进集体、平安示范社区，和谐示范社区、未成年人零犯罪社区先进单位、和谐社区建设品牌创新示范社区、人防进社区工作先进集体、孝陵卫街道先进基层党组织等多项荣誉称号。

【孝陵卫社区】 孝陵卫社区成立于2009年6月，由原孝陵卫东段社区、孝陵卫西段社区、晏公庙西村社区、铁匠营社区部分调整而成。东至孝陵卫街1号，南至晏公庙1号，西连南京理工大学，北邻中山门外大街。社区居委会办公地址位于晏公庙西村9栋205室。社区现有16个居民小区，住宅楼81幢，还有部分老旧散居民房。社区内有孝陵卫街道办事处、南京孝陵卫供销实业有限公司、紫金宾馆、玄武区第二干休所等10家单位，非公有制经济组织和新社会组织15个，个体商业网点272个，有志愿者队伍11支256人。

【银城东苑社区】 银城东苑社区成立于2007年10月，东至友谊河，南接紫金南苑小区，西连解放军理工大学，北邻东元山庄小区。社区居委会办公地址位于银城东苑101号。社区有76幢住宅楼。社区成立了老年合唱团、老年书法班、腰鼓队、棋牌协会、小手风琴班，丰富老年生活。社区成立了南京首个外国人服务站。服务站由公安机关牵头，工商、税务、司法、人社、住建等政府相关部门和银城东苑社区服务组织共同参与，依托社区警务室，实现涉外服务"零距离"，为外籍人提供必要的协助和服务，引导外籍人员参与社区管理，融入社区生活。

【康定里社区】 康定里社区成立于2001年，东连友谊河，南临光华路，西与白下区光华路街道相接，北连银城东苑社区。社区居委会办公地址位于康定里小区3栋。下辖7个住宅小区。社区内有机关部队、企事业、私营企业4家及小商铺26家。2011年，街道投资160万元，建成500平方米老年活动中心，为社区群众提供娱乐、健身、医疗、民调等多项服务；通过区、街、社区各级长期努力，以促进就业、临时救助、帮助解困等多种措施，并筹集资金996万元，圆满解决社区群众十余年因拆迁补偿的遗留问题，得到社区群众的高度赞扬。

【余粮村】 余粮村位于南京东郊，东边紧邻栖霞区南湾营经济适用房区，南至土城头路，西边与白下区接壤，北与省农科院和顾家营相邻；全村有五百户、余粮庄、小庄三个自然村，共10个村民小组。村委会办公地址位于孝陵卫街道余粮村兴隆桥排涝站。2010年8月因麒麟科技创新园建设，全村10个村民组全部在拆迁范围。拆迁后村民大部分住在栖霞区马群街道的文康苑、馨康苑、融康苑、宁康苑、熙康苑和百水芊城，还有少部分住在白下区的银龙新苑。 （张学应）

玄武湖街道

·街道工作·

【概况】 玄武湖街道位于玄武区东北

部,是典型的城郊结合部街道。东与栖霞区马群街道和尧化街道接壤,西与锁金村街道交界,南隔紫金山同孝陵卫街道毗邻,北临沪宁铁路与红山街道相望。辖区内312国道、长江二桥连接线、宁沪高速路贯穿全境。街道辖区面积19.6平方公里,整体以玄武大道为轴呈哑铃型分布,东部为仙居雅苑和仙鹤门社区组成的仙鹤门经济适用房片区,西部为板仓等7个社区组成的城市化片区。辖区在藉居民15295户,42078人。2011年,街道坚持以科学发展为第一要务,以改善民生为重点目标,以创新创优为强大动力,以维护稳定为重要保障,保持了良好的发展态势。街道获得江苏省第六次全国人口普查工作先进集体、市司法工作先进集体、市五星级失业人员之家、市金陵市容杯优秀街道等多项荣誉。加强人才工作。依托在江苏高信环保科技创业园成立的玄武湖街道人才服务站,健全完善政府公共人才服务功能,营造人才健康成长和创业环境,为地区经济和社会事业全面发展,提供源源不断的人才和智力支持。新引进人才4名,其中博士1名,硕士3名。

【经济发展】 2011年,玄武湖街道主要指标运行良好,承担38项计划目标和4项工作目标。全年完成服务业增加值62063万元、地方一般预算收入19288万元、社会消费品零售总额161880万元、固定资产投资83423万元、服务外包执行额3153万美元(其中:离岸执行额1066万美元)、软件产业销售收入950万元、实际到账外资280万美元、引进注册资金1000万元以上企业8家、新增企业188户、个体经营户242户。除税收受房地产市场调控、税源结构失衡、一次性税收比重过大等因素影响,尚存在缺口外,其余34项计划目标和3项工作目标均达超进度。重点项目有序推进。全年3个计划目标项目和3个工作目标项目按进度推进。其中,王家湾特色总部园区项目已完成项目立项、规划设计、部分建筑拆迁,申请核发住户征收令,核算拆迁成本;该地块正在进行挂牌前期的方案调整、测算等工作。钟山云蝶项目因地铁四号线建设等因素影响,已替换为仙鹤置业广场项目并已开工建设。朝阳山老年公寓一期开工建设。训练大队沿街商业设施项目与部队签订意向协议书,已完成总体方案设计。徐庄软件产业基地园区配套项目已落实土地利用红线范围,在配合开展挂牌前期工作。聚宝山奥特莱斯商业设施项目,小新庄拆迁在扫尾阶段,紫库4.54公顷土地评估报告完成,协调搬迁工作。招商工作。引进企业188家,新注册资金3.1亿元,个体经营户242家。其中注册资金1000万元以上的企业8家,注册外资企业1家,实际到账外资280万美元。新增税收企业106家,新增地方税收4436万元,占街道总地方税收的23.6%,新增地方税收超100万元的企业有4家。建立目标客商信息库385人。成功落户100万元以上企业21户。完成项目专项策划2份,及时上报招商信息,并发布,发放招商手册1000份。组织企业积极参与重洽会、金洽会,完成一个签约项目和12名客商邀请。完成专利申请195件。

【街道环境】 2011年,街道环境明显改善。重视人居环境改善,积极推进老旧小区物业管理工作,已接管小区15个,接管面积50.6万平方米,覆盖率100%,收费率90%以上,列全市第一。樱铁村小区"物管"、"车管"进社区成效突出,得到市、区领导充分肯定。市容环境卫生在全市综合考评中位居前10名。社会环境日趋和谐。组织开展各类文明创建主题宣传教育活动,采用悬挂宣传横幅、发布小区公告、张贴致居民信、发动居民宣传等多种方式,全面开展宣传动员工作。落实文明城市的常态、长效化管理机制,指导社区做好迎接文明指数测评的台账准备工作。组织辖区单位及党员义工参与文明创建活动,开展交通协勤、清理垃圾、楼道亮化、文明劝导、网吧监管等先锋活动。认真做好"可爱玄武人"的典型培育工作,上报"可爱玄武人"候选人4名。维稳工作常抓不懈。共回归刑释解教人员33人,帮教率达100%,安置率达100%;目前街道在册矫正对象共24名,今年新接收矫正对象11名,解除14名。矫正类型主要为缓刑,以及假释1名;社区戒毒4人,在册人员47人;重点人员5人。针对不同人员的不同情况加大思想转化工作,本着"教育、挽救、感化"方针,加强社区矫正工作队伍的管理培训。深化网格化维稳工作机制,构建街、社区、楼幢三级调解、信息预警网络,实行包案责任制,切实维护一方平安。积极开展平安创建活动,提升治安防范水平。市政法委基层平安创建工作现场会,全市社会矛盾纠纷调处网格化管理工作推进现场会先后在玄武湖街道召开。

【社会事业】 2011年,街道重视深化和谐社区建设。板仓社区经过精心打造通过南京市精品社区验收,完成仙居雅苑社区办公房、板仓社区老年大学等建设。建立网上社区、社区QQ群等网络平台,拓宽社情民意搜集渠道,积极搭建社区民主议事平台,推广建立民主议事"3+2"工作法,板仓社区"铺路民主"为代表的社区公共民主决策机制引起社会广泛反响。调整仙鹤门地区社区设置,着手构建社区党组织、居委会、社区服务站、物管公司、社区民警、业主委员会六位一体社区管理服务"大网格"机制。劳动保障全面加强。新增就业岗位1974个,新增城镇单位就业362人,实现再就业550人,援助困难人员就业170人,培育自主创业者194人,创业就业带动就业1313人。完成职业指导360人,技能培训300人,创业培训140人,技能鉴定610人。共有低保户214户,共356人,累计发放低保金等各类救济救助资金212.7万元。提供就业岗位1974个,完成进度100%;新增就业人数600人,完成进度100%,下岗失业人员实现再就业550人,其中就业困难人员204人;利用玄武湖街道服务平台,开展针对农民工和外来务工人员的"春风行动"活动,筹集就业岗位140个,推荐岗位100个,成功介绍40人就业。全年小额贷款50万元。签订企业工资集体协商合同30家,调解劳务纠纷16起,完成进度106%,涉及劳动者人数26人,协助追讨工资及各类经济补偿约2.8万元;通知书面审查用人单位413家,督促、指导用人单位按期到相关劳动保障监察机构参加书面审查工作。养老保险扩面1370人,完成进度457%;培育自主创业者205人,创业带

3月17日，玄武湖街道举办仙鹤门地区被征地人员社会保障政策咨询会

动就业1243人；企业职工基本养老、医疗、失业、工伤、生育保险覆盖率均达到98%以上，完成进度100%。完成纳入社区退休人员免费健康体检工作4542人，完成进度133%，企业离退休人员生存验证6802人；走访慰问5280人次；社区服务5574人次，

【基层党建】 2011年，积极开展“五好班子”创建活动。坚持以“抓班子、抓队伍、抓制度”为手段，以创建“领导班子好、干部队伍好、工作机制好、工作业绩好、群众反映好”的“五好”党组织为目标，认真制定街道发展的近期目标和中长期规划，建立和完善考核激励机制，充分调动和发挥党员干部在街道经济社会发展中的核心领导作用和先锋模范作用，党组织的凝聚力、战斗力明显增强，各项工作成绩显著。加强基层组织和干部队伍建设。始终把发挥党组织战斗堡垒作用放在党建工作的首位，重视抓好班子建设，紧紧围绕经济建设、社会稳定、城市管理不断创新，把握方向，抓好决策，落实制度，促进各项工作指标的完成。用竞争增活力，推行科级干部竞争上岗、一般干部双向选择，激发干事创业活力。深入开展创先争优活动。以创建先进基层党组织、争当优秀共产党员为主要内容，认真开展创先争优活动。深入开展两新组织党组织组建工作。街道党工委下辖直属党总支8个（下设党支部39个），直属党支部12个（其中，非公企业党支部9个），共有党员1119名。街道现有机关干部91名，其中，公务员64名，事业编27名。街道下设9个社委会和1个村委会，现有社工93名。2011年，街道在两新组织中新建党组织15家。其中，隶属党工委的党支部7家，隶属社区党总支的党支部8家，覆盖企业400家，完成了区委组织部下达的目标，扩大了两新组织党组织覆盖面。

【省政法委副书记张新民到樱铁村社区视察工作】 10月29日下午，江苏省政法委副书记、综治办主任张新民带领省委组织部、省公安厅、省检察院、省司法厅、省民政厅等领导与参加“全省社会治安重点地区排查整治工作推进会”的市、县领导80多人，在区政法委书记易兵，区政府副区长、公安玄武分局局长胡士宁，玄武湖街道书记张可道陪同下，视察玄武湖街道樱铁村社区，参观老旧小区治理和“六进社区”工作成效。张新民一行到樱铁村社区服务大厅，看望社区工作者、了解社区工作情况，并详细询问“六进社区”工作的开展情况和居民的满意度。张新民对社区工作非常满意，并鼓励大家要以高度的责任心和事业心，做好老旧小区居民的服务管理和安全稳定工作，让更多的老百姓享受社会发展的成果，为小区居民营造一个良好的生活环境。张新民等领导还现场参观了出新后的老旧小区。

·社区建设·

【东方城社区】 东方城社区成立于1996年，东邻岔路口，南依紫金山，西沿宁栖路至经纬立交桥，北靠312国道。社区居委会办公地址位于拂晓园3号。社区现有多层住宅楼84幢，社区内有红山外来工子弟学校、东方城幼儿园、南京市车辆管理所、长江有限公司、王家湾交通产业集团、通保交通科技有限公司等单位。2011年，社区积极组织居民参与精神文明系列活动。参加“金陵五月风”群众艺术节；“七一”组织社区党员和部分居民前往奥体中心参加万人唱红歌活动。举办春节联欢会、党员红歌会、暑期青少年音乐沙龙、青少年暑期益智活动等。成立社区登山队、中老年乒乓球队并常年开展活动。不断探索“一居一品”和谐社区建设内容，成立社区“彩虹工作室”，延伸社区对居民自治、居民自发组织活动的协调支持，并开展特色小组工作。2011年，社区先后荣获南京市平安示范社区、殡葬改革工作先进单位、和谐示范社区、玄武区老年体育工作先进集体、先进基层党组织、玄武湖街道未成年人思想道德建设三等奖及“四个建设”先进集体等多项荣誉称号。

【蒋王庙社区】 蒋王庙社区成立于2000年5月，东至蒋王庙1号登山道口，南靠宁栖路，西临312国道，北与华新西路连接。社区居委会办公地址位于钟山山庄28号。现社区有居民楼60幢。社区设有一站式公共服务大厅、文化活动中心、“议事园”、社区党员义工服务站、居家养老服务室、警务室、图书室、计生卫生室、会员之家、青少年法制学校、社区综治办公室。社区内有省级保护文物李文忠陵墓、中国医学科学院皮肤病医院(研究所)、国家环保总局南京环科所、野生植物研究院等12家单位。社区柴乾岳老人自退休后几十年默默无闻的拾捡紫金山上的垃圾,被评为"南京市十佳好市民"及"南京市十大感动人物";在他的带动下,社区很多居民都参与到呵护母亲山的活动中来,每年社区都会举行以环保为主题的系列活动。社区关心博爱老年公寓居家养老服务,经常开展爱老、助老活动,义工到老年公寓为老人服务,帮忙打扫卫生,陪老人聊天、免费理发和测量血压等。社区党总支与南师大公共管理学院党支部结对共建多年。每年寒暑假期间,大学生志愿者到社区照顾困难家庭的孩子,义务为学生辅导学习,和学生一道开展丰富多彩的活动,深受社区居民和学生们的欢迎,被江苏省评为"优秀暑期社会实践基地"。社区先后获江苏省科普社区、江苏省充分就业社区、南京市一级模范居委会、南京市示范社区、南京市民主法治社区、南京市"六好"关工委、南京市巾帼文明社区、南京市先进老年人协会、玄武区和谐示范社区、玄武区计划生育有功单位、玄武区双拥共建先进集体等荣誉称号。

【樱驼花园社区】 樱驼花园社区成立于1996年10月,东临经五立交桥西南角,南邻宁栖公路,西有华新西路,北毗312国道。社区居委会办公地址位于怡静园8号。2011年,社区围绕"和谐你我舒适家园"为主题,树"樱驼文化"这一亮点,开展丰富多彩的社区文化活动。发挥"樱之歌"社区党员和志愿者两支队伍作用。义务治安巡逻500多次,义务教学30多次,帮助残疾人20多次。办好"樱之歌"社区"老年大学"。重点围绕养老服务、医疗服务、老年维权、生活照料、老年教育等方面,使得社区的老人在精神生活上得到满足,在养老生活上不愁,保健就医上方便,邻里和睦、关系融洽,独居生活不寂寞,物质文化生活丰富。社区建立了"樱之歌"校外教育辅导站,组建了心理健康辅导队、法制教育辅导队、思想道德教育辅导队、校外书法绘画辅导队和科普技能兴趣队。举办以"与好书相伴,与青奥同行"为主题的中小学生寒暑假社会实践活动。2011年,社区先后荣获江苏省科普文明社区、南京市示范社区、一级模范社区、模范职工之家、妇女工作示范社区、玄武区先进社区、文明社区、十大幸福社区等荣誉称号。

【聚宝山社区】 聚宝山社区成立于2010年1月,东以绕城公路为界,南以紫金山为界与栖霞马群接壤,西以刘王井为界,北至朝阳山。社区居委会办公地址位于玄武大道88号红豆街区8幢-3。社区有46幢楼、150幢别墅。社区内有索菲特大酒店、新华日报社、南京邮政中心局、南京钟山国际高尔夫俱乐部、北京东路小学阳光分校等单位及个体经营户约100家。2011年,对失业人员,社区劳动保障站结合辖区资源,开发就业岗位,全年共开发就业岗位200多个。对社区内老人,居委会经常上门慰问,做好居家养老服务。2011年,社区荣获玄武区未成年人零犯罪社区、平安社区、先进基层党组织、区长环保工作先进集体、安全生产工作先进集体、南京市绿色社区、关心下一代先进集体等荣誉称号。

【樱铁村社区】 樱铁村社区成立于1986年,东与车管所相邻,南至樱驼花园路,西到长途汽车站,北至312国道。社区居委会办公地址位于樱铁村小区22幢旁。社区内有44幢楼房,13个居民小组。社区内有上海铁路局南京办事处党校、铁路体育馆、老年人活动中心、铁路防疫站等单位。社区"金哨子"志愿者96人,火车头老人合唱团85人,五禽戏表演队10人,以及太极拳表演队等组织。2011年1月,社区物业正式入驻樱铁小区,从管理的规范性,公开性,透明性入手,构建起便民利民工作平台。治理小区治安薄弱环节,安装单元防盗门124个,新增防爬刺287个,增添监控探头17个,提升了小区技防覆盖率。社区邀请交警一大队指导规范划定200多个停车位、网格线、导向箭头、消防通道等禁停区域,安装了2个广角镜和交通管理标识牌。配合街道,拆除违建,建造5个封闭式非机动车停车棚,有效解决了乱停乱放,堵塞楼道以及自行车、助力车、摩托车停放安全问题。使老旧小区面貌发生根本性改变,受到樱铁村小区居民群众赞誉。"人防+技防",实现了小区有物管,门口有保安,24小时巡逻监控和防范,改善了内部管理秩序,提升了居民安全感,使小区整体环境明显改善,小区居民得到实实在在的实惠,造福更多老百姓。2011年,社区先后获得南京市民主法治示范社区、零家庭暴力先进集体、区计划生育先进集体、老龄工作先进集体等荣誉称号。

【板仓社区】 板仓社区成立于1963年,东至蒋王庙社区,南临紫金山,西接玄武湖,北接花园路7号。社区居委会办公地址位于板仓街100号钟麓花园11栋。现有居民小区16个,住宅楼86幢。社区内有中科院南京天文研制中心、南京市疾病预防控制中心金山医院、玄武湖社区卫生服务中心、玄武区法院锁金村法庭等企事业单位。2011年,社区服务主要有劳动和社会保障、计生、为老、低保救助等。为劳动年龄段被征地人员办理补缴保险登记,为已婚育龄妇女及外来务工的已婚育龄妇女进行免费健康检查,为下岗、无业的独生子女父母家庭办理奖励金,走访慰问孤寡老人和困难户,极大的缓解困难群众的生活压力,改善生活质量。

【仙鹤门社区】 仙鹤门社区成立于1962年,东与仙林街道毗邻,南接仙林大道,西连徐庄软件园,北至玄武大道。社区居委会办公地址位于仙居花园26号。社区共有居民楼77幢。2011年开展大型专业技能GYB创业培训和手工编织培训2场次,每月不定期与俺家小院、福中集团、江苏软件园等多家单位联合开展中、小型招聘会12场。全年挖掘空岗信息1600多个,推荐就业512人,彻底消灭零就业家庭。动员社会力量对社区低保边缘户进行结对帮扶。与区红十字会、仙鹤门社区卫生院等共建单位,对小区内患有高血压等慢性病的困难人群开展博爱助医项目,为他们提供免费上门医疗。结合开展"创先争优"活动,动员社区内区司法局、教会、党员义工等单位和个人对社区的困难群体资助,给予经济帮扶19000余元，帮扶235户次。与薛济民律师事务所结对共建，定期开展法律“直通车”活动。开展争当孝子孝女、创建五好家庭活动；组织5场广场居民自娱自乐歌舞会；组建社区仙鹤欢乐合唱队、腰鼓队、花棍舞队等社区民间组织；开展各类健康、法制、安全等教育讲座12场次，为居民文化交流，亲情交流搭建了平台。

【花园路社区】 花园路社区成立于1996年，东临华新西路，南至花园路5号（省经干院住宅楼）、8号（南京环保创业园），西临南京林业大学，北至玄武大道。社区居委会办公地址位于花园路70号。社区共有居民楼96幢。社区先后荣获玄武区和谐示范社区、基层武装工作先进集体、计划生育示范社区等荣誉称号。

【仙居雅苑社区】 仙居雅苑社区成立于2004年7月，东至紫东实验学校，南至仙鹤门3号路，西临宁芜铁路，北至百亩渔塘。社区居委会办公地址位于仙居华庭63幢。社区有居民楼116幢，多年来，社区始终坚持把创建和谐社区作为社区建设目标，坚持以服务居民为宗旨，以“热心办实事、真心换民心”为工作出发点和落脚点，不断加强社区民主自治，在管理上求突破，在服务上求创新。2011年，社区开展的校外辅导工作得到上级部门肯定，获南京市优秀校外教育辅导站称号。 （申留昌）

红山街道

·街道工作·

【概况】 红山街道位于南京市玄武区北部，地处城郊结合部，东靠南京长江二桥，西含红山城市森林动物园，南望紫金山，北抵栖霞和燕路。区域面积6.9平方公里。现辖9个社区居民委员会和2个村民委员会。在籍居民16464户、45417人、其中村民180户、327人。暂住人口45000人，约占街道总人口的51%。辖区内有省建材检测中心、依维柯公司、中北巴士公司等规模企业及事业单位。2011年，主要经济指标及重点项目完成目标任务。一般预算收入完成28237万元，必成目标的101.7%；固定资产投资完成60100万元，完成年度计划的100.1%；社会消费品零售总额完成112253万元，增幅4.2%。2011年，街道获得省级先进集体3个、省级先进个人15名；市级先进集体12个、市级先进个人33名；区级先进集体55个、区级先进个人124名。

【经济发展】 红山街道积极推进产业转型升级，推动经济建设平稳较快发展。2011年，街道承担经济和社会发展奋斗目标40项、工作目标4项、为民办实事项目12项。完成一般预算收入28237万元，完成目标101.7%；社会消费品零售总额完成112253万元，完成年度计划73.3%；固定资产投资总额完成60100万元，完成年度计划100.1%。经济发展整体大环境不容乐观，街道支柱产业汽车制造和房地产业受到很大影响，重点企业依维柯销量下滑、房地产严重滞销、汽车4S店库存加大，形势较为严峻。全力服务重点项目建设。一是红山商贸项目。成立专门班子，确定专人跟踪服务。在招投标后，积极与拿地单位江苏常发集团沟通，帮助企业完成南京公司的注册工作并协助其寻找合适的办公场所；二是小营南侧地块项目。与区投促局、区发改局等相关部门加快推进该项目运作，为小营南侧地块的升级做好前期规划设计工作；三是金闽大酒店项目。已成功引进扬州足春堂、金闽大酒店等企业，招商工作基本结束，入驻企业已开业。全力推动各项工作开展。加强对街道产业转型的研究。全力以赴抓好税源。协助本辖区经营的异地户做好转税工作，苏舜华德和苏舜明达2家大型4S店成功转户。加大对依维柯、东华集团等重点企业及建筑工地的走访力度，确保建安税和房产税的及时入库。加大重点企业帮扶力度。街道出资400余万对重点企业进行帮扶。

【街道环境】 不断提高城管工作力度，巩固全国文明城市创建成果。狠抓“重点整治”，促进城管工作水平。一是狠抓小区治理、物业管理、市容整治、环境保洁、道路整治五个重点整治，全力配合住建部门抓好辖区23条街巷、道路整治，13个小区雨污分流工程；完成营苑新寓、营苑西村、南汽和公交宿舍等老旧小区出新工程，积极推进丹霞路建设，及时清理建筑装修垃圾、卫生死角，街巷、院落、楼道的招贴，确保整治成效；实行“亮灯工

8月19日，区委常委、常务副区长曹曙到南汽依维柯公司调研企业发展情况

程”。街道自筹资金9万元，联合区住建部门在北苑小区开始试点安装楼道灯，方便居民出行，确保小区安全，根据效果计划以点带面、全面铺开，完成约15万平方米的住宅楼楼道亮化；加强与区环卫所的联动，积极开展星级化市容环卫责任区活动，新添置垃圾中转集装箱一个，更新垃圾桶38个，确保小区垃圾的及时清运。二是狠抓“清路治乱”，加强市容保障工作。对道路两侧灯箱、道旗、标识等各种户外广告进行拆除，共清理小广告120余处，整治流动摊点15处，占用盲道堆放材料施工2处；加强市容保障工作。对卫生死角、三乱、门头破损、无证广告标牌、占用盲道、农贸市场周边等违章现象按照“五个无”的标准集中整治，共清理卫生死角860余处，垃圾762车，清理楼道321栋，杂物64车。清理三乱52680处，拆除破损门头18处，广告牌10处。整治农贸市场周边83次。取缔无证、不规范摊点120家。三是狠抓“控违拆违”，提升行政执法力度。按照网格巡防及时调配布局人员力量，加强巡查监控和严管，从源头抓起，将违建控制在萌芽状态，坚决杜绝新违建的出现，全年共拆除违建46处，近14182平方米。四是狠抓“平台建设”，拓宽城管服务渠道。3月6日正式挂牌成立街道环境管理服务中心，并在社区(村)成立环境管理服务工作站；发挥数字平台作用。接收已立案的市级案件1193份，处理1083份，整改率91%；区级案件3169份，处理3158份，整改率99%；共接收4362份案件，处理4302份案件，整改率达到98%。做到信息收集、案卷建立、任务派遣、任务处理、处理反馈、核实结案和综合评价7个环节；抓好“12345”平台问题菜单的整改回复。全年通过“12345”平台已回复处理居民投诉605件。

【社会事业】 全面开展和谐社区建设，推进各项社会事业稳步前进。一是抓好社区基础设施建设。2011年，街道在社区基础设施建设上投入600多万元。打造墨香山庄精品社区。投入260多万元进行内部装修和各种服务功能设施的配置；改善红山社区办公用房。红山社区办公及居民活动用房建筑面积1400平方米，投入经费350万元，上半年投入使用；新建月苑社区邻里中心。在月苑六村西侧一处国有土地上自筹资金20万元，新建195平方米两层混合结构建筑，用于社区办公用房、社区老年活动中心和残疾人活动中心，年底前完成；改善曹后社区活动用房。街道投入8万多元，对原曹后社区一处近100平方米的平房进行改建和装修，7月投入使用；五是新建北苑门球场，街道投入20多万元，球场建筑面积达300多平方米，已于年初建成。二是推进社区“四全模式”建设。努力打造社区建设“三大平台”(治理平台、参与平台、服务平台)，促进和谐社区建设“全面知情、全程参与、全体受益、全域满意”的“四全模式”向纵深发展。打造社区治理平台、参与平台；完善社区各类服务，努力打造社区服务平台。突出抓好社区工作者队伍建设，修订了《红山街道社区工作者岗位管理规定及绩效考核办法（试行)》。加大社会救助工作力度。2011年，街道有低保户264户，500人，累计发放低保金1597859元；无固定收入重残人员42户，发放146800元；住房保障申请40户。区级临时救助8户11人，救助金额4596元；街道临时救助108户，救助金额44600元；区大重病救助24户，救助金额87517元；发放低保户一次性物价补贴163483元；六类边缘户一次性物价补贴8100元；街道春节慰问困难户351户，113200元；六类人员26户，发放慰问金18200元；向263户低保人员发放春节慰问金265650元，发放米、油等物品计7135元；民生暖心工程累计发放低保户苏果券2599户148958元；生命健康工程为低保户累计发放牛奶卡75张；端午节前，在街道残联领导的协调安排下，通过区残联联系社会热心人士捐助，为街道20户残疾人特困家庭发放生活补助20000元；为19户特困残疾人家庭，配发了熊猫牌21英寸的电视机。三是形成社区为民服务亮点。2011年，街道按照“一街一品牌，一居一特色”的发展思路，结合社区特点和居民群众的实际需求，在社区服务项目上形成新亮点。新增社区服务项目：北苑社区“新家园·新生活——帮助失地农民融入城市社区”、月苑社区“朝阳青少年心理疏导咨询服务”、营苑社区“托起明天的太阳——青少年托管服务”等；打造“学习创新”品牌。红山公园社区以老年大学特色推动社区建设，形成老年宜居社区的文化特色品牌，街道的“巾帼编织社”已经通过了市“来料加工示范基地”的验收，在带头人张惜的支持帮助指导下，创立了北苑社区“织女坊”；提升社区文化服务品质。结合墨香山庄精品社区的打造，把“金陵图书馆”搬到社区，建成面积近80平方米集电子和纸质为一体的综合图书阅览室。四是丰富社区创先争优活动内涵。营苑社区联合十三中红山分校开展文明问卷调查；北苑社区实行“便民服务卡、民情记录本、电话捆绑、就业信息公示栏”的“四创并举”法，拓展为民服务的内涵；红山公园社区“一个社区服务中心、一个文化活动中心、一个公园活动中心、一个社区卫生服务中心”的“四个一”工程建设创新服务模式。创新社区人才培养模式，落实区“1+5”政策。开展主任助理竞争上岗。将月苑、曹后、红山公园三个社区作为试点，配备主任助理岗位；开展归国留学人才专项调查，协助驻街企业引进留学归国人才2人。

【基层党建】 2011年，红山街道党建工作以深入开展“创先争优”活动为契机，围绕庆祝中国共产党成立90周年活动，以“文明路上党旗飘，全员认领践诺言”为主题，开展“党员认岗”活动，全体党员按照特长，认领护绿、爱心帮困等岗位；以“党在我心中，我在群众中”，创新党员义工活动形式，拓展爱心助学、帮困助残等系列爱心基金；积极开展“关爱弱者，情暖社区”阳光工程活动，党员“一对一”帮助困难群体排忧解难，全力打造红山特色党建工作品牌。引入绩效管理长效机制，出台街道党员干部绩效考核管理办法，完善了具体的考核体系，借助责任化目标分解，将德能勤绩廉等各方面指标融入进来，形成目标明确、责任清晰、督促有力的执行链条；在党风廉政作风建设方面，树立正确导向，认真贯彻落实《廉政准则》有关内容，充分运用典型案例深入开展廉政警示教育，召开专题民主生活会，借助责任化目标分解，将规范内部管理工作制度、工作落实、工作纪律等纳入日常监控体系，形成目标明确、责任清晰、督促有力的执行链条，切实增强公务人员拒腐防变能力。

【"五分钟服务圈"创新服务模式】 2011年，红山街道以"手拉手让新南京人住下来、心连心让新南京人生活好起来、肩并肩让新南京人贡献多起来"为目标，整合辖区资源，将街道范围内的"新南京人"服务中心、行政服务中心、社区卫生服务中心、红山派出所办证大厅、营苑幼儿园和月苑小学等纳入"五分钟服务圈"，并为流动人口提供很多贴近实际的服务。全国人大常委会副主任尹成杰到红山街道"新南京人"服务中心调研农民工工作，对红山街道"新南京人"服务中心五分钟服务圈的创新模式给予充分肯定和高度评价。"李养明工作站"是南京市第一个以党员民警名字命名的外来人口服务站。红山派出所优秀党员民警李养明为辖区"新南京人"提供关爱和服务，使这个原本治安复杂的"城中村"，成为南京市社区管理规范化的典范。外来人员到藤子社区第一件事就是租房子，李养明借此建立了房源交流信息，房东房客通过警务室互通信息。

·社区建设·

【北苑社区】 北苑社区成立于1995年，东至北苑东路，南临华飞路，西到北苑西路，北靠网板路。社区居委会办公地址位于北苑二村19幢-1号。社区内有华飞卫生所、栖霞烟酒、联华超市、北苑药店、北苑之星乐苑幼儿园、成贤街小学分校等单位。社区设有党建活动室、居家养老服务站、世代服务室、北极星早教服务基地、社区服务(志愿者服务)站、综合会议室、宣传橱窗、宣传栏、居务公开栏、社区居民学校等。近年来，社区以打造"和谐文明幸福社区"为宗旨，充分体现"以人为本"的服务理念，发挥社区工作人员的创造性，努力为居民提供满意的服务，从社区广大居民的实际需要出发，以"幸福北苑"、"和谐北苑"和"文明北苑"为总揽，采取有力措施，使社区文明建设取得明显成效。社区先后获江苏省文明社区、江苏省和谐示范社区，南京市绿色社区、市"六好"示范关工委、市远程教育示范站点、幸福社区、区社区示范党总支、平安社区、民主法治社区、健康社区、平安家庭示范社区、新型婚育文明建设示范社区、老龄工作规范化社区、禁毒工作先进集体、调解工作先进集体、社区科普先进集体等荣誉称号。

【营苑社区】 营苑社区成立于1998年3月，东以经五路，南以营苑南路，西以北苑东路，北与栖霞区接壤为界。社区居委会办公地址位于营苑北路8号祥和佳园1幢。社区由营苑东村、营苑西村、营苑新寓、祥和佳园4个自然小区组成，有居民住宅楼68幢。社区内有红山街道办事处、红山派出所、红山卫生院、苏果超市、大贺房地产公司、晶晶幼儿园、月苑农贸市场等单位。社区坚持"依托社区力量，整合社区资源，强化社区功能，解决社区问题，服务社区居民"的工作方针，以服务群众为宗旨，以提高居民生活质量和文明程度为目标，加强自我管理，自我教育、自我服务、自我监督，开展各种创建活动。社区有文体活动室，每天有社区居民和老年舞蹈队、模特队、民族舞蹈队在这里排练节目和开展娱乐活动。4月26日，社区老来俏舞蹈队参加街道第八届社区健身操比赛。5月17日，社区召开第一届社区运动会。"九九"重阳节，为50多位独居、空巢老人过生日。

【墨香山庄社区】 墨香山庄社区成立于2008年12月，由小营社区居委会更名而来。地处红山街道的东南面，东临农场山，南至沪宁铁路，西至经五路，北至兴贤佳园小区。社区居委会办公地址位于兴贤佳园修贤苑18—22幢一楼。社区邻里中心设有社区党建、社区综合治理、计生服务、社区环境保护、民政事务、劳动保障和社区警务室等服务窗口。坚持以服务居民为己任，以群众满意为标准，深化社区服务。社区老年人协会、关心下一代协会、残疾人协会、妇联协会、计划生育协会等充分发挥各自的作用，为居民服务。社区先后获全国农业普查先进集体、南京市六好社区关工委、南京市民主法治社区、南京市绿色社区、玄武区老龄工作先进单位、玄武区平安社区、玄武区和谐社区建设示范社区、玄武区人口与计划生育工作先进集体、玄武区廉政文化建设示范点和玄武区未成年人零犯罪社区等荣誉称号。

【月苑社区】 月苑社区成立于1997年，东至经五路，墨香山庄社区，南与藤子村，南汽厂区相邻，西到北苑东路，华飞彩色显像管有限公司，北至营苑南路与营苑社区一路之隔，与北苑社区相邻。社区居委会办公地址位于新苑路6号（月苑六村北侧）。社区由月苑一村、二村、三村、四村、五村、紫萝苑、紫藤苑、雯锦雅苑、北城新风和月苑综合楼所组成，共有78幢楼房。社区内有玄武区老年公寓、玄武区体育馆、月苑第一小学、十三中(红山分校)、南京市六一幼儿园红山分园、月苑双语幼儿园、玄武区园林建总、新动力汽配、皇家会所、博汉工贸、天工网络、足春堂保健等单位。月苑社区先后荣获江苏省科普先进社区、南京市一星级青年文明社区、南京市先进老年人协会、南京市"六好"关工委、南京市关心下一代先进集体、南京市殡葬改革先进单位、玄武区精神文明社区等荣誉称号。

【红山公园社区】 红山公园社区成立于2000年4月，地处红山路中段，东至东华模具公司围墙，南至中北的士公司围墙与东华模具公司围墙，西至红山动物园南大门围墙，北至红山动物园北大门围墙，十里长沟将下关区小市街道与我南北分割，北面至小白桥以北，与栖霞区迈皋桥街道十字街社区相邻，以红景路东面兵工物资学校围墙往南至红山路检查官学校围墙为界。社区居委会办公地址位于红山路157号-1。社区内有江苏省检察官学院、江苏省建科院、南京质检院、南京红山森林动物园、南汽职校、南京兵工物资学校、江苏天泓4S店、华夏医院、南汽研究院、新华书店仓库、海南马自达4S店、红森菜场、东华模具公司、依维柯变速箱公司等单位。2011年，社区利用社区文化活动站，临时文化场点，指导和组织社区居民开展丰富多彩的文化、体育、科普、教育、娱乐等活动，在社区形成了健康向上、崇尚科学、文明和谐的文化氛围。成功举办庆祝中国共产党成立90周年“光辉历程颂歌献给党”文艺演出。12月28日，红山老年大学成功举办第五学期汇报演出，通过精心编排的歌曲、舞蹈、模特、戏曲等节目向广大社区居民群众展现“老有所学、老有所乐、老有所为”的精神面貌。社区老年大学自2009年开办以来，开设8门课程，参加学习的老年人160余人。针对社区居民的多样化需求，突出“把群众的需求作为我们工作的追求”这一主线，努力形成社会福利服务、社区互助服务和市场有偿服务相结合的多类型、多层次、广覆盖的社区服务网络体系，满足各类需求，帮助社区居民排忧解难。社区先后荣获南京市2007~2009年度文明社区、2010年度群众体育工作先进单位、玄武区老年体育工作先进集体、社区教育名师课堂、社区教育示范社区、2010年度平安社区等荣誉称号。

【阳光嘉园社区】 阳光嘉园社区成立于2006年4月，东与藤子村比邻，南临京沪铁路，西以恒嘉路为界，北靠依维柯公司。社区居委会办公地址位于黑墨营98号。社区有住宅楼36幢。社区邻里服务中心设有社区党建、社区综合治理、民政事务、劳动保障、城市管理和社区警务室等服务窗口，承担党员组织关系转接、政策咨询、教育培训、困难救助、党员志愿服务、计划生育、医疗卫生、城市建设和管理、民政优抚、环境卫生综合治理、文化教育体育事业、老龄服务、困难帮扶以及其他综合服务事项。社区坚持以服务居民为己任，以群众满意为标准，深化社区服务，推进平安社区、文明社区、和谐社区创建，以建设美好嘉园为目标。社区党支部积极开展“建群众满意工程，创义工服务品牌”活动，带动社区内的各类组织、群体积极参与社区党建和社会管理。2011年，社区荣获南京市科普文明社区、南京市文明楼院、南京市廉政文化建设示范社区、南京市民主法治社区、南京市妇女工作示范社区、玄武区文明社区、玄武区平安创建示范社区等荣誉称号。

【藤子社区】 藤子社区成立于1997年3月，与藤子村村委会“村居合一”。东至伊刘村，与栖霞区兴卫村交界；南至沪宁城际铁路沿线，毗邻东恒阳光嘉园；西至过街村，以恒嘉路为界；北至南京华飞彩色显示系统有限公司围墙。社区居委会办公地址位于藤子村48号。社区邻里中心设有社区党建、社区综合治理、计生服务、社区环境保护、民政事务、劳动保障和社区警务室等服务窗口。社区服务中心设有图书室、电教室、棋牌室、乒乓球室、电脑室。全面开展工会、双拥、民兵、老年人协会、计划生育协会等活动。社区党支部为进一步促进党员队伍先进性的发挥，在广大党员群众中开展“学党史、跟党走”的主题教育活动，请党史专家讲课、重温入党誓词、唱红歌、看革命教育影片、举办中国共产党成立90周年文艺晚会等活动，用实际行动在各自岗位上创先争优，为党旗增辉添彩。社区关工委通过组织流动人口子女开展多场寓教于乐、喜闻乐见的夏令营活动，给孩子们提供交流机会，深受孩子们和家长的欢迎。社区先后获得“南京市文明村”、“玄武区人口与计划生育先进集体”、“玄武区先进基层武装单位”、“玄武区军事训练先进单位”等荣誉称号。

【红山社区】 红山社区成立于1994年，原沈阳村居委会调整到红山村。东起南汽黑墨营厂区，南及南京火车站，西临下关区黄家圩，北至十字街十里长沟，环抱红山森林动物园。社区居委会办公地址位于曹后村145号。红山社区是村居合一，三块牌子(红山村党支部、红山村民委员会、红山社区居民委员会)。现有三个自然片区：沈阳村片区、曹后村片区、黄家圩片区，三个村民小组，二个居民小组，社区坚持自我管理、服务群众的工作思路，以加强基层民主政治建设为抓手，以为村居民排难解忧为宗旨，倡导精神文明和社会公德，努力加强基层民主政治建设。2011年，社区关工委开展多场“关爱流动人口子女精神文化生活”为主题的活动，同时在青少年中进行道德、法制、科技等社会教育。以社区为平台，筹建五老志愿者队伍，依靠志愿者队伍爱心和活力，科学设计富有创新特点的关爱活动。通过社区志愿者队伍组织青少年与流动人口子女结对互助、社区结对青少年的父母直接参与关怀等活动方式，打造一个充满关爱和欢乐的社区大家庭。社区关工委成功组织和开展了世博知识总动员、关爱外来工子女赠书活动、参观科技中心、关爱健康从眼睛开始、走访养老院等数十项主题关爱活动，让社区的流动人口子女对明天充满信心和期望。开展丰富多样的主题活动，流动人口子女更好地融入到社会生活中，做一个自强不息、热爱生活的新南京人。社区先后获得省级村集体财务规范化先进集体、市级经济实力百强村、先进党支部、区军民共建精神文明活动示范社区、区社区综合治理先进集体、区计划生育先进集体、区先进基层武装单位、区农业普查先进集体、区优秀青年志愿服务队等荣誉称号。

【曹后社区】 曹后社区成立于2000年6月，东起红山路黄曹路口，紧依沪宁铁路线呈东西走向，南以黄曹路中间为界，西南均与红山村社委会相邻，北靠红山森林动物园围墙。社区居委会办公地址位于曹后村9号公交宿舍1、2栋旁。社区内有中北巴士公司、中北的士公司、栖霞教师进修学校等单位，社区共有7个住宅小区，70栋居民住宅楼。设有社区服务工作站、劳动保障站、医疗卫生服务站、社区警务室各1个；各种服务性民间组织13个；有幼儿园1所，社区卫生(计生)服务站1家。社区服务项目涵盖社区党建、社区综合治理、计生服务、社区环境保护、民政事务、劳动保障等。社区坚持把群众关心的热点、难点问题作为创建和谐社区的出发点和归宿点，以群众满意不满意、高兴不高兴、赞成不赞成作为社区工作好与不好的检验标准，不断提升广大社区居民满意度和幸福感。

（胡勤阶）

人物·光荣榜

Characters Honor Roll

- ●新任区级领导人
- ●新当选“中国好人”
- ●先进集体

新任区级领导人

储永宏

2011年6月6日，任中共玄武区委书记。

男，1967年1月出生，江苏东台人。1986年8月参加工作，1986年4月加入中国共产党。党校研究生学历。1986年8月起，历任南京市审计局工作人员、科员、副主任科员、主任科员；1994年2月，任市审计局商贸审计处副处长，挂职任市审计局会计审计师事务所副所长；1997年9月，任市审计局审计管理处处长；1998年1月，任市审计局副局长(聘)、党组成员；1999年3月，任市审计局副局长、党组成员；2001年5月，任市纪委常委、纪检监察一室主任，市监察局副局长；2003年1月，不再兼任市纪委纪检监察一室主任；2003年3月，任市审计局局长、党组书记；2004年6月，兼任市政府副秘书长；2008年6月，兼任建邺区委副书记、代区长；2008年7月，不再兼任市政府副秘书长，市审计局局长、党组书记；2009年1月，任建邺区委副书记、区长；2010年3月，兼任市财政局局长、党组书记；2010年4月起不再兼任建邺区委副书记、区长。

徐曙海

2011年6月6日，任中共玄武区委副书记；6月13日，在南京市玄武区第十六届人民代表大会常务委员会第二十六次会议上，被任命为玄武区人民政府副区长、代理区长，2012年3月30日，玄武区第十七届人民代表大会第一次会议当选玄武区人民政府区长。

男，1968年7月出生，江苏沭阳人。1990年6月参加工作，1993年7月加入中国共产党。研究生学历，博士学位。1990年6月，任共青团江苏省委学校部干部；1995年4月，任团省委办公室副科级干部；1995年9月起，任江苏省委办公厅宣传科教处助理秘书、秘书；1998年5月，任省委办公厅宣传科教处副处长、副处长（正处级）(其间：1998.06-2001.07援藏任拉萨市委副秘书长)；2002年9月，任栖霞区区长助理；2004年4月，任栖霞区政府副区长；2007年11月，任建邺区委常委、纪委书记；2008年9月，任市委副秘书长；2010年5月，任市委副秘书长、接待办公室主任。

苏　郑

2011年6月21日，任中共玄武区委常委；7月5日，在南京市玄武区第十六届人民代表大会常务委员会第二十七次会议上，被任命为玄武区人民政府副区长。

女，1962年6月出生，河南永城人。1983年10月参加工作，1991年11月加入中国共产党。党校研究生学历。1983年10月，任南京钢铁厂厂长办公室秘书；1985年11月，任鼓楼区检察院秘书、办公室副主任；1994年6月，任鼓楼区法制局局长助理；1995年3月，任鼓楼区政府办公室副主任；1995年11月，兼任鼓楼区商业网点办公室副主任；1996年9月，不再兼任鼓楼区政府办公室副主任；1997年1月，任鼓楼区鼓楼街道工委副书记、办事处主任；1999年6月，任鼓楼区鼓楼街道工委书记；2000年2月，任鼓楼区委办公室主任；2002年4月，任鼓楼区政府区长助理；2003年1月，任鼓楼区政府副区长；2007年11月，任鼓楼区委常委、宣传部部长。

宗在卿

2011年5月10日，任中共玄武区委常委。

男，1967年5月出生，安徽郎溪人。1984年10月参加工作，1987年4月加入中国共产党。本科学历。1984年10月任中国人民解放军十二集团军步兵179师535团战士；1987年9月，任南昌陆军学院学员；1989年7月起，历任十二集团军步兵179师535团排长，师司令部作训科副连职参谋，537团连长；1994年10月，任南京军区司令部办公室正连职秘书、副营职秘书；1999年8月起，历任南京军区司令部动员部训练装备处正营职参谋、副团职参谋、正团职参谋；2007年3月，任南京军区学生军训工作办公室正团职副主任；2008年2月，任高淳县人武部长；2010年5月，任玄武区人武部部长。

周　雯

2011年6月21日，任中共玄武区委常委、宣传部部长。

女，1968年4月出生，江苏常熟人。1992年7月参加工作，1989年4月加入中国共产党。研究生学历，博士学位。1992年7月起到江苏省环境监测中心工作，历任省环境监测中心助理工程师、省环境监测中心团支部书记、监测科副科长、工程师、省环保厅团委副书记；高级工程师、主任工程师；2001年8月，任常州市环保局副局长、党组成员；2001年12月，兼任常州市环境监测站站长、党支部书记，常州市环保局党总支书记；2002年10月，任常州市环保局局长、党组书记；2005 年 6 月至 2005 年 9 月期间，参加江苏省委组织部组织的第九期高级经济管理人才研究班学习。2007 年 1 月，任雨花台区人民政府副区长、党组成员。

滕　涛

2011 年 6 月 21 日，任中共玄武区委常委、统战部部长。

男，1970 年 10 月出生，江苏南京人。1991 年 8 月参加工作，1991 年 6 月加入中国共产党。党校研究生学历。1991 年 8 月，任南京师范大学附属小学教师、政教主任；1994 年 8 月，任高楼门小学副校长、支部副书记(主持工作)；1995 年 8 月，任长江路小学副校长、支部书记；1998 年 7 月，任长江路小学校长；2000 年 7 月，任玄武区委宣传部副部长；2005 年 11 月，兼任玄武区精神文明办公室主任；2006 年 5 月，任玄武区锁金村街道工委副书记、办事处主任；2007 年 6 月，任锁金村街道工委书记；2007 年 12 月，任玄武区委办公室主任。

新当选“中国好人”

邵广田

中北的士公司担任出租车驾驶员、服务明星总队队员。2010 年邵广田获得“江苏省十大见义勇为好司机”、“南京市好市民”殊荣，2011 年 2 月当选“中国好人”。

男，1968 年 7 月出生，江苏六合人。

1996 年至 2011 年，在中北的士公司开出租车期间，他处处以雷锋为榜样，弘扬雷锋精神，优质服务，敬老助残，播撒爱心，传送文明。帮助被困在暴雨中的 90 多个自闭症孩子安全转移、英勇冲进爆燃事故第一现场进行救援、免费将昏迷不醒的女童送到医院抢救、和队员爱心接力帮助盐城患儿接送至儿童医院接受治疗……开车多年来，邵广田所做的好事不胜枚举。他处处为乘客着想，始终坚持做好优质服务工作，把一颗爱心无私地奉献给了每一位乘客。乘客们夸奖邵广田的车是南京市民的“服务车”、外地游客的“导游车”、老弱病残的“雷锋车”。

先进集体

国家级先进

获奖单位	荣誉称号	授予单位	授予时间
玄武区	白内障无障碍区	江苏省残疾人联合会	2009 年 4 月
玄武门街道	国家全民健身工程示范项目	国家体育总局	2010 年 6 月
区总工会	全国推进女职工权益保护专项集体合同工作先进单位	中华全国总工会、女职工委员会	2010 年 12 月
档案局	国家三级档案馆	国家档案局	2011 年
检察院	全国文明接待室	最高人民检察院	2011 年
区总工会	全国工会基层组织建设创新成果二等奖	中华全国总工会	2011 年 1 月
锁金村街道	全国社区教育示范街道	中国成人教育协会、社区教育专业委员会	2011 年 1 月
新街口街道	第二次全国经济普查先进集体	国务院第二次全国经济普查领导小组	2011 年 1 月
玄武区	2011-2015 年度全国科普示范县(市、区)	中国科学技术协会	2011 年 5 月
锁金村街道	全国人口和计划生育依法行政示范街道	国家人口计生委	2011 年 5 月
锁金村街道	全国“创先争优在社区”优秀奖	民政部	2011 年 6 月
区少年宫、北京东路小学、理工大学实验小学、珠江路小学、南师附小、孝陵卫中心小学	全国中小学绘画、书法作品比赛“组织工作先进集体奖”	国家教育部艺术教育委员会	2011 年 6 月
玄武中专	全国啦啦操锦标赛冠军	国家体育总局体操运动管理中心	2011 年 6 月
第九中学	全国第 11 届中学生运动会男篮亚军	国家体育总局	2011 年 7 月
司法局	全国青少年普法教育先进单位	中华人民共和国司法部、中央社会治安综合治理委员会办公室、中央关心下一代工作委员会	2011 年 7 月

续表

获奖单位	荣誉称号	授予单位	授予时间
教育局	全国青少年科技创新大赛基层赛事优秀组织单位	中国科学技术协会	2011年8月
安监局	全国安全生产月活动优秀单位	国家安全生产监督管理总局	2011年9月
长江路小学	全国啦啦操锦标赛小学组团体一等奖	国家体育总局体操运动管理中心	2011年9月
徐管委	全国版权示范园区	国家版权局	2011年9月
玄武区	2011年全国县市科技进步考核先进集体	国家科技部	2011年11月
玄武门街道	全国百家示范城镇(街道)工会	中华全国总工会	2011年12月
香铺营社区	全国妇联基层组织建设示范社区	中华全国妇女联合会	2011年12月
锁三社区	全国老年宜居社区	国家老龄委	2011年12月
民政局	全国民政系统先进集体	民政部	2012年3月

省级先进

获奖单位	荣誉称号	授予单位	授予时间
锁金村街道	江苏省社会治安综合治理先进集体	江苏省委、省政府	2006~2010年
第十三中学	江苏省第四届学校体育舞蹈锦标赛优秀组织奖	省教育厅、省体育局	2010年11月
法制办	江苏省县级政府法制工作规范化建设示范单位	江苏省人民政府法制办公室	2010年12月
新街口街道	江苏省文明单位	江苏省精神文明建设指导委员会	2010年12月
长江路小学	江苏省消防安全教育示范学校	江苏省公安厅、江苏省教育厅	2010年12月
宇花小学	江苏省千校万师支援农村教育工程先进学校	江苏省教育厅	2010年12月
小营小学、珠江路小学	江苏省模范教职工之家	江苏省教育科技工会	2010年12月
玄武中专	江苏省第十七届科技模型竞赛电子百拼一等奖	江苏省教育厅、江苏省科学技术协会	2010年12月
政法委	江苏省2006~2010年社会治安综合治理先进集体	江苏省委、省政府	2011年
人社局	江苏省人力资源和社会保障系统2008~2010年度优质服务窗口	江苏省人力资源和社会保障局	2011年
人社局	江苏省示范农民工综合服务中心	江苏省农民工工作领导小组	2011年
区疾控中心	江苏省“模范职工小家”	江苏省总工会	2011年
北苑社区	江苏省和谐示范社区	江苏省民政厅	2011年1月
红山街道	江苏省农民工综合服务中心示范单位	江苏省农民工综合服务领导小组办公室	2011年
法院	江苏省司法公开示范法院	江苏省高级人民法院	2011年1月
科技局	2010年度全省市县防震减灾工作综合评比优秀奖	江苏地震局	2011年1月
国税局	江苏省精神文明建设先进集体	江苏省精神文明建设指导委员会	2011年1月
城管局	江苏省城市管理行政执法工作先进集体	江苏省人民政府法制工作办公室	2011年1月
天山路社区	江苏省综合减灾示范社区	江苏省减灾委员会、江苏省民政厅	2012年1月
物价局	江苏省价格系统先进集体	江苏省物价局	2012年1月
唱经楼社区	江苏省民主法治示范社区	江苏省依法治省领导小组	2012年2月
玄武教育网	江苏省优秀教育门户网站	江苏省教育厅	2011年2月
政府办	江苏省政务信息工作先进单位	江苏省政府办公厅	2011年2月
玄武门街道	江苏省住房保障优质服务窗口	江苏省住房和城乡建设厅	2011年2月

续表

获奖单位	荣誉称号	授予单位	授予时间
计生局	江苏省“十一五”时期计划生育药具工作先进集体	江苏省人口和计划生育委员会	2011 年 3 月
新街口街道	江苏省优秀青年志愿者服务项目	共青团江苏省委、江苏省志愿者协会	2011 年 3 月
锁金村第二小学	江苏省第十批“绿色学校”	江苏省环境保护厅、江苏省教育厅	2011 年 3 月
法院	江苏省法院先进集体二等功	江苏省高级人民法院	2011 年 4 月
玄武区	江苏省人口协调发展先进县	江苏省人民政府	2011 年 4 月
北门桥社区	江苏省地震安全示范社区	江苏省地震局	2011 年 4 月
锁金村法庭	江苏省审判管理工作先进集体	江苏省高级人民法院	2011 年 4 月
看守所	江苏省看守所管理机制创新示范单位	江苏省公安厅监所管理总队	2011 年 4 月
天山路社区	江苏省地震安全示范社区	江苏省地震局	2011 年 4 月
小营小学	江苏省“培养足球后备人才重点学校”	江苏省体育局	2011 年 5 月
锁金新村第一小学、海英小学、小营小学、成贤街小学分校、长江路小学、樱花小学、红山小学	江苏省“平安校园”	江苏省教育厅、江苏省综治办、江苏省公安厅	2011 年 5 月
看守所	江苏省安全文明示范监所	江苏省公安厅	2011 年 5 月
公安分局办证中心	江苏省公安系统青年文明号	共青团江苏省委、江苏省公安厅	2011 年 5 月
后宰门派出所	先进基层党组织	中共江苏省公安厅委员会	2011 年 6 月
教育局	江苏省第二十二届青少年科技创新大赛优秀组织奖	江苏省教育厅，江苏省科学技术协会，江苏省知识产权局	2011 年 6 月
计生局	江苏省人口和计划生育工作先进集体	江苏省人口和计划生育委员会	2011 年 6 月
计生局	江苏省人口和计划生育依法行政先进集体	江苏省人口和计划生育委员会	2011 年 6 月
锁三社区	江苏省妇联基层组织建设示范社区	江苏省妇女联合会	2011 年 6 月
新庄社区	江苏省“百优志愿服务项目”	江苏省委、省志愿者协会	2011 年 7 月
司法局	江苏省 2006~2010 年法制宣传教育先进单位	中共江苏省委宣传部、江苏省司法厅	2011 年 7 月
环保局	江苏省排污收费工作先进单位	江苏省环保厅	2011 年 7 月
卫生局	江苏省卫生系统创先争优先进基层党组织	江苏省卫生系统创先争优活动指导小组	2011 年 7 月
玄武高级中学梅园校区	江苏省第十八届中学生排球比赛高中男子组第一名	江苏省教育厅、江苏省体育局	2011 年 8 月
玄武中专	江苏省 2011 年职业院校技能大赛先进单位	江苏省教育厅	2011 年 9 月
玄武门街道	第六次全国人口普查先进集体	江苏省统计局、江苏省人口普查领导小组办公室	2011 年 9 月
锁金村街道	江苏省妇女儿童之家	江苏省妇女联合会	2011 年 9 月
锁金村街道	江苏省关心下一代工作先进单位	江苏省文明办、省关心下一代工作委员会	2011 年 9 月
珠江路小学	江苏省规范汉字书写教育特色学校	江苏省教育厅、江苏省语言文字工作委员会	2011 年 10 月
锁金村街道	江苏省示范性居家养老服务中心	江苏省民政厅、老龄委	2011 年 10 月
后宰门街道	江苏省省级社区党员远程教育示范点	中共江苏省委组织部	2011 年 10 月
锁金村街道	江苏省全民科学素质工作先进单位	江苏省科学技术协会	2011 年 10 月
同仁街社区卫生服务中心	江苏省中医特色社区卫生服务示范中心	江苏省中医药管理局	2011 年 10 月
环保局	江苏省核与辐射安全管理先进集体	江苏省环保厅	2011 年 11 月
新街口街道	江苏省全民健身活动先进单位	江苏省体育局	2011 年 11 月
新街口街道	江苏省省级健身俱乐部	江苏省体育局	2011 年 11 月
锁金村街道	江苏省级街道残疾人托养机构达标单位	江苏省残疾人联合会	2011 年 11 月
锁金村街道	江苏省老年体育示范单位	江苏省体育局	2011 年 11 月
锁金村街道	江苏省公共文化服务体系示范街道	江苏省文化局	2011 年 11 月
锁金村街道	江苏省尊老爱老工作先进单位	江苏省老龄委	2011 年 11 月

续表

获奖单位	荣誉称号	授予单位	授予时间
锁金村街道	江苏省和谐社区建设示范街道	江苏省民政厅	2011 年 11 月
孝陵卫街道	江苏省社区矫正工作先进集体	江苏省综治委特殊人群服务管理工作领导小组	2011 年 11 月
孝陵卫街道	江苏省平安家庭示范乡镇(街道)	江苏省维护妇女儿童合法权益联席会议暨“平安家庭”创建活动领导小组	2011 年 11 月
成贤街社区	江苏省平安家庭创建活动示范村(社区)	江苏省维护妇女儿童合法权益联席会议暨“平安家庭”创建活动领导小组	2011 年 11 月
玄武区	江苏省 2009~2010 年度人才工作先进县	江苏省人才工作领导小组	2011 年 12 月
民政局	江苏省民政工作先进集体	江苏省民政厅	2011 年 12 月
民政局	江苏省民政宣传工作先进集体	江苏省民政厅	2011 年 12 月
文化局	江苏省“扫黄打非”先进单位	江苏省扫黄打非工作领导小组	2011 年 12 月
卫生局	江苏省社区中医药先进单位	江苏省中医药局	2011 年 12 月
区总工会	江苏省工会经审工作先进集体	江苏省总工会	2011 年 12 月
区妇联	江苏省实施妇女儿童发展规划先进集体	江苏省妇女儿童工作委员会	2011 年 12 月
徐管委	江苏省模范劳动关系和谐工业园区	江苏省人口资源和社会保障局	2011 年 12 月
区法院民一庭	江苏省法院涉诉矛盾纠纷化解工作先进集体	江苏省高级人民法院	2011 年 12 月
台城花园社区	江苏省人口和计划生育基层群众自治示范村(居)	江苏省人口和计划生育委员会	2011 年 12 月
锁三社区	江苏省人口和计划生育基层群众自治示范村(居)	江苏省人口和计划生育委员会	2011 年 12 月

市级先进

获奖单位	荣誉称号	授予单位	授予时间
玄武区	南京市保险扩面征缴工作先进单位	中共南京市委、南京市人民政府	2011 年
红山街道	南京市流动人口服务管理工作先进集体	南京市流动人口服务管理工作领导小组	2011 年 3 月
玄武区	南京市文化产业发展先进区县	中共南京市委宣传部	2011 年 5 月
锁三社区	南京市廉政文化示范点	中共南京市纪律检查委员会	2011 年 6 月
台城花园社区	南京市先进基层党组织	中共南京市委	2011 年 7 月
锁金村街道	南京市法制宣传教育先进集体	中共南京市委、南京市人民政府	2011 年 7 月
红山街道	南京市“农行杯爱国主义歌曲大家唱”红歌嘹亮,闪耀金陵优胜奖	中共南京市委宣传部	2011 年 7 月
卫生局、公安分局、玄武门街道、后宰门街道	南京市“十一五”人口和计划生育工作先进集体	中共南京市委、南京市人民政府	2011 年 8 月
玄武区	南京市经济政治文化社会建设(“五五”普法)有功单位	中共南京市委、南京市人民政府	2011 年 9 月
后宰门街道	第六次全国人口普查先进集体	南京市第六次全国人口普查领导小组	2011 年 10 月
新街口街道	南京市征兵工作先进单位	南京市人民政府、南京警备区	2011 年 11 月
后宰门街道	南京市防灾减灾示范社区	南京市社区减灾工作领导小组南京市民政局	2011 年 12 月
公安分局、教育局、锁金村街道	南京市经济政治文化社会建设(“五五”普法)先进集体	中共南京市委、南京市人民政府	2011 年 12 月
南师附小	南京市经济政治文化社会建设(“五五”普法)有功单位	中共南京市委、南京市人民政府	2011 年 12 月
玄武区	南京市平安南京建设先进区(县)先进单位	中共南京市委、南京市人民政府	2012 年 2 月

统计资料

Statistics

- 综合
- 人口
- 科技·教育
- 人民生活

综　合

地区生产总值完成情况

单位:亿元

评价口径	本期止累计	较上年同期		完成年计划%
		现价增幅±%	可比价增幅±%	
地区生产总值	336.83	19.6	12.1	105.59
第一产业	–	–	–	
第二产业	27.08	8.1	3.2	
工业	11.45	17.7	13.4	
规模以上	9.26	19.9	15.5	
规模以下	2.19	9.1	5.1	
建筑业	15.63	2.0	-3.3	
第三产业	309.75	20.8	13.0	106.81
交通运输仓储业	21.46	22.0	14.0	
信息传输、计算机服务和软件业	8.68	19.0	19.0	
批发和零售业	77.48	24.6	19.4	
批发业	60.40	24.5	19.4	
零售业	17.08	24.6	19.5	
住宿和餐饮业	16.06	20.4	12.4	
住宿业	7.91	18.3	12.3	
餐饮业	8.15	22.5	12.6	
房地产业	27.39	14.0	-9.7	
房地产开发经营业	17.80	11.5	-21.0	
物业管理与房地产中介服务	3.25	36.1	29.0	
居民自有住房	6.34	11.8	6.0	
其他服务业	158.68	20.2	13.7	
其他营利性服务业	37.44	23.8	16.2	
其他非营利性服务业	121.24	19.1	13.0	
公共管理和社会组织	35.89	14.4	8.5	
除公共管理和社会组织外的	85.36	21.2	15.0	

备注:绝对值按现行价格计算,增长速度按可比价格计算。

全区服务业增加值完成情况

单位:万元

街道名称	年计划	本期止累计	可比价增幅±%	完成年计划%
全区合计	1778055	1888152	14.0	106.19
梅园新村街道	243860	254956	12.2	104.55
新街口街道	711384	766232	15.6	107.71

续表

街道名称	年计划	本期止累计	可比价增幅±%	完成年计划%
玄武门街道	238179	251469	13.3	105.58
后宰门街道	151952	157924	11.6	103.93
锁金村街道	96584	101606	12.9	105.20
红山街道	22481	23365	11.6	103.93
孝陵卫街道	254743	270537	14.0	106.20
玄武湖街道	58872	62063	13.2	105.42

全社会固定资产投资完成情况

单位:万元

指标内容	本期止累计	同比±%	完成年计划%
合　　计	855113	-6.6	100.6
其中:工业投资	41851	-34.2	-
民间投资	544361	-14.8	-
城镇固定资产投资	373508	2.3	-
房地产开发投资	481605	-12.6	-

房地产开发投资完成情况

指标内容	计量单位	本期止累计	同比±%
房地产开发投资额	万元	481605	-12.6
其中:配套工程投资	万元	12672	46.0
1.按工程用途分			
住宅	万元	266666	-26.3
办公楼	万元	55318	96.0
商业用房	万元	80327	18.5
其他	万元	79294	-14.7
2.房屋建设面积			
施工面积	平方米	3436273	6.0
其中:住宅	平方米	1776991	-6.4
竣工面积	平方米	553813	7.2
其中:住宅	平方米	362347	1.3
3.商品房销售面积	平方米	140519	-67.9
其中:住宅	平方米	110698	-68.9
4.房屋销售额	万元	292621	-57.2
其中:住宅	万元	199380	-65.6

注:商品房销售面积包括现房销售面积和期房销售面积;销售额同指。

全区固定资产投资完成情况

单位：万元

部门名称	年计划	本期止累计	完成年计划%
全区合计	850000	855113	100.60
其中：梅园新村街道	90000	92804	103.12
新街口街道	250000	250102	100.04
玄武门街道	70000	74500	106.43
后宰门街道	60000	46632	77.72
锁金村街道	40000	40005	100.01
红山街道	60000	60115	100.19
孝陵卫街道	50000	52063	104.13
玄武湖街道	80000	83423	104.28
住建局	60000	62038	103.40
教育局	1000	1400	140.00
徐庄管委会	90000	92031	102.26

注：2011 年市计划 80 亿元，区计划 85.1 亿元。

社会消费品零售总额完成情况

单位：万元

项　　目	本期止累计	去年同期	同比±%
社会消费品零售总额	3083902	2622366	17.6
一、按行业分组			
(一)批发和零售业	2485491	2119056	17.3
其中：限额以上企业	1508874	1226715	23.0
(二)住宿业	100634	61602	63.4
其中：限额以上企业	70342	51448	36.7
(三)餐饮业	148603	142396	4.4
其中：限额以上企业	78072	72798	7.2
(四)市局分割连锁企业	349174	299312	16.7
二、按登记注册类型分			
(一)国有经济	131365	109900	19.5
(二)集体经济	202869	179406	13.1
(三)私营经济	1088181	933568	16.6
(四)个体经济	414277	346898	19.4
(五)联营经济	94814	81512	16.3
(六)股份制经济	731209	611008	19.7
(七)外商投资经济	8101	6920	17.1
(八)港澳台投资经济	9428	8106	16.3
(九)其他经济	54484	45736	19.1
(十)市局分割连锁企业	349174	299312	16.7

备注：本表数据产业活动单位按所在地划分。

全区社会消费品零售总额完成情况

单位：万元

	年计划	本期止累计	同比±%	完成年计划%
合　计	3081280	3083902	17.6	100.1
梅园新村街道	199049	200982	18.6	101.0
新街口街道	441525	494950	31.7	112.1
玄武门街道	53068	86515	91.6	163.0
后宰门街道	302138	197762	-23.1	65.5
锁金村街道	243594	298332	43.9	122.5
红山街道	153144	112253	-13.9	73.3
孝陵卫街道	23511	23620	18.0	100.5
玄武湖街道	166554	161880	14.2	97.2
区直报、连锁及限下企业	1498697	1507608	18.2	100.6

外向型经济完成情况

单位：万美元

	年计划	本期止累计	同比±%	完成年计划%
实际到账注册资金	10000	10143	15.3	101.4
外贸出口额	209000	253029	36.5	121.1
对外劳务输出营业额	60	63	-	105.0
服务外包执行额	55000	58655	41	106.6

人　口

玄武区 2011 年末户籍人口

地区	总户数(户)	总人口(人)			性别比	2010 年人口
		合计	男	女		
玄武区	142025	512515	263394	249121	105.73	514920
玄武湖街道	15295	42078	20948	21130	99.14	41242
后宰门街道	17919	50769	24431	26338	92.76	50852
梅园新村街道	16842	98624	53187	45437	117.06	98984
锁金村街道	13306	52236	26011	26225	99.18	54893
孝陵卫街道	23414	92368	48093	44275	108.62	92603
新街口街道	26025	93793	49211	44582	110.38	95319
玄武门街道	12760	37230	18544	18686	99.24	37290
红山街道	16464	45417	22969	22448	102.32	43737

注：上年年鉴中所述“2010 年全区总人口数 514914”来自区公安分局。

玄武区 2011 年人口变动情况

单位：人

		总人数	男	女
增加数	出生	3618	1895	1723
	市外迁入	22549		
	市内移入	9503		
	其他	10		
减少数	死亡	2065	1178	887
	迁往市外	20504		
	市内移出	13771		
	其他	101		

科技·教育

2011 年专利产出情况

类　别	累计(件)	同比增长%
专利申请总量	5143	44.14
发明专利申请量	2276	33.96
专利授权总量	2830	73.3
发明专利授权量	977	48.48

2011年玄武区专利申请与授权量构成

	发明	实用新型	外观设计	院校	科研	企业	机关	个人	合计
申请量	2276	1088	1779	3137	507	463	22	1014	5143
授权量	977	1081	772	1765	268	508	19	270	2830

玄武区 2011/2012 学年初幼儿园班级、学生数、办学条件基本情况

学校名称	班数(个)	入园人数(人)	在园人数(人)	离园人数(人)	幼儿园占地及校舍面积(平方米)				户外活动场地(平方米)	图书(册)
					占地面积	建筑面积	教学及辅助用房	行政办公用房		
总计	382	3478	11768	3027	152199	94145.66	65479.66	8897	59969	139251
北京东路小学附属幼儿园	9	70	297	73	3248	3247	1890	160	2000	4000
半山园小学附属幼儿园	7	87	211	66	1410	1179	794	285	716	550
长江路小学幼儿园	8	81	230	91	3052	1385	1150	155	1258	3420
逸仙小学附属幼儿园	7	135	191	40	3000	2246	1398	104	1899	6000

续表

学校名称	班数(个)	入园人数(人)	在园人数(人)	离园人数(人)	幼儿园占地及校舍面积(平方米)				户外活动场地(平方米)	图书(册)
					占地面积	建筑面积	教学及辅助用房	行政办公用房		
锁金村第二小学附属幼儿园	10	90	302	90	3600	1677	1399	183	1600	3126
珠江路小学附属幼儿园	11	85	350	97	4554	2860	2111	508	974	9884
玄武区玄武门幼儿园	8	106	218	81	3385	2500	1720	260	655	2100
长江路小学附属银城双语幼儿园	9	101	331	72	7000	3650	2790	120	2950	3100
孝陵卫小学附属幼儿园	7	70	226	65	3813	2518	1618	86	1500	2300
南京理工大学附属幼儿园	16	141	511	152	7000	3878.66	2535.66	176	1947	5700
东南大学后勤服务集团幼儿园	17	133	495	141	6751	4023	3454	120	2347	3705
南京体育学院附属幼儿园	5	32	152	38	3285	1200	694	13	740	1037
南京农业大学附属幼儿园	12	108	353	91	3078	3047	2536	199	2050	3589
玄武区钟灵农科苑幼儿园	10	94	262	31	4200	3060	2780	100	1000	1700
海军指挥学院政治部幼儿园	12	96	381	105	5000	1698	1258	200	3300	5872
七三六一〇部队香禾幼儿园	9	65	248	72	3307	3307	1095	1182	2306	
南京军区南京实验幼儿园	16	134	539	140	11340	4274	3391	106	2589	21000
南京前线幼儿园	7	94	270	74	2137	2087	1607	60	1160	2320
南空后勤部机关幼儿园	13	111	438	107	4997	3612	2588	180	1350	4400
南京军区空军直属机关幼儿园	16	111	545	144	7452	5183	3198	594	1665	2000
南京军区政治部小天鹅幼儿园	16	163	544	179	7500	5004	3864	414	2470	12000
七三六八一部队幼儿园	9	60	270	60	3770	1260	820	40	1400	2000
南京市市级机关幼儿园	16	144	512	142	5163	1898	1552	170	2600	3745
南京熊猫公司御道街幼儿园	12	114	438	97	4800	4127	1705	1362	2700	4600
锁金新村第一小学附属幼儿园	11	126	335	76	2500	1031	801	30	1050	3200
南京熊猫公司后宰门幼儿园	6	42	191	38	2324	1242	905	170	1300	1500
玄武区如意幼儿园	8	77	287	80	1925	2286	1701	97	1209	5180
玄武区花红园幼儿园	5	35	183	39	1057	650	500	50	450	1500
玄武区钟山幼儿园	7	72	206	61	1563	982	776	18	700	2000
玄武区锁金村第一幼儿园	7	67	213	37	3265	1255	934	73	1285	2361
玄武区行知实验幼儿园	6	30	171	50	2200	900	700	40	980	2600
玄武区华星艺术幼儿园	4	33	90	10	2800	2350	800	850	1000	600
玄武区小哈佛双语幼儿园	11	151	305	52	1700	1440	1120	80	780	1000
玄武区淘淘幼儿园	28	186	649	221	7280	4550	3576	47	1700	3180
玄武区樱花双语艺术幼儿园	8	76	252	68	2644	1697	1357	30	1326	3000
玄武区红山幼儿园	14	89	419	28	5582	3878	2969	528	3460	4782
北京东路小学附属幼儿园分园	5	69	153	19	4517	2964	1393	107	1553	200

玄武区 2011/2012 学年初幼儿园教职工数、专任教师学历和职称情况

单位：人

	教职工	专任教师	专任教师按学历分					专任教师按职称分					
			研究生毕业	本科毕业	专科毕业	高中阶段毕业	高中阶段毕业以下	中学高级	小学高级	小学一级	小学二级	小学三级	未评职称
总计	1476	772	14	288	439	31		1	266	201	65	18	221
北京东路小学附属幼儿园	27	20	2	17	1				10	6			4
半山园小学附属幼儿园	21	15		9	6				12	3			
长江路小学幼儿园	31	15		7	8				12	1	1		1
逸仙小学附属幼儿园	23	14		14					12	2			
锁金村第二小学附属幼儿园	27	22		6	16				14	7			1
珠江路小学附属幼儿园	34	21	1	17	3				18	3			
玄武区玄武门幼儿园	21	15	6	9					10	5			
长江路小学附属银城双语幼儿园	38	19		12	7					13			6
孝陵卫小学附属幼儿园	21	14		7	5	2			4	7			3
南京理工大学附属幼儿园	67	35		14	21				17	10			8
东南大学后勤服务集团幼儿园	72	38		19	19				7	9	22		
南京体育学院附属幼儿园	18	11			5	6			3	4			4
南京农业大学附属幼儿园	45	23		3	20				2	3			18
玄武区钟灵农科苑幼儿园	36	20		3	17								20
海军指挥学院政治部幼儿园	53	26		16	9	1			7	12			7
七三六一〇部队香禾幼儿园	34	16		6	10				6	3	4		3
南京军区南京实验幼儿园	72	34		14	20				22	11	1		
南京前线幼儿园	36	20		8	12					3	6	11	
南空后勤部机关幼儿园	57	25		18	6	1			12	8	2		3
南京军区空军直属机关幼儿园	87	32		15	17				12	9			11
南京军区政治部小天鹅幼儿园	82	34	3	30	1				19	7			8
七三六八一部队幼儿园	34	18		3	15				5	7	6		
南京市市级机关幼儿园	77	42	1	16	25			1	17	16	6		2
南京熊猫公司御道街幼儿园	46	27	1	4	22				5	7	2		13
锁金新村第一小学附属幼儿园	35	16		3	12	1			11	4			1
南京熊猫公司后宰门幼儿园	22	13		3	10				5	2	1		5
玄武区如意幼儿园	20	16		2	11	3			8	5			3
玄武区花红园幼儿园	19	10		3	7				1	8	1		
玄武区钟山幼儿园	28	13			13					8			5
玄武区锁金村第一幼儿园	27	14		1	13				6	2			6
玄武区行知实验幼儿园	27	13		1	10	2				1	8		4
玄武区华星艺术幼儿园	16	10			10					1	2	7	
玄武区小哈佛双语幼儿园	46	22		4	12	6			6	4			12
玄武区淘淘幼儿园	79	38			32	6							38

续表

	教职工	专任教师	专任教师按学历分					专任教师按职称分					
			研究生毕业	本科毕业	专科毕业	高中阶段毕业	高中阶段毕业以下	中学高级	小学高级	小学一级	小学二级	小学三级	未评职称
玄武区樱花双语艺术幼儿园	31	16		2	12	2			3	2	1		10
玄武区红山幼儿园	60	29			28	1				8			21
北京东路小学附属幼儿园分园	7	6		2	4						2		4

玄武区2011/2012学年初小学学校班级、学生数情况

单位：人

学校名称	班级数(个)							毕业学生数(人)	在校学生数(人)						
	计	一年级	二年级	三年级	四年级	五年级	六年级		计	一年级	二年级	三年级	四年级	五年级	六年级
总计	555	98	94	91	95	90	87	3121	20301	3672	3345	3244	3403	3334	3303
南京市锁金新村第一小学	18	3	3	3	3	3	3	101	543	94	86	68	87	100	108
南京市锁金新村第二小学	20	3	3	4	4	3	3	125	569	90	85	98	96	91	109
南京市宇花小学	17	3	3	2	3	3	3	67	400	87	84	52	60	55	62
南京市小营小学	25	5	4	4	4	4	4	114	728	141	121	111	123	115	117
南京市成贤街小学	27	4	4	4	5	5	5	135	1137	177	154	180	219	193	214
南京市逸仙小学	18	3	3	3	3	3	3	74	484	92	74	73	80	80	85
南京市长江路小学	32	6	6	5	5	5	5	234	1554	298	273	239	243	262	239
南京市洪武北路小学	18	3	3	3	3	3	3	96	380	75	58	51	55	67	74
南京市珠江路小学	18	3	3	3	3	3	3	59	422	90	76	61	72	66	57
南京市同仁小学	18	3	3	3	3	3	3	65	404	84	75	58	69	51	67
南京师范大学附属小学	36	6	6	6	6	6	6	268	1657	281	282	274	273	274	273
南京市中央路小学	18	3	3	3	3	3	3	66	475	83	81	57	82	86	86
南京市昆仑路小学	17	3	2	3	3	3	3	88	406	80	42	57	72	71	84
南京市红山小学	18	3	3	3	3	3	3	115	719	110	107	129	114	127	132
南京市孝陵卫中心小学	25	4	4	4	4	4	5	197	1038	168	152	167	163	177	211
南京市海英小学	30	4	4	4	6	6	6	151	770	121	101	110	134	149	155
南京市北京东路小学	36	6	6	6	6	6	6	282	1789	292	270	289	303	312	323
南京市月苑第一小学	29	6	5	4	5	5	4	215	1231	234	194	189	214	215	185
南京市北京东路小学阳光分校	9	2	2	2	2	1			311	77	79	68	61	26	
南京市成贤街小学分校	15	3	3	3	3	2	1	20	633	148	132	133	112	82	26
南京理工大学实验小学	35	7	7	6	6	5	4	149	1621	328	307	267	259	247	213
南京市樱花小学	24	4	4	4	4	4	4	161	1013	162	167	166	183	179	156
南京市科利华小学	8	3	2	2	1				201	71	59	47	24		
南京市玄武红山外来工子弟学校	18	3	3	3	3	3	3	183	898	110	120	159	169	169	171
南京市孝陵卫初级中学小学部	12	2	2	2	2	2	2	66	386	77	63	60	51	66	69
南京市紫东实验学校小学部	14	3	3	2	2	2	2	90	532	102	103	81	85	74	87

玄武区 2011/2012 学年初小学学校教职工基本情况

单位：人

学校名称	教职工数	专任教师数	专任教师按学历分					专任教师按职称分					
			研究生毕业	本科毕业	专科毕业	高中阶段毕业	高中阶段毕业以下	中学高级	小学高级	小学一级	小学二级	小学三级	未评职称
合计	1399	1355	38	939	326	51	1	57	801	406	17		74
南京市锁金新村第一小学	45	45	1	28	16			1	27	14			3
南京市锁金新村第二小学	45	45	1	35	8	1		2	21	21			1
南京市宇花小学	45	44		33	9	2		1	28	15			
南京市小营小学	61	59	1	43	15			3	43	13			
南京市成贤街小学	67	60	1	37	18	4		4	41	9			6
南京市逸仙小学	49	47		30	15	2		3	31	11			2
南京市长江路小学	77	73	3	53	16	1		6	48	13			6
南京市洪武北路小学	48	47	1	26	16	4			37	8			2
南京市珠江路小学	47	47	1	34	9	2	1	2	27	15			3
南京市同仁小学	46	46		29	14	3		4	30	12			
南京师范大学附属小学	98	94	4	70	19	1		11	66	14			3
南京市中央路小学	45	44	1	30	9	4		1	29	13			1
南京市昆仑路小学	47	45		27	17	1		1	35	9			
南京市红山小学	47	46	2	37	7			1	16	27			2
南京市孝陵卫中心小学	69	65		47	16	2		2	42	19			2
南京市海英小学	82	81	2	48	25	6		1	56	21	1		2
南京市北京东路小学	95	95	3	71	18	3		7	69	17			2
南京市月苑第一小学	67	67	2	49	15	1		2	30	27	2		6
南京市北京东路小学阳光分校	19	19	2	17				1	1	11			6
南京市成贤街小学分校	46	38	4	34				1	8	24			5
南京理工大学实验小学	71	71	4	62	5			2	29	34			6
南京市樱花小学	61	61	2	31	25	3		1	38	21			1
南京市科利华小学	17	17		14	3				9	5			3
玄武红山外来工子弟学校	43	36		21	13	2			6	8	14		8
南京市孝陵卫初级中学小学部	28	29	1	19	5	4			13	14			2
南京市紫东实验学校小学部	34	34	2	14	13	5			21	11			2

玄武区2011/2012学年初小学办学条件基本情况

学校名称	占地面积(平方米)	校舍建筑面积(平方米) 计	其中:教学及辅助用房 计	其中:普通教室	其中:实验室	其中:行政办公用房	图书(册)	计算机(台)	体育运动场地(平方米)	固定资产总值(万元)
合计	244322	166710	105901	75170	8131	13676	602308	4409	74522	21616.06
南京市锁金新村第一小学	6365	3429	2113	1841	80	470	25910	187	1800	349.19
南京市锁金新村第二小学	7575	2656	2012	1597	135	315	27720	168	3260	516.59
南京市宇花小学	9414	6239	5008	4344	200	641	22144	130	3500	1297.72
南京市小营小学	15600	6262	4237	2658	1154	306	30000	194	4050	890
南京市成贤街小学	9476	8330	7980	6725	115	164	30638	214	4396	841
南京市逸仙小学	9640	4913	2554	2087	89	216	20855	158	2184	1016.75
南京市长江路小学	9467	5030	3259	2489	190	1109	50495	329	4500	808.7
南京市洪武北路小学	8600	6559	5426	4576	89	243	32069	150	4000	546.79
南京市珠江路小学	5800	3778	1824	1164	140	420	26515	155	2200	358.38
南京市同仁小学	6641	7090	5797	4120	282	796	28075	151	1400	730
南京师范大学附属小学	18000	10846	9756	8043	0	500	35000	297	2400	1993.2
南京市中央路小学	4719	7487	3124	2464	160	100	19727	267	2960	675.27
南京市昆仑路小学	4601	4730	4060	3712	110	420	22815	161	3900	616.12
南京市红山小学	11350	10040	3199	2009	345	620	17876	196	3832	530
南京市孝陵卫中心小学	13872	5995	3312	2590	155	222	32976	198	5239	698.4
南京市海英小学	7389	6810	5372	4542	242	840	20048	183	2400	833.52
南京市北京东路小学	8020	13156	7015	3010	2565	1400	52500	250	1520	2694.66
南京市月苑第一小学	12178	7193	2082	1650	240	450	24500	227	3200	474.33
南京市北京东路小学阳光分校	15000	11438	7399	1264	800	850	4621	80	4914	1200
南京市成贤街小学分校	11183	3908	3000	2200	200	348	8548	105	2450	118.53
南京理工大学实验小学	16722	12433	9195	6128	298	1542	13150	272	2172	2250
南京市樱花小学	17729	9562	3648	2874	270	1147	26000	243	5406	810.91
南京市科利华小学	5500	4318	1961	1403	152	257	5126	36	760	1300
玄武红山外来工子弟学校	9481	4508	2568	1680	120	300	25000	58	2079	66
南京市孝陵卫中学小学部										
南京市紫东实验学校小学部										

注:1.南京市孝陵卫中学小学部、南京市紫东实验学校小学部办学条件分别统计在初中。

2.校舍建筑总面积除教学及辅助用房和行政办公用房外,其他未列其中;教学辅助用房除普通教室、实验室外,其他未列其中。

玄武区 2011/2012 学年初普通中学及中等专业学校班级、学生数情况

学校名称	合计	班级数(个)								毕业学生数(人)		招生数(人)		在校学生数(人)								
		初中				高中								合计	初中				高中			
		计	一年级	二年级	三年级	计	一年级	二年级	三年级	初中	高中	初中	高中		计	一年级	二年级	三年级	计	一年级	二年级	三年级
总计	417	267	84	92	91	150	46	51	53	3348	2504	3561	2074	17813	10951	3561	3746	3644	6862	2074	2348	2440
南京市孝陵卫初级中学	7	7	2	3	2					75		81		248	248	81	94	73				
南京市科利华中学	33	33	11	12	10					476		543		1626	1626	543	607	476				
南京市紫东实验学校	12	12	4	4	4					108		128		413	413	128	145	140				
南京市弘光中学	26	26	9	8	9					285		423		1198	1198	423	371	404				
南京市第十三中学锁金分校	34	34	11	12	11					502		507		1531	1531	507	564	460				
南京市第十三中学红山校区	32	32	11	10	11					477		509		1520	1520	509	465	546				
南京市第五十四中学	22	22	6	8	8					196		170		614	614	170	227	217				
南京玄武外国语学校	24	24	8	8	8					330		355		1064	1064	355	352	357				
南京市第九初级中学	31	31	10	10	11					384		457		1336	1336	457	415	464				
南京市玄武高级中学（太平门校区）	34	12		6	6	22	9	7	6	189	332		403	1269	369		179	190	900	403	294	203
南京市第九中学震旦校区	16					16	5	5	6		191		178	578					578	178	185	215
南京市人民中学	43	18	6	6	6	25	8	8	9	169	444	187	306	1507	459	187	131	141	1048	306	311	431
南京市玄武高级中学（梅园校区）	29	16	6	5	5	13		7	6	157	227	201		1168	573	201	196	176	595		337	258
南京市第十三中学	38					38	12	12	14		755		599	1987					1987	599	623	765
南京市第九中学	36					36	12	12	12		555		588	1754					1754	588	598	568

玄武区 2011/2012 学年初普通中学及中等专业学校教职工基本情况

单位：人

学校名称	教职工	专任教师	初中专任教师										高中专任教师									
			按学历分					按职称分					按学历分					按职称分				
			研究生毕业	本科毕业	专科毕业	高中阶段毕业	高中阶段毕业以下	中学高级	中学一级	中学二级	中学三级	未评职称	研究生毕业	本科毕业	专科毕业	高中阶段毕业	高中阶段毕业以下	中学高级	中学一级	中学二级	中学三级	未评职称
总计	1571	1463	52	719	65	9	1	198	383	210		55	70	529	17	1		289	235	52		41
南京市孝陵卫初级中学	36	34		29	5			9	14	11												
南京市科利华中学	105	101	3	84	10	4		29	52	16		4										
南京市紫东实验学校	45	41		33	4	4		2	16	18		5										
南京市弘光中学	82	78	9	62	7			21	29	16		12										
南京市第十三中学锁金分校	111	103	9	88	6			29	47	22		5										
南京市第十三中学红山校区	95	94	5	86	3			12	32	43		7										
南京市第五十四中学	84	75	11	62	1		1	29	35	11												

续表

学校名称	教职工	专任教师	初中专任教师										高中专任教师									
			按学历分					按职称分					按学历分					按职称分				
			研究生毕业	本科毕业	专科毕业	高中阶段毕业	高中阶段毕业以下	中学高级	中学一级	中学二级	中学三级	未评职称	研究生毕业	本科毕业	专科毕业	高中阶段毕业	高中阶段毕业以下	中学高级	中学一级	中学二级	中学三级	未评职称
南京玄武外国语学校	74	70	4	63	3			4	36	20		10										
南京市第九初级中学	97	93	5	83	5			22	43	22		6										
南京市玄武高级中学(太平门校区)	149	139	1	36	5			10	23	9			2	90	5			50	36	11		
南京市第九中学震旦校区	71	63											6	56	1			28	23	4		8
南京市人民中学	172	160	4	52	11	1		20	33	10		5	9	83				36	41	8		7
南京市玄武高级中学(梅园校区)	125	111	1	41	5			11	23	12		1	3	57	4			33	25	4		2
南京市第十三中学	185	170											34	132	4			75	67	11		17
南京市第九中学	140	131											16	111	3	1		67	43	14		7

玄武区2011/2012学年初普通中学及中等专业学校办学条件基本情况

学校名称	占地面积(平方米)	校舍建筑面积(平方米)						图书(册)	计算机(台)	体育运动场地(平方米)	固定资产总值(万元)
		计	其中:教学及辅助用房				其中:行政办公用房				
			计	其中:普通教室	其中:实验室						
合计	376971	254302	137598	72142	20408		30376	768572	5129	122491	27694.77
南京市孝陵卫初级中学	15834	6173	3221	2249	548		902	24655	203	4588	353.06
南京市科利华中学	10369	8984	4124	2872	780		2800	47800	380	5397	1860
南京市紫东实验学校	50692	9920	3762	2332	1020		808	22776	227	14090	1623.55
南京市弘光中学	28380	18141	14265	5665	5420		1370	11000	180	9520	
南京市第十三中学锁金分校	19079	11505	4545	2640	1174		1994	47503	246	6400	1244
南京市第十三中学红山校区	33174	27969	18585	5027	1080		2792	34641	300	10590	
南京市第五十四中学	16170	9541	3263	1881	610		1284	53256	280	7004	987.4
南京玄武外国语学校	17207	10200	4920	3400	350		2000	52000	128	2000	2323.78
南京市第九初级中学	14164	11010	4134	2703	681		1299	23000	200	3667	441
南京市玄武高级中学(太平门校区)	23670	21904	10828	6100	1607		1790	80660	476	8000	3764
南京市第九中学震旦校区	39699	16230	7220	3443	1420		1959	69137	148	10000	2033.68
南京市人民中学	27105	31642	26771	16528	1522		671	71387	666	9602	2111
南京市玄武高级中学(梅园校区)	15695	13661	8507	4637	1440		2073	68773	490	4511	2212.53
南京市第十三中学	38051	38029	14690	8656	1516		3200	80000	386	15700	4768.77
南京市第九中学	27682	19393	8763	4009	1240		5434	81984	819	11422	3972

注:1.玄武中等专业学校办学条件未统计在合计中;十三中红山校区固定资产情况统计在十三中,南京市弘光中学固定资产情况统计在第九中学。

2.校舍建筑总面积除教学及辅助用房和行政办公用房外,其他未列其中;教学辅助用房除普通教室、实验室外,其他未列其中。

玄武区 2011/2012 学年初特殊教育学校基本情况

<table>
<tr><th>学校名称</th><th>校数</th><th colspan="5">学校情况</th><th colspan="5">学生情况</th></tr>
<tr><td rowspan="9">南京市玄武区特殊教育学校</td><td>1</td><td colspan="2">学校类别</td><td colspan="2">学校办别</td><td colspan="2">班数</td><td colspan="2">毕业生数</td><td colspan="2">学生数</td></tr>
<tr><td rowspan="4">教职工数</td><td colspan="2">弱智学校</td><td colspan="2">教育部门</td><td colspan="2">4</td><td colspan="2">2</td><td colspan="2">28</td></tr>
<tr><td colspan="10">教师情况</td></tr>
<tr><td rowspan="2">计</td><td colspan="4">按学历分</td><td colspan="5">按职称分</td></tr>
<tr><td>研究生毕业</td><td>本科毕业</td><td>专科毕业</td><td>高中阶段毕业</td><td>中学高级</td><td>小学高级</td><td>小学一级</td><td>小学二级</td><td>未评职称</td></tr>
<tr><td>10</td><td>10</td><td></td><td>9</td><td>1</td><td></td><td>1</td><td>3</td><td>5</td><td></td><td>1</td></tr>
<tr><td rowspan="3"></td><td colspan="10">办学条件</td></tr>
<tr><td colspan="2">占地面积(平方米)</td><td colspan="2">建筑面积(平方米)</td><td>教辅用房(平方米)</td><td>行政用房(平方米)</td><td colspan="2">图书(册)</td><td colspan="2">教学用录音录像带</td></tr>
<tr><td colspan="2">1132</td><td colspan="2">2269</td><td>2000</td><td>77</td><td colspan="2">2500</td><td colspan="2">120</td></tr>
</table>

人民生活

城镇居民生活情况

	本期止累计	同比±%	完成年计划%
城镇居民人均可支配收入(元)	34155.37	12.0	100.0
城市居民人均消费支出(元)	21799.83	-0.2	_
恩格尔系数(%)	36.3	-	-
文教娱乐支出比重(%)	19	-	-
人均住房建筑面积(含偶尔居住房㎡)	31.44	-	-

附　　录

Appendix

- 2011 年玄武区街道、社区、行政村一览表
- 2011 年玄武区地名命名、更名、销名表
- 2011 年全区高新技术企业
- 玄武区各类文化场馆
- 部分驻区单位一览表
- 获市级以上称号及奖项名录
- 2011 年重要文件目录
- 2011 年文件选编
- 2011 年新闻媒体报道题录

2011 年玄武区街道、社区、行政村一览表

街道办事处		社区居民委员会		村民委员会	
名称	驻地	个数	名称	个数	名称
新街口	大石桥 19 号	6	香铺营、长江路、北门桥、唱经楼、大石桥、成贤街		
玄武门	天山路 5-2 号	6	台城花园、百子亭、大树根、高楼门、天山路、廖家巷		
梅园新村	太平北路 120-1 号	7	花红园、东南大学、兰园、公教一村、大影壁、梅园新村、大行宫		
后宰门	富贵巷 18 号	6	半山园、佛心桥、富贵山、北安门、清溪路、太平门		
锁金村	锁金村 67 号	8	锁一、锁二、锁三、锁四、锁五、新庄、紫鑫城、南林大		
孝陵卫	罗汉巷 119 号	11	小卫街、孝陵卫、晏公庙、沧波门、钟灵街、农科院、南农大、铁匠营、理工大、康定里、银城东苑	2	余粮、沧波门
玄武湖	板仓街 98 号	9	板仓、花园路、蒋王庙、樱驼花园、东方城、樱铁村、仙鹤门、仙居雅苑、聚宝山		
红山	营苑南路 58 号	9	北苑、月苑、营苑、红山公园、曹后、藤子、墨香山庄、红山、阳光嘉园	2	红山、藤子

注:2011 年玄武湖街道的仙居雅苑与仙居茗苑合并、合并后称仙居雅苑

2011 年玄武区地名命名、更名、销名表

地名	类别	所在位置
紫金东郡花园	住宅区	仙林大道北侧、宁芜铁路西侧、数码路南侧。
盛和家园	住宅区	百水河东南侧、玄武区土城头路北侧。
紫桂园	内组团	钟山国际体育公园内组团紫楠园北侧、内部人工湖西侧、内部五期内组团(待建)南侧。
苏宁大道(更名)	道路	徐庄软件园,内部道路。由"数码路"更名。
苏升路(更名)	道路	徐庄软件园,内部道路。由"沁园路"更名。
苏中路	道路	徐庄软件园,内部道路。北起环园西路、南至紫气路。
睿智路(更名)	道路	徐庄软件园,内部道路。由原"徐庄路"更名。
徐庄路(更名)	道路	徐庄软件园,内部道路。由原"睿智路"更名。
联合立方广场	综合性建筑群	龙蟠路与红山路交会处西北侧。
和山园	住宅区	红山森林动物园东侧、天然居南侧、栖霞区教师进修学校北侧、中北巴士公司西侧。
新苑路	道路	东至墨香路、西至规划道路折北接月苑南路。
紫晶园	内组团	钟山国际体育公园内组团紫桂园西侧、紫楠园东侧、高尔夫球场北侧。
苏州银行大厦	综合楼	中央路东侧、中央路 298 号南侧、廖家巷住宅区西北侧。

2011 年全区高新技术企业

序号	企业名称	所属街道、园区
1	南京南汽模具装备有限公司	红 山
2	南京依维柯汽车有限公司	红 山
3	江苏柯菲平医药有限公司	后宰门
4	江苏兰德数码科技有限公司	后宰门
5	江苏瑞德信息产业有限公司	后宰门
6	江苏亚奥科技有限公司	后宰门
7	江苏紫金万成自动化控制设备有限公司	后宰门
8	南京长城信息系统有限公司	后宰门

续表

序号	企业名称	所属街道、园区
9	南京国晟科技有限公司	后宰门
10	南京恒电电子有限公司	后宰门
11	南京京华生物工程有限公司	后宰门
12	南京肯立科技有限责任公司	后宰门
13	南京肯信精密机器制造有限公司	后宰门
14	南京芯力微电子有限公司	后宰门
15	南京熊猫信息产业有限公司	后宰门
16	南京优泰科技发展有限公司	后宰门
17	南京远古科技有限公司	后宰门
18	江苏通驰自动化系统有限公司	后宰门
19	江苏省天珑电子科技有限公司	后宰门
20	南京信风网络科技有限公司	后宰门
21	江苏东大鸿基科技有限公司	梅园新村
22	江苏东奇信息科技有限公司	梅园新村
23	南京东大能源环保科技有限公司	梅园新村
24	南京途牛科技有限公司	梅园新村
25	南京中科水治理工程有限公司	梅园新村
26	江苏新创光电通信有限公司	梅园新村
27	江苏卫虹医药电子商务有限公司	锁金村
28	江苏先安科技有限公司	锁金村
29	南京生命能科技开发有限公司	孝陵卫
30	煤炭科学研究总院南京研究所	新街口
31	南京常荣噪声控制环保工程有限公司	新街口
32	南京德讯信息系统有限公司	新街口
33	南京理工大学科技贸易公司	新街口
34	江苏高通通信技术有限公司	新街口
35	江苏国瑞信安科技有限公司	徐　庄
36	江苏省金图科技有限责任公司	徐　庄
37	江苏先联信息系统有限公司	徐　庄
38	南京埃森环境技术有限公司	徐　庄
39	南京迪威普光电技术有限公司	徐　庄
40	南京福中信息产业集团有限公司	徐　庄
41	南京嘉腾维新软件有限公司	徐　庄
42	南京通华芯微电子有限公司	徐　庄
43	南京微盟电子有限公司	徐　庄
44	南京智达康无线通信科技有限公司	徐　庄
45	南京新索奇科技有限公司	徐　庄
46	南京江原安迪科正电子研究发展有限公司	徐　庄
47	江苏枫叶能源技术有限公司	徐　庄
48	江苏普旭软件信息技术有限公司	徐　庄
49	南京方瑞科技有限公司	徐　庄
50	南京中科天文仪器有限公司	玄武湖
51	江苏省电信科学技术研究院有限责任公司	玄武门

玄武区各类文化场馆

类　别	单　　位	地　　址
博物馆	南京中国近代史遗址博物馆	长江路 292 号
	南京博物院	中山东路 321 号
	南京地质博物馆	珠江路 700 号
	南京古生物博物馆	北京东路 39 号
	南京明城垣史博物馆	解放门 8 号
	孝陵博物馆	石象路 7 号
	白马石刻博物馆	白马山庄 1 号
	紫金山天文台天文历史博物馆	太平门外东郊钟山第三峰北侧
	金陵竹刻博物馆	富贵山 4 号
	南京长枫堂博物馆	北京东路 22 号和平大厦 16 楼
	南京市文物研究所	蒋王庙 6 号
档案馆	南京市档案馆	北京东路 43 号
	玄武区档案馆	珠江路 455 号 19 楼
	中国第二历史档案馆	中山东路 309 号
	南京军事档案馆	中山东路 311 号
纪念馆	中共代表团梅园新村纪念馆	汉府街 18–1 号
	孙中山纪念馆	中山陵东侧密林高阜
	徐悲鸿纪念馆	傅厚岗 4 号
	傅抱石纪念馆	傅厚岗 6 号
图书馆	南京图书馆	中山东路 189 号
	玄武区少儿图书馆	太平北路 120 号–2
	周恩来图书馆	梅园新村 18 号
美术馆	江苏美术馆	长江路 333 号

部分驻区单位一览表

类　别	名　称	地　　址
城市公交	南京市公交总公司	中央路 258 号
	南京中北(集团)股份公司巴士分公司	红山路 99 号
	南京中北(集团)股份公司的士分公司	红山路 101 号
	南京市公交雅高巴士有限公司	龙蟠路 92 号
地铁	南京地下铁道总公司	中山路 228 号
铁路	南京火车站	龙蟠路 264 号
长途汽车	南京汽车长途东站	花园路 17 号
水	南京市自来水总公司城东办事处	龙蟠路 167 号
燃气	南京港华燃气有限公司	中央路 214 号
电信	中国电信南京分公司	中央路 2 号
	中国联通南京分公司	中央路 32 号

续表

类　别	名　称	地　址
邮政	南京邮政局	中山路366号
烟草	江苏省烟草专卖局	长江路168号
	南京市烟草专卖局(公司)二分局(分公司)	进香河路33-3号
物流	南京王家湾物流中心	东方城108号

获市级以上称号及奖项名录

名誉称号	姓名	工作单位及职务
省劳模和先进工作者	王修小	南京市玄武区环境卫生管理所
	王翔飞	玄武区人民法院
	杨盛松	南京港华燃气有限公司
	张　强	南京市公路建设处
	雍　宁	南京依维柯汽车有限公司
	徐建宇	熊猫电子集团有限公司
	唐仲春	南京智达康无线通信科技股份有限公司研发中心
	王　霆	南京城建隧桥经营管理有限责任公司
	王　勇	南京圣和药业有限公司
	冯玲秀	南京市群众艺术馆
	李建生	南京市审计局
市五一劳动奖章	顾唯贤	玄武区梅园街道大影壁社区工会
	董　钢	南京桂花鸭(集团)有限公司
	霍福茂	农垦房地产置业有限公司
	甘学文	江苏中烟工业有限责任公司南京卷烟厂
	李　静	南京市社会儿童福利院
	张拾成	南京先正电子有限公司
	谢　玲	南京市工商局注册分局
	丁　磊	江苏先声药物研究有限公司研究室
当选“中国好人”	邵广田	南京中北(集团)股份有限公司的士分公司出租车驾驶员
第三届南京市道德模范	成息红	玄武区玄武门街道大树根社区居民
	张乃余	南京中北(集团)股份有限公司的士分公司出租车驾驶员
第十届“南京好市民”	邵从海	中国石油江苏公司
	吴苏华	南京市国土资源信息中心
	蒋礼平	中北爱心车队队长
	汤小霞	锁金癌友协会小霞驿站站长
	严　石	南京市龙舟运动协会
	郭建玲	锁金护理院护士长
	顾秀芳	玄武区红山公园社区
	朱伯文	原南京手表厂退休职工
	朱　虹	南京军区政治部文工团一级演员
	韦力生	中科院南京中山植物园退休职工
	姚　静	南京市长江路小学附属幼儿园教师

2011年重要文件目录

区委文件

1月12日 玄委字〔2011〕11号 关于表彰2010年全区四个建设先进集体、先进个人的决定

1月17日 玄委字〔2011〕13号 中共玄武区委关于加强和改进新形势下党史工作的实施意见

2月11日 玄委字〔2011〕5号 关于印发《2011年玄武区人才工作目标》的通知

2月16日 玄委字〔2011〕18号 关于表彰2010年度武装工作先进单位和先进个人的决定

2月17日 玄委字〔2011〕6号 关于表彰2010年全区优秀公务员的决定

3月7日 玄委办字〔2011〕25号 关于表彰2010年度建议提案办理工作先进单位、先进工作者的决定

3月10日 玄委办字〔2011〕26号 关于印发《玄武区纪念中国共产党成立90周年活动方案》的通知

3月10日 玄委办字〔2011〕27号 关于印发《关于加强科学普及工作提高全民科学素质的实施意见》的通知

3月11日 玄委办字〔2011〕32号 转发《关于在全区开展“信访积案化解攻坚年”活动的实施意见》的通知

4月12日 玄委字〔2011〕38号 关于加强和谐社区社会工作人才队伍建设的若干意见

4月21日 玄委办字〔2011〕40号 关于转发区关工委《2011年玄武区关心下一代工作意见》的通知

4月25日 玄委办字〔2011〕38号 关于印发《2011年玄武区垂直管理部门考核办法》的通知

4月25日 玄委字〔2011〕46号 关于印发《2011年玄武区经济、社会、政治、文化建设目标考核办法(试行)》的通知

5月4日 玄委办字〔2011〕49号 关于转发《玄武区基层医疗卫生机构综合改革实施意见》的通知

5月18日 玄委字〔2011〕57号 关于表彰首届玄武区杰出人才及突出贡献人才的决定

5月23日 玄委办字〔2011〕2号 关于印发《2011年玄武区外包工作专项考核办法》的通知

5月23日 玄委办字〔2011〕4号 关于印发《2011年玄武区投资促进工作专项考核办法》的通知

5月23日 玄委办字〔2011〕5号 关于印发《2011年玄武区外资工作专项考核办法》的通知

5月23日 玄委字〔2011〕58号 关于表彰“机关干部进社区工作”先进个人的决定

6月7日 玄委办字〔2011〕44号 关于印发《玄武区党政机关公务用车问题专项治理工作实施方案》的通知

6月13日 玄委字〔2011〕68号 关于表彰五好班子、党建工作先进党工委、先进基层组织、优秀共产党员、优秀党务工作者和勤廉好党员的决定

7月16日 玄委字〔2011〕89号 中共南京市玄武区委常委会议事决策规则

7月16日 玄委字〔2011〕90号 中共南京市玄武区委关于加强新形势下区委常委会自身建设的意见

8月3日 玄委办字〔2011〕54号 关于规范外出学习考察管理的规定

8月10日 玄委办字〔2011〕63号 关于印发《关于加快推进“1+8”重点产业项目的实施意见》的通知

8月18日 玄委字〔2011〕118号 关于印发《关于加快打造人才与科技创新名城示范区的实施意见》等文件的通知

8月30日 玄委字〔2011〕116号 关于表彰2011年玄武区优秀教育工作者的决定

9月19日 玄委办字〔2011〕75号 关于加强全区办公自动化系统应用管理的通知

9月29日 玄委办字〔2011〕80号 关于印发《2011年玄武区信访工作专项考核办法》的通知

9月29日 玄委办字〔2011〕81号 关于印发《玄武区信访工作绩效考核暂行办法》的通知

10月10日 玄委字〔2011〕161号 中共南京市玄武区委关于开展“三争一创”实践活动的意见

10月11日 玄委字〔2011〕141号 关于印发《贯彻落实第十次党代会精神重点工作任务分解表》的通知

10月25日 玄委办字〔2011〕87号 关于转发《玄武区开展“慈善一日捐,济困送温暖”活动实施方案》的通知

11月9日 玄委字〔2011〕152号 转发《区委宣传部、区司法局关于在全区开展法制宣传教育的第六个五年规划(2011-2015年)》的通知

11月9日 玄委字〔2011〕153号 关于表彰全区“五五”普法先进集体、先进个人的决定

11月24日 玄委办字〔2011〕93号 关于转发《区委统战部关于区工商联(商会)换届工作的意见》的通知

12月15日 玄委办字〔2011〕100号 关于印发《玄武区大规模群体性事件和暴力犯罪事件应急预案》的通知

区政府文件

2月14日 玄府字(2011)26号 关于表彰2010年度玄武区征兵工作先进单位的决定

4月15日 玄府字(2011)87号 关于印发玄武区创建国家森林城市实施意见的通知

5月25日 玄府字(2011)126号 关于印发《玄武区重大项目策划、规划基金管理使用办法》的通知

5月27日 玄府字(2011)132号 关于印发《玄武区2011年科技创新行动计划》的通知

11月17日　玄府字(2011)233号　玄武区人民政府关于《关于建立南京市率先基本实现现代化指标体系和监测考核办法的意见》(实施细则)的建议

12月2日　玄府字(2011)245号　关于印发《玄武区政府重大行政行为备案办法(暂行)》的通知

12月2日　玄府字(2011)246号　关于印发《玄武区政府临时性机构管理规定(试行)》的通知

9月8日　玄府字(2011)260号　关于同意玄武区部分中学资源整合及机构调整的批复

12月29日　玄府字(2011)261号　玄武区人民政府关于印发妇女发展规划(2011-2015年)和儿童发展规划(2011-2015年)的通知

1月6日　玄府办字(2011)3号　关于表彰2010年度玄武区电子政务建设先进单位、先进个人的决定

1月10日　玄府办字(2011)4号　关于表彰2010年度玄武区行政服务中心先进窗口和先进个人的通报

3月2日　玄府办字(2011)19号　关于转发《玄武区档案馆接收档案实施办法》的通知

3月7日　玄府办字(2011)22号　区政府办公室转发区商务局《玄武区再生资源回收体系建设实施方案》的通知

3月22日　玄府办字(2011)33号　关于印发《珠江路科技街转型升级工作调查实施方案》的通知

3月24日　玄府办字(2011)34号　关于印发《玄武区被征地人员社会保障工作实施办法》的通知

4月1日　玄府办字(2011)37号　关于印发《玄武区清查问题乳粉专项整治行动方案》的通知

4月21日　玄府办字(2011)47号　区政府办公室转发区住建局区监察局关于推进政府投资小型建设工程发包方式改革的意见的通知

5月4日　玄府办字(2011)50号　玄武区严厉打击食品非法和滥用食品添加剂专项行动工作方案

5月31日　玄府办字(2011)55号　关于印发《玄武区2011年度集中拆除违法建筑实施方案》的通知

6月10日　玄府办字(2011)58号　关于印发《玄武区鸭制品专项整治行动方案》的通知

8月24日　玄府办字(2011)83号　关于转发《玄武区规范性文件制定和报备办法》的通知

8月29日　玄府办字(2011)85号　区政府办公室关于转发区环保局《关于南京市路桥工程总公司的污染整治工作方案》的通知

9月30日　玄府办字(2011)103号　关于印发《玄武区突发性地质灾害应急预案》的通知

9月20日　玄府办字 (2011)113号　区政府办公室转发玄武公安分局《关于深化“社区六进”工作的实施意见》的通知

11月3日　玄府办字 (2011)118号　区政府办公室转发区住建局《关于政府投资小型建设项目发包管理办法》(试行)的通知

11月16日　玄府办字(2011)123号　区政府办公室关于转发区城管局玄武区生活垃圾分类工作实施方案的通知

12月7日　玄府办字 (2011)129号　关于表彰2011年度玄武区电子政务建设先进单位、先进个人的决定

12月26日　玄府办字(2011)138号　关于表彰2011年度玄武区行政服务中心先进窗口和先进个人的决定

2月25日　玄府规字(2011)1号　关于印发《玄武区科学技术经费投入与使用管理办法》的通知

2011 年文件选编

关于表彰首届玄武区杰出人才及突出贡献人才的决定

近年来,区委、区政府坚持以科学发展观统领人才工作,牢固树立“人才资源是第一资源”的理念,大力加强人才工作和人才队伍建设,人才工作机制日趋完善,人才队伍结构不断优化,创新创业创优活力不断增强,高层次人才队伍持续壮大,在全区各行业、各领域涌现出了一大批政治坚定、业务精湛、贡献突出的杰出人才。为表彰先进,树立典型,大力营造尊重劳动、尊重知识、尊重人才、尊重创造的社会氛围,激励更多的优秀人才脱颖而出,引领更多的优秀人才建功立业,根据《玄武区关于加强人才工作的意见》、《玄武区杰出人才及突出贡献专家评审管理办法(试行)》文件精神,开展了首届“杰出人才及突出贡献人才”评选活动。通过组织推荐、专家评审、实地考察、人才工作领导小组票决、区委常委会研究等环节,决定授予王连安等10名同志玄武区首届“突出贡献人才”称号,授予王政等28名同志玄武区首届“杰出人才”称号,并予以奖励。

这次受表彰的38名同志是我区各类人才中的优秀代表,集中展现了我区优秀人才开拓创新、锐意进取、勇于奉献的精神风貌。希望受表彰的同志珍惜荣誉,发扬成绩,再接再厉,再立新功。全区各级各类人才要以受表彰的“突出贡献人才”和“杰出人才”为榜样,在各自工作岗位上扎实工作,奉献才智,奋发进取,为全区经济社会更好更快发展做出应有贡献。

全区各系统、各部门、各单位要充分认识人才的重要性,进一步创新人才工作体制机制,完善人才引进、培养、使用、评价、激励办法,增强人才工作活力,以高层次创新创业人才为重点,统筹推进各类人才队伍建设。要按照科学发展观和人才观的要求,紧贴发展造就人才,拓宽视野广纳人才,优化环境激励人才,把各方面优秀人才集聚到玄武经济社会发展的各项事业中

来，努力开创人才辈出、人尽其才的良好局面，为实现玄武率先发展、科学发展、和谐发展提供强有力的人才保证和智力支撑。

玄武区首届突出贡献人才（10名）

王连安　南京中科集团股份有限公司董事长、总裁
王志功　南京硒志微电子有限公司董事长、南京智工微光电子集成电路产业孵化中心主任、东南大学无线电系教授，博士生导师
曾文雯　德基广场有限公司董事长、总经理
高京华　南京智达康无线通信科技有限公司总经理
颜培玲　江苏柯菲平医药有限公司　　总经理
杨　挺　南京市市政设计研究院有限责任公司董事长、总经理
周　亮　南京依维柯汽车有限公司总经理
孙双金　南京市北京东路小学校长
殷晓进　江苏先声药业有限公司高级副总裁、研究院院长
赵　卫　北安门社区党委书记、社委会主任

玄武区首届杰出人才（28名）

王　政　王　鹏　王向宏　王国俊　王勤波　石正川
冯京三　刘义琪　刘德允　李　漫　杨振锋　邱求进
沈爱国　张　冲　张　波　张荣初　张朝晖　孟　宁
姜　涛　夏　炎　顾泰来　徐　明　黄义纯　曹勇军
龚礼伟　逯利军　程莉君　戴　忠

关于加快打造人才与科技创新名城示范区的实施意见

为认真贯彻落实中共南京市委十二届二十二次全会和区第十次党代会精神，坚定不移地走具有玄武特色的创新驱动、内生增长、绿色发展之路，努力建设人才与科技创新名城示范区，特制定本实施意见。

一、总体要求

坚持以科学发展为主题，以加快转变经济发展方式为主线，聚焦人才、教育、科技、创新“四个第一”，狠抓人才引领、科技创业和制度先试、园区先行“两个关键”，大力组织实施“五大计划”，加快构建具有玄武特色的区域创新创业体系和现代产业体系，全力把玄武打造成为创新创业体系健全、人才涌现、要素集聚、机制完善，具有显著影响力和竞争力的人才与科技创新名城示范区。

二、总体目标

到2015年，力争集聚100名国家“千人计划”和省“双创”人才，重点培育100家科技创业企业，推出100个产学研合作项目，转化100个科研成果，全区科技创业载体总面积达100万平方米，全区按新标准认定的高新技术企业、技术先进型服务企业、创新型企业达100家以上。在“十一五”的基础上，确保高层次人才占比、高新技术产业总产值、上市科技企业数量三个“翻一番”，发明专利授权总量、在孵科技企业数、科技服务业总收入三个“翻两番”，全社会研发投入占GDP比重达到6%，科技进步贡献率达到62%以上。

三、重点计划

1.高层次人才引进培育计划

大力引进海内外领军型科技创业人才，重点培养一批在相关领域开创技术新路径、商业新模式、产业新质态的领军型科技创业人才。到2015年，引进领军型科技创业人才220名；培养科技创业家16名；集聚国家“千人计划”创业人才7名；集聚省“双创”人才93名。

2.科技创新创业园区建设计划

重点建设南京紫金（玄武）科技创业特别社区（创新创业人才特别集聚区），加快大学科技园、战略性新兴产业创新中心和科技企业孵化器建设。到2015年，建好东南大学国家大学科技园，建设5个战略性新兴产业创新中心和20个市级以上科技企业孵化器，入园科技型企业超过1000家，培育高新技术企业、技术先进型服务企业和创新型企业超过100家。

3.科技创新企业培养计划

以创新型、高成长型企业为培育重点，积极推进企业创新载体建设，增强企业自主创新能力，加大引进研发龙头企业力度。到2015年，培育1000家拥有自主知识产权，以技术创新和服务创新为主导发展动力的科技创新企业，国家高新技术企业、国家技术先进型服务企业和市级以上创新型企业超过100家，带动实施重点产学研合作项目100项，转化重大科技成果100个，引进世界500强和中国500强研发机构达到6家。

4.科技金融发展计划

建立和完善覆盖科技企业初创期、成长期、成熟期等不同阶段、多元化的科技创业投融资服务体系，构建科技创业企业上市跟踪服务机制和企业上市“绿色通道”。到2015年，覆盖扶持科技创业企业1500家、重点培育科技创业企业100家。3家企业完成上市全部工作，2家企业完成新三板（非上市公司股份代办转让系统）上市，10家以上企业完成上市辅导工作，15家左右企业进入辅导期。

5.自主知识产权开发计划

建设和完善知识产权管理体系、执法体系、服务体系和人才培养体系。到2015年，全区专利申请总量和发明专利申请总量分别达到14890件和7080件，专利授权总量和发明专利授权总量分别达到7050件和2760件；软件著作权和集成电路设计布图专有权登记量达到2000件。主要指标在“十一五”基础上实现翻两番。万人发明专利拥有量居全市前列。

四、主要任务

1.集聚科技创新创业高层次人才

引进和培育创新创业人才。依托国家“千人计划”、省“双创”人才引进计划等人才项目，完善区高层次人才引进管理办法，为海内外高层次人才来玄武创办科技型企业或实施重大科

研项目提供创新创业启动支持资金、科研经费资助、归国留学人员创业基金、购房安家补助等政策扶持，加速人才落户和成果转化。

积极推动科研人才创新创业。推广“创新在高校、创业在园区”模式，建立高校、院所与企业创新创业人才双向流动机制，鼓励高校和科研院所的各类高层次人才到各类园区创业，使更多的科技工作者变成科技创业者，更多的专利拥有人变成创业带头人。建立校地双方“双创”会商对接制度，统筹规划开发科技人才资源，加大政策支持力度，支持科研院所在园区设立教授工作室和技术成果转移中心。

2.加快科技创新创业载体建设

倾力打造南京紫金(玄武)科技创业特别社区。坚持制度先试、园区先行，按照“集约化、专业化、信息化、国际化、社区化”的原则，高标准规划建设紫金(玄武)科技创业特别社区的孵化器、加速器、中试用房，配套建设科技创业企业总部基地、科技创业毕业企业产业基地、人才公寓和完善的服务设施，最大程度创造出适合科教人才创业、科技创业企业成长的良好空间和卓越服务。

加快建设高水平创新型园区。按照“专业化、特色化、集约化”的要求，明确徐庄软件产业基地主导产业，加快完善科技企业孵化器、加速器和高层次人才创业基地，着力扩大领军企业规模，集聚国内外一流企业的高端研发机构，形成主导产业集聚区。加快红山北部新城的规划制定和启动建设，争取为玄武区“十二五”后期和未来腾出更多科技创业发展空间。

全力打造大学科技园和都市科技企业孵化器。建立区校(院所)共建工作联动机制，鼓励区域内东南大学、南京理工大学、南京农业大学、南京林业大学等科研院所利用校区现有土地、房屋以及资金、无形资产等资源，共同出资组建股份制企业，建设大学科技园和战略性新兴产业创新中心。以徐庄基地和紫金(玄武)科技创业特别社区为龙头向玄武大道两侧拓展，结合玄武大道环境改造，充分整合区域资源，加快建设一批科技企业孵化器，将玄武大道打造为创新大道。抓住麒麟生态科技城开发建设、与主城对接通道全面打开的机遇，加快孝陵卫生态科技绿谷建设，打造中山门大街生态科技产业带。鼓励南京科技金融园、环保科技园、金思维软件园、黄埔科技大厦、创意中央等特色园区引进符合园区产业定位的科技型企业，做大做强专业特色品牌。

3.以科技创新推动现代产业体系建设

坚持“有所为有所不为”的原则，以高端化、规模化和国际化为核心，推动现代产业体系建设。以集成电路设计、电子商务和物联网产业为主攻领域，突出发展软件信息服务业；以研发与销售为重点方向，积极发展生物技术产业；推动文化与科技深度融合，积极发展新兴文化产业。

做大做强集成电路设计产业。充分发挥集成电路设计的先发优势和领军人才优势，加强与高校和知名专家的合作，积极与欧美、台湾等芯片制造设计厂商建立技术和人才合作关系，在徐庄基地建设国际化、高水准的集成电路设计专业园区，孵化集成电路企业和项目，建设高水准、国际化的“集成电路产业创新中心”。

加快发展电子商务产业。依托苏宁易购、途牛网等一批重点企业，结合电子商务平台的研发与运用，扩大电子商务产业规模。到2015年，全区年交易额超亿元电子商务企业20家以上，其中超10亿元的达到8家以上。

培育发展物联网产业。加快南京物联网研究与产业化中心的规模运作，落地转化中科院与物联网相关的一批重大研发成果，尤其突出中科院微电所的研发实力与芯片设计相关的产业特色，结合现有物联网企业做大做强，形成产业氛围。至2015年再集聚物联网规模企业20家。

集约发展生物技术产业。聚焦生物技术和新医药产业链的“微笑曲线”两端，依托先声药业等一批重点医药企业，发挥高校院所的生物科技优势，培育一批突破核心技术、拥有自主知识产权的生物医药企业，大力引进生物技术药物、化学药物、现代中药、医疗电子设备研发和销售类企业，壮大生物医药产业规模，提高区域经济贡献度。

繁荣壮大文化创意产业。推动文化与科技深度融合，加强原创作品的设计开发，积极拓展基于数字、网络等高新技术的文化业态，大力推动以创意设计、动漫游戏以及数字内容原创为主的文化企业集聚，着力打造一批文化创意产业园区(基地)和重点文化创意项目品牌。

4.着力提高企业自主创新能力

强化企业自主创新主体地位。对企业正在实施技术攻关或产业化的具有自主知识产权，并达到国内先进以上水平的新产品、新技术、新工艺项目，全方位、大力度扶持。认真落实国家、省、市关于促进企业自主创新、促进高新技术企业发展、鼓励高新技术产品出口等方面的优惠政策，通过补助、贴息、股权投资等方式，促进企业不断加大创新投入。积极引进国际知名科技中介机构，促进我区优质企业在与世界先进技术的对接与合作中迅速成长，支持企业到海外建立或兼并研发机构，就地消化吸收国际先进技术，在更宽领域和更深层次参与全球科技合作与竞争。

构建校企合作和成果转化服务平台。支持企业与科研院所合作共建重点实验室、工程(技术)研究中心以及工程实验室。根据区产业发展方向，广泛联合骨干企业，依托科研院所重点实验室和科技领军人才，加强在集成电路设计、电子商务、物联网、生物医药等重点领域的合作，组建关键技术联盟，联合开展重大产业共性技术、核心技术的攻关，将联盟建成支撑和引领产业发展的创新团队。建立南京市重点高校、科研院所可转化成果动态收集和成果转化推介跟踪机制，利用网络化和信息化手段，消除企业和科研单位之间的信息壁垒，加强政策扶持和咨询中介服务，为科研成果顺利转化提供必要支撑。探索和市科委共建科技成果和知识产权交易平台，促进科技成果就地转化。

引进国际国内高端研发机构。制定规范化、国际化的高端研发机构引进政策，对入驻相关园区的世界500强企业、国内外知名高技术企业及研发机构，按照“一事一议”的原则给予扶持。鼓励和支持入驻我区的高端研发机构参与国家、省、市重点科技项目。

5.不断加大知识产权工作力度

增强知识产权创造和运用能力。推进100家重点企业实施知识产权战略,大幅提升企业创造和运用知识产权尤其是专利的能力,提高企业知识产权申请和授权数量在全区总量中的比例。推进重点企业开展专利技术产业化试点示范工作,对重大专利成果转化给予倾斜扶持,完善企业专利运用的引导扶持政策。继续加强与高校和科研单位在知识产权创造方面的深度合作,利用政策引导高校始终保持其主力军的地位。

增强知识产权服务和保护能力。围绕重点产业发展,建设知识产权专业数据库,完善科技计划和科技奖励申报中的知识产权考评体系,鼓励企业申请PCT专利,推进企业知识产权贯标和示范工作,大力培养企业知识产权专门人才。推进"正版正货"工作,开展联合执法专项行动,建立知识产权投诉和维权机构。提升知识产权服务能力,建设知识产权公共信息服务平台,加大知识产权宣传力度,普及知识产权知识,营造良好的知识产权和创新氛围。

6.建立健全创新创业服务体系

建立新型孵化服务体系。重点实施科技企业孵化器"跃升"和"孵鹰"两大计划,坚持政府引导和市场调节相结合,采取"政府平台+市场化平台"的模式,构建以"创业导师+专业孵化+创业投资"为服务模式的新型孵化服务体系,广泛集成各类社会创新资源,以市场化模式与大学、科研机构、投融资专业机构、营销顾问机构、商业销售机构结成战略联盟,建设全区层面的科技创新创业投融资平台、信息交流平台、中介服务平台、人才服务平台和政府服务平台。在创业特区和大学科技园等孵化器内搭建一批高水平的专业公共技术平台和服务平台。坚持市场化发展模式,构建服务于科技成果转化全过程,具备技术、市场和资本融合功能的科技服务产业链,促进各类创新主体和要素市场的紧密联系,提高科技企业初创成功率和成长速度,孵化和培育具有自主知识产权和自主品牌的科技创业企业。

建立创新创业政策服务体系。构建完善的创新型企业、高层次人才、创新载体政策体系,充分激发创新主体的活力。贯彻落实国家、省、市颁布的推进技术创新和高新技术产业发展的政策法规,切实发挥科技政策的引导作用,引导企业增加研发投入,提高核心竞争能力。充分发挥我区基础教育优势,为重点企业高管和具有突出贡献的高层次人才提供子女入学帮助,解决其后顾之忧。建立"科技创业快速通道",设特区服务窗口,实行"一章通关",为创业企业注册、场地租赁、人事关系办理等提供全程首办、零成本服务,打造"无障碍创业"环境。

7.构建创新创业多元化投入机制

加大财政引导性投入力度。设立人才与科技创新名城示范区建设专项资金,主要用于支持人才创业、创新园区建设、科技金融发展、创新企业培育等方面,确保每年财政科技投入的增长幅度高于财政经常性收入的年增长幅度,通过增加财政投入、实施税收优惠等多种措施增强政府调动和优化全社会科技资源配置的能力。区财政每年安排1200~1500万元,设立科技创新创业园区建设与发展专项资金、科技创新企业培养专项资金和知识产权战略专项资金,并逐步增加到2500~3000万元。发挥政府对人才资本投资的导向作用,按照不低于本级财政一般预算收入的3%,扩大人才发展专项资金总量。每年安排2000万元人才专项资金,其中1000万元作为区科技创业种子(天使)投资基金,主要用于投资各类孵化器内的在孵企业,尤其是特别社区内的科技创业人才、项目和企业;1000万元作为人才扶持资金,主要用于人才引进、培养、使用和奖励。出资5000万元设立科技创业投资基金,通过政策引导、资金参股和风险补偿等手段,鼓励各类创业投资基金集聚。

打造支持科技创业的金融服务体系。加快建设江苏首家科技金融园,汇聚海内外20~30家知名科技金融、泛金融机构,为企业提供综合性、多层次的科技金融服务。加快推进科技小额贷款公司,两年内实现对全区各类科技园区的全覆盖。实施科技创业企业上市辅导计划,积极辅导和支持科技创业企业多渠道上市融资,推进科技创业企业通过新三板(非上市公司股份代办转让系统)、创业板、中小板、主板以及境外资本市场直接融资。率先试点创新型中小企业融资互助资金,积极推进知识产权质押贷款、科技成果转化交易融资、高科技企业集合票据、科技企业集合短期融资券、科技企业集合债券、互助担保等领域,助推企业迅速发展壮大。

五、保障措施

完善区创新创业组织领导体系。成立由区主要领导牵头的区科技创新创业工作组织协调领导小组,定期召开会议,对全区科技创新推进产业转型工作的重大问题进行研究与决策,确定全区创新型经济发展战略重点,统筹协调制定相关政策。领导小组下设办公室(即创新办),创新办设在科技局,全面负责科技创新组织、实施、协调等工作。相关牵头部门设立载体建设、招商引资、招才引智、科技金融、产学研合作等多个专项工作组,在创新办的组织协调下,各司其职,具体负责某一方面的工作。

构建区创新创业外部协调机制。成立区科技创新专家评审小组,定期对企业、项目、技术发展前景等方面进行全面科学评估。成立玄武区与省、市科技主管部门重大创新项目会商机制,定期讨论全区重点创新项目进展情况,争取上级支持。建立玄武区与驻区高校、科研院所产学研联席会议机制,定期研讨产学研合作重大事项,组织技术和人才交流,推进科研创新和科技成果转化。

建立科技创新考核评估体系。以是否有利于自主创新、科技创业、建设创新型城区为标准,结合争创自主创新示范区和人才特区指标体系,完善创新创业工作指标体系和考核评价机制。建立健全科技创新创业工作激励考核机制和重点任务督察考核体系、重点工作进展专报制度,定期对科技创新创业重点工作进行考核评估,并纳入街道、部门领导干部工作实绩考核范围,作为选拔任用干部的重要标准,确保各项目标任务落到实处。

玄武区科技创新创业园区建设计划

为进一步贯彻落实区委《关于加快建设人才与科技创新名城示范区的实施意见》，最大限度创造适合科技创业的良好空间和卓越服务，制定玄武区科技创新创业园区（以下简称“园区”）建设计划。

一、建设思路

以服务科技成果转化、孵化科技创业企业、培养科技创新创业人才、发展具有玄武特色的科技产业为目的，最大限度整合玄武科教优势资源，创新科技创业政策制度，建设科技创新创业平台，营造科技创业生态环境，形成孵化器、加速器、产业基地配套互补、有机衔接的三级科技创新创业园区体系，推动玄武创新型经济发展。

二、建设目标

围绕全区战略性新兴产业和现代服务业的培育、发展和布局，重点打造一批具备相当竞争力的高水平科技创新创业园区。“十二五”末，建成南京紫金（玄武）科技创业特别社区，建好东南大学国家大学科技园，建设5个战略性新兴产业创新中心和20个市级以上科技企业孵化器，入园科技型企业超过1000家，培育高新技术企业、技术先进型服务企业和创新型企业超过100家。

三、建设要求

1.*玄武区科技创新创业园区*。重点建设科技创业特别社区、大学科技园和战略性新兴产业创新中心以及都市科技企业孵化器。

2.*南京紫金（玄武）科技创业特别社区（以下简称“特区”）*。以“政府的主导性、政策的特殊性、市场的基础性和人才的集聚性”为基本原则，围绕明确的主导产业，重点建设国际化水准的科技创业专业孵化器、加速器、中试用房、人才公寓和配套服务设施等载体，建好专业技术支撑平台、科技金融服务平台和综合公共服务平台。组建特区创业服务中心，承办特区创业孵化服务；组建特区开发公司，承办特区的开发建设和资产管理。

3.*大学科技园和战略性新兴产业创新中心*。围绕全区战略性新兴产业发展要求，建立府校共建工作联动机制，形成地方行政资源和高校科教资源的优化配置。通过建立以资本为纽带的市场化运作机制，与国内外优秀研究性大学、科研院所，共建大学科技园和战略性新兴产业创新中心。战略性新兴产业创新中心按照“产业技术研究院+学科型公司”模式规划建设，畅通科技成果转移转化渠道，培育科技创业企业和战略性新兴产业。

4.*都市科技企业孵化器*。以“政府引导、政策扶持、社会化参与、企业化运作”为原则，围绕区域特色新兴产业和现代服务业发展，鼓励社会力量建设科技企业孵化器。科技企业孵化器要遵照相关管理规定，着力提升自身管理水平和创业孵化能力，建立科技创业企业入孵和毕业制度，加速培育高新技术企业和科技创业家。

四、建设布局

根据市、区总体规划布局，结合区域资源优势、产业基础和建设条件，按照“统筹规划、合理布局、特色鲜明、配套协作”的原则，进行总体规划布局：

——*南京紫金（玄武）科技创业特别社区*。按照市、区政府规划要求，在东部地区择址建设高标准、国际化的科技企业孵化器、加速器、中试用房和配套公共服务设施。

——*大学科技园*。在新街口和珠江路地区，加强东南大学国家大学科技园核心园区建设，建设工程设计、创意设计等知识型服务业创新中心；在徐庄基地和孝陵卫等地区，围绕生物技术、新医药技术等领域，加强与相关高校、科研院所的合作，争取再建设一个大学科技园和若干战略性新兴产业创新中心。

——*都市科技企业孵化器集群*。玄武门、锁金村和玄武大道沿线等区域，分别围绕区域特色产业，建设约15家都市科技孵化器，形成15万平方米左右的孵化能力。

五、扶持政策

1. 建立“玄武区科技创新创业园区建设与发展专项资金”（以下简称园区专项资金），主要用于支持玄武区科技创业特别社区、大学科技园、战略性新兴产业创新中心和科技企业孵化器建设，兑现相关奖励扶持政策。具体包括：

——对“科技创业特别社区”的扶持

①对特区建设的孵化器、加速器、中试用房和人才公寓建设贷款给予贴息补助；

②对特区内经过市级以上认定的孵化器、加速器，从认定之日起，三年内其营业税、所得税、房产税和城镇土地使用税地方留成部分，给予补贴；

③对特区内创业的企业，在三年孵化期内，其增值税地方留成部分，给予补贴；

④对入驻特区和为特区内创业企业提供各类专业性、综合性中介服务的机构，对其相应服务收入缴纳的营业税地方留成部分，给予补贴；

⑤对我区科技创业特别社区内列入南京市“跃升”和“孵鹰”计划的专业技术平台建设项目，获得“南京市特区建设与发展专项资金”奖励的，按照所获市奖励额度给予匹配扶持。

——对大学科技园和战略性新兴产业创新中心的扶持

⑥新建省级以上大学科技园和战略性新兴产业创新中心，其运作管理公司自注册之日起五年内，享受营业税、企业所得税地方留成部分全额补助；现有省级以上大学科技园运作管理公司自本计划颁布之日起三年内，产生的营业税和企业所得税地方留成部分给予补助；

⑦大学科技园和战略性新兴产业创新中心自建或与相关高校、科研院所共建各类公共服务平台和技术支撑平台，经评审认定后，按照平台建设水平和服务绩效，给予补助。

——对科技企业孵化器的扶持

⑧对科技企业孵化器新培养高新技术企业、技术先进型服务企业和创新型企业，按照通过认定的企业数，给予孵化器一定奖励；

⑨科技企业孵化器引进或建设公共服务和专业技术服务

机构，为在孵企业提供相应服务，按照其平台建设水准和服务绩效给予一定奖励；

⑩科技企业孵化器获得南京市3星以上评价，并获得市级专项资金奖励的，根据市奖励额度给予匹配扶持。

2.我区科技创新创业园区的入驻企业和引进人才，符合要求的，可以申请享受我区人才创业、企业创新或科技金融相关扶持政策。

六、保障措施

1.健全组织领导机制。成立玄武区科技创新创业园区建设与发展领导小组，办公室设在区科技局。科技园区建设发展工作情况作为“一把手”工程，列入部门、街道党政主要领导干部考核内容。

2.加强政府行政服务。建立园区“绿色服务通道”机制，在区行政服务中心和特区内分别设立服务窗口，为创业企业的注册成立、场地租赁、人才引进以及各类行政手续办理提供全程代办和零成本服务，打造“无障碍创业环境”。

3.建立玄武区科技创新创业园区考核奖惩制度。按年度对科技园区创新指标和经济指标完成情况进行综合考评。成绩优秀的，给予一定奖励。不合格的，责令整改，停止享受扶持政策。连续两年不合格的，上报上级主管部门，建议予以“摘牌”。

玄武区高层次人才引进培育计划

为积极贯彻市委“全面聚焦‘四个第一’”，实施创新驱动战略，打造中国人才与科技创新名城要求，落实“人才引领、科技创业、制度先试、园区先行”八项重点计划，加快构建具有玄武特色的区域创新创业体系和现代产业体系，全力以赴把玄武打造成具有较强影响力和竞争力的创新创业人才特区，现制定本计划。

一、工作思路

坚持人才高端化带动产业高端化、创新型人才引领创新型经济、人才比较优势提升发展竞争优势的工作理念，使之成为推动玄武经济增长、产业结构升级、发展方式转变的根本途径。大力营造创业氛围，精心打造能够吸引人才、留住人才的环境，引进集聚一批以“一园四极”、“四纵四横”建设和主导产业发展为龙头的急需紧缺高层次人才，扶持培育一批区域内现有优秀拔尖人才成长为行业领军企业家，为玄武深入实施创新驱动战略，建设人才与科技创新名城示范区提供源动力。

充分发挥驻区高校、科研院所众多优势，积极推进校（院）地、校（院）企战略人才培养合作，采取“人才+项目”的方式，依托国家和省市重点人才计划及重点科研和产业项目，面向产业发展集聚和培养创新人才，重点是培养一批优秀创新人才和团队。

重点依托区内原有、新建的各类孵化器、加速器和中试基地，大力吸引科技创业高层次人才。通过分解、落实“321计划”任务指标，在启动资金、创业场所、金融财税、人才住房、生活服务等方面，给予海内外领军型科技创业人才更大扶持，加速人才落户和成果转化。

推广“创新在高校、创业在园区”模式，鼓励驻区高校、科研院所的科技创新高层次人才到园区进行科技创业，推动驻区高校图书馆、实验室等资源向科技创业人才全面开放。建设玄武高层次人才库，在区级层面建立校（院）地双方“双创”会商对接制度，统筹规划开发科技人才资源。

二、重点目标

自2011年起的5年内：

（1）引进领军型科技创业人才220名

（2）培养科技创业家16名

（3）集聚国家“千人计划”创业人才7名

（4）集聚省“双创”人才93名

三、引进对象

具有硕士以上学位或副高以上职称，年龄一般不超过55岁，引进后能连续在我区工作3年以上，每年工作时间不少于6个月，且符合下列条件之一：

（一）国际国内某一学科、技术领域内的学术技术带头人，拥有市场开发前景广阔、高技术含量的科研成果；

（二）拥有独立自主知识产权或掌握核心技术，技术成果国际先进国内领先，具有市场潜力并能进行产业化生产；

（三）具有海内外自主创业经验，熟悉相关产业领域，能带技术、带项目、带资金来（在）宁创业；

（四）在国际知名企业和金融机构担任高级职务的专业技术人才和经营管理人才。

其中，符合玄武产业发展规划的下列人员可直接列入引进对象：

（一）中国科学院院士、中国工程院院士，国家“千人计划”特聘专家、江苏省“双创计划”入选者；

（二）在世界500强企业担任中级以上职务或中国500强企业担任高级职务的专业技术人才和经营管理人才；

（三）在国外著名高校、科研院所担任相当于副教授以上职务的专家学者；

（四）全国“985”、“211”高校和在宁高校、科研院所的教授、研究员。

特别优秀的，一事一议。

四、扶持政策

1.对入选市级以上（含）人才扶持项目的，按上级财政资助额1:1的比例给予配套创业启动资金。提供不少于100平方米工作场所和不少于100平方米人才公寓，三年内免收租金；根据项目需求，提供融资担保。明确一名区委或区政府领导作为人才指导员，帮助人才协调创新创业过程中遇到的问题及生活困难。

2.对虽未入选市级以上人才项目，但产品符合玄武产业方向，有较好市场前景的人才，经区领导小组综合评审后，给予50–100万元创业启动资金，提供不少于100平方米工作场所和不少于80平方米人才公寓，三年内免收租金；根据项目需求，提供融资担保。

3.对在玄武区创办企业的高校教授、科研院所研究员，根据对人才及项目的综合评审，给予最高不超过100万元的资金扶持，按照成果转化情况，分批予以扶持。

4.对留在玄武区企业工作的出站博士后，给予10万元安家补贴，分两年拨付；对留住出站博士后的企业，给予5万元奖励；

5.对引进世界500强企业独立研发机构的园区，由区财政补贴，给予四年房租优惠待遇，其中前两年“零租金”，后两年减半。对引进的研发机构中年收入超过30万元的高级技术与管理人才，购买自住商品房的，按照个人所得税区级地方实际留成部分的额度给予前两年全额奖励、后两年减半奖励。

6.对拥有5名以上双创引进计划人才，产值超亿元，税收超千万元的楼宇、企业，或拥有5名以上双创引进计划创业人才的园区，给予100万元奖励。

7.选送在产业引领方面有潜力，对地方经济发展有一定贡献的科技型企业家、高端现代服务业企业家出国(境)、进高校参加短期培训。每年选送1-2名企业家、职业经理人在职攻读高层管理人员工商管理硕士。

8.人才适龄子女接受义务教育的，免试免费就近安排公办学校入学；接受学前教育的，在公办幼儿园就近优先安排。接受高中教育的，减免学杂费。

9.上述扶持政策对2011年以后引进的人才适用。

五、组织保障

1.完善人才工作领导体系。坚持党管人才，加强区人才工作领导小组办公室职能，每年召开一次人才工作会议，定期向区委常委会就人才工作进行专题汇报。增设引进人才工作奖、人才工作奖等，充分调动各部门、街道、园区、企业的积极性。适时组织人才培训，五年内对全区从事人才工作的干部至少轮训一次。继续完善人才引进、培养、使用、激励机制，大力宣传人才政策措施，积极宣传各类优秀人才的先进事迹和突出业绩，为人才排忧解难开辟畅通渠道。

2.继续加大投入。发挥政府对人才资本投资的导向作用，按照不低于本级财政一般预算收入的3%，扩大人才发展专项资金总量。区财政每年安排2000万元人才专项资金，其中1000万元作为区科技创业种子(天使)投资基金，主要用于投资各类孵化器内的在孵企业，尤其是特别社区内的科技创业人才、项目和企业；1000万元作为人才扶持资金，主要用于人才引进、培养、使用和奖励。发挥用人单位的主体作用，鼓励各园区、用人单位设立人才开发培育资金。鼓励社会力量开展人才资源开发和利用的投资。

3.创新引才机制。探索“猎头”引进人才的方式，建立柔性引智、人才租赁、项目承包等多种形式的人才引进机制。探索党政人才参与市场竞争，到企业、高校挂职的办法，疏通具有较好专业背景和较高管理能力的高校人才进入党政机关工作的渠道。积极引导企业建立符合市场经济规律的分配激励机制，大力引进能够为企业转型升级提供长足动力的高层次急需紧缺人才。

玄武区科技创新企业培养计划

为进一步贯彻落实区委《关于加快建设人才与科技创新名城示范区的实施意见》，培养有竞争力的科技创新企业和企业家，制定玄武区科技创新企业培养计划。

一、工作目标

到“十二五”末，培育1000家拥有自主知识产权，以技术创新和服务创新为主导发展动力的科技创新企业。其中，引进世界500强和中国500强研发机构达到6家，国家高新技术企业、国家技术先进型服务企业和市级以上创新型企业超过100家。带动实施重点产学研合作项目100项，转化重大科技成果100个。

二、培养对象

入选培养计划的企业，需具备以下条件：

1.企业在玄武区注册经营，具有独立法人资格，产权明晰，企业日常经营和知识产权管理规范；

2.企业以实现自主知识产权的成果转化为目标，主营产品(服务)符合玄武区战略性新兴产业或知识型现代服务业发展导向；

3.企业核心团队具有开拓创新精神，具备市场开拓和经营管理能力；

4.列入各级政府人才创业创新引进扶持计划、承担各级政府企业技术创新引导扶持计划和获得各级政府科技创新奖项与资质认定的企业，优先入选。

三、培养措施

建立玄武区科技创新企业培养专项资金，主要用于支持玄武区科技创新企业技术创新活动，兑现各项引导扶持政策，具体包括：

1.玄武区科技企业资质认定专项。通过国家高新技术企业认定的，给予每家企业2万元奖励；

2.玄武区科技计划项目匹配专项。承担市级以上科技主管部门各类企业创新引导扶持计划的，根据实际获得的上级资助金额，可以给予一定匹配扶持；

3.玄武区重大科技成果转化引导扶持专项。具有核心自主知识产权，具有重大创新价值的科技成果转化，经评审认定后，给予专项扶持；

4.玄武区重点产学研合作引导扶持专项。企业与高校、科研院所开展产学研合作，经评审认定后，根据合作对象、合作方式、合作投入和合作绩效，给予专项扶持；

5.玄武区国际科技合作引导扶持专项。企业与境外高校、科研院所或知名企业合作开展技术创新合作的，经评审认定后，根据合作对象、合作方式、合作投入和合作绩效，给予专项扶持；

6.玄武区高端研发机构引导扶持专项。对新引进的世界500强和中国500强企业研发机构，经市主管部门认定后，分别给予一次性奖励。对引进有功单位和个人，由区投资促进专项资金给予一定奖励；

7.玄武区企业技术创新平台引导扶持专项。对企业建设院士工作站、工程技术研究中心、产业研究院等创新平台，经过市级以上科技主管部门认定的，给予一定奖励；

8.玄武区科技创新创业园区内的在孵企业，优先入选本计划。

四、组织保障

1.在区委、区政府统一领导下，区科技创新企业培养计划由区科技局负责统筹协调和具体实施工作。

2.区有关部门、街道和各创新创业园区，要积极参与本计划的实施，加强对科技创新企业的服务。区委、区政府将计划实施情况与绩效列入相关单位年度考核，根据考核结果进行奖惩。

3.对列入本计划的企业，实行统计和报告制度，并与企业享受扶持政策相挂钩。

玄武区科技金融发展计划

为深入实施创新驱动战略，把我区打造成人才与科技创新名城示范区，通过科技金融杠杆效应加快我区经济创新、转型发展，根据市委市政府《关于印发“人才引领、科技创业、制度先试、园区先行”八项重点计划的通知》(宁委发[2011]35号)和《市政府关于进一步加快全市金融业改革创新发展的若干意见》(宁政发[2011]73号)有关政策，结合我区实际，现提出如下计划：

一、明确定位，突出重点，打造科技金融创新发展试验区

1.加强科技金融体系建设。大力发展政府引导、多方参与、市场运作，涵盖科技小额贷款公司、科技担保公司、创业投资基金、种子(天使)基金、创新型企业融资互助资金、科技金融园、科技金融服务平台、科技成果转化和知识产权融资平台等在内的科技金融组织体系、市场体系和服务体系，为我区打造人才与科技创新名城示范区和迅速启动科技创业特区建设，提供有力金融支持。

2.加强科技金融手段创新。积极探索科技成果转化、创新型企业融资、科技企业孵化等方面的创新，通过发行科技企业集合票据、知识产权质押融资、科技企业股权融资、创新型企业互助融资等方式，助推我区科技金融发展，力争成为省级“科技金融创新发展试验区”的试点。

二、政策引领，优化投入，加大正向激励机制

3.建立我区创投平台，激励企业创新发展。区财政出资5000万元设立创投基金，推动8~10倍的社会资本和市政府引导资金进入，使我区创业投资基金达到4亿元以上。同时，出资1000万元设立种子基金，扶持具有突破性、核心技术的人才和项目。种子基金主要投向有潜力的初创期科技企业，创投基金主要投向我区成长期和成熟期企业，通过风险投资平台，引导企业产业转型和创新发展。

4.配套科技信贷风险补偿资金，鼓励银行加大信贷投放。对列入支持的科技创业企业贷款所产生的损失，由政府和银行共同承担，资金市区两级1:1配套。同时建立科技型中小企业贷款利息补贴机制，降低企业实际融资成本。

5.优先保障科技创业企业融资，加大担保机构补贴力度。由财政或国有企业投资入股设立的担保公司要把科技创业企业作为优先支持服务对象，要安排不少于50%的比例为科技创业企业贷款提供担保。对融资性担保公司科技创业企业担保业务，按其年累计担保额予以2.5%的保费补贴，并给予相应的风险补偿。

6.设立科技保险补贴资金，降低企业创新风险。落实市关于企业科技保险补贴规定，通过保险来分散高新技术企业、科技型企业在研发、市场开拓等活动中的风险。积极推广高新技术企业产品研发责任保险、关键研发设备保险、营业中断保险、小额贷款保证保险等险种，根据科技型企业申请的险种给予30%~50%的科技保险保费补贴，每个企业当年度补贴最高额度不超过30万元。企业科技保险保费计入高新技术企业研究与开发费用范围，按有关规定享受税收优惠政策。

7.降低企业融资成本，调动企业上市积极性。对纳入拟上市企业储备库的企业(含进入代办股份转让系统的企业)，因股份制改造、审计、调账等原因而增加的税费，按照“谁受益、谁负担”的原则，地方留成部分的80%由市区两级以适当方式补贴原企业全体股东，最高不超过2000万元。对拟上市企业改制重组过程中涉及相关契税减免问题按国家规定执行；对进入拟上市企业数据库的企业在股份制改造时将非货币性资产经评估增值转成股本的，以及用未分配利润、盈余公积、资本公积转成股本的，可向主管税务机关备案后，按规定交纳个人所得税。

8.设立资本市场引导资金，加大产业引导力度。区财政每年安排300万元资金，与市财政按同比例配套，奖励拟上市企业。按企业上市进程分阶段补贴、奖励企业，对首发上市(包括借壳)企业给予总额为200万元中介费用补贴，首发募集资金在本市实际投资额已达到融资总量的50%或1亿元以上的，按本市实际投资额的0.2%，最高限额80万元对企业的高管人员进行奖励；进入代办股份转让系统的企业，在上报并收到中国证券业协会正式受理函的，每家一次性补贴100万元；企业完成额度1亿元以上，且期限在2年及以上的债券(公司债、企业债)、可转债等发行的，补贴50万元；企业完成中长期票据、短期融资券等直接融资工作的，根据融资额度和期限，最高补贴20万元。

三、创新思维，先行先试，推进科技金融创新试点

9.打造多层次金融孵化器，建成江苏首个科技金融园。联合市金融办、市科委打造南京科技金融园，实行“平台+园区+基金”(中小企业金融服务平台+科技成果转化交易平台+科技金融园+基金)的新型商业模式，汇聚海内外20~30家知名科技金融、泛金融机构以及50~80家左右有潜力的科技孵化企业；对相关金融平台和入驻园区的金融企业给予一定的政策扶持，对入驻的科技孵化企业按照区相关政策优先给予扶持。

10.试点创新型企业融资互助资金，丰富科技金融产品。率先试点创新型中小企业融资互助资金，提供针对会员的融资担保、应急融资服务和互助融资服务，进一步加大我区科技型中小企业的培育力度。创新系列融资方式，丰富科技金融产品。针对科技企业的特点，创新金融产品，重点在知识产权质押贷款、科技成果转化交易融资、高科技企业集合票据、科技企业集合短期融资券、科技企业集合债券、互助担保、天使基金等方面进行创新，力争每年推出1-2个创新品种，助推企业迅速发展壮大。

11.发挥杠杆效应，成立科技金融投资平台。加紧打造我区金融投资平台，并通过投资平台，坚持政府主导和市场化运作相结合，加快运作创投基金、天使基金、资源掌控基金、科技成果转化交易所等平台。

12.强化服务职能，建立专项考核机制。各相关部门要对拟上市企业投资项目优先立项和报批，提供绿色通道服务，缩短办理时间。对高新技术项目、重点技术改造项目优先推荐，争取上级政府资金扶持；积极落实国家、省、市对科技金融发展的扶持政策，争创省级“科技金融创新发展试验区”，推进我区科技金融的创新发展；推进科技金融发展工作列入“四个建设”考核体系，建立专项考核资金，具体办法由区考核工作领导小组另行制定。

玄武区自主知识产权开发计划

为贯彻落实市委、市政府“人才引领，科技创业、制度先试，园区先行”的关键举措。深入实施知识产权战略，营造良好的创新创业氛围，全面提升玄武区知识产权创造、运用、保护和管理能力，特制定玄武区知识产权开发计划。

一、基本思路

把知识产权战略作为创新型城区建设的核心战略，强化制度建设推力、释放科教资源潜力、激发创新创业动力、形成依法保护合力，提升全民知识产权意识和社会文化氛围，提升创新创业主体知识产权创造和运用能力，健全全区知识产权管理体系、执法体系、服务体系和人才培养体系，全面实施五大工程，推进全区知识产权事业全面发展，建设国家知识产权强区。

二、工作目标

到2015年，全区专利申请总量和发明专利申请总量分别达到14890件和7080件，专利授权总量和发明专利授权总量分别达到7050件和2760件；软件著作权和集成电路设计布图专有权登记量达到2000件。主要指标在“十一五”基础上实现翻两番。万人发明专利拥有量居全市前列；培育省级知识产权管理标准化创建企业40家，市级知识产权示范企业40家，拥有百件专利企业达10家；实施重大专利技术产业化项目50项，建成专利技术产业化示范基地2个；培养企业知识产权高层次专业人才10名，知识产权管理工程师100名，知识产权工作者1000名。

三、政策措施

（一）实施知识产权创造能力提升工程

1.对企事业单位和自然人国内实用新型专利和外观设计专利申请费在市级定额资助的基础上补足剩余费用(以国家知识产权局收费发票为据)。

2. 对区域内年专利申请量超百件的专利申请大户给予奖励，以100件为起点奖励2万元，每增加50件奖励1万元。

3.对企业授权专利给予一次性维持费补助，每件发明专利补助0.3万元，每件实用新型专利补助0.1万元，每件外观专利补助0.08万元。

4.对培育合格的省级知识产权管理标准化创建企业、市级知识产权示范企业分别给予2万元和1万元的奖励。

5.对企业新获得驰名商标或省著名商标的给予一定奖励。

（二）实施知识产权运用能力提升工程

6.对承担省、市重大专利产业化项目和专利技术二次开发项目的企业给予不超过上级项目经费20%的匹配。

7.经认定的市级专利技术产业化示范基地、国家专利技术产业基地，给予不超过上级经费20%的匹配。

8.对企业以核心专利技术形成国家标准、地方标准或者行业标准的给予不超过市补助经费20%的匹配。对企业以专利技术形成企业标准的，在质监部门备案后，经评审给予一定奖励。

（三）实施知识产权保护能力提升工程

9.完善知识产权保护工作机制，区知识产权、文化、工商、质监等行政管理部门和公安、检察院、法院等联合开展知识产权行政和司法保护行动。

10.对全区各类重大项目投资涉及知识产权的，主办方和有关审批部门应会同知识产权行政管理部门建立审查和保护制度。

11.对认定的知识产权保护示范区和“正版正货”承诺示范街区，给予不超过市扶持资金20%的匹配。

（四）实施知识产权管理能力提升工程

12.将知识产权创造和运用能力作为科技计划项目、高新技术企业、工程技术研究中心、企业技术中心、科技成果奖等认定、评审、复审、验收等的重要指标。

13. 建立人才创新创业知识产权服务平台，加强知识产权(专利)电子申请工作的推广和电子申报系统的维护，提升专利代理中介机构服务企业的能力，对专利申请代理服务量增幅较大的中介服务机构给予奖励。

14.建立自主知识产权开发的绩效考评机制，将知识产权指标纳入区机关职能部门、街道和科技园区、企事业单位主要领导的绩效考核体系，实行目标管理，对年度目标任务和知识产权战略的实施效果进行考评，结果作为年终绩效奖惩的主要依据。

15.加大知识产权专项经费投入力度，建立区知识产权战略专项资金增长机制，增幅按上年度发明专利授权量的增幅同比例增长，主要用于资助知识产权产出、专利技术产业化、知识产权联合执法、知识产权服务体系建设、知识产权宣传培训以及知识产权专项奖励等。

（五）实施知识产权人才培育推进工程

16. 在机关公务员培训和党校干部培训中增加知识产权相关课程，鼓励区知识产权相关职能部门公职人员开展在岗自学，对学习获得省级以上相关证书的给予一定奖励。

17. 对获得江苏省企业知识产权管理工程师证书的给予一定奖励。

关于加强科学普及工作提高全民科学素质的实施意见

为贯彻落实《全民科学素质行动计划纲要》(以下简称《纲要》),加快科教兴区步伐,促进文明城市建设,提升公民科学素质水平,现就进一步加强我区《纲要》工作,开展科学普及工作、全面提高全民科学素质提出如下意见。

一、大力弘扬科学精神

1.确立科学精神在精神文明建设中的重要地位。科学精神是科学技术进步和发展的灵魂,是自主创新的强大动力。在建设创新型城区的实践中,大力弘扬科学精神,已经成为科技创新的基本要求。要深化对科学精神内涵和重要作用的认识,把科学精神作为全区精神文明建设的重要支柱。要充分利用各类现代媒体,广泛宣传科学知识,介绍科学发展规律,倡导科学思想,传播科学方法,持之以恒地培育和弘扬科学精神。(责任单位:宣传部、文明办、科协)

2.深入开展《科普法》、《纲要》的宣传工作。将《科普法》、《纲要》作为普法宣传的重点内容,精心组织和策划面向公众、形式多样的宣传活动。要突出对科学精神和科学方法的宣传,强化对科普社会责任、保障措施等内容的解读,将《科普法》、《纲要》的宣传不断引向深入。(责任单位:宣传部、科技局、司法局、法制办、科协)

3.加快科学思想和科学方法的传播与应用。科学思想和科学方法是实现科学发展的前提。要在做好科学知识和适用技术普及工作的同时,特别重视科学思想的教育和科学方法的传播,不断提高干部群众用科学思想观察问题,用科学方法处理问题的能力。要以《纲要》中提到的未成年人、农民、城镇劳动人口、城乡居民以及领导干部和公务员等人群为重点,积极主动做好科学思想和科学方法的传播与应用,以重点人群科学素质的提升,带动全民科学素质的整体提高。(责任单位:组织部、人社局、机关工委、教育局、劳动局、科技局)

二、加强科普能力建设

4.发展科普文化产业。参照关于文化产业的相关优惠政策,积极推动我区科普文化产业发展。鼓励企事业单位、社会团体和个人经营科普音像制品和书刊、兴办科普网站。坚决抵制和打击伪科学及不健康内容的产品与服务。(责任单位:宣传部、科技局、文化局)

5.加强科普基础设施建设。制定科普基础设施建设规划,鼓励和引导企业、学校、社团等社会力量建设各类科普场馆(基地),在符合条件的街区、公共场所建立科普画廊、网络电子科普画廊、互动式电子科普画廊、科技广场等,有条件的企业和学校建立科普展馆和校内外科普实验场所(基地)。(责任单位:科技局、教育局、科协)

三、促进科普资源开发共享

6.开发学校科普资源。积极推进课程改革,推进科学课程开设和"做中学"实验研究。加强学校科学课程和校内外科技活动的衔接,组织学生参观各类科技馆和开展"科技馆活动进校园"工作。加强"少年科学院"、青少年科技活动阵地建设,引导和教育少年儿童爱科学、学科学、用科学。(责任单位:关工委、教育局、科技局、团区委、科协)

7.借助社会资源开展科普教育。加强地区内省、市级学协会、科普场馆、科普教育基地的协作,鼓励企业、各自然科学学会、科普场馆,根据自身特点,向公众开展科普宣传,有条件的应建立产品博物馆(展品室),并向公众开放。在社区建立和完善科普大学、科技活动室等科普场所,广泛地开展科普宣传和教育活动。(责任单位:科技局、科协)

四、加强科普人才队伍建设

8. 发挥科普兼职人员的积极作用。领导干部和公务员、教师、医务人员和科技人员等,都应结合本职工作,切实履行科普教育的社会责任,开展力所能及的科普活动。积极探索教学与科普、科研与科普相结合的有效途径,培养和造就具有科学传播能力的优秀科普兼职队伍。组织开展多种形式的培训和进修活动,不断提高兼职科普人员的专业化、职业化水平。(责任单位:组织部、教育局、科技局、人社局)

9.加强科普志愿者队伍建设。建设学科门类齐全、面向重点科普对象的科普志愿者队伍。以大学生志愿者为基础,建立青少年科普讲师团;以社区科普大学教师为基础,建立社区科普讲师团。建立全区科普志愿者协调组织,不断更新完善科普志愿者数据库,充分发挥其功能和作用。(责任单位:团区委、科协)

五、加强科普能力建设的保障措施

10.加强组织领导。发挥区全民科学素质工作领导小组和科普工作联席会议的组织协调作用,领导小组的日常工作由区科协承担。领导小组各成员单位要按照各自的任务和职责分工,发挥职能和优势,加强协调配合,形成工作合力。各街道要成立相应的领导机构,建立健全各项工作制度,街道要确定专人负责科普工作。(责任单位:区委办、区政府办、科协)

11.优化工作机制。将科普工作列入区委、区政府年度重要议事日程,区委常委会、区政府常务会每年听取关于加强科普工作,提高全民科学素质的工作情况汇报。建立科技、科普工作信息定期发布制度,及时向社会发布最新的科技、科普工作动态。(责任单位:区委办、区政府办)

12.加强监测考核。建立健全公民科学素质监测、评估和分析指数体系,将有关指标纳入全区社会发展统计体系。将科普和全民科学素质工作进行量化,列入全区年度经济社会发展和精神文明建设奋斗目标,作为考核各街道、部门领导班子的重要指标。(责任单位:组织部、文明办、科技局)

13.增加科普投入。切实加大对科普的投入力度,区财政对科普专项经费的投入达到区级人均2.5元以上,并逐年增长。在预算中安排开展全民科学素质工作所需资金,区级国民经济和社会发展项目要加大对科普项目的立项扶持。鼓励社会组织和个人捐赠、投资科普事业,逐步建立多层次、多渠道的科普投入机制。(责任单位:发改局、科技局、财政局、民政局)

14.加大科普奖励力度。将优秀科普作品、产品列入区科技进步奖励范围。设立区级科普工作专门奖项和奖励基金，同时鼓励社会力量设立多种形式的科普奖项，形成全社会重视科普、关心科普、投身科普事业的良好氛围。（责任单位：组织部、科技局、民政局、人社局、科协）

关于加快推进“1+8”重点产业项目的实施意见

为深入贯彻落实区第十次党代会提出的“一园四极”、“四纵四横”的战略布局，将全区发展蓝图落实到具体项目上，有效扩大发展容量，形成从点到线、由线及面梯次发展的良好格局，特制定紫金（玄武）科技创业特别社区（以下简称“特区”）和长江路、珠江路、红山路、中山东路—中山门大街、玄武大道、中山路（玄武片）、洪武北路—丹凤街、台城路（解放门—神策门段）8条特色产业街区重点产业项目推进方案（以下简称“1+8”）。

一、主要任务

1.紫金（玄武）科技创业特别社区。强化与市规划局、市科委等单位的对接和沟通，最大限度争取各方支持，着力推进特区的选址工作，并启动特区建设方案、产业定位、功能分区、运作模式等方面的研究和论证，高标准规划建设接轨国际的孵化器、加速器、中试用房和人才公寓等相应配套设施。

2.长江路。按照“民国历史文化街区”的发展定位，完成中央文化区（CCD）规划和钟岚里—逸仙村项目策划，加快推进德基二期、凯润金城等在建项目，确保圣和文化广场年内开工建设，加快推进香铺营地块、麦哲理长江路项目等项目的包装策划、拆迁收储等前期工作。

3.珠江路。完成珠江路发展现状调研，按照“电子商务集聚区”的发展定位，对珠江路产业发展进行规划，并明确一批电子商务产业发展载体（园区或楼宇），推动电子商务业集聚发展。完成卓越大厦、化建大厦、华山饭店综合楼等已建项目的招商，确保税收落地。强化和市规划局的沟通协调，明确汇文里、珠江饭店等地块的规划条件。加强与省农垦集团、总参六〇所等沿线大单位的沟通，力争就资源合作开发利用的方式、途径等方面达成一致。

4.红山路。尽快完成红山地区发展战略研究，并通过市委、市政府认可。按照“北部新城商业大街”的发展定位，加快推进红山商贸地块项目，力争12月底前正式开工建设。强化和华飞、东华等企业的沟通协调，力争就闲置资源利用达成一致，提高资源利用效率。

5.中山东路—中山门大街。按照“科技商务产业带”的发展定位，推动中山东路纵深发展，完成100万平方米产业资源梳理工作。加快推进长江路九号三期、雨花巷等即将开工项目，做好卫岗奶业东区、金陵生物医药产业园的招商引资。强力推进德基三期、中山东路301号熊猫集团地块等重大项目规划建设，力争和卫岗奶业西区、农科院B、C地块业主单位就资源开发意向达成一致，共同推进。

6.玄武大道。按照“创新大道”的发展定位，坚持环境整治先行，产业提升同步的原则，与市城建部门共同确定玄武大道环境综合整治方案，充分利用市相关政策和资金的支持，落实整治经费等问题。充分利用环境综合整治的契机，加快推进聚宝山公园商业配套项目、王家湾科技园、朝阳山老年公寓等重大项目，强化和沿线南林大、森林公安警察学院、长途汽车东站等业主单位的沟通协调。

7.中山路（玄武片）。按照“国际名品街区”的产业发展定位，强化德基二期、凯润金城等在建项目的招商引资，集聚一批世界顶级品牌和知名品牌。加快推进长发羲和项目建设。

8.洪武北路—丹凤街。按照“科技金融街区”的产业发展定位，加大招商引资力度，加快集聚一批金融机构；加快推进居安里、大石桥等地块的规划和包装策划等工作，启动环东大中央创新区建设。

9.台城路（解放门—神策门段）。抓住中央公园建设的契机，按照“创意休闲商业街区”的定位，加快明城汇二期、中央路288号综合楼等项目建设步伐，强化创意中央产业园、中央路70号综合楼的招商，确保税收落地。大力推进百子亭历史文化街区、北极阁广场和玄武门广场地下商业设施等项目的前期包装策划和规划设计等工作。

二、组织领导

为切实加强组织领导，确保“1+8”重点产业项目推进工作顺利进行，在区级层面成立由徐曙海代区长为组长、张连春副区长为副组长的区重大项目推进领导小组，领导小组办公室（简称：项目办）设在区发改局，负责组织、协调等工作，以及与市发改委、规划局、住建委、国土局等部门的对接，张仲金同志兼任办公室主任。同时，针对街区特点，成立以分管区长任组长、相关部门和街道组成的工作小组。

1.紫金（玄武）科技创业特别社区。以区委常委、区政府常务副区长曹曙为组长，区发改局、区科技局、区住建局、区财政局、区投促局、区拆迁办、玄武湖街道、红山街道为成员单位，其中，区发改局、区科技局为责任牵头部门。

2.长江路。以区委常委、区政府副区长苏郑为组长，区文化局、区发改局、区住建局、区投促局、区商务局、工商玄武分局、新街口街道、梅园街道为成员单位，其中，区文化局为责任牵头部门。

3.珠江路。以区政府副区长张蓬为组长，珠管办、区发改局、区科技局、区商务局、工商玄武分局、新街口街道、梅园街道、后宰门街道为成员单位，其中，珠管办为责任牵头部门。

4.红山路。以区政府副区长胡士宁为组长，区商务局、区发改局、区住建局、区投促局、区城管局、红山街道为成员单位，其中，区商务局为责任牵头部门。

5.中山东路—中山门大街。以区政府副区长张连春为组长，区投促局、区发改局、区商务局、新街口街道、梅园街道、后宰门街道、孝陵卫街道为成员单位，其中，区投促局为责任牵头部门。

6.玄武大道。以区政府副区长王东为组长，区发改局、区住建局、区科技局、区投促局、区城管局、锁金村街道、玄武湖街道为成员单位，其中，区发改局为责任牵头部门。

中山路（玄武片）、洪武北路—丹凤街、台城路（解放门—神策门段）沿线项目暂由相关街道书记为第一责任人，自行组建工作小组，负责项目的推进、组织、协调等工作。

三、工作制度

1.由分管区长牵头，责任部门制定工作目标和推进计划，并确定形象进度。

2.各工作小组每周不少于2个工作日，用于推进重点项目。

3.区政府原则上每周六上午召开项目推进会，专题或集中听取各街区项目推进状况，分析协调相关问题。

4.由分管区长组织相关部门、街道，确定项目负责人，参照项目经理人管理模式，落实责任制，一抓到底。

5.项目办负责汇总需要与市相关部门协调的问题，统一组织协调。

6.坚持精心策划、精细运作的原则，推进精细化管理，重大项目（包括单体项目）的策划和规划设计方案，需报区委、区政府审议。

7.区督察办加强对牵头部门及相关成员单位工作的督察。

四、相关要求

1.8月上旬，各工作小组明确工作计划，确定下半年重点推进的重大项目及目标任务，以及重点工作，报区重大项目推进领导小组。

2.各工作小组应按照时间节点和进度要求，加快推进2011年市重点督查项目和区奋斗目标重点项目，确保2011年目标任务的顺利完成。

3.各工作小组在加快推进在建项目的同时，切实加强规划建设项目和储备项目的包装策划、土地收储等各项前期工作，力争每个街区每年新开工建设1~2个重点项目。

“1+8”重点产业项目汇总表

序号	类别	项目（资源）名称	现状或存在问题	措施建议	备注
一、紫金（玄武）科技创业特别社区					
1	加快推进类项目	紫金（玄武）科技创业特别社区	正在进行科技创业特区的选址等前期工作	一是协调市政府和相关部门，争取多方支持，明确特区建设选址；二是加强规划和建设方案设计，力争明年一季度开工建设	
二、长江路					
1	加快推进类项目	德基二期项目	裙楼部分正在进行内部装修，主楼已建至47层。预计主楼于今年三季度封顶，裙楼四季度开业	及时跟踪项目进展，确保项目时序进度	市督查项目2011年目标
2		凯润金城	8栋建筑，目前，01、02、03幢正在进行内部装修。05幢已完工，入驻餐饮企业粤豪轩、小南国等已开业。预计商场和写字楼部分于今年底交付使用	及时跟踪项目进展，确保项目时序进度	2011年目标
3		圣和文化广场	项目规划方案已通过市长办公会，正在按相关程序报批，项目招投标、地质勘察等前期准备工作也在筹备之中，力争10月份开工建设	及时跟踪项目进展，确保项目时序进度	2011年目标
4		碑亭巷地块	楼面价高达22682元/平方米，项目资金无法平衡	一是结合规划编制，进行重点研究，力争在规划条件上予以放宽；二是研究能否通过其它方式进行资金平衡	2011年目标
5	尽快完成规划或建设方案类项目	钟岚里–逸仙村片区项目	由于军产置换和文物保护原因，项目已暂时停滞；汉府新村以居住为主，违章搭建严重，生活环境恶劣，与周边历史文化街区形象极不协调。单体项目资金不能平衡；项目周边交通组织难度大，需要打通汉府新村过河桥，连通龙蟠路	在规划编制和设计过程中，将汉府新村地块、钟岚里–逸仙村地块、公安分局地块、逸仙村小学地块等进行捆绑测算，提出最佳方案，并完成和市规划的对接；完成区公安分局搬迁工作	
6		香铺营地块	已初步完成方案设计，并召开专家论证会	进一步和市规划局等部门衔接，落实规划条件等前期工作	
7		麦哲理长江路项目	目前，麦哲理与元件三厂的收购谈判已完成，中盈地块将由土地储备中心收回	进一步和市规划局等部门衔接，落实规划条件等前期工作，加强与相关部门沟通	

续表

序号	类别	项目(资源)名称	现状或存在问题	措施建议	备注
8		汉府新村地块开发项目	目前,以居住为主,违章搭建严重,生活环境恶劣,与周边历史文化街区形象极不协调。一是拆迁成本高,单体项目资金不能平衡;二是项目周边交通组织难度大,需要打通汉府新村过河桥,连通龙蟠路,难度较大	建议列入梅园 CCD 项目整体打造	
9	和业主单位达成一致(或解决遗留问题),共同推进类项目	金陵图书馆老馆		和业主单位沟通, 力争用于发展文化产业	
10		省美术馆老馆			
11		江宁织造府	项目建成已接近两年, 但因为争议,至今未正式开馆	加强和业主单位及市相关部门沟通,力争就产业定位、开馆时间等方面达成一致	
三、珠江路					
1	加快推进类项目	卓越大厦	该项目2008年开工建设, 建成后的商务楼全部出售,地上1-4层用于商业卖场,5-15层用于公寓式办公,地下负一层至负三层局部用于餐饮、娱乐项目,剩余部分用于仓储和停车	积极与开发商保持联系, 配合做好项目招商引资	
2	加快推进类项目	化建大厦	该项目现正在进行内、外设备的安装,目前处于拟入住企业招投标的遴选阶段,8月份招商全部结束	积极与开发商保持联系, 配合做好项目招商引资	2011年目标
3		华山饭店综合楼	该项目已全部完工、交付使用,华山饭店拟引入华世伟业--建国男科医院,街道多次沟通协调,但华山饭店态度坚决,收效不大,7月份新设医院公示过程中,由于居民反对已经暂停医院入驻的审批程序	提高层级,由进一步加强沟通协调,了解业主单位真实意图	2011年目标
4	尽快完成规划或建设方案类项目	珠江饭店地块	拆迁成本过高,并受规划限制,资金难以平衡	一是结合控制详规编制, 力争在规划上有所突破;二是结合其它项目(如汇文里项目)或地块,论证捆绑的可行性;三是争取市相关政策和规费减免等支持	
5		汇文里项目	地块下方为内秦淮河道,根据《南京市内秦淮河管理条例》,主流中段、东段、北段规划河道及上口线两外侧各不少于五米为河道保护线,河道保护线外侧的建筑退让线不少于三米,使该地块开发受到限制	一是可委托设计单位进一步对设计方案进行论证(能否沿河留出步行街的空间,提升楼宇景观环境);二是加强和市规划局的协调, 明确退让等规划要点; 三是积极向大型、知名商业地产开发企业进行推介,力争整体开发,建设高品质商贸商务项目	
6		东大科技园扩建增容项目	规划内的1号楼 (原汪精卫政府水利部)属于民国历史建筑	对1号楼的文物性质和存在价值重新界定,对扩建方案进一步优化	
7	和业主单位达成一致,共同推进类项目	珠江路699号东片	目前该地块有两幢住宅楼, 如果规划建设为写字楼,存在住户搬迁和若干树木移植问题	和业主单位沟通, 力争建设为商贸办公楼宇	
8		总参六〇所地块	目前该地块已完成拆迁工作,由于土地性质为军用土地,客商积极性不高	和业主单位沟通, 力争加快项目推进工作	
四、红山路					
1	加快推进类项目	红山商贸地块	目前企业正在进行前期设计和招商工作,计划引进一家主力百货(面积30000平方米)、一家主力超市(面积12000平方)米,企业正与金鹰、乐购等重点商户洽谈	加强与业主单位的协调,力争12月底前正式开工建设	市督查项目2011年目标

续表

序号	类别	项目(资源)名称	现状或存在问题	措施建议	备注
2	和业主单位达成一致，共同推进类项目	华飞地块项目	企业对该地块的使用尚无明确意图	尽快和中电熊猫集团就南北厂区资源利用达成一致，力争将南厂区用于产业发展	
五、中山东路—中山门大街					
1	加快推进类项目	长江路九号三期项目	目前，项目规划方案已通过，目前业主单位正在进行项目方案的深化设计	积极与开发商保持联系，跟踪项目进展，确保项目时序进度	
2		南京博物院二期工程	已开工建设	加强沟通，推进项目建设	
3		雨花巷项目	目前，项目总体规划指标已得到市规划局认可，具体方案正在等市政府的批复	积极与开发商保持联系，跟踪项目进展，确保项目时序进度	2011年目标
4		建成钟灵街商业配套街区	拆迁工作正在协调解决中，目前尚无完成的时间表，运作公司已进场平整土地	积极与开发商保持联系，跟踪项目进展，确保项目时序进度	
5		打造柳营钟山餐饮文化街区	已签订协议，正在进行房屋消险改造	积极与开发商保持联系，跟踪项目进展，确保项目时序进度	
6		南京十朝文化园	园区高端商务办公区(1万平方米)已全部招商完毕，进驻国电江苏、北京赢科律师事务所等10家企业，现正全力做好相关企业转税落地工作	强化沟通协调，确保企业税收落地	
7	加快推进类项目	金陵生物医药产业园	一期(2.4万平方米)已全部招商完毕，招引进驻企业26家。二期(3.4万平方米)目前已租售达2.5万平方米，剩余9000平方米，部分作为园区配套设施，剩余部分等竣工后再对外招商，预计下半年竣工交付	强化沟通协调，加快项目建设，配合做好招商引资，引进一批生物医药类企业	
8		卫岗奶业东区	园区高端商务办公区(1.4万平方米)招商基本完成，已招商进驻30家企业。剩余一楼整层可招商面积1800平方米，层高较高，拟改造成两层全部用于商务办公，现正与相关有意向进驻的企业积极接洽中	强化沟通协调，配合做好招商引资	
9		紫金大厦商务楼	目前已竣工，准备招商	强化沟通协调，加快项目建设，配合做好招商引资	
10		峻峰大厦商务楼	现第二层剩余2000平方米可供招商，其余已完成招商	强化沟通协调，加快项目建设，配合做好招商引资	
11		博爱园旅游商业配套	建成并完成招商	强化沟通协调，加快项目建设，配合做好招商引资	
12		农科院紫金时代商业设施	该项目2010年7月开工建设，目前主体已封顶，正在准备工程竣工验收，预计2011年下半年交付	强化沟通协调，加快项目建设	2011年目标
13	尽快完成规划或建设方案类项目	德基三期（忠林坊)项目	目前，业主设计方案已完成，目前已得到市规划局修改意见，正在进行修改	加大力度，强化项目规划、军产置换、拆迁等各项前期工作的推进速度	2011年目标
14		中山东路301号熊猫集团地块	目前该地块的拆迁工作正在有序进行中，但熊猫集团3亿元土地出让金未缴纳，因此土地证未拿到。设计方案尚未经熊猫董事会评审。熊猫集团在完成项目运作公司“熊猫科技园开发有限公司”的核名后，未继续办理相关注册手续	建议尽快与中电熊猫集团就该项目的推进进行磋商，达成一致	
15		中船724所园区	目前项目投资方江苏永同昌建设集团已进驻园区办公启动项目建设，园区项目申报立项已完成，目前正在进一步完善细化建设规划方案，力争下半年开工建设	根据其资源禀赋，建设协调业主单位和投资商，主要用作总部办公，引进科技型总部企业	2011年目标

续表

序号	类别	项目(资源)名称	现状或存在问题	措施建议	备注
16		南汽制动器厂(民国风情园区)	预计年底可实施搬迁。项目改造建设初步方案已完成,目前已和台湾部分企业前期沟通,初步达成合作协议共同运作招商	建议强化和业主单位的沟通,对项目定位进行论证,并就开发意向达成一致	
17		南机所东区园区	2010年金洽会上与区政府区域招商中心签署了项目合作建设开发协议,目前正与几家外地茶叶行业协会就项目合作开发意向洽谈中	建议强化和业主单位的沟通,对项目定位进行论证,并就开发意向达成一致	
18	和业主单位达成一致,共同推进类项目	卫岗奶业西区	可扩建至10万平方米,目前正在包装策划中	建议强化和业主单位的沟通,对项目定位进行论证,并就开发意向达成一致	
19		土壤仪器厂园区	目前该地块的具体方案尚待规划	建议强化和业主单位的沟通,对项目定位进行论证,并就开发意向达成一致	
20		农科院B地块	业主单位拟分两个阶段开发,项目业态策划中,规划方案制作中	建议强化和业主单位的沟通,对项目定位进行论证,并就开发意向达成一致,力争能将B地块主要用于科技创新载体建设。建议调整限高为35米	
21		农科院C地块	土地出让的前期手续已经办完(拆迁、环评、文物等),土地出让政策待市政府会办后决定		2011年目标
22		振华音箱厂	地区人群集中,具备相当的商业发展需求,具有发展商业服务业的前景	建议强化和业主单位的沟通,对项目定位进行论证,并就开发意向达成一致。建议调整限高为50米	
23	和业主单位达成一致,共同推进类项目	紫金山冶炼化工厂	周边住宅人群密集,地处省农科院和南理工之间,适用于发展科技产业,为地区院校专利产业化创造条件,并提供为地区高密度的住宅群提供适当的就业空间	建议强化和业主单位的沟通,对项目定位进行论证,并就开发意向达成一致。建议调整限高为50米	
六、玄武大道					
1	加快推进类项目	聚宝山公园商业配套项目	省物资集团紫金山仓库的搬迁问题(占地200亩,原要价6亿元)一直未能解决,导致奥特莱斯项目陷于停滞	一是协助加快拆迁和紫金山仓库搬迁;二是加快新华柏印务公司土地的置换;三是加快介入商业用地的招商	
2		中诚物流地块	该地块在土地出让中流拍,目前尚未出让	建议加强协调,力争尽快挂牌出让	
3		朝阳山老年公寓项目	一期正在进行地质灾害评估,二期方案已经报省建设厅	协助企业加快项目建设	2011年目标
4		王家湾物流园项目	有工业划拨用地13.5亩,集体用地12.52亩	协助交通集团推进项目建设步伐和招商进程,争取掌握一定招商主动权	2011年目标
5	尽快完成规划或建设方案类项目	高力汽配地块	属于市政工程建设,项目资金无法平衡	纳入环玄武湖综合整治范围,改善区域面貌,配套商业业态	
6	和业主单位达成一致(或解决遗留问题),共同推进类项目	车管所西侧地块	由于资金紧张,因此一直未启动建设	摸清现阶段规划条件,明确合作计划,完成建设方案设计	
7		森林警察学院	学院管理层希望能建设5万平方米的专家公寓楼,其余部分用作发展产业	建议通过沟通协调,一是明确用于科技创新园区建设;二是明确合作方案,共同确定园区和人才公寓建设规划,并争取得到市政府认可	

续表

序号	类别	项目(资源)名称	现状或存在问题	措施建议	备注
8		六四库地块	位于钟山风景区范围内,按照规划应为绿地和配套设施,建设4S店的开发方案不符合钟山风景区规划	和业主单位以及市规划部门加强协调,明确产业定位、合作方式,完成建设方案	
9		百亩鱼塘	按照百里风光带建设规划要求,该地块需沿土城头退让100米,退让后面积约90多亩	一是解决钢加历史遗留问题,启动拆迁;二是确定产业定位和土地利用方案	
10		东方城48号–58号地块	48号存在历史遗留问题,地块东侧规划为公共绿地	一是理清权属关系,解决历史遗留问题;二是就58号地块和省武警总队达成开发意向	
11		市污水处理厂	市政府拟用该地块置换南林大新庄高力汽配东侧地块,南林大规划用于建设研究生公寓	建议通过协调,能调整部分用作商务或商业,也可作为南林大科技孵化基地,享受市区各项政策	
12		南林大南方学院	学校有意向在校区搬迁后,通过改造,建设南林大高校科技园区	建议加强对接,就南林大玄武大道沿线资源合作达成协议	
13		长途汽车东站	具体搬迁方案未定	建议加强沟通,一是明确未来发展规划;二是根据规划,明确发展方向和合作模式	
14		铁路党校	因权属为上海铁路局,街道沟通难	建议加强沟通,明确业主单位意向,确立产业定位和合作方案	
15		解放军理工大学岔路口分校	目前学院除少量培训外,基本空置	加强沟通,一是明确用于建设科技创新园区;二是确定合作方式和合作方案	
16		邮政枢纽地块	有一条自动化分拣线,部分闲置房屋已经出租	加强沟通协调,一是对环境进行整治和优化;二是争取通过内部功能重组,调整出一部分资源用于发展产业	
17		新庄国展中心城市综合体项目	根据南纺集团的计划,将对展览中心进行改造,打造集特色商业、绿色办公、主题特色会展、餐饮、娱乐、休闲为一体的城市综合体项目	一是加快产业定位规划研究,二是加强与南纺集团协调沟通,力争使招商引资符合我区战略意图	2011年目标
七、中山路(玄武片)					
1	加快推进类项目	长发羲和	写字楼、住宅及商业裙楼均在进行外立面装饰	及时跟踪项目进展,确保项目时序进度	市督查项目2011年目标
八、洪武北路–丹凤街					
1	加快推进类项目	丝织厂	规划限制较大,如建高层,则需向四界退让,使得建筑占地面积较小(约500平米),难以建设	进一步与市规划局沟通规划条件	
2		江苏电视台二期		积极与省广电集团保持联系,跟踪项目进展	
3	尽快完成规划或建设方案类项目	居安里地块	以老旧住宅小区为主	向有实力的开发商推荐,进行整体开发	
4		大石桥地块	以老旧住宅小区为主	向有实力的开发商推荐,进行整体开发	
九、台城路(解放门–神策门段)					
1	加快推进类项目	创意中央产业园	已引进企业70家,其中科技企业20家,文化企业25家,已成功转户约40家,还有15家正在转户中,尚有招商面积约3000平方米	积极与运营商保持联系,推动入园企业转户,争创市级科技产业园区,打造市级科技孵化器	2011年目标

续表

序号	类别	项目(资源)名称	现状或存在问题	措施建议	备注
2		中央路 288 号综合楼	正在进行桩基施工,计划年内建成主体工程	积极与开发商保持联系，配合做好项目招商引资	2
3		中央路 70 号综合楼	该项目已建成封顶,预计年内交付。存在问题是层高不够,分隔较多,车位较少,定位不高	与开发商保持沟通，力争推动项目整体出售或写字楼整层出售，建议区政府给予相应政策支持	2011 年目标
4		明城汇二期	现已建成封顶，规划条件受市政府限制,影响后期招商运作,另外前期法律纠纷尚未了结	推动其与相关合作方的洽谈，尽快确定运营主体，帮助解决其相关规划及法律问题	4
5		南空昆仑路干休所搬迁项目	市政府已为其确定了江宁路 25 号地块作为置换地块,市住建委与南空后勤部关于置换条件尚有分歧,双方谈判不积极	该项目是打通明城汇项目的关键，建议有关领导和部门高位协调，推动军地双方尽快谈出结果	5
6	尽快完成规划或建设方案类项目	百子亭历史文化街区项目	拆迁成本过高,并受规划限制,资金难以平衡	一是结合控制详规编制，力争在规划上有所突破;二是结合其它项目(或地块),论证捆绑的可行性；三是争取市相关政策和规费减免等支持	2011 年目标
7		北极阁广场地下商业设施	正在调整规划条件,需新建地面建筑约 5000 平方米	区招促局加快与市规划局等相关部门沟通,尽快确定规划条件,启动项目改造工程	7
8		玄武门广场地下商业设施	城建集团正在做项目策划方案,待市政府审批,受湖南路项目影响,进展缓慢	请区领导及相关部门高位协调，推动项目尽快启动，解决当前玄武门广场车流混乱的现状。力争将项目与规划展览馆整合运作,提高综合贡献	8
9		神策门到玄武门明城墙改造	市住建委已立项,并列入重洽会重点招商项目,受资金影响,启动难度大	建议区住建局与市住建委加强沟通,尽快启动项目拆迁改造，资金问题建议采取多种手段:如与区域单位合作建设,红星国际家居等单位有改造意愿，只要市政府给予相应政策支持。另外,可采取区域企业税收捆绑支持的手段，集中力量推动项目建设	9

玄武区基层医疗卫生机构综合改革实施意见

基层医疗卫生机构综合改革,是党中央、国务院的重大决策部署,是惠及全民的重大民生工程。根据中央、省、市有关文件精神以及市委、市政府赋予的医疗卫生体制改革的试点任务,结合我区实际,提出如下意见:

一、总体要求

按照国家和省、市关于基层医疗卫生机构综合改革的总体部署,以“普惠老百姓、提升满意度”为出发点和落脚点,坚持优质均衡战略,紧紧围绕基层医疗卫生机构公益性目标和全区居民基本医疗卫生需求,深化我区医药卫生体制改革,实现区域内政府办社区卫生服务体系全覆盖,基本医疗和基本卫生公共服务全面普及,基本药物制度全面建立,基层医疗卫生服务水平全面提高,确保改革成果真正惠及民生,确保我区医改工作平稳有序,确保玄武医药卫生事业发展更好更快。

二、主要任务

建立制度完善、保障公益的组织管理体制;建立布局合理、运转高效的基层卫生服务体系;建立岗位管理、按岗聘用的人事管理制度;建立收支合理、管理规范的经济运行机制;建立科学公平、体现绩效的考核分配机制,不断提升基本医疗和基本公共卫生服务水平。

(一)全面深化医药卫生管理体制改革

1.改革管理体制。全面推行社区卫生服务中心(站)一体化管理,社区卫生服务中心应具有独立法人资格。社区卫生服务机构实现人员、标识、药品、财务、服务、信息、制度、考核标准“八统一”。

2.加强制度建设。全面推行社区卫生服务规范化管理,完善各项规章制度及操作规范,并严格执行。主要包括人员行为准则,岗位工作职责,行政办公制度,家庭医疗服务工作制度,双向转诊制度,质量管理与评价制度,药品管理制度,财务、固定资产管理制度,信息、档案规范管理制度,服务质量社会监督制度等。

3.推行任期目标责任制。明确社区卫生服务中心主任任职资格条件,在全区或更大范围内实行公开选拔。实行中心主任任期目标责任制,以社会效益为导向、群众认可为核心,建立起责权利相一致的管理机制。重大事项实行民主决策。

4.打造社区卫生服务品牌。推进社区卫生服务中心标准化、制度化和品牌化建设,推进社区卫生服务精品工程,实现“全市率先,全省领先,全国争先”的社区卫生服务工作目标。

(二)全面深化社区卫生服务体系改革

1.合理布局社区卫生服务机构。按照每3万~10万人标准设置一个社区卫生服务中心,或每个街道办事处设置一个社区卫生服务中心,90%以上的居民从住所步行10~15分钟可以到达社区卫生服务中心(站)。按照《江苏省城市社区卫生服务中心设置标准》,健全社区卫生服务中心服务设施,配置必须的仪器设备。到2012年,全区社区卫生服务中心、社区卫生服务站业务用房和医疗设备等基础设施建设达到省级规定标准。

2.探索二级医院转型模式。根据省、市深化基层医疗卫生机构改革的要求,为探索二级医院改革,结合我区实际,通过深入调研,对我区玄武医院实行改革,转型为具有区域医疗指导作用和功能的社区卫生服务中心。转型后,要进一步盘活资源,充分利用医院的现有医疗资源,为地区群众提供优质的基本医疗和基本公共卫生服务。

3.强化社区卫生服务质量管理。加强人员培训,增强服务能力,提高服务质量,保证医疗安全。转变服务模式,进一步推进责任医生和团队服务制度,全面开展主动、上门、持续的基本公共卫生和基本医疗服务。改善服务流程,全面优化医疗卫生服务。加强服务监管,建立基本医疗卫生服务质量评价体系。加强社区卫生服务中心与医院之间的业务协作,建立健全分级诊疗和逐级转诊制度。通过制定分级诊疗标准、增强服务能力、降低收费和提高报销比例等措施,引导一般诊疗下沉到基层,逐步实现社区首诊和双向转诊,做到小病在社区、大病进医院、康复回社区。

4.全面实施国家基本药物制度。按照“统一目录、统一品规、统一价格、统一采购、统一配送、统一结算”的要求,实施基本药物制度,政府办社区卫生服务中心全部配备使用、零差率销售基本药物。各政府办社区卫生服务中心按照“一品二规三剂型”原则遴选我区基本药物产品。区卫生局在省确定的8家配送企业中择优选择我区基本药品配送企业,由指定配送企业统一配送到社区卫生服务中心。完善基本药物供应保障体系,对实行国家基本药物制度后药品收入减少部分实行补助,减轻群众基本用药费用负担。

5.加强社区卫生服务人才队伍建设。以“人才强医”工程为抓手,建立人才引进和人才培养机制。吸引和鼓励高等医学院校毕业生到社区卫生服务机构就业。建立健全医学终身教育制度。充分利用各种卫生和教育资源、远程教育的技术优势,开展形式多样的医学继续教育活动,不断提高卫生技术队伍素质。加强医德医风建设,重视医务人员人文素质培养和职业素质教育,促进廉洁行医。

6.推进社区卫生服务信息化建设。进一步推进信息化建设,健全以社区居民健康档案为基础的社区卫生信息化管理系统,规范居民电子健康档案,逐步实现区域内健康档案数据共享,提升社区卫生服务能力。

(三)全面深化医药卫生人事制度改革

按照“科学合理、精简效能”的原则,实行科学设岗、竞聘上岗、以岗定薪、合同管理,建立能上能下、能进能出的用人机制,充分调动医疗卫生人员工作积极性。

1.建立总量控制、动态调整的编制管理机制。依据相关政策和市医改领导小组的明确要求,按区域常住人口万分之十一的标准一次性核定社区卫生服务中心的编制总量。在此基础上,综合考虑功能定位、职责任务、服务人口、服务范围等因素,逐一核定每个社区卫生服务中心的事业编制,并适时进行动态调整。

2.建立竞争上岗、按岗聘用的岗位管理机制。全面推行岗位管理和人员聘用制度,社区卫生服务中心在机构编制部门核定的编制员额内,科学规范设置岗位,组织岗位聘用,建立按需设岗、竞聘上岗、按岗聘用、合同管理的机制。

3.建立能进能出、能上能下的选人用人机制。认真执行社区卫生服务中心人员准入资格制度和公开招聘制度。现有在职人员,未取得执业资格的,不得参加国家已实行执业资格制度的专业技术岗位的竞争、聘用;未取得卫生专业技术资格的人员,不得参加卫生专业技术岗位的竞争、聘用。连续两次考试未能取得相应执业资格或专业技术资格的人员,应按有关规定及时终止(解除)聘用合同。受聘人员符合省、市有关文件中解除聘用合同条件的,聘用单位应按规定及时解除聘用合同。对社区卫生服务中心机构调整、定编定岗,要制定周密的人员分流安置方案。对竞聘落岗人员、编制外聘用人员,要给予妥善处置。

(四)全面深化医药卫生保障制度改革

1.强化预算管理。建立预算管理制度,社区卫生服务中心所有收支全部纳入预算管理。编制收支预算要坚持统筹兼顾、保证重点的原则,按照年度事业发展计划并结合往年实际运行情况,分析预算年度收入的增减变化因素,根据业务活动需要和财力,编制支出预算。严格执行预算,定期分析预算执行情况,建立预算分析制度和预算执行绩效考评制度。

2.加大政府投入。落实全市医保政策,安排城镇居民医保政府补助,提高基本医疗保障筹资水平。按南京市确定的标准,安排基本公共卫生服务经费,主要用于10大类27项公共卫生服务,保障国家基本药物制度和绩效工资改革实施,对实行国家基本药物制度后药品收入减少部分实行补助。保障医疗卫生机构绩效工资改革实施,核补社区卫生服务机构经常性收支差额,安排医疗卫生机构建设发展支出。

3.实行收支两条线。对政府办社区卫生服务机构,2011年实行核定收支差额预算管理,从2012年1月开始实行全额预算、收支两条线管理。

4.规范会计核算。依据《会计法》、《基层医疗卫生机构会计制度》和《事业单位会计制度》等规定，制定社区卫生服务中心会计核算管理制度，明确会计凭证、会计账簿和财务报告的处理程序，规范收支、资产和债权债务管理。

（五）全面深化医药卫生分配制度改革

建立以服务数量、质量、效果、居民满意度为核心，公开透明、动态更新的工作任务绩效考核机制。卫生部门会同相关部门对基层医疗卫生机构进行绩效考核，考核结果与社区卫生服务机构财政经费补助挂钩，与社区卫生服务机构主要领导的考核取薪和任免聘用挂钩。建立按岗定酬、按工作业绩取酬的内部分配激励机制，收入分配向关键岗位、条件艰苦岗位、业务骨干和做出突出贡献的人员重点倾斜。基层医疗卫生机构定期组织对职工进行绩效考核，考核结果与职工个人收入挂钩。

三、工作步骤

（一）4月25日前，学习理解相关政策，深入开展调研活动，认真做好评估分析。

（二）5月5日前，区基层医疗卫生机构综合改革领导小组依据有关政策规定和市医改领导小组的相关要求，结合我区实际，研究制定《玄武区基层医疗卫生机构综合改革（试点）实施意见（征求意见稿）》，经区委、区政府同意并报市委、市政府批准后实施。

（三）5月20日前，做好市基层医疗卫生机构改革试点各项准备，并全面推进玄武区基层医疗卫生机构改革的实施。

四、保障措施

（一）加强组织领导。基层医疗卫生机构综合改革，是落实基本医疗卫生服务任务，确保广大群众从医改中得益受惠的重要举措。要把医改工作放在重要位置，严格按照上级要求，加强组织领导，抓好任务落实。区发改局、卫生局、财政局、编办、人力资源和社会保障局、药监局等部门要紧密配合，明确改革目标，建立健全工作责任制，确保改革试点取得实效。

（二）严格政策管控。要严肃组织人事纪律，自觉接受社会和群众的监督。对工作落实不到位的，要责令限期整改；发生违纪违规事件，将严肃追究责任。认真落实调整后的医疗服务收费和医保政策。要坚持以人为本，细化各项改革举措，维护社会稳定。

（三）落实督促指导。区基层医疗卫生机构综合改革领导小组，要加强对基层医疗卫生机构的指导，及时总结经验，不断完善政策。同时，进一步加强对医改实施进展情况和效果的监测评估，严格实行按月通报、按季考核、全年评估的绩效考核机制。

（四）注重舆论引导。医改工作建立统一、定期的舆论发布制度，及时公布医改进展，主动接受社会各界监督。

玄武区基层医疗卫生机构机制改革自2011年5月20日起正式实施。根据本意见，结合我区实际，另制订具体实施方案。

中共南京市玄武区委关于开展“三争一创”实践活动的意见

根据《中共南京市委关于开展“三争一创”实践活动的意见》（宁委发〔2011〕59号）要求，结合我区实际，现就在全区上下广泛深入开展“三争一创”实践活动提出以下意见。

一、开展“三争一创”实践活动的重要意义

市第十三次党代会提出，今后五年，南京要争当江苏科学发展、改革创新、和谐稳定“首位市”，创建江苏党的建设“先进市”。“三争一创”是市委深入贯彻落实中央和省委部署，基于南京新的历史时期、新的历史使命、新的历史选择下作出的科学判断和科学决策。开展“三争一创”实践活动，对于推进玄武率先基本实现现代化、加快建设现代化国际性人文绿都标志区具有重要意义。开展好这项活动，是玄武落实省、市委要求和完成区党代会任务、在新一轮发展大潮中实现“带好头、当标兵、争第一”的必然选择，是玄武顺应时代潮流、抢抓战略机遇期、大力实施五个玄武战略的迫切需要，是深化拓展创先争优活动、加强党的执政能力建设和先进性建设的内在要求，也是弘扬创业创新、创优创造“四创”精神，打造想干、苦干、善干“三干”型队伍，万众一心建设现代化国际性人文绿都标志区的重要抓手。

全区各级党组织和广大党员干部要深刻认识开展“三争一创”实践活动的重要意义。通过开展活动，进一步增强各级党组织和党员干部带好头、当标兵、争第一的光荣感、责任感和使命感，引导各级党组织和党员干部以一流的精神状态和工作作风，抓好当前、兼顾长远，创造一流的工作业绩。充分发挥各级党组织和广大党员的带头作用，充分调动全社会方方面面的积极性、创造性，把各方力量组织和引导到“三争一创”实践中来，使“三争一创”成为党内带党外、党员带群众的实践平台，让创先争优成为全社会的价值取向，推动形成人人学习先进、人人争当先进、人人赶超先进的良好风尚。

二、开展“三争一创”实践活动的总体要求

在开展实践活动的过程中，各街道、各部门、各单位要重点把握以下目标、原则和形式：

（一）总体目标

围绕建设现代化国际性人文绿都标志区的定位，坚持全市领先、全省率先、全国争先的追求，以科学发展为主题，以改革创新为动力，以和谐稳定为根基，以党的建设为保障，深入实施创新玄武、文化玄武、品质玄武、绿色玄武、幸福玄武战略，争当南京科学发展首位区、改革创新率先区、和谐稳定示范区，创建党的建设先进区，在推进率先发展、实现“两个率先”中带好头，在推进科学发展、实现转型升级中当标兵，在推进和谐发展、建设人民幸福城区中争第一，全面提高玄武在全市的首位度。

（二）指导原则

1.坚持解放思想创新驱动。以解放思想为先导，以改革创新为动力，突出眼界宽、思路宽、胸襟宽的“三宽”要求解放思想，善于看大势、谋大局、做大事，以全球视野、国际眼光、现代理念、科学态度抢抓和用好“第三次机遇”；突出创业创新、创优创造的“四创”精神解放思想，坚定地走创新发展的新路，靠观念创新、科技创新、制度创新、环境创新赢得新发展；突出全市领先、全省率先、全国争先的“三先”目标解放思想，牢固确立创一流争第一、大跨越大超越的志向，自加压力、传导压力，在全区形成你追我赶、攀高争先、竞相发展的生动局面。

2.坚持领导干部率先垂范。党员领导干部在“三争一创”实践活动中担负双重责任，既要做组织领导者，动员广大党员和群众积极投身“三争一创”实践活动；又要做实践先行者，当好改革攻坚和创新发展的带头人。建立区委常委、党员副区长联系点制度，各党工委建立相应的工委委员联系点制度，深入基层调研指导，发挥好示范带动作用，为广大党员和群众做好表率。

3.坚持分类指导联动推进。不同领域、不同行业的党组织所担负的职责各不相同，在“三争一创”实践活动中的任务也不尽相同。要结合“满意先锋行动”等主题实践活动、党员义工、非公企业五型党组织创建等特色载体，根据各街道、各部门、各行业的不同特点，有针对性地提出“三争一创”的具体要求，扎实开展“三争一创”实践活动。

4.坚持发动群众共建共创。充分发扬党内民主，尊重广大党员的民主权利，广泛征求群众意见，自觉接受群众监督，虚心听取群众评价，真正把群众认可、群众满意、群众受惠作为“三争一创”实践活动的出发点和落脚点，贯穿于活动的每个步骤、每个环节，激发广大党员和群众紧密配合、协同推进“三争一创”实践活动的积极性和主动性。

（三）主要形式

1.开展对标找差。对照“三争一创”要求，深入分析本地区、本部门、本单位的优势所在和薄弱环节。在南京和全国范围内，选择禀赋相近、产业相似、基础可比、方法可学的先进城区为标杆，“近学鼓楼、远学越秀”。学习鼓楼区坚持“区域空间有限，科学发展无限”的理念，发扬“负重攀登、敢为人先”的鼓楼精神，调整结构、加快转型、集约发展；学习广州市越秀区围绕建设国家中心城市核心区的总目标，坚持“广府文化源地、千年商都核心、公共服务中心”的定位，实施文化引领、提升总部、创新驱动、共建共享的战略，发展总部经济不动摇，改善民生不停步，先行先试不畏难，攻坚克难不懈怠，创先争优不放松。并以两个标杆为参照，深入查找问题，深刻剖析原因，科学制定赶超目标、任务和措施。大力弘扬争第一、创先进的拼搏精神，把履职尽责创先进、立足岗位争优秀，转化为各级党组织和广大党员干部的不懈追求，转化为全区上下永不满足、争先进位的生动实践。

2.推行公开承诺。对照全市率先基本实现现代化指标体系，结合我区发展重点和部门工作职能，按照“项目化分解、节点式推进”要求，对“三争一创”目标进行细化，确保区党代会提出的各项目标任务落实到每一个区域、每一个部门，确保“三争一创”要求落实到每一级组织、每一名党员。在此基础上，党组织和党员要对照目标任务，明确分解落实的时限、标准、举措、要求，向社会作出公开承诺，使每一级组织、每一个岗位都成为展示南京和玄武形象的窗口。各街道工委、各部门党组织要制定细化的实施方案作为承诺，通过网络、橱窗、宣传栏等形式向社会公开。

3.开展上评下议。推行以“党员自评、行政讲评、组织点评”为主要内容的“三评”工作法，即请党员为自己画像，让点评更真；请行政领导出专业意见，让点评更实；请党组织书记综合观点，提出意见，让点评更准，确保点中关键、评出干劲。建立“书记点评例会”制度，定期召开会议，上级点评下级，一级点评一级，主要点评各单位“三争一创”承诺兑现情况。上级党组织召集党员群众代表开展群众评议，定期对下级党组织“三争一创”履诺情况进行评议，并将评议结果及时反馈，对存在的突出问题，提出意见和建议，督促限时整改。

三、精心组织“三争一创”实践活动

1.深入学习动员。围绕“三争一创”工作重点目标，集中抓好各级党委中心组理论学习，就科学发展、改革创新、和谐稳定和党的建设专题举办系列专家讲座。召开全区推进“三争一创”实践活动动员大会。各级各部门要结合学习贯彻党的十七届六中全会和省市区党代会精神搞好动员，在全社会营造“三争一创”的浓厚氛围，全力推动全区上下广泛形成“三争一创”的强大思想共识。

2.精心制定计划。制定争当科学发展首位区、改革创新率先区、和谐稳定示范区和创建党的建设先进区四个行动计划。各街道、各部门要联系近年来本地区、本单位的发展实践，查找分析个人和班子建设方面存在的突出问题。组织到发达地区和先进单位学习调研，找出与“三争一创”要求的差距，形成新的发展思路和对策。对照玄武区创成率先大业、建设现代化国际性人文绿都标志区的任务要求，进一步理清改革发展稳定中的难点问题，明确突破重点，制定切实可行的整改方案，向社会作出公开承诺。

3.周密组织实施。把“三争一创”实践贯穿于落实区党代会决策部署的全过程，贯彻到全局工作的各领域，落实到发展建设的各层级。充分运用学习调研、对标找差的成果，紧紧围绕“三争一创”的目标要求，立足当前、着眼长远，求真务实、真抓实干，在突破重点难点、完善体制机制、推动创新创优上下功夫，积极探索解决深层次问题的有效途径，推动“三争一创”全面提速、提效、提质。

4.严格督导考核。建立健全“三争一创”督导考核体系，加强对实践活动的督查指导和工作考评。以全区“三争一创”四个行动计划为依据，以科学发展、改革创新、和谐稳定和党的建设的实际成效为重点，坚持综合考核与分类考核、定性考核与定量考核、自我考核与社会评价、过程考核与结果考核相结合，客观公正地评价各单位“三争一创”实效。要把考核结果作为党员干部选拔任用、培养教育、激励约束的重要依据，激发全体党员干部“三争一创”的主动性和创造力。

四、切实加强对“三争一创”实践活动的领导

1.加强领导，狠抓落实。成立全区开展“三争一创”实践活动领导小组，领导小组办公室与区委深入开展创先争优活动领导小组办公室合署办公。以制定实施“三争一创”四个行动计划为重点，抓好目标任务的分解和落实。各级党组织要按照全区的统一部署，制定本地区、本部门的活动方案，精心组织实施，做到“书记抓、抓书记”，一级抓一级、一级带一级、层层抓落实，确保实践活动取得实实在在的成效。

2.紧扣主题，统筹兼顾。把开展“三争一创”实践活动与深入贯彻落实党的十七届六中全会精神和省市区党代会决策部署结合起来，与紧扣率先基本实现现代化目标、把握建设现代化国际性人文绿都标志区定位结合起来，与实施创新玄武、文化玄武、品质玄武、绿色玄武、幸福玄武五大战略结合起来，以“三争一创”实际成效推动重点难点工作实现新突破，真正把“三争一创”实践转化为实现科学发展、率先发展、和谐发展的强大动力。

3.注重研究，把握规律。各级党组织要结合新形势、新情况、新要求，加大对“三争一创”实践活动的研究，认真学习总结，提炼出好的做法和成功经验，努力形成各具特色的争创模式。要始终把解决突出问题作为“三争一创”实践活动的关键抓手，创新争创思路，深化争创内涵，把“三争一创”实践活动不断引向深入。

4.大力宣传，营造氛围。要综合运用广播、电视、报刊、网络、橱窗、专栏等多种方式，加大对“三争一创”实践活动的宣传。注重典型引路，广泛开展评先评优活动，深入宣传“三争一创”先进典型，让先进典型可亲、可敬、可信、可学。把学习重大典型与学习身边典型结合起来，形成比学赶超的生动局面，让“三争一创”成为广大党员干部的精神追求和自觉行动，激励各级党组织、广大党员和群众在创成率先大业、建设现代化国际性人文绿都标志区中多做贡献、再立新功。

中共南京市玄武区委

2011年11月10日

南京市玄武区妇女发展规划（2011~2015年）

男女平等是国家的一项基本国策。妇女是推动社会文明进步的伟大力量，妇女的发展水平是衡量经济社会发展的重要标志，保障妇女权益、促进妇女发展、推动男女平等是政府的重要职责。为进一步落实好《妇女权益保障法》和《江苏省实施〈妇女权益保障法〉办法》，更好地推动“十二五”时期我区妇女事业发展，切实保障好全区24.9万妇女的合法权益，根据《江苏省妇女发展规划(2011~2015年)》、《南京市妇女发展规划(2011~2015年)》以及《玄武区国民经济和社会发展第十二个五年规划纲要》的总体目标要求，特制定《玄武区妇女发展规划(2011~2015年)》(以下简称《妇女规划》)。

一、“十一五”时期妇女发展规划执行情况

2006年以来，在区委、区政府的正确领导下，在相关部门的共同努力下，我区妇女发展的各项指标得到了较好实现，妇女事业取得了明显进展。

一是财政支持投入逐年递增，妇女社会事业全面发展。“十一五”期间，我区经济持续快速健康发展，人民生活水平稳步提高，各项社会事业继续保持高位发展态势。国家财政性教育经费、医疗卫生经费、妇幼卫生经费、人口与计划生育经费五年来分别从1.92亿元、0.46亿元、182.25万元、315万元分别提高到4.99亿元、1.01亿元、344.72万元、1126万元。在特困家庭妇女妇科疾病检查、扶持女大学生就业创业等实事项目中，区财政均给予了必要的资金支持。

二是社会保障体系逐渐完善，妇女就业率不断提高。“十一五”期间，我区的女性就业领域不断扩大，妇女地位不断提高。女性就业人员占就业人员总数的比例年均达48.76%，城镇女性登记失业率控制在3.15%~2.5%。城镇女性从业人员养老、失业、医疗、工伤和生育保险覆盖率达99%。女职工权益保护专项集体合同签订率达96.8%，高于省市目标16.8个百分点。

三是女性参政比例逐步上升，妇女社会地位不断提高。“十一五”期间，区委、区政府高度重视女性人才的培养和选拔工作，妇女参政能力明显增强。区委、人大、政府、政协和各街道党政领导班子女干部配备率均为100%；80%的区党政部门领导班子配备了女干部；区管党政领导干部中女干部达26.3%；区管正职领导中女干部达28.7%；区人大代表和政协委员女性分别占总数34.5%和34.7%；村民委员会、居民委员会成员中女性比例分别达41.7%和55%；新发展党员中女性比例达61%，比目标值高31个百分点。

四是全面教育机会逐渐增多，妇女整体素质明显提高。“十一五”期间，女童接受学前教育、义务教育和高中阶段教育的性别差异基本消除。高中阶段毛入学率达99%以上；外来务工人员子女义务教育毛入学率、社区教育覆盖率均达100%；基础教育、职业教育、社区教育优质均衡协调发展，教育工作保持全国领先水平。

五是妇幼保健工作逐步加强，妇女健康水平稳步推进。“十一五”期间，社区公共卫生服务和人口计划生育服务经费人均分别达28元和12元。全区妇幼保健机构健全率达100%，孕妇产前医学检查率达99.9%，孕产妇住院分娩率为100%，孕产妇保健管理率为99.9%，妇女病普查率达到97.5%，比2005年增加7.9个百分点。

六是城市生存环境逐步优化，妇女合法权益得到保障。2010年城镇居民人均可支配收入达30470元，比“十五”末增加13970元。累计新增养老床位983张，每千名老人拥有床位数达24张。农村卫生厕所普及率和农村自来水普及率均达100%。557名妇女得到法律援助，劳动教养女性人数从20%下降到14%，刑事犯罪被害人中妇女所占比重控制在35%。

总体来看，我区“十一五”期间妇女事业发展情况良好，但同时，还存在着一些亟待解决的问题，如男女平等的基本国策在个别地方和部门贯彻落实不够有力，妇女就业层次偏低和就业中的性别歧视仍然存在，妇女在平等占有经济、社会资源方面仍处于相对弱势，妇女的人身、财产等权益受侵害现象还时有发生，等等。对此，我们清醒地认识到，依法维护妇女权益、切

实推进男女平等仍是一项长期的、艰巨的历史任务，要以锲而不舍的精神、坚持不懈的努力和更加扎实有效的举措，继续保持好妇女事业健康发展的良好势头。

二、"十二五"时期妇女发展的指导思想与总体目标

（一）指导思想

以科学发展观统领妇女发展全局，以提高妇女综合素质、促进妇女全面发展为根本，切实贯彻男女平等基本国策，积极推进性别意识融入经济社会发展。紧紧围绕区第十次党代会精神，在推进率先发展中带好头，在实施转型升级中当标兵，在建设人民幸福城市中争第一，大力实现创新玄武、文化玄武、品质玄武、绿色玄武、幸福玄武战略。将与妇女生存、保护和发展关系最为密切的就业、参政、教育科技、文化、健康、社会保障、法律和环境作为全区妇女发展的优先领域，着力提高妇女的社会地位和幸福指数，着力保障妇女合法权益，着力优化妇女发展环境，着力推进妇女主体作用发挥和自身发展进步，努力实现妇女的全面可持续发展、两性平等和谐发展、妇女事业与经济社会同步协调发展。

（二）总体目标

以推进妇女与区域经济社会同步协调发展为总目标，确保妇女平等参与经济社会发展，平等享有改革发展成果。进一步发挥妇女人力资源在促进全区经济发展中的重要作用，进一步提高妇女在社会公共事务管理决策中的参与度和水平，进一步增强妇女的文化、科技、教育和健康素质，进一步提高妇女的社会保障水平和生活质量，进一步保障妇女享有宪法和法律赋予的各项权利，进一步优化妇女发展的社会环境，到2015年，主要指标在省市居于领先水平。

三、"十二五"时期妇女发展的主要目标和策略措施

（一）妇女与经济

主要目标：

1.全区女性从业人员占从业人员总数比例达47%以上，城镇单位从业人员中女性比例达45%以上。在政府开发的公益岗位中，安排女性就业比例应与女性就业需求相适应。保障男女同工同酬，缩小男女收入差距。

2.消除就业性别歧视，新增妇女劳动力就业率达到90%，提高女大学生就业率，城镇女性登记失业比例控制在47%以内。

3.女职工特殊保护专项集体合同签订率达98%。将女职工特殊劳动保护条款纳入劳动合同和集体合同，健全和完善女职工特殊劳动保护措施，不断改善女职工劳动条件。保障女职工和进城务工妇女的劳动安全，降低女性的职业病及职业伤害发生率。

4.法人代表和企业家中的女性比例达到25%以上。提升女性创业就业层次，提高女性在中、高级专业技术、高新技术产业和现代服务业中的就业比例。高、中、初级技术人才中女性比例达到35%。高级专业技术人员中的女性比例达到40%以上。

5.确保女性企业退休职工养老金100%社会化发放，每两年组织纳入社会化管理的女性企业退休职工开展免费健康体检和妇科检查。

策略措施：

1.加大妇女平等就业的法律保障。全面落实《劳动法》、《就业促进法》、《女职工劳动保护规定》等法律法规，除法定特殊工种和岗位外，用人单位不得限制录用女性。加强对男女平等就业法律法规的执法检查，研究制定对就业性别歧视行为的惩罚措施，及时公正处理涉及女职工合法权益的劳动争议案件，切实保障妇女的劳动权利。

2.健全妇女创业就业的服务体系。加大资金支持和政策扶持力度，健全妇女创业就业服务中心，为有创业愿望的妇女提供创业培训、创业指导、创业见习、筹集创业资金和项目支持等系列创业服务，充分发挥税费减免、就业服务补偿、小额担保贷款等就业创业扶持政策效应，为女性就业创业提供良好的服务环境。

3.深入开展妇女创业就业技能培训。面向城乡失业失地妇女，开展实用性强、需求量大的技能培训；面向企业女职工，举办时尚课堂，开展心理咨询等活动。

4.缩减女性和男性收入差距。加强劳动监察，确保从事相同工作、付出等量劳动、取得相同业绩、实现同等价值的劳动者，用人单位要支付同等的劳动报酬；推进工资集体协商制度，逐步提高女职工工资水平。

5.注重开发适合妇女特点的就业领域。在加快发展民营经济和现代服务业中，积极开发适合妇女特点的就业领域和工作岗位。为妇女创造更加良好的自主创业、调节就业和流动就业环境，增加妇女就业机会，扩大女性就业容量。

6.注重女职工和进城务工妇女的劳动保护。全面贯彻实施《江苏省女职工劳动保护办法》，增强女职工的自我保护意识和防护能力，推进女职工特殊保护专项集体合同的签订，定期对用人单位落实女性用工的劳动保护措施进行检查，重点加强对非公企业女职工劳动权益保障工作的督查，注重对女职工和进城务工妇女开展劳动保护法律政策宣传教育，广泛开展针对妇女的职业病防治宣传教育和管理监督，减少妇女职业病的发生，提高妇女自我保护意识。

7.加大劳动保障监察力度，依法公正处理劳动争议案件。加大《劳动法》、《劳动合同法》、《妇女权益保障法》的宣传力度，提高用人单位的法律意识，对涉及女职工权益的劳动争议案件公正、及时地处理，切实维护好妇女职工的合法权益。

8.促进女大学生充分就业。加强面向高校女大学生的就业指导、培训和服务，引导女大学生树立正确的择业就业观。完善大学生自主创业扶持政策，开展女大学生自主创业培训，促进女大学生创业。

（二）妇女与决策和管理

主要目标：

1.提高妇女参政议政比例，确保各级党代会代表、人大代表和政协委员中女性比例达到26%以上；人大、政协常委中的女性比例达到25%以上。

2.区委、人大、政府、政协和街道党政领导班子中至少配备1名女干部；区管正职女领导干部占同级正职干部的比例不低于25%；党委、政府的工作部门有70%以上的领导班子配备女干部。逐步提高经济金融、政法公安、科教文卫、组织人事等部门女性任职比例。

3.区管党政领导班子后备干部队伍中的女干部比例不少于25%;公务员中女性比例保持在30%以上;新增加的公务员中女性比例不少于20%;新发展党员中女性比例达到45%以上。

4.社区(村)党组织、居(村)民委员会领导成员中至少各有1名女委员,居委会成员中女性比例保持在50%左右;村委会成员中女性比例达到30%以上。

5.妇联组织代表妇女参与国家和社会事务的管理水平不断提升,社区(村)妇联主席进居(村)委会比例进一步提高。

策略措施:

1.建立男女平等基本国策教育的长效机制。将男女平等基本国策和社会性别意识等相关课程纳入到党校主体班次的教学计划中,列入到对人大代表、政协委员的培训内容中。

2.完善平等竞争机制和公务员管理制度。在选拔聘用干部、录用公务员和招聘专业技术人员、管理人员时,切实贯彻"公开、平等、竞争、择优"和"在德才兼备的前提下,女性优先"的原则,为妇女参与决策和管理提供平等的竞争机会。

3.加大培养、选拔女干部的力度。着力培养女干部的学习能力、实践能力和创新能力,提高妇女决策管理水平,提高女干部交流、换岗、挂职锻炼比例,促进一定比例的女干部到重要部门、关键岗位担任主要领导职务。

4.完善基层民主自治制度。在社区(村)两委等基层民主选举中规定女性参选比例,努力增加委员会成员中女性人数和所占比例。

5.拓宽妇女参与决策和管理的渠道。充分听取人大女代表、政协女委员和妇女群众的意见建议。大力开展多种形式的妇女参政议政活动,为妇女参与决策和管理提供机会。

6.充分发挥各级妇联组织代表妇女参与国家和社会事务管理的作用。畅通妇联组织代表妇女参政议政的渠道,注重发挥妇联在培养选拔女干部、推动妇女参与决策和管理中的积极作用,把妇联组织作为培养选拔优秀女干部的重要基地和渠道。

(三)妇女与教育科技

主要目标:

1. 性别平等原则和理念在教育法规政策及规划的制定、执行、评估中进一步得到落实,在各级各类教育课程及教学过程中得到充分体现。女童学前教育入园率进一步提高,女性高中阶段毛入学率达到100%。

2.女性从业人员继续教育年参与率达到70%以上,妇女获得各类技术等级职称、证书或资格证书的人数和比例逐年提高。

3.完善妇女终身教育体系,女性劳动年龄人口平均受教育年限达到13年,新增女性劳动力人均预期受教育年限达15年以上。

4.完善针对残疾女性身心特点的职业教育和专业。

5.进一步提高科技创新、教育学科带头人、教育科技成果评比获奖人员中的女性数量及比例。

策略措施:

1.将性别平等纳入各类教育的工作体系,依法维护女性享有平等接受教育的机会和权利,不断提高女性接受高等教育的比例。保持女性专业技术人员、女性高级专业技术人员的比例。充分发挥优秀女性人才在科学研究和科学普及工作中的作用。

2.在广大妇女中进一步开展自尊、自信、自立、自强的"四自"教育课程,引导女性树立正确的世界观、人生观、价值观。

3.保障女生平等接受学前教育、义务教育和高中阶段教育。鼓励女学生全面发展,弱化性别因素对女学生专业选择的影响。

4.在政府出资的教育和培训项目中,积极开发提高妇女素质、促进妇女就业的培训项目,鼓励妇女参加培训。整合、优化各类社区教育资源、发展多样化社区教育模式,开设多样化、个性化的学习和发展课程,大力发展社区老年教育,继续提高残疾妇女接受教育的水平。

5.加大贫困女性助学力度。建立健全政府主导、学校联动、社会参与的扶困助学机制,为困难妇女平等接受各类教育和培训提供条件。

6.促进妇女参与科技创新。加强科技宣传与普及工作,吸引和鼓励优秀女性人才开展科学研究和科技开发,培养造就一批女性学科带头人和现代管理专业人才。加强应用性学科女大学生、女硕士生和女博士生的培养,树立并宣传一批在科技强区中做出显著成绩的妇女典型。

(四)妇女与文化

主要目标:

1.加强男女平等基本国策社会宣传力度。

2.街道文化站、社区(村)综合文化室基本上均达到一级文化站要求,逐步形成半径为1公里,步行约10~15分钟可达的社区"文化圈"。

3.发展公共图书馆,加强基层图书馆(室)建设,形成区、街、社区(村)三级图书馆网络。完善区图书馆的服务功能,优化街道、社区两级图书馆(室)藏书结构,到2015年藏书总量增加至20万册。

4.加强妇女社会主义核心价值观教育,提高妇女思想道德素质。广泛开展"玄武之春"、"社区学习节"、"四进社区、三下乡"、"社区邻里文化节" 等各类群众性文化活动,每年不少于100场。

5.加强各类妇女文化队伍和巾帼志愿者队伍建设,形成年龄梯次均衡、专业分布合理、整体素质优良的女性人才群体,定期组织培训,促进队伍不断发展壮大。

6.实施文化精品工程,每年组织文艺工作者创作一批有一定影响的、深受广大妇女儿童喜爱的文艺作品,其中10件以上作品在省以上展演、发表,并有1~2部作品入选"群星奖"、"五星工程"奖。

7.建立传媒领域性别平等监管机制,坚决制止色情、暴力等不健康文化的传播,消除对妇女的偏见、歧视观念和行为。

8.健全"三八"红旗手(集体)、妇女先进人物评比表彰机制,提高女性在劳动模范、五一奖章、新长征突击手、青年文明号等各行各业先进中的比例。

策略措施：

1.开展性别文化的宣传推广。拓展媒体、网络、公益广告等文化产品，广泛开展男女平等基本国策的社会宣传，增强全社会的性别平等意识。

2.组织好评比、表彰、宣传各类先进女性典型的活动。广泛宣传各类优秀妇女典型在推动经济社会发展中的积极作用，引导妇女争先创优、树文明新风、促和谐发展。

3.保障妇女共享文化发展成果。充分利用节庆活动以及民间文化资源，组织开展歌咏、读书、文艺演出、陈列展览、书画摄影比赛等各类群众性文化活动，丰富广大妇女的精神文化生活，引导妇女弘扬社会公德、职业道德、家庭美德、个人品德，自觉履行法定义务、社会责任和家庭责任。

4.强化文化市场的性别监管和舆论监督。坚决打击、遏制淫秽出版物及色情演出活动，坚决制止色情、暴力等不健康文化的传播，禁止在宣传媒体、广告和文艺作品中出现损害女性形象、侮辱女性人格的作品。

5.保障妇女享有公共文化服务的权益。健全区、街道、社区三级公共文化服务网络，健全社区文化活动中心（室），为广大妇女提供更好的公共文化服务。丰富和拓展社区文化、校园文化、企业文化等形式和内容，积极推进发展网络文化，形成1~2个群众文化品牌和特色文化圈。

（五）妇女与健康

主要目标：

1.妇女在整个生命周期享有良好的基本医疗卫生服务。妇女平均预期寿命延长。

2.孕产妇死亡率稳定在8/10万以下，孕产妇保健管理率达98%以上，孕产妇系统管理率达85%以上，住院分娩率稳定在99%以上，降低孕产妇重度贫血患病率。

3.确保妇女每两年享受一次免费妇女病检查，妇女常见病定期筛查达85%以上。提高宫颈癌和乳腺癌的早诊早治率，不断降低死亡率。

4.保障妇女享有避孕节育知情选择权，减少非意愿妊娠，降低人工流产率。

5.不断降低妇女心理、精神疾病发生率。

6. 妇女艾滋病及病毒新发感染与性病感染率逐步得到控制。

7.保障农村妇女、进城务工妇女享有基本公共卫生服务。

8.体育健身设施覆盖率达100%，国民体质测定网络覆盖率达100%。社区、居委会和村委会普遍建有晨（晚）练健身点。

策略措施：

1.全面提升妇幼保健机构建设与发展水平。加强妇幼保健机构标准化建设和规范化管理，全面提升妇幼保健服务能力，不断改善医疗保健机构妇产科的医疗设施和设备条件，从事母婴保健专项技术服务的医疗保健机构和人员持证执业率均达100%，规范婚前医学检查、产前诊断(筛查)、助产技术等母婴保健专项技术服务。

2.保障孕产妇安全分娩，降低剖宫产率。普及自然分娩知识，引导孕产妇树立正确的生育观，科学选择分娩方式，加强围产保健工作的规范化管理，加强妇幼保健机构专业技术人员的培训考核，提高产科服务质量，严格掌握剖宫产手术指征，提高孕产妇医疗保健水平。落实包含流动人口在内的贫困孕产妇住院分娩救助政策。

3.加大婚检和妇科病的普查普治力度。为女性婚前医学检查、妇女病普查做好经费保障，不断提高婚检率和妇女病普查率。加大预防和治疗妇女“两癌”专项资金投入、扩大妇女“两癌”检查覆盖范围。实施政府统筹、纳入医保，确保每两年一次的妇科病查治经费到位、工作到位。对贫困的“两癌”、重症妇女患者相应提高补助。

4.广泛开展预防和控制性病、艾滋病传播和禁毒知识的宣传。完善艾滋病和性病防治工作机制。强化对娱乐场所的监管，加强针对妇女重点人群的防艾和禁毒知识宣传，严厉打击吸毒、嫖娼等社会丑恶现象，有效控制传染途径。将预防艾滋病母婴传播纳入妇幼保健工作，强化预防艾滋病母婴传播综合服务。

5.加强妇女心理卫生保健工作。针对妇女不同时期的生理和心理特点，强化相关知识宣传普及，积极开展妇女心理咨询、辅导和危机干预，提高不同年龄、不同群体妇女生理、心理素质和社会适应能力。发挥好社区家庭驿站的心理咨询、情感调适、心理疏导等作用。

6.加强育龄妇女生殖健康服务。依托“世代服务”中心（站），强化公共型、倡导型、特需型服务，使育龄妇女人人享有良好的避孕节育、生殖健康、家庭保健服务，预防和控制非意愿妊娠和人工流产。

7.加强流动妇女的卫生保健工作。将流动妇女卫生保健服务纳入城乡社区和基层卫生保健综合目标考核内容，保障流动妇女享有与户籍所在地妇女同等的卫生保健服务。

8.引导和鼓励妇女参加体育锻炼。加强对妇女体育健身活动的科学指导，提高妇女健身意识。积极发展社区妇女健身体育设施，鼓励引导妇女参与全民健身运动。加强对老年妇女、残疾妇女体育活动的指导和服务，提高妇女健康水平。

（六）妇女与社会保障

主要目标：

1.进一步完善社会保障体系，对妇女的基本社会保障实现全覆盖，鼓励个体工商户和灵活就业妇女广泛参与各类社会保险。

2.城镇单位职工生育保险参保率达98%以上，逐步将未从业妇女、进城务工妇女纳入生育保险保障范围。

3.城镇单位女职工基本养老、医疗、失业、工伤保险参保率均达98%以上。城镇灵活就业人员、进城务工妇女和未从业妇女医疗保险参保率均达到95%以上。

4.符合最低生活保障救助标准的贫困妇女应保尽保，对符合条件的特困妇女、贫困单亲母亲，实施医疗、教育、住房、司法等救助体系。

5.建立健全老年妇女的社会服务体系，提高妇女的养老服务水平，社区养老服务覆盖率达95%。健全保障残疾妇女的政策机制和服务体系，提高残疾妇女的就业援助、医疗康复和生活保障水平。

策略措施：

1.不断完善保障妇女特殊需求、合法权益的机制。保障妇女普遍享有生育保险、医疗保险、养老保险、失业保险和工伤保险以及社会救助等权益。

2.提高女性劳动者社会保障覆盖率。重点提高非公经济组织、外来务工人员、灵活就业者等各类劳动妇女的参保率。完善城镇职工医疗保险和城镇居民基本保险制度，继续扩大城镇职工医疗保险覆盖范围。

3.健全养老社会服务体系。在所有社区建立社区养老服务站，发展公益性社区养老机构，提高社区养老照顾能力和服务水平，解决老年妇女养老保障问题，保证老年妇女得到必要的关怀和照料，全区养老床位数力争达到每千名老人拥有30张的标准。

4.完善妇女社会救助机制。建立与经济增长和物价水平相适应的、针对妇女需求的救助标准调整机制，扩大妇女救助范围。继续实施“老有怡养、病有良医”的惠民共享、安心就业工程。对无养老保险金的老年居民、失地农民等妇女发放生活补助。

5.为残疾妇女提供社会保障。建立健全为残疾人服务体系，在所有社区建立残疾人服务站，为残疾妇女提供便捷有效的服务，多渠道保障残疾妇女的基本生活，实现残有所托。

（七）妇女与法律

主要目标：

1.全面落实《妇女权益保障法》和《江苏省实施<妇女权益保障法>办法》以及其他保障妇女合法权益的法律法规、政策。建立和完善法规政策中的性别平等审查机制，加强对保障妇女权益的执法检查。

2.检察官、法官和律师中的女性比例显著提高，人民陪审员、特邀调解员和特邀检察员中的女性比例不断提高。

3.预防和打击强奸、拐卖、虐待、性骚扰等侵害妇女人身权利的违法犯罪行为。降低女性犯罪和重新犯罪率，重点控制涉黄、涉毒、涉赌案件中女性犯罪的比例，减少和控制女性吸毒人员。

4.保障妇女的财产权益，特别是在婚姻家庭和住房收益分配中的权益。侵害妇女财产权利的婚姻、继承案件受理率达100%。

5.保障妇女合法的控告权、申诉权及在诉讼中的各项权益，对符合条件并提出申请的女性当事人提供法律援助的比例达到100%。

策略措施：

1.在人大、政府部门建立性别平等审查评估机制，政策咨询听取专家的意见、建议。开展执法检查，督促有关部门以及企事业单位落实保障妇女权益的法规政策。

2.加强保障妇女权益法律法规的宣传教育。把保障妇女合法权益的宣传纳入全区法制宣传教育总体规划。加强对公务员、企事业单位管理人员、司法执法人员、基层干部的宣传教育，增强执行保障妇女权益的自觉性。通过普法教育和开展家庭学法活动，提高全社会及家庭成员的法律意识和法制观念，提升广大妇女的法律素质和依法维权能力。

3.提高女性在执法和司法队伍中的比例。提高公安、检察、法院和律师、人民陪审员、特邀检察员、特邀调解员中的女性比例，提高女性在执法和司法中的影响力。对维护妇女权益的专(兼)职人员，特别是女性人民陪审员开展专门培训，增强其依法维护妇女权益的意识和能力。

4.严厉打击侵害妇女各种权益的违法犯罪行为。加强社会治安综合治理，严厉打击强奸、拐卖、虐待、组织卖淫等侵犯妇女人身权利的违法犯罪活动；司法机关及时受理侵害妇女权益各类案件的举报、控告、起诉、申诉和审理，对侵害妇女权益的大案要案加大查处力度，把保护妇女权益的工作落到实处。预防和制止针对妇女的性骚扰。

5.预防和制止家庭暴力。完善预防和制止家庭暴力的多部门一体化工作机制，对实施家庭暴力构成犯罪的，依法追究刑事责任，对尚不构成犯罪的，按有关规定进行处罚。建立社区家庭驿站、维权工作站与法律援助中心的对接机制，建立健全受害妇女庇护所，完善管理运作机制，及时为因家庭暴力需要法律援助的妇女提供有效的救助服务。

6.加强对妇女的司法救助和法律援助。进一步完善妇女法律援助制度，为经济困难或因其它特殊情况需要救助的妇女提供司法救助，实行诉讼费的缓交、减交或免交。鼓励和支持社会团体、企事业单位为妇女提供公益性法律援助。

7.依法保护妇女在婚姻家庭中的财产权益。人民法院在审理婚姻家庭和继承等案件中，要充分体现性别平等。在离婚案件审理中，充分考虑婚姻关系存续期间，妇女在照顾家庭上投入的劳动、妇女离婚后的生存发展以及抚养未成年子女的需要，实现公平补偿。

（八）妇女与环境

主要目标：

1.男女平等基本国策进一步落实，形成两性平等、和谐的家庭和社会环境。

2.提高妇女参与环境保护的决策与管理程度，提高女性应对气候变化和预防灾害的能力。

3.低碳家庭、绿色家庭建成率提高，环境污染对女性健康的危害程度明显降低。

4.城市污水集中处理率达到95%以上，垃圾无害化处理率达到100%。

5.完善区妇女儿童活动中心建设，建立各类妇女儿童活动阵地的社区达100%，建立“家庭驿站”的社区达100%。

策略措施：

1.促进女性参与环境保护的决策和管理。在环境保护机构决策和管理层中，女性所占比例不断增加。在制定环境保护措施中，注重听取妇联组织的意见和建议，在环境和发展中充分体现性别意识。

2.发挥妇女在环境保护中的积极作用。引导妇女积极参与环境知识的学习和生态环境保护建设工作，改变对环境有害的生产生活方式，发展生态农业和绿色农业，倡导绿色消费，提高低碳家庭、绿色家庭创建率。

3.减少环境污染对女性的危害。完善环境监测和健康监测数据库，从性别视角分析评估饮用水、空气污染和工业、农业污染对妇女健康的危害。加大对从事有毒有害作业妇女的健康保护力度。

4.加强女性用品的质量检查。加强对妇女常用药品、保健品、化妆品、卫生用品的质量监测和卫生监督，提高女性对女性用品的质量安全意识，每年至少组织一次专项质量标准检查。

5.城镇公共厕所男女厕位比例符合实际需求。城市公共建设规划从性别视角分析研究男女厕位的合理比例，公共场合的男女厕位设置更加符合实际需求。

6.提高女性应对气候变化和预防灾害的能力。开展面向女性的应对自然灾害和突发事件知识宣传培训，提高女性应对突发事件的能力，吸纳女性参与有关救援工作。

四、重点建设项目

1.建设街道文体活动中心项目。在孝陵卫地区引进金陵图书馆分馆，建立综合的文体中心，室内面积不少于500平方米，室外面积不少于2000平方米。玄武门街道建设800平方米的文化活动中心。新建一批社区文化活动室和全民健身点。结合住宅小区建设或改造出新广场、小游园等群众活动场所，合理设置健身器材，人均公共体育场地面积达到2.2平方米以上。

2.建设社区卫生服务中心项目。不断健全基层医疗卫生服务体系，建设玄武门社区卫生服务中心，改造出新锁金村社区卫生服务中心，全面提升社区卫生服务水平。

3.提高婚检率。加大对婚检重要性的宣传，不断增强妇女保健意识，规范婚检必查项目，将免费婚检纳入保障体系，加大专项投入，不断提高婚检率。

4.建立和完善对流动妇女、困难妇女救助保障服务体系。加大对流动、困难妇女创业就业指导、培训、小额贴息贷款等扶持力度，设立单亲特困母亲帮扶救助资金，鼓励慈善基金组织设立专项救助基金，建立科学的低收入家庭收入核定机制，坚持分类、动态管理，依托项目开展救助，做到应保尽保、应救尽救，实现救助的多元化和社会化。

5.完善女性人才库建设。整合现有女性人才库资源，收集、整理、更新相关信息，并纳入全区人才库管理。重视提高女性人才的综合素质，培养女性人才的创新精神、人文素质和实践能力。

五、组织实施和监测评估

(一)组织实施

1.加强领导，明确责任。区妇女儿童工作委员会各成员单位、各有关部门机构和社会团体，根据《妇女规划》要求，制定具体实施方案和年度工作措施，做好目标任务落实工作，并逐年进行规划实施情况自我评估。区妇女儿童工作委员会负责规划实施的组织、协调、指导和督促。

2.完善机制，抓好落实。将《妇女规划》纳入全区经济和社会发展总体规划，重点内容列入区政府年度工作报告。建立由政府主导、部门合作、社会参与的实施工作机制，共同推进《妇女规划》目标的全面落实。进一步建立健全目标管理考核问责制，把制定和实施《妇女规划》纳入部门工作议事日程，纳入各相关部门主要负责人政绩考核内容。区政府常务会议每年听取一次以上妇女工作专题汇报，坚持责任签约、年度工作报告、考核排序公布等工作制度，有效有序实施《妇女规划》。不断完善与妇女发展相关的政策措施，加强执法监督和对妇女权利的司法保护。

3.经费保障，强化机构。将妇女事业发展所需经费纳入各成员单位财政预算，根据地区经济社会发展和妇女事业发展的需要，区财政逐步加大投入。针对重点、难点问题设立相应的实事项目，安排专门经费，保证项目如期实现。动员社会力量，多渠道筹措资金，支持发展妇女事业。区妇女儿童工作委员会办公室负责《妇女规划》实施的组织协调、督查推动，工作经费纳入同级财政预算，专款专用。

4.广泛宣传，分层培训。多渠道、多形式在各级干部、社会工作者、广大妇女和全社会中广泛宣传男女平等基本国策，宣传《妇女规划》目标任务，宣传规划实施的成效。将《妇女规划》的内容及相关法规政策纳入干部培训课程，增强各部门、单位及相关人员实施规划的责任意识和能力。

(二)监测评估

1.强化工作机构职责。区妇女儿童工作委员会设立监测评估领导小组，下设监测组和评估组。领导小组成员由区妇女儿童工作委员会和有关单位、部门人员组成，负责组织监测评估工作，审批监测评估方案和监测评估报告，监督规划执行情况，根据评估结果研究提出相应对策。监测组设在区统计局，负责制定监测统计的指标体系，落实妇女发展统计年度报表，建立妇女发展数据库，收集、整理、分析数据和信息，撰写并提交监测报告。评估组由区妇女儿童工作委员会办公室、相关单位和部门人员、专家共同组成，负责评估工作的指导和人员培训，制定评估方案，组织开展年度评估和中期、终期评估工作，撰写并提交评估报告。

2.建立监测和评估制度。各成员单位将规划监测统计和妇女发展数据库列入本系统年度常规统计制度，纳入各种专项统计调查，及时正确反映发展的状况和变化，坚持妇女发展数据收集、交流、反馈和发布制度化，坚持对规划重点目标完成情况进行年度检测和考核发布制度。

3.坚持定期评审和督导。各成员单位按照要求，每年定期向区统计局报送年度监测数据，向区妇女儿童工作委员会提交年度实施规划工作报告。区监测组、评估组向区妇女儿童工作委员会提交年度监测报告、评估报告。区妇女儿童工作委员会向市政府妇女儿童工作委员会办公室和市统计局报送实施《妇女规划》的年度统计报表和监测评估报告。市、区妇女儿童工作委员会对规划实施情况不定期进行专题督查，全区在2013年进行中期评估，2016年进行终期评审。

南京市玄武区儿童发展规划(2011~2015年)

儿童是人类的未来,是社会可持续发展的重要资源。儿童发展是经济社会与文明进步的重要组成部分,促进全区5.66万儿童的健康成长,对于提高儿童综合素质、建设人力资源强区具有重要意义,也是实施创新玄武、文化玄武、品质玄武、绿色玄武、幸福玄武五大战略不可或缺的重要组成部分。遵循联合国《儿童权利公约》的宗旨,根据《中华人民共和国未成年人保护法》、《江苏省未成年人保护条例》、《江苏省儿童发展规划(2011~2015年)》、《南京市儿童发展规划(2011~2015年)》以及《南京市玄武区国民经济和社会发展第十二个五年规划纲要》,特制定《南京市玄武区儿童发展规划(2011~2015年)》(以下简称《儿童规划》)。

一、"十一五"时期儿童发展规划执行情况

2006年以来,各有关部门、单位认真实施儿童发展规划,不断改善和优化儿童生存发展环境,儿童事业在卫生、教育、法律保护等各领域指标明显提升,儿童的整体素质不断提高。

一是对儿童事业发展投入持续增加。全区经济继续保持平稳较快增长,综合实力不断提升,儿童事业投入不断加大。国家财政性教育经费、妇幼卫生经费、医疗卫生经费、计划生育事业经费逐年增加,五年来分别增长了159.90%、89.15%、119.57%、257.46%。

二是儿童生命质量明显提升。婴儿死亡率、5岁以下儿童死亡率分别为5.52‰、7.88‰,与2005年相比分别下降2.73‰、2.99‰;出生缺陷发生率为4.15‰,比2005年下降3.66‰;低出生体重发病率为2.97%;5岁以下儿童中重度营养不良患病率为0.23%;四苗全程接种率均达99.52%以上,乙肝疫苗、麻疹疫苗接种率为100%;新生儿省定三疾病筛查率、新生儿遗传代谢疾病筛查率、新生儿听力筛查率均达97.43%以上。

三是儿童教育文化水平不断提高。区域内39所幼儿园,均为标准化、规范化的成型园所,其中有30所省、市优质园,优质率达78.9%,学前教育毛入园率达100%。全区所有幼儿园、中、小学校和社区均成立了家长学校。区内符合条件的外来民工子女100%享受公办学校就读待遇。小学适龄儿童毛入学率、小学巩固率、初中阶段毛入学率、初中三年巩固率均达到100%,辍学率为0。高中阶段毛入学率为99%,部分教育指标在全市、全省、全国乃至国际上均处于领先地位。

四是儿童合法权益进一步得到保障。全区中小学普遍开设法制课程,学校普法教育率达到100%,法制副校长配备率达到100%,合格心理咨询室达标率100%。未成年人犯罪人数逐年减少。我区少年法庭专门负责审理未成年人犯罪,在挽救和维护少年权益方面发挥了较大作用。

总体来看,"十一五"时期我区儿童事业发展良好,同时,还存在着一些亟待解决的问题,如儿童在平等享有卫生保健、教育文化、法律保护和发展环境等方面,还存在着区域、群体之间的不平衡;贫困、流动儿童的就医、就学和居住环境需要进一步改善;预防青少年犯罪和儿童被侵害的工作需要进一步加强。因此,促进儿童的全面健康成长,实现儿童事业与经济社会事业同步协调发展,是一项长期而紧迫的任务,需要我们从规划、制度、经费等各方面,加大保障力度,不断促进儿童事业发展再上新台阶。

二、"十二五"时期儿童发展的指导思想和总体目标

(一)指导思想

坚持以邓小平理论和"三个代表"重要思想为指导,深入贯彻落实科学发展观,坚持儿童优先原则,以满足儿童发展需求为根本,以儿童全面发展为核心,切实保障儿童生存、发展、受保护和参与的权利,促进儿童事业与区域经济社会同步发展,为玄武的可持续发展造就有理想、有道德、有文化、有纪律的一代新人。

(二)总体目标

以推进儿童与玄武经济社会同步协调发展为总目标,不断优化儿童生存、保护、发展和参与的社会环境,使儿童充分享有法律保护的各项权利。创造条件使儿童享有道德教育、医疗保健、生活娱乐、权益保障等全方位的公共服务,培养儿童的创新精神和实践能力,不断提高儿童的综合素质。到2015年,主要指标继续在省、市保持领先水平。

三、"十二五"时期儿童发展主要目标和策略措施

(一)儿童与健康

主要目标:

1.新生儿疾病筛查率达95%;出生缺陷发生率控制在8‰以内。

2.孕产妇保健管理率达98%以上;婴儿死亡率、5岁以下儿童死亡率分别稳定在5‰、10‰以下。

3. 低出生体重儿控制在5%以下;0~6个月婴儿纯母乳喂养率达50%以上。

4.0~6岁儿童保健管理率达98%,纳入计划免疫的疫苗接种率达98%以上;加强儿童用眼卫生宣传和指导,中小学生视力不良率控制在60%以下;加强儿童心理卫生健康的检测和辅导,降低儿童心理行为问题发生率和儿童精神疾病患病率。

5.控制儿童常见病和艾滋病、梅毒、结核病、乙肝等重大传染性疾病。

6. 建立健全区级妇幼保健机构及社区妇幼保健机构网络,医疗保健机构妇科、儿童保健科建设100%达到省定标准。

7.有效控制出生人口性别比例,男女性别比例控制在合理范围内。

8.减少环境污染对儿童的伤害。

策略措施:

1.全面贯彻落实《中华人民共和国母婴保健法》及有关儿童健康保护方面的政策法规。加大卫生执法监督力度,加强对母婴专项技术服务的行业管理。依法规范非医学需要的胎儿性别鉴定和非医学需要选择性别人工终止妊娠,加大"两非"工作督查力度,使出生人口性别比趋于正常。

2.加大对妇幼保健经费投入,扶持妇幼卫生事业发展。将婚前医学检查、孕前艾滋病母婴传播阻断等妇幼保健服务经费纳入财政预算。

3.提高妇幼保健的服务和管理水平。进一步加强妇幼保健机构标准化建设和规范化管理，增强妇幼保健机构的综合服务能力，加强基础设施建设和设备配套建设，区级妇幼保健机构达省级标准，托幼机构卫生保健合格率达到100%。完善保健服务监测网络，改善社区卫生服务中心妇科及妇女儿童保健科的医疗设施和设备条件，强化社区妇幼保健网络建设，实施结婚登记与婚前医学检查一站式服务。

4.进一步完善医疗保障制度。建立儿童救助绿色通道，控制儿童常见多发性疾病和结核病、艾滋病、乙肝等传染性疾病，结核病管理率达到95%以上。逐步实行儿童大病医疗保险或统筹，提高儿童享受保健水平和抵抗疾病风险的能力，开展特殊群体儿童免费体检。做好流动人口中儿童卫生保健、儿童计划免疫、残疾儿童康复诊疗等特殊群体保健工作。

5.加强儿童保健管理和服务。开展新生儿保健、喂养与营养指导、早期综合发展、心理行为发育评估与指导、免疫规划、常见疾病防治、健康教育与健康促进等保健服务。

6.加强儿童疾病防治。认真落实国家免疫规划，加强疫苗冷链接系统建设和维护，规范预防接种行为，为0~6岁儿童免费提供计划内免疫接种。规范儿科诊疗行为，将预防艾滋病母婴传播及先天梅毒综合服务纳入妇幼保健常规工作，孕产妇艾滋病和梅毒检测率分别达到80%和70%，感染艾滋病、梅毒的孕产妇及所生儿童采取预防母婴传播干预措施比例均达到90%以上。

7.加强儿童心理健康监测和辅导。完善教育机构心理辅导机制，构建儿童心理健康公共服务网络，对中小学加强心理健康辅导和评估，属地流动儿童同等享有该项福利。学校开设心理健康课程，设立心理咨询室，配备专职心理健康教育老师，将性别平等、青春期、生殖健康、情感和预防流行疾病纳入义务教育课程体系。

8.加强儿童营养卫生指导和体重管理。实施托幼机构、学校学生午餐质量监控计划，对机构资质、餐饮设施加强管理。学校要配备营养师，规范儿童膳食行为，并实施日常化检查监督。加强对0—6岁儿童的肥胖监测和干预，健全6岁以上儿童体重管理网络，托幼机构卫生保健合格率达到100%。保证中小学生每天活动不少于1小时，中小学生《学生体质健康标准》达标率达100%。加强儿童活动体育的配套建设，公共体育场所活动面积不断增加。

9.加强儿童健康教育和安全指导。开展多种形式的儿童健康、防病教育，帮助儿童形成正确的健康观念和生活方式。严禁向儿童出售烟酒，预防和控制儿童吸烟、吸毒和酗酒。提高儿童安全防范、应急技能和自救能力，降低儿童受伤害致死率和残疾率。

(二)儿童与教育科技

主要目标：

1.全面加强学前教育，普遍开展0~3岁婴幼儿早期教育指导服务，促进0~3岁儿童早期发展。3~6岁儿童学前三年毛入园率达到100%。75%的幼儿园建成省优质幼儿园，加强对民办幼儿园业务指导，提升民办幼儿园的办园水平。

2.全面实行优质均衡教育，100%的小学和初中均建成现代化学校。巩固稳定九年义务教育率，适龄少年儿童毛入学率达到100%；适龄女童、符合条件的进城务工人员子女义务教育入学率、巩固率保持在100%；高中阶段教育毛入学率达到100%；全区95%的普通公办高中达到优质高中标准。

3.努力提高残疾儿童受教育程度，提高残障儿童学前三年教育的普及率，残障儿童义务教育毛入学率达100%，普及残疾儿童高中阶段职业教育，推行残障儿童高等职业教育。

4.0~18岁儿童家长教育知识的普及率达100%；100%的社区开办家长学校。

5.中小学开设信息技术和科技教育课，中小学生校内科技活动参与率和校外科技实践活动参与率均达100%。所有符合免费开放条件的科技场馆设施全部向儿童免费开放，属地流动儿童同等享有该项福利，不断提高儿童受益率。

策略措施：

1.保障教育投入稳步增长。建立教育经费稳定增长机制，确保教育投入增长比例高于GDP增长比例。确保教育投入“三增长”，不断提高财政性教育经费支出。优化财政支出结构，统筹各项收入，把教育作为财政支出重点领域予以优先保障。

2.强化教师队伍建设。加强教师职业理想、职业道德和职业修养教育，坚持师德考核与业务考核并重，完善以质量和贡献为导向的教师评价体制。加强教师岗位管理，优化师资质量，到2015年，幼儿教师专任教师学历全部达到国家规定要求，力争小学教师大专率达98%、本科率达70%以上，初中教师本科率达99%以上，高中教师本科率达100%，高中教师中硕士研究生比例达20%。

3.加强对特殊群体中儿童的教育。通过不同渠道和方法，解决外来人口中适龄儿童的入学问题。加大对家庭经济困难学生的帮扶力度，多方筹措资金，切实保障贫困人口和流动人口子女受教育权利。为具有接受普通教育能力的学龄前残疾儿童提供融合教育，在特殊教育学校设置学前教育班接收学龄前残疾儿童，鼓励社会各类康复机构、福利机构为学龄前残疾儿童提供康复教育。

4.全面实行义务教育优质均衡发展。建立健全教育优质均衡发展保障机制，进一步改善义务教育办学条件，把教育资源配置向相对薄弱的学校倾斜，整体促进学校发展。100%的小学和初中均建成现代化学校，保持义务教育发展水平全市领先。

5.推进高中教育优质特色发展。进一步推进初、高中分开独立办学，稳定和扩大优质高中办学规模，促进高中教育内涵发展、特色发展，提升高中办学质量，使区域内高中特色化更加鲜明、国际化更加彰显。

6.积极开展0~3岁婴幼儿早期发展指导。以社区为依托，为0~3岁婴幼儿及其家庭提供早期发展指导。加快0~3岁婴幼儿早期发展专业化人才队伍建设。

7.强化政府对学前教育的公共服务职能。积极缓解“入园难”，大力发展公办幼儿园，扶持民办幼儿园，充分发挥政府办园在全区幼儿教育事业发展中所起的示范、辐射作用。

8.大力推进青少年科技知识普及。中小学、幼儿园将科技教育作为学校(幼儿园)教育教学管理的重要组成部分,普及科技知识,弘扬科学精神,不断提高我区青少年的科技素养、创新意识和实践能力。整合社会资源,加强校外科技活动场所和社区科技小阵地建设。

9.加强教育研究,推进家庭教育发展。加强家庭教育理论的研究,注重发挥家长的主体作用。以“争做合格家长、培养合格人才”为目标,倡导现代家庭教育的理念,构建起学校、家庭、社会三位一体的教育网络。充分发挥好“小公民道德建设实践基地”在青少年思想道德教育和课外活动中的作用。

(三)儿童与文化

主要目标:

1.为儿童提供积极健康的文化产品,全区每年推荐1部质量较高的儿童题材影视(广播)剧、动画片、少儿类读物。

2.加强儿童文化艺术教育,在学校教育教学安排中增加文化艺术课程,每年举办一次校园艺术节、一次少儿艺术节、一次少儿读书演讲比赛。

3.建成独立的儿童图书馆(室),社区儿童阅览室或儿童专用书架的配备率达到100%,儿童图书阅读率达到98%以上。

4.在社区综合文化站建设儿童文化活动场所,社区文化室(站)配有儿童活动器材。

策略措施:

1.提供优质公共文化服务。依托文化馆、图书馆、美术馆、博物馆、纪念馆等公共文化单位和文化设施,根据儿童年龄段免费开放。

2.加强儿童文化市场的管理,净化校园周边文化环境。定期开展监督检查,深入开展“打黄扫非”活动。加强对中小学周边出版物零售和租赁摊点的检查,收缴传播淫秽色情、恐怖暴力以及其他严重影响青少年健康成长的不良印刷品。对学校周边违法经营、无照经营的,依法进行查处取缔,为青少年身心健康营造良好环境。

3.提高儿童文化艺术素养。依托地区资源,为不同年龄段的儿童提供适合年龄特点的影视和图书作品,培养良好的阅读习惯,增强儿童艺术素养,提高儿童文化艺术鉴赏力。多渠道、多形式开展儿童文化艺术教育教学,组织儿童艺术团体,培养艺术新人。禁止组织儿童参与商业性演出活动。

4.加强儿童文化场馆设施建设。依托社区资源设立少儿文化活动室,有条件的社区设立少儿图书阅览室,大力推广金陵图书馆在社区建分馆。依托流动图书车,为流动儿童集中的学校和社区开展送书活动。不断增加社区“家庭驿站”图书室(架)数量,配备图书数量不断增加。

5.大力开展儿童文艺创作。积极开展儿童歌舞、戏剧、书法、美术等文艺创作,为儿童健康成长提供优秀的精神文化产品。定期举办区级文艺展演和评比,提升玄武儿童文化艺术创作水平。

(四)儿童与法律

主要目标:

1.在执法和政策服务、公共资源配置中,积极落实儿童优先和儿童最大利益原则。

2.确保儿童获得出生登记和身份登记。

3.中小学普遍开设法制课程,学校普法教育率达100%;法制副校长配备率达100%;社区青少年法律讲堂设置率达100%。

4.未成年人犯罪案件100%由少年法庭审理,侵害未成年人权益案件的受案率、结案率分别达到100%和85%,没有聘请律师辩护的未成年人被告100%实施法律援助。严格禁止使用童工(16周岁以下)。

5.未成年人犯罪占犯罪总量的比例控制在15%以下,未成年人重新犯罪率控制在3%以下。

6.预防并减少侵害儿童人身权利的违法犯罪行为,禁止对儿童实施一切形式的暴力。

7.依法保护儿童的合法财产权益。

策略措施:

1.健全儿童保护的执法监督机制。建立儿童各项权利维护状况监控和报告制度,定期检查、督促保护儿童相关法律法规的贯彻落实,切实保障儿童合法权益。

2.落实儿童登记管理制度。提高社会各界对出生登记和身份登记的认识,完善出生登记和身份登记相关制度政策。

3.加大普法宣传力度。发挥新闻媒体在儿童权益保护方面的作用,扩大舆论监督的影响力。开展保护儿童的法律法规宣传和咨询服务,提高全体公民尊重和保护儿童的法律意识。

4.做好儿童违法犯罪的早期预防和科学矫治工作。依托社区法律工作网络,发挥基层法律工作者和人民调解员的作用,及早发现、及时处理,预防和减少儿童犯罪的发生。建立流动儿童登记管理制度,开展未成年人犯罪信息采集工作,构建社区预防未成年人犯罪预警系统。加强社区青少年矫正对象的心理矫正、就业技能培训。

5.加强儿童司法保护。在执法和政府儿童公共服务、公共资源配置中落实儿童优先和最大限度保护儿童利益的原则。依法严厉打击侵害儿童合法权益以及利用或教唆未成年人犯罪的违法犯罪活动,减少侵害儿童的各类刑事案件发生。对未成年人犯罪在侦查、起诉、审判各阶段,给予有别于成人的保护,切实加强对涉及儿童的民事案件审理工作,保护儿童的人身权和财产权。加大对用工单位的监督管理,依法惩处使用童工的违法行为。

6.消除对女童的歧视。加强对女童出生权的保护,加大对“两非”的打击力度。严厉打击溺弃、遗弃和迫害女童的违法犯罪行为。

7.提高儿童的自我保护和防范能力。加强儿童法律知识教育,开展自救自护和防范技能培训,增强儿童依法维护自身权益的意识,提高防范侵害、突发事件的应对处置能力。

8.加强对儿童财产权益的保护。依法保障儿童的财产收益权和获赠权、知识产权、继承权、一定权限内独立财产支配权。

(五)儿童与环境

主要目标:

1.营造尊重、爱护儿童的社会环境,消除对儿童的歧视和伤害。

2.农村卫生厕所和安全饮水普及率分别达到90%。

3.强化对儿童食品、用品的质量监督,确保儿童食品、用品安全性。儿童的学习用品、食品、玩具质量抽查合格率不低于全市平均水平,儿童乐园游娱乐设施安全性能检查合格率均达到100%。

4.儿童活动场所等进出口处交通标识设置率达100%,学校门口的交通路口儿童优先通行标识设置率达100%。幼儿园和中小学校园安全保障达标率100%,校车随车安全员配备率达100%。

5.净化校园周边环境,保护儿童免受网络、手机、游戏、广告和影视中不良信息的影响,构建学校、家庭和社区三结合的儿童安全保护体系。

6. 推进儿童环保知识教育和参与环保活动,开设校本课程,在校学生环保知识知晓率达到100%,绿色校园创建率达80%。

7.完善儿童校外文化活动设施和阵地建设,增加社区儿童教育、科技、文化、体育、娱乐等课外活动设施和场所,全面提高社区儿童文化设施的利用率和服务质量。

8.保障儿童享有闲暇和娱乐的权利。

策略措施:

1.倡导和树立儿童优先原则。将儿童发展纳入国民经济和社会发展的总体规划,加大对儿童事业的投入。贯彻落实有关儿童生存、受保护和发展的法律法规,形成尊重儿童、爱护儿童和教育儿童的良好社会风尚。

2.改善儿童生存和发展环境。加快人居环境建设,不断发展面向儿童服务的社会事业。加大政府扶持力度和综合整治力度,强化对环保的执法监督,大力治理环境污染,重点保护饮用水源,提高城市污水处理能力和质量,不断增加人均公共绿地占有率。

3.鼓励儿童参与环境建设。广泛开展环保知识宣传,提高儿童爱绿护绿和环保意识,引导儿童积极参与"绿色南京"建设。鼓励儿童参与力所能及的社会事务、社会公益活动和与儿童发展相关的社会环境建设。

4.加强儿童产品的监督管理。实行实时动态监测,严禁不合格或存有安全隐患的产品流入市场,对违规者加重处罚力度。

5.规范与儿童相关的商业行为。严格执行相关法规政策,禁止母乳代乳品、营养品、保健品以及各类助学用品的广告宣传和推销,避免误导儿童和家长,保证儿童健康成长。

6.加强校园周边环境的综合治理。学校周边200米之内,不准开设网吧、游戏机室。加大对学校安全建设投入,幼儿园和学校必须配备2名以上保安员,学生人数达到1500人以上的,保安员配备比要达0.2%以上。在学校周边设立治安岗位,建立治安巡逻制度。加强对校园附近小商小贩和流动摊点的规范管理,保证学生的食品、用品安全。校园附近设立的交通安全标志和安全设施要处于显著位置,确保学生学会使用。地处交通复杂地段的幼儿园和学校,必须会同公安机关落实民警或协管员维护校园门口道路的交通秩序,避免儿童意外伤害,确保儿童生命安全。

7.加强儿童活动设施和场所建设。将儿童公共活动设施和场所建设纳入我区经济和社会发展总体规划,加大经费投入。不断完善妇女儿童活动场所建设,充实活动中心的功能配备。活动设施和场所要兼顾教育、科技、文化、体育、娱乐和安全等多种功能,以充分满足儿童成长和发展需求。

8.建立儿童保护工作机制。以社区为基础,合理利用社区教育、医疗、保障等现有资源,发挥社区服务机构工作优势,建立以政府为主导、社区热心人士和志愿者积极参与、全社会共同关注的儿童保护工作机制,完善儿童保护社会网络。

(六)儿童与福利

主要目标:

1.逐步完善救助制度,为贫困和大病儿童提供医疗救助。建立5岁以下贫困家庭儿童和残疾儿童生活津贴制度。

2.重视发展面向流动、留守儿童的公益服务设施,满足其公共服务需求。

3.孤儿生活、教育、医疗等方面的保障率达100%。

4.增加残疾儿童康复的专业服务机构,提高残疾儿童康复率,保障16岁以上残疾儿童的平等就业权利。

5.关注服刑期间人员的子女生活、教育、医疗、就业等方面的权利平等。保障解除羁押、服刑期满的儿童在复学、升学、就业中不受歧视。

6.加强儿童社会工作者队伍建设,每个街道配备1名专(兼)职的儿童社会工作者。

策略措施:

1.提高面向儿童的福利保障供给能力和水平。将为儿童办实事纳入区政府民生工程,逐步建立儿童福利普惠制度。完善儿童福利公共服务体系和机制,实现儿童公共服务均等化。

2.建立儿童医疗救助制度。对大病儿童和贫困家庭儿童实施大病慈善救助制度。对符合救助规定的贫困家庭儿童、孤儿、残疾儿童,经城镇居民基本医疗保险补偿后,个人自付部分按政策规定予以补助。

3.扩大儿童福利范围。落实城市最低生活保障制度,提高生活保障标准,建立分类施保体系,加强贫困家庭儿童、单亲家庭儿童和残疾儿童帮扶力度,逐步将受益人群扩大至低保边缘家庭。

4.建立孤儿和事实上无人抚养儿童的基本福利制度。全面落实孤儿的最低养育标准制度,保障孤儿基本生活不低于当地平均生活水平,满足孤儿生活、教育、康复、医疗、就业、住房等多方面的需求。建立服刑人员子女的替代养制度,为服刑人员子女的生活、医疗、教育、就业提供制度保障。

5.建立完善残疾儿童监测和康复服务体系。建立0~6岁残疾儿童特别登记制度,完善残疾儿童报告制度。继续推进政府实施残疾儿童抢救性治疗和康复工程,对残疾儿童基本康复需求给予政府补贴,努力为贫困家庭残疾儿童创造康复条件。推进建立以专业康复机构为骨干、社区为基础、家庭为依托的残疾儿童康复服务体系,开展多层次的职业技能教育和使用技术培训,增强残疾儿童生活自理能力、社会适应能力和平等参与社会生活的能力。

6.加强对处境不利儿童的救助和保护。加强对流浪儿童和服刑人员未成年子女的救助保护。建立完善流浪儿童救助保护网络体系，健全流浪儿童生活、教育、管理、返乡和安置保障制度。

7.加强服务儿童的社工队伍建设。政府出资购买公益岗位，为社区配备专(兼)职社会工作人员，每周提供不少于48小时的服务。

四、重点建设实事项目

1. 建设教学楼工程。建设月苑一小教学楼，建筑面积为5500平方米，不断改善公办学校集中接收外来务工人员子女就学条件。完成锁金二小教学楼抗震加固工程，切实维护儿童安全。

2.特殊困难家庭扶助工程。对家庭经济困难学生实施资助计划，确保每一个儿童不因贫失学。对进入幼儿园就读的贫困家庭儿童，每年给予适当的经济补助。

3.关爱流动儿童的公益服务项目。强化阵地建设，各街道以及社区“家庭驿站”要面向流动儿童设立专门服务项目，关爱流动儿童的身心健康，满足其公共服务需求。加强儿童社会工作者队伍建设，每个社区至少配备1名专(兼)职的儿童社会工作者。

4.儿童快乐家园——吉姆工厂项目。为贯彻国务院颁布的《全国科学素质行动纲要》精神和科教强区战略，加大对未成年人的科学教育力度，提高我区少年儿童的科学素质，依托妇儿活动中心、家庭驿站、家长学校、社区儿童德育中心及托幼园(所)等，开展“小科学大未来”青少年创意科学活动，帮助少年儿童掌握科学学习方法，培养科学创新精神，提升科学文化素养，教育和引导少年儿童养成良好的思维和行为习惯。

五、组织实施和监测评估

(一)组织实施

1.加强领导，明确责任。区妇女儿童工作委员会各成员单位和社会团体根据《儿童规划》要求，承担落实《儿童规划》中相应的目标任务，制定具体实施方案和年度工作措施，并逐年进行规划实施情况自我评估。区妇女儿童工作委员会负责规划实施的组织、协调、指导和督促。

2.完善机制，抓好落实。建立由政府主导、部门合作、社会参与的实施工作机制，共同推进《儿童规划》目标的全面落实。进一步建立健全目标管理考核问责制，把制定和实施《儿童规划》纳入部门工作议事日程，纳入各相关部门主要负责人政绩考核内容。区政府常务会议每年听取一次以上儿童工作专题汇报，《儿童规划》实施情况坚持责任签约、年度工作报告、考核排序公布等工作制度。不断完善与儿童发展相关的措施办法，加强执法监督和对儿童权利的司法保护，切实体现儿童优先原则，把儿童的生存、发展、参与和受保护权利落到实处。

3.保障经费，强化机构。将儿童事业发展所需经费纳入各成员单位财政预算。区财政根据地区经济社会发展和儿童事业发展的需要，逐步加大投入。针对重点、难点问题设立相应实事项目，安排专项经费，保证项目如期实现。积极动员社会力量，多渠道筹措资金，支持发展儿童事业。区妇女儿童工作委员会办公室负责《儿童规划》实施的组织协调、督查推动，工作经费纳入同级财政预算，专款专用。

4.广泛宣传，分层培训。多渠道、多形式向各级领导干部、社会工作者、广大儿童和全社会广泛宣传儿童优先原则，广泛宣传《儿童规划》目标任务，宣传实施规划的成效。将《儿童规划》内容及相关法规政策纳入干部培训课程，开展多层次、多形式的培训和研讨，增强各部门、单位以及相关人员实施规划的责任意识和能力。引导和鼓励儿童参与规划的实施，充分发挥儿童的积极作用，增强儿童自身发展能力。

(二)监测评估

1.强化工作机构和职责。区妇女儿童工作委员会设立监测评估领导小组，下设监测组和评估组。领导小组成员由区妇女儿童工作委员会和有关部门、单位人员组成，负责组织监测评估工作，审批监测评估方案和监测评估报告，监督规划执行情况，根据评估结果研究提出相应对策。监测组设在区统计局，负责制定监测统计的指标体系，落实儿童发展统计年度报表，建立儿童发展数据库，收集、整理、分析数据和信息，撰写并提交监测报告。评估组由区妇女儿童工作委员会办公室、相关部门、单位人员和专家共同组成，负责评估工作的指导和人员培训，制定评估方案，组织开展年度评估和中期、终期评估工作，撰写并提交评估报告。

2.建立监测和评估制度。各成员单位将规划监测统计和儿童发展数据库列入本系统年度常规统计制度，纳入各种专项统计调查，及时正确反映发展的状况和变化，坚持儿童发展数据收集、交流、反馈和发布制度化，坚持对规划重点目标完成情况进行年度检测、考核发布制度。

3.坚持定期评审和督导。各成员单位按要求向区统计局报送年度监测数据，向妇女儿童工作委员会提交年度规划实施工作报告。区监测组、评估组向区妇女儿童工作委员会提交年度监测报告、评估报告，区妇女儿童工作委员会向市妇女儿童工作委员会办公室和市统计局报送实施《儿童规划》的年度统计报表和监测评估报告。市及区妇女儿童工作委员不定期组织对规划实施情况进行专题督查，全区在2013年进行中期评估，2016年进行终期评审。

玄武区创建国家森林城市实施意见

为进一步改善城区生态环境，提高城区品质和人民生活质量，加快生态城区建设，促进人与自然和谐发展，实现“让森林走进城市，让城市拥抱森林”的目标，根据“绿色南京”建设有关要求，结合我区实际，提出如下实施意见。

一、指导思想

以科学发展观为统领，大力实施“绿色发展”战略，坚持“生态经济共赢、人文景观和谐、山水城林相融”的发展理念，紧紧围绕现代化国际性人文绿都标志区的目标，进一步挖掘山水城林和历史文化内涵，进一步调动全民参与绿化的积极性，加快提升全区森林资源总量，以创建国家森林城市为契机，深入推进“绿色玄武”建设，不断提高人居环境和城市品质。

二、目标任务

到2012年，建成区绿化覆盖率达到61%，绿地率达到57.82%，人均公共绿地达到29.77平方米；水岸绿化率达到85%，道路绿化率达到90%以上，城市森林自然度不低于0.5；全民义务植树尽责率达到90%以上，市民对创建国家森林城市知晓率、支持率和参与率达到90%以上。实现生态环境更加良好，生态意识深入人心，人居环境明显改善。

主要围绕城区景观绿化提升，重点实施六大工程：

（一）中心城区增绿工程

按照“城市开发配套、工程项目带动”原则，“规划建绿”与“见缝插绿”相结合，兴建公共绿地。优先选择惠及民生、拆迁量较小和绿化覆盖率较低的绿地项目增绿。做好明外郭—秦淮新河百里风光带玄武段建设。

（二）道路绿化改造出新工程

1.主城道路绿化整体改造出新。每年改造若干条主次干道及支路的绿化。主要包括绿岛土壤改良，植物彩化更新，行道树树池覆盖，增设保护栏杆，增设灌溉系统，路侧绿化整治提升等。通过系统化改造达到主城道路绿化设施完好，景观优美、富有特色、配套完备的目标，全面提高主城道路绿化的设施标准和景观水准。

2.出城和环城通道绿化景观提升。争取完成玄武大道和宁杭公路出城道路绿化景观提升。土城头路按两侧各100米建设连续绿带（以市规划局土城头路控制绿线为准），改造林相，增加观赏树种，建设节点公园、广场，形成空间连续、层次丰富、功能突出、群落多样、景观优美、四季变化的城市绿化生态廊道。

3.广场、街旁游园改造出新。根据市计划改造广场和游园，包括植物更新优化、水电基础设施改造、铺装地面透水化、文化景观及解说系统建设、休闲设施建设、增设防灾避难设施等。对过于陈旧、设施不合理的广场和游园按高标准重新设计和建设。

（三）公园景区品质提升工程

以现有公园提档升级为主，完善基础设施配套，提升景观绿化水平，挖掘历史文化内涵，提高整体服务质量。按照“一园一特色”的目标对公园景区植物品种和种植结构进行调整优化，力争出精品、出亮点、出特色。协助建设玄武湖公园、红山森林动物园，精心建设区属公园。防止公园景区“重建轻管”现象，建立健全建管并重的长效管理机制。以基础设施配套水平提升、窗口服务质量提升、员工综合素质提升为重点，实现公园景区硬、软环境品质的全面提升。

（四）立体绿化工程

立体绿化可以增加绿化面积、净化空气、调节气候、消减扬尘，有效降低城市热岛效应，同时对于降低噪声及光污染、保温防辐射、提高保水能力均具有积极的意义。尤其是屋顶绿化，没有土地成本，是“无地可绿”城市中心区最廉价、最有效的绿化方式。充分利用城市空间资源和非建设用地（屋顶、墙体立面、护坡、围墙、高架桥墩和高架桥栏等），积极开展以垂直绿化和屋顶绿化为主要内容的立体绿化，多形式、多层面为城市增绿。

（五）居住区绿化改造出新工程

改造出新一批小区绿化环境（重点是2002年以前建成的居住小区），把绿色送到居民家门口。建设若干个社区公园（依托市计划），基本实现“推窗见景，开门见绿”。鼓励居民开展庭院绿化、阳台绿化。推荐、编写、印制适宜家庭植物养植指导手册，免费向市民发放。根据主城街巷环境综合整治，将城市绿化建设和管理向街巷延伸。制定街巷绿地设施整治内容、标准和导则，按照区域化整治目标，与市容、市政同步，推进综合整治，达到整一片、成一片，提高人居环境质量。

（六）森林生态文化建设工程

在全区广泛组织做好创森宣传教育，确保市民知晓率、支持率和参与率均在90%以上。加强以生态文明为主导的森林城市创建和各类林业法律法规宣传，不断提高广大市民爱绿、植绿、护绿意识。开展“家庭美化”绿化工程，引导和鼓励市民利用阳台、庭院进行花卉植物种植。深入开展全民义务植树运动，健全义务植树登记卡制度和检查考核制度，全民义务植树尽责率达90%以上。

三、保障措施

（一）统一思想，提高对创森工作的认识。开展创建国家森林城市活动，是加强物质文明和精神文明建设，改善人居环境和投资环境，加快现代化建设进程，促进生态文明建设的重要措施。全区上下必须统一思想，统一行动，真抓实干，将创建国家森林城市作为生态城市建设的基础性工程，摆上重要位置，采取有力措施，扎实抓好创森的各项工作。

（二）加强领导，建立健全组织机构。为切实加强对创森工作的组织领导，区政府成立以主要领导为组长，分管领导为副组长，区有关部门和街道主要负责人为成员的玄武区创建国家森林城市工作领导小组，领导小组办公室设在发改局，具体负责创森工作的组织协调、督促检查和迎接评审等工作。

（三）突出重点，保障创森工作顺利推进。要结合我区的实际情况，采取得力措施，定任务抓进度，一级抓一级，层层抓落实，确保创森任务按序时进度顺利推进。要进一步突出工作重点，重视改善生态环境，提升城市的整体品质。同时，要切实保障有关工作经费，将重点工程建设和创森工作经费纳入财政预算。

（四）强化宣传，营造浓烈氛围。充分发挥新闻媒体的作用，进一步加大创森工作宣传力度，广泛开展宣传发动工作。通过形式多样的宣传活动，使创森工作深入人心，积极为创建国家森林城市营造良好的社会氛围。

附：玄武区创建国家森林城市工作任务分解表

玄武区创建国家森林城市工作任务分解表

目标任务	完成时间	责任单位	协助单位
一、确定机构承担创森工作,有专人负责,明确创森思路,制定创森政策,落实创森举措。	2012.3	发改局	住建局　徐管委　各街道
二、按照市政府创建国家森林城市领导小组总体部署,承担市分解的创森任务。	2012.3	发改局　住建局	徐管委　各街道
三、严格执行有关林业、绿化方针、政策和法规。认真落实各类绿化相关法律法规和制度,无非法侵占林地、破坏森林和树木事件,无破坏绿化成果案件。保护好全区湿地、森林公园和其他生态环境。	2012.3	发改局　环保局 公安分局	徐管委　各街道
四、在全区广泛组织做好建设生态文明、加强创森工作的宣传教育,确保市民知晓率、支持率和参与率在90%以上。	2012.3	文明办	徐管委　各街道
五、协助做好明外郭—秦淮新河百里风光带建设。	2012.3	住建局	徐管委　各街道
六、落实全民义务植树属地管理和登记考核制度,全民义务植树尽责率达90%以上。	2012.3	发改局	徐管委　各街道　相关部门
七、帮扶2–3个老居住区增加绿化。完成市下达的游园(绿地)建设、垂直绿化和屋顶绿化任务。	2012.3	住建局	徐管委　各街道
八、建立健全区创森基础台账和区、镇(街)相关统计基础台账,按市创森办要求及时予以提供。	2012.3	发改局　住建局	徐管委　各街道

玄武区政府重大行政行为备案办法（暂行）

第一条　为了规范重大行政行为,保障公民、法人和其他组织的合法权益,促进行政机关合法、公正、高效行使行政职权,推进依法行政,建设法治政府,根据国务院《全面推进依法行政实施纲要》、《关于加强市县政府依法行政的决定》、《关于加强法治政府建设的意见》,结合我区实际,制定本办法。

第二条　本规定所称的政府重大行政行为是指:

1.城市房屋征收补偿总体方案拟订及实施;

2.集体土地征收补偿总体方案拟订及实施;

3.法定行政强制的实施或城市房屋征收补偿决定、重大行政处罚事项等申请人民法院强制执行的重大行政强制事项;

4.依申请作出的政府信息公开行为;

5.重大国有资产处置;

6.使用财政资金的重大投资项目;

7.各街道、部门对外签订的行政合同;

8.重大行政处罚事项;

9.依法需经过听证程序方可做出的行政许可;

10.行政赔偿;

11.其他需要报备的重大行政行为。

其中各街道、部门对外签订行政合同涉及金额的以人民币50万元为限,使用财政资金的重大投资项目以人民币100万元为限,重大国有资产处置以评估价人民币50万元为限,低于此限额可以不予报备。上述重大行政行为如符合多个报备标准,按照上限进行报备。

上述重大行政行为的报备已有相关规定的,依照相关规定执行。

第三条　各街道、部门在拟实施上述重大行政行为前应当深入调查研究,全面、准确掌握所需信息,结合实际拟定方案,形成书面材料后向区政府报备。具体备案审查工作委托区政府法制办承办。

对于第二条第一款1至5项重大行政行为应事前报备,各街道、部门报备材料应在区政府相关会议材料准备时间节点前一周提交;第二条第一款6至11项重大行政行为应事后报备,各街道、部门报备材料应在重大行政行为作出之日起15日内报送区政府法制办备案审查。

第四条　事前报备重大行政行为报备书面材料包含:

(一)拟作出重大行政行为的背景性材料(情况介绍);

(二)拟作出重大行政行为的前置条件相关材料;

(三)拟作出重大行政行为的文本材料;

(四)拟作出重大行政行为的风险评估说明;

(五)其他需要提交的材料。

事后报备重大行政行为报备材料准备可参照前款实行。

第五条　区政府法制办在收到各街道、部门报备的材料后应对相关行政行为的合法性进行初审,对于报备材料不完整的应出具补充材料清单。各街道、部门应在三个工作日内补齐。

对于报备材料完整的区政府法制办应做出备案审查报告,备案审查报告作为区政府行政决策的工作依据。

第六条　如事前报备重大行政行为涉及情况特别复杂,需要进一步完善相关内容的,区政府法制办在出具备案报告的同时可以向各街道、部门提供法律范围内的行为要件补充方案。

第七条　区政府法制办具体组织重大行政行为备案跟踪制度。

对于重大行政行为的执行情况及结果进行跟踪,及时反馈重大行政行为的执行效果,并提前做好可能发生行政复议或行政诉讼的准备性工作。

每半年进行一次汇总,向区政府提交专门报告。

第八条　将重大行政行为报备情况纳入全年依法行政考核项目,由区依法行政领导小组统一进行考核。

第九条　对于不及时报备或不报备而导致重大行政行为合法性要件不完备,造成行政行为被撤销或行政败诉的,由区依法行政领导小组进行通报,并由有关部门追究相关责任人的行政责任。

第十条　本办法由区政府法制办负责解释。

第十一条　本办法自2012年1月1日施行。

附:重大行政行为备案登记表

重大行政行为备案登记表

备案事由			
备案单位		备案时间	
重大行政行为概况			
相关前置审批条件	1、有(见附件)	2、没有	
重大行政行为文本	文本名称及编号(详见附件)		
重大行政行为风险评估说明			
备注			

玄武区政府临时性机构管理规定(试行)

第一条　为加强对区政府内部临时性机构的管理,提高行政效能,建设法治政府,根据我区实际,制定本规定。

第二条　本规定所称政府临时性机构,是指区政府内部除法定职能部门以及依据法律、法规、规章设立的政府议事协调机构以外,为完成政府各类综合性、临时性任务设立的具有组织协调职能,跨部门的、临时性的工作机构。

第三条　区政府临时性机构由区机构编制管理部门负责管理。

第四条　除法律、法规、规章另有规定和区政府直接决定的以外,政府临时性机构的设置必须同时具备以下条件:

(一)工作任务具有临时性、阶段性特点的;

(二)工作任务跨部门,需要经常组织协调的;

(三)工作任务无专门职能部门承担或工作任务重大,单一职能部门无法独立承担或协调的;

(四)上级行政机关设置的政府临时性机构明文规定必须对口设置的。

第五条　有下列情形之一的,不得设置政府临时性机构:

(一)工作任务已在现行法律、法规、规章中规定由政府相应职能部门承担的;

(二)工作任务应当或者可以由政府相应职能部门承担的;

(三)工作任务与已设置的政府议事协调机构或临时性机构的职责相同或相近的;

(四)工作任务可以通过政府部门间联席会议或其他工作形式协调解决的。

第六条　政府临时性机构的设置,由职能部门向区机构编制管理部门提出书面申请,由区机构编制管理部门提出审核意见,经区政府专题会议同意后公布。申请内容包括:政府临时性机构的名称、成员单位、任务、职责、办事机构、设置期限等。

第七条　政府临时性机构实行设置期限制度和定期清理制度。

第八条　政府临时性机构一般不单设办事机构,其日常工作由相关职能部门承担,不核定人员编制、不核拨经费、不确定机构规格。

第九条　政府临时性机构不得替代职能部门的法定职责,不能超越规定职责任务开展工作,除法律、法规、规章另有规定的以外,不能以自己的名义对外作出具体行政行为。如确需作出具体行政行为的,应当由具备法定职责的职能部门依法作出。

第十条　严禁政府临时性机构以自身名义对外签订经济合同、借贷、担保等。

第十一条　政府临时性机构发布文件仅限于对有关单位的内部工作进行部署、要求。未经区政府同意,政府临时性机构不得对外发布指示性公文;其议定事项,经区政府专门会议同意,可以会议纪要形式下发。

第十二条　政府临时性机构一般不刻制印章,可以该机构办公室所在部门印章代替。确需刻制的,由区机构编制管理部门会同区政府法制办公室提出审核意见,经区政府专门会议研究同意后,由区政府办公室制发。

政府临时性机构印章只能用于工作交流，所在部门应严格管理和妥善使用。

第十三条 政府临时性机构需要进行调整的，其办公室应当及时向区机构编制管理部门提出调整申请，由区机构编制管理部门提出审核意见，经区政府同意后调整。

第十四条 政府临时性机构要加强工作人员的内部管理，建章立制，定期对各类借调人员进行考核，并向其原所在单位提供考核意见。

第十五条 下列政府临时性机构，应当予以撤销、合并或者纠正：

(一)设置期限已经届满，未申请延期保留的；

(二)擅自改变职责任务开展工作的；

(三)设置时原有的工作任务已经完成的；

(四)其他原因需要撤销、合并的。

政府临时性机构的撤销或者合并，由具体承办该项工作的职能部门向区机构编制管理部门提出书面申请，由区机构编制管理部门提出审核意见，报区政府决定。

被撤销的政府临时性机构，其设置期间所产生的权利义务由具体承办该项工作的职能部门承担；被合并的政府临时性机构，其设置期间所产生的权利义务由合并后具体承办该项工作的职能部门承担。

第十六条 已撤销的政府临时性机构持有的印章，应在10个工作日内，送交区政府办公室封存销毁。

已撤销的政府临时性机构办公室应负责对其固定资产、设备、文书、资料、档案等进行清理，登记造册后，逐一移交有关职能部门；其遗留问题以书面抄告形式移交有关职能部门处理。

第十七条 区机构编制管理部门负责对政府临时性机构的设置、运行情况进行监督检查，并定期进行清理。

(一)政府临时性机构自批准设立时间满一年起，该机构或其办公室应当于次年的第四季度向区机构编制管理部门报告任务完成情况。

(二)政府临时性机构在设立期限届满前30日内，该机构或其办公室应向区机构编制管理部门提出申请继续保留或者撤销政府临时性机构的主导意见。

(三)逾期不向区机构编制管理部门报告任务完成情况或未申请延期保留的政府临时性机构，区机构编制管理部门按已完成任务自行撤销处理，并在30日内上报区政府。

第十八条 区机构编制管理部门每年第一季度向区政府专题报告上一年度政府临时性机构设立、撤销等有关情况。

第十九条 凡违反本规定设立的政府临时性机构，由区机构编制管理部门通报并责令限期纠正。

第二十条 本规定由区机构编制委员会办公室负责解释。

第二十一条 本规定自2012年1月1日起施行。

玄武区被征地人员社会保障工作实施方案

为全面贯彻落实《南京市被征地人员社会保障办法》(宁政发〔2010〕254号)，推动全区被征地人员社会保障工作进程，根据全市统一部署，结合我区实际，特制定以下实施方案。

一、组织领导

成立区被征地人员社会保障工作领导小组，负责被征地人员社会保障工作的组织协调、情况通报、综合指导等，领导小组办公室设在区人力资源和社会保障局。被征地人员较多的涉农街道也要成立相应机构，组织专门的班子负责此项工作。

二、职责分工

被征地人员社会保障工作由区政府统一领导。各成员单位根据职能进行分工。

区人力资源和社会保障局负责全区被征地人员社会保障工作的宣传发动、业务培训、组织实施和综合协调。

区财政局负责建立区被征地人员社会保障工作专项资金，并进行管理和监督。

市国土局第一分局负责征地补偿工作和被征地人员社会保障费的解缴，配合区人社局、各街道对被征地人员的身份进行认定，向区人社局、街道提供被征地人员征地时间、安置费和补偿费总额等基本信息。

市公安局玄武分局负责被征地人员户籍、年龄等方面的认定工作。

区住建(房产)局配合各街道完成被征地人员身份认定工作，对信息不全、材料不完整人员协助提供征地补偿协议书等原始材料。

区发改局(农办)配合各街道开展被征地人员信息比对工作。区信访局负责涉及被征地人员社会保障工作的信访接待。

区委宣传部负责联系相关媒体进行重点宣传，引导被征地人员尽早参加社会保障。

区民政局负责对被征地人员中的困难人员实施帮扶救助，将符合条件的困难人员纳入城镇居民最低生活保障。

各街道负责本辖区的被征地人员社会保障工作的宣传发动和组织实施。建立、健全被征地人员基本信息档案，按照市有关要求开展被征地人员的信息比对认定和参保登记工作。建立被征地人员社会保障应急预案制度，做好政策解释、群众咨询接待工作，确保稳定。

三、组织实施

为积极稳妥地做好我区被征地人员社会保障工作，确保工作按时保质完成，全区被征地人员社会保障工作从2月启动，7月底结束，分四个阶段进行。

(一)宣传发动阶段(2011年2月23日3月16日)

1.召开动员大会。传达全市会议精神，部署工作任务，提出相关要求。

2.确定宣传方案。区人社局制定宣传方案，开展针对性宣传，做到引导宣传与专项宣传相结合，书面宣传与现场宣传相结合、面上宣传与入户宣传相结合。各街道劳动保障所、社区劳动保障服务站在本辖区张贴市统一印发的《致全市被征地人员朋友的一封信》，宣传相关政策，营造参保氛围，扩大工作影响。

3.加强政策解释。区、街设立咨询服务电话，专人进行接听，专人进行政策解答。

（二）培训调查阶段（2011年3月16日至3月31日）

1.组织业务培训。区人社局负责做好全区相关责任部门、街道的政策宣传和业务培训工作，重点对各街道劳动保障所、社区劳动保障服务站具体经办人员开展政策解读、实际操作等方面培训。

2.个人信息复核。依据市国土局数据，各街道对1983年8月1日至2004年4月9日期间以来的被征地人员，按户籍进行信息采集与身份认定。详细掌握被征地人员的年龄、征地时间、征地补偿金额、参加保险情况等基础信息。对被征地人员的“被征地人员基本信息”进行核对、认定与登记。区住建局、公安分局、发改局、人社局做好个人信息复核的配合工作。

（三）统计受理阶段（2011年4月1日至6月30日）

1.调研咨询服务。区人社局在被征地人员相对集中的孝陵卫、玄武湖、红山街道开展被征地人员社会保障工作专场咨询会，回答群众提问，做好政策解释。

2.信息比对录入与参保申请。被征地人员携带身份证、户籍簿、征地补偿安置协议、征地花名册等资料到现户籍所在地街道（镇）社保所对本人原登记的“被征地农民基本信息”进行补充信息采集和核对。并办理社会保险费补缴申请，生成《被征地劳动年龄段社会保险费补缴核定表》，申请人对本人信息核对确认后签字，劳保所将相关信息汇总整理上传。区社保所对街道上传信息进行复核审查提交给相关部门。

（四）收尾缴费阶段（2011年7月1日至7月31日）

1.缴纳参保费用。申请人需补缴保险费的，凭《被征地劳动年龄段社会保险费补缴核定表》到指定银行缴费。

2.特殊情况复核。组织开展征地人员社会保障工作回头看，对现役、人户分离、长驻外、服刑等特殊人群进行信息复核，对应保未保人员完善相关责任书，明确责任，确保被征地人员社会保障工作全员覆盖。

四、工作要求

1.提高认识，打牢基础，充分发挥基层平台作用。本次征地人员社会保障工作时间紧、任务重，关系全区近15000人的切身利益；关系全区社会稳定，关系全区经济和社会的持续发展，各单位要高度重视，统一思想，提高认识，充分发挥街道、社区劳动保障基层平台作用，全面提升工作质量，确保广大被征地人员满意。

2.明确分工，统筹工作，准确把握时间节点。各单位要统筹安排各项工作，指定专人负责征地人员社会保障工作，细分工作内容，加大宣传力度，明确人员责任，加快工作进度，信息补录核对工作6月30日前完成，补缴保险费工作7月31日前完成。

3.坚持原则，严格标准，认真依照规定办理。区、街道、社区经办人员要认真学习有关业务知识，对被征地人员耐心做好解释工作，及时化解矛盾。坚持“一把尺子”定长短，严格按市局文件执行，认真鉴定划分各类被征地人员待遇和补贴标准。如有个人原因造成征地人员漏报或违规办理，将追究有关当事人的责任。

4.定期汇报，督导巡查，确保工作质量。各街道每周五下午3:00前向区被征地人员社会保障工作领导小组办公室汇报每周工作进度及下周工作计划。领导小组办公室组织专人对街道被征地人员社会保障工作进行巡查督导，定期统计分析，共同做好工作。

玄武区生活垃圾分类工作实施方案

为全面提高生活垃圾处理能力、资源再生利用和循环经济水平，加快城市生活垃圾减量化、资源化、无害化进程，逐步建立和完善垃圾分类工作运行机制，实现垃圾资源综合利用，根据南京市“十二五”规划和《南京市生活垃圾分类工作试点方案》要求，强力推进我区城市生活垃圾分类收集处理工作的有序开展，结合我区实际，现制订垃圾分类工作实施方案。

一、指导思想

按照区委、区政府建设现代化国际性人文绿都标志区的总体要求，以科学发展观为指导，以生活垃圾减量化为核心，以资源化、无害化为目标，以生活垃圾分类处置为手段，以餐厨垃圾收集处理为突破口，优化垃圾分类模式，强化市民环境卫生意识，提高城市文明程度，提升城市生活垃圾处理水平，着力打造“清洁玄武、卫生玄武”新环境，进一步让玄武区成为秀美和谐、生态宜居示范区。

二、工作目标

根据《南京市生活垃圾分类工作试点方案》要求，通过垃圾分类试点，逐步推进居民生活垃圾源头分类，实现垃圾源头减量和资源回收利用。同时，结合南京市垃圾收费模式的改革，不断完善城市生活垃圾分类收集、分类运输、分类处置体系，逐步扩大全区生活垃圾分类收集覆盖面，至2014年，基本形成规范化的运作模式，力争使我区城市生活垃圾分类处理水平在全市处于领先。

三、时间和范围

2011年10~12月为垃圾分类试点阶段，主要在锁金村街道的锁二社区和锁四社区先行试点。2012年，在锁金村街道全面开始运作。2013~2014年在全区推广。

四、组织领导

（一）领导小组

成立玄武区垃圾分类工作领导小组。区委常委、常务副区长曹曙任组长，区政府办公室主任李大海、区城管局局长庄佳峰任副组长，区委宣传部（文明办）、区人武部、区政府办公室、区城管局、区发改局、区住建局、区商务局、区教育局、区环保局、工商玄武分局、公安玄武分局、交警一大队、锁金村街道为成员单位。

领导小组下设办公室，庄佳峰兼任办公室主任，区城管局、区住建局、区环保局、区商务局相关负责人任副主任。办公室工作职责为：负责区垃圾分类工作领导小组的日常工作，协调各成员单位；负责全区垃圾分类试点工作的方案拟定、组织计划、宣传发动并制定相关的标准和规章；组织对垃圾分类试点工作的督导、评估和经验推广。

办公室下设2个组：宣传教育组，负责垃圾分类试点和推广的宣传教育工作；分类收运组，负责垃圾的分类和收运工作。

锁金村街道相应成立生活垃圾分类收集和中转运输试点工作领导小组，具体人员与任务分工，由锁金村街道牵头落实。

（二）责任分工

区城管局负责垃圾分类试点和推广工作的组织计划与协调保障工作。

区发改局负责垃圾分类工作中相关项目的立项等工作。

区住建局负责垃圾处置设施的建设过程中的协调工作，指导督促物业公司积极参与垃圾分类工作。

区商务局负责统筹规划建设区域可回收物回收中心，用于可回收物的分拣、储存，运至再生资源利用企业处置。

区环保局负责监督指导、协调有害垃圾的处置工作；负责垃圾分类末端处置建设项目的环评工作，负责垃圾分类的宣传工作。

区教育局负责对中小学学生和幼儿园儿童进行垃圾分类知识的宣传教育工作。

区人武部负责协调驻区部队（部队院校）的垃圾分类工作。

区委宣传部负责组织垃圾分类试点与推广工作中的宣传和社会发动，加强与各大媒体合作，并对宣传工作进行业务指导和监督管理。

工商玄武分局负责可回收垃圾（再生资源）回收市场的监督管理工作，打击扰乱市场秩序、无照经营等行为。

公安玄武分局负责监督指导、协调解决垃圾分类工作中的治安与稳定相关工作。

交警一大队负责监督指导、协调解决垃圾分类工作中涉及到的专用车辆的管理、运输以及临时停放和道路运行保障。

锁金村街道负责制定垃圾分类试点工作具体实施方案并组织实施；负责指导居民及社会单位的垃圾分类投放；配合区环卫所做好各类垃圾的收集、运输工作；协助区城管局做好垃圾分类的检查督促及考评工作；负责垃圾分类人员的培训、信息收集和上报工作，建立试点工作分类基础档案资料。

五、垃圾分类模式

（一）分类方法

1.日常生活垃圾实行四种分类：

（1）餐厨垃圾：剩菜剩饭、过期食品、菜梗菜叶等废弃的生熟食物残渣。

（2）可回收物：废纸类、废金属、废玻璃、废旧塑料制品、废旧橡胶制品等。

（3）有害垃圾：充电电池、纽扣电池、废旧灯管灯泡、过期药品、含重金属的电路板、温度计等。

（4）其他垃圾：除餐厨垃圾、可回收物、有害垃圾以外的生活垃圾，包括受污染的纸张、包装袋、烟头、清扫的灰尘等。

2.其他六种特殊垃圾实行专项分流：

（1）集贸市场垃圾：丢弃的蔬菜等。

（2）装修垃圾：废弃的建筑材料、装修材料。

（3）大件垃圾：家具、马桶、浴缸等。

（4）电子垃圾：电器和元器件。

（5）绿化垃圾：落叶和修剪下的枝叶。

（6）道路机扫垃圾：以有害灰尘为主的垃圾。

试点阶段首先对集贸市场垃圾和餐厨垃圾进行分流，其他四类专项垃圾在推广阶段逐步实现分流。

（二）源头分类

1.餐厨垃圾和其他垃圾由居民到指定地点购买城管部门监制的可降解垃圾袋，在家自行分类。

2.可回收物和有害垃圾由居民自备容器进行分类。

3.单位垃圾分类（同居民家庭分类）。

4.城管部门会同相关部门对可降解垃圾袋的销售进行监督管理和提供有偿服务。

（三）分类投放、收集

1.街道及社区应聘用垃圾分类督导员，对居民垃圾分类、投放进行统计和指导。

2.居民将生活垃圾进行四种分类后，由城管部门负责直收直运。投放时间：6:30~8:00，19:00~20:30；沿街单位的垃圾分类后直接投放到城管部门的专用收集车。投放时间：9:00~11:00，14:00~16:00。

3.物业小区应在小区出入口及主要通道设置有分类标识的垃圾桶，以便收集无法按规定时间投放的各类垃圾。

4.在试点区主次干道等公共场所原有的果皮箱上，将全部贴上垃圾分类标识，方便行人游客分类投放，由专业部门定时收运。

（四）分类运输

1.可回收物由社区指定的专业"绿马甲"人员负责收集并运送至资源回收中心进行分类和处理。

2.餐厨垃圾由餐厨运输车进行直收直运。居民在规定的时间和指定的地点可直接将餐厨垃圾投放到餐厨垃圾收运车，也可以由分类指导员吹哨集中，在收集人员的督导下有序投放到餐厨垃圾收运车，由餐厨垃圾收运中队将餐厨垃圾运输至末端处置厂家。

3.有害垃圾由区城管局收运至符合环保要求的储存点。

4.其他垃圾由区环卫所负责，按原收运体系进行直收直运至垃圾填埋场。

5.建筑装修垃圾由街道城管科负责有偿清运。清运过程中需用城管部门定制的专用建筑装修垃圾袋进行袋装（居民装修需到街道城管科申报并购买专用建筑装修垃圾袋）。

6.特种垃圾由特种行业按规定运往指定地点。在推广阶段，除装修垃圾外，大件垃圾、电子垃圾、绿化垃圾、道路机扫垃圾等四种特殊垃圾由专业部门的专用车辆进行收集运输，杜绝与生活垃圾"混装、混运"。

（五）分类处置

1.餐厨垃圾的处置（含集贸市场）。由专用餐厨运输车直接送往轿子山10吨/日的餐厨垃圾处理试验站进行处理。

2.可回收物的处置。由区商务局统筹规划，分区域建设资源回收中心，用于可回收物的分拣、储存，由再生资源利用企业处置。

3.有害垃圾的处置。由区环保局负责监督指导、协调集中处置。

4.其他垃圾的处置。由现有填埋场和规划建设的垃圾焚烧发电厂进行卫生填埋及焚烧。

说明：餐厨垃圾的处置，市城管局拟于2012年在板桥建成日处理量100吨餐厨垃圾处理厂，至2013年扩建成日处理量200吨；并在宾馆、酒店、单位食堂等试点单位，投放日处理500千克的生化处理机5台。2013~2015年分阶段建成江北餐厨垃圾厂200吨，解决推广阶段餐厨垃圾处置。

六、实施计划

（一）2011年4月~2011年9月为垃圾分类试点准备阶段：

1.制定方案。根据市、区两级政府的要求，结合实际，制定出台玄武区垃圾分类试点工作实施方案。

2.发动宣传。充分发挥媒体的作用，利用各种宣传阵地，开展形式多样的宣传和示范活动。完成招募"垃圾分类督导员"和垃圾分类志愿者工作，召开由不同层面代表参与的垃圾分类研讨和动员会，提高居民对垃圾分类的知晓率。

3.编制计划。对试点小区的基本情况进行调查摸底，确定垃圾分类试点工作流程，制定对居民生活垃圾分类的收集时间、运输线路以及末端处理的相关措施。

（二）2011年10月~2011年12月为垃圾分类试点实施阶段：

1.做好岗前业务知识培训。邀请市城管局垃圾分类专家对街道招募的垃圾分类督导员进行上岗前的业务知识培训。

2.组织召开全区生活垃圾分类工作推进会。

3.在锁金村街道中心广场举行生活垃圾分类工作启动仪式，开展各种生活垃圾分类体验活动，指导居民正确投放，做好各种咨询、劝说和解释工作。

4.力争到2011年底，使锁金村街道的锁二社区、锁四社区居民生活垃圾基本上做到：在家实现分类化，投放实现袋装化，转运实现机械化。

（三）2012年1月~2013年12月为垃圾分类试点总结扩大推广阶段：

1.2012年初对锁二、锁四社区的生活垃圾分类收集工作进行总结后，在锁金村街道全面展开。

2.2013年在其他七个街道各选一个社区进行生活垃圾分类试点工作，并逐步覆盖全区。

七、工作措施及经费保障

（一）宣传动员

1.宣传内容

传统的垃圾混合收运、混合处理的弊端；实行生活垃圾分类收集处理的重要意义；城市生活垃圾的构成与分类；玄武区生活垃圾分类收集运作方式（工作流程）；市民如何操作；相关法律政策；垃圾分类工作中的好人好事。

2.宣传方法

通过广播、电视、报刊、网络以及手机短信等各类传播媒介进行全方位的宣传。

3.宣传任务

区城管局：组织锁金村街道开展"城市生活垃圾分类收集处理集中宣传周"活动；举办"玄武区生活垃圾分类收集知识竞赛活动"；制作垃圾分类宣传光碟，向党政机关、各社会团体、企事业单位、大中小学校以及全区的所有社区发放，并组织收看；重点通过"小手拉大手"活动，由学生带动家庭；制作"垃圾分类年历"宣传画，以图文形式标明垃圾分类方式和相关处罚规定；利用社区专栏张贴垃圾分类收集宣传制品。

锁金村街道：组织社区居民、单位员工开展垃圾分类议事会，问计于民；在各社区组织垃圾分类宣传员对居民进行面对面的宣传；统一制作展板，深入社区、辖区单位巡回展出宣传；利用公共场所电子屏幕滚动宣传；组织"门前三包"协管员，结合市容环卫责任区管理要求，对沿街店家进行垃圾分类宣传，并在辖区内各农贸市场和农产品批发市场，组织志愿者引导商户"净菜上市"，减少废物垃圾的产生，督促执行国务院《关于限制生产销售使用塑料购物袋的通知》的决定，严格控制白色垃圾。指导社区督导员入户宣传垃圾分类有关知识、开展有奖知识竞赛，组织社区演出小分队文艺演出，重点宣传垃圾分类收集处置的好处。

（二）队伍保障

1.组建"绿马甲"可回收物收集人员。每个社区专门安排一名"绿马甲"可回收物收集人员，负责可回收物的收集，定期送到指定的资源回收中心。

2.成立生活垃圾分类督导员队伍。原则上每70户安排1人，负责宣传、帮助、监督和指导生活垃圾分类工作。

3.成立餐厨垃圾收运中队。每个社区配备一辆餐厨垃圾收运车，每车配备1名驾驶员，2名收集人员。

4.增设社区垃圾分类工作责任人。责任人暂由各社区卫生主任担任，专门负责生活垃圾分类工作，并设一名垃圾分类指导员，负责集中收集生活垃圾的吹哨以及对社区居民生活垃圾分类情况的登记工作。

说明：餐厨垃圾收运中队由区环卫所组建，区环卫所和街道负责业务和日常管理，督导员队伍由街道组建并实施管理。

（三）设备配置

1.由居民家庭自备生活垃圾分类容器，按要求分类为：可回收物、不可回收垃圾和餐厨垃圾。

2.由区环卫所配置橙、红、黄、绿四种颜色垃圾桶，分别代表可回收物、有害垃圾、餐厨垃圾和其他垃圾。

3.使用由市城管局监制可降解的生活垃圾塑料袋和建筑装修垃圾专用袋。

4.由市、区城管部门负责配置餐厨垃圾收运车辆。试点期间，每个社区各配一辆。

说明：可降解垃圾袋的颜色与垃圾桶的颜色要统一，便于市民投放；有毒垃圾回收桶由市垃圾分类办制作并配发，颜色为红色。

八、工作要求

（一）统一思想，提高认识。垃圾分类工作是一项系统工程，是改革垃圾收集处置传统方式实现垃圾有效处置的一种手段，更是一件利国利民的大事。为此，各级领导要高度重视生活垃圾分类试点工作，各部门要统一思想，提高认识、通力合作，保证试点工作的顺利进行，切实把生活垃圾分类试点工作作为年度工作中的一项重要工作抓好、抓实、抓出成效。

（二）加强管理，落实责任。依据阶段目标落实岗位责任制，一级抓一级，层层抓落实。区城管局要加强垃圾分类试点工作的指导，及时了解掌握工作进展情况，研究解决试点中的问题，有效推进；锁金村街道负责推动锁二、锁四社区的垃圾分类试点工作的落实，各相关部门要安排专人协助此项工作的开展，明确职责和任务，将生活垃圾分类试点工作列入各部门绩效考核内容，对在推进垃圾分类活动中做出显著成绩的单位和个人给予表彰、奖励。

（三）规范实施，巩固成果。垃圾分类试点工作一定要规范实施，要严格按照试点工作的有关要求进行。在实施垃圾分类过程中，要做到垃圾分类容器配置的标准化、合理化、规范化，分类标志符合标准，分类种类达到要求，确保垃圾分类投放、分类收集、分类运输和分类处理的目标实现。

附：《城市生活垃圾分类表》

城市生活垃圾分类表

类　别	内　容
可回收物	主要包括废纸类、废金属、废玻璃、废旧塑料制品、废旧橡胶制品等
餐厨垃圾	主要包括剩菜剩饭、过期食品、菜梗菜叶等废弃的生熟食物残渣
有害垃圾	主要包括充电电池、纽扣电池、废旧灯管灯泡、过期药品、含重金属的电路板、温度计等
其他垃圾	除可回收物、餐厨垃圾、有害垃圾以外的生活垃圾，包括受污染的纸张、包装袋、烟头、清扫的灰尘等

玄武区再生资源回收体系建设实施方案

为切实加强我区再生资源回收市场建设，建立健全再生资源回收体系，促进再生资源回收行业健康有序发展，努力建设资源节约型、环境友好型社会，根据中央、省、市相关要求，结合实际，特制定我区再生资源回收体系建设实施方案。

一、指导思想和总体目标

（一）指导思想

全面落实科学发展观，紧紧围绕国家关于建设节约型社会和发展循环经济的要求，构建布局合理、网络健全、设施适用、服务功能齐全、管理科学的再生资源回收网络体系，逐步提高回收集散加工能力，促进再生资源回收行业健康有序发展。

（二）总体目标

以建设社区回收、市场集散、合理利用三位一体的再生资源回收体系为目标，建立健全符合市场经济要求和行业特点的经营管理体系。2013年基本完成全区再生资源回收体系建设，其中2011年完成1/3网点建设任务（22家）。再生资源回收实现从业人员管理规范化、社区管理规范化，进入指定市场进行交易和集中处理，基本实现产业化。

二、主要任务

（一）再生资源社区回收站点建设

1.站点设置。再生资源社区回收站点纳入各街道社区公共服务设施建设，设置符合规划、环保、城管和消防安全等要求，按有关标准配置必备设施，同时考虑合理的服务半径，采取固定站点和流动站点相结合的方式，统一规划、科学定点、合理选址，尽量利用社区现有铺面或空置房屋，或合理改造现有证照齐全的废品回收站。

2.回收经营规则

（1）具有合法经营手续。按照相关法律、法规，从事再生资源社区回收经营活动必须办理工商营业执照，并在取得营业执照15日内到区商务局、公安分局备案；在备案事项发生变更之日起15日内到区商务局、公安分局备案；本《实施方案》施行前已领取营业执照的再生资源经营户，应自本《实施方案》施行之日起15日内，依照相关规定进行备案。

（2）规范站点经营。按照“七统一”（即统一规划、统一标识、统一着装、统一价格、统一衡器、统一车辆、统一管理）的原则，规范回收站点经营行为。在全区各街道居民区内，当日21时至次日7时不得进行再生资源收购、装卸活动。

（3）规范从业人员管理。从事再生资源回收的人员须经过岗位培训并持证上岗，回收站点应优先安置社区下岗职工、失业人员和残疾人，落实再就业相关政策。对零散回收人员要加强管理，规范经营行为，逐步纳入社区回收网络。

（4）明确回收品种范围。再生资源社区回收站点主要回收生活类再生资源，包括废旧报刊及纸包装类、非生产性废旧金属类、废旧塑料类、废旧橡胶类、废旧玻璃类和废旧家电类等。

（5）明确站点功能职责。再生资源社区回收站点的功能是收运、暂存、中转再生资源。回收的废旧物资不得露天存放，应及时消毒、转运，不得污染环境，不得影响周围单位和群众的正常生产生活。回收站点与再生资源市场应紧密衔接，做到回收物当日收、当日清。

(二)加工分拣中心建设

建设与社区回收网络相适应的全区加工分拣中心。对不属于社区(小区)直接管辖范围内的企事业单位的再生资源，由就近的再生资源社区回收站点采取定时、定点上门回收的方式进行回收。

三、工作机构

成立由区政府分管领导任组长，相关部门为成员单位的全区再生资源回收体系建设工作领导小组(成员名单附后)，负责指导协调全区再生资源回收体系建设工作，领导小组下设办公室，办公室设在区商务局。

四、职责分工

区商务局：负责牵头组织全区再生资源回收体系建设工作，会同相关部门统一布局再生资源市场点位，负责全区再生资源回收经营工作的指导。

区发改局：负责研究提出促进再生资源发展的政策。

区住建局：负责再生资源回收点(中心)的选址定点。

工商玄武分局：负责再生资源回收经营者的登记管理；负责再生资源回收市场经营的监督管理，维护正常交易秩序。

公安玄武分局：负责再生资源市场、回收站点经营户的日常治安检查，加大对再生资源回收工作出现的收赃、销赃、窝赃等违法犯罪活动的打击力度，按照相关规定对再生资源回收专用车辆的通行给予支持。

区城管局：负责查处再生资源市场、回收站点出摊占道等违反城市市容市貌管理规定的行为，加强对再生资源回收市场及社区回收站点周边环境卫生的监督管理。

区环保局：负责再生资源市场和回收站点建设项目的环评工作，加强对再生资源回收过程中环境污染防治工作的监管。

区财政局：负责再生资源回收体系建设扶持资金的安排和拨付。

各街道办事处：负责本辖区内再生资源社区回收站点选址定点及日常监督管理工作，负责规范辖区内再生资源回收利用活动。

五、本实施方案由区商务局负责解释。

六、本实施方案自发文之日起施行。

玄武区科学技术经费投入与使用管理办法

第一条 为保障全区科学技术经费（以下简称科技经费）投入，规范科技经费管理，提高资金使用效益，根据《中华人民共和国科学技术进步法》、《应用技术研究与开发专项资金管理暂行办法》(国家财政部、科技部财教[2004]3号)，结合本区实际，制定本办法。

第二条 玄武区科技经费投入是指在玄武区范围内用于科学研究与技术开发、科技成果转化及产业化、科技平台与环境建设、科学普及经费、社会科技事业发展以及相关科技活动的经费投入。

第三条 区科技经费纳入区年度国民经济和社会发展计划与预算，占当年区财政决算支出比例2%以上，并报区人民代表大会审查和批准。根据全区经济和社会发展需要，逐年增加科技经费投入。

第四条 区科技经费来源于本级财政拨款和上级财政投入。

第五条 区科技经费的使用与管理坚持调查研究、科学论证、优化投向、突出重点、注重效益和专款专用的原则。

第六条 区科技经费主要用于支持玄武区域内高新技术及产业发展计划、科技能力建设计划、科技兴农计划、专利实施及重大科技成果计划、国际科技合作计划、科学普及、社会科技事业发展计划及区各类科技发展计划和科技奖励等。

第七条 科技经费使用范围为：

(一)新产品试制，新技术和新工艺开发、推广应用，专利、专有技术的消化吸收，科技成果转化等。

(二)软科学研究，应用技术研究，科技培训，科普活动等。

(三)项目咨询、评审、评估、鉴定、验收等管理费用。

(四)经区政府批准的科技创新条件、能力建设项目。

(五)其他有利于本区科技事业发展的项目。

第八条 科技经费一般为无偿使用。

第九条 区科技经费管理各方的职责与权限：

(一)区科技局

1.统一管理区科技经费，编制科技经费、计划管理费预算；

2.负责组织项目的申报和评审(评估)，并会同区财政局审定、下达项目预算；

3.会同区财政局监督、检查科技经费的管理使用情况。

(二)区财政局

1.审核年度科技经费总预算；

2.年度科技经费总预算经区人代会通过后，会同区科技局下达年度项目经费预算；

3.监督、检查科技经费总预算的管理使用情况；

4.审批科技经费年度决算。

(三)区审计局

1.负责科技经费的年度审计。

第十条 项目组织单位和项目承担单位的职责：

(一)项目组织单位

1.具体组织项目申报；

2. 组织项目承担单位按项目实施进度执行经费支出预算，监督落实项目约定支付的自筹匹配经费及其他配套条件；

3.向区科技局报送项目经费执行情况；

4.受区科技局委托，对专项资金管理和使用情况进行监督检查。

(二)项目承担单位

1.编制项目经费支出预算；

2.落实项目合同的自筹匹配经费及其他配套条件；

3.做好项目经费的财务管理和会计核算；

4.接受科技经费管理部门的监督检查，并按要求提供项目经费支出预算执行情况和有关财务资料。

第十一条 申报项目条件

（一）符合玄武区科技产业政策及社会事业重点发展方向，有较高的创新性和较强的市场竞争力，经济效益和社会效益显著。

（二）知识产权清晰，无产权纠纷。对具有自主知识产权或能形成自主知识产权的项目予以优先。

第十二条 申报单位条件

（一）驻区各行政事业单位，与驻区企事业单位合作的科研院所和大专院校，在本区注册或纳税的各类所有制企业，开展有关科技创新活动的个人。

（二）具备承担项目的能力，包括必要的研究开发条件、技术开发与管理队伍以及一定的项目资金筹措能力。

（三）经营管理、财务管理制度健全、规范。

（四）拥有承担国家、省、市、区科技计划项目的良好信用业绩。

第十三条 区科技局每年集中开展一次项目申报受理工作，项目计划文件及经费于次年下达。具体申报和审批程序为：

（一）项目申报单位填报《玄武区科技计划项目申报表》。

（二）区科技局对申报项目进行初审。

（三）区科技局组织专家或选择有关科技评估机构，对初审合格的项目进行评审。

（四）在专家评审的基础上，区科技局编制科技发展计划项目，与区财政局会审后，提交分管区长审批，上报区政府研究批准。

（五）经批准立项的项目，由区科技局与区财政局共同下达计划文件，区科技局与项目承担单位签订《玄武区科技计划项目合同书》。

（六）区财政局在《玄武区科技计划项目合同书》签定后按合同约定将项目款直接划拨到项目承担单位。

第十四条 项目承担单位应按区科技局要求，向区科技局或区科技局指定的单位报送《玄武区科技计划项目阶段实施情况表》。

第十五条 科技项目一经立项和经费拨付后不得擅自更改名称、内容、指标和进度等。因不可抗拒因素，项目承担单位需调整或中止项目的，应及时向区科技局提交书面申请，经区科技局核准后，方可执行。

区科技局做出撤销或更改项目的决定后，项目承担单位应在一个月内将经费使用情况报送区科技局，并将剩余科技经费全额上缴区财政局，用于安排其他科技项目。

第十六条 项目完成后，由区科技局组织项目验收组按照要求进行项目验收。在项目验收时，项目承担单位需填报《玄武区科技计划项目验收表》、《玄武区科技计划项目经费决算表》、《玄武区科技计划项目验收审查验收表》及项目经费使用情况的总结报告。

第十七条 科技经费实行财政专户管理，专款专用。各项目承担单位对划拨的科技经费必须专项核算，独立设置科技经费有关科目。

第十八条 区科技局对项目承担单位的经费使用过程进行监督管理，内容包括资金到位与使用情况、科技项目进度执行情况以及项目目标完成情况。

第十九条 任何单位或个人不得以任何形式和任何理由骗取、截留或挪用科技经费。对于弄虚作假骗取科技经费或截留、挪用科技经费的，将追究有关单位和个人责任，并予以相应的处罚措施。构成犯罪的，依法追究刑事责任。

第二十条 本办法自2011年4月1日施行。

玄武区突发性地质灾害应急预案

一、总则

（一）为高效有序地做好我区地质灾害防治和抢险救灾工作，避免或最大限度地减轻突发性地质灾害造成的损失，维护人民生命、财产安全和社会稳定，根据《地质灾害防治条例》（国务院第394号令），结合本区实际制定本预案。

（二）本预案所称突发性地质灾害，是指自然因素或者人为活动引发的危害人民生命和财产安全的崩塌、滑坡、泥石流、地面塌陷等与地质作用有关的地质灾害。

（三）地质灾害应急工作遵循以人为本、快速反应；统一领导、分工负责；依靠科学、因地制宜；未雨绸缪、有备无患的原则。

（四）本预案所称地质灾害应急是指发现灾害的灾前应急、灾害发生过程中应急和灾害发生后应急。

（五）本预案适用于发生在南京市境内的突发性地质灾害应急防治和抢险救灾工作。

二、地质灾害等级划分

地质灾害按照因灾人员伤亡、经济损失的大小，分为四个等级：

（一）特大型：因灾死亡30人以上或者直接经济损失1000万元以上的；

（二）大型：因灾死亡10人以上30人以下或者直接经济损失500万元以上1000万元以下的；

（三）中型：因灾死亡3人以上10人以下或者直接经济损失100万元以上500万元以下的；

（四）小型：因灾死亡3人以下或者直接经济损失100万元以下的。

本预案适用于以上四个等级的地质灾害，同时对减轻一般性地质灾害的行动具有指导作用。

三、应急机构和有关部门的职责分工

（一）玄武区汛期地质灾害防治应急指挥部

区政府成立玄武区汛期地质灾害防治应急指挥部（以下简称指挥部），统一领导全区地质灾害防治应急和抢险救灾工作。

1.指挥部组成：

指挥长：分管副区长

副指挥长：市国土资源局第一分局局长

成 员：市国土资源局第一分局（以下简称国土一分局）、区应急办、发改局、住建局、财政局、民政局、卫生局、安监局、城管局、科技局、公安分局、交巡警一大队、消防大队和各街道办事处等有关部门和单位负责人。

2.指挥部职责：

(1)统一领导和指挥全区地质灾害抢险救灾工作；

(2)调动、整合全区救灾力量，决定并组织制定抢险救灾对策和措施；

(3)根据抢险救灾工作需要，启动《玄武区突发性地质灾害应急预案》。

(二)指挥部办公室

指挥部下设办公室。办公室设在国土一分局，具体负责指挥部的日常工作。

1.办公室组成：指挥部办公室主任由国土一分局分管副局长兼任，成员由其相关科所的负责人组成。

2.办公室职责：

(1)迅速了解、收集、汇总及分析灾情，及时向指挥部报告；

(2)传达指挥部的工作指令并监督落实；

(3)负责与上级地质灾害应急机构保持联系，协调区政府的应急救灾工作；

(4)组织有关部门和专家会商地质灾害发展趋势，对灾害损失及影响进行评估，为指挥部决策提供依据；

(5)负责灾情和抢险救灾工作的信息发布，统一向新闻单位提供信息，做好宣传报道等工作；

(6)负责处理指挥部日常事务，办理指挥部交办的其他事项。

(三)有关部门的职责：

国土一分局：承担本区汛期地质灾害防治应急指挥部的日常工作；组织汛前地质灾害调查，建立健全地质灾害预警体系、汛期值班制度、险情巡查检查制度和灾情速报制度，构筑群测群防网络；组织应急调查、灾情核查和灾害监测工作并对灾害的发展趋势进行预测；会同区有关部门做好抢险、救助的部署、监督和技术指导工作；会同有关部门进行灾害评估，确定地质灾害应急治理项目。

发改局：负责重大救灾项目和应急治理项目计划的协调安排和监督管理。

住建局：组织发生或可能发生地质灾害地区的行业主管部门进行危房检查，指导群众安全转移；协调灾区供水、供气、城市道路、排水等有关设施的防护、巡查、抢修和排险，保障灾区供水、供气；组织行业主管部门抢修因灾受损的市政公用设施，帮助灾区制定重建规划。

财政局：负责筹集救灾应急资金及其下拨、管理和监督检查工作；为救灾应急工作提供资金保障。

民政局：及时掌握灾民安置动态，组织调运救灾物资，协助灾区各街道办事处及时设置避险场所和救济物资供应点；制定应急救灾款物的使用、分配方案以及应急救灾款物的管理工作；妥善安置和救济灾民，安排好灾民生活并及时向地质灾害应急指挥部报告灾民救助和安置情况。

卫生局：负责组织医疗急救和卫生防疫队伍，调集必要的卫生器械、药品等，及时赶赴灾区投入抢救治病和防疫工作；保证灾区饮水和食品卫生安全；负责灾区疫情监测和信息收集报告工作。

安监局：负责灾区企业的生产安全，并指导、监督灾区迅速恢复生产；负责露采矿山企业、地下矿井、尾矿等的安全检查、监督，并向地质灾害应急指挥部报告。

公安分局：负责应急工作的治安管理，维护抢险救灾秩序和灾区社会治安，协助组织灾区群众安全撤离或转移，打击各种违法犯罪活动，防止因地质灾害引发的群体性治安事件的发生。

科技局：负责提供由地震引发的地质灾害应急处置所需要的其他地震信息资料，并对地质灾害有关的地震进行监测和趋势判断。

环保局：负责地质灾害可能造成次生突发环境污染事件发生地及周边地区环境监测和实时报告，对事故产生的废气、废水和固体废弃物等有害物的处置提出建议，并协助市相关部门进行处理。

各街道办事处：负责本地区地质灾害的了解、巡查，与指挥部办公室保持联系，及时向指挥部办公室报告本地区灾情；落实指挥部及其办公室的指令，配合指挥部办公室的汛前地质灾害调查和汛期巡查工作；配合指挥部和有关部门做好抢险救灾工作；负责本地区因自然因素引起的地质灾害的治理；加强地质灾害的宣传。

其他有关部门：在区政府的统一领导下，按照职责分工，参与抢险救灾工作。

四、监测和预报

(一) 国土一分局和各街道办事处要加快地质灾害预警体系建设，完善地质灾害群测群防网络，组建群专结合的监测队伍，形成覆盖全区的地质灾害监测网络。

(二)国土一分局要严格执行汛期24小时值班制度，健全灾情速报制度，保障紧急情况信息报送渠道畅通。接到地质灾害险情报告后，要立即摸清情况，并向区政府和市国土资源局报告，对属于特大型、大型地质灾害的，在向区政府和市国土资源局报告的同时，还应直接报告省人民政府和国土资源厅。

(三)建立地质灾害险情巡查检查制度。国土一分局要充分发挥地质灾害群测群防网络的作用，进行定期和不定期的检查，加强对地质灾害重点地区的监测和防范，发现险情时，应及时向区政府报告，同时会同各街道办事处组织群众转移避让或采取排险防治措施，并在危险区域设置警示牌。

(四)国土一分局要及时将气象、地震等部门发布的信息和防灾要求通知到各街道办事处及重要地质灾害危险点的防灾责任人、监测人和危险区内的群众；各街道办事处和当地群众要对照“防灾明白卡”和“避险明白卡”，做好防灾的各项准备工作。

(五)发现地质灾害险情或灾情的单位和个人,应当立即向当地人民政府或国土一分局报告。接到地质灾害险情报告的各街道办事处和社区应当根据实际情况,及时动员受到地质灾害威胁的群众以及其他人员转移到安全地带;情况紧急时,可以强行组织避险疏散。

(六)地质灾害预报由国土一分局会同气象部门发布,任何单位和个人不得擅自向社会发布地质灾害预报。禁止隐瞒、谎报或者授意他人隐瞒、谎报地质灾害灾情。

五、备灾工作

地质灾害特别是突发性地质灾害的应急防治是一项长期的、持续的、跟踪式的、深层次的和各阶段相互联系的工作,是有组织的科学与社会行为,而不是随每次灾害的发生而开始和结束的活动。因此,做好备灾工作是非常重要的。

(一)指挥部办公室及各成员单位,应按照职责分工,制定具体的抢险救灾应急行动方案,进一步明确、细化工作任务,逐项落实具体职责,保证抢险救灾应急行动有序进行。各成员单位所制定的抢险救灾应急行动方案需报指挥部办公室备案。

区综合应急救援大队明确"险时救援,平时防范"的工作方针,要确保发灾后应急救助手段及时到位。各街道办事处要组织建立突发性地质灾害应急抢险救灾队伍,协助负责地质灾害的应急调查、灾情勘测和应急治理工作。

(二)建立救治物资储备制度。指挥部各成员单位要储备用于灾民安置、医疗卫生、生活必需品等必要的抢险救灾专用物资,保证抢险救灾物资的供应。

(三)筹集救灾资金。区财政局根据近三年地质灾害防治工作所需经费情况,将本年度地质灾害应急抢险救灾经费纳入年度预算,安排必要的资金,专项用于应急工作的组织、抢险救助、避让搬迁、应急治理和灾后恢复与重建的经费补助,以确保抢险救灾工作的顺利进行。

(四)加强救灾能力建设。指挥部各成员单位应根据各自的职责,组织相关专业的抢险队伍,加强岗位业务技术培训,组织相关的实战演练,提高抢险救灾人员的业务素质。

(五)加强防灾知识的宣传教育。指挥部各成员单位要加强公众防灾、减灾知识的宣传普及,增强公众的防灾意识和自救互救能力。

六、应急防治反应

(一)特大型地质灾害应急

发生特大型地质灾害后,各街道办事处应立即采取应急处置措施,判定地质灾害级别及诱发因素、灾害体规模等,并于6小时内将灾情速报国土一分局和区人民政府,同时可直接上报市国土资源局,在应急处置过程中,应及时报告处置工作进展情况,直至应急处置工作结束。

国土一分局组织并调集有关部门和抢险救灾力量赶赴现场,开展抢险救助工作,防止地质灾害进一步发展。

特大型地质灾害发生后,区汛期地质灾害防治应急指挥部应在上级应急指挥部和区政府的统一指挥协调下,按照职责分工,分别负责现场抢险救灾、应急队伍保障、交通运输保障、医疗保障、物资保障、通讯保障、电力保障、治安保障、善后处置、信息报送等各项工作。

(二)大型地质灾害应急

大型地质灾害发生后,各街道办事处应迅速采取应急处置措施,判定地质灾害级别及诱发因素、灾害体规模等,并于12小时内将灾情速报区人民政府和国土一分局,同时可直接上报市国土资源局,在应急处置过程中,应及时报告处置工作进展情况,直至应急处置工作结束。

区人民政府接到灾情报告后,立即向市人民政府和市国土资源局报告。在市人民政府和国土资源部门的领导下,迅速组织力量赶赴现场开展施救工作,控制地质灾害进一步发展。

大型地质灾害发生后,区汛期地质灾害防治应急指挥部应在省应急指挥部和区政府的统一指挥协调下,赶赴现场,按照职责分工,开展应急救灾各项工作。

(三)中型地质灾害应急

中型地质灾害发生后,灾害所在镇、街道办事处应于24小时内速报区人民政府, 同时报国土一分局和市国土资源局,在区人民政府的领导下,开展调查和作出应急处理,并将调查报告上报市国土资源局。

(四)小型地质灾害应急

小型地质灾害发生后,灾害所在街道办事处应立即向区人民政府报告, 并组织国土资源等有关部门开展应急处置工作。并将调查报告上报区人民政府和国土一分局。

七、善后处理工作

(一)地质灾害发生后,各街道办事处要做好灾区群众的思想工作,稳定群众情绪,组织灾区群众开展生产自救,尽快恢复生产,及时部署地质灾害治理工作,组织地质灾害危险区内的群众避让搬迁,协调处理善后工作。民政局等相关部门要根据职责做好救灾物资调配和灾民安置工作。宣传部门要加强协调和指导,组织新闻单位及时、准确、客观地报道抢险救灾的工作情况。

(二)国土资源部门要按照有关规定,及时组织专业人员进行地质灾害调查,并将地质灾害调查处置结果上报区人民政府和市国土资源局。

(三)因救灾需要,临时调用单位和个人的物资、设施、设备或者占用其房屋、土地的,应及时归还;无法归还或者造成损失的,应当给予相应的补偿。

(四)对在地质灾害防治工作中有突出贡献的单位和个人,根据有关法律、法规及有关规定给予表彰和奖励。

(五)对不及时按本预案报告地质灾害灾情信息,不服从指挥调度,玩忽职守造成严重后果和重大影响的,依法追究单位负责人和有关责任人的责任。

八、附则

(一)本预案将根据地质灾害抢险救灾应急工作实际需要,由区汛期地质灾害防治应急指挥部适时进行修改。

(二)地震、洪水引发的地质灾害和长江沿线防汛依照相关的规定处置。

(三)各单位应参照本预案,从实际情况出发,制定应急措施。

（四）本预案解释权归玄武区汛期地质灾害防治应急指挥部办公室。

（五）本预案经区政府批准后实施。

玄武区规范性文件制定和报备办法

第一条　为规范本区行政规范性文件的制定和报备，加强对规范性文件的监督管理，维护法制统一，推进依法行政，依据《江苏省规范性文件制定和备案规定》等规定，结合本区实际，制定本办法。

第二条　本办法所称规范性文件是指区政府依据法定权限和规定程序制定，涉及公民、法人和其他组织权利义务，并具有普遍约束力，在一定期限内可以反复适用的文件的总称。

区政府内部事务管理制度、业务规范、工作指导意见、人事任免决定、会议纪要、批复、向上级行政机关的请示和报告、转发上级行政机关的文件、对具体事项做出的行政处理决定等，不适用本办法。

第三条　本区制定规范性文件的主体是玄武区人民政府。区政府各部门、各街道办事处，法律法规授权组织，以及区政府的内设机构、下设机构和非常设机构等单位均不得制定规范性文件。

324

第四条　各相关单位认为有关事项需要制定规范性文件的，应向区政府法制办申请规范性文件立项，并提交以下材料：

（一）制定目的和必要性；

（二）调整对象和适用范围；

（三）制定规范性文件的依据，包括法律、法规、规章和上级行政机关的规范性文件；

（四）拟确立的主要制度、措施和解决的问题；

立项由区政府法制办负责审查并报区政府审议确定，确定立项的，应明确起草单位，列入规范性文件年度制定计划。规范性文件涉及两个或者两个以上部门职权的，应当由两个或者两个以上部门联合起草。联合起草时，应当由一个部门主办，其他部门配合。

第五条　未列入规范性文件制定计划，但因形势发展变化等原因，区政府法制办可对规范性文件制定计划提出进行相应调整的意见。

因发生重大灾害事件、保障公共安全和重大公共利益、执行上级行政机关的紧急命令和决定等情况，需要立即制定规范性文件的，经区政府常务会议批准，可以简化制定程序。

第六条　制定规范性文件应当本着精简、效能的原则予以控制。法律、法规、规章已经明确规定的内容，规范性文件原则上不作重复规定；上级规范性文件已经明确规定的内容，本区规范性文件也不再作重复规定。

第七条　区政府可以就下列事项制定规范性文件：

（一）执行法律、法规、规章的规定；

（二）执行上级行政机关规范性文件的规定；

（三）执行本级人民代表大会及其常务委员会的决议；

（四）规范本区的具体行政管理工作。

第八条　规范性文件的名称，一般称“规定”、“办法”、“细则”、“决定”、“通告”，不得称“条例”。凡内容为实施法律、法规、规章和上级行政机关规范性文件的，其名称应冠以“实施”两字。

规范性文件应用条文形式表述。除内容复杂的外，一般不分章、节。规范性文件实行统一的编号体系，其编号为玄府规字[年度]XX号。

第九条　规范性文件不得设定下列内容：

（一）行政许可；

（二）行政处罚；

（三）行政强制；

（四）行政征收征用(法律、法规另有规定的除外)；

（五）机构编制事项和其他应当由法律、法规、规章或者上级行政机关规定的事项。

规范性文件为实施法律、法规、规章作出具体规定的，不得违法增加公民、法人或者其他组织的义务或者限制公民、法人或者其他组织的权利。

对于涉及面广、内容复杂的规范性文件，可由区政府法制办组织起草。

第十条　起草单位应当会同区政府法制办对制定规范性文件的必要性和可行性进行研究，对规范性文件所要解决的问题、拟确立的主要制度和主要措施等内容进行调研论证。广泛听取相关机关、街道、公民、法人和其他组织对规范性文件草案内容提出意见和建议的，起草部门应当予以研究处理，并在起草说明中载明。听取意见可以采取书面征求意见或者座谈会、论证会、听证会等多种形式。

第十一条　对于涉及人民群众切身利益的规范性文件应当举行听证会或论证会。

召开听证会应提前10天向社会公布，允许公民报名参加。

听证会公布事项包括：听证会议题、讨论稿全文、听证会的时间、地点等。

听证会或论证会由区政府法制办负责主持，起草单位作为听证会或论证会的答辩人派员到会答辩。

第十二条　规范性文件规定的事项涉及多个部门职能的，由区政府办、区政府法制办召集相关职能部门进行协调。

第十三条　起草单位报请区政府审议规范性文件，应当提供下列材料：

（一）规范性文件草案送审稿；

（二）规范性文件的起草说明(应包括制定的必要性、拟规定的主要制度和措施、征求意见的情况等内容)；

（三）起草规范性文件参考的有关资料(应包括制定依据、征求意见的有关材料、听证会笔录、调研报告、有关参考资料等)；

第十四条　规范性文件草案送审稿，由区政府法制办负责审核。审核的内容包括：

(一)内容是否合法，与其他相关规范性文件是否协调一致；

(二)程序是否符合规定；

(三)主要制度和措施是否合理、可行；

(四)体例结构和文字表述是否规范。

区政府法制办在审核有关材料过程中，认为有下列情形之一的，可以缓办或者予以退回：

(一)文件只是简单重复法律、法规或规章规定的。

(二)没有法律、法规或规章依据的；

(三)未列入年度计划且非当前工作需要的。

第十五条 规范性文件一般由相关部门单独起草或联合起草，区政府法制办对规范性文件草案送审稿审核完毕后形成书面审核意见，并将修改完善的规范性文件草案和书面审核意见提交区政府，由区政府常务会议集体审议决定。

第十六条 经审议通过的规范性文件由区长签发。签发之日即为规范性文件发布之日，规范性文件的解释，由区政府负责，并以规范性文件的形式发布。规范性文件的发布工作由区政府法制办负责。

第十七条 规范性文件应当及时在区政府门户网站予以公布(以档案局发布的稿本为准)。未向社会公布的，不得作为实施行政管理的依据。

规范性文件不溯及既往，但法律、法规、规章另有规定的除外。

第十八条 规范性文件应当明确施行日期，施行日期与公布日期应当间隔30天，不足30天的，需要作出说明。

第十九条 规范性文件有效期最长不得超过5年。如确需继续执行的，执行机关应当自期限届满前6个月，报区政府法制办重新确定评估、认定后公开发布，未重新确认发布的，该规范性文件自动废止。

通告(公告)类文件有效期不超过1年。

第二十条 区政府接到公民、法人或者其他组织对规范性文件提出的书面意见或建议，应当由区政府法制办会同相关部门予以核实。经核实认为规范性文件确有问题的，应当由区政府法制办提请区政府常务会议研究决定，及时予以改正或者撤销。

第二十一条 区政府法制办具体负责规范性文件的报送备案工作。依照规定将规范性文件自公布之日起15日内分别报市人民政府和同级人大常委会备案。

区政府法制办应当于每年1月底前将上年度所制定的规范性文件目录报负责备案的市人民政府法制办备查。

第二十二条 区政府法制办应当就规范性文件的制定情况以及备案工作情况，于每年第一季度向区政府提交上一年年度报告。

第二十三条 规范性文件实施满1年后，应对执行过程中的实施效果进行必要性评估，起草或执行机关如发现与法律、法规、规章相抵触或已不适应社会发展需要的，应及时提出修改或废止的意见。

第二十四条 区政府每两年对规范性文件进行一次清理。对不符合法律、法规、规章规定，或者不适应经济社会发展要求的规范性文件，应当及时予以修改或者废止。

规范性文件的清理工作由区政府法制办牵头组织实施，起草机关和执行机关提出清理意见，经区政府法制办收集各单位意见后，形成规范性文件清理工作报告，提请区政府常务会议研究决定。

清理后继续有效、废止和失效的规范性文件目录，应当向社会公布。

第二十五条 规范性文件的整理和汇编工作由区政府法制办负责。

第二十六条 本办法自2011年9月1日起施行。

2011年新闻媒体报道题录

新华日报

5月25日　斯霞：人民教师的楷模(宁宣　王晓映)

7月21日　南京玄武区：力求"四注重四到位"(吴春峰　张志国)

7月22日　新玄武新超越——全力建设现代化国际性人文绿都标志区(周雯　汤浩)

7月25日　南京玄武构筑"一园四极"(汤浩)

8月18日　南京玄武区：用"学习力"换"发展力"(颜芳)

9月2日　南京玄武区45名"小交警"正式上岗(图片)(葛讯)

9月24日　省、市和玄武区人口计生委首次投放"智能计生药具箱"(图片)(张安福)

10月15日　南京玄武区教育系统举行中小学生国防教育成果汇报暨阳光体育展活动(图片)(万程鹏)

11月15日　南京开评"和谐示范品牌社区"(唐悦)

12月24日　南京成贤街小学举办京剧文化艺术节(图片)(余萍)

南京日报

4月26日　重治会上玄武主打"地铁牌"(侯锦阳　胥晓斌)

4月27日　立体绿化，锁金片区打造首批4条生态街巷(宁建新)

5月25日　斯霞：人民教师的楷模

5月25日 玄武消防编排《迷彩英雄》舞蹈展示消防风采(路永辉)

5月31日 玄武地税分局在办税大厅设立党员示范岗 (图片)(张葳)

5月31日 百姓满意是我的工作标准——记玄武城管执法大队玄武湖中队中队长张明(周爱明 宁成贤 朱斌)

6月13日 玄武区举办中学生禁毒演讲大赛——中学生登台,宣传"不让毒品进校园"(徐涛 荆督)

6月20日 我市五区获评"全国科普示范区"(张璐)

6月24日 玄武红十字会启动"博爱助医"项目——50名高血压患者获免费治疗一年(侯锦阳)

6月28日 玄武:结合街巷出新,全面提升环境品质(秋光训 周爱明 顾小萍)

6月28日 网格化巡防"网"住入室盗窃团伙(朱斌 杨林林 周爱明)

6月29日 新街口街道成立 "长江路NPO家园"(侯锦阳 钱林竹)

7月1日 她每堂课都会查阅大量资料,丰富课堂内容——上《忆江南》,黄涛涛用古典曲伴奏(王子 江瑜)

7月17日 玄武墨香山庄顶楼违建昨"自拆"(周爱明)

7月19日 热心助残献爱心(图片)(吴彬)

7月21日 70个小区今年将完成出新(顾小萍 宁建新)

7月21日 30多台水泵"排涝"70多辆轿车"出水"(侯锦阳 李明珺)

7月22日 聚焦玄武区第十次党代会——坚持率先发展 科学发展 和谐发展

玄武全力建设现代化国际性人文绿都标志区(周雯 汤浩 侯锦阳)

7月25日 玄武区第十次党代会昨召开——打造现代化国际性人文绿都标志区(汤浩 侯锦阳)

7月25日 玄武:构筑"一园四极"发展格局,打造"四纵四横"特色街区(汤浩 侯锦阳)

7月28日 玄武区创新实践"三社联动"机制,全力打造环玄武湖社区建设示范带

8月1日 贯彻玄武区第十次党代会精神——推进医改强卫生 服务民生保健康(汤浩 钱立 侯锦阳)

8月1日 推进中医药进社区,7个社区已建起 "中医馆"——玄武区打造特色基础卫生服务体系 (汤浩 钱立 侯锦阳)

8月2日 玄武地税局结合双拥工作走访部队军营 (图片)(张葳 李娜)

8月6日 珠江路(梅园)区域电子商务企业年交易额近30亿元——梅园街道以学习推动产业转型升级(马金)

8月9日 玄武区召开深化文明城市创建再动员大会——加大投入,根治一批城市管理顽症(李金虎 李明珺 侯锦阳)

8月9日 玄武地税局定期召开税企联席会宣传热点税收政策(图片)(王顺坚)

8月11日 实施社会救助"雏鹏展翅"项目——玄武区今年40户低保户家庭因子女就业 "退保"(侯锦阳 钱竹林 李明珺)

8月15日 主城一些社区为外来工孩子安排暑期活动——免费英语班里民工孩子展笑颜(储笑抒 孙红雨 江瑜)

8月15日 玄武区77条被通报问题完成整改(江瑜)

8月17日 军民共建文明街区(图片)(李天泽 王成兵)

8月22日 玄武工商分局倾力服务企业获好评(王小飞)

8月22日 学生劝导文明出行(图片)(高文山)

8月25日 玄武设立"创新型企业融资互助资金"(侯锦阳)

8月29日 玄武区:借力信息化平台,完善社区网格化管理

8月29日 玄武工商清查整治 "无证照网吧"(蔡婷 王小飞)

8月31日 玄武:群众"考"问基层"一把手"(徐喜求 吴春峰)

8月31日 徐庄文化产业园将创建省级示范园区(朱凯)

9月5日 玄武区迎来电子商务发展"黄金期"(李奎武 侯锦阳)

9月5日 创新转型,珠江路电子商务产业已成集聚之势

9月9日 第十三届珠江路电脑节24日开幕(陈振昌 孙敏 李新国)

9月13日 污染企业搬迁后 厂房变身 "科技金融园"(张璐 储笑抒)

9月13日 玄武区将打造"环东大科技创新园区(张璐 储笑抒)

9月15日 玄武检方发出"社会服务令"——大学生轻微犯罪被要求到社区服务(侯锦阳 周杰)

9月21日 开辟形象宣传新渠道(图片)(王小飞 徐勐)

9月22日 产业集聚初步形成——玄武区服务外包产业高速发展

9月23日 珠江路变革: 从销售走向体验 从低端走向智慧(珠管办 蒋苏平)

9月23日 拥抱智慧生活(李新国)

9月26日 尝试缓解中小企业融资难 玄武区启动 "融资互助资金"(侯锦阳)

9月26日 "高档"汽配半价卖,一查是假货(宁公宣 徐涛)

10月11日 十三中挂牌省语文学习实验课程基地 (钱红艳)

10月11日 玄武中专获"龙舟运动传统学校"称号(钱红艳)

10月15日 体育展演迎青奥(图片)(李心建 徐琦)

10月16日 玄武: 对87名干部谈话提醒敲警钟 (吴春峰 张志国 吴桂红 许震宁)

10月18日 街头再现吊吊戏(图片)(吴彬)

11月1日 玄武检方一项调查发现——1912街区酒吧 "小年轻"犯罪问题令人忧(张前 侯锦阳)

11月8日 玄武区建立"法治绩效评估体系"(侯锦阳)

11月11日 世界500强海尔分支机构正式入驻——梅园街

道加速现代化服务业集聚发展(曹丽珍)

11月14日　杨卫泽赴玄武区指导“三争一创”实践活动，要求——争第一　创特色　做标兵　当好全市科学发展先行区(李冀)

11月14日　全面贯彻省市党代会精神　深入开展“三争一创”活动——玄武区探索“中心化”基层社会管理新模式

11月14日　突出政策推动——玄武区服务外包产业发展环境不断优化

11月15日　我市将评选和谐示范品牌社区(施民轩　张鹏　许琴)

11月15日　南报网推出贯彻省市党代会精神专题——“走基层看落实”栏目今日关注：孝陵卫街道(曹朔)

11月16日　玄武工商举办中小企业培训会(徐勐　王小飞　邹伟)

11月17日　玄武工商分局在珠江路电子市场开展宣传教育活动(图片)(王小飞)

11月23日　南京地区评出首批“人民满意卫生工作者”

12月8日　人行道上出现数十块违规菜地——事发玄武红山街道，城管部门查实后全部清理(王骁　庞乔　周爱明)

12月11日　社区公益服务引入第三方评估(许琴)

12月16日　由南理工与玄武区合作共建——南京紫金常春藤大学生科技创业园揭牌(毛庆　侯锦阳　但嘉成)

12月18日　市领导在玄武区人大换届选举集中宣传日活动中要求——让更多市民了解并参与选举　依法行使民主权利(刘远　陈达)

12月19日　首届玄武高层人才创业大赛评出前10强(毛庆　陈夏)

12月20日　玄武评出四星党员义工项目(毛庆　秦洁)

12月22日　玄武区制订实施方案抓重点创特色争标兵——5个行动计划推进“三争一创”实践活动(侯锦阳)

12月23日　玄武区加速建设人才高地——明年组建“新街口智造”博士俱乐部(汤浩　侯锦阳)

12月25日　校园京剧节(图片)(刘硕　徐琦)

12月28日　50户困难家庭领到有机蔬菜(图片)(韦铭　杨永)

扬子晚报

4月29日　唱经楼社区“夕阳天使”助老(董婉愉)

5月31日　“笑脸”送学长(图片)(洪超　王璟)

5月3日　锁金片区改造出新工程听取民意——小区游园增加88张长木椅(陈郁)

5月31日　娃娃开“小汽车”学习交通安全知识(郭一鹏)

5月31日　7学生殴打同学还拍视频发上网，法庭上有家长护短称“小纠纷，不违法”——南京玄武法院公布这起校园暴力和网络侵权“双料案”，提醒关注未成年人教育(陈珊珊)

6月10日　南京九中的学生欢呼：“考完啦，辛苦了！”(图片)(范晓林)

6月11日　十三中戏剧节自编自演中外大戏(王璟)

7月3日　“小雏鹰”倡议设置孙权墓保护基金(赵法普　董婉愉)

7月21日　东大礼堂举行“恋上民乐，两岸情深”演奏会(图片)(王璟)

7月25日　50%以上社区建成老年宜居社区——玄武区委书记储永宏：今后5年将精心打造南京的城市文化客厅（汤浩　李金虎　董婉愉)

7月25日　狂发色情卡片　背后是个卖淫团伙——玄武警方连夜分10组同时行动，抓获18名涉案人员(杨维斌　罗双江)

8月4日　12个小学生绘出南京“红色地图”(陈雪瑞　徐媛园)

8月9日　钟山山庄300多处违建要拆了——玄武湖街道昨天召开拆违动员会，鼓励居民自拆违建(宗岳奇　董婉愉)

8月27日　唱经楼社区发动假期学生捡垃圾（图片)(刘晓菁　董婉愉)

8月27日　香港游买到拼装劳力士　法院判旅行社协助退货(严兰　陈珊珊)

8月29日　玄武湖边有队“城管之花”(宗岳奇　冯帆　董婉愉)

8月30日　向下属单位推销质次价高耗材被玄武区纪委“谈话提醒(张志国　吴桂红　王亚楠)

8月30日　法庭笔记：“你可别跟别人说”(陈珊珊)

8月31日　徐庄软件园打造文化产业基地(仇惠栋)

9月3日　13中科利华分校小学部独立成小学(王璟)

9月7日　月苑小区明有趣味运动会(武旭昶　戴敏)

9月7日　硕士医生弹弓打人家玻璃被刑拘(杨维斌　罗双江)

9月9日　玄武区昨成立“教师发展中心”(王璟)

9月12日　中山孙女赠中山铜像给南京逸仙小学（王璟　宛璐)

9月13日　玄武区举办“月满台城”文艺演出(图片)(刘浏)

9月14日　唱经楼社区举办第三届象棋争霸赛（图片)(刘晓菁　董婉愉)

9月20日　玄武区举办“气象小主播”选秀大赛(图片)(刘浏)

9月21日　毗卢寺钟楼昨落成　过年撞钟又有新去处（孔小平　宋峤)

9月21日　社区设“驻点服务站”方便了居民——佛心桥社区创新基层管理模式，派大学生社工到小区就近为居民办事(董婉愉)

9月22日　后宰门社区卫生服务中心胡旻——获“我身边的社区卫生服务”演讲比赛一等奖(图片)(晓红)

9月22日　珠江路要“打通支路、人车分离”解堵——玄武区区委书记储永宏昨与网友描绘未来5年全区“方向”(董婉愉)

9月28日　“社区行”明在长江路举办迎重阳专场(董婉愉)

10月11日　13中将建“戏剧影视研学中心”——学生可选修17门语文类课程，还可听专家授课(王璟)

10月14日　宣传防灾避险(图片)(杨甜子)

10月26日　分类试点,居民希望垃圾袋优惠卖——全市小学生要学"环保棒棒操";试点小区将退垃圾费(孔小平)

10月27日　锁金村把街道"缩"成五大中心(董婉愉)

11月1日　玄武区设立社区教育名师讲堂(王璟)

11月1日　宣传防肺结核(图片)(刘浏)

11月2日　街道加大"为民服务"考核权重——社工因"居民不满意"被辞(董婉愉)

11月2日　工资被拖欠，老乡们想绑架包工头——孝陵卫街道与玄武法院共建的调解室及时介入,成功化解矛盾(陈珊珊)

11月9日　长江路小学消防演练(图片)(刘浏)

11月10日　菜场打出菜价"低谷"牌(图片)(董婉愉)

11月14日　社会组织促进会进梅园街道帮助140个民间组织服务居民(董婉愉)

11月16日　大学生科技园落户孝陵卫——玄武区与该地区六高校将长期合作,帮助大学生创业(董婉愉)

11月16日　政府托管老小区趟出"玄武湖模式"(董婉愉　陈正仁　秦翼)

11月18日　玄武区成立高层人才联谊会(苏勤　董婉愉)

12月20日　新街口街道选民登记开始了(董婉愉)

11月23日　珠江路淘宝商城建设"创业基地"(董婉愉)

12月31日　"黑猫白猫"绕口令把居民绕晕了——"扬子社区行"来到红山街道北苑社区与居民联谊(冯玲玲　郑幼明　刘浏　陈俊池)

现代快报

4月26日　德基二期将建成"新街口第一高楼"(袁勤丰　沈晓伟)

6月25日　"遗腹子"银行取遗产遭拒——玄武公证处花两个多月为6旬老汉查清身世,并办理遗产继承权公证(玄证　陶维洲)

7月16日　玄武城管曝白下同行"家"有违建(赵丹丹　泱波)

7月22日　后续报道:城管"自家"违建已经开始拆除(赵丹丹)

7月22日　身份证轻轻一刷，套套免费拿——玄武区试点安装自助式安全套领用机,每张身份证每月限领一盒(项凤华)

8月18日　KTV招聘老骗局，总有新人上当——玄武警方近日抓了两名嫌疑人(杨维斌　陶维洲)

8月19日　家长反映:9中高一新生暑假集体上课(郝多)

8月19日　南京垃圾分类初定4个街道试点——首批10多个"样板小区"开始预热,明年全市推行(钱年华　蔡嘉　吴锋　钟晓敏　沈晓伟)

8月19日　出新临时办公室咋住进了人(祖皓)

9月8日　"珠江路往哪里走"系列报道之四——未来的珠江路将体现高端化、虚拟化、功能分区化(徐勇)

9月21日　2011玄武高层人才创业大赛邀你参与(蔡正红)

9月22日　玄武区委书记储永宏与网友在线交流——增加一两条路给珠江路"减减负"(鹿伟)

10月11日　十三中端出语文学习"自助餐"(黄艳)

10月11日　长江路小学　上午三节半课　提前15分钟吃午饭(黄艳)

12月24日　"书娟"的眼神原来是学京剧练出来的(俞浩森　黄艳)

金陵晚报

9月22日　珠江路老堵车　玄武拟打通多条支路(施婷婷　肖瑜晞)

11月11日　玄武区法援相助断臂厨师得赔偿(李璘　洪唯)

11月11日　品牌化发展让小区"旧貌换新颜"(冯平)

12月9日　孩子手里的围巾，暖了寒冬(戴诗卉　潘思佳　周飞)

12月23日　节前大查(图片)(段仁虎)

12月27日　绕城出入口兜售弓弩仿真枪——玄武警方抓获14名团伙成员缴获大量违禁品(杨维斌　周俊)

南京晨报

8月11日　玄武区将添三个便民服务邻里中心(李金虎　倪敏)

索 引

Index

说 明

一、本索引采用主题分析法编制,按汉语拼音顺序排列,同音字按声调排列,音调相同按笔画排列,音调形相同则按下一字的音序排列。

二、主题词后的数字表示内容所在的页码。

三、特载、专记、大事记、统计资料、附录及概况条目不收入索引,不注栏别。

A

B

C

D

E

F

G

H

J

K

L

M

N

T

W

X

Y

Z

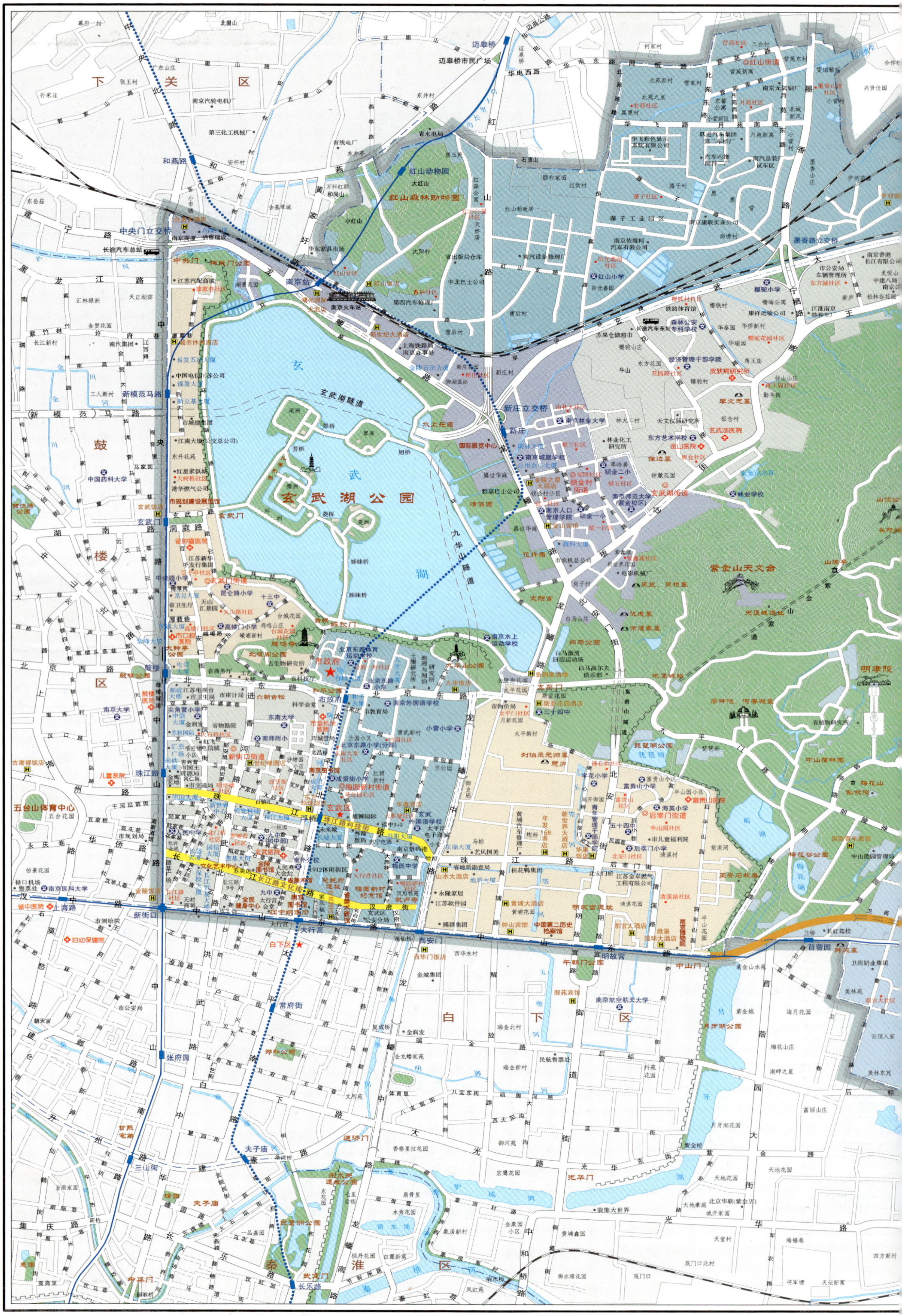

下关区
鼓楼区
白下区
秦淮区
玄武湖公园
玄武湖隧道
九华山隧道
紫金山天文台
明孝陵
中山植物园
红山森林动物园
红山动物园
南京站
中央门立交桥
中央门
新模范马路
玄武门
鼓楼
珠江路
新街口
大行宫
张府园
三山街
夫子庙
常府街
长乐路
新庄
新庄立交桥
迈皋桥
迈皋桥市民广场
玄武区
市政府
五台山体育中心
中国药科大学
南京大学
南京林业大学
南京农业大学
东南大学
南京师范大学
中山门
明故宫
西安门
中华门
午朝门公园
月牙湖公园
中山陵园
珠江路科技街
长江路文化街
北京东路
北京西路
中山南路
中山北路
中山东路
汉中路
上海路
太平门
鸡鸣寺
梅花山
琵琶湖公园
白马公园
台城
南京火车站